国家出版基金项目
NATIONAL PUBLICATION FOUNDATION

浙學未刊稿叢編

浙江圖書館⊙編

徐曉軍 李聖華 主編

陶方琦專集

執行主編⊙唐微

1

國家圖書館出版社

浙江文化研究工程成果文庫

圖書在版編目(CIP)數據

陶方琦專集:全三册/浙江圖書館編;唐微執行主編. —北京:國家圖書館出版社,2023.3

浙學未刊稿叢編(徐曉軍 李聖華主編)

ISBN 978－7－5013－7652－0

Ⅰ.①陶… Ⅱ.①浙… ②唐… Ⅲ.①陶方琦(1845—1884)—文集 Ⅳ.①Z425.2

中國版本圖書館CIP數據核字(2022)第218127號

書　　名　陶方琦專集(全三册)

著　　者　浙江圖書館　編　唐微　執行主編

項目統籌　殷夢霞

責任編輯　袁宏偉

封面設計　黄曉飛

出版發行　國家圖書館出版社(北京市西城區文津街7號　100034)

(原書目文獻出版社　北京圖書館出版社)

010－66114536　63802249　nlcpress@nlc.cn(郵購)

網　　址　http://www.nlcpress.com

印　　裝　北京華藝齋古籍印務有限公司

版次印次　2023年3月第1版　2023年3月第1次印刷

開　　本　787×1092　1/16

印　　張　126

書　　號　ISBN 978－7－5013－7652－0

定　　價　2600.00圓

浙江省文化研究工程指導委員會

《浙學未刊稿叢編》編輯委員會

主　編：

李聖華（紹興文理學院）

徐曉軍（浙江圖書館）

副主編：

童聖江（浙江圖書館）

陳開勇（浙江師範大學）

杜惠芳（浙江圖書館）

應　暉（杭州圖書館）

廖曉飛（紹興圖書館）

莊立臻（寧波市天一閣博物院）

徐立望（浙江省社會科學院）

《浙江文化研究工程成果文庫》總序

習近平

有人將文化比作一條來自老祖宗而又流向未來的河，這是説文化的傳統，通過縱向傳承和橫向傳遞，生生不息地影響和引領著人們的生存與發展；有人説文化是人類的思想、智慧、信仰、情感和生活的載體、方式和方法，這是將文化作爲人們代代相傳的生活方式的整體。我們説，文化爲群體生活提供規範、方式與環境，文化通過傳承爲社會進步發揮基礎作用，文化會促進或制約經濟乃至整個社會的發展。文化的力量，已經深深熔鑄在民族的生命力、創造力和凝聚力之中。

在人類文化演化的進程中，各種文化都在其内部生成衆多的元素、層次與類型，由此決定了文化的多樣性與複雜性。

中國文化的博大精深，來源於其内部生成的多姿多彩；中國文化的歷久彌新，取決於其變遷過程中各種元素、層次、類型在内容和結構上通過碰撞、解構、融合而産生的革故鼎新的强大動力。

中國土地廣袤、疆域遼闊，不同區域間因自然環境、經濟環境、社會環境等諸多方面的差異，建構了不同的區域文化。區域文化如同百川歸海，共同匯聚成中國文化的大傳統，這種大傳統如同春風化雨，滲透於各種區域文化之中。在這個過程中，區域文化如同清溪山泉潺潺不息，在中國文化的共同價值取向下，以自己的獨特個性支撑著、引領著本地經濟社會的發展。

從區域文化入手，對一地文化的歷史與現狀展開全面、系統、扎實、有序的研究，一方面可以藉此梳理和弘揚當地的歷史傳統和文化資源，繁榮和豐富當代的先進文化建設活動，規劃和指導未來的文化發展藍圖，增强文化軟實力，爲全面建設小康社會、加快推進社會主義現代化提供思想保證、精神動力、智力支持和輿論力量；另一方面，這也是深入瞭解中國文化、研究中國文化、發展中國文化、創新中國文化的重要途徑之一。如今，區域文化研究日益受到各地重視，成爲我國文化研究走向深入的一個重要標誌。我們今天實施浙江文化研究工程，其目的和意義也在於此。

千百年來，浙江人民積澱和傳承了底蘊深厚的文化傳統。這種文化傳統的獨特性，正在於它令人驚歎的富於創造力的智慧和力量。

浙江文化中富於創造力的基因，早早地出現在其歷史的源頭。在浙江新石器時代最爲著名的跨湖橋、河姆渡、馬家浜和良渚的考古文化中，浙江先民們都以不同凡響的作爲，在中華民族的文明之源留下了創造和進步的印記。

浙江人民在與時俱進的歷史軌迹上一路走來，秉承富於創造力的文化傳統，這深深地融匯在一代代浙江人民的血液中，體現在浙江人民的行爲上，也在浙江歷史上衆多杰出人物身上得到充分展示。從大禹的因勢利導、敬業治水，到勾踐的卧薪嚐膽、勵精圖治；從錢氏的保境安民、納土歸宋，到胡則的爲官一任、造福一方；從岳飛、于謙的精忠報國、清白一生，到方孝孺、張蒼水的剛正不阿、以身殉國；從沈括的博學多識、精研深究，到竺可楨的科學救國、求是一生；無論是陳亮、葉適的經世致用，還是黄宗羲的工商皆本；無論是王充、王陽明的批判、自覺，還是龔自珍、蔡元培的開明、開放，等等，都展示了浙江深厚的文化底蘊，凝聚了浙江人民求真務實的創造精神。

代代相傳的文化創造的作爲和精神，從觀念、態度、行爲方式和價值取向上，孕育、形成和發展了淵源有自的浙江地域文化傳統和與時俱進的浙江文化精神，她滋育著浙江的生命力、催生著浙江的凝聚力、激發著浙江的創造力、培植著浙江的競争力，激勵著浙江人民永不自滿、永不停息，在各個不同的歷史時期不斷地超越自我、創業奮進。

悠久深厚、意韵豐富的浙江文化傳統，是歷史賜予我們的寶貴財富，也是我們開拓未來的豐富資源和不竭動力。黨的十六大以來推進浙江新發展的實踐，使我們越來越深刻地認識到，與國家實施改革開放大政方針相伴隨的浙江經濟社會持續快速健康發展的深層原因，就在於浙江深厚的文化底蘊和文化傳統與當今時代精神的有機結合，就在於發展先進生産力與發展先進文化的有機結合。今後一個時期浙江能否在全面建設小康社會、加快社會主義現代化建設進程中繼續走在前列，很大程度上取决於我們對文化力量的深刻認識、對發展先進文化的高度自覺和對加快建設文化大省的工作力度。我們應該看到，文化的力量最終可以轉化爲物質的力量，文化的軟實力最終可以轉化爲經濟的硬實力。文化要素是綜合競争力的核心要素，文化資源是經濟社會發展的重要資源，文化素質是領導者和勞動者的首要素質。因此，研究浙江文化的歷史與現狀，增强文化軟實力，爲浙江的現代化建設服務，是浙江人民的共同事業，也是浙江各級黨委、政府的重要使命和責任。

二〇〇五年七月召開的中共浙江省委十一屆八次全會，作出《關於加快建設文化大省的決定》，提出要從增強先進文化凝聚力、解放和發展生産力、增强社會公共服務能力入手，大力實施文明素質工程、文化精品工程、文化研究工程、文化保護工程、文化産業促進工程、文化陣地工程、文化傳播工程、文化人才工程等『八項工程』，實施科教興國和人才强國戰略，加快建設教育、科技、衛生、體育等『四個强省』。作爲文化建設『八項工程』之一的文化研究工程，其任務就是系統研究浙江文化的歷史成就和當代發展，深入挖掘浙江文化底藴、研究浙江現象、總結浙江經驗、指導浙江未來的發展。

浙江文化研究工程將重點研究『今、古、人、文』四個方面，即圍繞浙江當代發展問題研究、浙江歷史文化專題研究、浙江名人研究、浙江歷史文獻整理四大板塊，開展系統研究，出版系列叢書。在研究内容上，深入挖掘浙江文化底藴，系統梳理和分析浙江歷史文化的内部結構、變化規律和地域特色，堅持和發展浙江精神；研究浙江文化與其他地域文化的異同，釐清浙江文化在中國文化中的地位和相互影響的關係；圍繞浙江生動的當代實踐，深入解讀浙江現象，總結浙江經驗，指導浙江發展。在研究力量上，通過課題組織、出版資助、重點研究基地建設、加强省内外大院名校合作、整合各地各部門力量等途徑，形成上下聯動、學界互動的整體合力。在成果運用上，注重研究成果的學術價值和應用價值，充分發揮其認識世界、傳承文明、創新理論、咨政育人、服務社會的重要作用。

我們希望通過實施浙江文化研究工程，努力用浙江歷史教育浙江人民、用浙江文化熏陶浙江人民、用浙江精神鼓舞浙江人民、用浙江經驗引領浙江人民，進一步激發浙江人民的無窮智慧和偉大創造能力，推動浙江實現又快又好發展。

今天，我們踏著來自歷史的河流，受著一方百姓的期許，理應負起使命，至誠奉獻，讓我們的文化綿延不絕，讓我們的創造生生不息。

二〇〇六年五月三十日於杭州

《浙學未刊稿叢編》前言一

徐曉軍

浙學是淵源於古越、興盛於宋元明清而綿延於當代的學術傳統與人文精神傳統，是浙江寶貴的人文優勢。浙江歷史悠久、英才輩出、人文薈萃，爲我們留下了豐富的歷史文獻資源。這些歷史文獻是浙學的主要載體，亟須系統保護和整理、充分挖掘和揭示，『讓書寫在古籍里的文字都活起來』，這對於推動和繁榮浙學研究，展示浙江與時俱進的歷史軌迹，傳承富於創造的文化傳統，具有基礎的、積極的重要意義。

中華人民共和國成立以來，特别是改革開放四十年來，以《中華再造善本》《四庫全書存目叢書》《續修四庫全書》爲代表的一批文獻基礎項目的完成，以及浙江省内《重修金華叢書》《衢州文獻集成》等區域叢書出版，大量的中華典籍影印出版，宋、元、明、清刻本大多被影印出版。然而，省内外藏書機構還有相當數量的清至近代的稿抄校本未影印發布，社會利用仍存在很大障礙。據浙江省古籍普查報告統計，浙江近百家單位藏有稿本五千七百多部、抄本一萬七千多部，其中許多是普查中新發現的、未被各種目録著録，更未曾發布。向社會充分揭示這些祖輩留下的寶貴財産，仍然是古籍保護、整理的重要任務。二〇一二年，由浙江省文化廳等十二個廳局組成的浙江省古籍保護聯席會議，發布《浙江省『中華古籍保護計劃』實施方案》，提出實施『浙江未刊古籍影印工程』。二〇一七年七月，浙江省委、省政府發布《浙江省實施中華優秀傳統文化傳承發展工程工作方案》，提出『整理浙江館藏未刊本（手稿），選輯浙江歷代文人所撰或館藏稿本中主要内容涉及浙江而未出版刊行的文獻資料，發揮其重要的學術價值和藝術價值』。

二〇一五年，浙江省建立了《珍貴古籍名録》保護制度，入選國家和省級《珍貴古籍名録》古籍一千四百八十部（其中入選《國家珍貴古籍名録》八百七十一部）；通過古籍重點保護單位評選，百分之九十一的古籍處於達標庫房保護狀態；建立以浙江圖書館和寧波市天一閣博物院兩家國家級修復中心、四家省級修復中心和十八家修復站組成的浙江省古籍修復網絡；完成全省二百五十萬册古籍普查，建立全省三十三萬部古籍統一的信息數據庫。在浙江古籍保護體系基本建立以後，浙江古籍保護的工作重心就自然轉移到促推古籍的合理利用上來。二〇一六年，浙江省未刊古籍影印項目正式啓動，『兩浙文叢』（浙江未刊古籍整理研究）入選浙江省社科規劃優勢學科重大委託項目（項目號：17WH20022ZD）。二〇一七年八月，以『浙江文化研究工程』立項，開展未刊古籍整理工作。二〇一八年，浙江師範大學浙學傳承與地方治理現代化協同創新中心李聖華研究團隊加入項目組，浙江省哲學社會科學工作辦公室加强經費支持，并增設三個子課題。經綜合考慮，出版成果定名爲『浙學未刊稿叢編』（以下簡稱《叢編》）。

《叢編》主要收録範圍爲：浙籍人士著作以及外省人士有關浙學的撰述；一九五〇年後未刊印的稿抄本及價值較高的孤本印本。選目主要原則爲：一、國家和省級珍貴古籍優先選入原則，將第一批至第六批《國家珍貴古籍名録》中浙江圖書館藏未刊印過的稿抄本全部選入，解決珍貴古籍看書難的問題，完善珍貴古籍名録保護制度；二、優先選入《國家珍貴古籍名録》所收人物的其他著述，以方便學界研究，如祁彪佳三種稿本《祁忠敏公稿五種》五卷、《贍族約》不分卷、《贍族簿》附《贍村簿》不分卷，毛奇齡三種稿本《誥授奉直大夫都察院湖廣道監察御史何公墓碑銘》一卷、《何母陳宜人榮壽序》一卷、《越州西山以揆道禪師塔誌銘》一卷、《蕭山三江閘議》一卷；三、對入選的殘本，儘可能收集完整，如姚燮《復莊今樂府選》，存世稿本分藏於浙江圖書館（一百一十册）、寧波市天一閣博物院（五十六册）、國家圖書館（二册），此次都收集齊全。又如晚清外交官、學者德清傅雲龍的稿本《籑喜廬文初集》十八卷、《二集》十卷、《三集》四卷，浙江圖書館藏《初集》和《三集》，杭州圖書館藏《二集》，此次也完璧出版。

《叢編》共收録一百三十餘人著述約四百一十三部，計一千八百一十册，分五輯影印出版。其中稿本三百一十二部一千四百七十八册（分别占總收録量的百分之七十七點四二和百分之八十三點六），原創性著述三百四十三部一千一百三十四册（分别占收録總量的百分之八十五和百分之六十四點一）。爲了便於社會使用，配套編纂出版《浙學未刊稿叢編·書志》和《浙學未刊稿叢編·圖録》等成果。

《叢編》是浙江圖書館聯合十一家館藏單位，與浙江師範大學等單位合作編輯成書，前期選目工作始於二〇一三年，由浙江省社會科學院歷史所徐立望先生（時任浙江大學歷史系教授）和浙江圖書館吴志堅博士承擔，二〇一六年後，由童聖江、杜惠芳和童正倫等進行審核及底本複製，二〇一八年，項目組補充選目，最終確定全書收書目録，同時確定浙江圖書館周聿丹、杜惠芳、蘆繼雯、周會會、曹海花，浙江大學徐立望，紹興王陽明研究會方俞明，紹興圖書館唐微，分别負責來集之、朱駿聲、管庭芬、王繼香、姚燮、平步青、陶方琦和陶濬宣等專集編輯工作。項目得到國家圖書館、中國科學院文獻情報中心、上海圖書館、雲南省圖書館、天津圖書館、浙江圖書館、浙江省博物館、浙江大學圖書館、浙江師範大學圖書館、寧波市天一閣博物院、西泠印社管委會、杭州圖書館、杭州博物館、温州市圖書館、紹興圖書館、嘉興市圖書館、餘姚市文物保護管理所、海寧市圖書館、嘉善縣圖書館等單位和紹興市王德軒先生的大力支持。項目又得到浙江省社科聯和國家古籍保護中心領導大力支持和關心，浙江師範大學黄靈庚教授、復旦大學吴格教授、浙江大學張涌泉教授、山東大學杜澤遜教授、國家圖書館張志清研究館員等專家爲項目提供了非常有價值的寶貴意見，國家圖書館出版社殷夢霞總編輯和張愛芳主任等爲項目成果的出版提供了專業支持，浙江圖書館原館長朱海閔女士、應長興先生對項目策劃和前期工作提供了强有力領導保障，在此一并表示衷心的感謝！

二〇二〇年五月二十日於浙江圖書館孤山館舍

《浙學未刊稿叢編》前言二

李聖華

浙學興於南宋，乃儒學的一次新變。崛起雖晚，却很快成爲傳統學術的重要源流，明代一度標建高幟，蔚爲『顯學』。作爲具有兩浙地域特色的『非地域性』學術，千餘年來，浙學對中華文化產生了廣泛深遠的影響。從生成上看，興於南宋，東萊之學、永康之學、永嘉之學爲其標誌，浙東乃其『祖庭』，故後世稱『浙東之學』。從淵源上看，近接北宋周程之學，遠接漢學，上溯孔孟。朱熹理學、陸九淵心學盛傳兩浙，與東萊之學、永嘉之學合流，并爲浙學源頭。從傳播上看，自南宋至明初，婺州爲中心，明中葉而後，中心移至紹興、寧波。然播傳不限兩浙，影響及於天下，無論東萊之學，還是陽明之學、梨洲之學，海内宗之。從特質上看，雖源出周程，但獨具特質：經史并重，乃至『經史不分』；重經世，强調實學事功；重文獻，并采漢、宋，博收廣蓄；綜會兼容，不避『博雜』。從流派上看，自南宋至晚近成一大學脉，學脉内又有學派之分，如東萊中原道統、永康事功、永嘉經制，又如北山、深寧、東發、陽明、蕺山、梨洲諸學派，各自在中國學術思想史上樹立里程碑。

晚近以來，西學興而舊學衰，學者習新黜故，積久而成傳統學術斷層。百餘年間，浙學血脉若斷若續。二十一世紀以來，賴吴光、黄靈庚、董平諸先生倡導，浙學研討復興。興復古學，道合日衆，我們進而倡議編纂《浙學文獻集成》，惜艱於施行。浙江圖書館從事《兩浙文叢》之役，首編擬作《兩浙未刊稿叢編》。浙江省社科聯邵清先生提議冠名『浙學』，乃删剔叢雜，輯存專門文獻，成《浙學未刊稿叢編》（以下簡稱《叢編》）。凡數百册，陸續影印刊行。兹編以專題文獻、專人文獻彙輯方式收録珍稀古籍，限於當前條件，所收範圍暫止於浙人著述，未盡合浙學廣大之義。其間作者或非浙學傳人，然著述涉言浙學，庶幾有裨於浙學發覆，仍録不遺。所收珍稀之本，如入寶山，觸手可珍。於宋、元、明浙學大家名家著述已影印或整理出版者，則力避重複，故收清人著述爲多。兹編爲浙學傳播，深入發掘浙學歷史源流、思想内藴、成就得失提供基礎文獻，雖不足稱浙學復興基石，然『椎輪爲大輅之始』，其價值自當可觀。

一、浙學淵源流變

關於浙學的源流，近人何炳松《浙東學派溯源》略及之。朱、陸、吕三家共爲浙學源頭，長期以來如何交叉融合？從金華一派到姚江一派，再到樸學浙派，發生了怎樣的變化？史學、經學如何互相影響，結果如何？浙學與樸學是一種怎樣的關係？諸如此類問題，皆有待探討。《叢編》爲深入發覆浙學源流提供了重要材料。

浙學源流的梳理，明清已有不少著述。專門之論，有明人陳雲渠撰《浙學譜》一卷、明末劉鱗長輯《浙學宗傳》不分卷、清人許汝稷輯《浙學傳是編》六卷、清末張廷琛撰《浙學淵源述要》不分卷。專論浙學一脉，有明人金賁亨撰《台學源流》七卷、董遵撰《金華淵源録》二卷，清人沈復粲輯《霞西過眼録》八卷。

其合浙學與宋元之學及明學、清學并論，有黄宗羲撰《明儒學案》及其發凡起例、黄百家與全祖望等纂輯補修《宋元學案》、徐世昌等纂輯《清儒學案》等。《宋元學案》《明儒學案》述浙學源流皆詳。《清儒學案》述《南雷學案》《楊園學案》《三魚學案》《西河學案》《竹垞學案》《鄞縣二萬學案》《餘山學案》《堇浦學案》《息園學案》《謝山學案》《抱經學案》《耕崖學案》《實齋學案》《南江學案》《錢塘二梁學案》《鶴泉學案》《秋農學案》《南陔學案》《鐵橋學案》《丹邨學案》《嘉興二錢學案》《柳東學案》《儆居學案》《定盦學案》《壬叔學案》《曲園學案》《越縵學案》《籀廎學案》諸學案，亦云富矣，惜構畫不成體系，源流終有未明。如《南雷學案》僅列梨洲甬上、越中弟子數人，遺查慎行等海昌門人；以爲杜煦、姜炳璋無可歸屬，列入《諸儒學案》；平步青爲一時名家，竟遺其人，實可別立『景蓀學案』；《謝山學案》末附王梓材，而遺并稱之馮雲濠；邵瑛、沈冰壺、黄璋、查揆等人皆有學，《清儒學案》未言及之。

其合浙學與儒學源流并論，有周汝登撰《聖學宗傳》十八卷、黄宗羲撰《理學録》不分卷、姜希轍撰《理學録》九卷、萬斯同撰《儒林宗派》十六卷等。

以上諸書，《浙學譜》《浙學傳是編》不傳；黄宗羲《理學録》傳世有稿本，姜希轍《理學録》傳世有清抄本，沈復粲《霞西過眼録》傳世有稿本，皆未刊，其他數種各有刻本。《宋元學案》除刻本、抄本外，更有稿本數種。《叢編》未能輯得黄宗羲《理學録》稿本，但收録姜希轍《理學録》、沈復粲《霞西過眼録》、黄璋等校補《宋元學案》。

《宋元學案》自清康熙間黄宗羲發凡起例，至道光二十六年（1846）何紹基刻成百卷，成書歷時一百七十餘年，黄宗羲、黄百家、全祖望、黄璋、黄徵乂、王梓材、馮雲濠等十餘人各有功績。所構畫宋元學術史體系，久爲學者問學津筏和學術史撰著依據。黄百家底稿、全祖望底稿大都散佚，黄璋等校補本久錀藏室，今人習見爲何氏刻本百卷，即王梓材、馮雲濠校補本。黄宗羲、黄百家父子，黄璋、黄徵乂父子，全祖望及王、馮諸子各有何貢獻，纂修思想前後發生怎樣變化，其間得失如何？《叢編》所收《宋元學案》稿本二十册，爲認識這類問題提供了有力的材料。王、馮校補《學案》，多未見黄百家原稿，主要采用全祖望歿後散出底稿（大都藏於門人盧鎬家，部分殘稿藏於門人蔣學鏞家），即

《宋元學案考略》所説『月船盧氏所藏底稿本』『樗菴蔣氏所藏底稿殘本』，間用黄璋父子校補本，即『餘姚黄氏校補本』[一]。今盧氏、蔣氏藏本罕傳，傳者有黄氏校補本《宋元儒學案》八十六卷，其中《宋儒學案》藏中國臺灣傅斯年圖書館，《元儒學案》藏國家圖書館。《宋元儒學案》抄自黄璋等校補稿本《宋元學案》。稿本有全祖望、黄璋、黄徵乂等人手迹，校補以全氏、黄璋爲主，徵乂批校多爲校訂及注明抄寫格式。今詳作考證，知第三本《關中學案》後半部爲全氏底稿，修補於黄百家原本録副上；第五本《道南學案》爲全氏底稿，百家原本録副；第七本《豫章學案》《延平學案》，黄百家、全祖望原未分二案，其《朱松傳》以前爲全氏底稿，《朱松傳》以後爲全氏底稿，百家原本録副；第七本接下《横浦學案》有兩本，前一種爲黄璋重抄，後一種爲全氏底稿，百家原本録副。第十本《潛菴學案》《雙峰學案》《四明朱門學案》爲全氏底稿，百家原本録副；第十三本《新安學案》《木鐘學案》《鶴山學案》爲全氏底稿，百家原本録副；第十四本《西山學案》爲全氏底稿，百家原本録副；第十九本《鳴道學案》爲全氏底稿。黄氏、全氏底稿，學界久覓不得，不意於此本得見。對讀黄氏校補本、道光刊本，用文獻還原之法，析骨還肉，可以辨析諸家在《宋元學案》成書中思想異同、貢獻得失。如黄百家未立《東萊學案》《深寧學案》《麗澤諸儒學案》；全祖望别立《東萊學案》《深寧學案》；《麗澤諸儒學案》，全氏底稿未見，王、馮采黄璋父子校補，析《東萊學案》部分内容，復自作增補，成《麗澤諸儒學案》。黄百家討論宋元之學，以朱、陸爲綱，全祖望重拈朱、陸、吕并立以變化之，從黄璋到王、馮，大抵用全氏構畫體系，而皆修改未盡。

黄宗羲、姜希轍爲劉宗周高弟子，各撰《理學録》，堪稱《宋元學案》《明儒學案》之嚆矢。黄氏《理學録》，學界久以爲散佚。今人彭國翔先生披閲古籍，發現稿本尚存。是書共録濂溪學派、康節學派、河南學派、關中學派、浙學派、道南學派、湖南學派、金華學派、輔氏學派、江右學派、北方學派、明初學派、河東學派、崇仁學派、白沙學派、甘泉學派等十六學派。專立『浙學派』之目，開篇爲袁溉，注云『程氏門人，已見』。其後録門人薛季宣及後傳五十一人：薛季宣、陳傅良、蔡幼學、曹叔遠、吕大亨、章用中、陳端己、陳説、林淵叔、沈昌、洪霖、朱黼、胡時、周行己、鄭伯熊、吴表臣、葉適、周南、孫之宏、林居安、趙汝鐸、王植、丁希亮、滕宬、孟猷、孟導、厲詳、邵持正、陳昂、趙汝讜、陳耆卿、吴子良、舒岳祥、陳亮、喻偘、喻南强、陳頤、錢廓、郎景明、方坦、陳檜、金潚、凌堅、何大猷、劉範、胡括、章椿、徐碩、劉淵、孫貫、吴思齊。河南學派注云『程氏門人』，録二程門人五十二人，楊時、吕大均、吕大臨、吕希哲、袁溉皆在内[二]。書頗可貴，惜難徵集，本編未收。黄氏《理學録》至甘泉學派止，姜氏《理學録》則始於陽明學派。第一册收陽明及門人錢德洪諸人文録、語録。第二册爲《東林學派》《蕺山學派》。《東林學派》前有《東林學派表》，始歐陽德，下爲歐陽氏傳人李春芳、萬虞愷、王宗沐、何祥、張棨、薛應旂，接爲薛門再傳顧憲成、顧允成、薛敷教，再爲顧憲成門人高攀龍。歐陽德前標『王氏門人』，顧憲成前標『薛氏門人，陽明三傳』，高攀龍前標『顧氏門人，陽明四傳』。按所述，東林學派係出陽明。萬斯同《儒林宗派》卷十五『王氏學派』，述歐陽德一支，下接胡直、薛應旂、何祥、貢安國、沈寵、王宗沐、敖銑、卓邦清；後接薛氏門人薛敷教、顧憲成、顧允成，胡直門人鄒元標；再接顧憲成門人丁元薦、史孟麟，鄒元標門人馮應京[三]。所述與姜多合，然未列高攀龍。《明儒學案》立《東林學派》，首標顧、高。顧憲成傳言及其曾問學於薛應旂，應旂授以《考亭淵源録》，曰：『洙泗以下，姚江以上，萃於是矣。』[四]傳又言『先生深慮近世學者，樂趨便易，冒認自然』，『而於陽明無善無惡一語，辨難不遺餘力，以爲壞天下教法，自斯言始』，『今錯會陽明之立論』，『當時之議陽明者，以此爲大節目，豈知與陽明絶無干涉。嗚呼！天泉證道，龍谿之累陽明多矣』[五]。蓋以爲東林已逸出，故不標陽明後派。由此可見，黄、姜見解不盡合，萬氏之見與乃師亦不同。後世論東林學派，多不歸於陽明後學。就淵源論，東林雖爲陽明別調，亦可稱浙學流亞。《蕺山學派》前有《蕺山學派表》，首列唐樞，下接唐樞傳人許孚遠、錢鎮，再接許孚遠傳人劉宗周、馮從吾。唐樞下標『甘泉門人』，許孚遠前標『唐氏門人，甘泉再傳』，劉宗周前標『許氏門人，甘泉三傳』。《明儒學案》卷六十二《蕺山學案》未專强調『甘泉三傳』。《儒林宗派》卷十五述『王氏門人』，末附劉宗周與『劉氏學派』。『劉氏學派』列吴麟徵、葉廷秀、王毓蓍、祝淵、祁彪佳、何弘仁、傅日炯、劉汋、陳確、章正宸、金鉉、惲日初十二人。王梓材增注本按云：『日初下，當有闕文。』[六]第三册爲『錢緒山學派』『龍溪學派』『鄒氏學派』『劉氏學派』，《明儒學案》分列錢弘緒、王畿入『浙中王學』，鄒守益、劉文敏入『江右王學』[七]。第四册爲『白沙學派』『甘泉學派』，《明儒學案》分歸入《白沙學案》《甘泉學案》。姜氏《理學録》六派前各有學派表，述師承統緒。《明儒學案》所述師承則略，於姜氏所載傳人有未言及者。《儒林宗傳》卷十四歸甘泉一派入『陳氏學派』，湛若水傳唐樞，唐樞傳許孚遠，許孚遠傳馮從吾、劉宗周，卷十五别立『劉氏學派』，所述統緒大抵與姜合。卷十五『王氏學派』，與姜氏所列學派表復多相合，然不標『錢緒山學派』『龍溪學派』『鄒氏學派』『劉氏學派』『東林學派』之名。

黄、姜皆蕺山親炙弟子，交往甚密，萬斯同爲梨洲高足、蕺山再傳，三人論學脉各有側重，乃有此異。諸家之論正可參看，以辨浙學源流。沈復粲《霞西過眼録》八卷，抄撮史部諸書，專録姚江一派，編次叢雜，價値遜於《宋元學案》《理學録》，然用力爬梳搜羅，亦可備鑒觀浙學源流。

二、關於『由經入史』

何炳松論浙學興衰，概括爲『由經入史』『由史入文』八字，云：『初闢浙東史學之蠶叢者，實以程頤爲先導』，『傳其學者多爲浙東人。故程氏雖非浙人，而浙學實淵源於程氏。浙東人之傳程學者有永嘉周行己、鄭伯熊，及金華之吕祖謙、陳亮等，實創浙東永嘉、金華兩派之史學，即朱熹所目爲「功利之學」者也』，『唯浙學之初興也蓋由經入史，及其衰也又往往由史入文。故浙東史學自南宋以至明初，即因經史文之轉變而日就衰落。此爲浙東史學發展之第一個時期』，『迨明代末年，浙東紹興又有劉宗周其人者出』，『其學説一以慎獨爲宗，實遠紹程氏之無妄，遂開浙東史學中興之新局』，『其門人黄宗羲承其衣鉢而加以發揮，遂蔚成清代寧波萬斯同、全祖望及紹興邵廷采、章學誠等之兩大史學系。前者有學術史之創作，後者有新通史之主張』，『此爲浙東史學發展之第二個時期』，『唯浙東史學第一期之初盛也，其途徑乃由經而史，及其衰也，乃由史而文。第二期演化之經過亦復如是』[八]。『由經入史』，指由治經而好史；『由史入文』，指由治史而好文。『由史入文』未造成明清浙學之衰，何炳松判斷可疑，但所説浙學之興乃在『由經入史』，則爲確論。不過，浙學學者『經史不分』，不欲使二者相割裂，『史』也終未置於『經』上。且史學一脉發展流變遠較何氏所説複雜，非僅所謂第一時期、第二時期所能概括。

浙學之史學成就，有目共睹，《叢編》收明清稿抄本，也呈現了明清浙學經史繁榮的情况及『經史不分』的特質。

浙學史上號通儒者，首推吕祖謙，次爲王應麟、宋濂、黄宗羲。就經學言，學者長於治《易》《春秋》，《詩》《禮》之學稍可觀，《尚書》罕見專家。因傳朱學，又多擅《四書》學，如北山四先生等。《叢編》收録經解，未如史著富有，亦自不少。如《易》學著作：黄璋《周易象述》不分卷，朱駿聲《易學三種》（《易鄭氏爻辰廣義》《易經傳互卦卮言》《易章句異同》）、《易消息升降圖》、《學易札記》、《六十四卦經解》，陶方琦《鄭易小學》，黄式三《易傳通解初稿》，柯汝霖《平湖柯春塘先生易説》。《春秋》學著作：董守諭《春秋簡秀集》、朱駿聲《春秋左傳識小録》《春秋闕文考》《春秋平識》《春秋三家異文覈》《春秋亂賊考》、陶方琦《春秋左氏古經漢義補證》、王紹蘭《春秋説》。《詩》學著作：沈近思《學詩隅見録》、沈冰壺《沈氏詩醒八牋》、姚燮《詩問稿》、陶方琦《韓詩遺説補》。《禮》學著作：王紹蘭《周人禮説》《儀禮圖》等。此外，經説尚有黄以恭《愛經居經説》，《四書》學著述有方桼如《四書考典》。以上大都清人之作。當然，這并不意味宋、元、明浙學經解少，乃《叢編》專收『未刊稿抄本』使然。總體以觀，清人經解一方面承續浙學『經史不分』傳統，另一方面深受清代樸學風氣影響，并以小學考據見長。

《叢編》收史著數量、卷帙遠超過經解。由於立意『未刊』，僅收稿抄本，故吕祖謙《大事記》《十七史詳節》、王益之《西漢年紀》、黄震《古今紀要》、王應麟《通鑑地理通釋》、胡三省《資治通鑑音注》《通鑑釋文辯誤》、王禕《大事記續編》、黄宗羲《明儒學案》等經典之作，因有刻本，甚乃宋元珍槧，不復采録。黄宗羲史著多種，整理本《黄宗羲全集》已收，《叢編》不重複收録。清初浙學三部史學名著，即張岱《石匱書》、談遷《國榷》、萬斯同《明史》，未刻行。《石匱書》存稿本（殘）、清抄本（殘）。《國榷》傳清初抄本（殘）、清抄本、清胡蕉窗抄本（殘）等。萬氏《明史》

存清抄本四百十六卷，又有清抄本《明史紀傳》三百十三卷（殘），稿本《明史列傳稿》二十二卷，清抄本《明史列傳稿》二百六十七卷。今以《石匱書》《明史稿》已影印，《國榷》已整理，捨而弗録。《叢編》所收稀見文獻，史部諸類幾盡涵蓋，而傳記最多，其次爲政書、地理、金石考、雜史。收録情况如下：

紀傳之史，如杭世駿《金史補》、平步青《宋史叙録》。編年之史，如沈德符《歷代正閏考》。紀事本末，如陶濬宣《通鑑長編紀事本末補佚》。雜史，如朱駿聲《秦漢郡國考》《孔子紀年》、陶濬宣《官階古稱考》《國朝掌故瑣記》。史表，如俞汝言《崇禎大臣年表》。史鈔，如沈赤然《後漢搴英》、傳以禮《史鈔》。史評，如孫德祖《讀鑑述聞》、馬青《史繩》。譜牒，如向洪上等修《向氏家乘》、孫峻《孫氏家乘》。政書，如平步青《星軺便覽》《國朝館選爵里謚法考》、傅以禮《明謚考》《明謚考略》。詔令奏議，如何煟《兩漢制詔》、閔鶚元《奏稿》、王文韶《退圃老人直督丙申奏議》《直督奏議》、林啓《奏議公文遺稿》、吴慶坻《奏稿録要》。地理類，如鄭元慶《湖録》、沈復粲《大善寺志稿》、孫峻《天竺續志備稿》《六和塔志》、許良謨《花溪志補遺》、祝定國《花溪備忘録》、丁丙《杭城坊巷志》、金明全《紹興風俗志》、杭世駿《武林覽勝記》、陶濬宣《東湖記》、管庭芬《越遊小録》。金石考，如吴東發《金石文跋尾》《吴侃叔吉金跋》、管庭芬《錢譜》、傅雲龍《籑喜廬訪金石録》、洪頤煊《倦舫碑目》、陶濬宣《金石隨筆》《稷山所見金石目》。目録，如管庭芬《海昌經籍志略》、陶濬宣《國朝史學叢書目録》。

傳記又以總傳、日記、年譜、職官類爲多。如屠本畯《三史統》、項聖謨《歷代畫家姓氏考》、萬言《明女史》、沈冰壺《勝國遺獻諸人傳》《勝國傳略》《本朝諸公傳》、朱駿聲《吴中朱氏史傳》、平步青《國朝文録小傳》《燃藜餘照》《唐文粹補小傳》《南書房入直諸臣考略》、陶濬宣《國朝紹興詩録小傳》、傅以禮《明史續編》《傅氏先世事實編》、沈景修《禾郡項氏事略》、吴慶坻《辛亥殉難記》、平步青《國子監進士題名碑録》《唐科目考》《五代宋元科目考》、孫德祖《兩朝會狀録》、王繼香《王孝子事略》、查慎行《壬申紀遊》、姚祖同《南歸紀程》《金陵行紀》、管庭芬《日譜》、平步青《南輶紀程》、陶濬宣《海州病中日記》《入剡日記》、王繼香《日記》、沈景修《蒙廬日記》、吴慶坻《使滇紀程》《入蜀紀程》、平步青《西漢宰相考》《東漢宰相考》《五代宰相考》《宋宰輔考》《明宰輔考》《明列輔起家考》《復社姓氏録》《殘明百官簿》、葉嘉棆《葉文定公年譜》、孫衣言《葉文定公年譜》、韓系同《毛西河先生年譜殘稿》、陶方琦《許君年表稿》、嚴烺《自撰年譜》、朱蘭《黄梨洲先生年譜稿》《補讀室自訂年譜》《舜水先生年譜稿》、黄雲眉《南江先生年譜初稿》。

以上史著，稿本居多。《歷代正閏考》《明女史》《湖録》《崇禎大臣年表》《金史補》《武林覽勝記》等皆知名於世。鄭元慶《湖録》一百二十卷，大都散佚，《叢編》收初稿本五卷殘帙，計一百十六葉，另題跋六葉。元慶字子餘，號芷畦，歸安人。沉酣載籍，肆力著述。應聘纂修《湖州府志》，書成未刻。自嘆數十年心力，不忍弃之，遂别成《湖録》[九]，當時僅刻傳二卷。覽者服其精博，全祖望《鄭芷畦窆石志》稱其『苕中文獻之職志』[一〇]。乾隆初年，胡承諜修《湖州府志》，援以爲據。周中孚《鄭堂讀書記》卷三十二云：『其原稿即爲胡《志》所取材，止有初稿在吾鄉楊拙因處，并原稿爲胡氏取去。』[一一]《[雍正]浙江通志》、阮元《兩浙金石志》、陶元藻《全浙詩話》、丁丙《善本書室藏書志》、陸心源《三續疑年録》《吴興金石記》及汪曰楨《湖蠶述》，頗徵述《湖録》。杭世駿《武林覽勝記》未刻，吴慶坻《蕉廊脞録》卷五云：『堇浦先生著《武林覽勝記》四十二卷，無刻本。友石山房高氏藏鈔本，題「仁和杭世駿大宗輯，東里盧文弨召弓校」。』[一二]《叢編》所收即此本。《兩浙經籍志》稱是書『乃攟拾浙中舊志，增益舊聞，而補采搜討之功，獨爲詳備』，『今存此一書，猶見當時典章文物也』。[一三]世駿研治諸史，著《史記考證》七卷、《後漢書百官志》五卷、《漢爵考》一卷、《漢書蒙拾》三卷、《後漢書蒙拾》二卷、《三國志補注》六卷、《晉書補傳贊》一卷、《諸史然疑》一卷等。《叢編》收其《金史補》不分卷，民國二十六年影抄本，封題『影録仁和瞿氏清吟閣原鈔稿本』，共九册。《中國古籍總目》未著録此本。是書與厲鶚《遼史拾遺》二十四卷，皆效劉昭、裴松之注史之法，補正史之闕，爲研治宋、金、遼三史需備舊籍。

有清一代，浙學史學大盛，乃清代史學最重要的一支。其統緒有自，研治明史頗爲顯著，近源可追溯至明末私撰史著風氣，真正發軔則是張岱作《石匱書》，談遷撰《國榷》，查繼佐作《罪惟録》，黃宗羲與門人萬斯同、邵廷采等爲存明史，撰著私史。浙學傳人接緒黃、萬，推轂探研明史之盛。《叢編》所收乏宏製，但可觀者不少。如俞汝言《崇禎大臣年表》、萬言《明女史》、沈冰壺《勝國遺獻諸人傳》《勝國傳略》、傳以禮《明史續編》、平步青校補《殘明百官簿》等，可見浙派史學旨趣所在。俞汝言爲明遺民，其《崇禎大臣年表》稿本一卷，記一朝殿閣、部院大臣，末附弘光南都即位大臣表。《自序》云：『論者以明而過察，信任不專，以致群臣畏罪，相爲欺蔽。然不思人臣委身事主，惟所任使，位卑職輕，則曰非我任也。及都右職，則曰委任不專也。又曰好疑用察，救過不暇也。是則無一之可爲歟？迨至君呼籲而求助，臣邅迴而不前，壞不可支，歸之氣數』，『爲是説者，是左聖明，長奸佞，設辭以助惡也。即無論其他，五十輔臣中，力排衆議、任相十年者有之，起自外僚、特簡政地者有之，奪情召用、出入將相者有之，釋褐三載、即首端揆者有之。任非不專也，察非過用也，而效忠殫職，何鮮聞也？』反思明亡之由、崇禎政亂之故，駁斥時人將亡明歸於崇禎『明而過察，信任不專』。崇禎亡國，實録未作。俞氏此作存史，簡明而確，便於觀覽，可與《國榷》及民間私撰《崇禎實録》《崇禎長編》相發明。浙學傳人好談明史事，自清初迄晚近胥然。乾嘉間，山陰沈冰壺字玉心，號梅史，熟精於史，尤諳明人物軼事，與同時全祖望等人關注前明舊史，致力存一代文獻。《叢編》收其《勝國遺獻諸人傳》不分卷，黃璋抄本，即《勝國傳略》卷六録出單行者。傳録蔣德璟、張鏡心、李清、姜埰、姜垓、徐復儀、王正中、董守諭、劉汋、柴紹炳、侯玄汸、侯玄涵、傅山、來集之、吴繁昌、吴謙牧、蔣平階、李世熊、梁以樟、林古度、閻爾梅、王弘撰、杜濬、張杉、徐柏齡、李標、范路、來蕃、葉名振、萬泰、徐鼎、陳恭尹、屈大均、文點等五十一人，各有史評。末附清人王復禮、陳廷會、孫治、毛先舒四人傳。其書表彰奇節忠直，所謂『勝國遺獻諸人傳』，即『明遺民傳』，類於黄宗羲、邵廷采記東南遺民，非簡單抄撮舊籍。且多捃摭兩浙遺民，有裨明季史乘。今人謝正光、范金民二先生編纂《明遺民録彙輯》，收邵廷采《明遺民所知傳》、黄容《明遺民録》、佚名《皇明遺民傳》、陳去病《明遺民録》、孫鏡菴《明遺民録》、陳伯陶《勝朝粤東遺民録》、秦光玉《明季滇南遺民録》等七種[一四]，頗具史料價值。今天看來，尚可補葺。沈冰壺《勝國遺獻諸人傳》、侯登岸《勝國遺民録》、張其淦《明代千遺民詩詠》等皆可補録。由於文獻難徵，南明史研治不易，其中甚難的一點即南明職官考録。平步青校補《殘明百官簿》四卷，值得稱道。是書輯者未詳，平氏以卷第殘損、波磔脱落，校而補之，卷一爲《弘光百官簿》，卷二爲《魯監國百官簿》，卷三爲《唐王百官簿》，卷四爲《桂王百官簿》。全祖望嘗見《庚寅桂林百官簿》，考之知寧士仕嶺外者三人：鄞縣余鵾起、任斗墟、奉化陳純來。《題庚寅桂林百官簿》嘆其事難考，鵾起事迹『近始得其始末』[一五]。由此可覘《殘明百官簿》價值。傳以禮輯《明史續編》，從家譜、别集、總集、方志中爬梳大量明季人物傳記，偶收請疏、墓志銘、墓表等，以補《明史》所未詳，亦可見浙派重文獻之傳統。

《叢編》收清人日記稿抄本十餘種、清人撰年譜近十種。日記别有紀年價值，年譜對學術史研究大有補益。年譜之作興於宋，盛於明清。浙學傳人喜作學者年譜，如吕祖儉爲吕祖謙撰《年譜》，喬行簡爲宗澤作《忠簡公年譜》，袁燮爲陸九淵作《象山陸先生年譜》，錢德洪爲王陽明作《陽明先生年譜》，盧演爲方孝孺作《方正學先生年譜》。《叢編》所收略可見浙學這一風氣。

三、樸學之浙派

中國傳統經學有漢學、宋學之分，略言之，漢學重考據訓詁，宋學重性理詮釋。至於清代，學者各有取徑、師承、好尚，尚漢學者有之，好宋學者有之，兼采漢、宋者有之，更有不分漢、宋者。這與清代詩壇分野相類，或宗唐，或宗宋，或兼學唐、宋，或不分唐、宋。清代學風屢生變革，皮錫瑞《經學歷史》述曰：『國朝經學凡三變。國初，漢學方萌芽，皆以宋學爲根柢，不分門户，各取所長，是爲漢、宋兼采之學。乾隆以後，許、鄭之學大明，治宋學者已尟，説經皆主實證，不空談義理，是爲專門漢學。嘉道以後，又由許、鄭之學導源而上，《易》宗虞氏以求孟義，《書》宗伏生、歐陽、夏侯，《詩》宗魯、齊、韓三家，《春秋》宗《公》《穀》二傳。漢十四博士今文説，自魏、晉淪亡千餘年，至今日而復明。實能述伏、董之遺文，尋武、宣之絶軌，是爲西漢今文之學。學愈進而愈古，義愈推而愈高，屢遷而返其初，一變而至於道，學者不特知漢、宋之別，且皆知今、古文之分，門徑大開，榛蕪盡闢。』[一六]總括大抵可信。清儒取捨好尚不同，有清學術遂區分諸派。清初，黃宗羲講學東南，讀書窮經，兼好治史，并采漢、宋，是爲梨洲一派；孫奇逢講學於北，著《理學宗傳》，主於宋學，是爲夏峰一派。南黃北孫，爲一時顯學。此外，顧炎武、汪琬、徐乾學等傳吴中學統，兼采漢、宋；李顒、李因篤等傳關中學統，主於宋學；閻若璩倡導漢學，重於考據。自乾隆以後，漢、宋之争熾，有吴派、皖派之分，又有今文、古文之訟。學者論清學，喜談吴派、皖派，輕於拈説浙派，即使談之，亦多將其歸爲史學一派。事實上，浙學亦清學一大源頭，浙派堪與吴派、皖派相鼎立。

關於吴、皖之分，學者所論多矣。章炳麟云：『其成學著系統者，自乾隆朝始。一自吴，一自皖南。吴始惠棟，其學好博而尊聞；皖南始戴震，綜形名，任裁斷。此其所異也。』[一七]梁啓超有『惠、戴兩家中分乾嘉學派』之説[一八]，謂：『但漢學派中也可以分出兩個支派，一曰吴派，一曰皖派。吴派以惠定宇（棟）爲中心，以信古爲標幟，我們叫他做「純漢學」。皖派以戴東原（震）爲中心，以求是爲標幟，我們叫他做「考證學」。』[一九]錢穆談論稍異：『今考惠學淵源與戴學不同者，戴學從尊宋述朱起脚，而惠學則自反宋復古而來』，『徽學以地僻風淳，大體仍襲東林遺緒，初志尚在闡宋，尚在述朱，并不如吴學高瞻遠矚，劃分漢、宋，若冀、越之不同道也』。又謂『東原論學之尊漢抑宋，則實有聞於蘇州惠氏之風而起也』，贊同王鳴盛所説『惠君之治經求其古，戴君求其是，究之舍古亦無以爲是』，以爲惠、戴非異趨，吴、皖非分幟[二〇]。今人陳祖武先生進而指出吴、皖分派不盡合理，治乾嘉學術，但按地域劃分學派還可商量，不宜以吴、皖兩派或惠、戴二家來概括整個乾嘉學派，其時南北學者争奇鬥艷，『互爲師友，相得益彰，其間本無派别之可言。强分門户，或吴或皖，實有違歷史實際』[二一]。筆者基本贊同這一説法，乾嘉非僅有吴派、皖派，强分門户，有違實際。梁啓超也承認所舉派别『不過從個人學風上，以地域略事區分。其實各派共同之點甚多，許多著名學者，也不能説他們專屬哪一派』[二二]。不過筆者仍略有不同之議：緣師承取法、學術旨趣之異，學者各成一隊，門户亦客觀存在，不必盡黜之。皖派、吴派以地域命名，但皖派非皖人之學，吴派非吴人之説，均超越地域所限，與浙學非浙人之學同理，不必諱疾忌醫。

章、梁論吴、皖之學，也關注到浙學一脉。章炳麟《訄書·清儒》曰：『然自明末有浙東之學，萬斯大、斯同兄弟皆鄞人，師事餘姚黄宗羲，稱説《禮經》，雜陳漢、宋，而斯同獨尊史法。其後餘姚邵晉涵、鄞全祖望繼之，尤善言明末遺事。會稽章學誠爲《文史》《校讎》諸通義，以復歆、固之學，其卓約過《史通》。而説禮者羈縻不絶，定海黄式三傳浙東學，始與皖南交通。其子以周作《禮書通故》，三代度制大定。唯浙江上下諸學説，亦至是完集云。』從史學、《禮》學總述清代浙東之學。梁啓超《中國近三百年學術史》云：『此外尚有揚州一派，領袖人物是焦里堂（循）、汪容甫（中）。他們研究的範圍，比較的廣博。有浙東一派，領袖人物是全謝山（祖望）、章實齋（學誠），他們最大的貢獻在史學。』[一二三] 章氏不言學派，梁氏明言之，以吴、皖爲主流，以揚、浙爲支流。章氏并談經史，梁氏獨拈一史。

學者關注皖、吴，無可非議，但不應輕視浙派成就和影響。應該説，浙學亦乾嘉之學近源，浙派爲清代樸學重要一支。梁啓超以爲乾嘉『自成一種學風』，稱之『科學的古典學派』[一二四]，學者習用説法是清代樸學。清初漢、宋兼采，爲樸學發軔。嘉道而後，沿許、鄭之學導源而上，爲樸學變化。就發軔言，黄宗羲、顧炎武、徐乾學、汪琬、閻若璩、萬斯同皆重要人物。錢穆不贊同近人率推顧炎武爲『漢學開山』：『而亭林漫游河、淮，於江左文史夙習，滌弃若盡，要其辨經學、理學，分漢、宋疆界，則終亦不能遠異於其鄉先生之緒論耳。近人既推亭林爲漢學開山，以其力斥陽明良知之説，遂謂清初漢學之興，全出明末王學反動，夫豈盡然？』[一二五]『其語要非亭林所樂聞也。』[一二六] 駁斥夸大清初漢學，不贊同梁啓超等人以顧炎武爲『漢學開山』。清初學者研習漢學，與乾嘉學者立意、路徑頗異，簡單將顧炎武認作『漢學開山』，未妥。不過研治漢學乃清初學風轉變一大關捩，學者兼采漢、宋或漢、宋不分，是學術史客觀存在，追溯乾嘉之學近源，可推至黄宗羲、萬斯同、顧炎武、汪琬、徐乾學、閻若璩等人。

黄、萬之學源出姚江一脉而自爲變化，閻若璩則自稱梨洲私淑弟子。梁啓超稱『大抵清代經學之祖推炎武，其史學之祖當推宗羲』，還指出宗羲『又好治天算，著書八種。全祖望謂「梅文鼎本

《周髀》言天文，世驚爲不傳之秘，而不知宗羲實開之」。其《律吕新義》，開樂律研究之緒。其《易學象數論》，與胡渭《易圖明辨》互相發明」，「故閻、胡之學，皆受宗羲影響。其他學亦稱是」[二七]。樸學發軔，不離吴越。浙學盛於兩浙，并傳吴中。黄、顧商證學問，各有助益。惠棟標榜專門之漢學，自稱四世漢學，實則惠氏家學源出汪琬等吴中學者。以淵源論，樸學與浙學大有關係。統觀南宋之學，諸儒未嘗專詮義理而不事訓詁考據。吕學與朱學一大不同，即吕學兼采漢學、北宋之學，重於訓詁、文獻。『東萊文獻』『經史不分』，奠立浙學基調。陽明一派崛起，浙學新變，訓詁考據非所長，爲談説性理所掩。至梨洲一派，風氣一變，讀書重於經解，經史側於文獻，遥接東萊之緒，兼事義理、考據。非僅浙派繼之，吴、皖二派究未逾於此外。漢、宋之争日熾，惠、戴傳人各標門户，方東樹作《漢學商兑》爲宋學護法，江藩作《國朝漢學師承記》爲漢學護法。有調和漢、宋者，更有跳出漢、宋而標『清學』者，龔自珍即其人。《與江子屏箋》云：『大著曰《國朝漢學師承記》，名目有十不安焉。改爲《國朝經學師承記》，敢貢其説』，『實事求是，千古同之』，『非漢人所能專』，『本朝自有學，非漢學。有漢人稍開門徑而近加邃密者，有漢人未開之門徑，謂之漢學，不甚甘心』，『瑣碎餖飣，不可謂非學，不得謂漢學』，『漢人與漢人不同，家各一經，經各一師，孰爲漢學乎』，『若以漢與宋爲對峙，尤非大方之言。漢人何嘗不談性道』，『宋人何嘗不談名物訓詁』，『本朝别有絶特之士，涵泳白文，創獲於經，非漢非宋，亦惟其是』，『國初之學，與乾隆初年以來之學不同。國初人即不專立漢學門户，大旨欠區別』[二八]。龔氏立論即『漢宋不分』，非兼采漢、宋。其既厭弃藉漢、宋立門户，又不喜將清儒之學比爲漢、宋附庸，故昌言『清學』。按所説，乾嘉專立漢學門户，并不比清初學者高明。這一觀點與其傳承浙學不無關聯。浙學『經史不分』，并重義理、考據，乃至『漢宋不分』。龔氏跳出漢、宋門户之訟，重新審視古今之變，發抒己見，欲重開兼容并蓄、經史不分、經世致用之學[二九]。錢穆推尊龔氏開風氣之功，以爲清儒因政治威劫鮮談政治，乾嘉經學一趨於訓詁考索，嘉、道以還乃稍稍發爲政論，『而定菴則爲開風氣之一人』[三〇]。又謂：『常州之學，起於莊氏，立於劉、宋，而變於龔、魏，然言夫常學之精神，則必以龔氏爲眉目焉。何者？常州言學，既主微言大義，而通於天道、人事，則其歸必轉而趨於論政。否則何治乎《春秋》？何貴乎《公羊》？亦何異於章句訓詁之考索？故以言夫常州學之精神，其極必趨於輕古經而重時政，則定菴其眉目也。』[三一]復謂：『然則定菴之爲學，其先主治史通今，其卒不免於治經媚古；其治經也，其先主大義通治道，其卒又不免耗於瑣而抱其小焉。自浙東之《六經》皆史，一轉而爲常州《公羊》之大義微言；又自常州之大義微言，再折而卒深契乎金壇、高郵之小學訓詁，此則定菴之學也。以定菴之才，遇定菴之時，而遂以成其爲定菴之學。』[三二]其説頗具隻眼，惜忘龔氏乃浙學傳人，融貫諸家，變化常州之學，亦自有故，且治經非爲媚古，蓋以『經史不分』也。

抛開純粹門户諍訟不論，乾嘉時期吴派、皖派、浙派可稱三足鼎立，揚州一派聲勢稍遜。浙學之興貫穿清學終始。清學始興，黄宗羲啓其端緒，清學之告一段落，章炳麟爲重要人物，被梁啓超推爲清學正統派『殿軍』。樸學浙派源出梨洲一派，又爲吴、皖二派風氣鼓動，在嘉道後也因時發生相應的變化。

今以樸學浙派專指乾嘉樸學興起後，浙學發生新變一脉。代表人物爲全祖望、章學誠、邵晉涵、杭世駿、厲鶚、盧文弨、齊召南、嚴可均、姚文田、龔自珍、俞樾、李慈銘、朱一新、洪頤煊、黄式三、黄以周、孫詒讓、章炳麟等。重要人物有董秉純、盧鎬、蔣學鏞、沈冰壺、吴騫、陳鱣、黄璋、黄徵乂、馮登府、吴東發、王梓材、馮雲濠、管庭芬、姚燮、戚學標、平步青、陶方琦、陶濬宣、沈曾植、張作楠、王紹蘭、朱蘭、孫衣言、丁丙、孫鳴鏘、傅以禮、王棻、龔橙等。其中全祖望、章學誠、邵晉涵爲開啓風氣者，儼然宗主。浙派雖以浙人爲主，但非僅浙人之學，一時霑溉甚廣。

浙學凡經數變，浙派之興爲清代浙學的一次重要變化。其在經學、史學、小學、金石學、校勘學、輯佚學等方面都取得很高的成就。梁啓超《清代學術概論》談樸學成就，舉隅屢及浙學傳人。『經史考證』方面，例舉孫詒讓《周禮正義》、邵晉涵《爾雅正義》；其研究之書，例舉金鶚《求古録禮説》、黄以周《禮書通故》。清儒以小學爲治經途徑，蔚爲大觀，俞樾《古書疑義舉例》稱精鑿，章炳麟《小學答問》多新解。音韻學爲小學附庸，清代特盛，例舉姚文田《説文聲系》、嚴可均《説文聲類》、章炳麟《國故論衡》。典章制度一科，號爲絶學，例舉洪頤煊《禮經宫室答問》，又謂晚清黄以周《禮書通故》『最博贍精審，蓋清代禮學之後勁矣』。史學方面，黄宗羲、萬斯同以一代文獻自任，乾隆以後，傳此派者，全祖望最著。考證之學及於史，有洪頤煊《諸史考異》；專考證一史，有梁玉繩《史記志疑》《漢書人表考》、杭世駿《三國志補注》。自萬斯同力言表志重要，著《歷代史表》，此後表志專書可觀者多，例舉齊召南《歷代帝王年表》，考證古史又舉錢儀吉《補晉兵志》。其專研究史法，有章學誠《文史通義》，價值可比劉知幾《史通》。私撰之史，萬斯同《明史稿》『最稱巨制』。學術史，則以《宋元學案》爲著。『水地與天算』方面，清代地理學偏於考古一途，著者有全祖望《水經注校正》、趙一清《水經注釋》，齊召南《水道提綱》《漢志水道疏證》，以水道治地理。外國地理，丁謙博爲考證，成書二十餘種。天文算學，例舉張作楠、李善蘭，作楠有《翠微山房算學叢書》，善蘭有《則古昔齋算學》。『金石學、校勘學和輯佚學』方面，金石學甚盛，例舉洪頤煊《平津館讀碑記》、嚴可均《鐵橋金石跋》，『考證精徹』。梨洲一派以金石研究文史義例，宗羲著《金石要例》，其後梁玉繩、馮登府各有續作（梁玉繩有《誌銘廣例》二卷，馮登府有《金石綜例》四卷）。『自金文學興，而小學起一革命』，例舉孫詒讓《古籀拾遺》，以爲與莊述祖《說文古籀疏證》并著。『最近復有龜甲文之學』，例舉孫詒讓《名原》。清儒校勘學成專門之學，成績可紀者，例舉盧文弨校《逸周書》《春秋繁露》，全祖望校《水經注》，孫詒讓校《墨子》，梁玉繩校《呂氏春秋》，嚴可均校《慎子》《商君書》，洪頤煊校《竹書紀年》《穆天子傳》，丁謙校《穆天子傳》，浙派人物占據所列諸家三分之一。研究諸子學，例舉俞樾《諸子平議》、洪頤煊《管子義證》、孫詒讓《墨子閒詁》[三三]。

梁氏分類以述，例舉著者，雖甚簡略，大體不誤，浙派成就由此可概見。惜梁氏側重吴、皖二派，述及浙派往往『側鋒』出之，可爲一憾。

《叢編》所收稿抄本以清人著述爲多，清人又以樸學浙派之作爲多。其作者爲《清儒學案》采入者亦自不少。如陶方琦、陶濬宣、王繼香、朱一新，《清儒學案》卷一百八十五列入『越縵學案』；杭世駿，《清儒學案》卷六十五立『堇浦學案』，厲鶚以交游附焉；王紹蘭，《清儒學案》卷一百十六立『南陔學案』；錢儀吉，《清儒學案》卷一百四十三立『嘉興二錢學案』，管庭芬附焉；黄式三，《清儒學案》卷一百五十三立『儆居學案』，黄以恭附焉；吴東發、洪頤煊，《清儒學案》列入阮元『儀徵學案』；吴慶坻，《清儒學案》卷一百九十列入王先謙『葵園學案』；俞汝言，《清儒學案》卷二百一列入『諸儒學案七』；杜煦，《清儒學案》卷二百二列入『諸儒學案八』。《清儒學案》所未及言者，平步青可立『景孫學案』；葉嘉棆傳盧鎬之學，可入『謝山學案』；龔橙可附龔自珍『定盦學案』。邵瑛、沈冰壺、查揆、黄璋等人，可載入諸案，或附入諸儒學案。

浙派經史考證之書，以孫詒讓《周禮正義》、邵晉涵《爾雅正義》、黄以周《禮書通故》等名著刻本、整理本已多，兹編僅收罕見者，如黄璋、沈冰壺、姚燮、王紹蘭、陶方琦、黄式三、柯汝霖、黄以恭著述，已臚列於前。《説文》成就，朱駿聲甚著，其《説文通訓定聲》乃常見之書，兹編不録，而收《説文段注拈誤》一卷。又收邵瑛《説文經訓偶箋》《説文解字羣經正字》、姚覲元校補《説文解字考異》、李宗蓮《説文經字録》、汪厚昌《説文引經録》。其以訓詁家會通群書，俞樾《古書疑義舉例》、章炳麟《小學答問》已廣傳，茲收洪頤煊《平津筆記》。文字學專門之作，收平步青《古字發微》、陶方琦《埤蒼考異》《廣倉》等。音韻學之作，收陶方琦《説文古讀考》、朱一新《同音集釋要》《浙垣同音千字文》，其價值則遜於姚文田《説文聲系》、嚴可均《説文聲類》。

史學爲浙派大宗，以全祖望、邵晉涵、章學誠諸家著述習見，茲編不録，亦未收洪頤煊《諸史考異》、梁玉繩《史記志疑》《漢書人表考》、杭世駿《三國志補注》、齊召南《歷代帝王年表》。其專考證一史，收杭世駿《金史補》、王紹蘭《袁宏後漢紀補證》。學術史，如梁啓超所説，以《宋元學案》爲最著，《叢編》收黄璋等校補稿本。

水地與天算之學，乃浙派所長。《叢編》收録不多，全祖望《水經注校正》、趙一清《水經注釋》、齊召南《水道提綱》、洪頤煊《漢志水道疏證》等不收録。張作楠《翠微山房算學叢書》，以《重修金華叢書》已采録，此編不重複收録。

金石學之書，茲編收録稍富。梁氏所舉洪頤煊《平津館讀碑記》、嚴可均《鐵橋金石跋》，未收。如梁氏所説『自金文學興，而小學起一革命』。《叢編》所收龔橙《古金石文字叢著》，最可爲代表。

清儒校勘學，浙派功績亦著。茲編收陶方琦《淮南許高二注異同考》《淮南許注異同詁續補》《淮南參正殘草》、陶濬宣《校讎之學》。朱一新批校《漢書》《魏書》，《重修金華叢書》已收，不重複收録。梁氏例舉盧文弨校《逸周書》、全祖望校《水經注》、孫詒讓校《墨子》、梁玉繩校《呂氏春秋》、嚴可均校《慎子》《商君書》、洪頤煊校《竹書紀年》《穆天子傳》，以及俞樾《諸子平議》、洪頤煊《管子義證》、孫詒讓《墨子閒詁》，以其多有印本、整理本，不收録。

《叢編》彙輯浙派文獻，初具規模，且於數家著述搜羅較賅備，如朱駿聲、平步青、陶方琦、陶濬宣著述，接近竭澤而漁。儘管梁啓超例舉諸名作罕録，但此編絶非『邊角料』。除杭世駿著述外，他如王紹蘭、陶方琦、黄式三、龔橙之作，皆不當輕覷。陶方琦從學李慈銘，通經學，邃於訓詁，所著《鄭易小學》《韓詩遺説補》《爾雅漢學證義》《淮南許高二注異同考》《淮南許注異同詁》及《續補》俱可稱道。龔橙爲龔自珍長子，湛深經術、精小學，纂著《古金石文字叢著》，收《器銘文録》《六典理董許書》《古俗一覽象義》《秦漢金石録文》《秦漢金石篆隸記誤》《漢隸記誤》《漢石録文補遺》《魏晉南北隋唐石刻録文》《漢碑用經傳異字》《石刻字録》《金石文字録》《石刻文録》《金石文録識餘》《詩三百五篇》《六經傳記逸詩周書韻表》《鄭典》《論語諸子韻》諸書，由金石而入小學，考證多有發明。略可遺憾的是，本編以徵訪不易，浙派著述尚多可補輯，如齊召南、戚學標、張廷琛、喻長霖、王棻、王舟瑶諸家稿抄本，可進而采録。

皮錫瑞《經學歷史》謂輯佚書、精校勘、通小學爲『國朝經師有功於後學者有三事』[三四]。舉隅諸家，浙派人物僅列盧文弨精校勘、嚴可均通小學。綜觀之，浙派輯佚、校勘、小學三方面的成就足媲美吴、皖二派。還應看到浙派自成風氣：一是循『經史不分』之統，『《六經》皆史』，經史互證，史學成就卓著。二是重訓詁考證，同時不廢性理詮釋。正由主於『漢宋不分』，不喜參與漢、宋門户之争。三是重用實，考證史實，明於治亂，既爲學問一途，又存治世之意。錢穆嘆説：『蓋亭林論學，本懸二的：一曰明道，一曰救世』，『後儒乃打歸一路，專守其「經學即理學」之議，以經術爲明道，餘力所匯，則及博聞。至於研治道，講救世，則時異世易，繼響無人，而終於消沉焉。若論亭林本意，則顯然以講治道救世爲主。故後之學亭林者，忘其「行己」之教，而師其「博文」之訓，已爲得半而失半。又於其所以爲博文者，弃其研治道、論救世，而專趨於講經術、務博聞，則半之中又失其半焉』[三五]。乾嘉學者一趨於訓詁考索，有着社會政治的因素。浙派不離此大勢，但由治史而通於世用，故與吴派、皖派有所不同。章學誠《文史通義·浙東學術》云：『或問：「事功、氣節果可與著述相提并論乎？」曰：「史學所以經世，固非空言著述也。且如《六經》同出於孔子，先儒以爲其功莫大於《春秋》，正以切合當時人事耳。後之言著述者，捨今而求古，捨人事而言性天，則吾不得而知之矣。學者不知斯義，不足言史學也。」』『求古』尊漢，『言性天』尊宋，章氏以爲若『捨今』『捨人事』，皆有未當。錢穆《中國近三百年學術史》第九章《章實齋》列『經學與史學』條目，評云：『實齋《文史通義》倡「《六經》皆史」之説，蓋所以救當時經學家以訓詁考覈求道之流弊。』[三六]四是遥接東萊、深寧，近承黄、萬，重視文獻搜輯、網羅、編輯。五是綜會博采，往往一人兼長諸學，經學訓詁、史學考據、小學音韻、金石文字、校勘輯佚、天文曆算，多所涉獵，平步青等皆是，不似吴派、皖派多專門之家。

當然，樸學浙派存在較明顯的地域性，以兩浙爲中心，傳播未如陽明學派、蕺山學派廣泛。自清初始，浙西之學興，浙東爲主流的格局已發生變化。至浙派興起，浙東、浙西并盛，成就相埒。

在學術史上，樸學浙派未受到足够重視。江藩《國朝漢學師承記》僅論及盧文弨、邵晉涵，謂盧文弨『官京師，與東原交善，始潛心漢學，精於讎校。歸田後二十餘年，勤事丹鉛，垂老不衰』[三七]，以爲盧氏爲戴震所轉，『潛心漢學』，竟忘其傳浙學一脉。而戴震在浙講學，受浙學影響也頗深。謂邵晉涵聞錢大昕談宋史，乃撰《南都事畧》，『以續王偁之書，詞簡事增，正史不及也』。後稍言及『君少從山陰劉文蔚豹君、童君二樹游，習聞蕺山、南雷之説。於明季黨禍緣起，奄寺亂政，及唐、魯二王本末，從容談論，往往出於正史之外。自君謝世，而南江之文獻亡矣』[三八]。晉涵傳浙東史學一脉，江藩未審之。章炳麟、梁啓超、錢穆對浙派的認識雖未全面，但無疑遠超江藩。

四、關於『由史入文』

黄宗羲《理學録》列十六學派，浙學派與金華學派、明初學派相并立。黄百家纂輯《宋元學案》，立《金華學案》，全祖望改題《北山四先生學案》。黄百家《金華學案》以宋濂爲金華嫡傳，案語云：『金華之學，自白雲一輩而下，多流而爲文人。夫文與道不相離，文顯而道薄耳。雖然，道之不亡也，猶幸有斯。』[三九]所謂自許謙而下『多流而爲文人』，後世學者多襲其説。何炳松論浙學興衰，以南宋至明初爲第一期，明末至清中葉爲第二期，於其前後衰落之由總曰『由史入文』。事實上，『由史入文』未造成浙學之衰。何氏又説：『金華本支則曾因由史入文，現中衰之象；至明初宋濂、王禕、方孝孺諸人出，一時乃爲之復振。』[四〇]由於偏重史學，論金華一脉衰而復振，竟忘宋濂、王禕、方孝孺皆文章名家，被後世推許爲『明文正宗』。

浙東文章興於南宋，與浙學并起。理學家好薄文章爲『小道』，詩爲『小技』，壯夫不爲。浙學初興，吕祖謙、陳亮、葉適未鄙弃詩文，吕祖謙好三蘇，有《標注三蘇文選》五十九卷，又編《皇朝文鑑》一百五十卷、《古文關鍵》二卷。陳亮編有《歐陽先生文粹》二十卷、《蘇門六君子文粹》七十卷，態度與邵雍不同。三人頗工文章，陳亮更擅詩詞。宋末元初，王應麟、黄震、胡三省、舒岳祥俱能文，舒岳祥更工詩。南宋學者開啓浙學尚文風氣，此爲浙東文派初興。總體以觀，浙學傳人工文者多，擅詩詞者少。『四先生』傳朱、吕學脉，詩文詞非其所長。如金履祥好詩文，難稱名家。元中葉至明初，黄溍、柳貫、吴萊、楊維楨、宋濂、王禕、蘇伯衡、劉基、戴良、貝瓊、方孝孺爲名家，浙東文派再興。宋濂爲明開國文臣之首，與門人方孝孺并稱『宋方』。其時以文鳴世者多，能詩者猶少，僅楊維楨、劉基、戴良、貝瓊等數人號名家。陽明傳人衆多，不乏能文工詩輩，此爲浙東文派三興。當然，陽明一派詩大都不脱理學之氣。明末清初，兩浙詩文大盛，浙西詞派崛興，稱浙東文派四興。黄宗羲爲文章祭酒，朱彝尊爲詞壇領袖，查慎行爲詩壇大家。乾嘉間，全祖望、厲鶚、杭世駿爲一代文學之士，繼有龔自珍領袖文壇。此爲浙東文派五興。

陽明學派、梨洲學派、樸學浙派之興，足見學者好文未造成浙學之衰。好文對浙學變革還是產生一定的影響，黄百家所説『文顯而道薄』有其道理，但不必誇大之。且在浙學傳人看來，文不離學之根本。宋濂作《文原》，王褘作《文訓》，蘇伯衡作《空同子瞽説》，述明文章本原《六經》，經史并重。如《文訓》稱文必『主之以氣』『一本於道』[四一]。至於詩，則以爲關乎世運，乃追踪風雅，提出詩爲『文之精』，欲合詩、文、道爲一。蘇伯衡《雁山樵唱詩集序》云：『言之精者之謂文，詩又文之精者也。』[四二]胡翰《缶鳴集序》云：『物生而形具矣，形具而聲發矣。因其聲而名之，則有言矣。因其言而名之，則有文矣。故文者，言之精也，而詩又文之精者。』[四三]劉基《蘇平仲文集序》云：『文以理爲主，而以氣攄之。理不明，爲虚文；氣不足，則理無所駕。文之盛衰，實關時之泰否。是故先王以詩觀民風，而知其國之興廢，豈苟然哉！文與詩，同生於人心，體制雖殊，而其造意出辭，規矩繩墨，固無異也。』[四四]所謂『文之精』，重於詩文同源。宋濂《題許先生古詩後序》稱詩文『本出於一原』，『沿及後世，其道愈降，至有儒者、詩人之分』[四五]，不滿於詩人自别於儒者，儒者自別於詩人。學者又强調『文章正宗』。如宋濂門人鄭柏編《文章正原》，方孝孺門人王稌纂《續文章正宗》，黄宗羲纂輯《明文案》，選録《明文授讀》，皆重『文章正宗』。黄氏《明文案序下》論明文正宗始自宋濂、方孝孺，繼爲楊士奇、解縉，而後李東陽、吴寬、王鏊雄起南北，王陽明、羅玘追配前賢，歸有光、唐順之、王慎中稱大纛，趙貞吉、趙時春不愧作者，郭正域、葉向高、焦竑、王錫爵不失矩矱，婁堅、唐時升、錢謙益、顧大韶、張大復能拾歸有光『墜緒』。復古四子、公安三袁、竟陵鍾譚不在其列。《明文案序上》提出『明文三盛』：一盛於明初，宋、方等爲表率，無意功名，埋身讀書；再盛於嘉靖，歸、唐、王振頽起衰，不爲擬古及科舉功名牢籠；三盛於崇禎，婁、唐、錢等爲表率，『通經學古』[四六]。世人關注陽明心學及事功，疏於談説文章，即使論之，多歸於『末技』。黄宗羲不然，并推陽明學問與文章。《李杲堂文鈔序》云：『余嘗謂文非學者所務，學者固未有不能文者。今見其脱略門面，與歐、曾、《史》《漢》不相似，便謂之不文，此正不可與於斯文者也。濂溪、洛下、紫陽、象山、江門、姚江諸君子之文，方可與歐、曾、《史》《漢》并垂天壤耳。蓋不以文爲學，而後其文始至焉。當何、李爲詞章之學，姚江與之更唱叠和，既而弃去。何、李而下，嘆惜其不成，即知之者亦謂其不欲以文人自命耳，豈知姚江之深于爲文者乎？使其逐何、李而學，充其所至，不過如何、李之文而止。今姚江之文果何如，豈何、李之所敢望耶？』[四七]以學衡文，黄氏得出『餘姚之醇正，南城之精煉，掩絶前作』的結論。於南宋以後文章，其歷推朱熹、陸九淵、吕祖謙、真德秀、黄榦、王柏、何基、金履祥、姚燧、虞集、黄溍、柳貫、吴師道、宋濂、王禕、方孝孺、王陽明，學統一望即知。與宋濂一樣，宗羲力斥學者、文人相割裂之説，海昌講學告誡門人：『夫一儒也，裂而爲文苑，爲儒林，爲理學，爲心學』，其弊甚重，學者當求『歸一』[四八]。

《叢編》收明别集甚少，不足概觀明代浙學學者之文學成就。清代大家之集又避出版重複，故所收亦不足觀清代浙學學者之文學成就。雖然如此，猶可據以見其文學好尚與創作風氣，且以多收珍稀之本，别具認識價值。如第一輯收陳選《恭愍公遺稿》清抄本、豐坊《南禺外史詩》稿本、屠勳《太保東湖屠公遺稿》清抄本、王石如《兀壺集》稿本二種、吴農祥《梧園詩文集》稿本、孫在豐《孫閣部詩集》稿本、祝定國《南山堂近草》稿本、趙昱《小山乙稿》稿本、杭世駿《全韻梅花詩》稿本、陳兆崙《陳太僕詩草》稿本、羅繼章《惜陰書屋詩草》稿本、沈冰壺《古調自彈集》清抄本、金德輿《金鄂巖詩稿》稿本、曹大經《襟上酒痕集》稿本、《么絃獨語》稿本、《啣薑集》稿本、《後咏懷》稿本、查揆《菽原堂初集》稿本、《菽原堂詩》稿本、《江行小集》稿本、王樹英《古槐書屋詩文稿》稿本、王衍梅《笠舫詩文集》稿本、杜煦《蘇甘廊手翰》稿本、《蘇甘廊先生詩稿》稿本、《蘇甘廊詞集》稿本、錢儀吉《衎石齋遺牘》稿本、《旅逸續稾》清抄本、《定廬集》清抄本、章鋆《章鋆詩文稿》稿本、吴仰賢《小匏庵詩草》稿本、鮑存曉《痴蟲吟稿》稿本、嚴辰《達叟文稿》稿本、楊象濟《白鶴峰詩屋初稿》稿本、《欲寡過齋存稿》稿本、陶在銘《寄槃詩稿》

稿本、戴穗孫《春到廬詩鈔》稿本，都屬首次公布印行。第二輯至第五輯重在網羅諸家著述，合而編之。如第二輯收來集之《來集之先生詩話稿》《倘湖手稿》《倘湖遺稿》，朱駿聲《臨嘯閣文集補遺》《臨嘯閣詞》《庚午女史百詠》，皆稿本。平步青、陶方琦、陶濬宣、王繼香之集，網羅幾於殆盡。這些珍稀之集，也是撰著《兩浙詩史》《兩浙文史》《兩浙詞史》的基本材料，可藉以發覆作者文心、詩境、詞藝，補文學史載述所未備，并與浙學經史之學相發明。以下試舉數例以觀：

臨海陳選以精《小學》著聞，金賁亨撰《台學源流》，自宋徐中行迄明陳選，凡得三十八人，有明傳及郭樌、方孝孺、陳選三人，稱『三先生』[四九]。陳選字士賢，號克菴，與父員韜并從陳璲學。明天順四年（1460）成進士。授監察御史，巡按江西，貪殘吏屏斥殆盡。時人語曰：『前有韓雍，後有陳選。』督學南畿，患士習浮誇，範以古禮。纍遷廣東左布政使，以剛直忤市舶中官韋眷，誣奏朋比貪墨。被徵，病歿於道。正德中，謚恭愍。著有《小學集注》六卷、《孝經集注》一卷、《冠祭禮儀》一卷。海瑞《題尊鄉録贊》云：『克菴之學，屹爲儒宗。』詩文有《丹崖集》，未刻傳。《叢編》收浙江圖書館藏清初抄本《恭愍公遺稿》不分卷。臨海博物館又藏清光緒十八年（1892）張廷琛輯抄本《陳恭愍公遺集》一卷、《外集》一卷。《［民國］台州府志》著録《丹崖集》：『舊省、府、縣志俱不著録，蓋佚已久。今天台張廷琛搜其詩文，輯爲《陳恭愍公遺集》一卷，冠以《明史》本傳，又附録表、記、序、跋、論、贊，爲《外集》一卷。』張廷琛《叙》云：『第念藏書鮮渺，遺集之篇數既稀，集外之搜羅未備，將毋貽疎漏之譏乎！然考當日羅東川太守最好先生文，僅僅以三稿見示；張楊園先生寄凌渝安書，屬訪求《陳恭愍集》而無從，則此編亦正無容見少也。詩文雖不及《遜志集》之富，而先生秉性之剛正，持己之端方，事君之忠慤，教人之精詳，愛民之慈惠，以及安貧樂道之實，陟明黜幽之公，亦大畧可見矣。』《遺集》一卷收文九篇，詩十五首。所輯多録自方志、宗譜及《三台詩録》。廷琛用力雖勤，惜未見清初抄本《遺稿》，故得詩僅隻鱗片羽。《遺稿》爲劉承幹舊藏，存《自省》《寫真有作》《姑蘇校文示諸生》《詠古》等一百三十八題一百五十六首。詩後佚名《跋》：『右稿以公卒於官，多亡失者。今所輯或以人所記憶，或以别集互見。其家藏者往往雜以他作，雖加删校，猶疑未盡，觀者幸得之。』張廷琛輯本《除夕》《遊金鰲山》二詩不見於《遺稿》。《遺稿》較《遺集》多出一百四十餘首。《遺稿》收文七篇，題作《克菴遺稿》。《遺集》輯文十一篇，對勘二集，《遺稿》所收《結黨害民疏》爲《遺集》所無，《遺集》所收《請止猣猊入貢疏》《陳氏宗譜序》《逸像自贊》《對鏡》《修譜諭》不見於《遺稿》。合二集，存陳選文十二篇。《遺集》不足論定陳選詩，《遺稿》則可矣。合二集，又略可論定其文。盛明多士，陳選與羅倫、張元楨、吴寬、黄孔昭、謝鐸相率砥礪名節，時稱『硬漢子』。幼受陳璲『文必關於世教』之教，《小學集注自序》云：『夫爲學而不嚴諸己，不踐其事，誦説雖多，辭章雖工，皆空文也，於吾身何益哉，於國家天下何補哉，於聖人之道何所似哉！』謝鐸《廣東左布政使陳君墓誌銘》云：『君學博而深於經，詞章非其所好。』陳選自謙不善爲文，然所作善養氣，明道言志，遠勝虛飾空文。其詩亦然。如《註小學有感》：『早年弄筆作虛文，贏得虛名悟却身。底事如今不知悔，又傳文筆誤他人。』《對鏡》：『方圓長短各形模，鼓鑄元從一大爐。但使行藏皆順理，謾從色相話榮枯。』《三台詩録》云：『克菴深心理境，爲文明白純正，而七古壯激排宕，造句奇特，出入杜蘇。安必直白迂腐，然後爲儒者之詩耶！』

鄞縣豐坊與臨海王宗沐俱浙學中人，詩文染習復古。豐坊字存禮，號南禺。舉鄉試第一，明嘉靖二年（1523）成進士。授禮部主事，從父豐熙争大禮，下獄。後出爲南京吏部考功主事，謫通州同知，免歸。博學工文，摛詞藻麗，并擅書法。詩文生前未經編次，多散佚。《〔雍正〕浙江通志》著録《南禺集》二卷，《〔雍正〕寧波府志》著録《萬卷樓集》《南禺摘稿》，皆不標卷數。今傳世有二本，一爲萬曆四十五年（1617）刻《萬卷樓遺集》六卷，一爲浙江圖書館藏《南禺外史詩》手稿一卷。刻本前二卷爲文，後四卷爲賦、諸體詩，按體編排。《南禺外史詩》存詩二十五首，前二首詩題殘闕，以下爲五律《宿清道觀》《春晚感懷二首》《登清凉山絶頂》《夏日即事》《納凉》《山菴》《月下有懷》《湖遊》，七律《觀音閣餞公次次韻》《辟支洞次公次韻》《續夢中句》《焦山》《元夕鎮海樓》《雲居喜雨》《夢吕純陽聯句》《松花》《陳道復粉團花墨戲》《度育王嶺》《碧沚納凉》《紫陽菴》《星宿閣》《城隍廟》《肅愍墓》《僧樓避暑》。末爲豐坊嘉靖二十七年長至日跋：『約山董子可遠，前少宰中峯先生冢嗣也，美質好學，自齠齔已識其偉器，别來二十五年矣。兹過會稽，因留款叙，而以此卷索書。爲録舊作如右，固詞札陋劣，皆由衷之言，可爲知己者道爾。』《宿清道觀》《觀音閣餞公次次韻》《陳道復粉團花墨戲》《肅愍墓》等四首，俱見《萬卷樓遺集》卷五，分題作《蓬萊軒》《餞高侯於觀音閣，次宗伯昭韻》《陳道復畫粉團花》《謁于公少保祠》，字句時異。其他諸詩，未見《萬卷樓遺集》收録。蓋温陵蔡獻臣選録《萬卷樓遺集》，屠本畯校之，未見此手卷。豐坊録舊作贈友，擇其得意者，手書有自選之意。其嘗輯李夢陽《空同精華集》三卷，又從陽明門人季本遊，與唐順之諸子交好，詩恃於才氣，既染習復古，復得陽明一派沾熏，雖不獨自成家，但論明詩不當遺之。

有明一代，浙西多才子，浙東多學者。浙西學者好詩，浙東學者尚文。清代不盡然，浙東學者尚文如故，而能詩者衆；浙西學者好詩不減，而長於詞，且學問不下浙東。兩浙學者傳承浙學，因其『土風』，各禀其氣，同枝而才情有異。清初朱彝尊、查慎行號詩壇大家，朱彝尊又儼然一時詞宗，浙西詞派延綿二百餘年，彬彬稱盛。查慎行師事黄宗羲，爲梨洲高弟子，論詩『不分唐宋』，自成『初白體』。同時浙西文士知名者不少，《叢編》所收毛奇齡、吴農祥皆其人。吴農祥字慶伯，號星叟，又號大滌山樵，錢塘諸生。薦試博學鴻儒，大學士馮溥延之館舍，與陳維崧、毛奇齡、吴任臣、王嗣槐、徐林鴻并稱『佳山堂六子』。博鴻不第，入李之芳幕府。黄士珣《北隅掌録》稱其著作五百六卷，藏蕭山王小穀家。同治間，丁丙從三元坊包氏得集二十九册。《叢編》所收浙圖藏《梧園詩文集》，即丁丙舊藏。農祥文章最優，詞勝於詩。詩作甚富，袁枚《隨園詩話》卷十六云：『古人詩集之多，以香山、放翁爲最。本朝則未有多如吾鄉吴慶伯先生者，所著古今體詩一百三十四卷，他文稱是，現藏吴氏瓶花齋。』[五〇]蓋貪多而不精，與朱彝尊同病。朱氏詩稱大家，農祥遠不及，時有可觀。如五律《問庭梅》二首，其一云：『昨夜東風裏，枝枝到地生。爲嫌經尾礫，不敢問簷楹。壁上留花影，窗中悟雪聲。冰絲與水色，爲爾一含情。』[五一]海寧查慎行、查嗣瑮、查容、查昇皆能詩，查氏後人頗傳慎行家法，查揆即其一。查揆字伯葵，號梅史，海寧人。清嘉慶九年（1804）舉人，纍官灤州知州。通經史。《叢編》收其稿本《菽原堂初集》一卷、《菽原堂詩》一卷、《江行小集》一卷。所作有初白餘風，如《慨予》四首，其一云：『慨予家中落，蓬蒿三徑生。愁多銷意氣，貧亦損才名。賦罷病梨樹，餐餘秋菊英。窮年聊落感，不獨爲商聲。』[五二]《吕城次頻伽韻》：『擊汰吴波并兩船，風流二老白漚然。心如隄水多縈帶，詩逼禪機欲豎拳。烏鵲依枝猶永夜，白衣摇艓定何年。江湖一種閑懷抱，除却窮愁我亦仙。』[五三]其《和淵明飲酒二十首》《兔牀先生摹家初白老人蘆塘放鴨圖屬題，即用橘社集自題原韻四首》，憑吊查繼佐故居所作《黄泥潭訪家伊璜先生故居，同胡秋白元杲作》《是日感舊》，及與郭麐唱和詩，俱可誦讀。沈濤《匏廬詩話》云：『梅史《落葉》詩云：「低頭一笑渾相識，見汝春風緑上時。」此意爲前人所未道。』[五四]吴衡照曰：『梅史得初白之雄健而加警，得樊榭之清峭而加動，是謂能轉法華，不爲法華轉者。』[五五]查慎行身後，浙學傳人厲鶚、龔自珍詩號大家，皆浙西産。杭世駿與厲鶚同時，詩亦不俗，與全祖望并不愧名家。《叢編》收世駿《全韻梅花詩》一卷，已見刻本《道古堂全集》之《外詩》，但此本係手稿，末題：『全韻詩成，書奉玉几詞丈郢正。堇浦杭世駿脱稿。』全韻詩録爲單册，可見舊貌，且書法精美，與詩境相發。元、明作者百韻梅花詩纍纍，幾已極其窮工。《全韻梅花詩》猶能獨出心裁，如上平十灰韻一首：『豐姿綽約絶塵埃，世眼誰憐閬苑才。莫道東風渾美意，不催花謝衹催開。』下平三肴韻一首：『爲訪名花出近郊，携笻踏遍水雲坳。眼前冰雪都知己，莫衹東風説舊交。』境韻横生，不讓前人。

學術『流而爲文人』，『由史入文』，未致浙學之衰。元末以後學者好文辭，乃風尚變化，不關涉浙學興衰。綜觀浙學文學一脉，因時而變，非盡株守一端，其變化終不離於學問本根。以文章言，名家輩出，重浙學統緒，乾嘉而後變化始著。以詩言，重風雅之遺、詩文合道，自宋至明末，理學氣甚濃，入清以後，因朱、查之倡，詩風一變，遂成清詩浙派。以詞言，始有陳亮稱大家，後數百年鮮杰出作者，迄於清初，朱彝尊爲首『浙西六家』崛起詞壇，開清詞浙派。

《叢編》所收稿抄本内容豐富，不啻浙學百科圖景呈現，既有巨大的學術與文獻價值，又有很高的文物與藝術價值，同時也是古代歷史、學術、文化、社會研究的重要資料。稿抄本作爲書法史文獻，藝術價值顯而易見，這裏略及其文獻整理價值。兹編所收相當數量的稿抄本，乃真正意義上的孤本，未曾刊印，即使有印本，也多散佚。如陳選《恭愍公遺稿》、祁彪佳《祁忠敏公稿五種》、姜希轍《理學録》、吴農祥《梧園詩文集》、查慎行《壬申紀遊》、萬言《明女史》等。浙學著述不亡，實多賴之。在古籍整理中，孤本是唯一可據底本，具有不可替代性。即使偶有其他寫本或印本，《叢編》所收者也是整理校勘不可或缺的資料。他本或未盡良善，仍當以《叢編》收者爲底本。他本或可爲底本，《叢編》收者往往是主要校本。《叢編》還爲整理名家全集或全書提供了豐富的資料，尤其是第二輯、第三輯，徵輯一家著述，儘量網羅全面，可藉此整理平步青、陶方琦、陶濬宣、王繼香等人全書。第四輯專收姚燮輯《復莊今樂府選》，部帙繁富，可作專門整理。這些文獻大都散藏各地圖書館，資料分散，珍貴難獲，合璧不易，《叢編》力求完善，以成專題。若利用此次專題彙輯進行整理，難成之事轉爲易成。

浙學東之高閣時也已久，如今傳承浙學非易事，需要一個漸進過程。就當前來説，浙學研究還處在起步階段，有必要展開廣泛深入的研究。玆編纂輯不易，賴諸同仁竭力從事數年，方有成效。是編列入『浙江文化研究工程』第二期，得到邵清先生和浙江省社科聯的大力支持，黄靈庚先生復多贊襄之功。筆者得與其事，幸莫大焉。千里之行，始於足下，唯冀玆編能推轂浙學復興。至於補輯續編，則俟來日，然亦將有望矣。

二〇二〇年五月校定

【注釋】

[一]（清）黄宗羲、黄百家撰，（清）全祖望等補編《宋元學案》，中華書局，1986年，第15—20頁。

[二]參見彭國翔《黄宗羲佚著〈理學録〉考論》，《中共寧波市委黨校學報》2011年第4期。

[三]（清）萬斯同《萬斯同全集》第五册，方祖猷主編，寧波出版社，2013年，第169頁。

[四]（清）黄宗羲《明儒學案》卷五十八，沈芝盈點校，中華書局，1985年，第1376頁。

[五]（清）黄宗羲《明儒學案》卷五十八，第1379頁。朱熹撰有《伊洛淵源録》。《四庫全書總目》著録明宋端儀撰、薛應旂重修《考亭淵源録》二十四卷。

[六]（清）萬斯同《萬斯同全集》第五册，寧波出版社，2013年，第173—174頁。

[七]《錢緒山學案》，《明儒學案》歸錢弘緒入卷十一《浙中一》。《龍溪學派》，《明儒學案》歸王畿入卷十二《浙中二》。

[八]何炳松《浙東學派溯源·自序》，上海古籍出版社，2012年，第3頁。

[九]（清）翁方綱《補録鄭芷畦窆石志》，《復初齋文集》卷十四，清李彦章校刻本。

[一〇]（清）全祖望《鮚埼亭集》卷十九，《全祖望集彙校集注》，朱鑄禹彙校集注，上海古籍出版社，2000年，第239—240頁。

[一一]（清）周中孚《鄭堂讀書記》，民國《吴興叢書》本。

[一二]（清）吴慶坻《蕉廊脞録》，民國《求恕齋叢書》本。

〔一三〕（清）杭世駿《武林覽勝記》集前題識，清抄本。

〔一四〕謝正光、范金民編《明遺民録彙輯》，南京大學出版社，1995年。

〔一五〕（清）全祖望《鮚埼亭集外編》卷二十九，《全祖望集彙校集注》，第1346頁。

〔一六〕（清）皮錫瑞《經學歷史》，中華書局，2008年，第341頁。

〔一七〕章炳麟《訄書·清儒》，清光緒三年重訂本。

〔一八〕梁啓超《中國近三百年學術史》卷十三《清代學者整理舊學之總成績（一）》，中國書店，1985年。

〔一九〕梁啓超《中國近三百年學術史》卷三《清代學術變遷與政治的影響（中）》，第22頁。

〔二〇〕錢穆《中國近三百年學術史》第八章《戴東原》，《錢賓四先生全集》第十六册，聯經出版事業股份有限公司，1998年，第403—408頁。

〔二一〕陳祖武《關於乾嘉學派的幾點思考》，《清儒學術拾零》，湖南人民出版社，1999年，第167—169頁。

〔二二〕梁啓超《中國近三百年學術史》卷三《清代學術變遷與政治的影響（中）》，第22頁。

〔二三〕梁啓超《中國近三百年學術史》卷三《清代學術變遷與政治的影響（中）》，第22頁。

〔二四〕梁啓超《中國近三百年學術史》卷三《清代學術變遷與政治的影響（中）》，第22頁。

〔二五〕錢穆《中國近三百年學術史》第四章《顧亭林》，《錢賓四先生全集》第十六册，第171頁。

〔二六〕錢穆《中國近三百年學術史》第四章《顧亭林》，《錢賓四先生全集》第十六册，第179頁。

〔二七〕梁啓超《清代學術概論》，上海古籍出版社，1998年，第17頁。

〔二八〕參見錢穆《中國近三百年學術史》第十一章《龔定菴》，《錢賓四先生全集》第十七册，1998年第695

頁。

〔二九〕（清）龔自珍有《賓賓》之説，謂：『孔子述《六經》，則本之史也。史也，獻也，逸民也，皆於周爲賓也，異名而同賓者也。』見錢穆《中國近三百年學術史》第十章《龔定菴》，《錢賓四先生全集》第十七册，第704—705頁。

〔三〇〕錢穆《中國近三百年學術史》十一章《龔定菴》，《錢賓四先生全集》第十七册，第691頁。

〔三一〕錢穆《中國近三百年學術史》十一章《龔定菴》，《錢賓四先生全集》第十七册，第689頁。

〔三二〕錢穆《中國近三百年學術史》十一章《龔定菴》，《錢賓四先生全集》第十七册，第714頁。

〔三三〕梁啓超《清代學術概論》，第55—61頁。

〔三四〕（清）皮錫瑞《經學歷史》，第330—331頁。

〔三五〕錢穆《中國近三百年學術史》第四章《顧亭林》，《錢賓四先生全集》第十七册，第177—178頁。

〔三六〕錢穆《中國近三百年學術史》第九章《章實齋》，《錢賓四先生全集》第十七册，第499頁。

〔三七〕（清）江藩《國朝漢學師承記》，中華書局，1983年，第91頁。

〔三八〕（清）江藩《國朝漢學師承記》，第95—96頁，稿本。

〔三九〕（清）黄璋等校補《宋元學案》第十七册。

〔四〇〕何炳松《浙東學派溯源·自序》，第3頁。

〔四一〕（明）王禕《王忠文公集》卷十九，明刻本。

〔四二〕（明）蘇伯衡《蘇平仲文集》卷五，明正統七年刻本。

［四三］（明）胡翰《胡仲子集》卷四，明洪武十四年王懋温刻、明重修本。
［四四］（明）劉基《太師誠意伯劉文成公集》卷五，明刻本。
［四五］（明）宋濂《宋學士先生文集》卷十三，明天順五年刻本。
［四六］（清）黄宗羲《黄宗羲全集》第十册，平慧善校點，浙江古籍出版社，1993年，第18—20頁。
［四七］（清）黄宗羲《黄宗羲全集》第十册，第26—27頁。
［四八］（清）黄宗羲《留别海昌同學序》，《黄宗羲全集》第十册，第627—628頁。
［四九］（明）金賁亨《台學源流》，清金文煒刻、光緒八年陳樹桐補修本。
［五〇］（清）袁枚《隨園詩話》，清乾隆間刻本。
［五一］（清）吴農祥《梧園詩文集》第二十三册《星叟心蘇集》，稿本。
［五二］（清）查揆《菽原堂初集》，稿本。
［五三］（清）查揆《江行小集》，稿本。
［五四］（清）潘衍桐編《兩浙輶軒續録》卷二十二，清光緒間刻本。
［五五］（清）潘衍桐編《兩浙輶軒續録》卷二十二。

《浙學未刊稿叢編》前言三

唐微

陶方琦（1845—1884），字子珍（亦作子縝、紫畛）、漢遡、孝遡，號蘭當、湘麋、湘湄，會稽陶家堰（今浙江省紹興市越城區陶堰鎮）人，出生於世代書香官宦之家。陶氏世居陶家堰，先世在文學、吏治上皆有聲名。陶方琦天資聰穎，勤奮善學，又喜博覽群書。清咸豐同治之交，太平軍進軍浙江，陶方琦隨家人避亂山中，終日祇以讀書吟誦爲伴。既冠之年，補諸生。同治六年（1867），鄉試中式第五十八名，與胞兄陶方琯，好友譚獻、諸可寶、朱衍緒等皆爲同榜舉人。

清同治十三年，考取景山官學教習。光緒二年（1876），會試中式第一百五十六名，保和殿復試一等三十三名，殿試二甲六十九名，朝考一等十二名，欽點翰林院庶吉士，授翰林院編修。

光緒五年，奉命提督湖南學政。七年八月，因母親樊氏去世，離任，奔喪歸里。喪事完畢後，受湖北巡撫彭祖賢聘請，擔任《湖北通志》總纂之職，遂至武昌。八年，客居武昌，纂修通志，與諸可寶分修《圖經》，同時以『藝文志』卷囑姚振宗代撰。并且在這期間開始整理自己的手稿，但都没有完成，衹有詩詞駢儷文等約略寫定。光緒十年，丁憂結束，北上供職，然在逡巡中染上疾病，纏綿病榻數月，蔫直南齋已不能赴。是年十二月二十四日卒於京邸，年甫四十。

陶方琦生性静穆，待人接物，不苟言笑，獨嗜學問，與同道交流起經學，引經據典，興致高昂，以至逾晷忘疲，『討古辨疑，斷斷不自知』。其爲學勤勉刻苦，爲人又極其謙遜，從善如流，善於聽取好建議，以致學問日益精進。

陶方琦師事同鄉越縵堂李慈銘。據《越縵堂日記》所述，兩人亦師亦友，學問切磋，詩賦唱和，交情篤厚。李慈銘在《越縵堂日記》（同治十一年五月十四日）中曾對陶方琦學識及爲人有過如此評價：『子珍力追漢魏，孟晋迫群，海内少年未見其比，吾邑古學，其在兹矣。』《續修四庫全書總目》亦云：『方琦從學於同邑李慈銘，慈銘稱爲畏友，其詞章雅雋，允爲越縵堂嗣音。』又稱其文章『博贍精密，慈銘亦當讓山之巔也』。

陶方琦交游亦廣闊。同治初年，嘗與同年知己好友孫垓、秦樹敏、曹壽銘、蔡以瑺、王詒壽、馬賡良，從兄弟在銘、祖培、濬宣等十餘人，倡『皋社』詩社於郡城東鄉之小皋埠，四方俊彦，聞風慕名，時相過訪，魚雁傳遞，成當時佳話。光緒五年，任湖南學政期間，則視學實事求是，道德文章均能服人。當地學士皆慕其賢，得士如衡山李子茂、衡陽夏時濟、長沙胡元儀、武陵陳鋭等，所造就者皆能窮經。又如桂陽陳兆葵、黔陽黄忠浩（一作長沙蕭榮爵），則文章蔚然。

陶方琦素與族堂兄弟親厚，胞兄陶方琯，從弟陶濬宣、陶在新等皆與之往來甚密。兄弟之間談經論史，彼此怡怡，壎篪迭和，各爲隽才。而與堂弟陶濬宣最爲知己。兩人同爲越縵弟子。同聲同氣，文章切磋，商量遂密。陶方琦仙逝之後，陶濬宣爲其整理遺稿，統名爲《漢孳室遺書》，共計一百零九篇二百二十四卷。陶方琦現存手稿中，多經陶濬宣一再校勘，或圈點，或評點，或批注，校勘精審，朱黄遍書頭册尾，情誼深厚，可窺一斑。與陶方琦生前交往密切，在其殁後又參與文獻整理至爲盡力者，除陶濬宣外，另有三人：

一爲譚獻。陶方琦辭世後，譚獻曾爲之作《翰林院編修湖南學政陶君子珍傳》，該傳收録於《陶氏族譜》中。并爲其搜羅詩文，加以刊刻。今方琦之詩文稿得以流傳，譚獻之功不可没。陶氏存世稿本中，亦多見譚獻校注。

二爲諸可寶。諸可寶與陶方琦亦爲同年舉人。陶方琦致力《説文》，著《許君疑年表》，可寶商榷之力居多。後二人皆應湖北志局聘，同修《圖經》，於修書之暇，相互切磋，故諸可寶爲之撰《倉頡輯本校勘記》《字林考逸補本書後》，并爲《淮南許注異同詁補遺》稿題署書名。在方琦殁後，可寶不負故人之約，將陶方琦所留《倉頡補本》手稿，窮五晝夜力，親爲編録。在他的努力下，《倉頡補本》與《字林補本》二書終於合刊問世，成二人未竟之志。

三爲姚振宗。姚振宗深諳版本目録學，有《漢書藝文志拾補》等專著存世，與陶方琦交厚。光緒八年，陶方琦客居武昌，受聘纂修《湖北通志》時，曾以『藝文志』囑姚振宗代撰。兩人非但爲同里，更是姻親，方琦之長子詞光，娶姚振宗之次女爲妻。陶方琦督學湖南時，曾將所著書目一册寄與姚振宗。陶方琦去世噩耗傳來，哀痛之下，姚氏根據所著書目，按圖索驥，收集遺作。光緒十三年，姚振宗又根據詞光自遺篋中所得目録，將陶氏手稿中可以聚録成編者，一一整理繕寫，凡二十餘種，且每種後皆附姚氏整理跋。現陶氏存世手稿中，多賴姚氏整理而被保存。後會稽徐維則又據姚氏整理本繕寫若干種。

陶方琦嘗言：讀萬卷書不如著一寸書。故其一生鋭於著作。二十歲前好詞章，現存世詞章多爲詩社時所作。繼又爲考證之學，僻嗜陽湖孫氏（孫星衍）、高郵王氏（王念孫、王引之父子），左海陳氏（陳壽祺）之學，畢生致力於《淮南》之學，頗有述作。惜天不假年，中年遽逝，未竟之業，良可嘆息。

光緒二十年，同邑徐友蘭在刊刻《紹興先正遺書》之《漢孳室文鈔》一書時，曾對陶方琦著述有過搜羅考證，并附有書目，從中可知陶氏著述大致可分如下幾類：

（一）治鄭玄之學。爲《周易鄭注疏證》十種，即：《鄭易爻辰説》二卷、《鄭易互體説》一卷、《鄭易京氏學》一卷、《鄭易馬氏學》一卷、《鄭君諸家通誼》一卷、《鄭易王氏同義述》一卷、《鄭易禮説》□卷、《鄭易緯義》□卷、《鄭易小學》四卷、《鄭易源流攷》□卷。此十種，因稿未殺青，大多散佚。陶氏卒後，光緒十三年，姚振宗檢其未訂稿本補輯整理，輯成三種，《鄭易小學》《鄭易京氏學》《鄭易馬氏學》各一卷，後友蘭之子徐維則又據姚氏整理稿本謄録，是爲徐氏鑄學齋抄本《漢孳室遺著》七種，今藏上海圖書館。鄭學稿本僅見《鄭易小學》一種，現藏浙江圖書館，皆收入此集中。

（二）治許慎之學。徐友蘭在《〈漢孳室文鈔〉跋》中，論及陶方琦著《淮南許注異同詁》一書之由，云：『生平好許叔重書，以類治《説文》，爲《通釋十二篇》《漢孳室讀説文》，記與嚴鐵橋相出入。又因《説文》而推知許君《淮南閒詁》多爚亂於涿郡，援蘇魏公（蘇頌）言，左以《説文》及群籍所采剖泮而疏通之，定《閒詁》二十一卷，爲《許注異同詁》四卷《補遺》一卷《續補》一卷、《説文補詁》八卷《存疑》四卷。』前人對於許、高二家之異同，每不能確指，亦無由厘别。待陶方琦《淮南許注異同詁》出，是能辨許、高二注之異。故近代治《淮南》學者，多稱有清一代，陶氏方琦用力最勤。今有光緒七年至十年湘南使院刻本《淮南許注異同詁》存世。同時有陶氏《淮南異同考》稿本兩種，分藏上海圖書館和浙江圖書館。二書朱墨雙色勾乙塗改遍布，可見在成稿後各經校勘及流傳。又《許君年表藁》一卷、附《淮南參正殘草》一卷、《説文古讀攷稿》一卷又一卷稿本，存浙江圖書館。又《淮南許注異同詁補》一卷《續補》一卷，係《補》卷成刊後增補稿本，即《續補》卷最初草稿本，亦存浙江圖書館，上述四種稿本，皆收入此專輯。

（三）小學類。《〈漢孳室文鈔〉跋》云：『許、鄭之餘，覃心小學。』諸如《爾雅漢學證義》《商周金文斠》《秦漢石文斠》《一切經音義》《華嚴經音義》《輔行記校勘記》《玉篇校本》《汗簡校正》《吕覽古讀考》《公羊異文考》等，皆入此列。今有《汗簡》刻本存世。又《爾雅漢學證義》二卷，有姚振宗整理稿本存世，現藏上海圖書館，已收入此專輯。

（四）六經著述。《〈漢孳室文鈔〉跋》云：『演贊六藝』之書，《魯詩故訓纂》十九種、《公羊春秋集釋》、《大戴禮補詁》、《今文尚書集説》、《韓詩遺説補》皆入此類。《韓詩遺説補》一卷，清抄本，現存上海圖書館，收入此專輯。

（五）輯佚類。諸如《倉頡篇》《埤倉》《廣倉》《字林》《字學》《聲類》《桂苑珠藂》《賈逵國語注》《謚法劉熙注》《古易義》《西漢易義》《後漢晉魏易義》《侯果何妥崔憬三家易》《徐邈周易音》《蕭廣濟孝子傳》，入此類。跋稱『繙所至，摭取古馨，以振先師之遺者也』。現有《倉頡篇》《埤倉》《廣倉》刻本存世。另有《埤倉輯本》二卷，民國二十八年（1939）武林葉氏抄本，存上海圖書館。《字林補逸》和《蕭廣濟孝子傳》二種，入清抄本《漢孳室遺著》七種中，皆收入此專輯。

（六）隨筆、駢文、詩詞類。有《讀子札記》《讀史札記》《湘輶筆録》《潩廬駢文》《湘麋閣集》《蘭當詞》。《湘麋閣遺詩》四卷附《蘭當詞》二卷，有清光緒十六年鄂局刻本存世。另有子部類《雜抄》《六朝剽華》、集部類《陶湘麋學使詩文遺稿》、《湘麋館遺墨粹存》、《湜廬初稿》、《琳青書館詩稾》（二種）、《琳清仙館詞藁》等稿抄本存世，收入此專輯。

平步青《霞外攟屑》卷六所收《漢孳室所著書目》，收録陶方琦書目近八十種，今存之十不及一。究其原因，書目後姚振宗有跋，或可解釋一二，云：『孝逸視學湖南時，嘗寄示著書目一册，詳略與此帙頗不同。乙酉春，訃音至，乃與其昆季聚哭。予曰：孝逸已矣，其畢生心力所瘁，不可與之俱盡，是後死者之責。因出前册付其家，俾按圖索驥，易於收集。今屢索之不獲。此帙乃孝逸將次入都時續纂，其孤嗣光得之遺篋中，今附録於文鈔之後。其中有可以裒録成編者，皆一一繕寫福裝并文鈔凡二十餘種，其他如《淮南參正》，昔年見其手稿一巨册，今不知在何處，徐邈《周易音》《謚法劉熙注》諸種，則皆略有所輯，而未成編。其於魯詩也，致力與鄭易、許淮南等所作《故訓纂》十九種，亦但有序例，未及成書，惜哉。光緒丁亥歲夏五月。』

現存陶方琦著述出版的有：清光緒七年至十年湘南使院刻本《淮南許注異同詁》四卷《補遺》一卷《續補》一卷；清光緒刻本《欽旌孝婦孝女二傳》不分卷；清光緒十六年江蘇書局刻本《倉頡篇輯》三卷《續》一卷《補》二卷；清光緒十六年江蘇書局刻本《字林考逸》八卷附録一卷；清光緒十六年鄂局刻本《湘麋閣遺詩》四卷附《蘭當詞》二卷；清光緒十八年徐氏鑄學齋刻

《紹興先正遺書》本《漢孳室文鈔》四卷《補遺》一卷；清光緒二十三年成都龔氏刻民國二十三年補刻本《倉頡篇》三卷。

除稿抄本之外，陶方琦稿存世散札較多，惜分散各處，歸攏不易。此輯末所收《咸同間名人詩箋》稿本一册，現藏國家圖書館，收録李慈銘、樊增祥、陶方琦等人詩作四十五首，其中方琦相關四首，由原函粘貼而成。此稿雖非陶氏一人墨迹，然相關人物多爲陶氏師友輩，與其淵源頗深，藉此可考人物行狀，故入收此輯。

二〇二三年二月

影印説明

本專集收録陶方琦撰、輯之未刊稿抄本文獻。

陶方琦（1845—1884），浙江會稽人。清光緒二年（1876）進士，官授翰林院編修，督學湖南。陶方琦生於世代書香官宦之家，素有『讀萬卷書不如著一寸書』之志，一生鋭意著述，多治鄭玄、許慎之學。

專集所收《漢孳室遺著七種》《鄭易小學》《韓詩遺説補》《爾雅漢學證義》《許君疑年表藁》《咸同間名人詩箋》等文獻，可觀陶方琦治學嚴謹、細緻之特點。其學術代表作《淮南許注異同詁》，對許、高二注做了深入研究，論據扎實有力，頗爲治《淮南》學者稱道。陶方琦著述多未付梓，有賴同鄉、友人如陶濬宣、譚獻、諸可寶、姚振宗等人盡心整理，纔得以保存至今。

稿抄本文獻向爲學界所重，不僅可觀著述之初始狀態，亦可見著者手書、塗抹勾乙之迹，兼具版本及鑒賞價值。本專集雖已收入《浙學未刊稿叢編·第二輯》，然此輯成書一百餘册，於專門研究使用者頗不便，爲服務研究使用，今將此專集單行出版。

國家圖書館出版社
二〇二三年三月

總目録

第一册

漢孳室遺著七種七卷　（清）陶方琦 撰　（清）姚振宗 整理
清光緒會稽徐氏鑄學齋抄本……一
鄭易小學一卷　（清）陶方琦 撰　稿本……一六三
韓詩遺説補一卷　（清）陶方琦 撰　清抄本……二三一
爾雅漢學證義二卷　（清）陶方琦 撰　（清）姚振宗 輯　稿本　清陶濬宣校
孫同康簽校……二五九

第二册

埤倉輯本二卷考異一卷　（三國魏）張揖 撰　（清）陶方琦 輯　附廣倉輯文一卷考異一卷
（南朝梁）樊恭 撰　（清）陶方琦 輯　民國二十八年（1939）武林葉氏抄本……一

許君年表藁一卷附淮南參正殘草一卷説文古讀攷稿一卷又一卷 （清）陶方琦 撰 （清）姚振宗 校補 稿本……一六七
淮南許高注二家異同攷二卷 （清）陶方琦 撰 （清）譚獻等 校勘 稿本……二七一
淮南許高二注異同攷二卷 （清）陶方琦 撰 稿本 存一卷（卷上）……三八三
淮南許注異同詁補遺一卷續補一卷 （清）陶方琦 撰 稿本……四六三
雜抄一卷 （清）陶方琦 撰 稿本……五三七

第三册

六朝剽華二卷 （清）陶方琦 撰 稿本 陶馨遠題記 存一卷（卷上）……一
陶湘麋學使詩文遺稿不分卷 （清）陶方琦 撰 清同治十年（1871）稿本 陳慶均題記……一〇一
湘麋館遺墨粹存一卷 （清）陶方琦 撰 稿本 清樊增祥點評……一九九
澴廬初稿四卷 （清）陶方琦 撰 稿本 清陶在新等題記……二九七
琳青書館詩藁二卷 （清）陶方琦 撰 稿本 清陶濬宣題識……四〇一
琳青書館詩藁二卷附道咸同光四朝詩一卷 （清）陶方琦 撰 民國抄本……四七五

琳清仙館詞藁二卷　（清）陶方琦 撰　稿本　清孫德祖題簽　清秦樹敏等題識…………五六五
咸同間名人詩箋不分卷　（清）李慈銘　樊增祥　陶方琦等 撰　稿本…………………六一五

第一册目録

漢孳室遺著七種七卷　（清）陶方琦撰　（清）姚振宗整理　清光緒會稽徐氏鑄學齋抄本……一
鄭易小學一卷　（清）陶方琦撰　稿本……一六三
韓詩遺説補一卷　（清）陶方琦撰　清抄本……二三一
爾雅漢學證義二卷　（清）陶方琦撰　（清）姚振宗輯　稿本　清陶濬宣校　孫同康簽校
册一……二五九
册二……三七五

（清）陶方琦 撰 （清）姚振宗 整理

漢孳室遺著七種七卷

清光緒會稽徐氏鑄學齋抄本

漢孳室遺著七種七卷　提要

清陶方琦撰，清姚振宗整理，清光緒會稽徐氏鑄學齋抄本。一册。每半葉十行，行二十四字，單黑魚尾，左右雙邊。毛裝。烏絲欄稿紙，版心下題『會稽徐氏鑄學齋藏本』。書簽題『漢孳室經學』，下題『七卷』，有『全』字，鈐『述史廔』朱文方印。首葉書耳題『會稽徐氏初學堂羣書輯録』，鈐『述史樓』朱文長印、『粹芬閣』白文方印。前有陶方琦自序，鈐『維則所得善本』朱文長印，『卷盦六十六以後所收書』白文長印，并『武林葉氏藏書記』朱文長印。各卷首爲『維則所得善本』朱文長印，末有『會稽徐氏鑄學齋藏書印』朱文方印。

是書係陶方琦經學研究的彙編，由姚振宗整理而成。收録陶氏經學、小學類著述凡七種七卷，每種各爲一卷，依次爲《鄭易小學》《鄭易馬氏學》《鄭易京氏學》《韓詩遺説補》《爾雅古注斠補》《字林補逸》《蕭廣濟孝子傳》。其中第一至三種，爲鄭易訓詁考注，卷端題爲『漢孳室經學』，首有撰者自叙，述成稿始末。《鄭易小學》輯録鄭注百餘條，輯補歸安丁傑和武進張惠言《周易鄭注》之未備。《鄭易馬氏學》從馬融易注中，輯録鄭注若干，因『鄭易爲大成，而馬氏乃其先河也』。《鄭易京氏學》則因『鄭易前從京房受易今文之學』，故從京房易注中，輯録鄭注若干，以補臧庸之未備。此鄭注三種皆經姚振宗整理，末有清光緒丁亥（十三年，1887）姚氏跋。《韓詩遺説補》卷端亦題『漢孳室經學』，陶氏自《大藏音義》《續音義》《玉篇零部》及《玉燭寶典》諸書中，補輯韓詩一百五十餘條。《爾雅古注斠補》和《字林補逸》二種，係小學輯佚類著述，卷端題『漢孳室小學』。前者收録《爾雅》古注七十餘條，以補充葉蕙心所作《爾雅古注斠》；後者從諸書中輯録字釋一百零七條，補任大椿《字林考逸》之未備。《蕭廣濟孝子傳》卷端題『漢孳室襍著』，陶氏檢諸書徵引，輯得蕭廣濟《孝子傳》佚文若干，共數十人事迹。此四種末無姚氏整理跋。

陶方琦爲學本於漢儒師説，博通經史，尤深研康成鄭氏（鄭玄）、叔重許氏（許慎），一生經學著述數稿，僅爲鄭易疏證著作，即有十種，然多半未竟，又因其英年早逝，其著述大多散佚，考是稿可知其治學大概。據《鄭易小學》末姚振宗跋，『子珍學使自撰《漢孳室著書目》，首爲《周易鄭注疏證》，凡十種，通十餘卷。其言曰：舊輯鄭注，較丁、張本畧備，書雖未成，已分十類，捃集大義，分目列下……未竟而卒，今就其初稿補完之』，又姚氏《鄭易京氏學》跋云：『特惜其書未殺青，僅有此三種。』可知是書所收『鄭易三種』，係陶氏所著《周易鄭注疏證》中僅存之三種。陶氏卒後，由姚氏於清光緒十三年（1887）據其未訂稿本補輯整理而成，而後會稽徐維則又據姚氏整理本抄録成書，即成是本。書眉有校字。

現藏上海圖書館。

漢孳室經學

七卷

全

會稽徐氏初學堂羣書輯錄

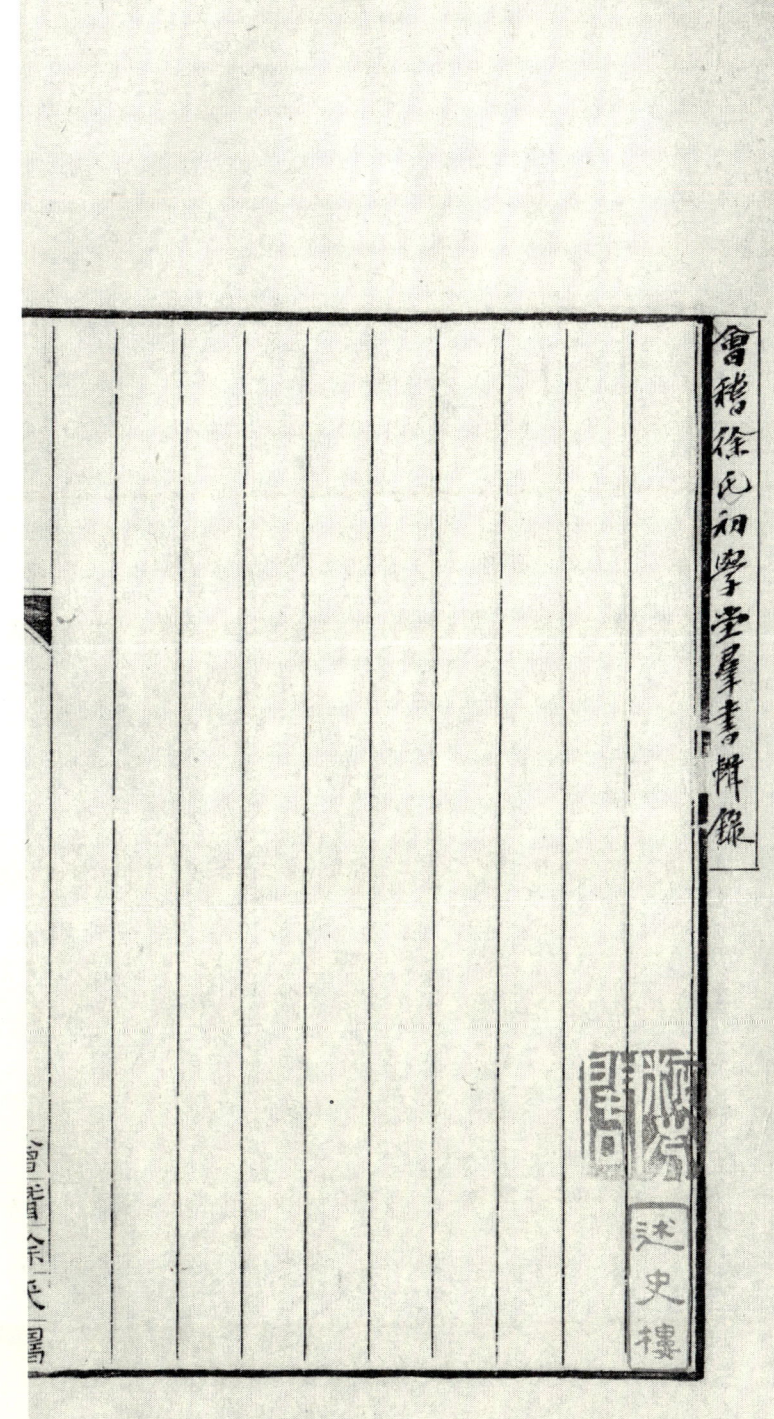

學[illegible][illegible]本

鄭易小學序

方琦讀易有年覶耆鄭說己巳之歲為鄭易補遺二卷嗣得丁張補正最凡相似又為鄭易疏證既知非累載積學不得覃思卒業變幾中畫同學皆縱臾其成辛未之秋夏發篋讀之分別部居求解鄭義最茲十類殊涂同歸一以毋之洒得會通其十類曰鄭氏爻神說鄭氏互體說鄭易京氏學鄭易馬氏學鄭易諸家通誼鄭易王氏同義述鄭易禮說鄭易緯義鄭易小學鄭易源流攷總其大凡折衷一是攷易自商瞿一貫綿亙田何彖有施孟梁邱之學後又有京氏學費氏學劉中壘以中古文易經校諸家皆脫去无咎悔亡惟費氏經與古文同是時傳費氏

學者亦日衆鄭氏初從第五元受京氏易後從馬融受費氏易注易之時已爲晚歲故言理言象說爲獨純荀虞諸家所難匹並自王弼以虛无詮易師說堙沫陳隋以前迭爲興廢唐初勅定學宮獨存王注鄭義乃亡汴宋猶存文言說卦序卦雜卦四篇至南渡而亦佚使其全書具在至蘊粹蔚足當覃討迄今以霝替捃拾之餘猶窺絕詣允爲易家大宗　國朝經儒蔚起惠氏有漢易學亦畧言鄭氏爻辰之說其後武進張先生既訂正鄭氏易注又爲周易鄭氏義二卷其言三才六位得應值宿之說同條共屬襍而不越吏謂鄭氏通於禮爲禮象一卷則刱古人所未發振灼高密之學自足千秋其後趙氏坦爲鄭易引義

皆引伸張氏之學其書不傳無可推測要之為鄭易全書延證則未有也方琦問途已晏揩道未專壯不如人汎䀵三十先成鄭易小學二卷鄭氏訓詁之學略為引證求其至當之歸非為專室之諸後又成鄭易馬氏學一卷鄭易京氏學一卷鄭易諸家通誼二卷鄭易王氏同義述一卷它日假之寬閒必仍從事斠成十類附諸全書鄭氏易贊所云不易變易之旨不外言理言象之兩軌爻文辰五體皆變易也象也禮制訓詁皆不易也理也闡彰鄭學其在是乎

學齋藏本

漢孳室經學卷一

會稽陶方琦

鄭易小學

夕惕若厲乾

鄭注惕懼也釋文方琦按釋文又引廣雅惕懼也與鄭同訟惕中吉虞注惕懼也干寶注俯懼義和之不逮亦以懼訓惕與鄭解合

萬物資始

鄭注資取也釋文方琦按小尒雅資取也易疏引莊氏曰以萬象之物皆資取乾元亦依鄭訓尚書大傳資饔鄭注資取也

與易注同

乃統天

鄭注統本也釋文方琦按禮祭統目錄鄭注統本也與易注同

大人造也

鄭注造為也釋文方琦按尒雅釋言造為也鄭用雅訓詩緇衣鄭箋造為也與易注同

君子體仁足以長人

鄭注體生也文選陸士衡贈交阯公眞詩注方琦按禮中庸體物而不可遺鄭注體生也與易注同張氏惠言曰生仁不辭京房本仁作信或疑鄭本仁作人也

確乎其不可拔

鄭注確堅高之貌集解方琦按說文塙堅不可拔也鄭云堅高應同塙字一切經音義十三引埤倉作塙又引字書作碻繫辭下確然馬注確剛貌剛義同堅說文隺下云高至也易曰夫乾隺然

鄭注拔移也集解方琦按說文拔擢也三倉拔引也擢引皆有移動義

聖人作而萬物覩

鄭注作起也釋文方琦按說文作起也釋文引馬本為聖人起而萬物覩鄭用師說詩卷伯鄭箋作起也與注易同

初六履霜 坤

鄭本讀履爲禮 釋文 方琦按尒雅履禮也說文禮履也履禮古通臧在東曰鄭本經文當作禮鄭注之曰禮讀爲履遂人依注改經又依經改注 方琦 謂漢人音讀凡讀如者擬其音讀爲者更其字古履禮互通此言讀爲當改其字必鄭氏所見易本作禮霜鄭讀爲履作履霜解也

馴致其道

鄭注馴讀爲訓 釋文 方琦按史記五帝本紀能明馴德徐廣曰馴古訓字易釋文馴徐音訓依鄭義

必有餘殃

濂濂

鄭注殃禍惡也釋文方琦按禮禮運眾以為殃鄭注殃猶禍惡也與注易同

為其慊於陽焉

鄭注慊讀如羣公溓之溓古書篆作立心與水相近讀者失之故作溓溓雜也詩采薇正義方琦按釋文云嫌鄭作溓誤以鄭讀為鄭本也今正義本慊溓字互易孔又云文言為心邊兼鄭似水邊兼漢上易傳引鄭本作為其兼於陽也又誤讀鄭解鄭訓溓為雜當是兼字兼有雜義九家易云陰陽合居故曰兼陽是也慊溓皆从兼得音亦當从兼取義說文䭑讀若風溓溓鬑讀若慊穛讀若風溓之溓凡从兼之字古讀多同

類相引鄭亦用古讀法

天造草昧也

鄭注造成也任彥升天監三年策秀才文注方琦按書君奭耇造德不降鄭注造成也與易注同

宜建侯而不甯

鄭讀而曰能方琦按乾始能以美利利天下晁氏易引鄭本能作而履眇能視跛能履集解引虞本作而淮南原道訓行柔而剛高注而能也古能而文互用

君子以經綸

鄭本作論釋文方琦按正義云劉表鄭元以綸為論字論語序

釋文論綸也撰也故鄭此注云論撰禮樂施政事禮中庸經綸天下之大經鄭本亦作論與易注同

乘馬班如

鄭注馬牝牡曰乘釋文方琦按鄭讀如畜馬乘之乘也周禮校人乘馬鄭注二耦為乘詩渭陽乘黃傳四馬也

班作般釋文方琦按班般古通漢書禮樂志般裔裔注般與班同馬融注班班旋不進也鄭解般如當與馬同

匪寇昏媾

鄭本作冓注云冓猶會方琦按說文媾重昏也馬融注亦曰重昏曰媾鄭作冓同覯字繫辭鄭注覯合也又通遘尒雅遘

遇也其實即媾字正義故曰媾猶會也即依鄭解

君子幾

鄭本作機云弩牙也釋文方琦按釋名釋兵弩含括之口曰機禮緇衣鄭注機弩牙也與易注同易繫辭樞機之發集解引鄭注機弩牙也

匪我求童蒙蒙

鄭注童未冠之稱釋文人幼稚曰童公羊傳定十五年疏方琦按說文僮未冠也从人童聲字應作僮禮檀弓鄭注童未冠之稱與易注同又易童觀鄭注童稚也義可互證

初筮告

鄭注筮問也釋文方琦按儀禮特牲饋食禮鄭注筮問也與易注同儀禮士冠禮鄭注筮所以問吉凶于著也與說文筮易卦用著義亦通

再三瀆

鄭注瀆褻也釋文方琦按文選注引賈逵國語注瀆媟也媟即褻禮表記再三瀆鄭注瀆之為言褻也與易注同

初六用說桎梏

鄭注木在足曰桎在手曰梏周禮大司寇注方琦按說文桎手械也梏足械也禮月令鄭注在足曰桎在手曰梏與易注同

九二苞蒙

鄭苞作彪曰彪文也（釋文）方琦按京房易亦作彪訓為文鄭君幼受京氏易故用其説王氏經義述聞云蓺文類聚引漢胡廣徵士法高碑云彪童蒙作世師蔡邕處士圈叔則碑云童蒙來求彪之用文又司徒袁公夫人馬氏靈表云俾我小子蒙昧以彪知漢時易説必有作彪而訓為文者釋文引劉績易注亦曰彪文也用鄭説説文彪虎文也从虎彡象其文也淮南許君注虎陰中陽獸九二以一陽居二陰之中有文明之象作彪是也

順以巽也

鄭注巽當為遜（釋文）方琦按説文遜順也唐書堯典汝能用命

巽朕位釋文巽音遜

上九擊蒙

鄭本擊作繫釋文方琦按釋文引馬本作繫蒙鄭用師說也晁氏謂荀本亦作繫馬鄭荀皆治費氏易作繫當是古文

需有孚光亨貞吉需

鄭注需讀爲秀陽氣秀而不直前者畏上坎也釋文方琦按周禮輈人馬不契需先鄭云需讀爲畏需之需釋曰需讀爲畏需之需謂從易需卦之需釋文需音須又乃亂反臧氏鏞堂曰乃亂反則爲耎先師謂鄭君易注曰陽氣耎而不直前者畏上坎也與先鄭畏需義正同琦按太元元文耎有畏說文耎

讀若畏偄（耎與需偏旁多通如堧即壖麢即麢愞即懦碝即礝）畏耎之義正與鄭解合意鄭必讀需為耎鄭易音訓多用古說前漢經師必有以需作耎者觀太元耎象而知之

位乎天位

鄭上位字音涖釋文方琦按穀梁傳曰涖者位也周禮肆師鄭注故書位為涖鄭易位讀涖當是古文

君子以飲食宴樂

鄭注宴享宴也釋文方琦按虞翻干寶諸家多作安字訓故鄭用享宴與諸家異也（音訓引作宴享）然宴安字作晏說文晏安也通作晏此宴當是享宴正字東京賦注引韓詩章句飲酒之禮

下跣而上坐者謂之宴經傳多以燕爲之

九二需于沙

鄭本沙作沚（釋文引誤當从惠本作沚）汪沚（作沚）接水者（詩鳧鷖正義）方琦按惠棟九經古義沚當作沚與沙同說文沙水散石也从水从少水少沙見沚譚長說沙或从水从㞢穆天子傳天子東征南絕沙衍辛丑天子謁于沙衍求飲未至郭注沙衍水中有沙（當是石字）者水少沙見故曰需于沙丁杰云沚惠改作沚是也竟改沚爲沚則非傳信之義琦攷鳧鷖引作沙當是誤文廣雅釋詁沚質也沚亦曰質也㞢子結切沚从㞢得聲則與質爲同韻沚質雙聲又同母也案沚沚因字形相近而譌然作沚

義亦可通說文沚小渚曰沚从水止聲與毛傳爾雅同劉熙釋名釋水沚止也需于沙有止義鄭云接水與秦風宛在水中沚亦合

致寇至

鄭本寇作戎釋文方琦按易解卦六三致寇至象文作自我致戎虞注坤為自我以離兵伐三故轉寇為戎

訟　訟

鄭注辨財曰訟釋文方琦按說文訟爭也周禮大司寇以兩造禁民訟鄭注謂以貨物相告者即辨財之義大司徒有獄訟者鄭注爭財曰訟與注易同

有孚咥

鄭注窒作咥注咥覺悔貌釋文方琦按釋文引馬亦作咥云咥讀爲躓猶止也馬鄭俱治費易必費易作咥馬破義爲躓鄭依費易古本也然咥無覺悔義當叚恎字損卦君子以懲忿窒欲孟本窒作恎廣雅恎懼也玉篇恎恎惶遽也與覺悔義合

无眚

鄭注眚過也釋文方琦按馬融注眚災也禮記正義引鄭此注則無災眚是亦以眚爲災眚之訓過別一解也虞書舜典眚災肆赦僞孔傳眚過也左襄九年肆眚杜注亦曰眚過也皆

同鄭說

恚至惙也

鄭本掇作惙注惙憂也陳劣反釋文 方琦按尒雅惙憂也說文心部亦曰惙憂也一切經音義引字林亦同鄭氏注易殆本雅訓

渝安貞吉

鄭注渝然也釋文 方琦按爾雅渝變也俞然也馬氏易注云渝變也鄭訓爲然當是俞字禮內則男唯女俞鄭注俞然也

或錫之鞶帶

鄭注鞶帶佩鞶之帶周禮巾車疏 方琦按禮內則鄭注鞶小囊盛

帨巾者男用韋女用繒有飾緣之則是鞶裂與儀禮士昏禮鄭注鞶鞶囊也男用革女用絲所以盛帨巾之屬故易注云佩鞶之帶文選思元賦注鞶所以帶佩也

終朝三褫之

鄭本褫作拕徒可反釋文方琦按說文衣部褫奪衣也讀若池手部拕曳也从手它聲惠棟曰墨子拕其衣裘拕猶拕也古它也同淮南人間訓秦牛缺遇盗拕其衣被許注拕奪也方琦按淮南人間訓序中無題篇字許注本也今皆作高注誤淮南多古字許依字解之拕與褫字異而義同晁以道讀為拖紳之拖非也方琦謂惠氏之言不誤拕褫古今字鄭導費氏古文易故作拕也項安世周易玩辭引鄭注三拕

三加之也似非鄭原文惠張諸家不引

師 師

鄭注二千五百人為師詩棫樸正義方琦按釋文引馬注二千五百人為師鄭用師說也說文師下云二千五百人為師从帀从𠂤𠂤四帀眾意也周禮夏官序詩采芑棫樸鄭注與箋皆云二千五百人為師與注易同

丈人吉

鄭注丈之言長周禮春官天府疏方琦按周禮疏引云以法度為人之長易釋文引鄭注作能以法度長于人詩甫田正義云師貞丈人吉无咎言以禮法長于人可依仗也即是鄭義大戴

本命文者長也丈長同聲之訓淮南脩務訓注丈人長者之稱論語皇疏丈人長宿之稱惠棟曰六五長子帥師長子謂二即丈人也丈人之言不為無説

九三王三錫命

鄭本錫作賜釋文方琦按爾雅釋詁錫賜也公羊莊元年傳錫者何賜也書序平王錫晉文侯秬鬯圭瓚馬融本作賜錫賜古通

承天寵也

鄭注寵光燿也釋文方琦按詩蓼蕭為龍為光傳龍寵也鄭箋為寵為光言天子恩澤光燿被及己也與注易同

有孚盈缶比

鄭注缶汲器也詩宛丘正義釋文方琦按爾雅盎謂之缶孫注缶瓦器說文缶部缶瓦器也左襄九年傳具綆缶注缶汲器也殆用鄭易注宛丘正義曰缶是汲水之器缶為瓦器可以節樂若今擊甌又可以盛水盛酒即今之瓦盆也宛丘正義引鄭注有文辰在未上值東井井之水人所汲用缶

王用三驅

鄭注驅作敺釋文方琦按說文馬部驅馬馳也古文作敺从攴鄭用費氏古文易故作敺文選東京賦成禮三敺薛注王用三敺失前禽殆用古易文

小畜 小畜

鄭注畜養也釋文又引許六反方琦按詩衛風畜我不卒節南山以畜萬邦鄭箋並云畜養也禮曲禮畜鳥者則勿佛也鄭注畜養也與注易同

輿說輻

鄭本輻作輹注伏菟釋文方琦按釋文云輻音福本作輹音服馬云車下縛也鄭云伏菟承輹而引馬鄭說是馬鄭本作輹也說文車部輹車軸縛也易曰輿脫輹說文用孟氏古文易也輻無說理必輪破轂裂而後說輿下之輹乃有說時作輹是也晁氏曰說文輹車輮也不以易為證左僖十五年傳疏引子夏易傳輻車

下伏菟也今人謂之車屐形如伏菟以繩縛於軸因名縛也故正義引鄭注輻當作輹字謂輿下縛木與軸相連鈎心之木是也鄭義同馬

履虎尾不噬人亨 履

鄭本咥作噬音誓注噬齧也文選西征賦注方琦按釋文咥齧也王篇口部引易注咥齧也馬注咥齕也鄭作噬廣雅釋詁噬齧也噬嗑虞注亦曰噬齧也西征賦履虎尾而不噬晉宋之間鄭易盛行故潘氏之賦獨用鄭說眾經音義三引三蒼噬嚙也嚙即齧也

視履考祥

鄭本祥作詳晁氏易方琦案晁氏易引鄭注曰履道之終考正

詳備說文葡具也荀本作詳審也與鄭字同義異祥詳古多通段丙子學易編考祥古本作考詳或費氏古文作詳故鄭荀同

泰泰

鄭注泰通也釋文 方琦按易序卦泰者通也鄭以經解經漢荀爽傳注泰者陰陽交通之時廣雅釋詁泰通也

后以財成天地之道

鄭注財節也周易集解 方琦按訓節義同裁財乃裁之道段字釋文引荀正作裁介雅釋言裁節也鄭義用雅訓而不輕改經文皆此例也

輔相天地之宜以左右民

鄭注輔相左右助也周易集解 方琦按爾雅謂相左右助也鄭注易用雅訓關雎左右流之箋云左右助也

以其彙征吉

鄭本彙作夤注夤勤也古易音訓釋文 方琦按釋文彙音胃類也古文作𦾔董作夤出也鄭云勤也盧文弨曰釋文不于彙類也之下引鄭注而在董作夤出也之下可以知鄭本之亦作夤矣呂氏音訓亦云彙董遇作夤出也鄭作夤勤也說文夤敬惕也从夕寅聲敬惕即有勤義虞書夙夜惟寅即夤从寅之義

九二苞荒

鄭注荒讀爲康虛也釋文方琦按爾雅漮虛也方言㝩空也郭云本或作荒穀梁襄二十四年傳四穀不升謂之康韓詩外傳作荒爾雅釋器康瓠謂之甈釋文引字書埤倉作㼹引字林作𦾑是荒康古通段字小雅酌彼康爵鄭箋康虛與注易同解集引翟元注荒虛也咸在東曰晁氏易云鄭讀爲康大也按詩召旻箋云荒虛也正義云荒虛釋詁文假使當訓虛則正可云荒虛也何必改讀从康晁氏所見釋文北宋本作大也爲是今本誤耳按爾雅又康瓠李巡注大瓠即康訓大之證

文

上六城復于隍

鄭注隍壑也詩韓奕正義 方琦按尒雅釋言隍壑也鄭注用雅訓

九四疇離祉否

鄭本疇作𠃬釋文 方琦按釋文引疇直留反鄭本作古𠃬字殆鄭用古本易也說文無𠃬字有𠷎字云誰也从口𠃬又聲𠃬古文疇又𠮛部𠷎詞也从𠃬聲𠃬與疇同虞書帝曰𠷎咨今經傳皆作疇鄭作古𠃬字之𠷎應作𠃬故爾雅釋詁疇孰誰也郭注引易疇離祉可見郭見易本非復作𠃬古文矣孫志祖讀書脞錄云說文古疇字作𠃬無此𠃬字鄭氏于易何獨取此一古字以別于衆字攷古訓誰也之疇字作𠷎與田疇

經學……學齋藏本

字不同疑鄭氏經本作𠷎而訓為誰陸氏不詧以為古嚋字也

九五休否

鄭注休美也（文選）方琦案休美也尒雅釋詁文詩江漢對揚王休長發何天之休鄭箋皆云休美也與注易同

繫于苞桑

鄭注苞植也（文選）方琦按諸家無訓苞為植者爾雅釋言苞稹也孫注物叢生曰苞齊人名曰稹郭注今人呼叢緻曰稹詩集于苞栩傳苞稹也鄭箋稹者根相迫迮梱緻也此植字乃稹之壞文陸績京氏易傳注苞桑叢桑也（御覽九百五十四引舊注云苞桑叢）

生桑也與孫注物叢生訓竝合

前見尊箸鄭易疏證八卷于訓詁之義最詳其中言文辰亦墨守梟文之說寶甓齋文集有鄭易引義序恤不傳其書無可以益足下趙君分十七例與足下十二篇體例雖殊而郅張高密之指則一也譚廷獻卒業志之卷耑

遂

子珍學使自撰漢孳室箸書目首為周易鄭注疏證凡十種通十餘卷其言曰舊輯鄭注較丁張本畧備書雖未成已分十類捃集大義分目列下鄭易爻辰說二卷（未見）鄭易互體說一卷（未見）鄭易小學四卷署云皆用訓詁即是帙也葢其鄭易十種之三而其訂本之首題鄭易第六種初稿又曰第八種今依著書目題曰巽緇齋鄭易第三種以存其槩歲甲申三月毋憂服闋八月入都在京邸手寫清本至位乎天位一條未竟而卒今就其初稿補完之自君子以飲食宴樂條以下是先遂不無繁簡之異職是故也原稿猶未分卷次今并為一卷譚君題識亦并存之其云丁張本者歸安丁杰武進張惠言兩家皆有周易鄭注

輯本云光緒丙戌歲四月里人姚振宗謹識

鄭易馬氏學敘

劉向以中古文易較三家惟費氏經與古文合漢書儒林傳隋經籍志云梁有漢單父長費直注周易四卷亡與本傳所稱無章句徒有彖象繫辭十篇文言解說上下經者不合大抵為費學者尠益之東漢之世其學獸盛陳元鄭衆皆傳費學馬融鄭康成皆諸儒為之注故今易乃費氏經也馬氏易傳七錄云九卷隋經籍志梁有漢南郡太守馬融注一卷亡一乃十字之譌釋文敘錄及唐藝文志皆有馬融傳一卷其書久佚見於陸氏釋文及正義集解三書猶可畧見馬氏之易授於鄭君吾道其東自循師訓馬鄭皆為費氏之學大二說必合惜兩書竝亡無可演贊荀

悅漢紀云馬融著易解頗生異說故鄭君注易多遵費氏古文而解義與馬氏或有異同當仁不讓折衷於是故鄭易為大成而馬氏乃其先河也繫辭大衍之數五十其用四十有九馬氏注曰易有太極謂北辰也太極生兩儀兩儀生日月日月生四時四時生五行五行生十二月十二月生二十四气北辰居位不動其餘四十九轉運為用也其注无妄天命不佑謂天不右行明夷夷于左般謂天左旋（馬改股為般其注屯盤桓亦作般云般旋）皆與鄭君文辰之義相合稽述耑原必有受授謹擇其同恉者為鄭易馬氏學一卷陶方琦敘

漢孳室經學卷二

會稽陶方琦

鄭易馬氏學

聖人作而萬物覩乾

方琦案史記集解引馬氏易傳云作起也陸德明釋文引馬融作起也是鄭用師說

乘馬班如屯

方琦按正義引馬氏易傳云班班旋不進也班旋即般旋葢讀班為般古班般字通也釋文引鄭本作般葢用師說

上九擊蒙蒙

方琦案釋文引馬鄭作繫晁氏謂荀本亦作繫是費氏易原如此

說文毄相擊中也如車相擊擊繫皆从毄得聲當是古文易作毄注家各引為義耳

光亨貞吉 需

方琦案釋文云馬鄭總為一句

師貞丈人吉 師

方琦案釋文引馬氏易傳曰二千五百人為師詩正義引鄭易注軍二千五百人為師多以軍為名次以師為名少以旅為名師者舉中之言是鄭同師說也

否臧凶

方琦案釋文引否方有反馬鄭同

輿說輹 小畜

方琦案釋文引馬氏易傳云輹車下縛也正義引鄭云輹車下縛木與軸相連鉤心之木是也是鄭同師說易本作輻釋文輻音福本亦作輹鄭云伏菟子夏傳輹車下伏菟也似馬鄭本亦不改為輹然說文輻輪轑也輹車軸縛也易曰輿脫輹張安世曰輻無脫理必輪破轂裂而後脫也輿下之輹乃有脫時馬鄭義訓益作輹

不啞人履

方琦案釋文引馬氏易傳云啞齧也文選注引鄭作噬齧也鄭雖破字而訓却同馬氏

豫豫

方琦案釋文引馬氏易傳豫樂也李鼎祚集解引鄭注豫喜逸

說樂之貌也逸以樂訓豫同師說

殷薦之上帝

方琦案釋文引馬氏易傳殷盛也李鼎祚集解引鄭易注亦曰殷盛也是依師說

扴于石

方琦案釋文引馬氏易傳扴觸小石聲又引鄭作砎砎古文鄭云謂摩砎也與觸小石義亦相同蓋鄭守費易古文字而解誼則从馬氏 說文有扴無砎扴下云刮也刮與磨義合晉孔坦書砎石之易悟即用鄭易說文易依孟氏故不載古文

剝

剝

方琦案釋文引馬氏易傳剝落也李氏集解引鄭注云陰氣侵陽上至於五萬物零落故謂之剝也馬鄭義同

剝牀以辨

方琦案釋文引馬鄭曰辨足上也是鄭同師說集解引鄭注足上稱辨辨分也謂近膝之下詘則相近申則相遠故謂之辨辨分也

六三頻復復

方琦案釋文引馬氏易傳曰頻憂頻也又引鄭本作顰顰乃憂顰正字說文顰涉顰蹙从顰卑聲虞氏易注亦云顰蹙鄭義當同馬氏九三頻巽吝釋文解王注之頻顣曰此同鄭意

无妄 无妄

方琦案釋文引馬氏易傳曰妄猶望謂无所希望也鄭注仝是鄭用師說

不菑畬

方琦案釋文引馬氏易傳菑田一歲也畬田三歲也詩采芑正義引鄭易注一歲曰菑二歲曰新田三歲曰畬雖同用爾雅舊訓而鄭用師說畧增足其義也

日閑輿衛 大畜

方琦案釋文引馬氏易傳曰閑習鄭注同爾雅釋詁閑習也雖竝用雅訓而鄭則从師說

則大耋之嗟凶離

方琦案釋文引馬氏易傳曰七十曰耋詩車鄰正義又引鄭易注年踰七十年也禮射義引踰作餘義本相近春秋疏曰耋有七十八十無明文也

初六咸其拇咸

方琦案釋文引馬氏易傳曰拇足大指也鄭同是鄭用師說

咸其脢

方琦案正義引馬氏易傳曰脢背也釋文引鄭易注脢背脊肉也義亦相同說文脢背肉也

上六振恒恒

方琦案釋文引馬氏易傳曰振動也又引鄭君易注振揺落也揺落即動字引伸之義

羸其角大壯

方琦案釋文引馬氏易傳曰羸大索也又引鄭本作纍無訓說文纍大索也鄭注易本字雖異馬訓必相同

矢得勿恤晉

方琦案釋文引馬氏易傳曰離為矢又引鄭本作矢是鄭依師說荀爽曰五从坤動而來為離離者射也故云矢得荀與馬鄭皆同出費易故同

婦子嘻嘻家人

方琦案釋文引馬氏易傳曰嘻嘻笑聲又引鄭易注曰嘻嘻

驕佚喜笑之意是鄭同師說太元人嘻鬼嘻注笑樂之貌

睽睽

方琦案釋文引睽若圭反馬鄭竝音圭

後說之壺

方琦案釋文引弧京馬鄭竝作壺虞氏亦曰兑為口離為大腹坤為器大腹之口坎猶在中壺之象也虞本於荀鄭荀俱為費氏易鄭用師說當本之馬氏為多

往蹇來連蹇

方琦案釋文及正義竝引馬氏易傳曰連亦難也又引鄭易注連遲久之意遲久乃引伸難義是鄭同師說詩皇矣執訊連連傳連連

徐也

雷雨作而百果草木皆甲宅解

方琦案釋文引坼馬氏易傳作宅曰宅根也文選注引鄭易注皮曰甲根曰宅是依師說也蜀都賦百果甲宅尚用馬鄭易義惠氏棟曰古文宅字作垞與坼相似故誤作坼馬鄭皆从古文非改坼為宅也

或益之十朋之龜損

方琦案正義引馬氏易傳曰爾雅云十朋之龜者一曰神龜二曰靈龜三曰攝龜四曰寶龜五曰文龜六曰筮龜七曰山龜八曰澤龜九曰水龜十曰火龜禮器正義易正義引鄭君易注亦引爾雅是鄭依師說

九五莧陸　夬

方琦案釋文引馬氏易傳曰莧陸商陸也鄭同是依師說正義引馬說莧陸一名商陸

以杞包瓜　姤

方琦案釋文包馬氏白交反鄭同師說白交反是馬鄭皆作匏瓜解

萃亨王假有廟　萃

方琦案釋文亨馬鄭辥虞等無此字

若號

方琦案釋文號戶羔反馬鄭同晁氏曰號鄭為號咷

齎咨涕洟

方琦案釋文引馬氏易傳曰齎咨悲聲怨聲也又引鄭易注齎咨嗟歎之辭也辭姚作聲引鄭義與馬同

升 升

方琦案釋文引馬氏易傳升高也李氏集解引鄭注升上也釋文謂鄭本升作昇又云猶聖人在諸侯之中明德日益高大也故謂之升與馬氏升高義亦合

王用亨于岐山

方琦按釋文引亨馬鄭許兩反馬氏易傳曰亨祭也鄭易注亨獻也義亦相通說文亯獻也从高省曰象物形

革 革

方琦案釋文引馬氏易傳曰革改也鄭同集解引鄭易注革改也水火相息而更用事猶王者受命改正朔服色故謂之革也鄭義依師說

震來虩虩震

方琦案釋文引馬鄭曰虩虩恐懼貌是鄭依師說履虎尾愬愬馬氏易傳愬愬作虩虩亦云恐愳也說文虩虩恐愳也依集韻補

笑言啞啞

方琦案釋文引馬氏易傳啞啞笑聲又引鄭易注曰啞啞樂也樂與笑義相合說文啞笑也

艮其限艮

臼　菩

方琦案釋文引馬鄭曰限要也鄭依師說說文要身中也象人要自臼之形从臼交省聲䙐古文要漢書寅即篆文之要字釋文限要也鄭荀虞同集解引虞注限腰帶處也坎為腰腰乃後出字馬鄭皆用古文

列其夤

方琦按釋文引馬氏易傳云夤夾脊肉也又引鄭本作䐆䐆即夤字故集韻䐆夾脊肉是鄭義或當與馬同說文胂夾脊肉也說文有胂無䐆而又云寅中同意是知鄭君䐆字為胂或字

豐其蔀　豐

方琦按釋文引馬氏易傳曰蔀小也又引鄭本作菩注曰菩小席是鄭義亦與馬合薛虞注亦云蔀小席張氏惠言曰馬融蔀小也鄭君作菩小席亦本此義

日中見沬

方琦案釋文引馬氏易傳作昧云星之小者又引鄭易注本亦作昧義同當（釋文所引云斗杓後星疑即鄭義子夏傳亦云昧星之小者與馬同訓）

闃其无人

方琦案釋文引馬鄭曰闃无人皃是鄭依師說

自藏也

方琦案釋文引馬氏易傳作戕云殘也又引鄭易注本亦作戕云傷也義與馬亦合是依師說（小爾疋戕傷也說文無藏字作臧臧从臣戕声字亦相似馬氏大壯注壯傷也壯亦戕字之叚借）

在天成象在地成形（繫辭上）

方琦案禮樂記正義引馬氏易傳曰象者日月星形者植物動物也又引鄭易注成象日月星辰也成形謂草木鳥獸也是依師說

震无咎者存乎悔

方琦案釋文引馬氏易傳曰震驚也又引鄭易注曰震愳也義同鄭本雅訓尒雅釋詁震愳也

故君子之道鮮矣

方琦案釋文引馬氏易傳曰鮮少也又引鄭易注本作尟亦云少也鄭君字依古本而義同馬氏說文尟是少也从是少會意或作尠

言天下之至賾而不可惡也

方琦案釋文引馬鄭惡烏洛反

古之聰明睿知神武而不殺者夫

方琦案釋文引馬鄭殺所戒反

雷風相薄說卦

方琦案釋文引馬鄭曰薄入也是鄭依師說

為蟜輮

方琦案釋文引輮如九反馬鄭本作此

為黔喙之屬

方琦案李氏集解引馬氏易傳曰黔黑也釋文引鄭君易注本作黚廣雅黚黑也依師訓宋書州郡志武陵郡黚陽長黚陽即黔陽是黚黔可通之證

會稽徐氏鑄

子縝學使自譔漢孳室箸書目有鄭易馬氏學一卷云鄭君後受馬季長易古文之學也兹從學使手訂寫本鈔録是為鄭易十種之四故署曰巽緇齋鄭易第四種光緒丁亥歲正月里人姚振宗謹識

會稽徐氏鐫

學齋藏本

鄭易京氏學敘

漢易家有兩京房一為楊何弟子其書不傳一即君明吹律自定為京氏者今世猶傳其易傳積算諸書并傳其灾異飞候之說其章句十卷見於陸氏音義李鼎祚集解及晁呂易音訓者已屬希廖如朋盍簪簪作撍剝牀以膚膚作簠大耋之嗟耋作經劓刖作劓劊大人虎變變作辨列其夤夤作朋歸妹以須須作嬬為瘠馬瘠作柴為馵足作朱足大抵古說留遺必有師授京氏自謂受於梁人焦延壽獨得隱士之說託之孟氏劉向校書考易家說以為諸易家說皆祖田何楊叔丁將軍大誼畧同惟京氏為異然孟京所傳諸訓時有相同漢書藝文志有孟氏

會稽徐氏鐫

京房十一篇災異孟氏京房六十六篇京曾為孟氏易注當不甚遠也鄭君師事京兆第五元始通京氏易故注詩禮時引伸易義多與易注不同蓋箋詩注禮在於中年而元城注易獨在暮歲先通京易故詩禮注中所引易義於京為近所惜鄭君之注零替殆盡與京氏章句竝致堙翳無可推撢今錄其二十餘科以見鄭易用京實有稿據且陸績曾為京氏之學其與鄭易同義者亦並採之以著于篇今文淵原可以演贊鄭雖後从馬融受費氏古文之學然昔人著說擇善而從往哲師承動有家法即鄭君爻辰之義亦本京氏京氏精于樂律且曾著周易分野一書文律祖搆豈有殊與遂為鄭易京氏學一卷

漢孳室經學卷三

會稽陶方琦

鄭易京氏學

時乘六龍以御天 乾

方琦案五經異義引易孟京說天子駕六鄭駁云時乘六龍謂陰陽六爻上下耳豈故為禮制王度記云今天子駕六者自是漢法與古異鄭早通京氏易此言乃駁汝南之違禮制于解易義未始不同京氏也

九二彪蒙吉蒙

方琦案京氏曰彪文也晁說之易詁訓傳呂氏古易音訓並

云京房鄭君陸績一行皆作彪陸績治京易故與鄭同鄭早通京氏之學故亦作彪訓文耳

丈人吉師

方琦案周禮陸引鄭注曰丈之言長以法度為人之長口訣義引陸績曰師為衆首法長而行陸用京氏易與鄭同或本之京氏

公用亨于天子大有

方琦案釋文引京氏曰亨獻也案升卦王用亨于岐山釋文引鄭注亨獻也疑此注定同

无不利撝謙謙

方琦案晁氏呂氏竝云撝京作揮章句云上下皆通曰揮謙

鄭易撝讀為宣宣有通義左昭宣汾洮注宣通也當與京易義同

朋盍簪豫

方琦案陸氏釋文簪京作撍鄭易簪速也釋文云蜀才本據京義從鄭鄭先通京易或亦用京說也張揖古今字詁寁作撍埋蒼曰撍疾也義與速合

賁如皤如賁

方琦案皤元本作燔非顧氏易音作皤陸氏釋文皤鄭陸作蹯陸治京易鄭亦早通京氏學蹯字之義或本諸京氏也

无妄

學齋鈔本

方琦案集解虞氏引京氏章句云大旱之卦萬物皆死旡所復望鄭易云（釋文引）妄猶望謂旡肎希望也義本諸京故同

童牛之牿（大畜）

方琦案晁氏謂牿鄭作角釋文引陸績易說云牿當作角鄭陸竝通京易或有所本也

觀我揣頤（頤）

方琦案晁呂並引京易朶作揣云動也鄭易作朶動也不改其字義却本京

㐬如其來如（離）

方琦案晁氏引京易作㐬云不孝也鄭易（周禮秋官掌戮疏引）云不孝

之罪五刑莫大焉字亦作㐬與京易同蓋本諸京義說文引易亦云不孝子突出不容于內也或從到古文子作㐬即易突字許君易宗孟氏京氏易義亦本孟氏故同

眱於左股 明夷

方琦案釋文引京夷作眱眱即睇字古夷弟字相通故鄭易作睇云旁視為睇也陸績易亦作睇與鄭同疑皆本于京氏之說

後說之壺 睽

方琦案釋文云弧京馬鄭王肅翟子元並作壺

雷雨作而百果草木皆甲宅 解

方琦案鄭易云皮曰甲根曰宅釋文引陸績易云宅根也義同或與鄭俱本京氏也

其刑剭鼎

方琦案晁氏云渥京作剭京氏章句云刑在頄為剭鄭易亦作剭云屋中刑之殆本諸京而為此解

列其胹艮

方琦案晁呂並云夤孟京作胹鄭作䐪玉篇胹脊肉也與䐪同義漢書律志引達于寅禮月令注引寅也胹與䐪乃同字是用師說

鴻漸于干漸

方琦案鄭易云干謂大水之旁與陸績說易水畔稱干同或
亦本之京氏

憊也既濟

方琦案鄭義云憊劣弱也與陸績易說憊困劣也義相同或
亦本之京氏

三極之道也繫辭上

方琦案集解引陸績曰此三才極至之道也與鄭注三極三
才義同或俱出京氏

易與天地準

方琦案釋文引京氏曰準等也與鄭注準平也義通

有功而不置

方琦案釋文引鄭云置當為德陸同或亦俱本之京氏易

野容誨淫

方琦案鄭易云言妖野容儀教誨淫佚也釋文引陸解同或亦出于京氏

大衍之數五十其用四十有九

方琦案京氏章句云五十謂十日十二辰二十八宿也凡五十其一不用者天之生氣將欲以虛來實故用四十九焉此說本于乾鑿度疑鄭氏爻辰之易即祖乎此京氏亦有周易分野一書

附臧氏經義雜記一條拜經日記二條

臧琳曰易說卦巽為木其於人也為寡髮正義曰寡少也風落樹之華葉則在樹者稀疏如人之少髮亦類於此釋文寡髮如字本又作宣黑白雜為宣髮案考工記車人之事半矩謂之宣注頭髮皓落曰宣半矩尺三寸三分寸之一人頭之長也柯欘之木頭取名焉易巽為宣髮釋曰頭髮皓落曰宣者以得為宣去之義人髮皓白則墮故云此者解頭名宣意也說卦云其於人為宣髮注宣髮取四月靡艸死髮在人體猶靡草在地今易文不作宣作寡者蓋宣寡義得兩通故鄭為宣不作寡也又李氏集解作其於人也為宣髮引虞翻曰為白故宣髮馬君以宣

為寡髮非也據此知易本有作為宣髮者宣明也又散也故虞以為白周禮注云頭髮皓落曰宣即引易巽為宣髮以證與虞仲翔本正合賈疏引鄭易注云取四月靡草死髮在人體猶靡草在地則是鮮少之義經當作寡蓋馬鄭所注古文易本作寡髮鄭用馬本王弼韓康伯用鄭本故釋文正義皆作寡賈疏亦云今易文作寡是也攷易經施孟梁邱京為今文費氏為古文馬鄭傳費氏易虞仲翔傳孟氏易故文異而禮注與易不同者鄭先通京氏易後注費氏易又遭黨錮事逃難注禮為袁譚所偪來至元城乃注周易然則禮注之為宣髮京易氏也易注之為寡髮費氏易也

臧鏞堂曰家語弟子行引詩應侯慎德案詩毛氏古文作順德三家詩今文作慎德據淮南謬稱訓易古文費氏作慎德京氏今文作順德鄭君先通京氏易箋詩引用之易即京氏本故作順字王弼注亦費氏易當與康成同作慎字釋文大書以順德注云本又作慎師同是他本作慎德陸氏不從而陸氏之師則同作慎德矣朱子本義云王肅順作慎此誤讀釋文也釋文云以順德如字王肅同是王肅作順字據德明師作慎知王弼本作慎据王弼本作慎知鄭本作慎許叔重偁易孟氏為古文而虞翻五世傳孟氏易亦作慎字與費氏古文正合李鼎祚集解載虞注云二之五艮為慎故慎德王肅注詩自云述毛其詩必作慎字唐定本作慎德即為

王肅所誤也先師好古學故於詩從毛氏作順於易從費氏作愼王肅好異鄭故鄭詩作順德王肅必改爲愼德鄭易作愼德王肅必改爲順德旣改詩作愼德恐人以鄭箋本難之因僞撰於家語託聖人之書以爲證

又曰易坎上六繫用徽墨寘于叢棘周禮朝士注鄭司農引作係用徽墨示于叢棘今本作寘于茲据釋文按古文作寘是正字今文作示是聲近假借字毛詩古文也卷耳寘彼周行伐檀寘之河之干兮與鹿鳴示我周行敬之示我顯德行寘示二字畫然有别毛傳皆云寘置也鹿鳴傳以周行爲至道箋破之云示當作寘疑非是曾論禮記皆今文也故寘字作示八佾知其說者之於

天下也其如示諸斯乎宋書周朗傳云昔仲尼有言治天下若寘諸掌此當本鄭注中庸治國其如示諸掌乎注示讀如寘諸河干之寘鄭易本費氏古文雖王弼書亦然故俱作寘字周禮注所用蓋今文京氏易故作示仲師好古雖傳費易要功令所班誦習之本必京氏學也

學齋藏本

子珍學使自撰漢孳室著書目有鄭易京氏學一卷云鄭君前從京君明受易今文之學也茲從其未訂稿本依經文次第寫錄末附記云以下可補入臧氏所采詩禮中易注定為京氏學者附之今就拜經堂叢書附錄臧玉琳經義雜記一條臧在東拜經日記二條如右是為鄭易疏證十種之五故署曰巽綸齋鄭易第五種鄭君先通京氏易則此帙似當在馬氏學之前今姑仍原目據著書目所載尚有鄭易諸家同義二卷鄭易王氏同義述一卷鄭易禮說及鄭易緯義各若干卷鄭易源流攷一卷與文神說二卷互體說一卷凡七種皆未見存稿或未成也昔人有言曰古籍散亡漢人經說每致湮沒學者要當于旁見側出中求其微指以疏通證

明之學使是書蓋亦此意特惜其書未殺青僅有此三種而
遽賷志以没也悲夫光緒丁亥歲正月里人姚振宗謹識

學齋藏本

韓詩遺說補叙

漢藝文志漢興魯申公為詩訓故而齊轅固燕韓生皆為之傳蓋三家皆今文之學齊韓多同于魯韓尤與魯相近也嘗謂兩漢之世競習今文三家並列學官共循師說許鄭大儒皆先受今文之學鄭從張恭祖受韓詩見于本傳許君說文解字間存韓詩之說此其證也毛詩晚出迄今猶存今文流别世昧其義臧氏韓詩遺說一書視勺園王函所輯至為覈寔陳氏樸園韓詩遺說攷即本是書略為演贊(方琦)好為詩今文之學舊述魯詩歷有年所斠錄盈匧彶彶不徨自昔通儒皆熟洽古今文之學親見完書擇善而從迤及于今魯詩已亡韓詩亦佚賴乾嘉

經師摎羅香拾漢經笵圍斯世猶知拜經先生所輯韓詩非經左諭不忘剌取前從復堂傳錄是書趙氏所刻亦此本也方琦近歲得見唐釋慧琳大藏音義希麟續音義及日本新刻玉篇零部隋杜臺卿玉燭寶典次第補緝韓詩一百五十餘條其義為臧氏未采寔逾其半快睹至寶亦即補成至引書尚有互相表著者如大藏音義二十八引韓詩績績往來皃無可比附迨閱唐本玉篇其文屬于緝緝續續謀欲譖言之下大藏音義七十六引韓詩瀞清也無可比附迨閱唐本玉篇其文屬于會朝瀞明之下又如釋文引韓詩勿予禍適適數也唐本玉篇引从言作讁釋文引韓詩歌以訊止訊諫也唐本玉篇引從卒作誶大藏

學齋藏本

語 又

音義二十引韓詩迺大也唐本玉篇引作乃大也大藏音義三十一引韓詩譌言妖言也唐本玉篇引作訛言諠言至如大藏音義九十五引韓詩陶變也知元應經引上帝甚陶陶變也為韓詩義大藏音義六十三引韓詩娠振動手內也知元應經引大任有娠娠動也為韓詩義大藏音義九十九引韓詩捊聚也知說文引原隰捊矣為韓詩義大藏音義六十二引韓詩幬單帳也知爾疋郭注引抱衾與幬為韓詩義又大藏音義三十九引韓詩四肢以應四時乃外傳詩△三十引韓詩橛株有深坑乃韓非子詩△十四引韓詩樞機制動之主乃周易韓康伯主文皆當翔實屏謬完歸本書如此之類不可臚舉倘獲暇日麗為發明章闡今文顯資撢討

關諸畜德共志師承夫讀書至老不能徧古人不及見今人每念及此言輒用皇然

漢孳室經學卷

韓詩遺說補　　會稽陶方琦

關雎

窈窕淑女　淑美也唐釋慧琳大藏音義五十六

寤寐求之　寐息也大藏音義十四

葛覃

是刈是濩　濩瀹也日本刻唐本玉篇零卷水部　臧輯同

為絺為綌　結曰絺辟曰綌日本刻唐本玉篇糸部

桃夭

桃之娱娱大藏音義引文　娱娱女子莊皃也大藏音義四十一

螽斯

宜爾子孫繩繩兮　繩繩敬皃也日本刻唐本玉篇絲部

采蘋

于以采蘋　沈者曰蘋浮者曰薻皆水中有文艸魚鱉之所藏

大藏音義七十五臧輯無下二句

羔羊

素絲五緎　緎數名也日本刻唐本玉篇絲部

小星

抱衾與幬大藏音義六十　幬單帳也同上

二字到置

江有汜

嘯其也歌　歌無章曲曰嘯大藏音義十五

日月

報我不術　術法也大藏音義卷三十五二十二十九引韓詩術藝也或別一說案

終風

終風且暴　韓作瀑疾風雨也大藏音義六十七

匏有苦葉

濟有深涉　涉渡也大藏音義卷二

深則砅　水至心曰砅日本刻唐本玉篇水部

旭日始旦　韓作煦日云煖也大藏音義九十六

泉水

飲餞于坭　送行飲酒曰餞日本刻唐本玉篇食部臧輯同

遂及伯姊　女兄曰姊女弟曰妹大藏音義卷三

北門

終窶且貧　窶者不及依禮也大藏音義六十一

北風

北風其涼　涼寒皃也唐本玉篇水部

既亟只且　亟猶急也大藏音義八十

靜女

靜女其姝　姝好也姝姝然美也大藏音義三十一三十二十六單引姝好也三字

按字宜空一格

愛如不見搔首躊躇大藏音義引文　案古而如通　躊躇猶躑躅也大藏音義七十三、八十　案六十又引韓詩躊躇徘徊不進也恐誤　藏輯同

君子偕老

逶逶迤迤如山如河大藏音義引文　德之美皃也象山河之迱曲大藏音義十五、三十三　按韻會二引作逶迤正合

不屑髢也　韓作髮首飾也大藏音義六十四

定之方中

椅桐梓漆　梓實桐皮曰椅大藏音義九十九

干旄

素絲紕之　紕織組器也日本刻唐本玉篇絲部

載馳

歸唁衛侯　弔生曰唁大藏音義七十五臧輯同

大夫跋涉　不遊蹊遂而涉曰跋涉大藏音義三十七臧輯同

淇奧

寬兮婥兮　婥柔皃大藏音義七十九唐本玉篇絲部亦韓詩作綽柔皃却不从女

碩人

施罛濊濊　濊水漫流也大藏音義九十三案釋文引韓詩作濊濊流皃小異臧輯本据之

氓

氓之蚩蚩　蚩蚩意和悅皃也大藏音義卷七十五六十一七十八

吁嗟女兮無與士媅大藏音義十八

音

女之媅兮大藏音義六十八　媅樂之甚者也大藏音義六十八三十

君子陽陽

其樂旨且　旨亦樂也日本刻唐本玉篇甘部

兔爰

逢此百凶　凶危也大藏音義二十八

雉離于罿　張羅車上曰罿大藏音義九十八罬輯同

大車

毳衣如䲭大藏音義二十四作緂大藏音義六十七引韓詩作如䲭又唐本玉篇絲部引詩毳衣如緂韓詩為䲭字

大車轞轞　轞轞盛也日本刻唐本玉篇車部并引正文

會稽余氏(?)

清人

河上乎翺翔　翺翔游也大藏音義卷三卷六一百

東門之壇

東門之墠　墠坦也大藏音義八十三藏輯同

子衿

縱我不往子甯不詒音唐本玉篇引文　詒寄也曾不寄問也唐本玉篇言部

藏輯同

野有蔓艸

邂逅相遇　邂逅不固之皃大藏音義四十八十四

溱洧

溱與洧方洹洹兮 玉燭寶典引文 謂三月桃花水下之時鄭國之俗三月上巳之日此兩水上招魂續魄秉蘭以祓除不祥 玉燭寶典

三

東方

顛倒裳衣 衣下曰裳 大藏音義九十二

南山

蓺麻如之何橫由其畝 唐本玉篇引文 東西耕曰橫南北耕曰由 日本刻唐本玉篇由部 案大藏音義十一引韓詩南北曰從東西曰橫又二十七引亦同以從為由是習用毛詩傳文臧輯同

甫田

無田甫田　甫博也日本刻唐本玉篇甫部

園有桃

我歌且謠　有章曲曰歌無章曲曰謠日本刻唐本玉篇言部臧輯同

陟岵

陟彼岵兮　山有草無木曰岵大藏音義九十九

伐檀

不素餐兮　无功而食謂之素餐人但有質朴无治民之材居位食祿多得君之加賜名曰素飧素者質也飧者食之加惡小人蒙君加賜溫飽故言之也日本刻唐本玉篇食部臧輯同

河水清且淪漪大藏音義引文　漪重波也大藏音義九十八九十九

㝵

山有樞

子有鐘鼓不擊不考大藏音義五十七

椒聊

蕃衍盈匊 四指曰匊大藏音義四十二

采苓

苟亦無信 苟得也大藏音義二十九案藏輯本眾經音義作苟且也此得字或作㝵與且相似應作且

車鄰

有車轔轔大藏音義義引文 轔轔眾車聲大藏音義九十八

四驖

公之媚子　媚美也大藏音義四十二
蒹葭
道阻且長　阻憂也大藏音義卷六
終南
君子至止黻衣繡裳唐本玉篇引文　黑色繼青曰黻日本刻唐本玉篇絲部
墓門
歌以誶止唐本玉篇引文　誶諫也日本刻唐本玉篇言部臧輯據釋文作訊
蜉蝣
蜉蝣之堀大藏音義引文　堀穴也大藏音義六十八
七月

鵙 上仝

一之日畢發 玉燭寶典引文 夏之十一月也 玉燭寶典十一

二之日栗列 玉燭寶典引文 夏之十二月也 玉燭寶典十二

饁彼南畝 饁餉田也 日本刻唐本玉篇食部

四月秀葽 葽艸如出穗 玉燭寶典四

七月鳴鵙 夏之五月也陰氣微動于下鳴鵙破吻于上應陰氣而殺也 玉燭寶典三

六月莎雞振羽 莎雞昆雞也 玉燭寶典六引章句

十月蟋蟀 蟋蟀蜻蛚也 大藏音義六十六

東山

烝在⿱艹桼薪 烝眾也 大藏音義四十五

此格不必空

親結其縭　縭褵帶也日本刻唐本玉篇絲部

九罭

我覯之子䋝衣繡裳唐本玉篇引文　䋝衣纁衣也日本刻唐本玉篇絲部

鴻飛遵陸　高平無水謂之陸大藏音義卷二

常棣

原隰捊矣大藏音義引文　捊聚也大藏音義九十九

天保

如山如阜如岡如陵　積土高大曰阜大阜曰陵北堂書鈔阜部　案書鈔

采薇

引作韓詩曰乃韓詩之誤臧陳均未引

畏此簡書　簡執筆操牘也大藏音義三十一

湛露

匪陽不晞　明不明之際曰晞大藏音義四十七

彤弓

鐘鼓既設　設陳也日本刻唐本玉篇言部

鴻雁

劬勞于野　劬數也大藏音義二十六十八　臧輯同

沔水

鴥彼飛隼玉燭寶典引云韓詩或又作鳥旁隼　隼鷙也玉燭寶典六

不可弭忘　弭滅也大藏音義五十四

祈父

亶不聰　聰明也大藏音義卷三　卷五二十九　六十六六十七　六十八　案八十四又引韓詩聰察也

無羊

或寢或訛　訛覺也日本刻唐本玉篇言部臧輯同

節南山

昊天不傭唐本玉篇引文　傭易也唐本玉篇用部臧輯同

降此諊訩　諊諊聲也訩訩聲也日本刻唐本玉篇言部

降此大戾　戾不善也大藏音義六十八

蹙蹙靡所騁　騁施也大藏音義二十四　四十九　百卷案臧輯本引作馳此引皆作施

正月

視天瞢瞢大藏音義引文 瞢瞢亂皃也大藏音義五十四案藏輯本作夣夣韓詩夢夢惡皃也小異

民之訛言 訛言妖言也大藏音義三十一日本刻唐本玉篇言部引韓詩作訛言譌言也

十月之交

于何不臧 于何柰何也日本刻唐本玉篇于字下并引正文、

百川沸騰 騰乘也無不乘淩也大藏經音義六十九

田卒汙萊 汙穢也唐本玉篇水部引正文大藏音義十一五十七

噂沓背憎 憎惡也大藏音義卷三七十九

小旻

潝潝訿訿　訾訾不善之皃大藏音義二十　日本刻唐本玉篇言部亦引韓詩作訾訾

巧言

君子信盜　盜讒也日本刻唐本玉篇皿部

僭始既減　減少也大藏音義卷一　卷四　三十一三十二　四十四　臧輯同

緀兮斐兮成是貝錦　緀文皃日本刻唐本玉篇糸部

巷伯

緝緝繽繽謀欲譖言　繽繽往來皃也日本刻唐本玉篇糸部大藏音義二十八三十二　九十四皆單引韓詩注文

蓼莪

無父何怙　怙賴也大藏音義十八　臧輯同〻續一切經音義卷一

大東

有饛簋飧　韓詩饛作盈唐本玉篇皿部　案集韻饛下引詩有或作盈即韓詩也

嬥嬥公子　嬥嬥往來皃大藏音義八十四　臧輯同

四月

廢為殘賊　殘義曰賊大藏音義卷三

曷云能穀日本刻唐本玉篇引文　云辭也唐本玉篇云部

小明

憚我不暇　憚惡也大藏音義卷四　卷六　五十七　六十三　八十四

鼓鐘

憂心且陶大藏音義引文　陶暢也大藏音義九十五　案八十四又引韓詩陶養也

楚茨

孝孫有慶　慶善也大藏音義三十

馥芬孝祀大藏音義引文　馥香氣也大藏音義卷二　卷五　卷六　卷八　十二　十五　十八　十九　二十　三十引韓詩馥芬也希麟續一切經音義一引作馥芬香氣皃也　藏輯同

既霑既足　霑溺也大藏音義卷三　卷七　卷八　九十

甫田

攘其左右　攘除也大藏音義二十九

大田

卜畀炎火唐本玉篇引文　卜報也日本刻唐本玉篇卜部　藏輯同

有弇淒淒　弇陰雲皃大藏音義八十　案以弇為陰雲則下文當作興雲祁祁故韓詩外傳引詩作

部

興雲祁祁與此正合

青蠅

構我二人 構亂也大藏音義三十一臧輯同

采菽

紼纚維之 纚笮也日本刻唐本玉篇絲也

彼交匪紓 紓緩也日本刻唐本玉篇絲部

菀柳

上帝甚陶眾經音義引文 陶變也大藏音義九十五引與眾經音義引文合

隰桑

德音孔膠 膠固也大藏音義三十五

二字到置

白華

露彼菅茅　露覆也大藏音義九十二

樵彼桑薪　樵取也大藏音義五十七

緜蠻

緜蠻黃鳥　緜蠻文皃也唐本玉篇緜部　臧輯同

文王

亹亹文王　亹亹進也大藏音義八十九

於緝熙敬止　熙敬也大藏音義二十

大明

使不挾四方　韓作浹通也大藏音義八十三十六又九作引浹遍也

大任有娠大藏音義引文娠振也振動于内也大藏音義六十三案眾經音義引大任有娠娠動也亦是韓詩

會朝瀞明唐本玉篇引文瀞清也日本刻唐本玉篇水部大藏音義七十六

緜

周原膴膴韓詩作腜字大藏音義九十八臧輯同

迺慰迺止唐本玉篇引文作乃迺大也大藏音義二十日本刻唐本玉篇乃部仍引作乃

縮版以載縮斂也大藏音義十四十五十七二十三十六四十二四十五五十四六十七日本刻唐本玉篇絲部

皇矣

誕先登于岸唐本玉篇引文誕信也日本刻唐本玉篇言部

經學

十二學齋藏本

無㷍歆美唐本玉篇引文　美願也大藏音義十四三十二日本刻唐本玉篇次部臧輯同

崇墉仡仡　仡韓詩作刉字日本刻唐本玉篇舟部

靈臺

鼉鼓韸韸唐本玉篇音部引文　韸韸聲也日本刻唐本玉篇音部

行葦

洗爵奠斝　一升曰爵足也盡也玉燭寶典一

公劉

于橐于囊　無底曰囊下通風氣曰橐大藏音義五十三

蕩蕩

天不湎爾以酒　韓作䤄飲酒閉門不出客者或為䤄日本刻唐本玉

烔〻烔〻

篇酉部臧輯同

抑

莫捫朕舌　捫摸也大藏音義十六

薀隆烔烔大藏音義引文　烔烔旱熱也大藏音義卷六三十一五十四案臧輯本引華嚴音義所引韓詩說異當依此不誤

則不我隤　隤遺也大藏音義一百案文選注十六亦引希麟續一切經音義卷十

江漢

式辟四方　辟除也大藏音義一百臧輯同

韓奕

四牡驛驛　繹繹盛皃也日本刻唐本玉篇絲部

巧

瞻仰

神何以刺　刺非也大藏音義十三

常武

敷敦淮濆　敷大也大藏音義五十五六十又引韓詩數徧也

維天之命賀以謐我日本刻唐本玉篇言部

臣工

嗟嗟臣工日本刻唐本玉篇引文　工功也日本刻唐本玉篇工部

潛

涔有多魚唐本玉篇引文　涔魚池也日本刻唐本玉篇水部臧輯同

訪落

紹庭上下　紹取也日本刻唐本玉篇糸部

小毖

拚飛惟鳥　翻飛皃大藏音義六十三職輯同

絲衣

絲衣其紑　紑盛皃也日本刻唐本玉篇糸部

駉

以車祛祛　祛去也大藏音義十　案文選注亦引韓詩祛去也去疑弆字同舉與強健義亦合　希麟續一切經音義卷五

閟宮

夏如沸羹玉燭寶典引文　夏祭曰沸羹爚麥祭也玉燭寶典二

貝冑朱綅　綅綫也（日本刻唐本玉篇糸部）

俾爾耆而艾　耆大也（大藏音義八十二）

玄鳥

大饎是承（唐本玉篇引文）　大饎大祭也（日本刻唐本玉篇食部）

殷武

勿予禍謫（唐本玉篇引文）　謫數也（日本刻唐本玉篇言部）　歆傾也（大藏音義九十）

怯惡也（大藏音義十三）

漢孳室小學卷

會稽陶方琦

爾雅古注斠補

比得甘泉葉蘭如夫人爾雅斠本竊歎其學之精識之敏形管有煒足以輝映爰檢其所遺佚古注七十餘條都為一帙間有訂正附之於此

釋詁

胎始也　舊注胎生之始詩七月正義

仇匹也　李巡曰怨耦曰仇一切經音義二又九

勀勉也　舊注勀美也文選豪士賦序注

隍　舍人隍城池也　李巡曰隍城池壑也詩正義

按此條當附入釋言隍壑也之下詩正義引舍人注尚有壑

溝也三字應補舍人與李巡注此處皆應删去

祜　舊注祜天之福也一切經音義二

汔　樊孫虛气反釋文

殂落死也　李巡曰殂落堯死之稱書正義

釋言

濬深也　舍人注濬下之深也書舜典正義

幄具也　李巡曰幄居位處之具也邢疏

按釋文云李本作幄邢疏所引正是李本

懈怠也　舊注懈者極也怠者懶也一切經音義十八

偟暇也　舍人曰閑暇無事也春秋襄八年正義

按春秋正義引舍人李巡注偟皆作遑

煥煖也　舍人曰煥溫煖也書正義十二

寬綽也　孫炎曰性之裕者邢疏

釋訓

明明斤斤察也　李巡曰斤斤精詳之察也後漢書十八注

畇畇田也　舊注曰詩云畇畇原隰詩正義十三之二

迺窘也　孫炎曰迺作午吾補反釋文

按吾補反三字乃孫炎爾雅音因補入

緜緜穮也 孫炎穮作麃 詩載芟正義

按釋文麃字書作穮是爾雅多作麃詩正義引孫作麃正與釋文同

崇讒慝也 舊注言隱匿其情以飾非 釋文

諼忘也 孫炎曰詩云焉得諼草 詩正義三之二又邢疏

殿屎呻也 孫炎殿丁見反屎香夷反 詩正義十七之四

釋親

後生爲娣 孫炎曰公羊傳曰娣者何弟也此其義也 春秋正義二十七又五十二

釋宮

二達謂之歧旁　孫炎曰歧道旁出也初學記二十四

按初學記載九達不詳誰氏今據詩正義邢疏定為孫炎

四達謂之衢　舊注四道交出或有旁通春秋正義

九達謂之逵　孫炎曰逵一曰馗言似龜背故曰馗初學記二十四

釋器

一羽謂之箴十羽謂之縛百羽謂之緷　孫炎曰蓋誤釋文

骨謂之切象謂之磋玉謂之琢石謂之磨　舊注曰治骨曰切治象曰磋治玉曰琢治石曰磨皇侃論語疏

按皇侃引爾雅如此乃爾雅舊注也非特多一治字為孫炎所本

釋樂

大篪謂之沂　李巡曰大篪其聲非一也詩正義十二之三

按釋文引李孫云篪聲悲乃約文非一二字乃悲字之壞文

大管謂之簥　李巡曰聲高大故曰簥簥高也詩正義十九之三

按與舍人說同然古注多相合宜並載

釋天

歲陽

按歲陽歲陰之訓占經引李巡爾雅注多與淮南高注同且一字不異或高承用李說也今李氏注有缺遺皆可據高注補之

北陸虛也　舊注北陸虛星占經六十一

味謂之柳　注柳為鶉火一曰注音相近也占經六十三

北極謂之北辰　鄭注云天皇北辰曜魄寶葉夫人引

按余氏蕭客邵氏二雲龔氏定盦皆謂鄭氏有爾雅注蓋承周禮大宗伯疏之誤周禮疏引鄭注乃緯書中說與爾雅一條連類引之後儒不察遂謂鄭氏有爾雅注其實非也葉夫人此條宜刪去

奔星為彴約　郭曰彴約流星別名也占經七十一

祭天曰燔柴

按初學記引作燎柴當是孫李本郭作燔故釋文引燔音煩

會稽余氏圖

是也

春獵為蒐夏獵為苗秋獵為獮冬獵為狩　舊注蒐索擇取不孕者苗為苗除害獮殺也以殺為名順秋氣也狩圍守也冬物畢成獲則取之無所擇也（春秋正義）

按春秋正義曰爾雅釋天四時之獵名與此同説者皆如此注故杜注依用之知此當是爾雅舊注也自應備載

釋地

兩河間曰冀州（至）齊曰營州　李巡曰殷制（釋文）

周有焦護　孫炎曰周岐周也（詩正義十之二）

璆琳琅玕　舊注璆琳美玉名琅玕石而似珠者（書正義）

桉書正義引釋地文又云說者皆知此說知為爾雅舊注九夷八狄七戎六蠻謂之四海　李巡曰八蠻一曰天竺二曰咳首三曰焦僥四曰跂踵五曰穿胸六曰儋耳七曰狗軹八曰旁脊六戎一曰僥夷二曰戎夷三曰老白四曰耆羌五曰鼻息六曰天剛五狄一曰月支二曰穢貊三曰匈奴四曰單于五曰白屋四海遠於四荒晦冥無形不可教誨故曰四海也海者晦也言其晦暗無知　禮正義五又十二

桉詩正義云職方氏及布憲注引爾雅云九夷八蠻六戎五狄謂之四海數不合而俱云本於爾雅則爾雅似有兩文今李注正與鄭說合

會稽徐氏

水出其後沮卬 孫炎沮辭與慈呂二反釋文
釋水
井一有水一無水為瀱汋 孫炎瀱居廢反釋文
釋草
蒚山蒜 孫炎曰蒚為山名其上多蒜爾雅翼葉夫人引
按卷中載爾雅翼物類相感志蜀本本草本草衍意埤雅所引孫炎説皆非漢末之孫炎即邢昺序中所云俗間有孫炎高璉作為正義者既非古説亦宜从删
菨接余 舊注水草圓葉細莖隨水淺深顔氏家訓書證篇
菲芴 孫炎曰菲葍類詩正義二十二

薜萸艸 孫炎蔥音臾釋文

虋冬

按釋文云虋本皆作門知作門者李孫諸家或用之門乃古字假借郭斥爲俗字非也

蒚牛藻 孫炎蒚居筠反釋文

活脫 孫炎活音括釋文

藒車芞輿

按釋文云車本多無此字輿或作䒨郭謝及舍人本同衆家

竝作蒢

蘋春草 舊注藥草莽草也政和本草圖經

鉤藈姑　孫炎睽若圭反釋文

蘮蘮　孫炎蘮蒲矯反釋文

購商蔞　孫炎蔞力乎反釋文

卷葹草　舊注江淮間謂之宿莽文選吳都賦注

釋木

栩杼　孫炎栩昌汝反釋文

椄嘉祐本草引孫炎說栩一名杼

杭繫梅　樊光繫作槅工厄反釋文

蕢藹　孫炎蕢存粉反釋文

千木　樊光干作扞釋文

上句者喬　舊注喬高曲也列子殷敬順釋文

棗李曰疐之　孫炎疐音帝御覽九百六十七

釋蟲

蜚蠦蜰　劉歆以為負蠜也漢書五行志葉夫人引

按陸氏釋文言劉歆有爾雅注以為即李巡今所傳者有李巡而無劉歆其書久佚此條及下蝝蝮蜪注皆劉歆說春秋左氏義非注爾雅文不得以說之相類強附之

蜉蝣渠略　舊注似天牛而小有角藝文類聚

蟿螽螇蚸土螽蠰谿　孫炎蚸音昔蠰音囊谿音奚釋文

蠪朾螘　孫炎朾大耕反釋文

會稽余氏圖

蠭醜螸　李孫並闕讀釋文

釋魚

蜃小者珧　衆家本皆作灌釋文

仰者謝　衆家本作射釋文

前弇者果　衆家本作裹釋文

釋鳥

隹其鳺鴀　孫炎曰鳺鴀一名祝鳩御覽九百二十

與鷄鸛　樊孫本作鸒釋文

鵜鴮鸅　舍人曰鵜一名洿澤詩正義七之三

按舍人本作洿澤也說文鶘胡污澤也淮南齊俗篇許慎注

歸胡汚澤鳥說並與舍人合

鶨鵙老　鶨孫勅亂反　釋文

鵯鶋　舊注雅鳥小而多聲腹下白　初學記

春鳸鳻鶞　舍人曰鳻鶞主五土宜穀所趣民種樹也竊元色黑趨民去草竊藍色藍趨民收斂竊黃色黃趨民蓋藏竊丹色赤為民趨鳥行鳸晝行鳴宵鳸夜行鳴皆隨四時同依諸鳸為節候　御覽九百二十三

鵖鴔戴鵀　孫炎曰鵖鳩自關而東謂之戴鵀　禮月令正義

鴢頭鵁　孫炎曰鳥鵁也　御覽九百二十八

按當是鵁鳥也

鵽胡鳥　孫炎鵽作突釋文

鸕諸雉　舊注即今雉郭注引

釋獸

闕洩多狃　舊注脚饒指郭注引

釋畜

騊駼馬　舊注騊駼北野之良馬藝文類聚

按說文騊駼北野之良馬舊注本說文

乎駒褭驂　舊注此即騕褭古之良馬名郭注引

按淮南齊俗篇許氏注騕褭良馬

青驪繁鬣騥　舊注繁鬣美髦鬣郭注引

終

字林補逸敘

乾嘉之間好輯古書捃遺拾墜具有條理漏佚固非蒐襍亦失任氏所輯字林考逸最為完備當時惟臧氏拜經嚴氏鐵橋所輯之書足與媲美據近覽大藏音義及希麟音義玉燭寶典諸書採出任氏未列者幾及百餘字復見者不錄又附以爾雅釋文蕭該漢書音義三國志注數條補其所缺惟惠琳音義多主說文玉篇采證字林極為尟少良可慨也竊謂汲長之書前惟倉頡後惟字林薈萃古今之文曉洽篆隸之恉後先暉映研搜其真故唐試士以說文字林共為一科方琦補輯倉頡以後復寫是帙庶幾為字書凱式爰列其字於左

學齋藏本

漢孳室小學卷

會稽陶方琦

字林補逸

示部

禱者告事求福也唐釋慧琳大藏音義十八

祓除惡祭也方吠反隋杜臺卿玉燭寶典三

王部

瑣聯也環也大藏音義五

方琦按十八又引作聯環也

艸部

蘤花也大藏音義八十一

方琦案任氏輯字林引文選琴賦注字林葩于彼反戴氏以

謂字宜作蘤得此可正其誤

苾大香也大藏音義九十六

芓萃也土句反玉燭寶典二

蔽蓐也玉燭寶典二

蓮莖也大丁反玉燭寶典八

方琦案莖乃莛字

口部

嗞一曷反玉燭寶典六

辵部

違背也希麟續一切經音義三

齒部

齟大藏音義二十七引字林作齟　咀齧也亦作齟希麟續一切經音義四

足部

躃躤也續一切經音義六　蹴也續一切經音義八

言部

誘猶誘也大藏音義八十　繆字林作紕謬字謬誤也失也續一切經音義十

革部

靴大藏音義六十五字林从化作靴

攴部

敾 大藏音義卷二引字林亂从攴作敾

目部

瞖目病也 大藏音義六十六

鳥部

鴟梟也 大藏音義七十一任輯引衆經音義字林作鴟鵂也有異

鶵鷵鶵也 續一切經音義九

鳸鷃農桑候鳥 玉燭寶典一

骨部

髆胛也 大藏音義一又十二三十續一切經音義三

肉部

⿰月冊亦肪也大藏音義十七

胯大藏音義三十七跨下引字林从肉作胯

臠切肉也大藏音義三十四七十五

膠相箸也續一切經音義十

刀部

劚斫也竹足反玉燭寶典五

⿰黍刀大藏音義十四勢下引字林作⿰黍刀

方琦案即⿰黎刂字

竹部

箱竹器也大藏音義二又七

篣箕也似箕而小以竹為之續一切經音義八

食部

餉饋也大藏音義八十九

貪財曰饕續一切經音義九

貪食曰餮續一切經音義九

饡羹澆飯于旦反玉燭寶典十

亯部任輯無此字

稟大藏音義十二引字林作稟

麥部

⿺麥遀熬米麥也大藏音義三十四

⿺麥弋麥芒也續一切經音義八引新字林

木部

模法也大藏音義卷二卷五

核木蠻夷以核皮為匳如篋玉燭寶典一

槍梢也續一切經音義八

橑椽也玉燭寶典二

林部

欝大藏音義十一鬱字林作欝

束部

桊鳥喙也續一切經音義九

貝部

賫送物也續一切經音義十

禾部

稊似稗一名英大藏音義卷五

穬穄有芒者大藏音義八十

穭粗糠也大藏音義十九

米部

糜亡皮反玉燭寶典五

疒部

癖女人赤白癖下病也大藏音義二十五

方琦案任輯引衆經音義作癖赤痢病義異

痃心中淡水病也續一切經音義六

方琦案任輯引集韻作瘖心病

巾部

𢃇字林從巾作㡓續一切經音義五

人部

僻猶僻也大藏音義二十四

僨甫刃反蕭該漢書音義

僇音遼通鑑釋文卷一引字林

衣部

褏衣也 續一切經音義六

襍眾也 續一切經音義七

頁部

顯光也明也 續一切經音義四

文部

斑文彰貌也 大藏音義八十八引大呂云云大呂即呂忱也以別其呂靜韻集

山部

岊 大藏音義八十五引字林云嵊岊柴厓

广部

厰露舍也續一切經音義九

危部

危从人在厄上續一切經音義四

石部

磔沙磔也續一切經音義九

𠃊部

㼽大側反玉燭寶典四

𢑚部

𢑚獸長蠡行謂之𢑚玉燭寶典五

馬部

驒白馬黑髦爾疋釋獸釋文

駓仝上引字林亦作駓

火部

爐火餘也大藏音義十八

黑部

黕黑色也續一切經音義九

黧力奚反黄黑色也續一切經音義九

心部

怯懼也續一切經音義六

惛呼困反昧也續一切經音義三

恍惚心不明也續一切經音義八

水部

㴉水出右扶風大藏音義八十九

方琦案任輯引爾雅釋文字林云㴉水出隴右扶風也王石曜曰隴右二字當為後人所加此引無隴字正合

漉水下皃也大藏音義八十

潰水厓也大藏音義九十一

渦水回流處也續一切經音義八

夂部

冬四時盡也玉燭寶典十

門部

闥大藏音義九十八 ⿱鼓土字林作闥

手部

攥把也大藏音義六十二

抴臥引也釋湛然止觀輔行記宏決

掊薄交反手掊也續一切經音義九

擐胡慣反貫也續一切經音義四又卷七

搓手搓物合緊也續一切經音義九

摺疊衣服也續一切經音義九

撈摸取物也續一切經音義八

擗撫擊也續一切經音義七

尣字林作揖猥襍皃也續一切經音義十

女部

姱大也大藏音義八十

戈部

戢凡收藏物皆曰戢也大藏音義八十八

糸部

絛字林作縚以絲織如繩也續一切經音義五又卷七

虫部

蟬蛇解皮曰蛻大藏音義七十四

方琦按眾經音義引字林蛻蟬皮也小異

蜿蟺虹蚓也音善 玉燭寶典二

蛝馬蟻音閑 玉燭寶典六

蠲馬蠲工玄反 玉燭寶典六

蚿馬蚿下千反 玉燭寶典六

䖟大蚊也音萌 玉燭寶典七

蛭猪秩反 續一切經音義五

北燕謂蚍蜉曰蟻 續一切經音義四

䖵

蝨 爾雅釋文蝨說文字林作蝨

蟲部

蠱腹中蟲也大藏音義十八

方琦案任輯据眾經音義引字林但有音

土部

坌塵也大藏音義八十

黃部

蕭于鄙反裴松之三國志吳志注

矛部

矝矛屬玉燭寶典三

金部

鍛椎物也大藏音義三十一

鎦六銖大藏音義一百

𨸏部

陘隘也大藏音義四十一

阽壁危也弋欠反玉燭寶典二

酉部

酢醬也醋字字林作酢大藏音義二十九

酎三重釀酒也玉燭寶典四

蕭廣濟孝子傳輯本叙

昔宣聖作孝經以後緯書有孝經援神契威嬉拒鉤命決雌雄圖諸篇其說未純爲世所忽吳越春秋載陳音對越王問彈生于古之孝子是三代以前亦有孝子之目漢劉向爲孝子圖不傳于世（法苑珠林四十九引劉向孝子傳凡四本）隋志載蕭廣濟孝子傳十五卷新舊唐志同以外有徐廣孝子傳三卷王韶之（初學記引作王歆）孝子傳讚三卷鄭緝之孝子傳十卷師覺授孝子傳八卷宋躬（藝文類聚引作宗躬）孝子傳二十卷又孝子傳畧二卷唐志有虞盤佑孝子傳一卷新唐志有梁武帝孝子傳三十卷申秀孝友傳八卷又有亡名褋孝子傳二卷藝文類聚有周景式孝子傳又有孝子傳無

撰名者其書皆不傳見于類書志注往往得其軼説攷蕭廣濟晉人為輔國將軍著孝子傳十五卷余三冬閣居晉其逸文共得數十又從隋玉燭寶典得一則唐釋湛然輔行記得二則白帖得一則尤為匙見惟輔行記引三州人一則末有云梁朝破三人離廣濟晉人何知有梁疑梁或作梁漢或作漢字相似而誤也御覽引何子平一則有云宋大明末大明乃宋武帝紀元晉至大明末間相幾十年疑原書亦有後人增入矣昔王文考魯靈光殿賦有云隨色象類曲得其情下及三后婬妃亂主忠臣孝子列士貞女張載注云孝子若申生伯奇之類又御覽四十三引戴延之西征記云昔魯恭冢前皆圖孝子忠臣形象漢

二字到置

征

武梁祠堂畫象載孝子自聖門弟子曾閔以下及柏榆董永邢渠諸人灼著于世惟邢渠哺父考古家皆謂其事失傳不知即出于蕭廣濟孝子傳中使其書不錄至孝姓名幾將湮没既幸夫古籍之足徵而又喜夫古孝之可以宣闡也集為一卷庸示

凱式陶方琦譔

學齋藏本

漢孳室襍著卷

會稽陶方琦

蕭廣濟孝子傳

閔損與曾參門徒之中最有孝稱今言孝者莫不本之曾閔初學記人事部

三洲人者人各一洲人皆孤單輔行記作孤露煢獨三人聞會樹下息輔行記樹上有一字因相訪問老者曰寧可合為斷金之業耶輔行記業作契二人曰諾因相約為父子因命二人于大澤中作舍且欲成父曰此不如河邊二人曰諾河邊舍幾成曰又不如河中二人之復填河二旬不立有一書生過之為縛兩土肫投河中會父往呼

止之日嘗見河可填耶覲女行耳相將而去明日俱至河邊望
見河中土高丈餘輔行記末有梁朝破三人離六字梁當作漢梁或作梁漢或作漢字形相似而譌也唐
釋湛然輔行記四之三太平御覽六十一
方琦案輔行記又引孝傳云三洲人者契為父子長者為父次為長子次為幼弟父令填河以造宅久填不滿為父
所責二人發誓若必孝誠使填河有徵發是誓已河為之滿此與蕭廣濟孝子傳並引未知何人孝傳也
又郡孝子者中山常山魏郡鉅鹿趙國人也輔行記作中山郡常山郡恒州魏郡
魏州鉅鹿郡邢州趙郡趙州去少鄉里孤無父母相隨於衛國因結輔行記有為字
兄弟長元重次中重次叔重次季重次稚重朝夕相事財累三
千萬于空城中見一老母兄弟下車再拜願為母輔行記作兄議曰拜此老
母以為母母許焉積二十四年輔行記作事之如親經二十四年母得病口不能言

輔行記作母忽染患口不能言五子仰天歎願使我母語即使得語輔行記作五子仰天而歎曰如何孝誠無感母忽染患而不能言若我有感使母得語應時能言謂五子曰我本是太原董陽猛女輔行記無董字嫁同縣張文賢輔行記作文堅歿亡我男兒名馬遺輔行記作烏遺七歲值亂亡失輔行記作遂亡所之心前有七星輔行記作胸前有七星文右足有黑識輔行記作右足下有黑子語未竟而卒五子送喪會朝歌長長輔行記作令晨出亡其記囊疑五子所竊收行三重詣河內告柱輔行記作收三重具二重詣河內告柱具言始末太守號哭曰輔行記作太守乃是烏遺因大哭曰生不識父與母相失痛不自聊知近為五子所養馳使放三重輔行記使放三重下有奏五人為五縣令輔行記四之三太平御覽五百七十二

杜孝巴郡人也少失父與母居至孝充役杜成都母喜食生魚

孝子蜀截大竹筒盛魚二頭塞之以草祝曰我母必得此因投中流婦出渚乃見筒橫來觸岸異而取視有二魚含笑曰必我婿所寄熟而進之聞者駭歎藝文類聚鱗物部　初學記人事部　御覽四百十一　又九百三十五引小異乃約文

邢渠失母與父仲居性至孝貧無子傭以結父父老齒落不能食渠常自哺之專專然代其喘息仲遂康休齒落更生百餘歲乃卒也御覽四百十一　方琦案武梁祠堂畫象有邢渠哺父事

隗通字君相母好飲江水常乘舟檝置之漂汲艱辛忽有橫石特起直麴江脊後取水無復勞劇御覽四百十一

方琦案袁山松後漢書云隗相養母至孝母好飲江流相常隆冬取水一朝橫石浮江底有難涉由是顯名即此事

惟御覽作隗通字君相此作隗相有誤又御覽五十二引蜀中記隗叔通犍人也性至孝母每食必須江水通汲江中石為之出今江中有石號孝子石案名又作隗叔通與水經注引同華陽國志蜀志亦作孝子隗通為母汲江裔水天為出平石生江中今石在馬湖江

辛繕字幼文母喪精廬旁有大鳥頭高五尺雞首燕頷魚尾蛇頸備五色而青栖于門樹 御覽四百十一

文讓養母至孝及喪不用僮僕之力兄弟二人營築其墳暫歸取糧羣鳥數千啣壤假而成墳 白帖鳥部 御覽四百十一

方琦案御覽三十七引巴郡文讓母死墳土未足耕一畝地為壞羣鳥數千銜所作壞以著墳上所引文又小異惟云巴郡云讓知御覽四百十一所引杜孝巴郡人連下耶渠隗通辛繕文讓共五條皆為巴郡人矣

杜牙至孝母卒傭力營墳結茅墓側牙病嘗有一鹿啣哺之及

牙卒乃掘地埋之白帖獸部

伏恭字叔齊瑯琊東武人也伯父大司空湛孝謹敦睦世號伏不鬥恭事後毋著孝建武初累遷太僕上臨辟雍於萬人中拜司空衆以恭孝行故光之御覽四百十三

方琦案伏恭見後漢書儒林傳亦云恭性孝事繼毋甚謹蓋恭爲伏湛之兄子以嗣湛弟黯之後者御覽引孝子傳作後母似非

嬀皓字元起吴郡餘杭人父昆南郡太守以事被劾皓年十六髡頭詣闕通章不省皓不飲食懷石囊中但詣公卿門及行路時輙出石置地叩頭流血覆面莫不傷懷遂奏理昆罪藝文類聚人部御覽四百十三

倉

方琦案謝承後漢書言吳郡嬀皓父爲南郡坐事繫獄皓裹小石至公卿門輒出叩頭流血覆面父遂得免　又云嬀皓母炙瘡發膿皓吮而愈之見御覽七百四十二引

申屠勳字君游河内汲人少失父與母孤貧傭作供養夏天多蚊子卧母牀下以身遮之御覽四百十三

又云家貧傭力作壽器用漆五六斛十年乃成御覽七百六十六

宿蒼舒陳留尉氏人也年七歲遭荒父母飢苦倉舒求自賣與潁川王氏得大麥九斛後王氏免之累官除上黨太守後尋視父母經太原南郭忽見母遂還舊居母卒悲號而死御覽四百十三

王驚廬陵石陽人父喪未葬假瘞宅後野火熛燎驚力不能救投火而死御覽四百十三

二字倒置

魏陽不知何處人獨與父居父有刀戟市南少年求之曰老父所服不敢相許少年怒道逢陽父打陽叩頭請罪父沒陽斷少年頭以謝父冢前 御覽三百五十二

朱百年者會稽山陰人家貧母以冬月亡無絮自此不衣緜帛與同縣王凱善時寒月就孔宿飲酒醉眠孔以卧具覆之百年覺引去謂孔曰緜定奇温因流涕悲慟 御覽四百十三

原平墓下有數十畝田不屬平原每農日耕者恒裸原平不欲使慢其墳墓乃歸賣家資買此田三農之月輒束帶垂泣躬自耕墾 藝文類聚産業部

殷惲生而謹愿七歲喪父哀號毀悴不為戲弄得瓜果可啖之

物懷持進母未嘗先食初學記人事部

鄧展父母在牖下臥多蚊展伏牀下以身當之御覽九百四十五

施延字君子少盡色養之道赤眉之際將母到吳郡海鹽賃為半路亭卒每取月直以供養督郵馮敷知其賢與飲食論道餉錢並不受御覽四百十四

蕭國遭喪有鵲遊其庭至暮而去麞暮入其門與犬馬侶至旦而去藝文類聚獸部 御覽九百七

方琦案法苑珠林四十九引鄭緝之孝子傳云蕭固字秀異東海蘭陵人何十四世孫舊居沛何陪長陵因家關中少孝謹遭喪六年雉鵲遊狎麞鹿入其門牆徵聘不就是國當作固

蕭芝至孝除尚書郎有雉數十頭飲啄宿止當上直送至歧路

下直及門飛鳴車側藝文類聚鳥部御覽九百十七方琦案法苑珠林又云固子芝字英髦孝心醕至除尚書郎有雉數十餘啄宿其上嘗上直送至路雉飛鳴車側

王祥後母病忽欲黃雀炙祥思念猝難致須臾忽有黃雀數十飛入其幕母之所須必自奔走無不得焉世說德行篇注北堂書鈔藝文類聚鳥部御覽九百二十二

又云王祥後母庭有李樹藝文類聚作櫨樹御覽引作椋樹始結子使守視祥晝視鳥雀夜則驅鼠藝文類聚引作夜驚鼠一夜風雨至忽祥抱樹泣至曙母見惻然世說德行篇注藝文類聚御覽九百七十方琦案王祥見晉書有傳

二字到置

桑虞字子綱魏郡勳陽人晉黃門郎沖之子喪父虞年十四毀脊過禮日食百粒以糝藜藿藝文類記人部御覽四百十三

（方琦案御覽八百五十九引宋躬孝子傳桑虞喪父年十四日食百粒糝藜藿正同）

何子平廬江灊人事母至孝爲揚州從事月俸得白米輒貨市粟麥人或問之答曰尊老不辦常得生米何容得食白粲有贈鮭（音圭）者不可寄家則不肯受母喪年將六十有孺子之慕宋大明末飢荒八年不得營葬晝夜叫號居室不蔽風雨凡子伯與爲葺治子平曰我情事未申天地一罪人屋何宜覆（御覽四百十三）（方琦案藝文類聚人事部師覺授孝子傳亦載此事又御覽三十七引宋躬孝子傳何子平事母至孝母喪年六十有孺子之慕夏避清涼冬不衣絮廬濟晉人而云宋大明末相隔又四十餘年恐此乃師覺授宋躬二家傳文或御覽誤引輿）

陳元字子元陳候太子七歲喪母父娶更周氏有子曰昭周氏

讒元侯將殺元昭欲先死元不聽引白羊誓曰孝者羊血逆上一丈三尺一如誓後人讒之侯怒令元自殺元投遼水有大魚負之元曰我罪也人故求死耳四字依藝文類聚補魚乃去昭從後來問漁者曰投水死矣昭氣絕良久曰吾兄也又投水而死藝文類聚魚部御覽四百十六

蕭廣濟孝子傳曰獺水獸也似狗面痺脚青黑色立春則羣捕魚聚其所獲陳列於地一縱一橫對之而伏也隋杜臺卿玉燭寶典一引是書新從日本得抄本印刊為中土已亡之書

（清）陶方琦 撰

鄭易小學一卷

稿本

鄭易小學一卷 提要

清陶方琦撰，稿本。一册。金鑲玉裝，封面無題。版框高二十二點七厘米，寬十四點五厘米。開本高二十八點三厘米，寬十九點二厘米。每半葉十四行，行字不等，單黑魚尾，四周雙邊。緑格稿紙，版心下印『巽緖齋藏本』。正文卷端題『鄭易小學』，下題『巽緖齋鄭易弟十一類』，下題『會稽陶方琦』。鈐『巽緖齋主人』朱方長印、『方琦』白文方印、『漢廬著書印』白文方印。前無序，後無跋。

是稿係陶方琦對《周易》鄭玄注文二百二十八條的釋讀訓注，按鄭注文本次序，取裁於《説文》《爾雅》《尚書》《禮記》等經史而成，以『琦按』區别鄭注原文。陶氏自述『讀易有年，頗耆鄭説』(《漢孳室文鈔·鄭易小學序》)，此爲陶氏鄭易疏證諸稿之一，以校訂、考證、辨析爲主，間有闡發。《周易》訓詁，漢代以來以鄭玄、王弼兩家注爲盛。隋及以後王注盛行，鄭注逐漸式微，至兩宋之際，鄭注之書散佚。宋人王應麟旁摭諸書，輯成一卷；清人惠棟補輯而成三卷。

據陶氏《漢孶室文鈔·鄭易小學序》述：『己巳之歲，爲鄭易補遺二卷。嗣得丁、張補正，最凡相似，又爲鄭易疏證，既知非纍載積學不能……辛未之秋，復發篋讀之，分別部居求解鄭義，最兹十類，殊塗同歸，一以貫之，廼得會通其十類，曰《鄭氏爻辰説》《鄭氏互體説》《鄭易京氏學》《鄭易馬氏學》《鄭易諸家通誼》《鄭易王氏同義述》《鄭易禮説》《鄭易緯義》《鄭易小學》《鄭易源流攷》，總其大凡，折衷一是。』可知此稿成於清同治八至十年（1869—1871）間，卷端小題『弟十一類』，與前文所稱似有出入，蓋因未竟稿緣故。此稿經多次校勘修改，朱、墨及藍三色筆勾乙校改，有多處浮簽，書眉亦多塗改。卷末朱筆題『壬申夏月孝邈勘一過』，又朱筆大字補題『甲戌病起，心如廢井，意興卒卒，復覽此一過。漢邈』。兩處均係陶方琦手筆，可知此書成稿後，至少於同治十一年、十三年方琦進行過二次校勘。又，是書卷端有朱筆題『癸卯春日校一過』，又『癸卯二月校』，癸卯，即光緒二十九年（1903），可知是稿自陶方琦殁後又經後人校勘，然校勘者名姓未詳。

光緒十三年，姚振宗曾對此稿進行補輯整理，後收入會稽徐氏鑄學齋抄本《漢孶室經學》七種七卷本的其中一種一卷，然抄本内容條目與此稿相比，均有減少。

按：書前護葉有篆題『鄭易小學』，又題『巽繻齋底稾，乙丑九月所得』，鈐『天庚日利』白文方印。此稿民國十四年（1925）前後曾爲紹興袁天庚所藏。袁天庚，字夢白，號無耳尊者，清末民初會稽人，曾爲南社理事，工書畫。

現藏浙江圖書館。入選第五批《國家珍貴古籍名録》，名録編號一一四八六。

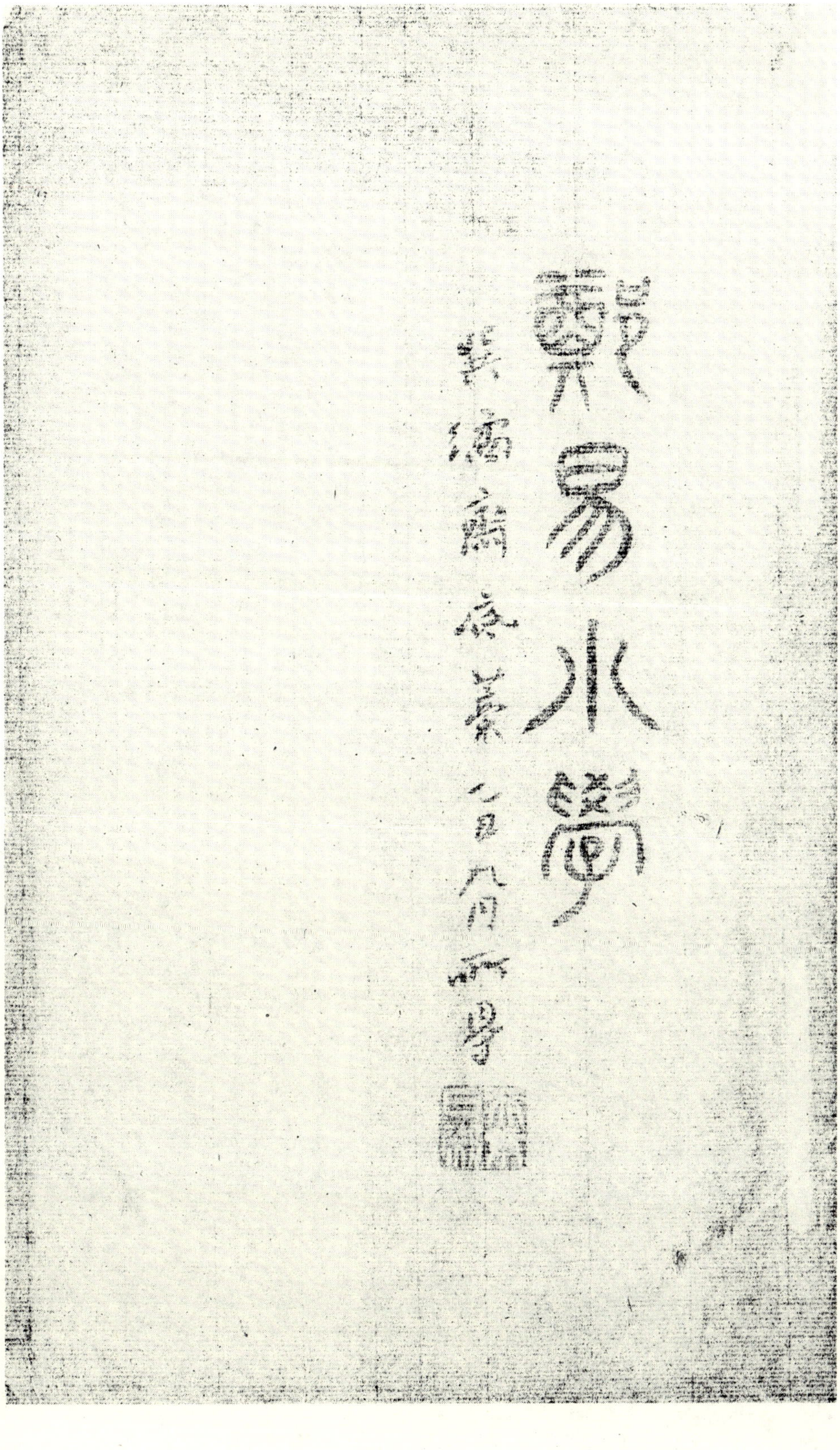
鄭易小學

鄭易小學　巽緒解鄭易第十一類

會稽　陶方琦

上經乾[redacted]

夕惕若厲

鄭注惕懼也　陸氏釋文

琦按說文惕敬也敬則懼義自合訟卦有孚窒惕中吉虞注惕懼也國語周語是以為之日惕韋注惕懼也陸氏周易音義引惕廣雅同鄭于寶注惕懼義和之不速亦以惕訓懼

見龍在田

鄭注地上即田　李氏集解

琦按坤為地為田周語田疇荒蕪韋注穀地為田恆卦田无禽虞注地位稱田又巽卦田獲三品虞注地中稱田廣雅釋地田土也書禹貢厥田惟中中鄭彼注據人功作力競得而田之則為之田故易疏引先儒云言田之利益及於萬物于寶田在地之表而有人功者也

飛龍在天

鄭注天者清明無形　集解

巽緒齋藏本

琦按說文天顛也至高無上 乾鑿度清輕者為天 易曰太易者未見氣也……無形 素問陰陽應象大論清陽為天 荀子天論皆知其所以成莫知其無形夫是之謂天 乾鑿度 尚書考靈曜天從上臨下 鄭注云天者純陽清明無形

萬物資始

鄭注資取也 釋文

琦按說文資貨也 孟子焉有君子而可以貨取 資取義 太元萬物資形注資取也 尚書大傳鄭注資取也 孝經資于事父疏引孔傳資取也 易疏引莊氏曰以萬象之物皆資取乾元 亦訓資為取

乃統天

鄭注統本也 釋文

琦按說文統紀也 公羊傳紀元曰大一統也 何注統者始也 禮記祭統 鄭目錄統本也 尚書大傳天有三統 鄭注亦曰統本也 周官疏引周禮三曰禮典以統百官

馬融注統本也 是鄭又用師說

大人造也

鄭注造為也 釋文

琦按尒雅釋言造為也 鄭用雅訓 詩緇衣鄭箋造為也 禮記王制不造燕器 鄭注造為也 易注說同 書盤庚中咸造勿褻在王庭 馬注造為也 鄭更用師說 釋文又引鄭造祖早反

君子體仁足以長人

鄭注 體生也 文選陸士衡贈顧交阯公真詩注

琦按 禮記中庸 體物而不可遺 鄭注 體生也 易說同 體同禮 詩谷風無以下體 韓詩作禮 易繫辭知崇禮卑 集解作體 禮記禮器云 禮者反其所自生 故體有生義

確乎其不可拔

鄭注 確 堅高之皃 拔 移也 集解

琦按 說文 塙 堅不可拔也 从土高聲 確 莊子應帝王 確乎能其事者而已 釋文引李注 確 堅皃 繫辭下 確然示人易矣 馬注 確 剛皃 剛即堅義 廣氏此訓亦作剛皃也 鄭云堅高皃 意鄭易本作塙字 塙[illegible] 拔 說文 擢也 擢有引取義 [illegible]也 其氏注 [illegible]猶拔也 鄭謂拔取[illegible] 說文 移 禾相倚移也 義同

聖人作而萬物覩

鄭注 作 起也 釋文

琦按 說文 作 起也 易釋文引馬注亦作起 訓[illegible]說 至其等 詩注禮 鄭氏皆訓作為起 其解易明兩作離 亦云作 起也

坤

初六履霜

鄭注履讀為禮　釋文

琦按尒雅履禮也說文禮履也禮記祭義禮者履此者也又仲尼燕居言而履之禮也荀子大略禮者人之所履也白虎通禮樂篇禮之為言履也禮古通體亦通履法言問道禮體也詩谷風無以下體韓詩外傳作下禮詩䛐體無咎言坊記引作履無咎言韓詩亦作履禮記疏引鄭序禮者體也履也臧在東曰鄭本經文當作禮鄭注云禮讀為履後人依注改經又依經改注其說甚是古履禮互通此言讀為當由改其字必經云禮霜鄭讀為履作履霜解也

（旁注：蓋漢人句讀凡讀若者擬其音讀為者易其字）

必有餘殃

鄭注殃禍惡也　釋文

琦按說文殃咎也禍害也廣雅殃禍也孝經禍亂不作皇疏善則逢殃為禍說苑君道殃者禍之先也仲山碑而遭禍央殃作央知殃禍本通訓解禮記禮運眾以為殃鄭注殃猶禍惡也與此同

為其嫌于無陽也

[illegible]

鄭注慊讀如羣公溓之溓 古書篆作立心與水相近讀者失之故作溓 慊雜也 詩采薇正義

琦按正義本慊溓互易 鄭本作慊 說文慊疑也 讀如者擬其音也 說文𩞞讀若風溓溓 䁠讀若風廉之廉

鬑讀若慊 䭠讀若鎌 蠊讀若嗛 凡从兼之字古讀多紛 羣公溓者公羊文十三傳周公盛

魯公燾 羣公廩 今本作廩 溓雜也 當是兼字兼有雜義 古文作𡖃也

屯

天造草昧 草草創 昧昧爽也

鄭注造成也 文選注彥升天監三年策秀才文集注

琦按書君奭耇造德不降鄭注造成也 詩閔予小子遭家不造鄭箋造猶成也 與注易同

利建侯而不寧

鄭注讀而曰能 能猶安也 釋文

琦按易履眇能視跛能履 虞本能作而 淮南原道訓行柔而剛用弱而強 高注而能也 其注呂

覽士容而不見 虛而實亦曰而能也 墨子尚賢篇其天下之鴻善者可而勤而即能字 古能耐

通 春秋元命苞能之爲言耐也 禮記禮運故耐能字 樂記故人不能無樂注云耐古書能字

也 後世變之 此獨存焉 古以能爲三台字 而讀爲能 或而即耐之省文

巽續齋藏本

乘馬[redacted]如 班

前[illegible]注 馬牝牡曰乘 釋文

琦按周禮校人乘馬注二耦為乘 詩渭陽路車乘黃傳四馬也

物中四乘 乘有耦義故牝牡曰乘 說文牝畜母也牡畜父也

匪寇昏冓

鄭注冓猶會也 釋文

琦按說文冓交積財也象對交之形 對交即會義 然說文女部媾重婚也 馬融此注亦曰重

昏[redacted]冓之訓會有會合義 正義引云媾猶會也

君子幾不如舍

鄭注機弩牙也 釋文

琦按莊子胠篋李注弩牙曰機 劉熙釋名釋兵 弩含括之口曰機 易繫辭樞機之發 釋

文引王廙機弩牙也 禮緇衣若虞機張 鄭注弩牙也

蒙

匪我求童蒙

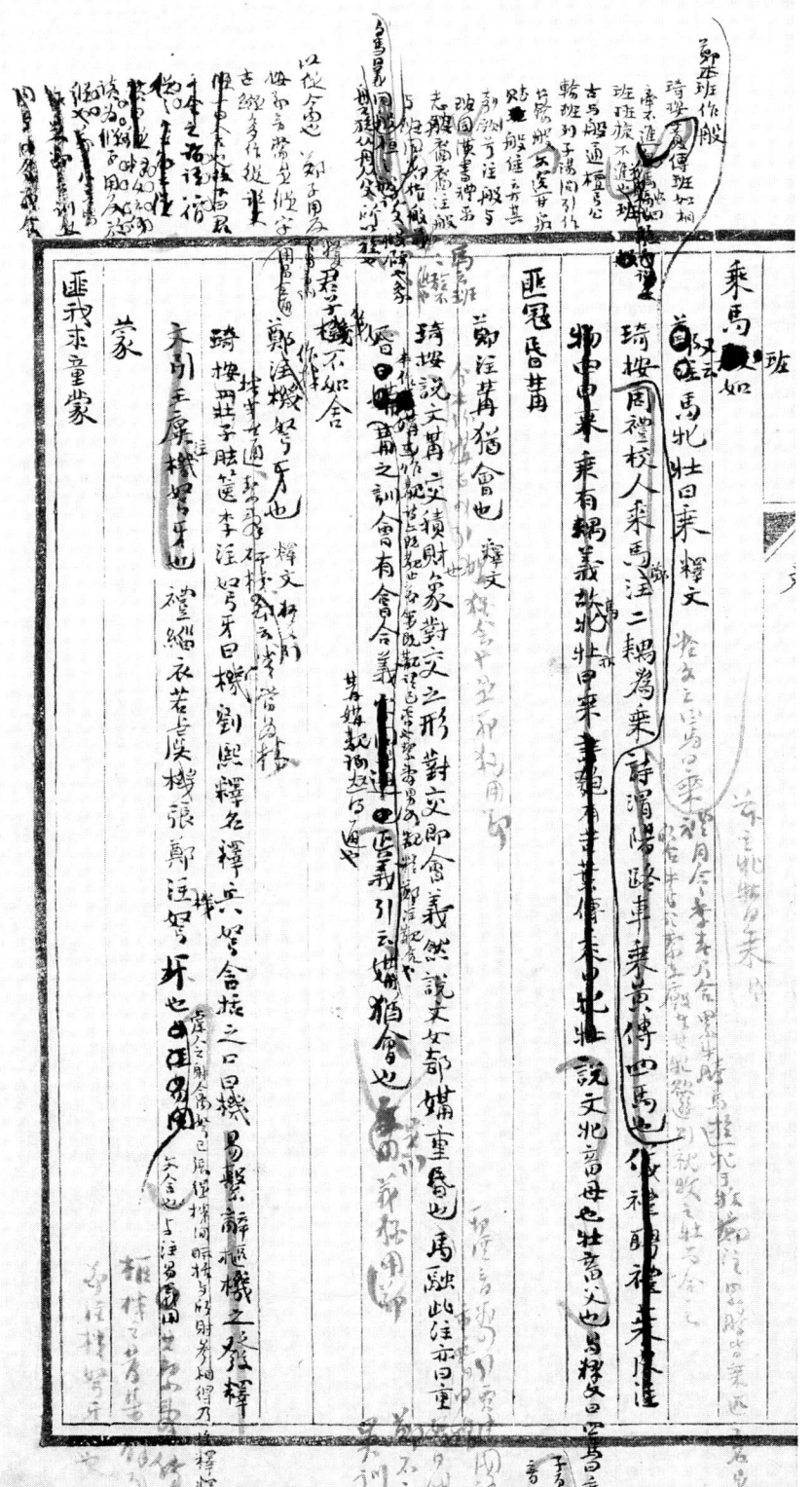

鄭注人幼稚曰童未冠之稱 釋文

琦按說文僮未冠也左傳九年傳注小童者童蒙幼末之稱易觀童觀釋文引鄭注童稚也

禮記檀弓注童未冠者之稱與注易同

初筮告

鄭注筮問也 釋文 音義

琦按楚辭王逸注筮卜問也儀禮特牲饋食禮鄭注筮問也取其所用問神明者謂蓍也 士冠 周禮注卷

注問蓍曰筮其占易 禮注筮之所以問吉凶于蓍也與注易同禮表記易曰初筮告疏引筮問也即是鄭注

再三瀆

鄭注瀆褻也 釋文

琦按說文黷握持垢也易曰再三黷崔憬注瀆古黷字也 顏黷垢也 字林黷持垢也 文選注引賈注國語曰

黷媟也廣雅釋言瀆狎也媟狎皆有褻義禮記表記再三瀆鄭注瀆之為言褻也即

是易注

初六用說桎梏

鄭注木在足曰桎在手曰梏 周禮大司寇注

巽繡齋藏本

琦按說文桎足械也梏手械也莊子德充符解其桎梏釋文引注曰桎在足也梏在手也呂覽仲春去桎梏注在足曰桎在手曰梏淮南注同左莊卅年傳則執而梏之注足曰桎手曰梏

鄭注在足曰桎在手曰梏

引蒼頡篇著足曰桎著手曰梏周禮大司寇鄭注木在足曰桎在手曰梏与注易同

九二苞蒙

鄭注苞當作彪彪文也　釋文

琦按說文彪虎文也从虎彡象其文也彡說文云毛飾畫文說文从彡者皆訓為文彬文質備也彰文彰也彫琢文也㣎細文也彩文章也彣䵹也从彡从文彥美士有文人所言也淮南許慎注曰虎陰中陽獸九二以陽居陰之中有包含文明之象當作彪也苞彪古音同

通京氏易亦作彪訓曰文也鄭以包受京氏易故用師說

順以巽也

鄭注巽當作遜　釋文

琦按說文愻順也廣雅巽順也書堯典汝能庸命巽朕位釋文巽音遜馬云讓也

是馬亦以巽為遜蓋用師說

上九擊蒙

鄭本繫作繫 釋文

琦按說文毄相擊中也周禮校人三皁為毄 釋文毄古繫字是又証毄為繫

得聲古或可通釋文引馬本繫蒙亦作繫鄭用師說周禮大宰以九兩繫邦國之民鄭注

繫聯綴也此言童蒙雖昧而猶連綴故人心歸附利用御寇也

需

需有孚光亨貞吉

鄭注需讀為秀 釋文

琦按歸藏易需卦之需作溽禮記月令土潤溽暑溽義同濡犬部獳从犬需聲讀若槈

奴豆切詩羔裘篇濡侯韻左昭廿五年襦侯韻需秀雙聲音訓亦同鄭易注云陽氣秀

而不直前者畏上坎也廣雅釋詁秀出也此云秀亦作出解

九二需于沙

鄭本沙作沚云接水者

琦按說文沙水散石也从水从少水少沙見楚東有沙水沚譚長說沙或从止止子結切易釋文

舊作沚形似而譌詩鳧鷖引仍作沙毛傳云沙水旁也穆天子傳南絕沙衍注沙衍水有沙者

與鄭據水義合

致寇至

鄭本作戎 寇 釋文

琦按昌解卦致寇至象文作自我致戎虞注坤為自我以離兵伐三故轉寇為戎

訟

訟

鄭注辯財曰訟 釋文

琦按說文訟爭也周禮大司徒有訟獄者鄭注爭財曰訟大司寇以兩造禁民訟鄭注謂以財貨

相告者此即辯財之說與注易同

有孚窒

鄭注咥覺悔皃 釋文

琦按釋文引馬亦作咥云咥讀為躓猶止也與鄭義異說咥為覺悔字應作恎 損卦君子以懲忿窒欲孟本窒作恎廣雅恎懼也玉篇恎悔 恎恨也又恎有覺悔意 咥字論文

无眚

鄭注眚過也 釋文

琦按馬融注眚災也虞翻同鄭禮記正義引鄭此注則無災眚目是亦以眚爲災眚之訓過

又一解也書舜典眚災肆赦傳眚過也左襄九年肆眚杜注亦曰眚過也

患至掇也

鄭注作惙惙憂也 釋文 陟劣反

琦按尔雅惙憂也說文惙憂也一切經音義引字林惙憂也鄭注易用雅訓

渝安貞吉

鄭注渝然也 釋文 豐氏渝變也虞說同

琦按尔雅渝變也俞然也然訓爲然者當作俞禮記內則男唯女俞鄭注俞然也與注易同

或錫之鞶帶

鄭注鞶帶佩鞶之帶 周禮巾車疏

琦按說文鞶大帶也易曰或錫之鞶帶馬融易注亦曰鞶帶大帶衣也虞云鞶帶大帶禮記內則鄭

注鞶小囊盛帨巾者男用韋女用繒有飾緣之則是鞶裂歟儀禮士昏禮鄭注鞶鞶囊也

男用革女用絲所以盛帨巾之屬故鄭易注解云佩鞶之帶~~本作猛注革帶曰鞶革~~又送思之

娃注鞶所以帶佩也白虎通云男子所以有鞶帶者示有金革之事也鄭即此義

終朝三褫之

鄭本褫作拕 徒可反 釋文

琦按褫諸家皆作奪解說文褫奪衣也讀若池 拕曳也从手它聲 項安世周易玩辭引鄭注云

拕三加之也恐非鄭義故惠[illegible]諸本皆不同惠徵君曰淮南人間訓秦牛缺遇盜拕其衣被

高誘注拕奪也拕與褫字異而義同晁以道讀為拕紳之拕非也琦按惠氏之言甚是

鄭遵費氏古文易必古文作拕今文作褫古今異文也

師

師

鄭注軍二千五百人為師 計楠樸可參

琦按釋文引馬注二千五百人為師是鄭用師說也說文師二千五百人為師从帀从𠂤𠂤四帀眾意也

也易序卦傳故受之以師九家易云二千五百人為師周禮夏官序官[illegible]楠樸[illegible]鄭注与[illegible]

云二千五百人為師与注男同

丈人吉

鄭注丈之言長 春官[illegible]

琦按釋文引鄭注能以法度長于人 周禮疏又引云以法度爲人之長 淮南道應訓丈人長
老之稱論語包咸丈人長宿之稱也 陸績易注云師爲衆首 法長而行 與鄭同說

九三王三錫命
惠棟曰六五長子帥師 長子謂二卯大也 丈之言長 不爲丈

鄭本錫作賜 釋文

琦按爾雅釋詁錫賜也 公羊莊元年傳錫者何賜也 夬卦九二惕號 釋文引荀本作錫 注云錫賜也
訟或錫之鞶帶 釋文云錫星歷反又星自反賜也 書序平王錫晉文侯秬鬯圭瓚 馬融本錫作賜
禹貢錫土姓 史記作賜土姓 是錫賜古通 釋文此注引徐邈音賜 與鄭同

承天寵也

鄭注寵光耀也 釋文

琦按詩蓼蕭爲龍爲光 傳龍寵也 鄭箋爲寵爲光 言天子恩澤光耀被及己也 與注易同

比

有孚盈缶

鄭注缶汲器也 詩宛邱正義 釋文

琦按爾雅盎謂之缶 孫注缶瓦器 說文缶瓦器也 左襄九年傳具綆缶 杜注缶汲器也 宛邱正義曰

而不從此說文輹字 鄭作輻爲菟 當輹也

缶是汲水之器，缶是瓦器，可以節樂，若今擊甌，又可以盛水盛酒，即今之瓦盆也

王用三驅

鄭本驅作毆 釋文

按說文驅馬馳也，古文作毆，从攴。鄭用費氏古易，故作毆。文選東京賦成禮三毆，薛注毆與驅

同。漢書禮樂志注毆與驅同。孟氏用鄭易

引用古易王用三毆矣

小畜

大畜

鄭注畜養也 釋文

按詩畜我不卒，鄭箋畜養也。節南山以畜萬邦，鄭箋曰畜養也。禮記畜鳥者則勿佛也，鄭注

畜養也。此注易同。易君子以容民畜衆，虞注畜養也，乃用鄭說

輿說輹

鄭作輹，伏菟 釋文

按釋文云輹（音福）本亦作輹（音服），並不言鄭本作輹。說文輹車軸縛也，易曰輿脫輹。說文用孟氏易，乃作輹耳。左傳十五年傳引子夏易傳曰輹車下伏

菟也，今人謂之車屐，形如伏菟，以繩縛于軸，因名縛也。此鄭義也。馬融曰輹車下縛也，故本書疏中引鄭說

云輹謂輿下縛木與軸相連鉤心之木是也

履虎尾不咥人亨

鄭注 咥 齧也

按釋文云咥齧也 馬注咥齕也 鄭作噬 易噬嗑釋文 噬齧也 廣雅釋詁 噬齧也 文選西征賦

虎尾不噬 潘氏之賦乃用鄭說 一切經音義三引三蒼 噬嚙也

泰

鄭注 泰通也

按釋文云大通也 廣雅釋詁 泰通也

后以財成天地之道

鄭注 財節也 集解

按財裁古字通 裁有節制義 釋文引荀易作裁

輔相天地之宜以左右民

鄭注 輔相左右助也 集解

按爾雅釋詁 詔相左右助也 鄭用爾雅

以其彙征吉

說文米部[illegible]
[illegible]

鄭注彙勤也 釋文

按釋文引傅氏曰古文作𦸗 鄭因費氏古文易當作𦸗也 [illegible]

然云彙勤也 爾雅釋詁[illegible]勤也 呂氏音訓[illegible]作[illegible] [illegible]

[illegible] 釋文云彙類也 [illegible]

[illegible]常[illegible]

九二苞荒

鄭注荒讀為康虛也 釋文

按爾雅康虛也 [illegible]釋文引字說作㱁 方言作㝩 郭云本或作荒 [illegible]

穀梁傳四穀不升謂之康 廣雅作㱁 [illegible]借作荒 爾雅釋器康瓠謂之甈 釋文引字林作[illegible] 是荒

康古通 小雅[illegible]酌彼康爵 箋康虛 大誥我康[illegible]國 [illegible]荒虛也 與[illegible]易同

上六城復于隍

鄭注隍壑也 [illegible]

按隍壑也 爾雅釋言文 [illegible]舍人曰隍城池也 壑溝也 [illegible]曰隍城池壑也 說文隍城池也 有水曰

池無水曰隍 易曰城復于隍

谷

九四疇離祉　鄭注本疇作𠷎　釋文

按說文[illegible]𠷎詞也从白𠷎聲与暠同是暠古文作𠷎[illegible]鄭用古文[illegible]易也詩祈父[illegible]

𠷎音祈又釋文𠷎古疇字 [illegible]

九五休否　鄭注休美也　文選注二十五

按休美也爾雅釋詁文詩江漢對揚王休鄭箋休美也与注易同

繫于苞桑　鄭注苞植也　文選注五十二

按爾雅釋言苞稹也孫注物叢生曰苞齊人名曰稹詩集于苞栩傳苞稹也[illegible]

[illegible]此植字疑是稹之譌文陸德明云[illegible]

同人

九三伏戎于莽　鄭注莽叢木也　釋文

按方言莽艸也[illegible]九章艸木莽莽鄭云叢木[illegible]

九四乘其墉　鄭本作庸　釋文

按庸古墉字詩大雅以作爾庸傳庸城也禮王制附于諸侯曰附庸鄭注小城曰附庸疏亦曰庸城也

巽繙齋藏本

大有

明辯遰也　鄭注遰讀如明星晢晢　釋文

按說文遰去也遰往也从辵折聲許君讀大戴禮遰迠往也遰逝古通鄭本作遰陸本作逝古今異文也

讀如明星晢晢者[redacted]故釋文晢之世反

釋文[illegible]

謙

君子以捊多益寡　鄭荀作捊云取也　釋文

按今本釋詁裒聚也釋文云本或作捊裒捊古雖通然捊義訓取裒義訓聚自不同也說文捊引取也玉篇

引作引取謂[redacted]又通掊今通部釋文云荀鄭董蜀才作捊

作捊云取也字書作掊廣雅曰掊減捊掊皆有以手取物之義[redacted]為取[illegible]今後儒皆據[illegible]

之訓[illegible][redacted]

卑以自牧也　鄭注牧養也

按[illegible]云牧養也一切經音義二引三蒼牧養也

六四撝謙　鄭注撝讀為宣　釋文

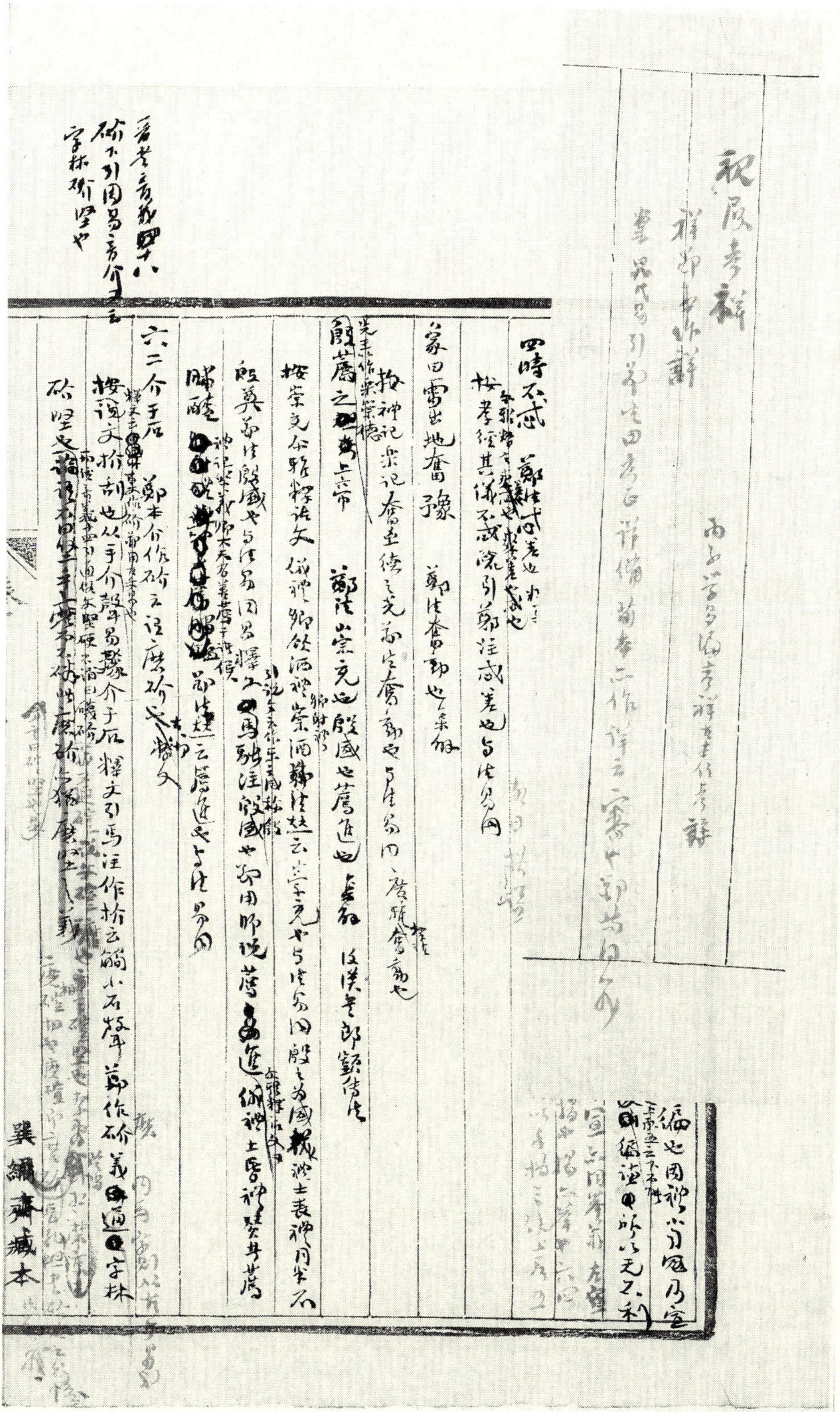

四時不忒 鄭注忒差也

按孝經其儀不忒疏引鄭注忒差也

象曰雷出地奮豫 鄭注奮動也

按禮記樂記奮至德之光 鄭注奮動也

殷薦之上帝 鄭注 殷盛也薦進也

六二介于石 鄭本介作砎

異續齋藏本

六三盱豫　鄭注盱誇也　釋文

按慈銘盱張目兒說文讀者䜣所張大其義也莊子寓言注睢睢盱盱跋扈之兒是所引向秀易注

小人喜悅佞媚之兒亦相通

九四由豫　虞注由用也

按[illegible]由用也虞故訓君子陽之待由用也小什[illegible]由言[illegible]由用之禮記[illegible]由此出

也由用也易由小人積虞注由用也

朋盍簪　鄭注簪速也　釋文

按子夏傳曰簪疾也鄭用其義[illegible]鄭同釋文引埤蒼簪速也乃採鄭義

上六冥豫　鄭本冥讀為鳴　釋文

按[illegible]初六曰鳴豫鄭本必異虞翻鳴名也自名為豫者

能豪更所以无咎[illegible]上六[illegible]鳴[illegible]

[illegible]虞翻鳴名也上六冗交[illegible]自名為豫者豪更所以无咎

隨

君子以嚮晦入宴息　鄭注宴晦也　正義

音學言義四十八
砎不引周易言介文云
字林砎堅也

按尔雅釋言宣徧也 箋 詩文王宣昭義問 ……以宣猶 箋云宣徧也 周禮小司徒乃宣
布于四方 注 宣徧也 鄭氏箋詩注禮皆用尔雅訓此易 [illegible] 為宣亦同也 其云 [illegible] 所以无不利 四象三之上亦無云字本脫
戴氏曰荀爽撝猶舉也 ……

豫

四時不忒 鄭注忒差也 釋文 尔雅釋言忒差也
按孝經其儀不忒 疏引鄭注忒差也 与此易同

象曰雷出地奮豫 鄭注奮動也 釋文

殷薦之上帝 崇未作崇德 按禮記樂記奮至德之光 鄭注奮動也 与注易同

按崇充尔雅釋詁文 儀禮鄉飲酒禮崇酒 鄭注崇充也 与注易同 殷之為盛 儀禮士表禮月半不

鄭注崇充也 殷盛也 薦進也 後漢書郎顗傳

殷薦 鄭注殷盛也 与注易同 馬融注殷盛也 鄭用師說 薦進 儀禮士喪禮……薦

[illegible] 鄭注……云薦進也 与注易同

六二介于石 鄭本介作砎 云謂磨砎也 釋文

按說文扴刮也从手介聲 易豫介于石 釋文引馬注作扴云觸小石聲 鄭作砎 義與通 字林

砎堅也 ……

六三盱豫　鄭注盱誇也　釋文

按恭頛盱張目兒　説文同　讀者[illegible]張大之[illegible]也　莊子寓言注睢睢盱盱跋扈之兒　[illegible]引向秀易注[illegible]

小人喜悅佞媚之兒[illegible]

陸車[illegible]

九四由豫　荀注由用也

按[illegible]　虞[illegible]　詩君子陽陽傳由用也　[illegible]由言[illegible]由用之[illegible]記[illegible]由此[illegible]

以[illegible]注[illegible]由用也[illegible]小[illegible]虞注由用也

朋盍簪　鄭注簪速也　釋文

按子夏傳曰簪疾也　鄭[illegible]　[illegible]　同[illegible]　鄭同　釋文引埤蒼簪速也[illegible]

上六冥豫　鄭本冥讀為鳴　釋文

按[illegible]初六[illegible]鳴豫鄭本必異　虞[illegible]鳴名也自名為豫[illegible]

能[illegible]以[illegible]上六[illegible]鳴[illegible]

[illegible]　虞[illegible]名也上六[illegible]自名為豫[illegible]无咎

隨

君子以嚮晦入宴息　鄭注宴[illegible]也

琦按 宴字宋本作冥是也 今正 釋言 晦冥也 公羊傳十五年 傳成十六年 杜注云晦者何冥也 說文夕者冥

也 鄭易下注云既夕之後義同 羅元易注曰晦者冥也 其時晦冥 退入宴寢而休息 乃用鄭義

觀

初六童觀 鄭注 童稚也 釋文

按易音義鄭注人幼稚曰童 與此注同 廣雅釋詁 僮稚也

噬嗑

先王以明罰勑法 鄭注 勑猶理也 釋文

按說文祗有敕字 相承作勑 釋文云勑俗字 字林作勅 五經文字 敕古勑字 [illegible]皆作勑 惠氏棟曰古字

省多借飭為勑 或作飾 [illegible]經引誤引 鄭訓理 [illegible]釋文引鄭作一云整也 為鄭說 漢書郊祀志 敕[illegible]也

今雅釋詁 飭 整也 [illegible]作飭 敕飭古字 今通用勑勅

噬乾胏 鄭注 胏 簀也 釋文

按胏[illegible]作胏 馬注 有骨謂之胏 說文胏作𦙃 食所遺也 易曰噬乾𦙃 揚雄說 𦙃从𠂔 鄭胏[illegible]簀也

[illegible]讀胏如[illegible] 第之第 說文 第 牀簀也 [illegible]周傳 [illegible]作[illegible] 讀[illegible]

[illegible]讀如明星哲哲之例

賁

无敢折獄　鄭作折斷也　釋文

按說文𣂚斷也从斤斷艸譚長說𣂏籀文折从艸在仌中仌寒故折　因(?)禮(?)虞翻(?)折虞翻(?)釋文引劉

本作𣂚禮記月令(?)以牛在(?)前(?)鄭(?)九篇(?)鄭注折斷也(?)與此(?)同

賁其趾　鄭作趾足也　釋文

按爾雅釋言趾足也釋文云趾本作止說文足在下从止口是趾字本作足也(?)　御覽一百四十八引易

易夬壯于前趾釋文引荀本作止

易卦(?)象(?)類(?)趾鄭注(?)二(?)事(?)曰趾陳設曰足

賁如皤如　鄭本皤作蹯　釋文（音煩）

按[illegible]

注文(?)蹯(?)作當(?)蹯(?)……[illegible]　因其(?)……或从足从𤲃　爾雅釋獸其迹蹯釋文引古文作𤲃(?)……

注云乘馬蹯為不進故爾注云退(?)退(?)亦言(?)……蹯如(?)蔡用鄭義

釋文本作蹯(?)音煩(?)……

白馬翰如　鄭注翰[illegible]幹也　釋文　禮記[illegible]檀弓正義引多猶字

按爾雅釋詁翰幹也詩傳訓其(?)同鄭箋亦云翰幹也與易注同

戔戔　鄭注(?)戔戔(?)……　釋文

按詩某某(?)……其注戔戔(?)……也

剝牀以辨　鄭注：足上稱辨。辨，分也。集解。釋文引：辨，足上也。

按說文：釆，辨別也，象獸指爪分別也。古文作。惠氏棟曰：尚書平秩平章皆當作釆。周禮：平章於辨別。故鄭注

也。別者分，故鄭注云：辨，分也。釋文引馬融曰：辨，足上也。王弼易注亦云：辨，足之上也。集解不引

遄　申切，故遄有速之訓。

切近災　鄭注：切，急也。釋文。

按切有急義，論語：切問而近思。皇疏：切，猶急也。

復　鄭注：復，反也，還也。李鼎祚引。釋文：復，本又作复，還也。

按說文釋詁：復，返也。

商旅不行　鄭注：資貨而行曰商。旅，客也。釋文。

按周禮司市：以商賈阜財，行布。又太宰：六曰商賈，阜通貨賄。行曰商，止曰賈。又周禮考工記總目：通四方之珍異以資之，謂之商旅。商旅，販賣之客也。可為佐證。

无祇悔　鄭注：祇，病也。釋文。

按鄭訓祇為病，字當作疷。爾雅：疷，病也。詩：亦孔之疷，俾我疷兮。毛傳：疷，病也。說文：疷，病也，从疒氏聲。[illegible]

[illegible]祇

巽繡齋藏本

六三 𨻳後 鄭本作𨻳 釋文 或作畢 兄文蜀 古易書

按說文 顛 馬注頞予頯也

中以自考也 鄭注考成也 釋文

按考成也 爾雅釋詁文 考成也 莊五日考後 鄭注考成也 詩 宗 考 鄭箋考成也 周

禮大宰設其參 禮記 祖考 鄭注 考成也 與 自

有災眚 鄭本作烖 釋文

按說文作烖云天火曰烖 从火𢦏聲 或作灾 籀文从巛 作災 子夏傳曰傷害曰災

妖祥曰眚 左氏傳曰 異自內生曰眚 自外曰祥 害物曰災

无妄 鄭注妄猶望 謂无所希望也 釋文

按釋文引馬鄭王肅皆云妄猶望 鄭同 鄭說 漢書谷永傳引 注云 无妄之言 史記

天命不右 鄭注右助也 釋文

右助也 亦繫辭文 繫辭上傳亦云右者助也 說文右手口相助也 釋文作祐 馬云右謂天

不右行

不菑畬　鄭注一歲曰菑二歲曰新田三歲曰畬　詩采芑正義

按文獨田一歲曰菑二歲曰新田三歲曰畬　鄭用禮記坊記注作二歲曰畬三歲曰新

也　[illegible]與爾雅訓異

大畜　良

良馬逐　鄭注逐逐兩馬走也　釋文

按釋文引姚信曰逐逐疾並驅之貌　又作逐逐　顏氏家訓書證篇引易曰良

馬逐逐即並驅也　淮南詮言訓騁者不貪最先　高注騁競驅也亦兩馬走之[illegible]

曰閑輿衛　鄭注閑習　釋文

按釋文引馬注曰閑習也　詩卷阿既閑且馳箋閑習也　此鄭所本

曰閑

豶豕之牙　鄭注牙讀為互　釋文

按今文互隸書作𠀀互皆作手手牙易訛　梁氏暫記曰周禮牛人注互若今屠家縣肉格　鄭蓋謂豕制

則豶豕之牙即豕之互也　許叔重說文互部互字云豕之頭象其銳而上見也讀若罽　鄭亦讀為互

互當是互　互為銳而上見　有如豕互之象　以豕制之　故豶豕之互猶豶豕之牙也

頤

𧢼爲朵頤 鄭注：頤，動也。徐子

樓 釋文引京作檽，山井鼎考文因作檽。檽當是檽，說文：檽，木耳也，木耳不爲鄭說，下云多枯

木，從卯者不也。鄭本亦作為節，義亦同檽，吳氏引劉表易注作檽

自易也

大過

枯楊生荑 鄭注：枯謂無姑，山榆。荑，木更生，謂山榆之實

枯，今雅樸本無姑，其實夷。郭注：無姑，姑榆也。

坎

檢且枕 鄭注：木在手曰檢，木在首曰枕

揆 釋文引古文作檢

且枕 ……

九五 坎不盈祇既平 鄭作禔 當作坻 小丘 釋文

按釋文所釋水中小渚曰坻 此坻作泜 水中小渚曰坻 坻即小沚之誤 坻本作坻 小渚 說文 作小渚曰沚

(京房鄭傳作小沚曰坻 沚坻 左傳坻 物乃坻 坻 坻止也

京房作禔 禔安也 說文

繫用徽纆 劉注 徽纆 索也 公羊傳

按隨上六拘係之大隨 係之 係繫通 廣雅 拘止也

則大耋之嗟 馬注 年踰七十曰耋

按詩逝其耋 毛傳 八十曰耋 說文 年八十曰耋 公羊 方言 注 明 耄

八十曰耋 引作

九四突如其來如 鄭本突作𠫓

按說文𠫓 不順忽出也 从到子 易曰突如其來如 不孝子突出 不容於内也 或从到古文子 作𠫓 鄭用古文

易突仍以子作𠫓 鄭注不孝之罪五刑莫大焉 說文 說 不孝 死如 棄如

先云不孝子也 此云突乃古字 為今字 突乃古文 用 學 其

焚如 死如 棄如 不孝子不容于人

巽編齋藏本

不容乎四友友陵敘棄之其依此作刑名也蓋因京房用師說

鄭易說文通誼
鄭易古文攷
鄭易異文攷

咸

咸其拇 [illegible] 釋文

按說文拇將指也从手 [illegible] 釋文 [illegible]

咸其腓

按說文腓脛腨也 [illegible]

咸其脢

按說文脢背肉也 [illegible]

滕口說也

[illegible]

恆

浚恆

按說文浚杼也 [illegible]

用浚古文作濬 [illegible]

巽繡齋藏本

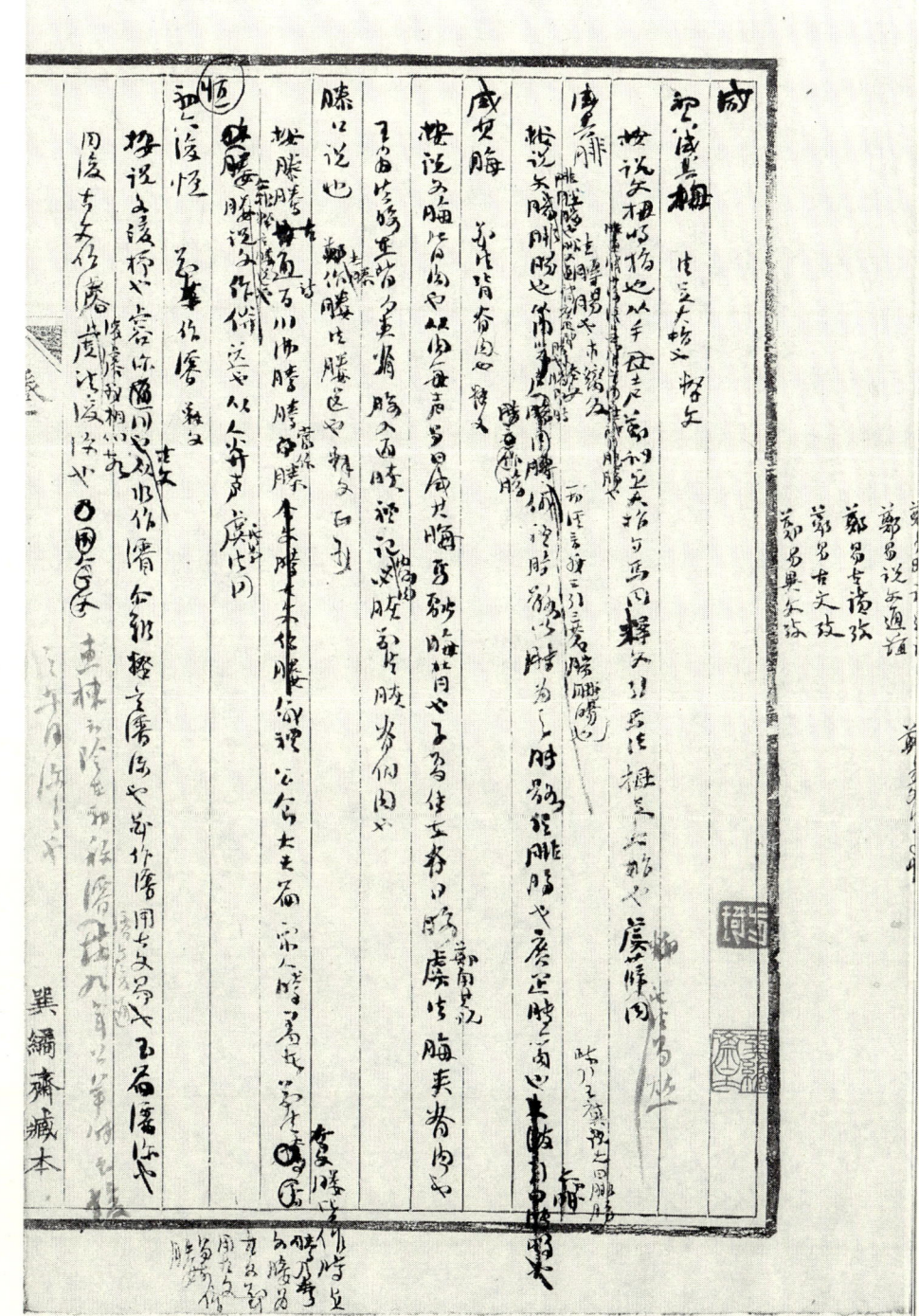

上六振恒　鄭作[illegible]振[illegible]也　釋文

按說文振[illegible]也史記[illegible]振[illegible]　[illegible]振[illegible]也[illegible]振[illegible]引伸之義　[illegible]

遯　鄭注遯逃去之名也　釋文[illegible]

按說文遯逃也从辵豚聲　釋文引字又作遂又作遁　漢[illegible]碑遂不得作遯　鄭當是遯字　[illegible]也

[illegible]彼遯去也

有疾憊也　注憊困也　釋文

按說文作[illegible]也[illegible]　[illegible]備[illegible]　[illegible]三年克之

[illegible]也　鄭注[illegible]弱也[illegible]　[illegible]困[illegible]引伸之一

小人否　注否塞也　釋文

按否卦[illegible]閉也[illegible]

大壯　注[illegible]　釋文

按說文壯大也[illegible]力也　曲禮三十曰壯四十曰強[illegible]

釋文引廣雅壯健也

羸其角　鄭本作纍

按說文易[illegible]也 馬注曰大[illegible]

袁華乎易 鄭注[illegible]易也 釋文[illegible]

按說文[illegible]退[illegible]

不祥也 注祥善也 釋文

按爾雅釋詁祥善也[illegible]大祥[illegible]祥善也[illegible]

晉

康侯用錫馬蕃庶 鄭注康尊也廣也 蕃[illegible]庶[illegible]

[illegible]安也[illegible]

元記之元[illegible]

蕃[illegible]

當作[illegible]說文[illegible]

[illegible]

[illegible]

巽繻齋藏本

易三[illegible]

晝日三接 鄭注接讀為捷，捷，勝也 釋文

按左氏莊十二年、宋萬弒其君捷，公羊作接。十六年晉人納捷菑，公羊作接菑。是捷接古通。[illegible]讀為捷也，[illegible]通用例

接以大牢 注接讀為捷，捷，勝也 與此同

君子以自昭明德 荀本作照 注以角自照其德

按說文照明也，从火昭聲。[illegible] 僖廿七年 [illegible] 昭 釋文云一本作照 昭讀[illegible] 作照 [illegible]

廣雅 炤明 即昭明 鄭作照義同也 [illegible] 昭 [illegible] 自照 [illegible] 同

晉如摧如 鄭讀摧如南山崔崔之崔 按文

按詩南山崔崔 [illegible] 說文崔 [illegible] 大高也 [illegible] 崔嵬 [illegible]

據 [illegible] 詩 [illegible] 崔 [illegible]

晉如愁如 鄭注愁子小反 變色貌 按文

按愁說文 [illegible] 憂 [illegible] 說文 [illegible] 不安也 [illegible]

色憂 [illegible] 同

晉如鼫鼠 [illegible]

按 [illegible] 鄭 [illegible] 鼫 [illegible] 大 [illegible]

[illegible]

六五失得勿恤 鄭本作矢 釋文

按釋文引孟馬皆作矢馬云[illegible]爲矢[illegible]

明夷

以蒙大難 [illegible] 釋文

按說文遭 遇也 [illegible]

文王以之 鄭本以作似 釋文

按荀本向本均作似[illegible]

君

睽

[illegible]

用拯馬 [illegible] 釋文

[illegible]

巽繡齋藏本

[illegible]釋文

按釋文[illegible]說文[illegible]

在中饋　注饋食也[illegible]

按釋文云饋食也即本鄭義儀禮特牲饋食禮注祭祀自孰始曰饋食饋食者[illegible]

後漢書[illegible]引一作中饋食也後漢書王符傳注引鄭注作中饋酒食也

家人嗃嗃　注嗃嗃苦熱之意　釋文

按說文熇火熱也从火高聲詩大雅多將熇熇傳熇熇然熾盛也釋文引劉本作熇熇　鄭作[illegible]

婦子嘻嘻　注嘻嘻驕佚喜笑之意　釋文

按馬云　釋文引嘻嘻笑也[illegible]作嬉[illegible]太玄之人嘻咲嬉　注笑樂之皃[illegible]

地[illegible]

王假有家　注假至也　釋文

按今本釋文誤[illegible]假之訓至[illegible]訓假古通格呂刑引鄭注格至也[illegible]

[illegible]又格又通假

睽

其牛掣　[illegible]牛角皆踊曰掣　釋文

按爾雅角一俯一仰觭皆踦 釋文云觭本或作𧢼 鄭用正訓也 說文觭角一俯一仰也

易曰其牛觭 釋文云劉本從說文解依鄭是與爾雅本文合

後說之壺 注鄭本作盎 釋文

按釋文云本亦作盎 京房馬鄭作壺 說文盎盆也 象形大象其蓋也

也 坎為大腹 坤為器為大腹之口坎 猶在中盎之象也 惠氏曰 精謹說文也 鄭注合

旅瑣 注說三體 圖日方盎一斛 圓方盎一斛 盎方口圓 太元曰

盎缶承之 非說盎其器承之 此記

如其說 卦上之

盅 猶沖也 鄭注中和也 釋文

按說文中和也 从口丨上下通也 古文中 籀文中 白虎通五行中和也

往蹇來連 注連遲久之意 釋文 正義

按釋文引馬注連亦難也 遲久 難義 注 連之 付連之 係也

解

雷雨作而百果草木皆甲宅 注 作宅 注曰木實曰果 讀如人倦之解 解謂

巽編齋藏本

王引之曰宅乃乇之譌……[illegible]

坼䃣火亟為 皮曰甲根曰宅宅居也 文選注

按[illegible]說果木實也从木象果形在木之上 [illegible] 果子君前鄭

注木實曰果與注易同 皆讀如人倦之解 [illegible]乃古音所傳讀如[illegible] 其音也 說文

解判也从刀判牛角會意 云云 [illegible] 廣雅釋詁解散也 鄭云讀拆 [illegible] 即其

義 䃣為火亟 [illegible] 當是䃣字 釋文引說文云坼裂也 [illegible]

乃謂[illegible]字為宅 釋文引馬陸作宅云根也 鄭依此說宅居也 [illegible]

君子以懲忿窒欲 [illegible] 懲猶清也 [illegible]

按說文懲清也从心徵聲 鄭[illegible]作徵 云猶清 [illegible] 讀從[illegible]

古[illegible]年以懲為澄 注懲[illegible]澄也 釋文引劉作澂云清也 蜀才[illegible]

或益之十朋之龜 注[illegible]十朋之龜者一曰神龜二曰靈龜三曰攝龜四曰寶龜

五曰文龜六曰筮龜七曰山龜八曰澤龜九曰水龜十曰火龜 [illegible]

按正義馬鄭皆引爾雅 鄭用[illegible]說也 虞氏易注亦云 [illegible]

火之龜也

夬

九二惕號 音豪 莫夜 莫如字 [illegible] 注莫无也 [illegible] 下文

按 [illegible] 莫無也 [illegible] 莫之勝說虞注莫夭也

九二壯于頄 [illegible]

按說文頯權也 从頁 [illegible] 莊子大宗

師釋文引李注頯權也

九五莧陸 注莧陸商陸也 [illegible]

按子夏傳莧陸木根草莖剛上柔下也 [illegible]

大[illegible]義引馬鄭注莧陸一名商陸 鄭用師說

姤

鄭本作遘 按文

按說文遘遇也 从辵冓聲 [illegible] 爾雅釋詁 [illegible]

后以施命誥四方 [illegible]

按釋文薛云古文作遘 鄭同 [illegible]

按說文 [illegible]

注誥猶告也 亦通

巽緇齋藏本

[illegible]

[illegible]

以杞包瓜　注杞柳也　釋文

按：孟子杞柳，趙注杞柳柜柳也。陸璣草木疏杞柳[illegible]

蓋本也。虞注杞杞柳木名也。然則[illegible]

君子以除戎器　注除去也　釋文

按：廣雅釋詁除去也。一曰修除，除治以庇外難之[illegible]除去也　釋文引蜀才云[illegible]

除者治也[illegible]

一握為笑　注握當讀為夫三為屋之屋

按：周禮小司徒鄭注引司馬法曰晦百為夫，夫三為屋[illegible]

注匠人[illegible]屋具也　注[illegible]

孚乃利用禴　注禴夏祭名　釋文

按：周禮[illegible]

[illegible]

[illegible]

齎咨涕洟　注自目曰涕自鼻曰洟　釋文

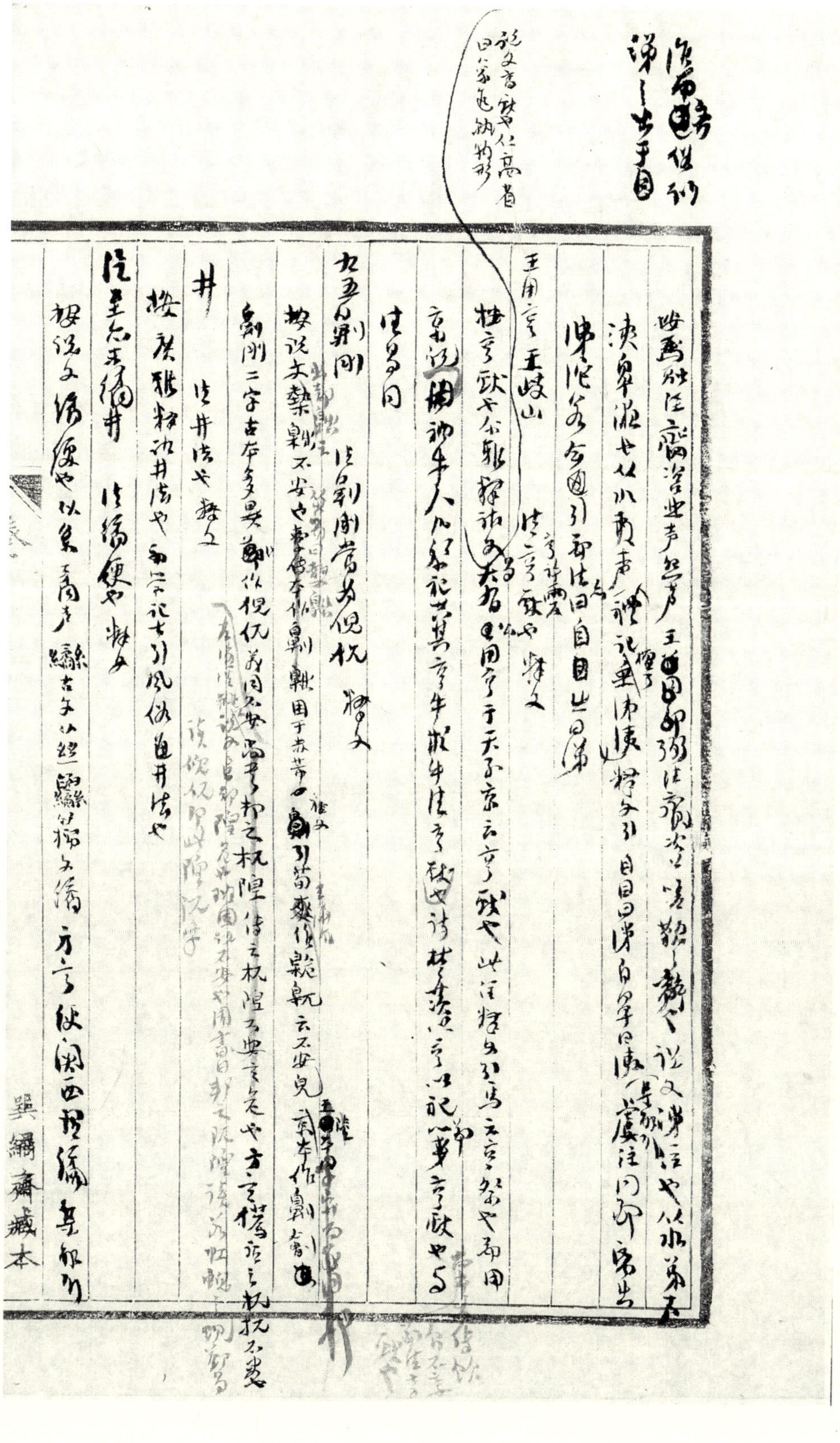

苟大作[illegible]後便之是也

鞹其羹　注鞹讀曰藘　釋文

按大杜鞹其帬[illegible]作韗孫本作藘[illegible]說苟藘是之釋文

本作藘蓮爲鞹而云藘蹋見也引鄭本作藘藘一作鞹釋文引鄭曲遊反

九二卅九射附　府[illegible]偏　依射獻也[illegible]而[illegible]停[illegible]也[illegible]

按射獻云[illegible]釋文[illegible]射[illegible]射思[illegible]然也[illegible]不[illegible]無獻也[illegible]

與注[illegible]說文作[illegible][illegible]也[illegible]也依[illegible]說多孔[illegible]之法[illegible]其[illegible]

其一獻　鄭[illegible]文

廿年

[illegible]注改也　釋文[illegible]

注文[illegible]從[illegible]其[illegible][illegible]之[illegible]古文韗之省[illegible][illegible]書[illegible]鳥獸[illegible]革傳革[illegible]也

釋文[illegible]段也[illegible]

所

君子以正位凝命　注凝成也　釋文

按[illegible]其[illegible]注[illegible]也[illegible]不[illegible]

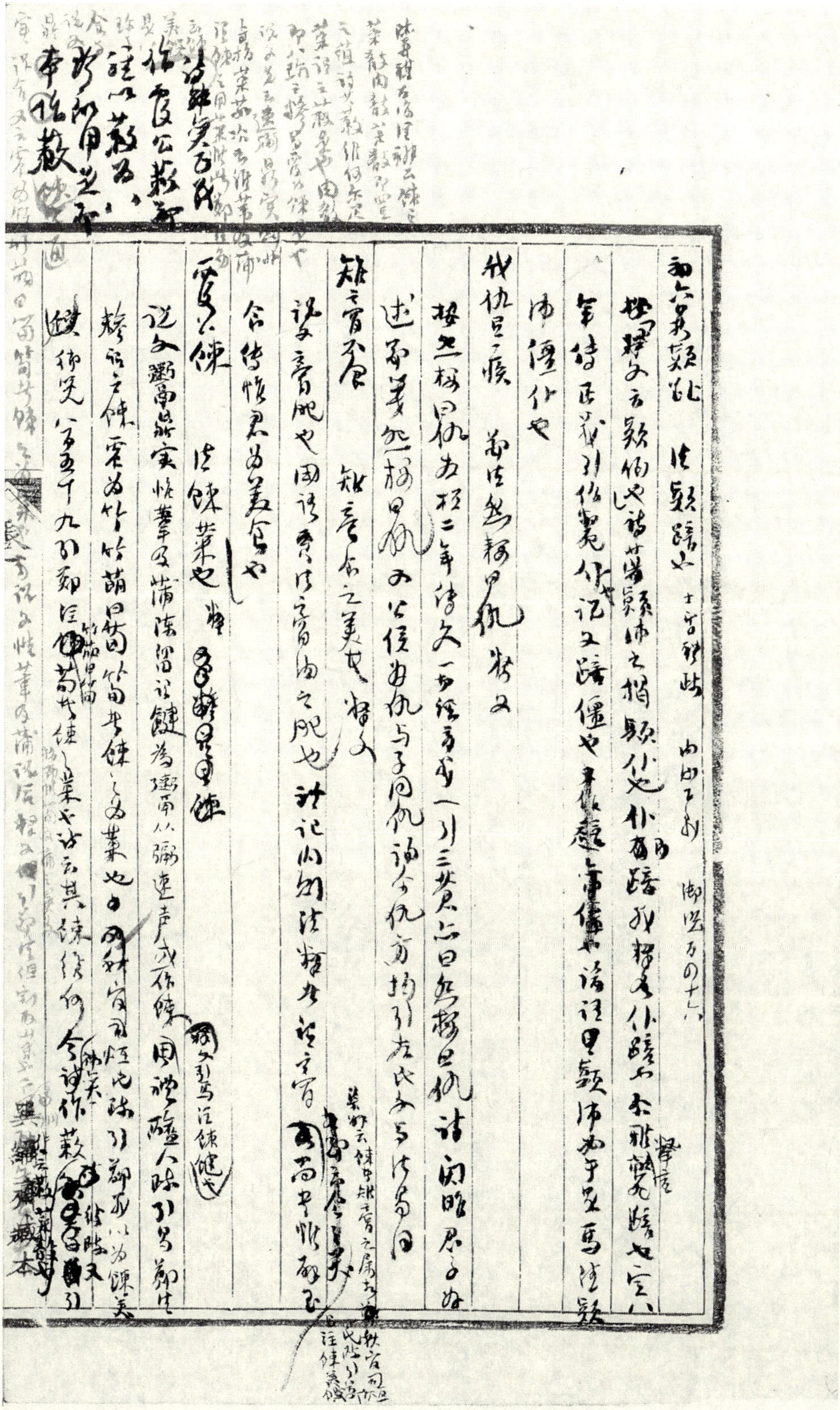

……注云作……殺出入錯所用無……之蔽……乃謂用……訓也……剭之剭……

其形渥　鄭作剭
按周禮秋官司烜氏邦若屋誅則為明竁焉……屋誅謂所殺不于市而以適甸師氏者也……

震

震來虩虩　注虩虩恐懼之貌　釋文
按廣雅虩虩懼也……馬融作虩虩恐懼也　說文引履虎尾虩虩恐懼……
又引荀作愬愬……至通……虩訓……懼也　莊子天地作覤覤　釋文……驚懼之貌

笑言啞啞　注啞啞笑也　釋文
按說文啞笑也　從口亞聲　易曰笑言啞啞　釋文引馬注啞啞笑聲　鄭云樂也　引伸……

億喪貝　注……　釋文
按孟子其間不億　趙注億數也……

二六三　震蘇蘇　注蘇蘇不安也　釋文

說文蹢足不正也
鄭荀作蹢

按[illegible]

按[illegible]

初[illegible]又二　生發之目不正　釋文

按[illegible]說文[illegible]

同[illegible]

艮　[illegible]艮之言很也　釋文

按說文艮很也从匕目[illegible]

說文云盭也

艮其限　生限要也　釋文

按說文釋文引馬注限要也鄭荀虞同[illegible]

列其夤　鄭本作臏　釋文

[illegible]

巽[illegible]齋藏本

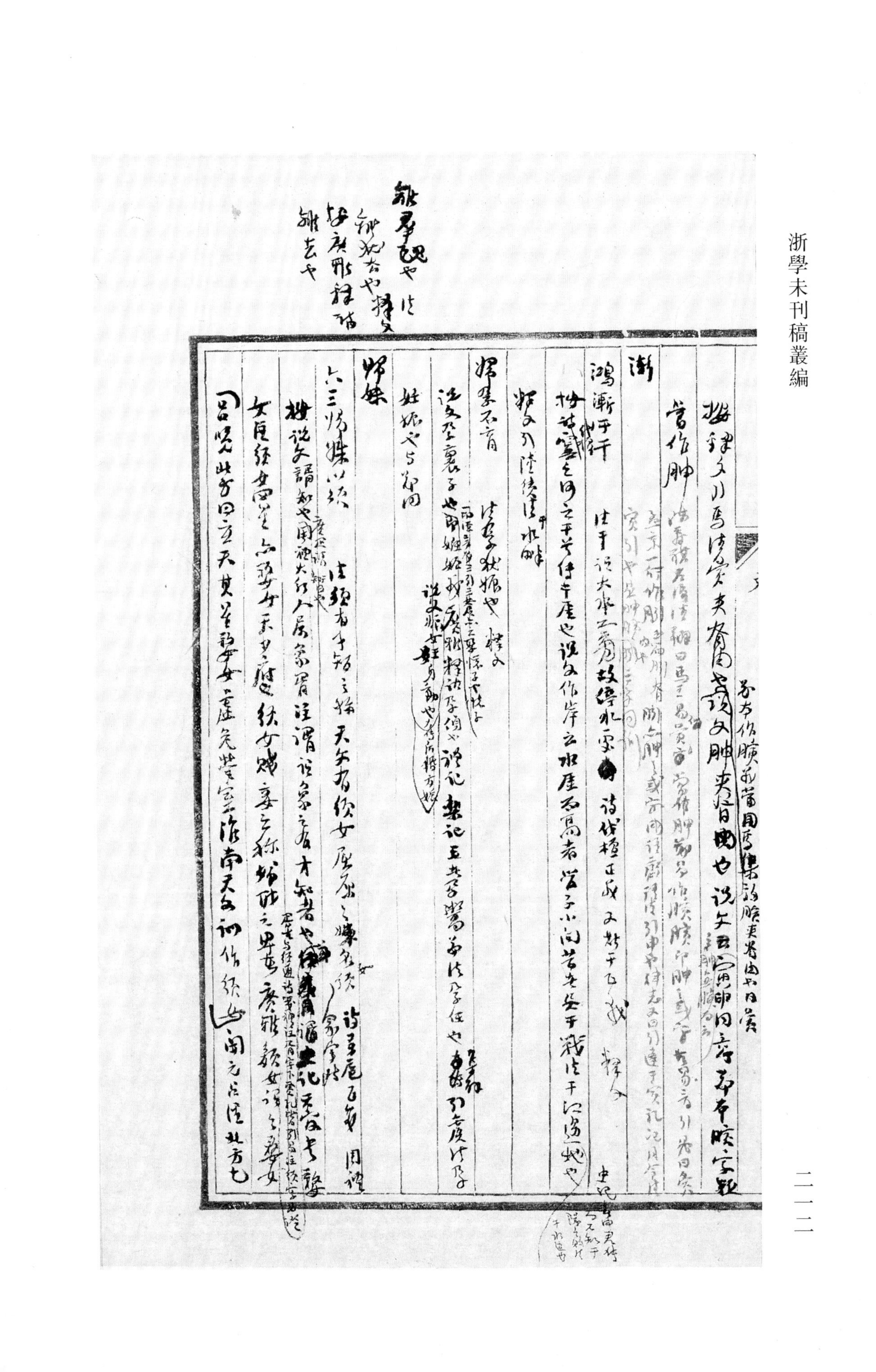

漸

鴻漸于干

婦孕不育

歸妹

六三歸妹以須

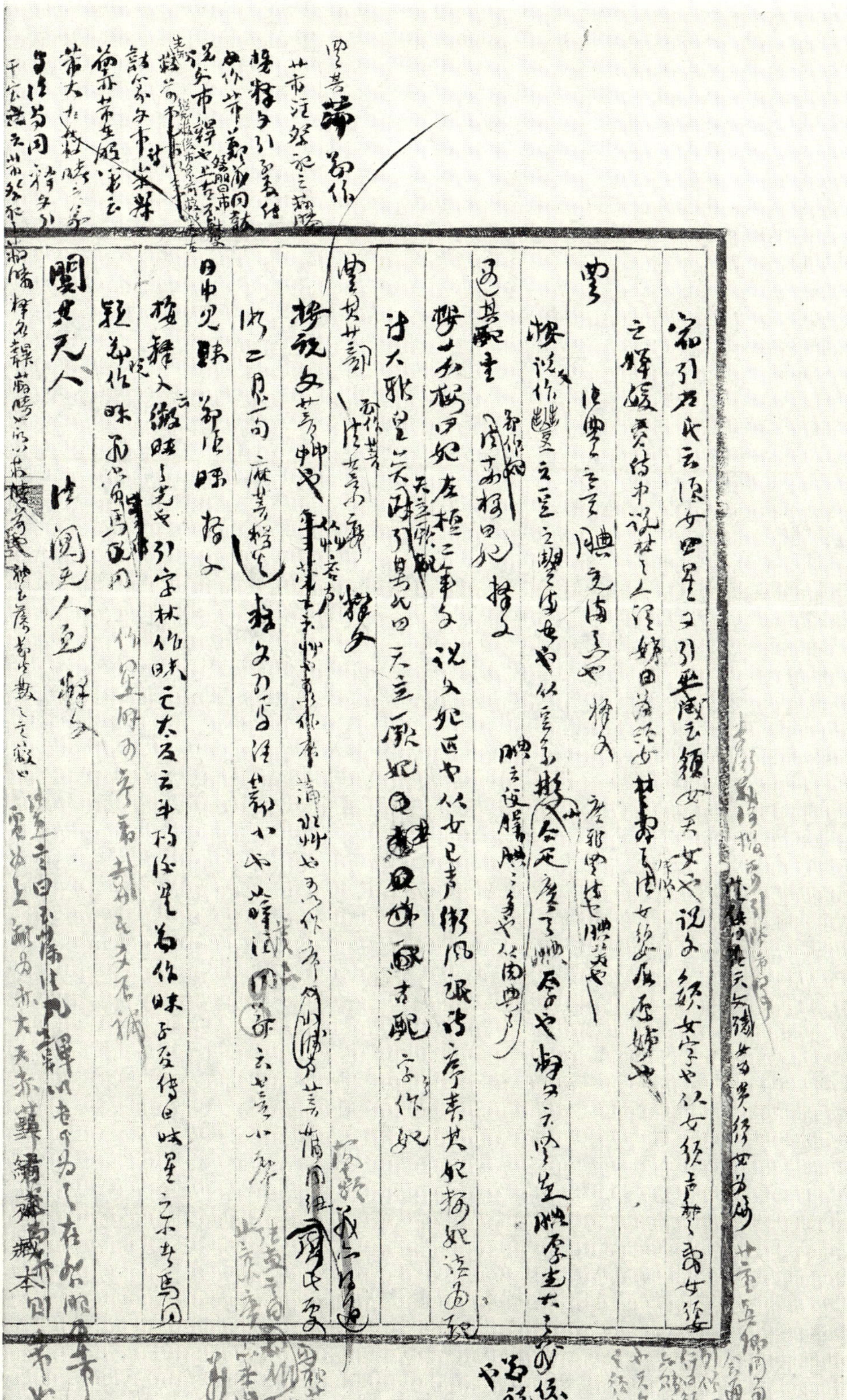

按文引字鑑注閱天人兒郭氏所說暫經引于寶注云閱天人兒暫字林閱頫

也与從之從門規省閱視也從門天人義

天陰祥也　從陰省易聲廢廢病也讀又　今說文作陰沈霒積陰遮

陽字廢病也三篇曰注東曰廢曰霒蓋若轉寫之誤耳廢字即安霒也陰霒又蔭之

隱陰弟汝陰水之別　陽子昌注陵陰為廢

自職也

蓋作職　從職省聲也　按文

按文引說文皆作朕　蓋本作朕仲職也　小本無廣言仲職也　鄭注云從以小朕　勤取作職

從自由自職職職將傳也　說文無藏字作職　職从臣戕聲　藏與職同　馬氏易說

大壯壯傳也本說文大壯則止之義職之故作仗

旅

旅陵之　從陵之小也　按文

按國文貨貝者必从貝今　各所擇利陵之也　詩節南山陵之姻婭傳

陵之小兒　從秘秘秘路引鄭為陵　陵之狀小貌也

兒鄰里兒　蓋作樷　樊綫猶鄰也　按文

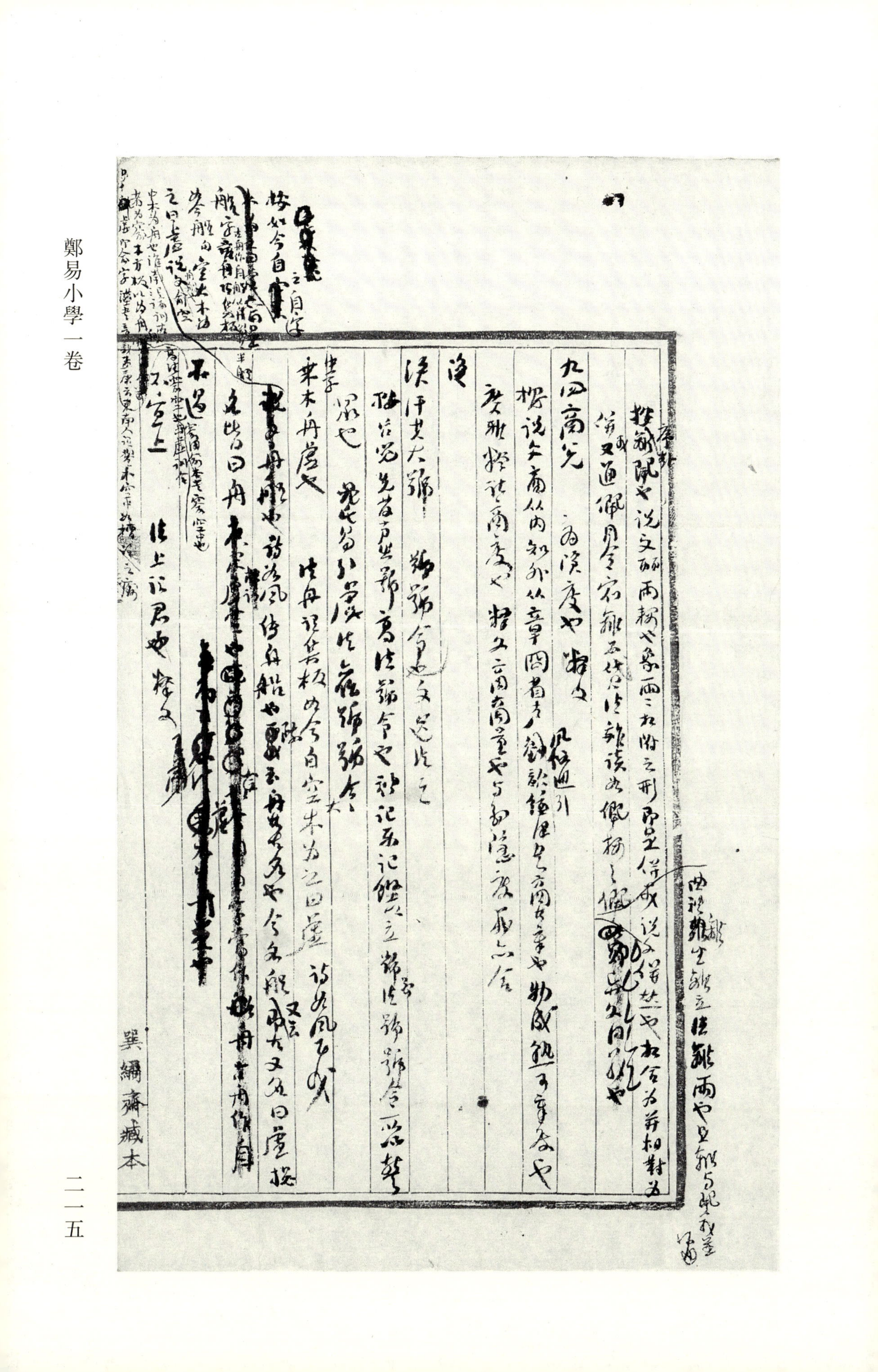

巽䌸齋藏本

虞氏注謂上君也　初中否上焉坎弱坎上謂乾也與此同

金不不兩已之也　爲上体也虛也虞說失之　按文

坤爲志隱　謂終萬物也　如初九歲揚大文而作上　是常上道　詁完無有意

易義當爲屋室也　初大學爲已有和欲爲虞意也　如初士廣初注爲屋室

也與此同

汔濟

汔已也　居也　濟度也　釋文

按虞注汔已也否也詁濟皆士曰汔且終汔已也

中[illegible]　故云汔爲困　爾雅釋言濟渡也　渡亦作度　初經了西詁濟于洞汔濟渡

七來濟小狐汔濟言汔濟濟後與前記合

維莠其帑　注帑車藏也　釋文

按爾雅釋器興車後之帑　詩疏引李巡曰帑車後戶也　詩瞿帑以爲傳藏也　載馳以篆帑

來鄉　傳東之藏曰帑

儀也　不注儀爲弱也　釋文

按兄上注於朴　釋文引陸氏用易也　自卿義

未濟

小狐汔濟　汔幾也［illegible］

按據公羊［illegible］汔也說文［illegible］［illegible］也上篇引［illegible］［illegible］［illegible］也［illegible］可互訓詩大雅汔可小康箋

汔幾也與注同［illegible］集解引虞氏作［illegible］汔［illegible］也

巽［illegible］齋藏本

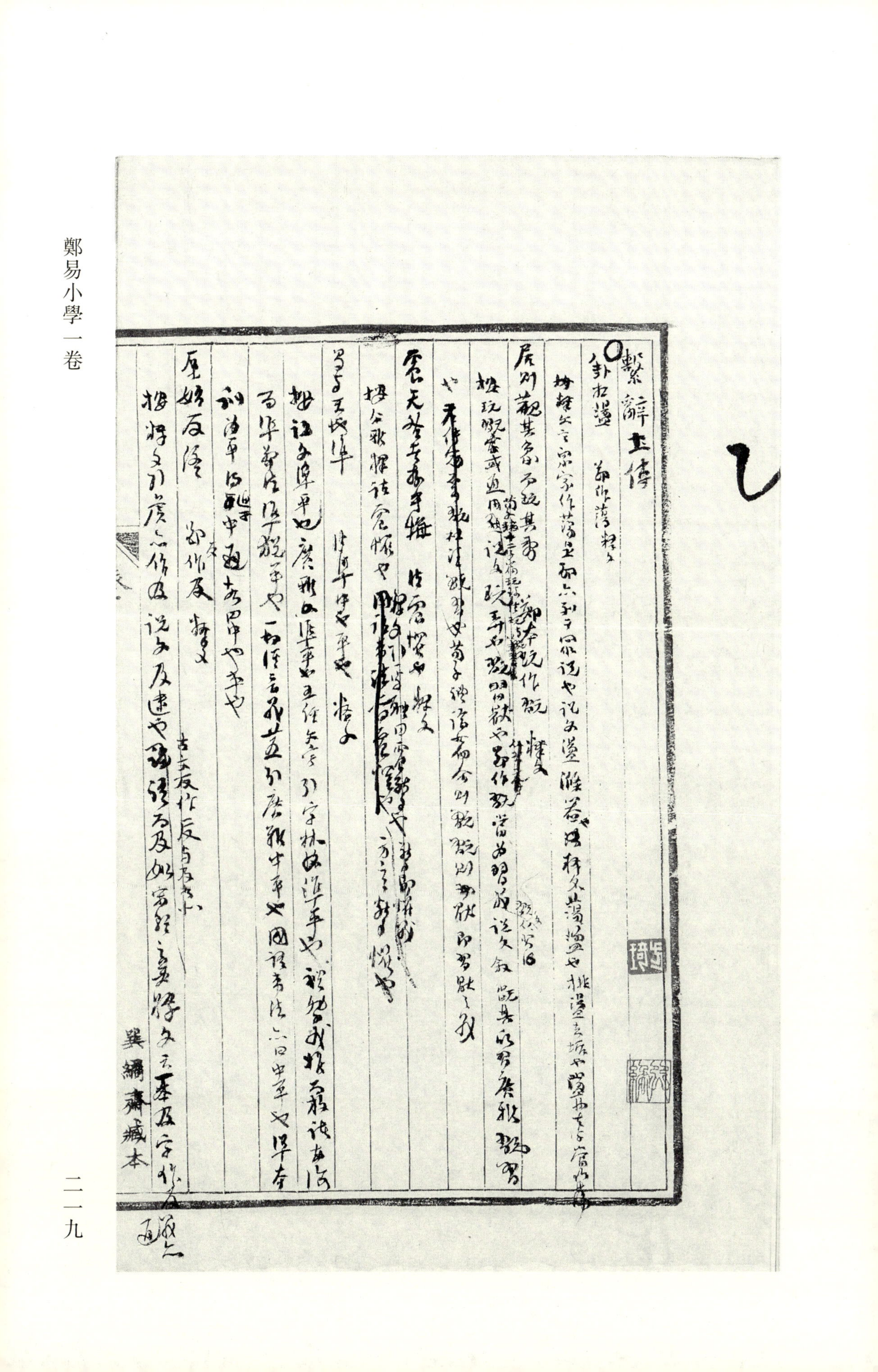

繫辭上傳

八卦相盪　鄭作蕩　釋文

[illegible]

居則觀其象而玩其辭　鄭本玩作翫　釋文

[illegible]

[illegible]

[illegible]

[illegible]

[illegible]

[illegible]

[illegible]

[illegible]

巽繡齋藏本

而道濟天下　注道當作導　釋文 [illegible]

說文道人所行道也从辵从首 [illegible]

本道也 釋名 [illegible]

範圍天地之化　注範法也　釋文

鄭本作犯 [illegible] 範法也　集解引九家易曰範者法也

注範法也

故君子之道鮮矣　鄭本鮮作尟　注尟少也

說文尟是少也从是少 [illegible]

藏諸用 [illegible]

按藏字 [illegible]

[illegible]

臧也 [illegible]

言天下之至嘖而不可惡也 [illegible]

按 [illegible]

樞機之發　注樞戶樞也機弩牙也　由樞[illegible]　左傳二十五年[illegible]

說文樞戶樞也从木區聲[illegible]巢（易注）云樞戶樞也機弩牙也　荀注[illegible]門[illegible]云樞

其臭如蘭　注蘭香草也　又[illegible]　說文鍵所以鉤門戶樞也[illegible]

按說文蘭香艸也从艸闌聲[illegible]蘭[illegible]王注蘭香草也[illegible]

亦云蘭香艸

慎斯術也　注術道也　釋文

[illegible]

說文術邑中道也　假借為道術之術　魯語[illegible]術也　注[illegible]術也　廣雅釋室

術道也[illegible]後果說[illegible]術道

有功而不德　釋文鄭本作置　置當為德

按釋文引（陸本）蜀才並作置　是古本作置　今改作德　鄭不輕改古本　故云置當為德

德古字作直心　與置相似　大戴禮哀公問五義[illegible]德[illegible]心不置[illegible]荀子引作[illegible]

德乃以不德　知置德古通用

幾事不密則害成　注幾微也密靜也　[illegible]

說文幾微也　廣雅釋詁幾微也　論語事父母幾諫　包注幾微也[illegible]

大衍之數五十注　衍演也。釋文

按：衍、演同。……衍，演也。案衍，水朝宗于海也。……說文……延也……義延同……

之徽　古文作微。案：微，陰行也。……說文：徽……

窊也　徐安也。……

治之至極　注：……治作野……

按：……引今本……作治……引唐姚陸……作野……

道術寔志審道語之徊及徊爲野……

俚者雅，引劉瓛注：治，妖冶也。語倒，雅自爲莊。

足劇而奉之作野。

聖人之所以極深而研幾也　……幾，本或作機。……

按：此……字也。……

揲之以四　……揲，數也。……

說文：揲，閱持也。从手，枼聲。……

物

又以爲爻也　……文作肴。……

按：……王……

[illegible]

巽繙齋藏本

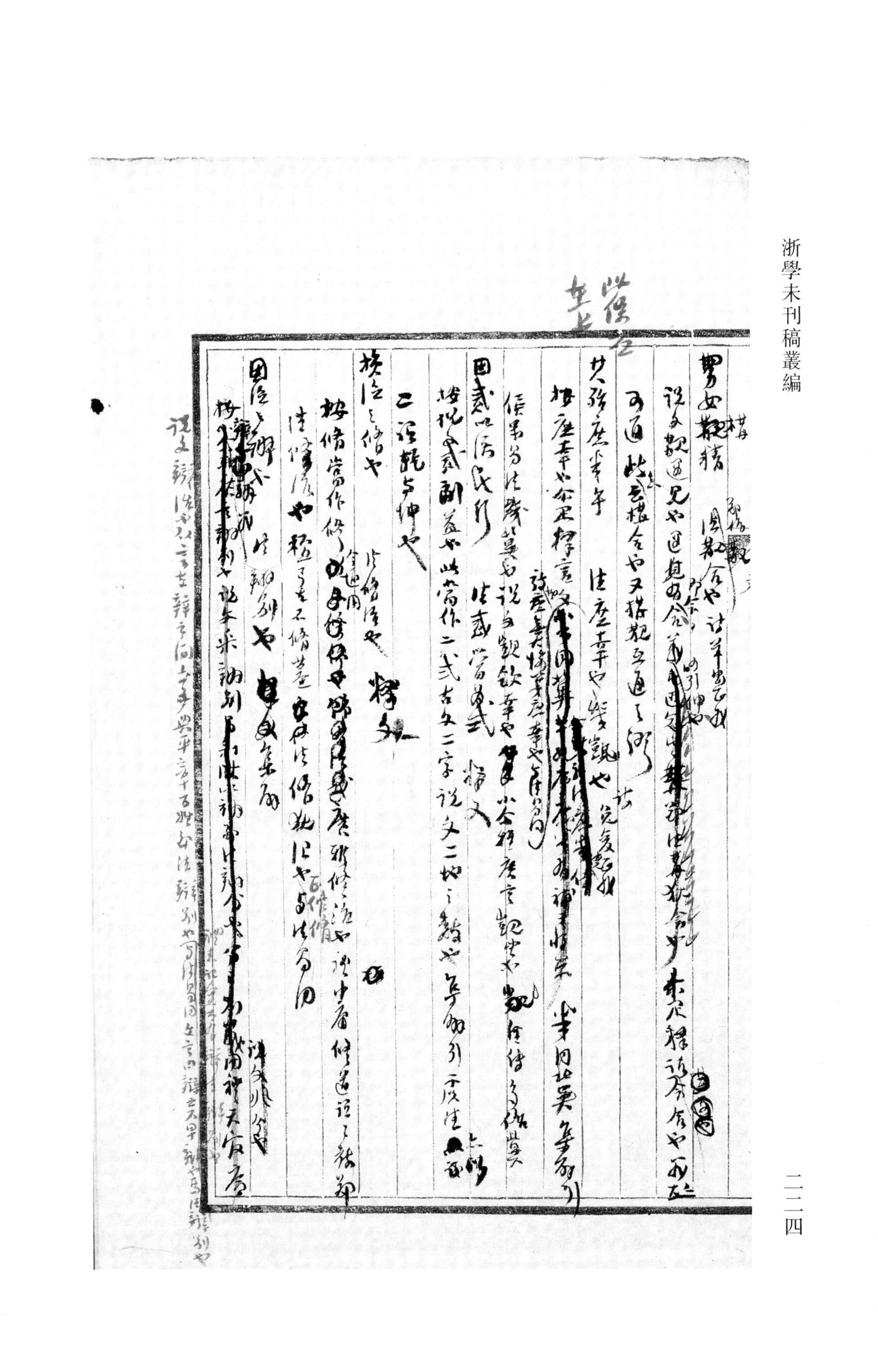

別居乃分矣 鄭
居音基 居，居謂
按 杼柚，居 讀為 [illegible] 之
姬，居 [illegible] 之間 即
謂也 左傳 [illegible]
居 [illegible] 其
讀 [illegible] 其
古 [illegible] 其
即 [illegible] 其 謂 [illegible]
之 [illegible] 之間 聲
[illegible]

官稱方丘位鄭作 [illegible] 也 [illegible]

蓋長短不倍 注謂大也 周禮孫詒讓云 [illegible]

按說文設施陳也 施讀為有 漢 [illegible] 大 [illegible] 注之 [illegible] 氏注謂 [illegible] 中山 [illegible] 大之也 [illegible]

鄭玄訓設為大

若夫雜物撰德 鄭本作算 注算數也 釋文

按周禮大司徒 鄭注 [illegible] 撰 [illegible] 徒 [illegible] 撰讀曰算 [illegible] 說文算數也从竹从具 [illegible] 數也 [illegible] 注 [illegible]

算也 [illegible] 也 又雜撰謂算數也 [illegible] 釋文撰數也 [illegible]

也儀禮少牢饋食禮 [illegible] 其注 [illegible] 數也 [illegible]

成天下之亹亹 注亹亹沒沒也 釋文

按爾雅釋詁亹亹勉也 [illegible] 注沒沒之言 [illegible] 君子 [illegible] 亹亹之 [illegible] 鄭注 [illegible]

之也 勉勉之於 [illegible] 沒沒 [illegible] 引 [illegible] 果注 亹亹勉也 同用 [illegible] [illegible]

作沒沒

○○○ 說鄭傳

發揮于剛柔 注揮揚也 釋文

掸

榜 說文：[illegible]也。[illegible]

齊風載驅 傳云：[illegible]大也。

榜 說文：丁，內也。象人上從下也。[illegible]

豈不[illegible]用[illegible]說

[illegible]千[illegible] 注：[illegible]言盛[illegible]也。[illegible]文

榜 說文：盛，黍稷在器中以祀者也。从皿成聲。[illegible]

受也，亦引伸之義。說文：[illegible]

[illegible]

[illegible] 著本作[illegible]

為龍 注：龍讀為尨。[illegible]日[illegible]也。[illegible]

毋用[illegible]車 注：故書駹作龍。杜子春云：龍讀為駹。[illegible]

如[illegible]用尨[illegible]也。注：故書尨作厖。杜子春云：厖[illegible]為尨。[illegible]

厖，[illegible]史記夏本紀[illegible]作[illegible]

與[illegible]

巽繡齋藏本

按説文刀葉通用作幹 詩韓奕 幹不庭方 幹正也 韓奕之幹 廣

亦作幹正也

爲黠之屬 鄭作黠 釋文

説文黠 淺黄黑色 从黑甘声 引鄭 廣雅 之類

説文 黑黄色 出蜀中山谷 山

虎之類 有獸 名曰 射狼之屬

爲羊 鄭注 爲養 无字女 任賢 今 之 女也

按舊本 作羊 作羊當 爲養 女使 皆取

養字之 字 爲羊

爲母 説文養 供養 从食羊声 古文作 十二年 傳

養 卦傳

今俗尚 子夫家 爲養婦

序卦傳

蒙者蒙也 物之稚也 蒙 幼小之皃 齊人謂萌爲蒙也

按方言說文艸部蕶讀若萌 [illegible] 文子守道朴兮萌

韵並萌讀為蒙之證 [illegible] 周禮 [illegible] 耕而共萌

牙始生曰萌 蒙為幼小之始生 [illegible] 訓均得互通

飲食必有訟　注訟猶爭也 [illegible]

說文訟爭也从言公聲 [illegible] 以財曰爭 以言曰訟 [illegible] 周禮大司徒注 [illegible] 獄訟 [illegible]

盥則飾也　鄭本飾作飾　釋文

按飾飾古通 [illegible]

皇𣴎搞起心如磨井意興年

之復覽此通漢邈

壬申夏月季遐勘一過

巽繘齋藏本

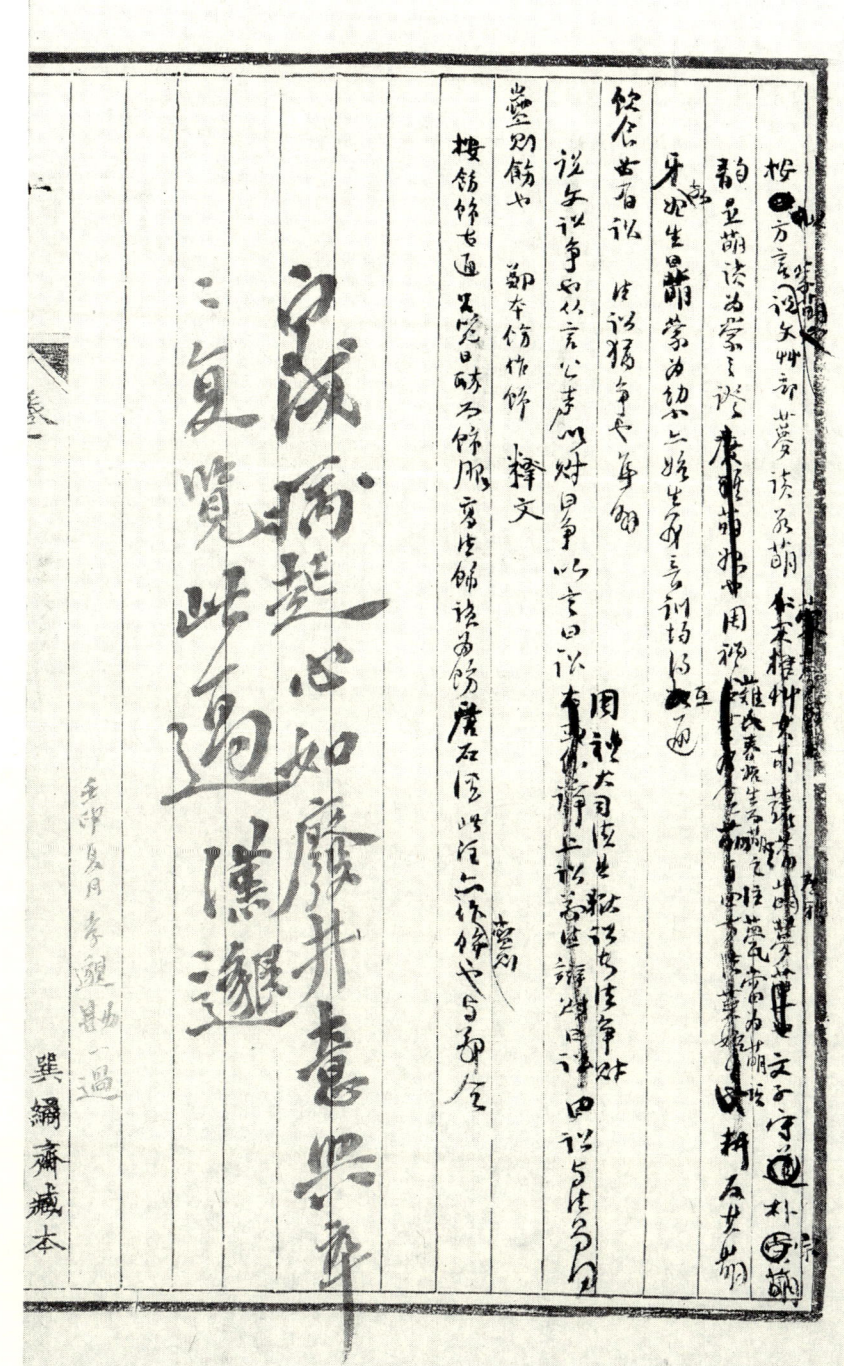

（清）陶方琦 撰

韓詩遺説補一卷

清抄本

韓詩遺説補一卷　提要

清陶方琦撰，清抄本。一册。毛裝。每半葉九行二十字，四周雙邊。封面無題。卷端題『韓詩遺説補』，下題『會稽陶方琦述』。首無序，卷末有陶方琦跋。卷端鈐『合衆圖書館藏書印』『樸學齋藏書印』朱文方印。

是書爲陶方琦增補臧庸韓詩考證之作。清乾嘉考據學家臧庸於漢儒諸經中輯録燕人韓嬰所授《詩經》之佚注，成《韓詩遺説》二卷，陶方琦上承乾嘉學脉，繼而輯佚考證。

正文先列詩經篇名，次爲詩句，再爲釋義，末雙行小字標引出處。

是書亦有姚振宗整理、清光緒會稽徐氏鑄學齋抄本，收入《漢孳室遺著》，徐氏抄本録有方琦序，稱其從所見唐釋慧琳《大藏音義》、遼僧希麟《續一切經音義》、隋杜臺卿《玉燭寶典》及日本刻《唐本玉篇》諸書中，次第補輯韓詩一百五十餘條，其義多臧氏未采至。與徐氏抄本比對，此抄本并無方琦序，然有徐氏抄本所無之跋。跋文先就所引各書之不同釋義者互相表著，末嘆曰：

『如此之類，不可臚舉，倘獲暇日，麄爲發明，章闡今文，蹦資撢討，關諸畜德，共志師承。夫讀書至老，不能徧古人，不及見今人，每念此言，輒用皇然。』就正文内容而言，徐氏抄本更爲完整，此本僅存一百四十六條，止於《小雅·甫田·攘其左右》，後缺四十四條，爲徐氏抄本所有。徐氏抄本天頭處有修改信息，此本并無任何塗抹之處，兩者内容相同之處之抄録行款并不相同，所據稿本并非同一。

按：陶方琦廣洽古今文之學，相關著述中，舊有《魯詩故訓纂》十九種，皆未刊稿，後零落散佚，今僅《韓詩遺説補》一卷存世。

現藏上海圖書館。

韓詩遺説補

會稽陶方琦述

關雎窈窕淑女

淑美也唐釋慧琳大藏音義五十六

寤寐求之

寐息也大藏音義十四

葛覃是刈是濩

濩瀹也日本刻唐寫玉篇零卷水部　臧輯同

爲絺爲綌

結曰絺辟曰綌日本刻唐本玉篇絲部

桃夭

桃之妖妖大藏音義引之

妖妖女子莊皃也大藏音義四十一

螽斯

宜爾子孫繩繩兮

繩繩敬皃也日本刻唐本玉篇絲部

采蘋

于以采蘋

沈者曰蘋浮者曰藻皆水中有文草魚鼈之所

藏大藏音義十七五　藏輯無下二句

羔羊

素絲五緎

緎數名也日本刻唐本玉篇絲部

小星抱衾與幬大藏音義六十

幬單帳也同上

江有汜其嘯也歌

歌無章句曰嘯大藏音義十五

日月報我不術

術法也大藏音義卷三十五二十 案二十九引韓詩術藝也或別一說

匏有苦葉濟有深涉

涉渡也大藏音義卷二

深則砅

水至心曰砅日本刻唐本玉篇水部

旭日始旦

韓作煦日云煖也大藏音義九十六

泉水飲餞于坭

送行飲酒曰餞日本刻唐本玉篇食部

臧餞同

遂及伯姊

女兄曰姊女弟曰妹大藏音義卷三

北門終窶且貧

褰者不及依禮也大藏音義六十一

北風

北風其涼

涼寒皃也日本刻唐本玉篇水部

既亟只且

亟猶急也大藏音義八十

靜女

靜女其姝

姝好也姝姝然美也大藏音義三十一三十二十六引姝姝三字

愛如不見搔首躊躇大藏音義引文案古而如通

躊躇猶躑躅也大藏音義七十三八十案六十七引韓詩躊躇徘徊不進也

恐誤藏輯同

君子偕老逶逶迤迤如山如河大藏音義引文

德之美貌也象山河之透曲大藏音義十五三十三桀韵會二

引作透迆正合

不屑髦也

韓作髮首飾也大藏音義六十四

定之方中椅桐梓漆

梓實桐皮曰椅大藏音義九十九

干旄素絲紕之

紕纖組器也日本刻唐本玉篇絲部

載馳歸唁衛侯

弔生曰唁大藏音義七十五　臧輯同

大夫跋涉

不遊蹊遂而跋曰跋涉大藏音義三十七臧輯同

淇奧寬兮婥兮

婥柔皃大藏音義七十九唐本玉篇絲部亦引韓作綽柔皃却不從女

碩人施罛濊濊

濊水漫流也大藏音義九十三　棨釋文引韓詩作濊濊流皃小異臧輯本据之

氓之蚩蚩
蚩志意和悅皃也一大藏音義卷七十五　六十 七十八
吁嗟女子無與士媅大藏音義十八
女之媅兮大藏音義六十八
媅樂之甚者也大藏音義六十八　三
君子陽陽其樂旨且
旨亦樂也日本刻唐本玉篇　部
兔爰逢此百凶
凶危也大藏音義二十八

雉離于罿

張羅車上曰罿大藏音義九十八臧輯同

大車

毳衣如菼大藏音義二十四作又六十七引韓詩作如緂又唐本玉篇絲部引詩毳衣如綊韓詩為菼字

大車轞轞

轞轞盛也日本刻唐本玉篇車部并引正文

清人

河上乎翱翔

翱翔游也大藏音義卷三　卷六

東門之壇

東門之墠

卷　五

墠坦也大藏音義八十三　臧輯同

予矜縱我不往予寧不詒音唐本玉篇引文

詒寄也曾不寄問也日本刻唐本玉篇言部臧輯同

野有蔓草邂逅相遇

邂逅不固之皃大藏音義四十　八十四

溱洧溱與洧方洹洹兮玉燭寶典引文

謂三月桃花水下之時鄭國之俗三月上巳之

日此兩水上招魂續魄秉蘭以祓除不祥玉燭寶典

三

東方顛倒衣裳

衣下曰裳大藏音義九十二

南山蓺麻如之何橫由其畝唐本玉篇引文

東西耕曰橫南北耕曰由大藏音義十一二十七日本刻唐本玉篇由部𥻨大藏音義十一引韓詩南北曰從東西曰橫又二十七引文同以從為由是習用毛詩傳文臧輯同

甫田無田甫田

甫博也日本刻唐本玉篇甫部

園有桃我歌且謠

有章曲曰歌無章曲曰謡日本刻唐本玉篇言部藏輯同

陟岵陟彼岵兮

山有草無木曰岵大藏音義九十九

伐檀不素餐兮

无功而食謂之素餐人但有質朴无治民之材居位食禄多得君子加賜名曰素餐素者質也飧者食之加惡小人蒙君加賜温飽故言之也日本刻唐本玉篇食部藏輯同

河水清且淪猗大藏音義引文

漪重波也大藏音義九十八　九十九

山有樞子有鐘鼓弗　弗考大藏音義五十七

椒聊蕃衍盈匊

四指曰匊大藏音義四十二

采苓苟亦無信

苟得也大藏音義二十九　柴藏輯本衆經音義作苟且也此得字或作㝵與且相似應作且

車鄰有車轔轔大藏音義引文

轔轔衆車聲大藏音義九十八

駟鐵公之媚子
媚美也大藏音義四十一
蒹葭道阻且長
阻憂也大藏音義卷六
終南君子至止黼衣繡裳唐本玉篇引文
黑色繼青曰黼日本刻唐本玉篇絲部
墓門歌以誶止唐本玉篇引文
誶諫也日本刻唐本玉篇言部
臧輯摭釋文作訊
蜉蝣蜉蝣之堀大藏音義引文

堀穴大藏音義六十八

七月一之日畢發玉燭寶典十一

二之日栗列玉燭寶典引文

夏之十二月也玉燭寶典十二

饁彼南畝

饁餉田也日本刻唐本玉篇食部

四月秀葽

葽草如出穫玉燭寶典卷四

七月鳴鵙

夏之五月也陰氣微動于下鳴鵙破吻于上應
陰氣而殺也玉燭寶典三
六月莎鷄振羽
莎鷄昆鷄也玉燭寶典六引章句
十月蟋蟀
蟋蟀蜻蛚也大藏音義六十六
東山蒸在蓼薪
蒸衆也大藏音義四十五
親結其縭

纚褵帶也日本刻唐本玉篇絲部

九罭我覯之子絻衣繡裳唐本玉篇引文

絻衣纁衣也日本刻唐本玉篇絲部

鴻飛遵陸

高平無水謂之陸大藏音義卷二

常棣原隰捊矣大藏音義引文

捊聚也大藏音義九十九

天保如山如阜如岡如陵

積土高大曰阜大阜曰陵北堂書鈔阜類方琦按書鈔引作韓壽曰

乃韓詩之誤
藏陳未引

采薇　畏此簡書

簡執筆操牘也　大藏音義三十一

湛露　匪陽不晞

明不明之際曰晞　大藏音義四十七

彤弓　鐘鼓既設

設陳也　日本刻唐本玉篇言部

鴻鴈　劬勞于野

劬數也　大藏音義二十　六十八　臧輯同

沔水鴥彼飛隼玉燭寶典引云韓詩或又作鳥旁阜

隼鷹也玉燭寶典六

不可弭志

弭滅也大藏音義五十四

祈父亶不聰

聰明也大藏音義卷三卷五二十九六 十六六十七六十八案八十四

又引韓詩 聰察也

無羊或寢或譌

譌覺也日本刻唐本玉篇言部 藏輯同

節南山昊天不庸唐本玉篇引文

庸易也唐本玉篇用部 藏輯同

降此訩訩

訩訩聲也訩訩也日本刻唐本玉篇言部案引文有譌脫

降此大戾

戾不善也大藏音義六十八

蹙蹙靡所騁

騁施也大藏音義二十四四十九 一百卷案藏輯本音作馳此引作施

正月視

瞢瞢大藏音義五十四 按藏輯本作夢夢韓詩夢夢惡皃也小異

民之訛言

訛言妖言也大藏音義三十一　日本刻唐本玉篇言部引韓詩作訛言譌言也

十月之交　于何不臧

于何奈何也日本刻唐本玉篇于字下并引正文

百川沸騰

騰乘也無不乘凌也大藏音義六十九

田卒汙萊

嬥嬥公子

嬥嬥往來皃大藏音義八十四　臧輯同

卷　十一

四月廢為殘賊

殘義曰賊大藏音義卷三

曷云能穀日本刻唐本玉篇引文

云辭也唐本玉篇云部

小明憚我不暇

憚惡也大藏音義卷四十三八十四卷六五十七六

鼓鐘憂心且陶大藏音義引文

陶暢也大藏音義九十五詩陶養也桒八十四又引韓

楚茨孝孫有慶

慶善也大藏音義三十

馥芳孝祀大藏音義引文

馥香氣也大藏音義卷二十五 卷五十六 卷六十九 卷二十 三十 八十二引韓詩馥芳也 希麟一義續一引作馥芳香氣皃也切經書 臧輯同

既霑既足

霑溺也大藏音義卷三 卷七 卷八 九十

甫田攘其左右

大藏音義七十六引韓詩瀞清也無可比附追閱唐本玉篇其文屬于會朝瀞明之下又如釋文引韓詩匆予禍適適數也唐本玉篇引從言作謫釋文引韓詩歌以訊止訊諫也唐本玉篇引從卒作誶大藏音義二十引韓詩迺大也唐本玉篇引作乃大也大藏音義三十一引韓詩譌言妖言也唐本玉篇引作訛言諠言也至如大藏音義九十五引韓詩陶爕也知元應經引止帝甚陶陶爕也為韓詩義大藏音義六十三引韓詩娠振動于內也知元應經引大任有娠娠動也為韓

詩義大藏音義九十九引韓詩捋也知說文引原隰捋
矣為韓詩義大藏音義六十二引韓詩幬單帳也知爾
雅郭注引抱衾與幬為韓詩義又大藏音義三十九引
韓詩橛株有深坑乃韓非子語四十引韓詩樞制動之
主乃用易韓康伯注文皆當翔實屏謬完歸本書如
此之類不可臚舉倘獲暇日籠為發明章闡今文蹁
資撢討關諸畜德共志師承夫讀書至老不能徧古
人不及見今人每念此言輒用皇然陶方琦譔

（清）陶方琦 撰　（清）姚振宗 輯

爾雅漢學證義二卷

稿本　清陶濬宣校　孫同康簽校

上海圖書館藏

爾雅漢學證義二卷 提要

清陶方琦撰，清姚振宗輯，稿本。清陶濬宣校，清孫同康簽校。二册。毛裝。半葉九行二十字，單黑魚尾，四周雙邊。封面『爾雅漢學證義』爲陶濬宣所題，鈐『陶氏文冲』白文方印。卷前有陶方琦自序，卷末有姚振宗跋。卷端上題『爾雅漢學證義』，下題『會稽陶方琦學』。版心題『爾雅漢學證義』，下題『湘麋館遺書』。

是稿爲陶方琦注疏《爾雅》漢學古注之書。自序曰：『余肄習雅訓，尤耆古注，遺文佚義，散見羣籍，洵如片玠斷珪，愈足崇貴。我朝右文敦學，通儒間出。余氏蕭客《古經解》中採《爾雅》古注凡三卷，然未大備，問經之編，缺屚亦多。臧氏《漢注》，亦未睹其書。余畛域囿方隅，自慙懵瞶，願學未能，中心如噎。因約攗漢人《雅》説自孫氏止，較前賢採脊古注、發揮郭解者例有異同，復以屚見，畧爲疏證，命之曰《爾雅漢學證義》。』舊輯《爾雅》注疏以犍爲舍人、李巡、樊光三家爲漢學，其中舍人爲漢人治《爾雅》最古，孫炎雖三國魏時代人，但其注成於漢季，故仍被視爲漢注。陶方琦好雅訓，尤嗜漢學，致力於《爾雅》漢學古注，輯佚之餘，發揮舍人、樊光、李巡、孫炎四人之解，詮釋四家所注舊證，從而成就此書。

是稿二卷，分裝兩册，一册一卷，卷一『釋故』、卷二『釋言』。『釋故』係將若干詞類聚一起，作爲被訓釋詞，用一詞來解釋，此卷共列詞條一百六十餘條；『釋言』則以字爲解釋對象，被訓釋詞大多一二個，此卷共列詞條三百餘條。體例按《爾雅》原書順序編排，先列詞條，次爲漢注，以『某某曰』表示，再作『證曰』，即陶氏之疏證。其疏證，所引《詩》《易》《荀子注》《釋名》諸書，材料豐富，明晰易解。

陶氏原稿已佚，此爲清光緒十三年（1887）姚振宗整理稿本。卷末姚振宗跋，述此稿始末：『子珍學使自譔《漢孳室著書目》，有《爾雅漢注述》八卷……今檢手稿，僅有《釋故》《釋言》二篇，題曰《爾雅漢學證誼》，與著書目標題不同，蓋亦未審訂且未卒業也，今分爲二卷。著書目又有附《湘麋館補蘭如女史爾雅古注斠》一卷，并録於是帙之末。』跋中所提及『《湘麋館補蘭如女史爾雅古注斠》一卷』，是稿未見，然收録於清光緒會稽徐氏鑄學齋抄本《漢孳室經學》之中。

是本書眉有『濬宣案』『同康案』等批注，係陶濬宣、孫同康二人之批注。陶濬宣爲方琦同族兄弟，素與陶方琦親厚，在其兄過世之後，親爲整理文獻并批注遺稿，此即其中一種。孫同康，江蘇昭文（今常熟）人。光緒二十年進士。在其宣統元年（1909）整理輯刻之《道咸同光四朝詩史》卷五中，收録陶方琦詩作四首。陶孫二人批注從形式到内容有頗多差異。陶批多爲眉注，内容係字、詞或文句之校改，如卷一葉八書眉題『方言上脱「而并用之也」五字』。孫批皆爲簽條，内容係對陶注的補充和修訂，如卷一葉二有浮簽一，補『舍人曰輅車之大也』及『舍人曰冢封之大也』兩條，末注『同康謹擬補二條，候高明酌正』。

是書序首葉鈐『卷盦六十六以後所收書』白文長印，卷末鈐『杭州葉氏藏書』朱文長印，蓋知是稿原係葉景葵先生收藏稿抄本之一，後入藏上海圖書館。

現藏上海圖書館。

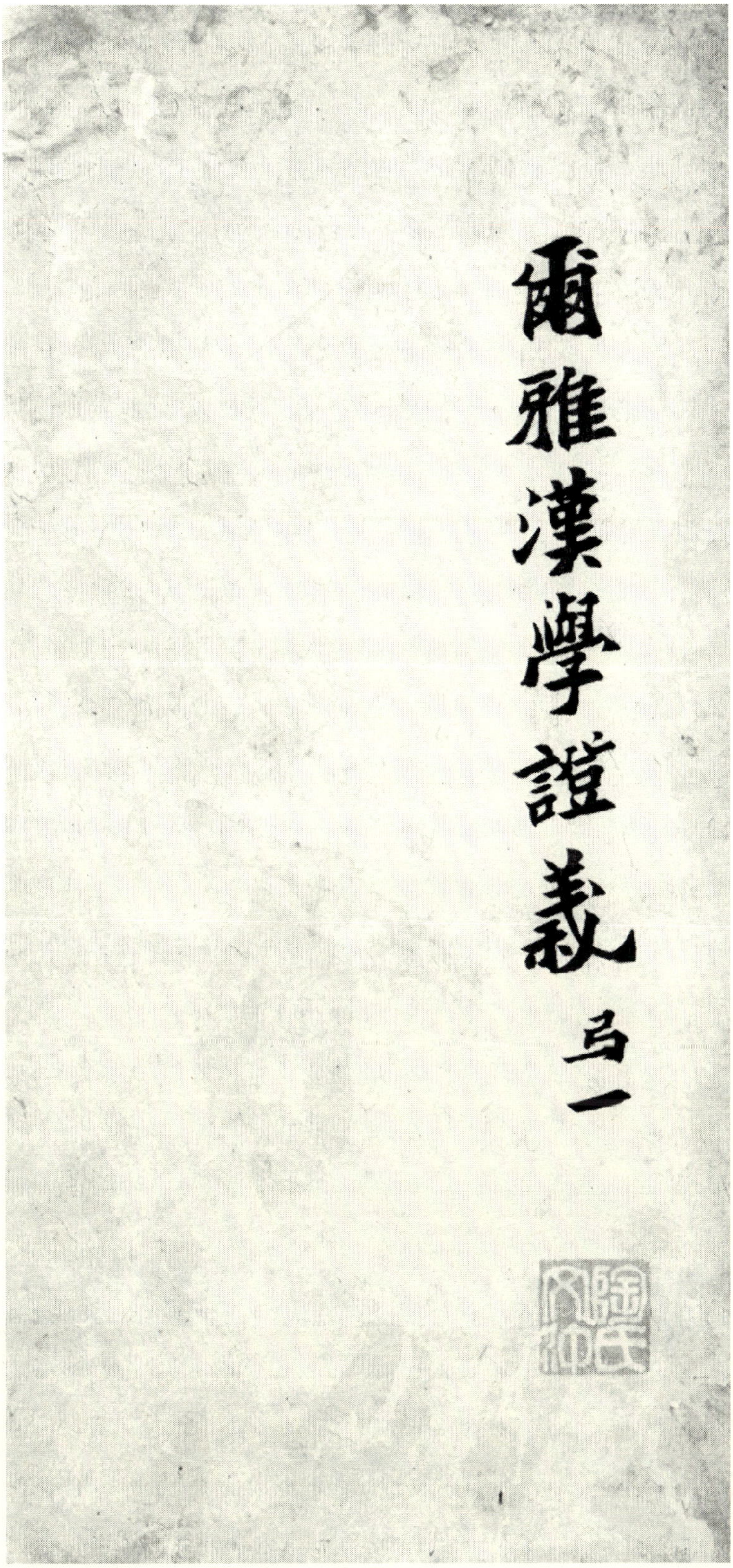

爾雅漢學證義　弓一

尒雅漢學證義叙

尒雅三篇蓋劉名物訓詁之要為解經之權輿劉熙釋名尒昵也昵近也雅義也義正也謂可近而取正也然辨章同異學覽潭奥非博聞熠發古訓飄忒近今盛行郭注譌劉舛騎已難悉歙況景純吟域聞見望文生義每乘古訓而為後世引重亦多為剿竊前賢之說不經若邢杜芽疏了不異人近儒若邵郝二家推闡綮闡而邵氏研綜雜故尤爲首功學宮遵行尒然僉論第漢人治尒雅者舍人最古釋文序錄曰犍為

尒雅漢學證義叙　一　湘瀞館遺書

文學注三卷即舍人注也其次有劉歆注三卷序録以為即李巡注今說盡佚矣又有樊光注六卷李巡注三卷皆東漢人孫炎注三卷孫炎字叔然授業鄭康成之門生於漢季列為魏人從其後言之耳後又有沈旋之集注施乾謝嶠顧野王裴瑜之音注書闕有間余為皆後於漢悉屏勿録郭氏叙曰會稡舊說錯綜樊孫故注中多引樊孫舊注而偶出異義輒采邢氏叙言以舍人劉樊李孫列為名家又言俗閒有孫炎高璉義疏皆淺近俗儒不經師匠則非漢末

之孫炎矣余肄業習雅訓尤耆古注遺文佚義擷見羣
籍洵如如片珩斷珪愈足崇賚我朝右文敦學通儒
間出余氏蕭客古經解中採爾雅古注凡三卷然未
大備間經之編缺屚亦多臧氏漢注亦未睹其全書
余眕臧圃方隅自慙慒澒願學未能中心如噎因約
據漢人雅說自孫氏止較前賢採擇古注發揮郭解
者例有異同爰以屚見畧為疏證命之曰爾雅漢學
證義蓋自讀禮之暇樂為詮釋而摻集古註不無掛
漏未獲折衷通人博稽垂冊管穴偏識解益終希苟

爾雅漢學證義跋　湘麋館遺書

子曰心枝則無知知者擇一而壹焉余亦壹於漢儒師說而已

識 會稽陶方琦

爾雅漢學證義

會稽陶方琦學

釋故第一

樊光李巡本作故見釋文說文詁訓古言也古故也从十口識前言者也詩孔疏曰毛以爾雅之作多為釋詩而篇有釋故釋訓故依爾雅訓而為詩立傳宜本作故以詩大雅烝民章云古訓是式毛傳云古故也則故訓者故昔典訓也今郭璞本作詁

初哉首基肇祖元胎俶落權輿始也

孫炎曰胎大才反本或作台釋文

證曰係於孫曰下者是孫本或作台也說文胎

婦孕三月也从肉台聲胎始字㞢从台作台省

文漢孔耽碑神祠碑背有胎表隸釋云以胎為

台按鮐背之鮐魯頌亦作台也後漢崔寔初名

台字元始方言台胎養也亦台胎相通之證

林烝天帝皇王后辟公侯君也

弘廓宏溥介純夏幠厖墳嘏丕奕洪誕戎駿假京碩

舍人曰輅車之大也 荀子哀公問篇注

證曰輅路古通用故舍人本作輅禮月令乘鸞路鄭

特牲卷冕路車釋文然云路本作輅後漢張湛傳引

曲禮式路馬作軾輅馬注云輅大也即用此訓

舍人曰冢封之大也 書疏 本經

證曰詩緜乃立冢土傳冢土大社也古者封土為社故

云冢封之大也又書泰誓冢君禮內則冢子左昭十三

年傳冢適注然云冢大也皆引申之義

同康謹擬補二條候 高明酌正

濯訏宇穹壬路淫甫景廢壯冢簡箌昄晊將業席大

之大也 眾經音義 樊光曰周禮云

詩云有賁其首 書 孔疏 樊光曰鄭

史記索隱 劉孫芺都耗反昄孫芺

雨止雲罷皃从雨郭璞臣鉉等曰

人 另 仁廓 ㄙ 是淮南天文訓道始于虛霩蓋形

天之大方言云蘀小使大謂之廓蘀亦有大義

爾雅漢學證義卷一 六 湘麋館遺書

書康王之誥張皇六師僞孔亦訓爲大淮南原道訓廓四方高注廓張也又能約能張注能大也廣雅云張大也廓又通作擴趙岐孟子注擴廓也孫奭音義引丁公著云彉大也其彀大而宏周禮冬官梓人文也先鄭云宏讀爲紘綖之紘謂彀音大也樊說引此以證宏爲大之義顧野王曰宏大也有賁其首詩小疋魚藻文也原作有頒其首釋文音符云反讀爲墳也孔疏曰釋詁云墳大也頒與墳同字雖異音義同毛傳

濯訏宇穹壬路淫甫景廢壯冢簡劉昄晊將業席大也

孫炎曰廓張之大也眾經音義樊光曰周禮云其鼓大而宏詩云有賁其首書孔疏樊光曰鄭可見之大也史記索隱劉孫炎都耗反昄孫炎都滿反釋文

證曰說文霩雨止雲罷皃从雨郭段臣鉉等曰今別作廓非是淮南天文訓道始于虛霩蓋形天之大方言云張小使大謂之廓張亦有大義

書康王之誥張皇六師僞孔亦訓爲大淮南原
道訓廓四方高注廓張也又能約能張注能大
也廣雅云張大也廓又通作擴趙岐孟子注擴
廓也孫奭音義引丁公著云彍大也其鼓大而
宏周禮冬官梓人文也先鄭云宏讀爲紘綖之
紘謂鼓音大也樊說引此以證宏爲大之義顧
野王曰宏大也有貴其首詩小疋魚藻文也原
作有頒其首釋文音符云反讀爲墳也孔疏曰
釋詁云墳大也頒與墳聲字雖異音義同毛傳

云頌首大首也茲引作賁恐是古本書盤庚用宏
茲賁偽孔傳以賁為大周禮賁鼓即大鼓　晊
釋文謂本又作至又作胵諸家文互異也樊作
郅故史記封禪書爰周郅隆引之以訓為太也
案校勘記以謂史記作爰周胵隆徐廣曰胵誤
字當作郅索隱曰郅至樊光云郅可見之大也
作郅作晊作胵皆至之轉寫譌俗漢魏人所為也而
晊字僅見逸漢書人名

幠厖有也

迄臻極到赴來弔艐格戾懷摧詹至也

孫炎曰艐古屆字釋文 史記索隱

證曰說文艐字云船著沙不行也屆字下云行

不便也一曰極也艐屆𡉚訓爲行即至字義故

古通也方言艐宋語也郭引爲屆書大禹謨無

遠勿屆僞孔傳曰屆至也孔疏屆至也釋詁文

五經文字云艐爾雅或作屆孫用古文也故相

如賦紏蓼叫奡蹋以艐路兮索隱引孫說以證

之知郭本已作屆孔氏書疏所引乃郭本也

如適之嫁徂逝往也
賚貢錫畀予貺賜也
儀若祥淑鮮省臧嘉令類綝彀攻穀介徽善也
李巡曰祥福之善也
證曰說文祥福也蓋統言則災亦謂之祥析言則善乃謂之祥春秋繁露云羊之為言猶祥左傳昭十一年祲祥公羊作侵羊說文羊祥也考工記注羊善也故祥善字皆从羊古彝器吉祥作吉羊又通詳邵氏言之備矣大抵祥詳古通

又省作羊并可訓為善淮南說山六畜生多耳目者不祥高注祥善也

舒業順叙也舒業順叙緒也

孫炎曰緒謂端緒也史記正義詮曰說文緒絲耑也方言緒南楚或曰端邢疏曰又為端緒互相訓也承用孫說

怡懌悅欣衎喜愉豫愷康妉般樂也悅懌愉釋賓協服也

遹遵率循由從自也遹遵率循也

孫炎曰遹古述字讀聿亦音橘　釋文

證曰說文辵部述循也从辵术聲籀文作𨔼遹說文本義訓回辟古多叚借為述字詩大雅遹駿有聲鄭箋遹述也下文釋言律遹述也釋訓不遹不蹟也不遹即鄁風報我不述詩大雅遹追來孝禮器引作聿追來孝詩魏風歲聿其莫釋文聿允橘反書湯誥聿求元聖孔疏曰聿訓述也釋文曰聿允橘切述也讀聿者文王聿脩厥德漢書東平思王傳引作述脩厥德令攷下

文釋言適述也其釋文亦云古述字音餘橘反知音橘者本作餘橘反乃三字乃書脫譌耳釋名遹述也遹有術義乃段借

靖維漢圖詢度咨諏究如慮謨猷肇基訪謀也

舍人曰漢心謀之謀也釋文孫炎曰漢音莫釋文

證曰說文慔勉也與釋訓慔慔勉也義同嚴氏以謂舍人本作慔非也詩小雅聖人莫之傳莫謀也釋文以謂莫又作漠是也大雅監觀四方求民之莫傳莫定也謂定而後謀也故下文曰

爰究爰度漢音莫者古人音能兼義小雅釋文莫同漢左傳狄之廣莫即漢漢莫古通

典彝法則刑範矩庸恒律戛職秩常也柯憲刑範辟律矩則法也

孫炎曰典禮之常也周禮疏

證曰釋言典經也經即常也書愼徽五典僞孔傳以爲五典即五常周禮天官太宰掌建邦之六典鄭注典常也經也灋也王謂之禮經常所秉以治天下也故賈疏引孫説

辜辟戾辠也

黄髮齯齒鮐背耇老壽也

舍人曰黄髮老人髮白復黄也 本疏 詩疏

孫炎曰黄髮髮落更生 本疏 春秋疏 詩疏 書疏

舍人曰老人氣衰皮膚消瘠背若鮐魚 本疏 詩疏 又

曰耇觀也血氣精神華觀竭言色赤黑如狗 左傳疏

孫炎曰耇面凍梨色似浮垢老人壽徵也 詩疏

本疏 春秋疏 書疏 案詩疏無老人壽徵四

字段氏以謂孫炎注本作面凍梨見南山有臺

太誓二正義互釋名及方言注乃曰如凍梨行一如字非也琦按詩行葦亦作面凍梨疏以謂面如煉梨邢疏引孫炎說貞云面如煉梨蓋如字正所以形容凍梨二字釋名方言注皆加一如字以顯其義後人引孫說加之固非段氏注梨改作黎乃誤

證曰說文老考也七十曰老从人毛匕言鬚髮變白也論衡曰老則髮白白久則黄釋名曰黄耇鬢髮變黄也用犍為舍人說也孫謂髮落更

謁

生言白髮落後有髮細茸生而生如胎髮然謂之黄髮也鄭以謂髮落更生黄者乃用孫説鮐背詩大雅黄耇台背毛傳台背大老也鄭箋台之言鮐也大老則背有鮐文方言鮐老也釋名九十曰鮐背背有鮐文也説文曰鮐海魚名文選注以謂鮐魚背上青黑有黄文老人氣衰膚瘠有侶此也消瘠也瘠瘦也内則曰問衣燠寒疾痛苛癢而敬抑搔之蓋言老人皮膚枯竭日耇覯也赤黑如狗耇覯狗皆諧聲所謂以聲近

方言並脫而並用之也五字

之字輾轉相釋也古人釋字多有此種說文覯遇見也言血氣精華已遇消竭之時故也色赤㬥也案鯸說文曰魚名左思吳都賦注云鯸鮐魚狀如科斗大者尺餘腹下白背上青黑有黃文鯸廣韻戶鉤反舍人所云色赤黑如狗當即言色似鯸耳狗鯸同韻蓋即承上釋鮐背之文方言秦晉之郊陳兗之會曰耈鮐義同此 孫云耈面凍梨者說文云耈老人面凍梨若垢方言凍梨老也 此行華所引 今本作眉梨 釋名耈垢也皮色驪

悴恒如有垢者也或曰涷梨皮有班黑如涷梨色也詩大雅黄耇序鄭箋耇涷梨也儀禮注同皆與孫說合

允孚亶展諶誠亮詢信也展諶允慎亶誠也

謔浪笑敖戲謔也

舍人曰謔戲謔也浪意萌也笑心樂也敖意舒也戲笑邪戲也謔笑之皃也本疏 詩疏

證曰戲廣韵曰弄也禮坊記閨門之内戲而不歎注謂言笑也說文引淇澳章以戲笑謔為連

如

文浪意萌也或作意明誤校勘記謂浪讀為蒼
筤竹之筤竹初生時蒼筤取其春生之美也凡
意蓝心花初生時似此故含人謂意萌韓詩曰
起也正是意萌之訓謂使波浪之起是也笑說文
新附字漢書作关匡名曰說文娱从女关聲女
子笑皃莞爾之莞亦从艸明关即古笑字漢隸
从竹从艸往往相亂隸書艸在上者變為兩點
漢書作关作咲此即从艸之證笑廣均曰喜也
喜樂同義敖說文游也詩邶風以敖以游謂仲

暘其意故說文舒伸也一曰舒緩也廣疋游敖
戲也同此毛傳以謂皆言戲謔不敬故曰邪戲
粵于爰曰也爰粵于也爰粵于那都繇於也
孫炎曰繇音由又音遙古文
證曰繇蓋通由詩大雅抑云無易由言鄭箋云
由於也易坤卦其所繇來者漸矣即由古今音
訓並通孫雖音由而訓亦並通耳說文曰繇隨
從也釋詁由從自也易繫辭注卦繇之辭所以
明得失釋文引服虔云抽也抽出吉凶也韋昭

曰由也吉凶所由生也繇古　音由俗讀為傜
役之傜䍃上加卜字非古義也故說文玉篇廣
韻皆不收繇字集韻始收之曰音遥者乃古人
通音咎繇是也案許由漢書古今人表作許繇
知繇與由古通用繇又通猷書大誥猷大誥爾
多邦馬融本作繇詩小雅秩秩大猷猷繇音同
義又通猶音遥如禮人喜則斯陶陶斯詠詠斯
猶是也
敆郃盍翕仇偶妃匹會合也仇讎敵妃知儀匹也妃

同康案一切經音義卷二及九引李巡注尚有怨耦曰仇讎四字應補入否候酌

爾雅漢學證義卷

[illegible]也

讎怨之匹也衆經音義孫炎曰逑相

[illegible]之[illegible]也 詩疏

證曰左氏傳曰怨耦曰仇詩鄘風不我能慉反以我爲讎皆以配偶而相怨故李注曰怨之匹也孫注仇作逑者乃詩孔疏引文蓋逑仇爲古今字毛傳曰逑匹也知作仇乃用今字耳太玄内謹于嬰執即逑字義孔疏曰謂詩本作逑爾雅多作仇字異義同大抵爾雅多係說詩詩古

曰由也吉凶所由生也繇古　音由俗讀為傜役之傜䌛上加卜字非古義也故說文玉篇廣韻皆不收繇字集韻始收之曰音遙者乃古人通音咎繇是也案許由漢書古今人表作許繇知繇與由古通用繇又通猷書大誥猷大誥爾多邦馬融本作繇詩小雅秩秩大猷猷繇音同義又通猶音遙如禮人喜則斯陶陶斯詠詠斯猶是也

敆郃盍翕仇偶妃匹會合也仇讎敵妃知儀匹也妃

合會對也妃媲也

李巡曰仇讎怨之匹也衆經音義孫炎曰逑相求之匹也詩疏

證曰左氏傳曰怨耦曰仇詩鄘風不我能慉反以我為讎皆以配偶而相怨故李注曰怨之匹也孫注仇作逑者乃詩孔疏引文蓋逑仇為古今字毛傳曰逑匹也知作仇乃用今字耳太玄内謹于嬰執即逑字義孔疏曰謂詩本作逑爾雅多作仇字異義同大抵爾雅多係說詩詩古

本作述爾雅必承用之故說文述下云又曰怨匹曰述知述為仇之古文臧氏琳以為邊人私改固誤阮氏校勘記以謂叚借亦未當也述求會意兼形聲故孫注以為相求之匹字作述也

同康案一切經音義卷八引尒疋舊注云紹繼道也郝氏義疏云此舍人注今先生不採应補入
苩侯　酌

紹續纂緌績武係繼也

舍人曰允繼世也左傳疏

證曰說文允子孫相承續也書高宗肜日云罔非天允史記作罔非天繼世代也故大雅永錫祚允說文三十年為一世蓋父子相繼曰世也

氣謐溢蟄慎貉謐顗頠盜宓靜也

孫炎頠五果反 釋文

證曰釋文引沈旋五罪反郭同孫音

隕殞湮下降墜摽蘦落也

命令禧畛祈請謁誶誥告也

孫炎曰祈為民求福叫告之詞也 一切經音義

證曰釋言祈叫也邵氏引孫炎說案此乃兩訓

故曰叫告之詞說文祈求福也詩大雅以祈黃

耇疏亦以祈訓告玉篇告語也祈以為求福之

本作述爾雅必承用之故說文述下云又曰怨

匹曰逑知逑為仇之古文臧氏琳以為後人私

改固誤阮氏校勘記以謂叚借亦未當也逑求

會意兼形聲故孫注以為相求之匹字作逑也

紹胤嗣續纂緌績武係繼也

舍人曰允繼世也左傳疏

證曰說文允子孫相承續也書高宗肜日云罔

非天允史記作罔非天繼世代也故大雅永錫

祚允說文三十年為一世蓋父子相繼曰世也

氤謐溢埶慎貉謐顗顩盜宓靜也

孫炎顗五果反釋文

證曰釋文引沈旋五罪反郭同孫音

隕殞湮下降墜摽蘦落也

命令禧畛祈請謁誶誥告也

孫炎曰祈為民求福叫告之詞也一切經音義

證曰釋言祈叫也邵氏引孫炎說案此乃兩訓故曰叫告之詞說文祈求福也詩大雅以祈黃耇疏亦以祈訓告玉篇告語也祈以為求福之

辭故訓祈曰告釋文作古篤反易蒙卦初筮告

鄭注告求也祈以訓求義通而音區耳

永悠迥違遐逷闊遠也永悠迥遠遐也

舍人曰悠行之遠也一切經音義

證曰悠說文心部憂也舍人訓為行遠當作𨁑

說文足部𨁑疾也長也从足攸聲易頤六四其

欲逐逐子夏傳作攸攸荀作悠悠劉作𨁑𨁑知

悠𨁑皆从攸為聲古本通訓詩鄘風驅馬悠悠

毛傳悠悠遠皃又大雅悠悠南行亦與行遠義

合悠古故為篪字也

虧壞圮垝毀也

孫炎曰圮房美反岸毀也釋文 本疏

證曰說文土部圮毀也从土己聲書堯典方命圮族史記作負命毀族孫云岸毀者蓋即說文屵部之嶏字嶏从屵屵岸高也嶏說文云崩也義與毀近列子黃帝篇口所偏肥晉國黜之殷敬順釋文云皮美反說文字林並作嶏琦案嶏乃崩之譌又作圮皆毀也字从其省說文又作嶏云崩

五

聲从屵配聲讀若費蓋即嶏之或體故圮字下
文有从手从非配肖聲作[illegible]亦與嶏字近淮南
氾淪訓古者民澤處復穴注穴毀隄防崖岸之
中以為窟字孫故云岸毀也
矢雉引延順薦劉繹尸旅陳也
樊光曰雉夷也　左傳疏
證曰左傳云雉夷民者也疏引樊光及服虔說
竝同文選甘泉賦注引服虔云雉夷聲相近聲
近者其義同雉从矢聲矢陳也古文雉與夷通

新雉即辛夷又春秋夷儀公羊作陳儀雉訓為夷而轉通為陳耳喪大記男女奉尸夷於牀即陳列之義魏都賦鶩鷞玉篇鷞山雞也古鷞多省作夷鴺夷古本尚作鴺鷞謂如鴺之貪鷞之善受也夷弟古文相似鷞通作鵜雉古文作銻以弟者謂有次弟也爾雅釋鳥秩秩海雉亦言其次弟以雉訓陳謂秩然次弟而陳之也樊訓雉為夷說文夷平也與次弟意亦通段氏曰周禮雉氏掌殺艸雉或作夷古雉音同夷大鄭从

夷遂鄭从雉而讀為鬀作薙者乃俗字猶稻人芟夷字俗作芟薙也月令燒薙蓋亦本作燒雉說文本無薙字今所存者恐為後人羼入

尸職主也尸寀也寀寮官也

李巡孫炎曰寀七代反釋文樊光七在反釋文

證曰郭音同孫李案說文宀部寀為新附字當作采堯典疇若予采釋文引作七在反是用樊音也下采業之采亦曰七在反

績緒采業服宜貫公事也

舍人曰威大充盛 春左傳疏

證曰書般庚高后丕乃崇降罪疾詩生民之什福祿來崇傳茲云崇重也礼祭義嚴威儼恪疏云威謂威重崇与威俱有重義故舍人本崇作威 郝懿行謂崇与威声義不相近殆未之深攷歟 郭注云崇亦為充威与舍人注義同

同康謹補一條候酌

舍人曰肩強之勝也 書疏

證曰釋名釋形體肩堅也堅強義近 廣疋釋詁堅強也故舍人云肩強之勝也

同康謹補一條候酌

也勝肩戡劉殺克也劉獮

一勝也今通作果 一切經音義 戡

疏 本疏

證曰左氏宣三年傳殺敵為果致果為毅是果毅皆訓為勝說文毅有決也論語由也果包注謂果敢決斷內則恩貽父母令名必果鄭注果

夷逸鄭从雉而讀為鬍作薙者乃俗字猶稻人芟夷字俗作芟薙也月令燒薙蓋亦本作燒雉說文本無薙字今所存者恐為後人羼入

尸職主也尸寀也寀寮官也

李巡孫炎曰寀七代反釋文樊光七在反釋文

證曰郭音同孫李案說文宀部寀為新附字當作采堯典疇若予采釋文引作七在反是用樊音也下采業之采亦曰七在反

績緒采業服宜貫公事也

永羕引延融駿長也

喬嵩崇高也崇充也

犯奢果毅剋捷功肩堪勝也勝肩戡劉殺克也劉獮

斬刺殺也

孫炎曰惈決之勝也今通作果一切經音義戡

强之勝也書疏本疏

證曰左氏宣三年傳殺敵為果致果為毅是果

毅皆訓為勝說文毅有決也論語由也果包注

謂果敢決斷內則思貽父母令名必果鄭注果

決也是令本皆省作果廣韻引倉頡篇作惈惈為古文本字大抵孫氏釋爾雅多遵古本惈為古文果乃今文今則果行而惈廢矣故孫氏曰今通作果　說文戡刺也从戈甚聲又通𢦟𢦟殺也从戈今聲商書曰西伯既𢦟黎也郭注作堪黎乃通文耳殺與刺義無别皆有戰勝意故曰克也案强戕同音互訓左傳邾人戕鄫子于鄫杜解卒暴之名是戕强義通戕殺也𢦟亦曰殺古人音同者多兼義故孫說以為强之勝也

詒宮案孫炎注當有書曰不昏作勞六字宜補

亹亹蠠沒孟敦勗釗茂劭勔勉也

鶩務昏暋强也

孫炎曰昏夙夜之强也（本疏。書疏作夙夜之勉）

證曰書釋文云昏本或作暋又盤庚不昏作勞鄭注昏讀為暋勉也案昏當作敃說文云敃彊也从攴民聲蓋許所據爾雅作敃强也昏字从氏省不从民聲玉篇謂敃暋同字是也夙說文曰早敬也从丮持事雖夕不休早敬者也夜舍也天下休舍也从夕夜省聲詩夙夜在公書夙

夜維寅皆謂敏於視事此言勉強由其質昏耳

卬吾台予朕身甫余言我也朕余躬身也台朕賚畀卜陽予也

舍人曰余謙卑之身也春秋疏本疏

孫炎曰余舒遲之身也本疏　左傳疏　台羊而反　釋文

證曰謙說文曰敬也玉篇曰讓也卑說文云賤也玉篇曰下也蓋即不自滿假自抑尊人之意故曰謙卑之身也余說文曰語之舒也舒伸也

一曰舒緩也遲徐行也説文舒或同紓遲或同迟詩舒而脫脫兮毛傳舒徐也行道遲遲毛傳遲舒行皃經傳中舒或假荼與豫遲或假夷皆訓為徐緩也左氏僖九年傳小白余杜解余身也用雅訓

肅延誘薦餤晉寅藎進也羞餞迪烝進也

按龍龕引舊註曰餤甘之進也恐是五家説

詔亮左右相道也詔相導左右助勴也亮介尚右也左右亮也

孫炎曰介者相助之義如人之左右手故以介爲左右也本疏　詩疏

證曰詩大雅生民章攸介攸止鄭箋介左右也說文以謂从人介于八之中八分別也一左一右也詩豳風以介眉壽鄭箋介助也孫說殆合許鄭之說而伸明之

緝熙烈顯昭晧頴光也

劼鞏堅篤掔虔膠固也

疇孰誰也

睢睢皇皇藐藐穆穆休嘉珍禕懿鑠美也

諧輯協和也關關噰噰音聲和也勰燮和也

從申神加弼崇重也

覈悉卒泯忽滅罄空畢罊殲拔殄盡也

李巡曰泯沒之盡也詩疏孫炎曰罄竭盡也一切經音義舍人曰殲衆之盡也書疏左傳疏

證曰泯說文新附字錢氏以謂漢書叙傳涵涵紛紛即呂刑泯泯棼棼陸雲夏府君誄以泯叶連是也嚴氏謂通泯或謂通汶皆肌測也字林

舍人注尚見本疏
已注補

云泯然盡也廣雅泯滅也玉篇亦曰滅也泯滅為轉聲而滅没為同韻說文没沈也小爾雅云沈滅没也詩胥其没矣毛傳没盡也論語没階趨孔曰没盡也泯没皆有盡義故李說以謂没之盡也琦案書呂刑泯泯訓亂也廣韻怋怋不明又曰亂也與泯義合泯釋文音亡忍反與汶音合史記索隱汶亦音閔謚法閔亦作愍釋文暋或作旻民文通假之證兩說當竝存之又記罄說文曰器中空也詩曰缾之罄矣穴部窒字

下云空也詩云缾之窒矣是罄窒通空窒字形尤相似也禮君子不盡人之歡不竭人之忠竭即盡也詩小雅罄無不宜傳罄盡也左僖二十六年傳室如懸罄杜解罄盡也釋文謂或作磬空與竭義相近故說文曰空而孫說曰竭其義則皆盡也

殲說文曰微盡也左傳莊十七年傳殲盡也穀梁傳同又襄二十八年具將聚而殲旃聚有衆義故舍人謂衆之盡也

孫炎曰挚予由反　釋文

舍人曰寁意之速也　詩疏

證曰說文寁居之速也詩鄭風不寁故也

傳寁速也

同康謹補注二條　簉一條　候酌

寁

舍人曰寁意之速　詩疏

證曰說文宀部居之速也从宀疌聲字亦作㝚

詩鄭風不寁故也毛傳

速也又通作昝鄭氏周

易豫九四朋盍簪注曰

彌字下云殄盡也殄字下云盡也彌殄殲同音

王專用淳嵒許慎注曰涽讀汶水

泯字又記下

鳩樓聚也

肅齊遄速亟屢數迅疾也寁駿肅亟遄速也

豎沆沆滕徵皇涼虛也

釋言皇豎也舍人李巡注詳見釋言

速也蜀才作揩亦曰速
見皆音近之轉意者
志之發故曰速也

黎庶烝多醜師旅衆也洋觀裒衆那多也

流差東擇也

戰慄震驚戁竦恐慴懼也

痛瘏虺頹玄黄劬勞咎顇瘽瘉鰥戮癙癵痒疷疵閔逐疚痗瘥痱擅瘵瘼癠病也

孫炎曰痛人疲不能行之病瘏馬疲不能進之病虺隤馬疲不能升高之病元黄馬更黄色之病本疏　詩疏

舍人曰癙癵瘇痒皆心憂憊之病也釋文　本疏

寁

舍人曰寁意之速　詩疏

證曰說文宀部寁居之速也从宀疌聲字亦作疌詩鄭風不寁故也毛傳速也又通作簪鄭氏周易豫九四朋盍簪注曰

殫字下云殛盡也殄字下云盡也殫殄殲同音互訓

淮南氾論涽王專用淳盜許慎注曰涽讀汶水之汶　此引在泯字又記下

芑蕪茂豐也

揫斂屈收戢蒐裒鳩摟聚也

肅齊遄速亟屢數迅疾也寁駿肅亟遄速也

壑阬阬滕徵隍漮虛也

釋言隍壑也舍人李巡注詳見釋言

速也蜀才作揩亦音速
是皆音近之轉意者
志之發改曰速也

黎庶烝多醜師旅衆也洋觀裒衆那多也

流差柬擇也

戰慄震驚戁竦恐慴懼也

痛瘏虺頹玄黃劬勞咎顇瘽瘉鰥戮癙癵瘇痒疷疵

閔逐疚痗瘥痱𤺋瘵瘼癠病也

孫炎曰痛人疲不能行之病瘏馬疲不能進之

病虺隤馬疲不能升高之病玄黃馬更黃色之

病 本疏 詩疏

舍人曰癙癵瘇痒皆心憂憊之病也 釋文 本疏

孫炎曰癙者畏之病也釋文　本疏
孫炎曰疷滯之病也釋文　本疏　癉疫病釋文
證曰痡說文疒部曰病也从疒甫聲書泰誓毒
痡四海偽孔亦曰痡病也瘏說文以謂勞力至
篇以謂之也瘏即病義或通作罷孫曰人瘏不
能行與詩我僕痡矣語意脗合此章釋詩之意
故孫氏依詩大意而申明之　行說文人之趨
步也左从彳右从亍人行象也不能行故屬之
人　瘏說文云病也从疒者聲詩豳風予口卒

瘏毛傳曰病也釋文謂詩作屠進說文奎也不能進故曰馬病論語馬不進也詩魯頌有駜章毛傳駜馬肥彊皃馬肥彊則能升高進遠若云疲不能進義當反訓故下虺隤亦訓不能升高也虺隤詩釋文引說文作瘣頹爾雅釋文有瘣字引字林云病也釋名曰氣下隤皆病狀故曰不能升高高指上崔嵬也元黃毛傳元馬病則黃玉篇黃馬病色也玄黃言馬色變也此外病也若內病則如周禮內饔馬黑脊而般臂螻是

也說文瘏下云馬病也引詩曰瘏瘏駱馬廣雅瘏瘏疲也故申馬疲而申訓之孫氏以爾雅虺隤玄黃皆釋詩語詩我馬瘏矣我馬虺隤我馬玄黃是明明專系以馬故孫氏皆云馬病也瘏通訓曰病然毛傳於予口卒瘏即曰口病今曰我馬瘏矣安得不屬之馬病乎虺隤毛傳訓曰病鄭箋以為山險而馬又病孔疏亦曰其馬又虺隤而病釋文虺字作瘣瘣玉篇廣韵云馬病也皆與孫說合玄黃則毛傳專屬之馬此三者

皆形容馬瘦病之狀非謂三者定屬馬病郭氏
拘泥編見未達古人通訓之意而以孫說為非
亦淺甚也至於以介黃亦謂人病之通名是誤
仍疸黃病之說并未達毛傳矣癙癟瘇痒舍
人以謂皆心憂憊之病攷說文無癙字詩小雅
鼠思泣血鄭箋鼠憂也癙通作鼠蓋鼠病而憂
在穴内劉氏說凡物之多畏惟鼠為甚故曰癙
憂范氏說孫氏以謂癙者畏之病亦以首鼠兩端
畏首畏尾之象故用鼠字義而釋之惟毛傳曰

癙病也字林音恕釋文引為詩作鼠　癵說文無癵字一切經音義引作孿用釋文引郭說也錢氏曰當作臠臠臠者瘦之病也詩棘人欒欒兮說文引作臠臠案臠說文曰臞也廣韻癵曰瘦也知臠即癵字蓋人憂則肉消減舍人故曰憂憊之病

瘇說文亦無詩大雅云如何里鄭箋里憂也詩釋文云本亦作瘇爾雅作悝故下文曰悝憂也義相成也悝說文啁也一曰病也毛詩省作里正作悝改作瘇耳

痒說文曰瘍也

周禮天官疾醫夏時有痒疥疾義同創即如毛傳曰病也舍人竝訓為憂憊之病者說文憂愁也憊懃也通俗文疲極曰憊皆謂愁苦疾憊之病耳　孫炎曰疷滯之病也釋文言本作疲字書疲病也呂靜聲類音支蓋通祇小雅俾我祇也毛傳祇病也疷滯同音故轉訓滯說文曰凝也疷說文曰病不翅也段氏謂帝聲支聲氏聲同在十六部故疷以病不翅釋之取疊韵為訓也案孫說疷滯之義同此　⿸疒亶說文無當作癉詩

大雅下民卒瘅傳瘅病也說文曰勞病也釋文引瘅沈本作癉知瘅癉通也孫説為疫病疫説文云民皆疾也鄭注周禮以為疫癘之鬼與勞病之訓未合案疫字當是瘦字之譌瘦義同勞即說文瘅勞病説也上文痛瘏孫氏皆訓為瘦故後亦同前說也　按龍龕手鑑引舊註曰瘉勞病也恐是五家說

恙寫悝盱繇慘恤罹憂也

孫炎曰恤救之憂也　一切經音義

證曰說文恤憂也收也从心血聲詩小雅出則銜恤書盤庚永敬大恤皆訓爲憂孫曰救之憂者周禮地官六行孝友睦婣任恤鄭注恤振憂貧者通論振貧者曰恤振即賑有救義又通作卹春官典瑞以卹凶荒注卹者開府庫振救之故說文亦曰收也收救同音互訓孫說之所本也

倫勩邛敕勤愉庸癉勞也勞來彊事謂翦篤勤也

孫炎曰肄習事之勞也詩疏 本疏

舍人曰勞力極也一切經音義又曰來强事也

一切音經音義

證曰勤說文勞也从力堇聲引詩曰莫知我勤詩邶風既詒我肄傳肄勞也孔疏以謂爾雅或作勤引孫炎云云是孫本作肄孫多用毛詩字此亦可證肄習也禮檀弓君命大夫與士肄注肄習也君有命大夫與士展習其事故曰習事之勞勞為力極說文曰勞劇也从力熒省用力者勞是也極應作劇來强事也正文云勞來强

事舍人乃云來强事疑有誤邵氏以謂强事二字本係舍人之註傳寫者溷入正文是也來釋文云本作勑或作賚勑賚皆从來聲故通用强事者即黽勉從事莫敢告勞之意故訓曰勤也

悠傷憂思也懷惟慮願念惄思也

舍人曰惄志而不得之思也詩汝墳疏　又小弁疏

證曰詩釋文惄如調飢引韓詩作愵說文愵憂皃从心弱聲讀與惄同毛傳曰惄飢意也孔疏謂惄之本訓為思蓋謂飢不得食而思之與懷

人不得見而思之均一義也詩疏曰在心爲志
志者心之所至也說文無志字
孫炎曰戩音箭釋文子賤切集均去聲二十三線
彔止夏戩犮喜虒祜福也
除之福也詩疏
同康據馬氏再輯本補孫炎音一條
曰除惡祭也詩大雅生民章以弗
無子鄭箋弗之言祓也祓除其無子之疾疏引
孫說云云是孫本作弗也郭注引祓祿康矣今
毛詩作茀祿爾康矣釋文引毛音弗茀祓通故
古省作弗故鄭箋茀祿福也周禮春官女巫祓

除釁浴説文以謂除惡祭蓋除惡以致福也

禋祀祠蒸嘗禴祭也

孫炎曰禋絜敬之祭也書疏

舍人曰祀地祭也一切經音義

證曰禋説文示部曰絜祀也一曰精意以享為禋周語韋昭注禋敬也孫説本許氏絜祀之説祭祭祀也祀即祭絜別本作潔左氏桓六年傳以致其禋祀杜解禋絜敬也乃用孫説　穆天子傳天子具蠲齊牲全以禋昆侖之邱郭注齊

人不得見而思之均一義也詩疏曰在心爲志
志者心之所至也說文無志字
禄祉履戩祓禧褫祜福也
孫炎曰弗祓除之福也詩疏
證曰祓說文曰除惡祭也詩大雅生民章以弗
無子鄭箋弗之言祓也祓除其無子之疾疏引
孫說云云是孫本作弗也郭注引祓祿康矣今
毛詩作茀祿爾康矣釋文引毛音弗茀祓通故
古省作弗故鄭箋茀祿福也周禮春官女巫祓

除釁浴說文以謂除惡祭蓋除惡以致福也

禋祀祠烝嘗禴祭也

孫炎曰禋絜敬之祭也書疏

舍人曰祀地祭也一切經音義

證曰禋說文示部曰絜祀也一曰精意以享為禋周語韋昭注禋敬也孫說本許氏絜祀之說祭祭祀也祀即祭絜別本作潔左氏桓六年傳以致其禋祀杜解禋絜敬也乃用孫說　穆天子傳天子具蠲齊牲全以禋昆侖之邱郭注齊

祀說文云祭無巳也周礼春官以禋祀祀昊天上帝則
祀字不專屬祭地言惟郊祀連文則郊為祭天而祀為祭地
文選郊祀題李善注云祭天曰郊祭地曰祀蓋即用舍人說
同東京賦舍人注云祀地祭也　先生未及詳明謹為補擬一條
錄左傳　有道君子酌定焉

祭神曰禋小爾雅廣詁禋潔也書舜典禋于六
也洛誥予以秬鬯二卣曰明

康文案一切經音義卷一及廿二
廿三引舍人注尚有祠天祭也四字
不知先生何以不採

底止徯待也
如危也
按龍龕引舊註云嘀事之危也
譏汔也
孫炎曰汔近也詩疏樊光孫炎音虛乞反釋文

證曰說文𧯛𧯞也玉篇引埤倉𧯞𧯛也今爾雅作汔幾近也故汔亦訓為近左氏襄二十八年傳楚不幾十年亦以幾為近郭云謂相摩近乃用孫說

治肆古故也肆故今也

愊亶祜篤掔仍肶埤竺腹厚也

樊光曰亶詩逢天亶怒左傳疏

證曰詩大雅桑柔文也今作逢天僤怒詩釋文云本亦作亶正義曰僤亶音相近義亦同釋詁

祭神曰禋小爾雅廣詁禋潔也書舜典禋于六
宗王肅注禋絜祀也洛誥予以秬鬯二卣曰明
禋傳曰明絜致敬
朝旦夙晨晙早也
須竢替戾底止徯待也
嚌幾烖殆危也
按龍龕引舊註云嚌事之危也
饑汔也
孫炎曰汔近也詩疏樊光孫炎音虛乞反釋文

證曰說文𢧵齕也玉篇引埤倉齕𢧵也今爾雅作汔幾近也故汔亦訓爲近左氏襄二十八年傳楚不幾十年亦以幾爲近郭云謂相摩近乃用豯説

治肆古故也肆故今也

愊亶祜篤掔仍肶埤竺腹厚也

樊光曰亶詩逢天亶怒左傳疏

證曰詩大雅桑柔文也今作逢天僤怒詩釋文云本亦作亶正義曰僤亶音相近義亦同釋詁

云亶厚也某氏曰俾爾亶厚是僤亶同也案詩周頌單厥心毛傳單厚也是亶單古通如壇墠癉⿸疒亶之類

載謨食詐僞也

孫炎曰食言之僞也　本疏　書疏　左傳疏

證曰左氏僖十五年傳我食吾言背天地也杜解食消也哀二十五年是食多言矣杜解又云言而不行如食之消盡後終不行前言為僞邪疏曰故通謂僞言為食言案書湯誓亦無不信

朕不食言孔傳曰食盡其言僞不實也

話猷載行訛言也

舍人曰話政之善言也書疏

孫炎曰善人之言也書疏　本疏

證曰詩大雅慎爾出話毛傳話言也說文政正也舍人蓋謂善言可以取正話說文會合善言也孫謂善人之言所謂吉人之言其辭寡也祥善也見上說文善吉也左氏文六年傳杜解亦以話為善言用古說也

遣逢遇也遣逢遇遻也遣逢遇遻見也

按龍龕手鑑引爾雅舊註曰心不欲見而見曰

遻

顯昭覲釗覿見也監瞻臨涖頫相視也

鞠訩溢盈也

舍人曰蔽者覆障使微也竄者行之微也是皆微昧不顯揚也　本疏

證曰廣雅云蔽障也老子王弼注云蔽覆蓋也是蔽有覆障之義

竄說文云匿也從鼠在穴中鼠性善行動見人則匿於穴中故舍

人云蔽者覆障使微也竄者行之微也

同康謹擬一條候酌

傳疏

本疏

若聲左氏襄二十五年

辰謹廖

傳而知匿其暱杜解匿藏也匿專訓藏論語人
馬廋哉孔曰廋匿也廋與藏義同
按一切經音義引舊註云謂逃竄也
訖徽妥懷安按替戾底廢尼定曷遏止也
孫炎曰妥他果反釋文
豫射厭也
烈績業也績勳功也
功績質登平明考就成也
梏梗較頲庭道直也

遘逢遇也遘逢遇遻也遘逢遇遻見也

按龍龕手鑑引爾雅舊註曰心不欲見而見曰

遻

顯昭覲釗靚見也監瞻臨涖頫相視也

鞠訩溢盈也

孔魄哉延虛無之言間也

瘞幽隱匿蔽竄微也

舍人曰匿藏之微也 左傳疏　本疏

證曰說文匿亡也从匸若聲左氏襄二十五年

反謹廢

傳而知匿其暱杜解匿藏也匿專訓藏論語人
馬廋哉孔曰廋匿也廋與藏義同
按一切經音義引舊註云謂逃竄也
訖徽安懷安按替戾底廢尼定曷遏止也
孫炎曰安他果反釋文
豫射厭也
烈績業也績勳功也
功績質登平明考就成也
梏梗較頲庭道直也

弛音尸紙反下音亦釋文 浩補

密康靜也
豫寍綏康柔皃安也
平均夷弟易也
矢弛也弛易也
希寡鮮罕也鮮寡也
酬酢侑報也
毗劉暴樂也覭髳茀離也
舍人曰毗劉爆爍之意也木枝葉稀疏不均為
爆爍詩疏 本疏 樊光曰庇蔭也釋文

證曰詩大雅桑柔捋采其劉毛傳劉爆爍而稀也鄭箋云及已采捋之則葉爆爍而疏人息其下則病於爆爍蓋爆爍者枝葉不均故不得為息蔭疏以謂各得其所謂俱蒙蔭被病於爆爍苦于炎熱也樊光以毗作庇訓蔭亦有說也庇既為蔭則劉者衰殺之象如毛傳云稀也故舍人以為毗劉即爆爍意鄭箋以為人息其下則病于爆爍是也詩釋文爆本作暴同音剝爍本又作樂或作落義同剝落剝落即稀疏不均之

義古人轉輾相訓與後之拘文解義不同正義以謂樊本作庇訓蔭與暴樂之義無涉不知郭解蔭疏即樊庇為蔭之說古訓未可改也覼縷茀離郭以謂茀離即彌離彌離即蒙茸并謂孫叔然字別為義失矣案孫叔然即孫炎字別為義是每字各別為義蓋覼縷茀離皆連舉之字不當分析取義今孫氏之解已佚無以致正然古人師說相承別有見解孫受學鄭氏之門開原自正郭究遂於孫而輕非之亦開後儒掊

擊之端矣
蠱謟貳疑也
楨翰儀榦也
舍人曰楨正也築牆所立兩木也翰所以當牆兩邊障土者也書疏 左傳疏 本疏
證曰左傳成二年疏引舍人楨作槙案古真皆作貞字則槙乃譌字宣十一年傳平板榦杜解榦楨也楨榦可互訓貞古訓皆作正也此以楨為正古通訓然耳書費誓峙乃楨榦史記集解

引馬融曰楨榦皆築具楨在前榦在兩旁與舍
人說合是翰榦又互通宣十一年疏引舍人說
翰正作榦唯莊二十九年疏及成二年疏皆引
作翰杜解翰旁飾與馬氏榦在兩旁說正同爾
雅釋文云本又作幹胡旦反又作翰是亦翰幹
不分矣案幹俗字　又案書費誓峙乃楨榦偽
孔傳曰題曰楨旁曰榦正義曰題曰楨謂當牆
兩端者也旁曰榦謂在牆兩邊者也

弼棐輔比俌也

疆界邊衛圉垂也

舍人曰圉拒邊垂也詩疏本疏左傳疏無

孫炎曰圉國之四垂也詩疏本疏拒字

證曰圉說文作圉囹圉所以拘罪人从㚔从口

一曰圉垂也詩大雅桑柔孔棘我圉毛傳圉垂

也鄭箋訓作禦與舍人說合圉古通作禦管子

大匡篇吾參禦圉之即禦也舍人曰拒邊垂拒同

距玉篇抵也禦有拒義故知同禦也孫氏所說

與毛傳合垂說文云遠邊也一切經音義引作

陲左氏成十三年傳虔劉我邊陲戰國策今大
國之地半天下有二垂今言四垂即說文遠邊
之意

昌敵彊應丁當也

浡肩揺動蠢迪俶厲作也

舍人曰串心之習也一切經音義
證曰串古通作患見詩皇矣正義及釋文
郝氏懿行曰患乃本字串即患字之省據釋
舍人此注可知尒疋古本患串正作患

舊注云嗟楚人發語端也

曩塵伫淹留久也

孫炎曰塵居之久久則生塵矣書疏

證曰說文𪋻鹿行揚土也土部塡字下段注曰大雅倉兄塡兮傳曰塡久也常棣烝也無戎傳曰烝塡也東山烝在桑野傳曰烝窴也而爾雅釋詁曰塵久也是塡窴塵三字音同故鄭箋東山曰古者聲塡窴塵同也又曰甫申傳尊者食新農者夫食陳陳同塵陳有久義塡當是正字塵陳叚借字也孫說爲居之久蓋居積也書皐

陲左氏成十三年傳虔劉我邊陲戰國策今大國之地半天下有二垂今言四垂即說文遠邊之意

昌敵彊應丁當也

浡肩搖動蠢迪俶厲作也

茲斯咨呰已此也

嗟咨䁣也

按文選注引舊注云嗟楚人發語端也

閑狎串貫習也

曩塵佇淹留久也

孫炎曰塵居之久久則生塵矣書疏

證曰說文麤鹿行揚土也土部塵字下段注曰大雅倉兄塡兮傳曰塡久也常棣烝也無戎傳曰烝塡也東山烝在桑野傳曰烝寘也而爾雅釋詁曰塵久也是塡寘塵三字音同故鄭箋東山曰古者聲塡寘塵同也又曰甫申傳尊者食新農者大倉陳陳同塵陳有久義塡當是正字塵陳叚借字也孫說為居之久蓋居積也書皐

陶謨懋遷有無化居傳亦訓居為積積久生塵
理或然也正義曰郭以謂塵垢義同孫炎是矣
逮及暨與也
騭假格陟躋登陞也
揮盝歇涸竭也
挋拭刷清也
鴻昏於顯間代也
孫炎曰間廁之代也書疏
證曰詩周頌桓章皇以間之毛傳間代也其釋

文引間厠之間代也廣韻厠間也

饁饟饋也

孫炎曰饁野之餉詩疏　左傳疏

舍人曰饟自家之野也詩疏　本疏

證曰豳風饁彼南畝毛傳饁饋也說文饁餉田也从食盍聲餉曰饟也从食向聲義皆互訓通故孫曰野之餉詩釋文饁野饋也用孫說案詩周頌有嗿其饁正義引孫炎曰土野之饋也說文曰饋餉也饟餉義通校勘記謂應改作饁野

之饋也與釋文饁野饋說尤合左傳僖三十三年疏引孫炎曰饁野之饋也杜解野饋曰饁成五年宣伯餫諸穀杜解野饋曰餫運粮饋之敬大國也疏又引孫炎曰饁野之饋也彼言野饋饋農夫在野之人此言野饋饋在野行路之人俱有在野之義故皆曰野饋　饟周說文周人謂餉曰饟从食襄聲周頌其饟伊黍作此饟案然經注餉饟互通說文餉饟也載芟章鄭箋饁饋饟也小雅甫田章攘其左右鄭箋攘當為饟自家

之野者言饁彼南畝皆婦子饁饟物也

遷運徙也

東拱執也

廞熙興也

衛蹶假嘉也

廢税赦舍也

棲遲憩休苦敂隸呬息也

舍人棲遲行步之息也詩疏又曰憩臥之息也

一切經音義

孫炎本㕧作快𩐛虛贅反呬許器反釋文

證曰詩陳風衡門章毛傳棲遲游息也說文卥

鳥在巢上象形或从木妻作棲遲說文徲行也

或作遲揚雄甘泉賦靈遲迡兮說者皆云上音

棲下音遲是棲遲古皆从彳與行步義合總說

文作愒息也與毛傳合大雅汔可小愒疏愒息

釋詁文故釋文云本或作愒是也又說文尸部

𡰯臥息也从尸自與舍人說合𡰯乃正字憩愒

乃通字　㕧孫作快釋文引字林作喟本又作

嘳攷說文無敿字蓋即艸部之蔽字蔽隸變作蒯與嘳通屠蒯即杜蕢是也快與嘳聲相近孫本多古義皆此例非如郭之望文生義罕所師承者也

供峙共具也

舍人曰共具物也偫具事也文選注引作郭舍翁人琦案郭字衍文

證曰左傳僖四年傳爾貢包茅不入王祭不共釋文云共音恭本亦作供漢書成帝紀無共張

繇役之勞師古注共音居用反謂共具張設也即用雅訓說文共同也非此義龔說文曰給也是矣本文共在峙字後文選引舍人注在峙字前者知舍人本供作共也偫說文待也儲偫也偫有儲義故舍人曰具事也詩周頌序乃錢鎛毛傳序具也鄭攷工記引詩語作偫書費誓孔傳訓為儲峙疏謂預貯米粟謂之儲峙皆作峙字乃俗字耳當从舍人作偫韋昭國語偫具也字亦作偫　案楊雄校獵賦儲積共偫乃用雅

訓與舍人說符合益以知今供峙之供當作共

字峙當作偫字也

惵憐惠愛也

娠蠢震蘸妯騷感訛蹶動也

霞寮剖窨也

契滅殄絕也

郡臻仍迺侯乃也

迪繇訓道也

僉咸胥皆也

育孟耆艾正伯長也

舍人曰伯位之長也一切經音義

證曰說文伯長也从人白聲詩正月毛傳同周禮春官大宗伯以九儀之命正邦國之位九命作伯注上公有功德者加命為二伯得征五侯九伯是為諸侯之長故曰長也釋名伯把也把持家政也案伯通霸中候注霸把也把天子之事也伯霸互訓把知伯同霸故曰位之長也諸家皆各以正伯連文天官宮正宮伯鄭注正長

也伯丞也義亦是第與位之長意未顯故旁採

異説俟進正之

文歷也

歷秭箕數也

舍人曰釋數之曰箕書疏

證曰説文示部祘明視以筭之从二示逸周書

曰士分民之祘均分以祘之也讀若筭易繫辭

君子雜物撰德鄭作筭曰數也然鄭注少牢饋

食禮爵無算又注論語何足算也皆曰算數也

詩衛風不可選也毛傳選數也即算字盤庚世選爾勞僞孔亦曰選數也疏引筭數釋詁文葢筭與撰選義竝通舍人以謂釋數之曰算說文釋解也从釆釆取其分別物即與祘字均分以祘之義合

歷傳也

艾歷覛胥相也

乂亂靖神弗淈治也

舍人曰亂義之治也 書疏　本疏

孫曰亂治之理也本疏

證曰說文𤔔治也幺子相亂𠬪治之也讀若亂同一曰理也又乙部亂治也从乚乚治之也从𤔔義宜也釋名裁制事物使各宜也故舍人曰義之治也治經籍多訓理說文理治玉也又儆理也治理義通故孫氏以雅書亂訓治而竝釋之

頤艾育養也

汱渾隕墜也

際接翜提也

毖神溢慎也

舍人曰溢行之慎也詩疏　本疏

證曰溢上文與慎並訓靜溢通作侐說文侐靜也詩曰閟宮有侐閟通毖故毖溢皆訓為慎乃申引前說曰行之慎行以概言即易繫辭云言行君子之樞機慎密不出之意詩疏引某氏曰詩云假以溢我慎即此義也

鬱陶繇喜也

馘穧獲也

阻艱難也

剡絜利也

允任壬佞也

舍人曰似可任之佞也書疏　本疏

證曰此乃釋任字義佞說文曰巧讇高材也郭

注曰佞人似信壬猶任也乃用孫說

俾拼抨使也俾拼抨使從也

儴仍因也

樊光孫炎曰懷如羊反懷作攘論語其父攘羊
因來而盜曰攘釋文
證曰說文無懷字書益稷思曰贊贊襄哉釋文
引馬融曰襄因也懷通作攘故邢疏引施博士
讀曰襄段氏玉裁曰古襄攘通史記西襄大宛
徐廣曰襄一作攘邢疏費辭誓無敢寇攘鄭注
曰因其亡失曰攘懷攘音義同論語周注有因
而盜曰攘即此義也蓋懷通作攘省作襄淮南
氾論訓引攘羊高注曰凡六畜自來而取之曰

攘

董督正也

享孝也

珍享獻也

舍人曰獻珍物曰珍獻食物曰享文選注

證曰鈕氏樹玉曰琛疑珍之別體琛有獻義故珍亦訓為獻然說文無琛字新坿有之珍說文云寶也珍物者如尚書旅獒珍禽異獸漢書西域傳珍獻。琦凡數十萬是也然食物亦有曰珍

者周禮膳夫珍用八物禮王制八十常珍弟舍
人分別言之當是獻奇物曰珍獻常物曰享獻
奇食曰珍獻常食曰享耳邵氏曰秋官大行人
將幣三享是享亦不專指食物弟食物二字尤
有實義幣亦物耳古人訓詁不必規規于偏解
此等是也易大有公用享於天子京房曰享獻
也萃六四王用享於西山鄭注曰享獻也淮南
氾論犒以十二牛高注曰酒肉曰享牛羊曰犒
縱縮亂也

探篡俘取也

李巡曰因敵曰俘執伐之曰取左傳疏 本疏

證曰說文俘軍所獲也春秋傳曰以為俘聝春秋左氏莊六年經齊人來歸衛俘傳作衛寶公穀同作衛寶案寶通保易繫辭聖人之大寶曰位孟喜易作保又徐廣史記注云史珍寶字皆作葆葆即保是也保古文𠈃說文以謂𤓽乃古文孚是俘古寫應作𠈃與保字無異故保通俘也邵氏曰俘又通作捊引虞翻曰捊取也案鄭

荀董蜀皆云捋取也段氏改說文引取之說作
引聖訓聚有背古說捋既訓取捋亦从古文寽
是捋古寫作掾像與掾字相似且音亦古通故
可互訓曰取也邵氏所說太簡故耳引伸之左
傳俘馘（杜解俘）所得因釋文亦曰俘因也承用樊說取
說文捕取也从又耳聿部執捕罪人也取字下
又引周禮獲者取左耳司馬法曰載獻聝聝者
耳也樊說執伐曰取義相符合
徂在存也

在存省士察也

舍人曰在見物之察也書疏

證曰尚書在璿璣玉衡傳曰在察也察說文曰

覆審也覆審則昭著故謂見物之察也禮中庸

言其上下察也鄭訓察昭著也惟昭著則物盡

在可得而見之

烈枿餘也

李巡曰枿槁木之餘也書疏

證曰說文作𣡌云伐木餘也从木獻聲古文𣡌

為或體然說文皀字注下兩引枿字知枿亦非
盡俗字也方言亦作枿烈餘也漢書叙傳引詩
作苣有三枿劉悳注曰謂木斫髡而復枿生也
今毛傳作蘖訓餘也槁說文作稾枯木也易頤
卦枯楊生稊枯楊生華皆為槁木之餘左傳襄
十九年晉國不恤宗周之闕而夏肆是屏孔疏
謂肆是復生之餘

迓迎也

元良首也

薦摯臻也

賡揚續也

孫炎曰賡音庚 釋文

證曰釋文引沈旋與孫同音說文以爲續字小

雅西有長庚毛傳庚續也正義曰庚續釋詁文

是賡古通庚孫氏音兼訓也

祔祪祖也

即尼也尼定也

孫炎曰即猶今也尼者近也書疏

舍人曰尼私之定也本疏

證曰詩衛風來即我謀鄭箋即就也謂近就也今說文是時也與即義相近即今乃同母之字故訓即為今尼同昵高宗肜日典祀豐于昵馬融注本作尼曰考也惠氏定宇曰尼古文禰今文二字聲相近故讀從之引詩飲餞於禰韓詩作坭劉[illegible]昌宗儀禮作泥竝从尼聲皆古文禰是也禰為說文未收之字玉篇禰年禮切父廟也說文新附謂禰親廟也从示爾聲錢氏辛

楣曰考于七廟為最近故稱爾後人加示旁古讀爾如昵案劉熙釋名曰爾昵也昵近也昵通尼故孫說訓尼亦曰近說文尼從後近之从尸匕聲春秋傳私降暱燕或从尼作昵是郿與孫說不易一字乃用孫說也暱昵通訓故下暱字孫注謂親近是也且昵有私意故舍人曰私之定也郭注尼者止也止亦定乃用舍人說孟子行或尼之趙岐注尼止也詩邶風胡能有定毛傳定止也

邇幾暱近也

舍人曰暱戚之近也左傳疏孫炎曰暱親近也書疏一切經音義

證文暱說文暱日近也从日匿聲或同昵昵有親近意故舍人曰戚之近也文選注引爾雅昵近也孫炎曰親之近也書疏所引作親近也脫一之字第漢儒詁雅之說多有之字似與本文無涉而反若演文者然古昔相承亦難輕改也一切經音義引爾雅昵親近也暱作昵與文選所

引悉同尚書正義昵近釋詁文知暱古作昵然

昵親近也乃孫炎之說鄭氏承用之說一切經

音義以謂正文非也

安安坐也

貉縮綸也

貉嗼安定也

伊維也伊維侯也

時寔是也

卒猷假輟已也

一切經音義九引舍人此非孫炎

李巡曰卒事之已也一切經音義

證曰詩邶風綠衣曷維其已毛傳已止也又畜我不畜（卒）鄭箋卒終也終止乃已義左氏襄十九年傳其為未卒事於齊故也乎李說本此下文卒字一訓終一訓死與此稍別

求酋在卒就終也

孫炎曰卒病之終也一切經音義

證曰猝說文云大夫死曰猝从歺卒聲白虎通大夫卒曰卒精耀終也卒之為言終於國也釋

文云卒亦作猝戕猝乃正字故殂字說文亦曰
終也
崩薨無禄卒殂落殪死也
李巡曰殂落堯死之稱書疏　本疏
證曰說文殂往死也从歺且聲虞書勳乃殂書
傳殂落死也堯年十六即位七十載求禪試舜
三載自正月上日至崩二十八載堯死壽一百
一十七歲是也釋文云殂本作徂落作㱣郭引
堯曰徂落用李說

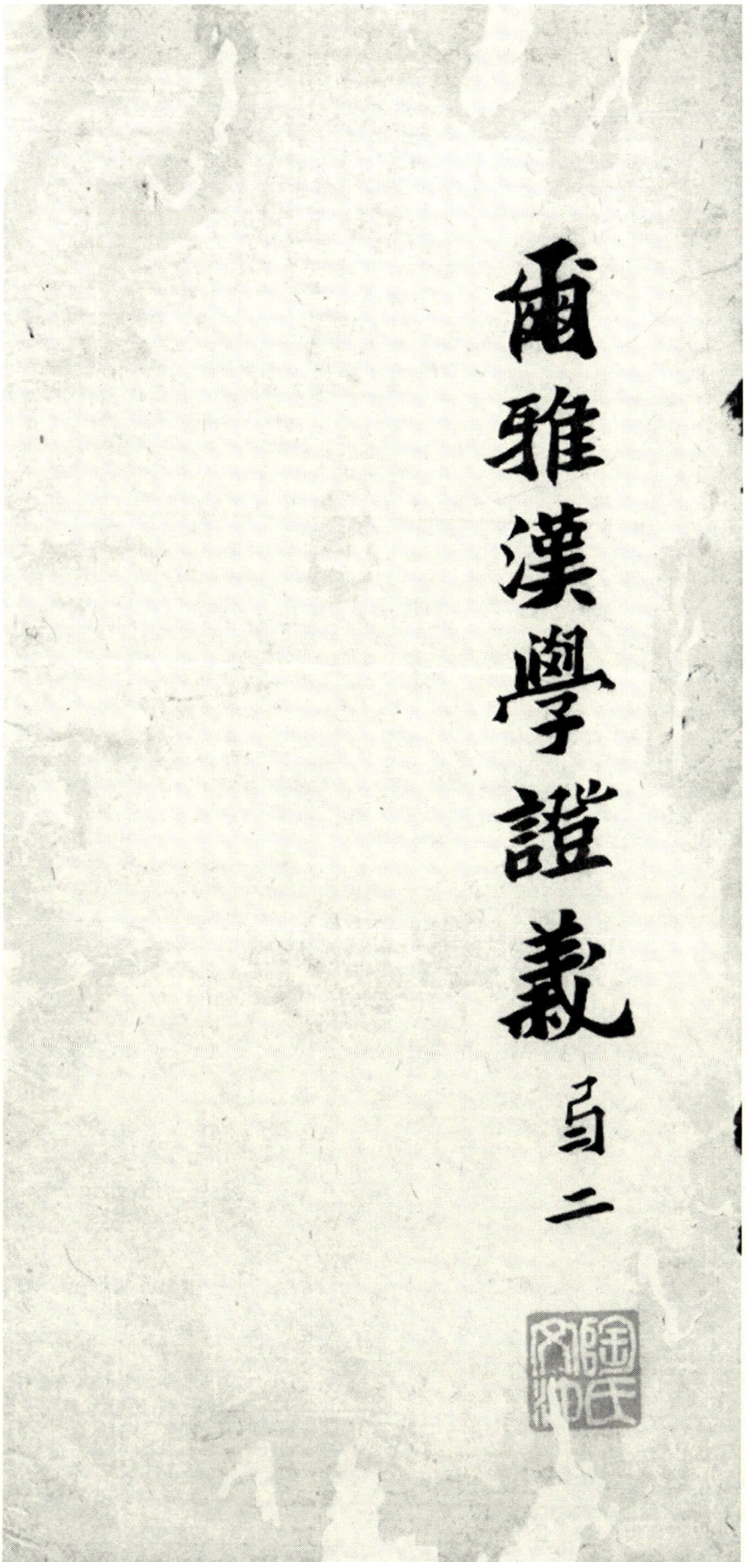
爾雅漢學證義　卷二

爾雅漢學證義

會稽越州陶方琦學

釋言第二

殷齊中也

斯誃離也

孫炎曰斯析之離 詩釋文及詩疏 本疏

證曰詩陳風墓門章斧以斯之毛傳斯析也鄭箋維斧可以開析之說文斯析也从斤其聲析字下曰破木以析破皆有離意論語邦分崩離

還復返也

宣徇徧也

析而不能守也。高誘注呂覽報更篇亦曰斯析

也故孫說析之離也

謏興起也

徇下當補辭峻反三字當時失引

樊光本徇作㣙 釋文 一切經音義

證曰㣙說文曰行示也从彳勻聲司馬法斬以

㣙古勻旬通用故徇本作㣙隸變為徇耳

駰遽傳也

舍人曰駰尊者之傳也 左傳疏

孫炎曰傳車駰馬 左傳疏

證曰說文馬部馹驛傳也从馬日聲左文十六年傳楚子乘馹會師於臨品又昭五年傳楚子以馹至於羅汭杜解皆曰馹傳也故舍人以為尊者之傳邵氏引襄二十一年乘馹而見宣子二十七年子木使馹謁諸王二十八年吾將使馹奔問諸晉以為馹不專屬尊者亦拘甚矣按段氏以謂馹為尊者之傳用車則遽為卑者之傳用騎左傳文十六年注馹字皆譌驛成五年以傳召伯宗注曰傳驛也驛亦馹之譌蓋謂召

伯宗之傳必晉侯常乘故杜注傳馹也與舍人尊者之傳說亦合傳車馹馬者顔師古漢書注古者以車謂之傳車其後又單騎為之馹騎按馹乃驛之譌說文曰驛置騎也禮玉藻疏以謂四馬高足為置傳四馬中足為馳傳四馬下足為乘傳一馬二馬為軺傳漢制有用乘騎古無用騎惟禮曲禮有前有車騎正義以謂周末時禮劉炫謂左傳左師展將以公乘馬而歸是單騎而歸乃騎馬之漸段氏謂左傳趙旃以良馬二濟其兄與叔

父非單騎乎說文以馹為傳車驛為置騎即今驛遞也周禮傳遽注曰傳遽若今時乘騎驛而使者也是以乘傳指車騎驛指馬孫氏之說與古義合左傳引孫說必有脫簡邵氏指為分屬亦失攷校況邵氏皆傳車馹馬之名亦用孫說者也又案孫氏傳車馹馬之馹應作驛蓋馹說文訓傳舍人又謂尊者之傳似非近世馬遞置騎之稱郭用孫說今本亦作傳車驛馬邢疏同校勘記謂單疏本雪牕本元本閩本監本惟毛本驛

作馹泥經而改反致混淆蓋馹遽之訓孫氏統言之並不分屬自驛謂馹而説皆窒礙矣

蒙荒奄也

孫炎曰荒大之奄書疏本疏

證曰詩周頌大王荒之毛傳荒大也書益稷惟荒度土功僞孔傳訓為大治鄭云荒奄也説文荒蕪也一曰艸掩地也艸掩地亦有奄覆之義詩周南葛藟荒之毛傳荒奄也荒有大義本訓為奄故孫炎謂奄之大也

告謁請也

肅𠻹聲也

格懷來也

盻底致也

㑋怙恃也

律遹述也

按見上釋詁孫炎說

俞畣然也

豫臚叙也

庶幾尚也
觀指示也
若惠順也
敖憮傲也
幼鞠穉也
逸諐過也
疑休戾也
疾齊壯也
悈褊急也

貿賈市也

厞陋隱也

遏遾逮也

征邁行也

圮敗覆也

荐原再也

孫炎曰荐草生之再也本疏　左傳疏舍人本

原作廬

證曰說文荐薦席也从艸存聲廌部薦獸之所

食艸从廌艸小爾雅荐重也詩節南山毛傳薦
重也知荐薦古通孫曰艸生之再謂獸食餘而
再生者與說文薦字義合字應作薦也左氏襄
四年傳戎狄荐居服虔曰荐艸也莊子齊物論
麋鹿食薦陸氏音義引司馬云美艸也崔云甘
草也郭璞引三倉云六畜所食曰薦荐雖通薦
孫說訓艸必當作薦左氏本亦經後人譌改耳
說文䖵部無⿱原䖵字蓋即原蠶而加䖵也淮南泰
族訓螈蠶一歲再收非不利也然而王法禁之

者爲其皵桑也螈即螈周禮夏官馬質禁原蠶者作原螈與原通也郭注引重蠶為螈亦作螈用舍人本也

憮敉撫也

孫炎曰敉數是反釋文

臞脙瘠也

舍人曰臞瘳也史記索隱

證曰說文肉部臞少肉也从肉瞿聲月部膠臞也文選引舊注云臞肉之瘳也似李孫知少肉舊說

即為瘳説互合也周禮地官其民晳而瘠鄭注瘠臞也説文瘠瘳也淮南原道訓故子夏心戰而臞得道而肥（用韓非解老篇説）又脩務訓堯瘦臞其説盡同

桄頞充也

孫支本桄作光古黄反（釋文）（本疏）

證曰唐書光被四表僞孔傳光充也正義曰光充釋言文近儒戴氏東原以謂桄作應作横桄横古通省脱作光蓋光之訓充似難遽解禮記號

以立橫及孔子閒居篇以橫于天下鄭皆注曰橫充也又引後漢書馮異傳橫被四表前書王莽傳昔唐堯橫被四表是其證也琦按戴氏以橫被爲廣被橫即桄字訓充是矣至謂光訓充謂㚇曲費解并謂光乃脫誤則非也詩敬之毛傳光廣也釋名光亦曰廣則光被亦當訓廣也所照廣遠也水經濟水注光里即春秋所謂守之廣里王氏西莊曰蕭望之傳黄霸于定國等議曰陛下聖德充塞天地光被四表與鄭說合

則作光是（也）邵氏與桐曰橫光聲相近故漢人稱橫門為光門琦按淮南墬形訓至橫維其西北之隅高誘注橫光也水經睢水注橫高世謂之光城橫光聲相近訓亦相通也說（孫）氏孫說多用古文亦其一證孫作古黃反戴氏謂宜作古曠反是欲行橫而廢光其說必不可從校勘記言作橫作桄乃今文作光為古文孔傳堯典曰光充也與孫叔然本合賈逵曰古文讀應尒足是亦尒足作光也

屢暱亟也

靡罔無也爽差也爽忒也佴貳也

孫炎曰忒變雜不一詩疏　本疏

證曰忒說文云更也从心弋聲易豫卦故日月不過而四時不忒鄭注忒差也然詩大雅鞫人忮忒魯頌享祀不忒鄭箋皆曰變也釋文云忒或作㥁說文心部㥁失常也與忒曰更也義亦相承第失常乃差失之義更與變雜不一之義尤近是以孫本作忒不作㥁

劑翦齊也

饙餾稔也

孫炎曰蒸之曰饙均之曰餾 詩疏 本疏

證曰說文食部餴脩飯也从食奔聲或从賁作饙或从奔作餴釋文引字書饙一蒸米劉熙釋名曰饙分也衆粒自各自分也蓋一蒸米未黏合故各自分玉篇曰饙半蒸飯廣雅曰饙謂之餥釋文引蒼頡篇曰餥饙也餥之言溲初蒸未熟意也與說文合蓋饙者蒸而未熟故孔疏蒸

米謂之饙孫說與諸家合也餾說文曰飯气流也从食留聲舊本作蒸誤蒸雖不盡訓為饙然說文言脩飯者初蒸意也流者飯也已熟而气液盛流饙為一蒸則餾必再蒸故不必言蒸詩孔疏以為饙必餾而熟之是也均者米熟已均不比饙時猶有未黏合處郭注今呼餴飯為饙饙均熟為餾乃申明孫說者耳

媵將送也

孫炎曰送女曰媵後漢書注

孫炎曰將行之送也詩疏 本疏

證曰說文女部⿱灷女媵字人部㑞送也呂不韋曰有侁氏以伊尹㑞女古文以爲訓字鄭注禮燕禮大射媵觚于賓亦曰媵送也段氏以謂送爲媵之本義以姪娣送女乃一耑耳案左氏僖五年傳晉執虞公及其大夫井伯以媵秦穆姬杜注送女曰媵公羊傳曰媵者何諸侯娶一國則二國往媵之以姪娣從是也孫說用此後人因送女遂加女文且說文貝部賸一曰送也與㑞

同康案又案詩鵲巢云云乃證明媵
字之義似宜移与併義相通句下
客將者云云似應空一格寫

義相通將者詩鵲巢百兩將之毛傳將送也邛風遠于將之毛傳將行也鄭箋將亦送也孫說

又案詩鵲巢釋文媵音孕又繩證反國君有左右媵鄭箋云滿者言衆媵姪娣之多疏引公羊說以證之

作造為也

餐餱食也

鞠究窮也

滷矜鹹苦也

干流求也流覃也覃延也

孫炎曰古覃字同釋文

證曰釋文覃徒南反本又作燂字孫叔然曰古

覃字同案同字下脫一音字蓋謂古覃字與燂

康案古音與燂近誤作古通據元稿校正

日也淮南天文訓火上蕁說文蕁或从爻作

㸚許叔重注曰蕁讀若葛覃之覃是葛覃之覃

與燂近此一證也又按淮南原道訓故惟

康案淮南原道訓故雖遊於江潯海裔雖誤作惟

江潯海裔許注亦曰潯讀葛覃之覃

俷偷也

義相通將者詩鵲巢百兩將之毛傳將送也邶風遠于將之毛傳將行也鄭箋將亦送也孫說本此又案詩鵲巢釋文媵音孕又繩證反國君夫人有左右媵鄭箋云滿者言衆媵姪娣之多疏引公羊說以證之

作造為也

餐餱食也

鞠究窮也

滷矜鹹苦也

于流求也流覃也覃延也
孫炎曰古覃字同 釋文
證曰釋文覃徒南反本又作燖字孫叔然曰古
覃字同案同字下脫一音字蓋謂古覃字與燖
同音也淮南天文訓火上蕁說文蕁或从爻作
薚許叔重注曰蕁讀若葛覃之覃是葛覃之覃
古通與燖近此一證也又按淮南原道訓故雖
游于江潯海裔許注亦曰潯讀葛覃之覃
俳偷也

李巡曰佻偷薄之偷也左傳疏　本疏

孫炎曰偷苟且也左傳疏

證曰說文人部佻愉也从人兆聲說文古本偷皆作愉心部愉薄也从心俞聲詩視民不佻毛傳佻愉也服虔注左傳右解詩曰示民不愉薄也案唐風佗人是愉毛傳愉樂也鄭箋愉讀曰偷謂取也偷之字亦不可謂不古包注論語則民不偷曰不偷薄也與李說悉合偷謂苟且鄭亦用孫說邢疏引左傳趙孟曰吾儕偷食朝不

謀夕何其長也杜注言欲苟免目前不能念長久是諭謂偷爲苟且段氏玉裁曰佻訓苟且苟且者必輕故離騷王注曰佻輕也左傳楚師輕窕窕即佻之假借蓋佻愉正當互訓

潛深也潛深測也

舍人曰啜茹食也 左傳疏

謹曰楚辭餔其糟而啜其醨王逸注啜醨食其祿也方言云茹食也吳越之間凡貪飲食者謂之茹郭注今俗呼能麤食者為茹是啜茹皆有食訓故舍人云啜茹食也殆只一食字釋經文啜茹二字歟

同康謹補一條候酌

茹虞度也

試式用也

李巡曰佻偷薄之偷也 左傳疏 本疏

孫炎曰偷苟且也 左傳疏

證曰說文人部佻愉也从人兆聲說文古本偷皆作愉心部愉薄也从心俞聲詩視民不佻毛傳恌愉也服虔注左傳左解詩曰示民不愉薄也案唐風佗人是愉毛傳愉樂也鄭箋愉讀曰偷謂取也偷之字亦不可謂不古包注論語則民不偷曰不偷薄也與李說悉合偷謂苟且郭亦用孫說邢疏引左傳趙孟曰吾儕偷食朝不

謀夕何其長也杜注言欲苟免目前不能念長
久是諭謂偷為苟且段氏玉裁曰佻訓苟且苟
且者必輕故離騷王注曰佻輕也左傳楚師輕
窕窕即佻之假借蓋佻愉正當互訓

濳深也濳深測也

㲉鞠生也

啜茹也

茹虞度也

試式用也

誥誓謹也

競逐彊也

禦圉禁也

舍人曰禦圉謂未有而豫防之也一切經音義

證曰禦圉古本通詩大雅桑柔孔棘我圉鄭箋圉讀曰禦詩不畏彊禦漢書引作彊圉莊子繕性篇其來不可圉陸氏音義曰本又作禦禦圉俱有禁止義易蒙卦利用禦寇虞注禦止也管子大匡篇安能圉我圉亦有止義說文圉通作

圉禮月令省囹圄鄭注圄止也又通敔說文曰敔禁也从攴吾聲舍人所説蓋即易既濟思患預防之意廣韻防禦也禮檀弓又敢與知防鄭箋防禁也故訓禦圉曰防　案荀爽易注六爻既正必當復亂故君子象之思患而預防之治不忘亂也蓋晏安無常禍患未生每每疏于防禁及至釁端紛起魚潰蟲腐有不可禁防者矣未有不豫防豫之時義大矣哉禮學記禁於未發謂之豫即此義也

窒薶塞也

黼黻彰也

按邵氏正義曰下篇釋器斧謂之黼孫炎曰黼文如斧形蓋半白半黑似刃白而身黑黻謂刺繡為己字相背以青黑線繡於釋器則刪此條蓋謂黼文至線繡三十字皆為孫說王氏西莊尚書後案亦載如此阮氏經籍纂詁則以三十斷為孫說攷此條出於尚書黼黻絺繡疏其義則惟黼文如斧文五字乃孫氏下篇

康案黼文如斧形形誤作文

釋器斧謂之黼注說餘則孔氏疏傳文也故不

諑

臏身親也康集身誤作食

也

也

舍人李巡孫炎皆曰闓明發行詩疏

證曰愷三家本皆作闓說文門部闓開也方言

開户楚謂之闓尚書堯典脩子朱啓明史記作

闓明疏言開解明達也是闓明義當合訓發訓

行以釋闓闓之義邵氏謂似迂曲案詩齊風孔

窒薶塞也

黼黻彰也

按邢氏正義曰下篇釋器斧謂之黼孫炎曰黼文如斧形蓋半白半黑似刃白而身黑黻謂刺繡為己字相背以青黑線繡於釋器則刪此條蓋謂黼文至線繡三十字皆為孫說王氏西莊尚書後案亦載如此阮氏經籍纂詁則以三十字直斷為孫說攷此條出於尚書黼黻絺繡疏中繹其義則惟黼文如斧文五字乃孫氏下篇

釋器斧謂之黼注說餘則孔氏疏傳文也故不

錄

膚食親也

愷悌發也

舍人李巡孫炎皆曰闓明發行詩疏

證曰愷三家本皆作闓說文門部闓開也方言

開戶楚謂之闓尚書堯典胤子朱啓明史記作

開明疏言開解明達也是闓明義當合訓發訓

行以釋闓圛之義邵氏謂似迂曲案詩齊風孔

疏云上言發夕謂初夜即行此云闓明謂侵明而行故詩明發不寐疏言天將明光發動也動有行義以發為行義以轉注而得詩齊風東方之日章履我發兮毛傳發行也

髦士官也畯農夫也

孫炎曰農夫田官也詩疏　本疏

證曰詩七月田畯至喜毛傳田畯田大夫也疏謂此官選俊人主田謂之田畯與農之大夫謂農夫以王者尤重農事知其爵為大夫也案

典農之大夫。　唐寫典謨作与

鄭注周禮載師云六遂餘地自二百里以外天子
使大夫治之或於田農之時特命之主其田農
之事以周禮無田畯正職故直云田畯田大夫
春官籥章掌擊土鼓以樂田畯鄭司農云田畯
古之先教田之官者故孫説以謂田官是也
蓋割裂也
舍人本蓋作害　釋文
證曰説文宀部害傷也書吕刑鰥寡無蓋孟子
譎蓋都君咸我績義雖訓掩覆而皆有傷害意

疏云上言發夕謂初夜即行此云闓明謂侵明而行故詩明發不寐疏言天將明光發動也動有行義以發為行義以轉注而得詩齊風東方之日章履我發兮毛傳發行也

髦士官也畯農夫也

孫炎曰農夫田官也詩疏本疏

證曰詩七月田畯至喜毛傳田畯田大夫也疏謂此官選俊人主田謂之田畯與農之大夫謂之農夫以王者尤重農事知其爵為大夫也案

鄭注周禮載師云六遂餘地自二百里以外天子使大夫治之或於田農之時特命之主其田農之事以周禮無田畯正職故亶云田畯田大夫春官籥章掌擊土鼓以樂田畯鄭司農云田畯古之先教田之官者故孫說以謂田官是也

蓋割裂也

舍人本蓋作害 釋文

證曰說文宀部害傷也書呂刑鰥寡無蓋孟子謨蓋都君咸我績義雖訓掩覆而皆有傷害意

孫炎曰。康案曰誤作人

故蓋通害亦聲近也

諉累也

孫炎人楚人曰諈秦人曰諉 釋文 本疏

證曰說文言部諈諉纍也列子力命篇殷氏釋文諈諉鈍滯也又煩重也廣雅纏積也諈同諈又通作娷說文娷諉也諉賈誼傳尚有可諉者蔡謨曰諉託也孫說蓋亦方言之遺意

漠察清也

樊光曰漠然清皃詩疏 爾疋釋文 本疏

證曰說文水部漠北方流沙也从水莫聲一曰清也廣雅漠泊也賈誼傳注漠靜也泊靜與清字義相成故樊云清皃

庇庥蔭也

舍人曰庇蔽也茠依止也左傳疏　本疏

孫炎曰庇覆之蔭也一切經音義

證曰說文庇蔭也从广比聲上釋詁毗劉暴樂也樊光以毗作庇訓蔭此云庇蔽同音為訓義亦同音。蔭有蔭以掩蔽之故通俗文自蔽曰庇

故蓋通害亦聲近也

諈諉累也

孫炎人楚人曰諈秦人曰諉　釋文　本疏

證曰說文言部諈諉纍也列子力命篇殷氏釋文諈諉鈍滯也又煩重也廣雅諈積也（同諈）諈又通作娷說文娷諉也諉累也賈誼傳尚有可諉者蔡謨曰諉託也孫說蓋亦方言之遺意

漠察清也

樊光曰漠然清皃　詩疏　俞正　釋文　本疏

證曰說文水部漠北方流沙也从水莫聲一曰清也廣雅漠泊也賈誼傳注漠靜也泊靜與清字義相成故樊云清皃

庇庥蔭也

舍人曰庇蔽也庥依止也左傳疏　本疏

孫炎曰庇覆之蔭也一切經音義

證曰說文庇蔭也从广比聲上釋詁毗劉暴樂也樊光以毗作庇訓蔭此云庇蔽同音為訓義亦同音蔭有蔭以掩蔽之故通俗文自蔽曰庇

同此意也𠇷應作休通庥說文休息也止也从
人依木會意即用舍人說也淮南精神得𠇷樾
下許愼注曰三輔人為休華樹下為𠇷也字亦
作𠇷詩民勞汔可小休傳休定也定即止義故
鄭箋訓為止也呂覽觀表未嘗休也高誘曰休
止也皆與舍人依止義合孫炎以庇為覆之蔭
禮記表記雖有庇民之大德鄭注庇覆也周禮
工輪人弓長六尺謂之庇軹鄭注謂覆軹是庇
亦有覆義覆說文曰蓋也桌又通冒詩邶風下

土是冒毛傳冒覆也易繫辭故能冒天下之道

桓注冒覆也又通蒙說文冡覆也冡字即詩君子

偕老章蒙彼縐絺毛傳蒙覆也孫謂覆之蔭時

推廣言之覆義與含人訓蔽亦暗合

𣪊履祿也履禮也

隱占也

逆迎也

憯曾也

增益也

窶貧也

薆隱也

僾唈也

孫炎曰僾心唈也詩疏本疏

證曰說文僾仿佛也从人愛聲禮祭義僾然必有見乎其位鄭注微見皃兹曰心唈亦形容孝子追感中心如噎之意荀子禮論愅詭唈僾注謂氣不舒憤欝之皃通俗文塞喉曰唈字亦作噎是也

基經也基設也

祺祥也祺吉也

舍人云祺福之祥詩疏　本疏

證曰儀禮士冠禮祝辭壽攷惟祺鄭注祺祥也疏謂祺訓為祥祥又訓為善也漢書禮樂志惟春之祺注曰祺福也皆依用舍人說邵氏引作舍人云禎福之祥蓋因詩周頌維周之禎孔疏以謂定本集注祺字作禎故盡改舍人某氏之說盡作禎非也攷孔疏先引祺祥釋言文是毛

傳作祺祥也舍人曰祺福之祥厶氏曰惟周之祺而遂定本集注作禎字是詩與毛傳原作祺也陸氏詩釋文亦曰祺音其祥也爾雅云同遂又載徐云本又作禎音貞與崔本同是亦以禎爲從加字也校勘記謂鄭箋云乃周家得天下之吉祥皆用爾疋祺祥祺吉之文釋文正義二本皆作祺是也其作禎者非也案邵氏又引說文禎祥之說相證不知說文多不依訓雅訓且說文示部之禎列于祿褫之下祥祉之上祿褫

康案福也二字應居中寫

祥祉皆訓曰福　亦禎字亦訓為福故字林禎福也并當列于禛字後為禛之古文如曰禛福也（此二字臆加）从真受福也从示真聲古文禎（此三字臆加）蓋貞真古今字禎即禛也後人羼外許書遂分而為二此類甚多至禎下之祥也二字當還入祺下乃合況祺禎二字文體相似自唐石經譌禎改禎而後人遂并易毛傳亦為禎山井鼎攷文亦云如此今邵氏欲據點竄詩疏之說以改定爾雅正文及舍人之訓殆千慮之一失也

傳作祺祥也舍人曰祺福之祥厶氏曰惟周之祺而遂定本集注作禎字是詩與毛傳原作祺也陸氏詩釋文亦曰祺音其祥也爾雅云同遂又載徐云本又作禎音貞與崔本同是亦以禎爲從加字也校勘記謂鄭箋云乃周家得天下之吉祥皆用爾疋祺祥祺吉之文釋文正義二本皆作祺是也其作禎者非也案邵氏又引說文禎祥之說相證不知說文多不依訓雅訓且說文示部之禎列于祿褫之下祥祉之上祿褫

祥祉皆訓曰福　亦禎字亦訓爲福故字林禎福也并當列于禛字後爲禛之古文如曰禛福也此二字臆加从真受福也从示真聲古文禎此三字臆加蓋員真古今字禎即禛也逸人羼外許書遂分而爲二此類甚多至禎下之祥也二字當還入祺下乃合況祺禎二字文體相似自唐石經譌禎改禎而逸人遂并易毛傳亦爲禎山井鼎攷文亦云如此今邵氏欲据點竄詩疏之説以改定爾雅正文及舍人之訓殆千慮之一失也

兆域也

肇敏也

挾藏也

浹徹也

替廢也替滅也

李巡曰替去之廢也一切經音義

證曰替說文作㬱云廢一偏下也从竝白聲或

六書故引說文廢也一曰偏下也或从兟作替

少牢饋食禮勿替引之亦訓廢也晉語厲可而

爾雅漢學證義卷之五

替不韋昭注曰替去也與李說可互證

逮徵也徵召也

琛寶也

舍人曰美寶曰琛詩疏 本疏 御覽

證以說文無此字御覽引說文有琛云寶也詩魯頌來獻其琛毛傳琛寶也舍人云美寶者如說文瑾美玉璿琳美玉之類翁氏樹玉曰說文訓寶釋詁珍訓獻是珍義實同琛但音讀微别耳俗珍作琛故疑琛當是珍凡經典中字許

康案瑾下脫瑜字 據原稿校正

兆域也

肇敏也

挾藏也

浹徹也

替廢也替滅也

李巡曰替去之廢也一切經音義

證曰替說文作暜云廢一偏下也从竝白聲或

六書故引說文廢也一曰偏下也或从兟作替

少牢饋食禮勿替引之亦訓廢也晉語薦可而

替不韋昭注曰替去也與李說可互證

逮徵也徵召也

琛寶也

舍人曰美寶曰琛詩疏　本疏　御覽

證曰說文無此字御覽引說文有琛云寶也詩魯頌來獻其琛毛傳琛寶也舍人云美寶者如說文璙美玉璿琳美玉之類鈕氏樹玉曰說文珍訓寶釋詁珍訓獻是珍義實同琛但音讀微別耳俗珍作琛故疑琛當是珍凡經典中字許

君不應還或所見本不同或經典為後人改言

亦近是

揆試也

髦選也髦俊也

俾職也

紕飾也

淩慄也慄慼也

同康案淩字下當補力膺反三字据釋文補

也釋文

部滕仌出也从仌朕聲謂冰出水

康案樊光曰。蠲除垢穢曰字脫去。除誤作陰

棱棱或然或从夊夌聲作棱今郭本作淩釋文以謂郭注竟當作棱引埤倉曰棱慄也今樊本作棱不从水从夊也廣雅釋言滕夊也詩豳風納于凌陰古本亦作滕毛傳滕陰夊室也周禮凌人鄭注亦曰棱夊室凜說文作凜寒也凜慄乃一聲之轉錢氏大昕曰此當以樊義慄當爲栗是也

蠲明也明朗也

光蠲陰垢穢使令清明本疏舍人曰茅昧之

君不應遺或所見本不同或經典爲後人改言

亦近是

探試也

髦選也髦俊也

俾職也

紕飾也

淩慄也慄慼也

樊光淩冰凜也　釋文

證曰說文仌部滕仌出也从仌朕聲謂冰出水

棱棱或黕或从夊夌聲作竣今郭本作淩釋文以謂郭注竟當作倰引埤倉曰倰慄也今樊本作竣不从水从夊也廣雅釋言滕夌也詩豳風納于凌陰古本亦作滕毛傳滕陰夌室也周禮凌人鄭注亦曰竣夊室凜說文作癛寒也凜凜乃一聲之轉錢氏大昕曰此當从樊義慄當爲凜是也

蠲明也茅明也明朗也

樊光蠲陰垢穢使令清明本疏舍人曰茅昧之

明也左傳疏本疏樊光曰詩高朗令終左傳疏

證曰周書多方不蠲蒸釋文引馬融曰蠲明也樊云蠲除垢穢乃即周禮除其不蠲之意蓋鄭注蠲潔也惟潔故無垢穢乃得清明義以轉注而得玉篇蠲除也鄭注蠲清明皃乃用樊說舍人曰茅昧之明者鄭注尚書洪範曰蒙作雺曰雺聲近蒙茅蒙亦聲之轉蒙又通作冒蒙冒皆有昧意詩召南白茅包之毛傳白茅取其絜清故曰昧之明也詩高朗令終乃大雅既醉文也

樊氏引此以釋朗義毛傳朗明也說文朗作朖亦云明也

猷圖也猷若也

偁舉也稱好也

坎律銓也

樊光曰坎卦水也水性平律亦平銓亦平也春秋疏本疏作坎水也

證曰易說卦坎者水也正北方之卦也九家易曰坎為律律法也故杜注左傳亦曰坎為法象

也此律應佀法象解虞氏逸象坎為法為平律銓皆法象之具故皆訓亦平也太玄曰一六為水類為法鄭注易坎卦主法法律皆所以銓量輕重亦用樊氏說而小異研經室以謂坎律銓也應佀耿聿詮也錢辛楣取之

矢誓也

舫舟也泳游也

迨及也

冥幼也

孫炎云冥深闇之窈也詩疏

康案嗇。用雅訓皆誤作与

爾雅漢學證義卷之三

證曰冥說文曰幽也窈說文曰深遠也然毛傳窈窕幽閒也是以窈訓幽淮南道應訓可以明可以窈注窈讀如幽老子窈兮冥兮其中有精寸在宥篇至道之精窈窈冥冥淮南要略訓。窈冥之深兵略建心乎窈冥之野與用雅訓一切經音義引爾雅亦曰冥窈也今郭氏以謂幼穉者冥眛泥讀詩傳眛乖古義當以孫訓為正詩小雅斯干噦噦其冥毛傳冥幼也與上噲噲其正長也。曰正長也相例則似少幼之義為也此律應作法象解虞氏逸象坎爲法爲平律銓皆法象之具故皆訓亦平也太玄曰一六爲水類爲法鄭注易坎卦主法法律皆所以銓量輕重亦用樊氏說而小異研經室以謂坎律銓也應作欥聿詮也錢辛楣取之

矢誓也

舫舟也泳游也

迨及也

冥幼也

孫炎云冥深闇之窈也詩疏

證曰冥說文曰幽也窈說文曰深遠也然毛傳窈窕幽閒也是以窈訓幽淮南道應訓可以明可以窈注窈讀如幽老子窈兮冥兮其中有精莊子在宥篇至道之精窈窈冥冥淮南要畧訓測窈冥之深兵畧建心乎窈冥之野與爾雅訓一切經音義引爾雅亦曰冥窈也今郭氏以謂幼穉者冥昧泥讀詩傳殊乖古義當以孫訓爲正詩小雅斯干噦噦其冥毛傳冥幼也與上噲噲其正長也曰正長也相例則似少幼之義爲

長不知毛傳曰正長也乃即崔說直良反讀為長短之長謂曰之長也故鄭箋引伸毛義曰正晝也冥夜也王肅好駁難鄭氏遂倡為長者少者之說不知此箋乃引伸毛義非異訓也孔疏以爲冥窈於義實安但于正長之義未允故據王說此尤唐人之無識耳詩釋文亦云幼本或作窈崔音杳郭氏好為異說故用子邕義斷不可信

降下也

傭均也

彊暴也

窕肆也肆力也

俅戴也

瘞幽也

氂罽也

李巡本氂作毳呂銳反釋文舍人曰氂毛罽也

邊人績羊毛而作衣詩疏本疏孫炎曰毛氂

為罽書疏

證曰小爾疋廣訓雜毛曰氂說文氂犛牛尾也淮南說山馬氂截玉高注氂馬尾也舍人曰邊人續羊毛而作衣是又以氂為羊毛也按毳說文毛部曰獸細毛也衆經音義引字林毳細羊毛也禮內則羊泠毛而毳舍人云羊毛當是毳字與李巡本作毳同說文罽魚网也與毛氂義無涉說文𦆎字下云以毳為⿰糸罽引詩云毳衣如𦆎是糸部⿰糸罽字⿰糸罽說文曰西湖毳布也从糸罽聲是罽毳說文亦互訓周禮司服祠四望山川

則毳冕先鄭注曰毳罽衣也疏引爾疋云氂
謂之罽即孫郭說則績毛為之即舍人說若今之毛布詩
豳風無衣無褐鄭箋褐毛布也疑即氈字廣雅
云氈罽也孔疏以為毛布皆織毛為之義即同
毳周禮掌皮共其毳衣為氊以待邦事鄭注毳
毛毛細縟者是毳為邊地所出如後漢烏桓傳
婦人能刺韋作氀毼天竺國有好毾㲪是也故
爾疋氂字本與毳字同義得釋舍人李巡文義
並是毳也孫云毛罽氂為罽一切經音義九引

康案原稿作三蒼曰。

同康案若今之毛。氍毹之字脱毛字据元稿校補

三蒼同氂毛也廣疋亦曰氂毛也明非一獸之毛說文氂曰强曲毛也可以箸起衣漢書王莽傳莽好着氂裝衣注毛之强曲曰氂以裝褚衣中令其張起也知即說文氂字廣訓毦罽也一曰績羽為衣讀近餌亦與氂相近漢書高帝紀賈人毋得衣錦繡綺縠絺紵罽注曰若今毲及氍毹之類邢疏謂氂織毛為之若今之氍毹以衣馬之帶鞅是也服虔通俗文織毛曰罽蓋毛毲與氂皆極邊之地所生皆可以織為罽郭氏謂

康案郭注云毛氂所以為罽脫所以二字

毛氂為罽乃承用孫說

御覽八百十六引犍為舍人注曰氂毛也罽

人續羊毛作衣以續作績義較明顯罽字置

在下文亦較順

烘燎也煁烓也

舍人曰烘以火燎也煁烓竈也詩疏 本疏

孫炎烘音恭釋文 詩釋文

證曰詩小雅白華卬烘于煁毛傳烘燎也說文

火部烘尞也以火共聲又燎放火也此當作尞

三蒼同㲨毛也廣疋亦曰氂毛也明非一獸之毛說文氂曰彊曲毛也可以箸起衣漢書王莽傳莽好著㲨裝衣注毛之彊曲曰㲨以裝褚衣中令其張起也知即說文氂字廣訓毦罽也一曰績羽爲衣讀近餌亦與氂相近漢書高帝紀賈人毋得衣錦繡綺縠絺紵罽注曰若今毲及氍毹之類邢疏謂㲨織毛爲之若今之氍毹以衣馬之帶鞅是也服虔通俗文織毛曰罽蓋㲦毼與㲨皆極邊之地所生皆可以織爲罽郭氏謂

毛氂為罽乃承用孫說

案御覽八百十六引犍為舍人注曰氂毛也罽邊人續羊毛作衣以續作績義較明顯罽字置在下文亦較順

烘燎也煁烓也

舍人曰烘以火燎也煁烓竈也詩疏 本疏

孫炎烘音荼釋文 詩釋文

證曰詩小雅白華卬烘于煁毛傳烘燎也說文火部烘尞也从火共聲又燎放火也此當作尞

作爕非也以火貢即如鄭箋用炤事物而已煁毛傳烓竈也說文曰烓也烓曰行竈也孔疏以謂烓者無釜之竈其上燃火謂之烘本謂烓竈上亦燃火照物若今之火爐也釋文引字林巨凶甘凶二反甘凶即用叔然音恭說

陪朝也

康苛也

入曰樊圃之藩也詩疏青蠅章東方章本疏

康叢先生全書例俱但云詩疏書疏左傳疏不引篇名青蠅章東方章六字似應節去候酌

證曰詩齊風折柳樊圃毛傳樊藩也圃菜園也孔疏引周禮太宰九職二曰園圃毓草木注曰樹果蓏曰圃園其藩也是圃内可以種菜又可以樹果蓏其外列藩籬以為樊孫曰圃之藩乃因詩言而釋之說文艸部樊鷙不行也从艸从棥非以義當作棥說文棥藩也从爻从林詩曰營營青蠅止于棥莊子山木篇莊子遊乎雕陵之樊司馬注樊藩也謂遊栗園藩籬之内也易大壯九三羝羊觸藩易釋文引馬融注曰藩籬落

作爕非也以火貢即如鄭箋用炤事物而已煁
毛傳烓竈也說文曰烓也烓曰行竈也孔疏以
謂烓者無釜之竈其上燃火謂之烘本謂㕜竈
上亦燃火照物若今之火爐也釋文引字林巨
凶甘凶二反甘凶即用叔然音恭說

陪朝也

康苛也

樊藩也

孫炎曰樊圃之藩也詩疏青蠅章東方章本疏

證曰詩齊風折柳樊圃毛傳樊藩也圃菜園也孔疏引周禮太宰九職二曰園圃毓草木注曰樹果蓏曰圃園其藩也是圃內可以種菜又可以樹果蓏其外列藩籬以為樊孫曰圃之藩乃因詩言而釋之說文艸部樊鷙不行也从艸从棥棥非叚義當作棥說文棥藩也从爻从林詩曰營營青蠅止于棥莊子山木篇莊子遊乎雕陵之樊司馬注樊藩也謂游栗園藩籬之內也易大壯九三羝羊觸藩易釋文引馬融注曰藩籬落

也藩樊古通郃氏引詩止於樊漢書作止於藩
是也
賦量也
粻糧也
庶侈也庶幸也
舍人曰庶衆也侈多也詩疏
孫炎曰庶豐多也詩疏
證曰庶衆也乃上釋詁文舍人特引徵之侈說
文曰奓也即奓字林侈大也韓非解老篇多費

為之侈楚語不陳庶侈又為㢋故舍人多也孫
以庶為豐多也者即詩天保俾爾多益以莫不
庶之意易晉卦康侯用錫馬蕃庶集解引虞注
曰良為多坤為衆故繁庶是亦以庶為豐多也

筑拾也

奘駔也

樊光孫炎本作將且也釋文
證曰說釋文云駔沈集注本作暨音同孫樊二
本竝作將且而無奘駔沈集衆本合為一本錢

氏大昕曰經典不見奘字當從樊孫本郘氏正義曰詩小雅谷風將恐將懼鄭箋將且也棠衛風簡兮章方將萬舞鄭箋將且也秦策城且拔矣韋昭注且將也琦按鄭氏將且也正用雅訓奘乃將之形似字詩北山鮮我方將毛傳將壯也壯即奘經典多用壯字故奘字稀見說文奘駔大也从大从壯會意方言秦晉之閒凡人之大謂之奘或謂之壯是奘即壯實當訓為大上文釋詁將大也詩商頌長發章有娀方將毛傳

將大也將奘俱訓爲大是後人誤合將大之文爲奘又僞爲奘耳駔說文曰壯馬也从馬且聲玉篇駔猶麤也麤即同粗樊孫作且乃省寫字如但作旦易其行趄趄作且類耳沈本作[illegible]合二字爲一系之駔下尤不成文

集會也

舫泭也

樊光本舫作坊符方反又音方泭作柎尒疋釋文又泭作柎詩釋文引樊光孫炎曰方木置水爲

泭柭也詩釋文　詩疏　本疏、

證曰舫說文舟師也當作方方竝船也象兩舟總頭會意从兩舟省或又从水作汸詩周南邶風傳箋皆曰方泭也正義曰方泭釋言文樊作坊說文無此字惟防字下云防隄也从𨸏方聲或又从土作埅與本意無涉或即說文汸字之譌寫下云音方亦似讀作方正義以方泭為釋言文是爾雅本作方也樊謂泭作坿說文曰益也詩名南釋文又引樊作柎柎說文曰闌足也

謂鐘鼓簴之足案闌連古通如詩連漪雅作瀾漪類闌足即連足連有竝義亦是从方為竝而中一義耳似當以柎為長詩釋文泭作游又作桴或作柎又引孫說亦作柎栰校勘記謂樊光爾疋本作柎考文古本作柎然說文水部泭編木以渡也从水付聲毛傳方泭也當以泭為正字孫云方木置水為柎栰者柎疏引作䈥筏方木並木也齊語方舟設泭廣疋游筏也方言泭謂之箄箄謂之筏孔疏引論語乘桴注桴編竹木大曰栰小曰桴

邢疏㳫泭同音義同也釋文引卯農注曰木曰簰竹曰筏小筏曰泭泭筏同音伐又曰水中簰栰也皆與孫氏義合

御覽引許慎淮南注曰桴木筏

洵均也洵龕也

李巡曰洵徧之均也詩疏　本疏

證曰詩大雅桑柔其下侯旬毛傳曰旬言陰均也正義引旬均釋言文說文部日旬徧也古文作旬乃从日从勻也周禮均人公旬用三日馬鄭

注均也禮記內則旬而見鄭注旬當爲均詩正義引爾雅旬均也又引某氏曰詩其下侯旬是洵應作旬曰洵者叚借字也詩鄭風洵直且侯毛傳洵均也正義又曰洵均釋言文知旬洵古本通也李以謂洵徧之均蓋說文於旬訓曰徧也於均曰平徧也洵均皆有徧義故互解之

逮遝也

孫炎遝遝徒荅反釋文

證曰遝說文辵部云迨也玉篇云迨遝行相及

釋文引郭亦音徒荅反按宋雪牕本及明吳元
恭本郭注還下俱有音沓二字乃徒荅切字也
昰則也
畫形也
賑富也
局分也
懠怒也
舍人曰懠怒聲也詩疏本疏
證曰說文心部無懠字當即齌離騷反信讒而

齌怒王注齌疾也詩大雅板章天之方懠毛傳懠怒也說文眹怒也怒說文心部恚也舍人曰怒聲乃形容疾怒之意非實有聲也郝氏懿行曰素問五運行大論云其志為怒王冰注怒直聲也是怒亦有聲然非通義

愢聲也

葵揆也揆度也

孫炎曰揆商度也一切經音義

證曰說文揆度也據六書故引唐本說文訂易

繫辭初率其辭而揆其方侯果訓揆為度也詩衛風定之方中章揆之以日毛傳揆度也經典言揆多訓度孫氏謂商度者即商量商榷之意

郭注本孫

逮及也

惄飢也

李巡曰惄宿不食之飢也詩疏

證曰詩周南惄如調飢毛傳惄飢意也箋惄思也未見君子之時如朝飢之思食孔疏義曰惄

之為訓本為思耳但飢之思食意又惄然故又以為飢惄是飢之意非飢之狀故傳言飢意箋以為思義相接成也案說文心部惄飢餓也故李曰宿不食之飢謂一宿不食至朝而飢正解申詩意雖與傳箋意未合要不背說文或古自有兩訓

眕重也

獵虐也

土田也

成遏也
師人也
硈鞏也
棄忘也
蹈閑也
謀心也
獻聖也
里邑也
李巡曰里居之邑也左傳疏

證曰說文里居也邑國也御覽引風俗通云里者止也止即居廣雅亦曰里居也釋名亦云五鄰為里居方一里之中也四井為邑邑俋也邑人聚會之稱也詩大雅于豳之里毛傳里邑也里宰云掌比其邑之衆寡鄭注里猶邑也然里與邑數皆無定詩鄭風無踰我里毛傳二十五家為里尚書大傳三朋為里錡案即七十二家為里說論語譔考文古者七十二家為里公羊宣十五傳注一里八十戶鶡冠子王鈇五家為

伍十伍為里韓詩外傳廣三百步長三百步為
一里管子小匡篇十軌為里是一里五十家也
襍記注引王度記百戶為里論語十室之邑千
室之邑蓋邑為通名大不過千室小不過十家
十與千舉成數也

褒除也

振古也

懟怨也

縭介也

舍人李孫云縭羅也介別也釋文
證曰釋文引作李孫顧舍人云䋠羅也介別也
臧氏琳曰字書無䋠字集韻以為補或作䋠義
不合蓋縛之譌說文縛束也束縛有羅維意或
又疑為捕字謂捕鳥以羅也琦按字書無䋠字
作縛作捕強為坿合是可不必蓋䋠縭字形相
似䋠即縭字之譌漢書外戚傳申佩離以自思
是縭猶離離羅聲轉而義亦同方言離謂之羅
羅謂之離是也離古通麗詩大雅采菽紼纚維

之韓詩作縞郭注縞者繫也亦有羅維之義說
文縞以絲介履也介說文云畫也廣雅釋言離
別也剛有分別意故以縞訓介

號諄也

凶咎也

芑稹也

孫炎曰物叢生曰芑齊人名曰稹詩疏書疏本疏

證曰芑豐也見上釋詁豐為叢茂又訓為稹說
文稹種穊也引周禮曰稹理而堅攷工記鄭注

蕢致也即禮記聘義縝密以栗鄭注縝緻也詩鴇羽集于苞栩毛傳苞蕢也鄭箋蕢根相迫迮梱致也齊人曰蕢蓋亦方言之餘郭注今人呼物叢緻者為蕢義同孫說

逜寤也

孫炎本吾字作午吾補反釋文

證曰莊子達生篇釋文引爾雅曰遻迕也與今爾雅作逜寤不同然與孫氏吾从午之說相合

孫云逜作迕然說文辵部無迕字意同遻字遻

相遇驚也从辵咢屰亦聲故左氏以寤生謂驚姜氏臧氏琳曰寤即啎之叚借啎說文曰逆也从午吾聲文選注引許慎注淮南曰啎逆也一切經音義引聲類云迕逆不遇也說文午啎也五月陰氣午逆陽冒地而出孫說與說文符合

琦按禮記哀公問午其衆以伐有道荀子富國午其軍楊倞注午讀為迕釋名午仵也陰氣人下上與陽相仵逆也廣雅釋言午仵也淮南天文訓午忤也皆有迕逆意呂覽明理長短頡啎

百疾高注啎逆也高唐賦陬互横牾注牾逆也
儀禮既夕梧受疏梧即逆也皆為迕寤之通假
字郭云相干寤干字當作午字說文以午為啎
故春秋寤生史記引鄭世家以為午啎逆難生
又不得下是也即午寤之說郭多襲用孫說故
知干乃午字耳

頊題也

猒肯可也

務侮也貽遺也

康案羔裘下脱舍命二字

貿買也賄財也

甲狎也

菼騅也菼〻薍也

粲餐也

渝變也

舍人本渝作𪐴釋文

證曰說文渝變污也从水俞聲詩羔裘不渝毛傳渝變也隱六年傳鄭人來平渝平杜解更成也通作輸舍人作𪐴乃渝或體玉篇𪐴色落也

色落即有變更之義說文以渝為變汙或古以繻為染赤沄如爾疋再染謂之赬類乎疑即羔裘如濡之異文

宜肴也

李巡曰宜飲酒之肴也詩疏 本疏無上宜字

證曰鄭風與子宜之毛傳宜肴也說文肴啖也初學記引說文作肴襍肉也恐是啖肉之譌玉篇肴俎也又啖肉也廣雅肴肉也蓋肴以肉故訓為啖肉詩下文有宜言飲酒故訓為飲酒之

貿買也賄財也

甲狎也

菼騅也菼薍也

粲餐也

渝變也

舍人本渝作濡 釋文

證曰說文渝變污也从水俞聲詩羔裘不渝毛傳渝變也隱六年傳鄭人來平渝平杜解更成也通作輸舍人作濡乃渝或體玉篇濡色落也

色落即有變更之義說文以渝為變汙或古以繻為染赤浛如俞足再染謂之赬䞓乎疑即羔裹如濡之異文

宜肴也

李巡曰宜飲酒之肴也詩疏 本疏無上宜字

證曰鄭風與子宜之毛傳宜肴也說文肴啖也初學記引說文作肴襍肉也恐是啖肉之譌玉篇肴俎也又啖肉也廣雅肴肉也蓋肴从肉故訓為啖肉詩下文有宜言飲酒故訓為飲酒之

康案宜言飲酒下脫之宜二字　据元稿校補

肴鄭箋云所弋之鳧鴈我以為加豆之實與君子共肴是肴與酒乃兩用也正義引公食大夫禮無用鳧鴈之文此得用鳧鴈者公食大夫是自食禮此則飲酒彼以正禮而食此以相好私燕其饌不得同也知宜言飲酒與上文與子宜之字適不同李說或是連下文訓之耳

夷悅也

顚頂也

耋老也

舍人曰耋年六十稱也春秋疏孫炎曰耋者面色如生鐵釋文詩疏本疏又曰耋他結反釋文

證曰詩秦風逝者其耋毛傳耋老也八十曰耋說文耋年八十曰耋从老省至聲鄭氏易注王肅易注劉熙釋名及郭氏注皆云八十承毛傳訓也馬融注易服虔左傳注杜預注皆以為七十蓋如春秋正義說耋有七十八十無明文也舍人云六十之稱自係古說公羊宣十二年傳使

康按 [illegible]

肴鄭箋云所弋之鳧鴈我以為加豆之實與君子共肴是肴與酒乃兩用也正義引公食大夫禮無用鳧鴈之文此得用鳧鴈者公食大夫是自食禮此則飲酒彼以正禮而食此以相好私燕其饌不得同也知宜言飲酒與上文與子宜之字適不同李說或是連下文訓之耳

夷悅也

顛頂也

耋老也

舍人曰耋年六十稱也春秋疏孫炎曰耋者面色如生鐵釋文 詩疏 本疏又曰耋他結反釋文

證曰詩秦風逝者其耋毛傳耋老也八十曰耋説文耋年八十曰耋从老省至聲鄭氏易注王肅易注劉熙釋名及鄭氏注皆云八十承毛傳訓也馬融注易服虔左傳注杜預注皆以為七十葢如春秋正義説耋有七十八十無明文也舍人云六十之稱自係古説公羊宣十二年傳使

師一二耋老而綏馬何休注六十稱耋是六十亦當稱耋與七十八十似小異禮曲禮六十曰耆釋文正義皆引賀瑒曰耆至也至老之境也琦案至老之境正分解耋字之義此耆字古或當作耋耋耆聲轉之轉耋从至聲尤與耆近孟子耆老即公羊耋老故曲禮別無耋字釋文云八十九十曰耄或本作八十曰耋九十曰旄乃後人妄加之是也耋與耆皆訓為老故字亦互通射義耆耋好禮鄭注耆耋皆老也是含人之

說本於曲禮較他說尤古耳孫云耋者色如生鐵釋名曰耋鐵也皮膚變黑色如鉄也與上文耆訓面凍梨色似浮垢相類尒疋釋文及本疏引作耋老人面如鐵色廣韵耋徒結切與孫音同

輶輕也

俴淺也

絢絞也

李巡曰絢繩之絞也詩疏　本疏

康案說文上脫繩字

證曰詩豳風宵爾索綯毛傳綯絞也鄭箋作絞索以待時用方言車紂或謂之曲綯郭注云綯亦繩名與李說合士喪禮絞橫三縮一鄭注所以收束衣服爲堅急者也喪服傳云絞帶繩帶也說文云索也易繫辭上古結繩而治亦與絞義合

訛化也

跋躐也寔跲也

李巡曰跋前行曰躐跲郤頓曰寔詩疏　本疏

證曰詩豳風踉。狼跋其胡載疐其尾毛傳跋躐也疐跲也孔疏引說文云跋蹎也丁千反跲躓也竹二反躓即疐也然則跋與疐皆顛倒之類以跋為躐謂跋其胡而倒蹎耳老狼有胡謂領垂胡進則躐其胡謂躐胡而前倒也退則跲其尾謂卻頓而倒于尾上也此似申明李氏之說案說文足部躐步行獵跋也段氏玉裁曰獵今躐字踐也獵跋猶踐踏郝氏義疏謂躐為獵之或體獵有從旁凌獵之義獵猶捷也捷行出前

也跋者踸之假音引一切經音義引聲類云狼踸顛踸也顛即蹎踸即跋詩云狼跋即狼踸踦

按跋玉篇蹞行皃禮玉藻登席不由前曰躐席疏謂失節而踐曰躐席楚辭淩余陣兮躐余行注躐踐也蓋足緩謂跋躐者淩獵而前行也蹪說文引詩曰載蹎其尾疐者蹪之叚借字中庸注跲躓也通俗文事不利曰躓廣雅躓疐也淮南原道訓足蹪趎埳許注楚人讀躓為蹪蹪蹎古通字列子說符注躓礙也說文疐礙不行也

康案从叀下脫引字

叀而止之皆有卻頓之意與蹢躅逗足峙踷

前同義同

孫炎曰烝物久之塵詩疏 本疏

證曰詩東山烝在桑野毛傳烝窴也鄭箋謂久

處桑野古者聲窴填塵同也常棣烝也無戎毛

傳烝填也鄭箋久也猶無相助己者古者塡窴

塵同釋文謂烝之承反塡依字音田與窴同又

依古聲音塵塵久也案釋文。詁塵久也孫炎曰

也跋者踻之假音引一切經音義引聲類云狼踻顛踻也顛即蹎踻即跋詩云狼跋即狼踻踦按跋玉篇躃行皃禮玉藻登席不由前曰躐席疏謂失節而踐曰躐席楚辭淩余陳兮躐余行注躐踐也蓋足緩謂跋躐者淩獵而前行也躓說文引詩曰載蹪其尾寔者躓之叚借字中庸注跲躓也通俗文事不利曰躓廣雅蹪寔也淮南原道訓足蹪趎埳許注楚人讀躓為蹪蹪蹎古通字列子說符注躓礙也說文寔礙不行也

从叀而止之皆有卻頓之意與蹢躅逗足跱躇
不前同義同

烝塵也

孫炎曰烝物久之塵詩疏 本疏

證曰詩東山烝在桑野毛傳烝窴也鄭箋謂久
處桑野古者聲窴塡塵同也常棣烝也無戎毛
傳烝塡也鄭箋久也猶無相助己者古者塡窴
塵同釋文謂烝之承反塡依字音田與窴同又
依古聲音塵塵久也案釋文。詁塵久也孫炎曰

塵居之久久則生塵矣以烝謂物久之塵亦猶此義邵氏正義曰郭注本孫孫昧于古音後世望文生義實昉于孫然鄭雖以窴塡塵為同聲乃申毛傳烝窴烝塡之義而于小雅烝然罩罩箋曰烝塵也塵然猶言久如也是亦以烝為久塵之說孫說殆祖此非眞作實字解邵氏誤眎孫說故輕相譏耳

戎相也飫私也

孫叏曰飫非公朝私飲酒也詩疏　本疏

證曰詩小雅飲酒之飫毛傳飫私也不脫屨升堂謂之飫鄭箋私者圖非常之事若議大疑於堂則有飫禮焉聽朝爲公正義曰以私在路寢堂上故謂之私若聽朝則爲公事對公故言私周語云王公立飫則有房烝親戚燕饗則有殽烝又曰飫以顯物燕以合好則飫燕禮異序曰燕兄弟也陳飫者圖非常議大疑乃有飫禮則飫大於燕說文飫燕食也字應作醧說文酉部醧私宴飲也文選魏都賦愔愔醧讌注云能者

飲不能者已謂之醧引韓詩飲酒之醧玉篇醧私也孫說私飲酒當是醧字蓋飲禮為燕食有殽烝之禮故字从食醧為私宴飲故从酒省耳郭注宴飲之私用孫說

孺屬也

李巡曰孺骨肉相親屬也詩疏　本疏

證曰詩小雅和樂且孺毛傳孺屬也箋云屬者以昭穆相次序鄭注曲禮云孺之言屬屬說文曰連也釋名曰屬續也恩相連續也骨肉相親

屬者即恩相連屬之義蓋申言燕親親之禮毛傳云王與親戚燕則尚毛李說承用此義鄭注謂親屬乃用李說

幕暮也

煽熾也熾盛也

柢本也

窕閒也

舍人本窕作跳曰跳者躍之閒釋文

證曰說文跳蹶也一曰躍也躍說文迅也玉篇

躍跳也釋名跳條也如艸木枝條務上行也淮南俶真訓蕭條霄窕亦互訓之躍之間者謂跳躍相去一間耳一間猶一隙也故說文曰間隙也郭曰間隙恐即用舍人説

淪率也

羅毒也

檢同也

李本檢居儉反釋文

郵過也

舍人曰尤怨人也文選注

證曰郵古通作尤正作訧詩邶風俾無訧兮毛傳訧過也詩載馳許人尤之毛傳尤過也無我有尤鄭箋無過我也小雅莫知其尤鄭箋尤過也論語則寡尤包咸注尤過也孟子畜君何尤趙注何尤無過也列子魯之君子迷之郵者注郵與尤同故穀敬順列子楊朱篇釋文引爾雅曰尤過也舍人作尤蓋是古本以謂怨人者論語不怨天不尤人馬注人不知己亦不尤人史

記屈賈誼傳般紛紛其離此尤兮索隱謂怨咎也荀子議兵篇罪人不郵其上注郵怨也郵同尤顧氏炎武曰古人郵尤通用郭以道路所經過解之非矣

遜遯也

孫炎曰遁逃去也詩疏

證曰詩公孫碩膚鄭箋孫讀當如公孫于齊之孫孫之言孫遁也正義古之遜字借孫爲之春秋昭二十五年經言公孫于齊春秋之例內諱

康案衛君不聽誤作不進

奔謂之遜言昭公遜遁而去位此周公亦遜遁去位故讀如彼文遜遁釋言文孫矣。曰遁逃去也是孫本作遁釋文云字又作遁即是孫本耳遁通遯字又作遂易遯卦集解引鄭注遯者逃避。去之名孫說本此史記吳世家季札讓遁去劉歆列女贊衛君不進後果遁逃玉篇遁逃也說文遁遷也逃亡也鄭注遁謂逃亡乃參用孫氏及說文

獘踣也僨僵也

孫炎曰前覆曰踣左傳疏
舍人曰僨背踣意也左傳疏
證曰左傳隱元年必自斃杜注斃踣也正義引孫曰前覆曰踣說文踣僵也又通⿺走咅說文亦曰僵也襄十四傳晉人踣之杜用說文義亦曰僵也正義曰前覆謂之踣乃暗用孫說踣既訓僵與下文僨僵也義似嫌混然古踣僨義亦互通故舍人訓僨曰背踣也踣又通仆釋名仆踣也釋木釋文踣或作仆禮檀弓吾得正而斃焉鄭

注斃仆也定八年傳與一人俱斃正義引釋言
斃仆也孫炎曰前覆曰仆釋文所引亦同葢以
知踣仆古通余氏蕭客古經解鉤沈於斃踣也
引李巡曰前覆曰踣則誤孫爲李又於寘仆也
下引孫炎曰前覆曰仆則尤顛倒注文矣釋文
踣有赴音踣覆尤聲之轉邵氏正義曰前覆者
不能起故兼覆亡之義僨說文云僵也僵曰僨
也僨僵轉訓釋名僵畺也正直畺然也吕覽肾
卒鮑叔御公子小白僵高注僵偃也漢書梁平

襄王傳即詐僵仆陽病注倒地也吳戫春秋迎風則偃背風則仆背仆即背踣郭云仰偃乃用舍人說也郝氏義疏背踣謂仰仆即卻偃之義

盻殄也

曷盡也

虹潰也

李本虹作降下江文釋文

證曰說文訌讀也从言工聲詩曰蟊賊內訌毛傳訌潰也疏訌潰釋言文釋文引顧作訌是訌

乃正字虹叚字也李作降者郝氏義疏曰降古讀若洪水經河水東北過黎陽縣南注云尚書禹貢曰北過降水不遵其道曰降亦曰潰說文洚水不遵道玉篇胡公胡江二切又降潰也胡公即虹字之音是洚與降同故李巡以降爲訌鄭注以洚爲降琦按禹貢降水地理志作絳水今河内共縣北山共水出焉東至魏郡黎陽縣入河近所謂降水也蓋周初國於此地惡言降故改謂共耳後加水作洪是降虹亦一聲之轉

離騷庸降叶讀乃同此也、

陪闇也

翻膠也

孔甚也

厥其也

戛禮也

闍臺也

孫炎曰積土如水渚所以望氛祥也詩釋文

證曰詩鄭風出其闉闍毛傳闍城臺也說文闉

闍城曲重門也以為臺者謂門亦有臺積土為之也如水渚者釋水曰小洲曰渚韓詩外傳一溢一否曰渚釋名渚遮也體高能遮水使從旁迴也淮高南高注水中可居者曰渚蓋積土築闍臺亦如之以望氛祥者氛說文氛祥氣也玉篇氣也左昭二十年傳梓慎望氛注氛氣也又十五年傳吾見赤黑之祲非祭祥也喪氛也晉語獻公田見翟柤之氛韋昭曰祲氛祲氣象也凶曰氛吉曰祥楚語先君莊王為匏居之臺高

不過望國氛後漢明帝紀升靈臺望元氣臺最
高明可以望吉凶先見之氣古經解鈎沈及郝
氏正義皆作氣祥誤

因拘也

攸所也

展適也

鬱氣也

李巡曰鬱盛氣也一切經音義

證曰鬱說文作鬱芳艸也一曰鬱鬯百艸之華

遠方鬱人所貢芳艸合釀之以降神周禮鬱人薦鬯注鬱金香艸宜以和鬯酒也蓋鬱本香艸以爲鬱鬯具氣芬鬱故以氣言之也呂覽精氣鬱也高注鬱不通也漢書王褒傳不苦盛暑之鬱燠注熱氣也舞賦或有宛足鬱怒注怒氣遲留不發也素問五運行大論其令鬱蒸注盛也文選海賦鬱沏迭而隆頹注盛皃故郭注云鬱然氣出卽李說也邵氏正義引韓詩云鬱隆烔烔郝氏義疏引素問至眞要大論諸氣膹鬱左

氏定二年傳鬱攸從之杜注鬱攸火氣也皆鬱爲盛氣之證

宅居也

休慶也

祈叫也

孫炎曰祈爲民求福叫告之詞也一切經音義證曰說文叫嘑也詩小雅北山或不知叫號毛傳叫號嘑名也周禮太祝掌六祝之辭以祈福祥求永貞鄭注祈嘷也嘷即同叫淮南繆稱訓

故情甚乎叫呼也孫說本此餘見釋詁祈告也

濬幽深也

舍人曰濬下之深也書疏 本疏

證曰說文作容云深通川也引虞書容畎澮距川或作濬古文作濬又通浚詩小雅莫浚匪泉毛傳浚深也易初六浚恒集解引虞翻曰浚深也初下稱浚故曰浚恒又引侯果曰浚深也王弼注曰處恒之初最處卦底求始求深者也釋文引鄭作濬恒舍人曰下之深蓋濬字兼下深

二義也

哲智也

舍人曰哲大智也書疏　本疏

證曰詩大雅哲夫成城毛傳哲知也方言哲知也齊宋之間謂之哲智說文作悊通作知左傳二十九年疏云哲知釋言文說文云哲知也虞書稱舜為濬哲文明禮中庸引夫子言舜為大智舍人說本此意

弄玩也

尹正也皇匡正也

服整也

聘問也

愧慙也

殛誅也

克能也

翌明也

訩訟也

晦冥也

奔走也

逡遲也

疐仆也

亞次也

諗念也

屆極也

弇同也弇蓋也

孫炎曰弇覆也蓋亦覆之義詩疏

證曰說文蓋作盇云覆也弇同奄詩魯頌鄭箋

奄覆也又通掩文選注引埤蒼云掩覆也說文于弇曰蓋也于奄掩皆云覆也故孫曰蓋亦覆之義故郭注云謂覆蓋兼用孫說

恫痛也

握具也

位處之具也

證曰握李作幄說文無幄字釋名幄屋也以帛衣板施之形如屋也案以帛衣板故為木帳說文楃木帳也楃篆作楃幄恐還其木篆半山握

同康案李注失引釋名古補釋文及本疏四字

奔走也

逡退也

疐仆也

亞次也

諗念也

屆極也

弇同也弇蓋也

孫炎曰弇覆也蓋亦覆之義詩疏

證曰說文蓋作盇云覆也弇同奄詩魯頌鄭箋

奄覆也又通掩文選注引埤蒼云掩覆也說文
于弇曰蓋也于奄掩皆云覆也故孫曰蓋亦覆
之義故郭注云謂覆蓋兼用孫說

惆痛也

握具也

一李巡曰幄居位處之具也

證曰握李作幄說文無幄字釋名幄屋也以帛
衣板施之形如屋也案以帛衣板故為木帳說
文楃木帳也楃篆作楃幄恐還其木篆半凵握

者又楃隸變後之譌似說文橦字云帳極也今作幢幄楃古今字也詩秦風夏屋渠渠鄭箋屋具也疏云屋具釋言文知幄屋古或通小爾雅覆帳謂之幄幄幕也玉篇幄帳也周禮天官幕人掌帷幕幄帟綬之事鄭注四合象宮室曰幄王所居之帳也又巾車釋文握劉音屋賈馬作幄

振訊也

鬩恨也

同宋葉眼作很下当補户。墾。及三字 据釋文補

怨恨也左傳疏孫炎曰恨作很相

很戾也[illegible] 疏 釋文 本疏

證曰說文恨怨也郭本作恨注相怨恨也乃用

李說廣疋釋詁很恨也知恨亦同很依鬩字解

很義為得也詩小雅兄弟鬩于牆毛傳鬩很也禮記

曲禮很毋求勝鄭注很鬩也周語韋注亦曰鬩

狠也說文很不聽從也一曰行難也一曰盭也

左襄二十六傳疏引服注很戾不從教也戾盭

古今字孫云相很戾乃用許服說說文言部詪

者又楃隸變後之譌似說文楃字云帳極也今
作幢幄楃古今字也詩秦風夏屋渠渠鄭箋屋
具也疏云屋具釋言文知幄屋古或通小爾雅
覆帳謂之幄幄幕也玉篇幄帳也周禮天官幕
人掌帷幕幄帟綬之事鄭注四合象宮室曰幄
王所居之帳也又巾車釋文握劉音屋賈馬作
幄
振訊也
鬩恨也

李巡曰鬩相怨恨也左傳疏孫炎曰恨作很相
很戾也左傳疏　釋文　本疏
證曰說文恨怨也郭本作恨注相怨恨也乃用
李說廣疋釋詁很恨也知恨亦同很依鬩字解
很義爲得也詩小雅兄弟鬩于牆毛傳鬩很也禮記
曲禮很毋求勝鄭注很鬩也周語韋注亦曰鬩
狠也說文很不聽從也一曰行難也一曰盭也
左襄二十六傳疏引服注很戾不從教也戾盭
古今字孫云相很戾乃用許服說說文言部詪

狠戾也與很同玉篇亦曰很戾也諍訟也故說文以鬩為恒訟也鬩很皆有爭訟意說文艮很也从匕目會意匕目猶目相匕不相下也鄭氏易注艮之言很也很狠恨竝从艮義亦相成

鉞揚也

對遂也

爕火也

李巡曰爕一名火詩疏爾疋釋文本疏孫炎曰方言有輕重故謂火為爕也詩疏尒疋釋文本疏

唐案春秋下脱元命二字

證曰詩王室女燬毛傳燬火也説文火燬也春秋苞火之為言委隨也白虎通火之言化也陽氣用事萬物變化也釋名火化也消化物也一曰燬也物入中皆燬壞也古音火讀如燬顧氏炎武唐韻正云火古音燬轉聲則為喜故灰字从火得聲按宣十六年傳人火曰火天火曰灾亦自相韻郝氏義疏曰詩七月流火與八月萑葦韻是也蓋火既有燬音則燬即火義燬説文引作㷄云火也从火尾聲詩王室如㷄字異音同也

方言煤（吁隗反）火也楚轉語也猶齊言娓火也詩釋文引云齊人謂火曰燬字書作娓音毀說文同知娓燬皆火之或體周禮司烜氏鄭注烜讀如衛侯燬之燬是燬又同烜也故釋文引或云楚人名曰燥（案疑即煤字）齊人曰燬吳人曰娓此方俗訛語也孫云方言有輕重乃即急氣緩氣讀之分耳郭云燬齊人語亦用方言詩說詩釋文引郭音貨乃即白虎通火之言化之讀古書貨化通用貨或作賄賄亦有毀音故知化與毀亦

音之近

懈怠也宣緩也

遇偶也

曩鄉也

偟暇也

舍人曰閒暇無事也左傳疏襄八年

李巡曰遑閒暇也左傳疏襄廿九年

證曰詩召南莫敢或遑毛傳遑暇也鄭箋無敢

或閒暇時釋文閒音閑說文暇閑也經典多作

遑變作徨省又作偟皆皇之或體表記引詩云皇恤我後注皇暇也書則皇自敬德僞孔傳曰皇暇也郭本引詩不遑啟處亦作遑乃承用李本

宵夜也

舍人曰宵陽氣消也書疏　釋文　本疏

證曰詩召南肅肅宵征毛傳宵夜也說文宵夜也从宀宀下冥也夜云舍也天下休舍也舍人云宵消亦猶夜舍以聲近為訓消說文云盡也

夜則陰盛陽氣漸盡故曰消也又通小樂記宵雅肆三注宵之言小也莊子宵人之離外刑者王注宵人非明正之徒宵夜之人蓋即小人也君子為陽小人為陰故易泰卦內陽而外陰君子道長小人道消也九家易注云陽息而升陰消而降陰用特言消也周禮司寤氏禁宵行者注定昏也淮南精神甘暝太宵之宅高注長夜之中也蓋為定昏及夜將中則陽氣滅絕若遇此則一陽微動矣文選七發消息陽陰注消滅

也參同契曰萌者不生陰伸陽詘剝爛肢體消滅其形義亦與此同也

懊忨也

愒貪也

楮柱也

裁節也

竝併也

卒既也

懵慮也

將資也

黹紩也

遞迭也

李巡曰遞者更迭書疏 本疏

證曰說文遞更易也迭更迭也易說卦迭用柔剛集解引虞翻曰迭遞也又通佚方言更佚代也古辵多省作彳亻又从彳省漢郊祀歌四興遞代即迭代也西京賦遞宿迭居遞迭雙聲邢氏疏引李說作更迭閻厠相代之義此乃誤視

書疏疏以傳言間迭也引釋詁云間代也孫炎曰間廁之代也又引釋言遞迭也李巡曰遞者更迭間廁相代之義故間為迭也蓋間廁相代之義乃申明上引孫說之意脫一即字故易混耳余蕭客鈎沈亦承其誤邵郝皆引作遞者更迭是也郭注曰更迭即全用李說

矧況也

廩廯也

舍人曰廯少鮮也釋文　本疏

孫炎曰廯藏穀鮮絜也釋文 本疏
證曰說文無廯字玉篇廯倉也廩也郝氏義疏
曰舍人孫說俱以廯為鮮郭云未詳或取少鮮
或取鮮絜可知古本廯上作鮮後人淺俗妄以
意作廯郭云未詳蓋以經典無廯字故也若作
鮮鮮訓少也廩亦少意故公羊文十三年傳群
公廩何休注廩者連新于陳上財令半相連耳
廩連聲之轉鄭氏易注坤文言引作群公濂按鄭
易注慊讀如群公濂之謙古書篆作立心與水相近讀者失之故作謙謙雜也濂猶廉

康案絜齊晨餐，餐誤作昏　元稿亦误

廉亦少意是廪為鮮少之名釋名曰廪矜也矜惜亦少之義與舍人合案鮮說文作尟是也易繫辭君子之道鮮矣鄭作尟云少也釋山小山別大山鮮李巡曰大山少故曰鮮廯蓋古本止作鮮或加广舍人乃循鮮字而釋之故曰少鮮孫云鮮絜又別生一義絜即潔古字管子水地鮮而不垢絜也文選補亡詩絜齊晨昏注絜靜也左桓公六年傳絜粢豐盛儀禮少牢饋食禮作潔粢豐盛故說文亩字云穀所振入宗

廟粢盛倉黄亩而敀之亩或作廩孫氏所見爾雅本必曰廩鮮也謂之藏穀鮮絜也公羊桓十四年傳御廩者粢盛委之所藏也詩豐年亦有高廩毛傳所以藏盛即粢字盛之穗周禮廩人鄭注盛米曰廩漢書五行志御廩夫人八妾所舂米藏以奉宗廟藏穗藏米藏粢盛説雖不一要為倉之總名廣雅云廯倉也所以藏穀之所説文廩者穀所振入孫曰藏穀蓋本諸此

逭逃也

廉亦少意是廉為鮮少之名釋名曰廉殄也殄
惜亦少之義與舍人合案鮮說文作尟是也易
繫辭君子之道鮮矣鄭作尟云少也釋山小山
別大山鮮李巡曰大山少故曰鮮廯蓋古本止
作鮮或加广舍人乃循鮮字而釋之故曰少鮮
孫云鮮絜又別生一義絜即潔古字管子水地
篇鮮而不垢絜也文選補亡詩絜齊晨昏注絜
鮮靜也左桓公六年傳絜粢豐盛儀禮少牢饋
食禮作潔粢豐盛故說文㐭字云穀所振入宗

廟粢盛倉黄㐭而取之㐭或作廩孫氏所見爾
雅本必曰廩鮮也謂之藏穀鮮絜也公羊桓十
四年傳御廩者粢盛委之所藏也詩豐年亦有
高廩毛傳所以藏齍即粢字盛之穗周禮廩人
鄭注盛米曰廩漢書五行志御廩夫人八妾所
舂米藏以奉宗廟藏穗藏米藏粢盛説雖不一
要為倉之總名廣雅云廩倉也所以藏穀之所
説文廩者穀所振入孫曰藏穀蓋本諸此

逭逃也

樊光曰行相避逃謂之逭亦行不相逢也書疏證曰說文逭逃也或从逃省雚聲作⿰𧾷雚書太甲自作孽不可逭偽孔傳曰逭逃也疏曰天作災者謂若太戊桑穀生朝高宗雊雉升鼎耳可脩德以禳之是可避也自作災者謂若桀放鳴條紂死宣室是不可逃也乃用樊注方言逭步也廣疋逭行也步即行義樊說以行訓逭不相逢者即申避逃之意說文逃亡也遯逃也遯逭亦一聲之轉禮緇衣引書釋文云逭作⿰𧾷官鄭注逭

逃也

訊言也

間俔也

汯沆也

干扞也

孫炎曰干楯所以自蔽扞也詩釋文 書疏 詩疏

證曰詩周南公侯干城毛傳干扞也干本作戰

說文戰盾也詩正義引孫 說楯作盾又盾瞂也所以干身

蔽目小爾雅廣器干瞂盾也方言盾自關而東

或謂之干廣雅干瞂樐戟盾也疑干戟複文左成十二年傳公侯之所以扞城其民也杜注扞蔽也又左文六年親師扞之注扞衛也西周策而設以國為王扞秦注扞禦也禦敵即所以衛己即自蔽之意楯乃俗字應改作盾郭云相扞衛亦用孫義　又呂覽明理有天干注干楯也

趾足也跳刖也

李巡曰斷足曰刖書疏

證曰跳說文曰跀也从足非聲讀若匪又跀曰

斷足也从足月聲𨈊从兀作跀莊子兀者叔山無趾踵見也呂刑偽孔傳曰刖足曰剕爾雅釋文亦引之又曰跳本亦作剕古文尚書呂刑說夏刑作剕周本紀漢刑法志周禮司刑注引尚書大傳皆作髕周禮注云周改髕作刖公羊疏引鄭駁異義云臯陶改髕為剕疑刖字疑刖夏字呂刑有剕周改剕為刖作剕作髕實一事也然說文無剕字有髕字骨部髕云厀耑也蓋周以以前去膝骨為髕至周始改作跀說文刀部刖

曰絕也絕與斷義相近然斷足之訓似應作跀刖乃通字然經典多假用刖字呂刑刖辟之屬五百周禮司刑刖罪五百鄭注刖斷足也春秋莊十六年傳杜注斷足曰刖乃用孫李說莊子釋文亦曰跀斷足也廣雅刖斷也刖跀乃古今字

忝辱也

燠煖也

舍人曰燠溫煖也書疏

證曰詩唐風安且燠兮毛傳燠煖也燠又省作

奧小雅日月方奧傳奧煖也又通隩書厥民隩馬注煖也史記引作燠書洪範曰燠僞孔傳火氣也說文火部燠熱在中也與舍人溫煖義合禮記內則問衣燠寒釋文燠煖也楚辭天問鳥何燠之王逸注燠溫也俱用舍人訓

塊堛也

孫炎曰堛土塊也儀禮疏

證曰說文堛凷也凷墣也或从鬼作塊釋文引說文曰塊俗凷字凷一名堛吳語王寐涓人疇

枕王以墣郭引作塥是塥與墣同也淮南說林訓土勝水者非以一墣塞江也御覽三十七引許注曰墣塊也又引賈逵注國語亦曰墣塊也說文墣塊也𡊨从卜作圤一切經音義引說文凷墣也土也从土一屈之象形儀禮喪服傳釋大塊土也左傳二十三年傳野人與之塊杜注得土有國之祥郭注用孫說

將齊也

餬饘也

啟跪也

李巡曰啟小跪也春秋疏

證曰詩四牡不遑啟處傳啟跪也說文跪拜也跽長跪也玉篇引聲類曰跪跽也釋名跪危也兩厀隱地體危隉也跽忌也有所敬忌不敢自安也史記滑稽傳髡卷韝鞠跽徐廣曰跽與跽同謂小跪也莊子曰擎跽曲拳臣之禮也按啟古與跽通郭云小跽誤邵氏正義曰劉熙以啟為一舉體即所云小跽應作小跪是也

暘、窒也

閈、闔也

袍、襴也

障、畛也

靦、姡也

同康案釋文引孫李注尚有方言云楚鄭或謂狡猾為姡姡狡猾也凡小兒多詐謂之姡共二十三字

應補入否候酌

也一曰面見也謂自專擅之皃釋文

靦人面姡然也釋文引孫炎詩疏單用本疏同

靦面見也从面見見亦聲

或从面旦作𩈗玉篇靦䩄皃或作䩄䩄按說文

爾雅漢學證義卷 湘麋館遺書

面見當作面皃乃字形相近而譌故舍人靦面
皃謂自專擅之皃靦擅形聲之相近玉篇引埤
蒼靦作䩄擅䩄字義合字書作䩉又以擅字生
義也說文擅專也國語余雖靦然而人面哉吾
猶禽獸也韋昭曰靦面目之皃即舍人說也說
文婚面醜也段氏據詩疏改作面靦也郝氏義
疏亦從之按面醜義亦通或面靦之面作靦謂
靦然可醜說文醜可惡也又通作㥏說文引方
言青齊謂慙曰㥏故顧氏以靦謂慙也詩何人

暘窔也

闓闢也

袍襺也

障畛也

靦姡也

舍人曰靦擅也一曰面皃也謂自專擅之皃釋文

李巡孫炎曰靦人面姡然也釋文詩疏單用引孫炎本疏同

證文。曰說文靦面見也从一𡇂見會意見亦聲

或从面旦作䩄玉篇靦䩄皃或作䩸𩈹按說文

面見當作面皃乃字形相近而譌故舍人靦面皃謂自專擅之皃靦擅形聲之相近玉篇引埤蒼靦作䩄擅䩄字義合字書作[illegible]又从擅字生義也說文擅專也國語余雖靦然而人面哉吾猶禽獸也韋昭曰靦面目之皃即舍人說也說文婚面醜也段氏據詩疏改作面靦也郝氏義疏亦從之按面醜義亦通或面醜之面作靦謂靦然可醜說文醜可惡也又通作㥦說文引方言青齊謂慙曰㥦故顧氏以靦謂慙也詩何人

斯有靦面目毛傳靦姡也鄭箋姡然有面目方言曰秦晉之間曰獪或曰姡又曰姡娗也爾雅釋文引云姡猶獪也凡小兒多詐謂之姡郭注面姡然正用李孫說

鬻糜也

孫炎曰鬻淖糜也左傳疏

證曰說文鬻鍵也糜糝也釋名粥濁于糜粥粥然也郝氏引濁作淖未詳所出今本多作濯畢氏疏証據御覽改作濁糜煮米使糜爛也畢疏本謂應從說文糜爛也作糜儀禮鄭注粥糜也

左昭七年傳鬻于是疏曰淖者曰鬻左傳二十八年傳疏引孫説釋曰糜之鬻稠淖之異名耳淮南覽冥訓甚淖而滒高注饘鬻多瀋曰滒滒亦淖也廣疋淖濁也即釋名濁糜之説字林淖濁甚也漢書文帝紀當受鬻者注鬻淖糜也爾雅釋文引字林曰鬻淖糜也郭注亦曰淖糜皆用孫説

舒緩也

翿纛也纛翳也

李巡曰翿舞者所持纛也詩疏

孫炎曰纛舞者所持羽也詩疏

證曰說文羽部翳翳也所以舞也从羽殹聲詩左執翿今本作翻毛傳翿纛也翳也翻即翳之隸變翳从殹聲殹實从㲋聲㲋㲋㲋㲋隸變皆作壽于翳字因筆形象複因剝叏之半體又通作䎃䎃即翳之省字一从經宋本作翢翢或作䑃皆翳之變體釋文纛下云字又作翳按此四字當移在上翿字注下今在纛下者乃錯簡也纛

自有義釋文引鄭衆云纛羽葆幢也蔡伯喈云
以旄牛尾為之大如斗在左騑馬軛上所謂黃
屋左纛攷漢書左纛李斐注曰在乘輿車衡左
方上注之應劭曰雉尾為之在左驂當鑣上義
盡合段氏玉裁曰毛傳本釋言翳也上當本有
纛字陳風則約之云翿翳也許本之謂許本毛傳陳風約
文許無纛字者無每部亦無縣部無所入也纛
从縣每會意緐从糸每會意同段說極是琦按
邵氏郝氏皆為爾雅釋文所誤然以纛本作翳

廣雅釋字不可通當是釋字之誤候酌

是翿既从翳舞又从翳一字鳥能轉訓致使雅成贅辭今釋李曰翿舞者所持纛孫曰纛舞所持羽蓋知纛自有義翳即翿也郭云今之羽葆幢乃用先鄭說即解纛字也詩秦風值其鷺芀羽毛傳值持也鷺鳥之羽可以為翳箋云翳舞者所持以指麾又王風執翿鄭箋翳舞者所持為羽舞也李孫說竝從此第傳寫三翳字皆宜改作翳說文翿翳也蓋又借翿為翳字又翣字下樂舞以羽翿自翳其首翢同翳方言翿幢

翳也楚曰翿廣疋幢謂之翢釋名翳陶也其皃陶陶下垂也儀禮射禮記君國中射則以翿旌獲鄭注翿所以進退衆者然則翳也翿也羽葆也雖異義而亦可互訓也翳為舞者持羽自翳之物與翿為羽葆義雖微有徵異義亦可互訓也　又說文殳部有殹云縣物殹擊也　又呂覽仲夏紀執干戚戈羽注羽以為翿舞者執之以指麾也

隍壑也

是翿既从翳𦏧又从翳一字鳥能轉訓致使雅說成贅辭今釋李曰翿舞者所持纛孫曰纛舞者所持羽葢知纛自有義翳即翿也郭云今之羽葆幢乃用先鄭說即解纛字也詩秦風值其鷺羽毛傳值持也鷺鳥之羽可以為翳箋云翳舞者所持以指麾又王風執翿鄭箋翳舞者所持為羽舞也李孫說竝從此苐傳寫三翳字皆宜改翳說文儔翳也葢又借儔為翳字又壂字下樂舞吕羽䍽自翳其首翢同翳方言翿幢

翳也楚曰翿廣疋幢謂之翳釋名翳陶也其皃
陶陶下垂也儀禮射禮記君國中射則以翿旌
獲鄭注翿所以進退衆者然則翳也纛也羽葆
也雖異義而亦可互訓也翳為舞者持羽自翳
之物與纛為羽葆義雖微有微異義亦可互訓
也　又說文殳部有殹云縣物殹擊也　又呂
覽仲夏紀執干戚戈羽注羽以為翿舞者執之
以指麾也
隍壑也

舍人曰隍城池也壑溝也詩疏

李巡曰隍城池壑也詩疏

證曰說文隍城池也有水曰池無水曰隍易曰城復于隍一切經音義引蒼頡篇曰隍城下阬詩韓奕鄭箋隍壑也易泰卦子夏傳作堭釋文引又曰是城下池也本疏引虞翻曰否艮為城故稱城坤為積土隍城下溝无水稱隍有水稱池列子周穆王藏諸隍中廣疋堭壑也說文㕡溝也从𣦼从谷或从土作壑說文隍㕡二訓與舍人

人竝合詩實墉實壑釋文壑城池也國語谿壑何盈韋昭注壑溝也釋詁郭注壑谿也壑也此注城池空者為壑蓋兼用舍人李說也

芼搴也

孫炎曰皆擇菜也詩疏

證曰詩關雎左右芼之毛傳芼擇也箋云后妃既得荇菜必有助而擇之者說文覒擇也讀若苗从見毛聲玉篇引詩左右覒之覒擇也本亦作芼覒與芼通與孫說悉合

典經也

威則也

苛妎也

芾小也

迷惑也

狃復也

李巡曰復音服狃能屈申曰復釋文

孫炎曰狃忕前事復為也詩疏釋文無前事二字本疏

證曰說文狃犬性驕也非此義錢氏大昕曰當

低𢓜說文彳部𢓜復也是也按𩚵或作粈論語公山弗擾古今人表作不狃史記作不蹂詩猱之閒兮或作猱知丑與柔古通然經典承用狃字詩將叔無狃毛傳狃習也鄭箋狃復也左桓十三年傳莫敖狃于蒲騷之役即狃能之說欲屈而申故曰復也說文復往來也孫曰狃忕復為小爾疋狃忕也左僖十五年傳一夫不可狃杜注狃忕也字亦作忸荀子議兵忸之以慶賞注忸與狃同串習也後漢西羌傳忸忕邊利注

狃忕慣習也謂慣習前事而後為之乃用孫説魯語夕而習復注復覆也史記漢興以來諸侯年表怵邪臣計謀索隱曰怵音誓怵訓習言習于邪臣之計謀故爾疋云怵猶狃也案爾雅無以文怵與忕字相似而偽或爾雅古本作狃忕復也之説故孫郭並云狃忕復為書君陳政曰狃忕是貫習之義詩疏又曰復亦習。貫習之義邢疏又引説文云狃狎也忕習也則未詳所出

逼迫也

般還也

班賦也

李巡曰班徧賦與也一切經音義

孫炎曰謂布與也書疏

證曰說文班分瑞玉也从珏从刀按从分省會意分亦聲分有分别與人之義義實同頒小爾雅頒賦也周禮太宰匪頒之式先鄭云匪分也頒讀若班布之班謂班賜也後鄭云謂王所分賜羣臣也又祭義頒禽注頒之言分也廣雅釋

詁分予也左昭十四年傳分貧賑窮杜注分與也說文與賜予也一勺為與會意經傳多作與予字小宗伯遂頒禽鄭注謂以予羣臣分與頒皆有予人意頒又為攽說文攽分也周書乃惟孺子攽又通盼王制名山大澤不以盼鄭注盼讀為班儀禮聘禮記盼肉及廋車注猶賦也又通作糞糞从丵从八八分之也說文糞賦事也讀若頒頒盼攽班皆有分義糞字从八與班字从刀皆得分之半體左哀元年傳熟食者分而

康案陳湯傳下脫賦字。

後敢食注猶偏也晉語車班內外注班偏也又郝氏義疏班有偏義故李氏以班偏為言偏與辨同士虞禮記注古文班或為辨又小爾雅頒布也廣雅釋詁班布也東京賦布教頒常公羊僖三十一年傳班其所侵地于諸侯也何休注布偏還之辭詩大雅明命使賦毛傳賦布也釋名敷布其義謂之賦漢書陳湯傳與誠郭諸侯國注並云賦謂班與之也郭注謂布與正用孫說

濟渡也濟成也濟益也

緡綸也

孫炎曰皆繩名也詩疏　本疏

證曰詩召南維絲伊緡傳緡綸也箋以絲為之綸則是善釣也詩小疋言綸之繩傳箋綸釣繳也與說文緡為釣魚繁義相通詩釋文曰綸音倫繩也易繫作結繩而為網罟亦與釣義合前漢武帝紀初筭緡錢注緡絲也以貫錢也故郭注曰綸繩也淮南說山上言若絲下言若綸注

綸大緻也江東謂之緍易屯卦君子以經綸荀注曰綸理也釋名綸倫也作之有倫理也禮緇衣疏曰綸粗于絲也繩說文曰索也易下繫上古結繩而治疏引鄭注曰事大大結其繩事小小結其繩小爾疋廣器大者謂之索小者謂之繩

辟歷也

漦盡也

李巡曰吐沫漦也釋文 本疏

證曰說文漦順流也鄭語卜請其漦而藏之吉韋昭注曰漦龍所吐沫龍之精氣也郭注漉漉出涎沫皆本李說

寬綽也

孫炎曰性之裕者本疏

證曰說文寬屋寬大也綽緩也詩衛風寬兮綽兮毛傳寬能容衆綽緩也疏曰性寬容而情綽緩詩小雅綽綽有裕毛傳綽綽寬也裕饒也禮坊記引詩綽綽有裕注綽綽寬裕皃也孟子豈

不綽綽然有餘裕哉趙岐注綽寬也裕說文曰
衣物饒也引易曰有孚裕无咎晉初六疏引何
氏曰裕寬也周禮諸享祀付而布施優裕也注
裕緩也郭注謂寬裕乃用孫說
宊犮也
華皇也
樊光曰詩云皇皇者華 詩疏 本疏
孫炎曰皇皇猶煌煌也 詩疏 本疏
證曰說文[illegible][illegible]榮也讀若皇爾雅曰[illegible][illegible]也[illegible]

或作篁釋艸曰蕫華榮皇皇者華詩小雅皇華

文也毛傳皇皇猶煌煌也樊引詩文孫引毛傳

昆後也

彌終也

子玲學使自譔漢學室著書目有爾雅漢注述八卷云舊輯爾雅注以犍爲舍人李巡樊光三家爲漢學附以孫炎之注炎雖魏人主於漢季故皆列爲漢注後爲通訓之并正弘農剽竊之失今撿手稿僅有釋故釋言二篇題曰爾雅漢學證誼與著書目標題不同蓋亦未審訂且未卒業也今分爲二卷著書目又有附湘麋館補蘭如女史爾雅古注斠一卷并錄於是帙之末光緒丁亥歲正月里人姚

娓娓不倦之[illegible]
且且如坐[illegible]

振宗謹識

国家出版基金项目
NATIONAL PUBLICATION FOUNDATION

浙學未刊稿叢編

浙江圖書館⊙編

徐曉軍
李聖華
主編

陶方琦專集

執行主編⊙唐微

2

國家圖書館出版社

第二册目録

埤倉輯本二卷考異一卷 （三國魏）張揖撰 （清）陶方琦輯 附廣倉輯文一卷考異一卷 （南朝梁）樊恭撰 （清）陶方琦輯 民國二十八年（1939）武林葉氏抄本 …… 一
許君年表藁一卷附淮南參正殘草一卷説文古讀攷稿一卷又一卷 （清）陶方琦撰 （清）姚振宗校補 稿本 …… 一六七
淮南許高注二家異同攷二卷 （清）陶方琦撰 （清）譚獻等校勘 稿本 …… 二七一
淮南許高二注異同攷二卷 （清）陶方琦撰 稿本 存一卷（卷上） …… 三八三

淮南許注異同詁補遺一卷續補一卷（清）陶方琦撰　稿本……四六三
雜抄一卷（清）陶方琦撰　稿本……五三七

（清）陶方琦 輯

埤倉輯本二卷考異一卷

（三國魏）張揖 撰

附廣倉輯文一卷考異一卷

（南朝梁）樊恭 撰　民國二十八年（1939）武林葉氏抄本

埤倉輯本二卷考異一卷附廣倉輯文一卷考異一卷　提要

埤倉輯本二卷考異一卷，三國魏張揖撰，清陶方琦輯。附廣倉輯文一卷考異一卷，南朝梁樊恭撰，清陶方琦輯，民國二十八年（1939）武林葉氏抄本。一册。毛裝。半葉十一行二十二字，小字雙行同，黑單魚尾，四周雙邊。緑格稿紙，版心下印『武林葉氏』。封面題『埤蒼輯本附廣倉』，下題『廿八年十月據徐氏鑄學齋鈔本傳録』。書首有總目，各卷首列部目，末附叙録和姚振宗、蔡元培跋。

此爲陶方琦輯佚經部小學類著作《埤倉》《廣倉》之書。《埤倉輯本》二卷，卷端上題『埤倉』，下題『陶方琦學』。分計上、下卷。上卷列四十八部，一百八十三條；下卷列五十三部，三百二十四條。後附《考異》一卷，含任氏（大椿）《小學鉤沉》輯本考異，凡七十九條；《經籍纂詁》引任輯本考異，凡二十六條；馬氏（國翰）《玉函山房輯本》考異，凡九十四條；附記五條。《廣倉輯文》一卷，卷端上題『廣倉輯文』，下題『陶方琦學』。凡四十七條，又《考異》一卷，即任、馬二家輯本考異，凡十二條。

按：《埤倉》《廣倉》，皆爲中國古代文字學著作。《埤倉》三國魏張揖撰，《廣倉》南朝梁樊恭撰，二書大約散佚於宋代，佚文散見於各古書。清任大椿、馬國翰曾爲二書輯佚，任氏所輯入《小學鉤沉》及《經籍籑詁》内，馬氏所輯見《玉函山房輯佚書》，雖可略存原書面貌，然誤輯、缺漏之處不少，非能稱善。陶方琦復以任、馬二人所輯爲基礎，整理、補輯，彙補所未見者，以還《埤》《廣》二書原意，合任、馬二本爲一書也。

卷末有清光緒十三年（1887）姚振宗跋、光緒十四年蔡元培跋。由是該稿之傳徙流轉，清晰可見。蔡跋曰：『著雍困敦之歲，以㤉叚草藁于姚君海槎，屬丁君漢章鈔之，而培爲之讎校，匆匆對讀，未遑檢書，瞥見所及，不無刺謬……姑識大較，俟他日訂之。』以㤉，即徐維則，徐友蘭之子，古越藏書樓創始人徐樹蘭之侄。光緒十五年與蔡元培爲同科舉人。家富藏書，書樓名『鑄學齋』『述史樓』『初學堂』等。此書封葉所題『徐氏鑄學齋鈔本』，可知此爲徐維則抄本。陶方琦過世後，原稿歸藏姚振宗處，姚曾有整理遺稿之舉，於光緒十三年完成，并爲之作跋。光緒十四年，徐維則向姚借抄，由丁漢章抄録，遂成徐氏鑄學齋抄本。而據本書封葉題字『廿八年十月據徐氏鑄學齋鈔本傳録』，書首總目鈐『合衆圖書館藏書印』印，版心下印『武林葉氏』，可知民國二十八年（1939），葉景葵又借徐氏鑄學齋抄本傳録，考其字迹，似爲書胥所録。整個傳抄過程清晰明瞭，原稿在姚手上，徐氏從姚借抄，葉氏又從徐本傳録，最後葉氏抄本又歸爲上海合衆圖書館，即今之上海圖書館。

按：《中國古籍總目》中將此書版本著録爲『清會稽徐氏孟曾齋抄本』，有誤。現藏上海圖書館。

埤蒼輯本附廣倉

廿八年十月据徐氏
鑄學齋鈔本傳錄

埤倉輯本附廣倉目錄

廣倉部目

埤倉部目

示 玉 艸 牛 口 此 辵

彳 齒 足 品 言 音 革

皮 攴 目 鼻 羊 鳥 絲

歺 骨 肉 刀 耒 竹 壴

皀 食 麥 韋 木 橐 口

貝 日 㫃 月 片 禾 香

臼 山 穴 疒 巾 白

右四十八部為上卷

人 㐺 衣 毛 舟 旡 見

欠 頁 面 彣 文 髟 山

广 石 長 豕 豸 馬 犬

鼠 火 大 夰 亣 心 水

夊 雲 魚 鹵 户 門 耳

手 女 戈 瓦 弓 糸 虫

䖵 風 土 田 黄 力 金

矛 車 𠂤 酉

右五十三部爲下卷

埤倉卷上

陶方琦學

兆為祧字唐本玉篇零卷兆部

禨妖祥也史記趙王彭祖世家索隱

右示部二條

垂瓅地名出美玉今本玉篇玉部廣韻入聲二十四職瓅字注

瓌瑋珍琦也瓌或引作瑰同今本玉篇蕭該漢書揚雄傳音義後漢書班固傳注文選西都賦注魯靈光殿賦注遊天台山賦注三都賦序注唐釋慧琳大藏音義卷十七七十九八十又卷十九引云琺琦也偉作瑋同于鬼反大藏音義四十二五十六

瓔珢石似玉也今本玉篇

璘㻞文皃璘或引作瞵㻞或引作班文選景福殿賦注甘泉賦注璘㻞文采皃集韻上平

聲十七真騙字注

玲瓏玉聲也玲力經切瓏力東切文選東都賦注玲瓏玉聲一曰

風聲集韻上平聲一東瓏字注瓏玉聲玲瓏也黃公紹古今韻會

珠百枚曰琲廣韻去聲十八隊琲字注下有孫權貢珠百琲琲貫也又云珠五百枚也一十六字疑亦埤倉中語

璟玉光彩廣韻上聲三十八梗璟字注

璫充耳也釋名云穿耳施珠曰璫耳之寶飾也大藏音義十五二十又卷十四卷三十卷四十三凡三引無末句璫耳飾也同上四十一遼僧希麟續一切經音義卷一卷二

珂瑪瑙也或引作馬腦大藏音義卷二二十五五十四七十八珂白瑪瑙也同上二十九

琦瑋也今本玉篇玉部 琦珍美也亦瑋也大藏音義七十五 亦石之次玉也大藏音義四十五

瓚珍琦也同上七十五

璺撕也同上六十

右玉部一十二條

⿱艹習菌水草廣韵入聲二十六緝⿱艹習字注

齊茞一名囂明監本史記司馬相如傳索隱馬氏玉函山房輯本引文同 齊曰茞晉曰虈任氏小學鉤沈輯本引史記司馬相如傳索隱阮文達經籍纂詁卷十七引同

藺⿱艹碭草名也大藏音義九十六 毒草也唐釋元應衆經音義卷七

藤苰胡麻也大藏音義四十九五十

⿱艹耝蕺也側及反文選蜀都賦注

茸竹頭有文也文選南都賦注

蘄麥芒也慈斂切文選七發注 蘄麥秀皃今本玉篇艸部廣韻上聲五十琰蘄字注

芁遠荒又音求廣韻上平聲六脂芁字注

蔄姓也集韻去聲五十八候蔄字注

蘔積也衆經音義卷二

苾水香也苾苾然大香也同上卷五 苾大香也同上卷四大藏音義三十四

滓作⿱艹宰大藏音義十六

莂槩種移蒔也續音義卷七 謂種槩分移蒔之也大藏音義八十 謂槩種移蒔之出也同上九十九

葍蔓生實可食也同上九十九

右艸部一十四條

犨牛野牛也 大藏音義九十六

右牛部一條

囁嚅多言也 今本玉篇口部 讘或為囁字 唐本玉篇言部

嘷嘐寂靜也 文選洞簫賦注

嘈啐聲皃嘈音曹啐才喝切 文選長笛賦注 嘈啐聲皃也 文選文賦注 大藏音義九十九引作嘈啐同

噢咿痛悲之也亦聲也 大藏音義三十四 噢咿內悲也亦 一引作謂又引作言 痛念 一引作悲 之聲也 同上二十四三十三四十三四十六五十五又七十九引云噢內悲也

哮嚇大怒也 哮或引作虓嚇或引作赫文選洞簫賦注大藏音義六十六六十九七十六

七十七　大怒聲也　衆經音義卷二　哮赫怒也　大藏音義九十三

哮吼大嚇怒也大聲嗥吼如大牛鳴大虎怒聲名曰哮吼

形聲字　同上七十九

嘊喍　啀齜　犬相啀拒也　同上二十七續音義四

啾啾衆聲也　蕭該漢書揚雄傳音義

觜作業鳥喙也　續音義卷八

右此部一條

逢逢鼓聲也　詩靈臺釋文

遷至也　廣韵下平聲一先遷字注

逞役也　馬本引衆經音義十三

迸走也　大藏音義二十九　散走也　同上三十三

遭逢也同上五十一

右辵部五條

彷徨猶彷徉也文選洞簫賦注彷徉或作彷彿徬徨彷徉也大藏音義卷五十二又衆經音義十三引此條下有遑役也三字今从馬本別入辵部

祇徊謂姍遊也同上十二

右彳部二條

齷齜犬相爭聲大藏音義五十三

偓齪齷齪迫促皃也同上九十二

齛羊粻也音世羊食已吐而更嚼之爾雅釋獸釋文引埤蒼云齛羊粻也張揖音世解云羊食已吐云云

齸鹿粻也又音翳同上

齰齧也經籍纂詁卷一百引文選南都賦注

⿰齒可大齧也大藏音義七十二

右齒部六條

踡跼不伸也大藏音義二十六十二九十 踡跼不伸皃也行即曲背也同上三十六又四十七四十八引上句

跰蹮跳也求悲切文選江賦注跰一本作踦

躘蹱行不進皃一曰小兒行集韻上平聲三鍾蹱徸字注

⿰足聚醉倒皃廣韻去聲五十候⿰足聚字注

躟疾行皃躟或引作攘文選舞賦注

踃跳也先聊切同上

踾蹋地聲也文選長笛賦注大藏音義七十七

蹋謂足著地也 同上四十四

蹶起也 同上二十八 史記陸賈傳索隱

右足部九條

⿰鼠包堀地也 唐本玉篇鼠部

⿰鼠冘 鈂 堀地也 同上

右品部二條

詁說言不正也 唐本玉篇言部引云埤蒼頡類篇 集韻上平聲十三佳說字注

諸諏言不解也 唐本玉篇言部

讕嗑妄言也 同上

詆⿰言亘僻也 同上

⿰言亘譳詁說也 同上 誙譳不能言也 集韻去聲五十候誙 娙誙誙字注 類篇

諄告曉之熟詩抑釋文

謻冰室門名廣韻上平聲五支謻字注

註注註射音駐廣韻去聲十遇註字注註解也唐本玉篇言部大藏音義八十八

詖為詾字廣本玉篇言部

𧩼𧩼為揚州云言同上

諸訶怒也趙魏云同上

譽語也河東云同上

諜代人說也同上

譫詹多言兒也同上大藏音義五十三引云多言也

諵諵語聲也同上大藏音義四十六

訏誠言也同上

[言几]怒訶也同上

譑糺糾也同上

諹讙也同上讙原本作誰形寫誤也

[言奄]匿也同上

詅衒也同上

講黠也同上

[言彖]數也同上

[言月]訶也同上

誀誘也同上

譍對也同上

諦聲也同上

諳誦也同上八十九大藏音義九十一

右言部二十八條

韽韽鼓聲也唐本玉篇音部

右音部一條

鞴韇劍室也集韻上平聲十三佳韇字注鞴韇盛劍室古今韻會

䩂䩭勒靼也太平御覽三百五十八又附注云䩂音面䩭音羈靼音折柔皮也經籍纂詁九十八引御覽云靻音浙柔革也靼原本作靻誤

靮馬韁也初學記二十二太平御覽三百五十八附注云靮音的

鞚馬勒也太平御覽三百五十八大藏音義十四文選鮑明遠擬古詩注引云鞚馬勒鞚

𩊖掔遽也大藏音義二十三十二三十三堅也同上五十一

䩐急繫縛也集韻入聲十一沒䩐字注急擊縛也又紀乞切繫牛脛類篇

右革部六條

皵皮皵散也樹皮甲錯𪎭厚亦曰皵散散音土約反眾經音義二十十三凡五引同上訓皵散也又云凍裂也大藏音義六十二又三十三四十一六十二六十九八皵皮散起也同上八十一

皴皮破也同上三十四

𤿱石𧖴膜也一曰石蟇集韻去聲五十候𤿱字注類篇

右皮部三條

闙與啟亦同廣韻上聲十一薺闙字注

敆搚擊頰也大藏音義三十八四十七七十八

右攴部二條

睥睨謂邪視也史記灌夫傳索隱大藏音義卷九十一引無謂字

睦瘠人視皃一曰健而無德一曰目眚集韻上平聲十二齊睦字注類篇引健作揵

眗目深皃集韻下平聲十九侯眗曉瞘字注類篇

瞡眇視皃集韻去聲五寘瞡字注

䁁視皃五夾切廣韻入聲三十一洽䁁字注

瞟一目病廣韻上聲三十小瞟字注明察也眾經音義十八

瞪直證切文選靈光殿賦注瞪直視也文選洞簫賦注豪士賦序注大藏音義四十二四十四九十一九十九

眴音旬文選西京賦注一本云音荀

䀸視也大藏音義九十䀸惔視皃廣韻入聲十四黠集韻入聲十五舝並䀸字注類篇

瞰視也大藏音義九十四

瞳者目珠子也大藏音義十六五十七六十七六十八九十三又五十六九十五凡五引文小異

右目部一十一條

齆鼻病也集韻去聲一送齆字注大藏音義四十三又二十八也作者四十二病作疾病鼻也眾經音義二十鼻黑也大藏音義五十六鼻塞病也同上九十四

右鼻部一條

羠羺胡羊也眾經音義一十四大藏音義五十九

右羊部一條

鸊鵠鳥似服鳥而大大藏音義六十四

鴟鳩鵠鶵詩鵲巢正義

鴹鳩鷹廣韻上平聲十六咍鴹字注按澤存堂本鷹誤作鷹又鴹乃鵜字之誤見爾雅郭氏注

鴘鷹鸀二年色被免切又云人姓 廣韵上聲二十八獼鴘字注兩見陸佃埤雅釋鳥引云鴘埤倉音披免切鷹鸀二年之色也

䳓鴟也怪鳥也 衆經音義十三

鶈鸎也音妻東夷鳥也 大藏音義卷四

鷲似鵰形小食死屍肉也怪鳥也 同上卷五

右鳥部七條

𢆻讖也 今本玉篇丝部

右丝部一條

以死沒之終為𣨛字 唐本玉篇糸部 𣨛沒也死也 大藏音義八十八又九十四引上訓

殕腐也 大藏音義六十五

右歺部二條

尻骨謂之八髎一曰夜蹄（史記貨殖列傳索隱按徐廣音義曰馬八髎音料集韻馬跨上骨為八髎此上似脫一馬字）

髑髏頭骨也（大藏音義卷五六十二七十五續音義卷三）

髖骯骫也亦尻也（大藏音義七十四）髖尻也（同上卷二卷五二十六三十三三十九四十五五十九六十二）臗尻也髀上也（同上四十八）

⿰骨可腰骨也江南呼髀上骨接臀者曰⿰骨可（同上三十七又五十六引上句）

髂腰骨也口亞切（文選解嘲注大藏音義五十二引上訓）

髁尻骨也（眾經音義十六）

骻腰也（大藏音義七十八）

骭脛也（任本引史記鄒陽列傳索隱）

骲骨鏃也爾雅釋器釋文

右骨部九條

腲腇肥皃腲一罪切腇乃罪切文選洞簫賦注

胮脹腹滿也胮或誤寫作胖大藏音義卷一卷九膖脹也同上七十九胖亦脹也同上六十六六十九七十二續音義卷二亦腫脹也同上六十任本引眾經音義云胖腹脹滿也

胮肛腹脹也集韵上平聲四江肛字注膓脹也大藏音義三十一五十一五十七韵會類篇

⿰月韋膞大脯也集韵上平聲十一模⿰月韋字注類篇

⿰月帝胿腹肤也集韵上平聲十二齊⿰月帝字注類篇

腞大腹也音采山海經郭氏傳

䐜引起也今本玉篇肉部

膉豕伏槽同上

臟腳膱同上

腠膚理也爾雅釋獸釋文

䐿鳥胃也廣韻去聲三十七号䐿字注

臉脽也集韻下平聲二十四鹽臉字注臉臛也居奄切頬也類篇

腋在肘後也文選盧子諒荅魏子悌詩注大藏音義卷一七十二八十六腋胳也在

肘後肩下也同上卷七又六十二六十四七十八凡三引畧同

肘後曰胳同上三十二又四十四引云胳在肘後胳亦腋也同上六十四

右肉部一十四條

剩割也斷也廣韻入聲五質剩字注

剜削也大藏音義三十二十四續音義卷一五剜剮也同上六十二四十一五十四又兩引仍作剜剜猶剮也同上九十二續音義卷八

劈剖也大藏音義十二四十七五十六六十二六十二七十四亦剖也同上五十四又五十五引云猶剖也

剝去其皮也同上八十四

刈穫也同上四十七九十二

刻削也同上八十一

右刀部六條

暯又作樸今本玉篇田部

䎒鑼器廣韻上聲三講䎒字注

耬伸也古者人輓而伸之下種具也今並用牛輓大藏音義十六

秏 秏渻也同上五十四

右耒部四條

輤為簀字唐本玉篇車部

笈編竹足為箱也大藏音義八十六

笪逆插槍也同上四十二續音義卷六

箯析竹膚也大藏音義四十七又六十七引云析竹皮也

箴竹杅也同上四十七

筏簰也同上六十七

箱 廂序也後漢書虞詡傳注

右竹部七條

籎鼓瓦也大藏音義四十二又七十引瓦作柧 籎鼓瓦木也同上七十二

右壴部一條

鬱烟出皃也大藏音義十八

右皀部一條

餹餳餌也唐本玉篇食部

⿰飠彖飮臭也同上

⿰飠尻尾陳大夫子⿰飠尻也同上 按原本大作太寫誤也

⿰飠盍内充實也同上

⿱㱿食薄味也同上

⿰飠蒦无味也同上

⿰飠庶豖食也同上

⿰飠㕣膏也同上 ⿺辶⿰飠𠂤膏⿺辶⿰飠𠂤也太平御覽八百五十一

餑鬻饐也唐本玉篇

𩝏飽也同上

𩚵飽也同上

𩚇飽也同上

𩚀𩛳也同上

𩟃噍也同上

餼饋也同上十七

大藏音義五十七八八十八九十二

右食部一十五條

䅘麰之麥一麥二稃周受此瑞麥廣韻上平聲十六咍䅘字注

麵𩱋麥也大藏音義卷四十三六十二六十三

𩱋麥麵也同上六十

煼麥為麵也

同上八十一

煼麥屑食也同上三十七

炒米麥為麨也同上十三

右麥部二條

䵚作韛又作排同蒲戒反鍛家用炊火令熾者也大藏音義四十八又四十二七十一引上句七十三引上三句七十二云从韋作韛排作韛眾經音義十一原本作韛寫誤也大藏音義五十六載元應此經仍引作鞴鞴即韛之別體

韌柔也大藏音義九十四

右韋部二條

榙樑果名似李廣韻入聲二十七合榙字注

樠檔木名實可食集韻上平聲五支檔字注類篇

石榴柰屬也初學記卷二十八

狗榾木名也中作箭笴也大藏音義五十八

檳榔果名也其果似小螺可生啖能治氣出交廣同上八十一

楔橰所以汲水也 同上九十八

植户持鑠植也 爾雅釋宫郭璞注

楱户持鑠植也 集韻入聲十一沒楱字注類篇按爾雅釋宫郭氏注本作突今兩從之

杓織具所以理絲經 集韻去聲二十二稕杓字注類篇 杓子吝切凡織先經以杓梳絲使不亂 今本玉篇木部廣韻下去聲二十一震杓字注

橼果名似橘 今本玉篇廣韻下平聲二仙橼字注

⿰木𠂢藤屬蜀人以織布 廣韻去聲十五卦⿰木𠂢字注

⿰木盡盂也即忍切 廣韻上聲十六軫⿰木盡字注

橨枰仲木別名 枰亦通作平廣韻上平聲二十文橨字注

楣梁也 爾雅釋宫釋文

梾椋也 爾雅釋木釋文

荼作㯅桌今蜀人以作飲音直加反茗之類同上

析生水中可食經籍纂詁引史記司馬相如傳索隱

檽音乃巨反後漢書王符傳注

格木長皃也文選上林賦注

檣帆柱也才羊切文選江賦注又集韵下平聲十陽檣艢[illegible]字注及類篇並引上訓帆作颿

帆柱曰檣文選王仲宣從軍詩注引埤蒼曰檣帆柱曰檣是連文注并引者

櫑推石自高而下也類篇

箷作椸同式支反竿謂之椸椸用以架衣也眾經音義十三大藏音義五十五引作餘支反作用以作可以

榏香木也大藏音義三十九　櫁香木名也同上十八三

模寫物之形也同上十九八

樅猶撞也（同上九十九）

桊牛拘也（同上三十一五十二）

枰榻也謂獨坐扳牀也（同上四十三四十六）

梯隥也（同上十六）

欄木名（同上三十二）

樻椹也（同上五十四七十五）

枅榍也（同上六十二）

橃桴也（同上六十四）

右木部三十二條

有底曰囊無底曰橐（史記陸賈傳索隱）

右橐部一條

圖貼穀米圖笔也大藏音義八十一

右口部一條

費損也大藏音義五十一

賭賜也同上六十二文選博奕論注其下又云賭丁古切賜記被切

右貝部二條

曈曨欲明也文選賦注文

昈赤文也音戶文選西京賦注

暠白也文選懷舊賦注暠白皃也亦明也大藏音義卷十

曒明也大藏音義二十二五十七八十三

右日部四條

旇旌旗又衣服皃廣韻去聲五寘旇字注

旓旌旗斿也 文選甘泉賦注

右㫃部二條

朣朧月欲明也朣徒東切朧力東切 文選秋興賦注 又悼亡詩注

右月部一條

𡍣作𤖶同聦格反 𡍣或引作坼 大藏音義七十

牓即題額也 同上八十九

右片部二條

黣作䵋同音每謂禾傷雨而生黑班點也 列子黃帝篇釋文

穭自生也 後漢書獻帝紀注 穭苗自生也 大藏音義六十六

稕緣也 大藏音義六十二 𥠧緑也 同上六十三

右禾部三條

馞馞大香也（大藏音義九十九）

馝大香也（同上二十九九十九）

右香部二條

⿰囟市⿰囟昜米也（大藏音義五十八）

右囟部一條

宋寥無人也（大藏音義五十二）

宓音秘宓之宓（顏氏家訓書證篇）宓秘宓又音謐（廣韻入聲五質宓字注）

右宀部二條

穾戶持鐷植也（爾雅釋宮郭璞注）

迮从穴作窄（大藏音義九十二）窄迫也陿也（同上三十又三十七引云窄迫陿也）窄迫陿小也（同上六十一又八十一引云窄陿也）

右穴部二條

瘭疽浮熱也大藏音義五十七瘭疽也同上五十四七十三瘭亦疽也同上二十九瘭音必燒反後漢書鮮卑傳注通典一百九十六

痦晉大夫冀叔痦也今本玉篇疒部經籍纂詁卷三十六引作痦

⿸疒追病也同上

痟亦渴也病也大藏音義卷五十渴病曰痟同上六十四痟謂渴病也亦痟瘦病也同上六十四又七十八八十七兩引並云渴病也

癡騃也同上十六六十五六十六六十七癡騃者也同上三十癡亦騃也同上三十二

瘂瘖也同上十二十八三十七十二瘂亦瘖也同上二十七三十一五十二

疣病也皮上結也同上二十

瘷寒熱為病也同上六十六又七十九引無為字

瘥瘷也同上二十四

瘷瘥也同上五十

右疒部一十條

幱𢄐赤紙也廣韻上平聲十二齊𢄐字注

繻為𢃰字唐本玉篇糸部按原本脫𢃰字今從集韻校補

幍帽也廣韻入聲三十一洽幍字注

𢁽布名集韻上平聲五支𢁽字注

𢂑布名又津私切大布曰𢂑類篇

帗韜髮也大藏音義三十四

𧙗作㡕同上十八九

右巾部七條

皭白色也在爵切廣韻入聲十八藥皭字注

曒明也淨也大藏音義四十三又五十二引云明淨也

皠鮮好皃也同上五十一

右白部三條

埤倉卷下

陶方琦學

悾憁窮困也後漢書張衡傳注

俑木送人葬也餘腫切俑或為偶偶刻木以像人形五茍切文選祭古冢文注俑木人送葬設闗而能跳踊故名之廣韵上聲二腫俑字注又偽孫奭孟子正義跳踊引作踊跳之下有曰俑二字

俾倪城上小垣也大藏音義六十七七十三

俛偉奇大皃同上八十四偉大也同上十九

傱傱走皃也蕭該漢書揚雄傳音義文選吳都賦注羽獵賦注並引—云傱走皃

悾音口弄反侗音籾動反蕭該音義同上

儣載器也廣韵上聲三十六養儣字注

儽伴也大藏音義六十一猶伴也同上九十四

伸展也同上九十八

佊邪也廣韻上聲四紙佊字注

俌輔也廣韻上聲九麌俌字注

右人部一十一條

㙐門聚在睢陽今本玉篇土部

右⿰亻夂部一條

褑佩紋也爾雅釋器釋文

衴被緣也廣韻上聲四十八感衴字注

⿰衤臧鮮也一曰美好皃廣韻上聲八語⿰衤臧字注

袉衣長皃也明監史記司馬相如傳索隱馬本引同

䙝衣長皃也任本引史記司馬相如傳索隱經籍纂詁同一如

襵袶袶一作衣也今言襵疊是也大藏音義五十九衆經音義卷十四

褾衣袖也同上八十七

襈緣屬也同上卷一百

褋衣袖也又胡計切帶也類篇集韵上平聲三佳褋字注引上句

右衣部九條

氍毹𣰆毲也大藏音義五十四氍毹即毾毲也同上八十一又六十六引無即字

毾毲即毛席也同上八十九又五十四引無即字後漢書西域傳注

氎毛布也同上四十五十五氎細毛布也同上三十四草花布也同上七十八

毹方言㲣也同上五十三按集韵毲或从毛作毾毲蜀方文者方言或方文之譌

右毛部四條

海中船曰艆⿰舟鳥郎鄗二音初學記卷二十五

艅艎吳船名也吳公子光與楚戰止其乘舟即此也大藏音義八十七

舷船舷也亦名⿰舟己音扶嚴反同上六十四唐本玉篇引船舷也三字舷字本文殘泐無存

⿰舟周吳船也唐本玉篇舟部⿰舟周音彫初學記二十五

舲船也有屋也唐本玉篇

舶大船也大藏音義四十七六十二八十一舶大船也長二十丈載六七百人者是也同上二十二十五舶海中大船也同上三十一又七十八引稱埤蒼篇

鷁作艫同五歷反同上五十六

艫板屋船也同上八十九

右舟部八條

簪速也易豫釋文古易音訓周易會通卷四

右旡部一條

伺作覗同滑慈滑吏二反衆經音義卷六今本玉篇司部引上句

右見部一條

欱欪笑意也唐本玉篇欠部

欠㰦張口也大藏音義卷三卷五張口欠㰦出氣也同上卷六卷七張口頻伸也同上十四衆經音義卷之四㰦欬欠也唐本玉篇欠部

歖歖恐懼也大藏音義四十二歖亦恐懼也同上七十六又四十六五十六七十四七

十七七十八五引並云歠恐懼也唐本玉篇引同又七十八引埤倉作韓蒼

欶久欬也唐本玉篇欠部

吹欶吹也同上

㰳張口也同上

欲歐也同上

歐欲也同上

右欠部八條

顱顆頭骨今本玉篇頁部顱顆頭骨也大藏音義卷五

預豫安也樂也大藏音義卷二

右頁部二條

䩄同靦姡也今本玉篇面部經籍纂詁四十六引同

右面部一條

彥大也大藏音義九十三

右彣部一條

斒斕文皃也衆經音義卷之五大藏音義七十四

右文部一條

鬤鬤髮亂集韵上平聲四江鬤字注

鬤鬤髮亂類篇

髫髦也文選籍田賦注楊仲武誄注後漢書伏湛傳注大藏音義卷一五十七八十一八十九又卷八十引云謂髦也髫髮也文選七命注

鬕者被髮而走皃也大藏音義五十三

髾髻垂者也同上七十七髾作髻垂髮髾也同上八十二

右影部五條

岭巆嶙峋深無厓之皃岭音零巆音熒嶙音鄰峋音旬文選甘泉賦注馬本岭作崯引云萬山無厓之皃嶙峋山厓之皃也文選魏都賦注

崴裹不平也又重累皃崴烏乖切裹故乖切文選吳都賦注

岪鬱山皃扶勿切同上

峷峉山不齊皃也文選南都賦注

崎嶇不平也崎夫奇切嶇音區文選鸚鵡賦注崎嶇不安之皃文選歸去來辭注又高唐賦注及大藏音義十一八十九十四並引云不安也

崦嵫山名也大藏音義八十八

巃嵸高皃也同上八十九九十八九十九

峘大山又音恒爾雅釋山釋文

巒山小而銳同上

崛特起也魚勿切文選西京賦注王命論注崫特立也大藏音義四十六

[山妥]山長皃文選甘泉賦注

嵐山風也緑含切文選謝靈運晚出西射堂詩注嵐山氣也任引選句圖注

嶁山巔也集韵上平聲十虞嶁字注類篇

峭峻也大藏音義九十八

右山部一十四條

窄或作庴酒具也大藏音義卷六

廂序也同上四十三

庵康也音且漬反同上五十八

右广部三條

硱磳硊硊謂迟曲也大藏音義九十九

磼礏高皃也磼音士劫反礏音五揖反史記司馬相如傳索隱大藏音義三十三引上句

砏磤大聲也大藏音義三十八文選南都賦注引云砏大聲也砏一本誤作矶

磟磟猶砂石之皃也同上九十七磟磟多砂石同上九十六

碭突也文選長笛賦注

碕曲岸文選鮑照苦熱行注碕曲岸頭也文選江賦注謝靈運富春渚詩注

礌磈礌也礌力罪切磈於賄切文選魯靈光殿賦注礌推石自高而下也集韻去聲十八隊礌壘礧雷櫑字注類篇

碼小障也廣韻上聲十姥碼字注

礠亦石也大藏音義七十二礠石謂吸一引作召鐵者也同上四十八四十九七

十

礓礫石也同上三十七又五十三引云埤蒼頡 礓土化為石也同上九十四

磯水中磧石也同上五十八

礭作高同砦學反同上七十

右石部一十二條

驝細長也集韻下平聲三蕭驝字注

右長部一條

獜獸名似豕黃身白首廣韻上平聲十七真獜字注

右豕部一條

貎麑狻猊也大藏音義八十三

右豸部一條

駠駠馬搖頭也大藏音義九十六

驏馬卧土中也同上八十七又八十四引云馬卧土中驏也

騃愚也同上十七

右馬部三條

獢狂無頭鬼續漢書禮儀志劉昭注通典卷七十八

⿰犭辡猭逃也⿰犭辡丑珍切猭恥傳切文選吳都賦注

⿸尸⿱犬出短尾犬也集韻入聲九迄⿸尸⿱犬出字注 類篇

獋犬嗌也大藏音義七十三

右犬部四條

鼠塲鼠垤也大藏音義五十二原作鼠傷寫誤也

⿰鼠韱鼠兒廣韻下平聲二十六咸⿰鼠韱字注 按任馬本並引作⿺鼠韱任云鼠兒今从字典所引

右鼠部二條

旯煜光燿熾盛皃也眾經音義卷三大藏音義卷九

煜爚盛皃也大藏音義三十九煜盛皃也同上四十四四十六五十八八十二

熠燿如電如熒光彩玄黃也同上三十一

烔烔然皃也同上八十一烔烔褻皃也同上卷六烔烔然熱也同上四十

二烔烔然熱皃也眾經音義卷四

熇熱皃許妖切文選魏都賦注熇熱皃熇熇赤熾盛也大藏音義三十三

炫光皃也文選長門賦注大藏音義十七三十九九十五又卷九十引云炫光也

焴光曜皃同上八十八

⿰火僉味辛也同上二十八

煽熾也同上三十六九十八

右火部九條

奤肥大也今本玉篇大部

右大部一條

𥄎目驚𥄎𥄎然廣韻去聲十遇𥄎字注

右夰部一條

耎弱也大藏音義三十三

右亣部一條

怫（怫）鬱不安皃文選笙賦注

怫（怫）憒不安皃文選同簫賦注

懍悷悲吟皃也又懍者顔色懼皃也大藏音義四十九又七十八引上句懍亦悷也同上九十九又九十三引云懍悷也悷懍悷也同上六十六七十六

忪忪惶懼也同上七十六忪忪遽也同上卷一百

譪為懵字唐本玉篇言部

悛懔也爾雅釋言釋文

劉宿留也文選長笛賦注

忲心悶也廣韻上平聲二十三魂忲字注

忼心動也集韻上平聲一東忼字注類篇

慖恨也集韻去聲十八隊慖字注類篇

忻察也悅也大藏音義十一又卷五引上訓

右心部一十一條

沛澿水波皃也唐本玉篇水部

浹渫水滂溏也文選江賦注

澆瀞水流聲皃文選高唐賦注

洺水之目不知誰改俗謂山之下地名洺水因經之故曰

洺水太平御覽六十四漳水條風土記云南易水本名漳水源出三門山引埤倉及水經云云

溟涬水盛皃也大藏音義九十七

渟渟水止清也同上七十四水止曰渟渟猶湛也同上二十一又十九二十五十二引上訓水所止也同上五十又九十九云渟水止也

謂澆為滈唐本玉篇水部

涾釜沸出也同上文選七發注引作沓

淰水无波也同上大藏音義六十五

滑羙皃也同上滑美皃也文選謝靈運石門新營詩注

濈汗出也唐本玉篇水部水行出也文選南都賦注

漩裁有水也所獵切 文選洞簫賦注

滯𤄯漉也 廣韻去聲十二霽滯字注

灕水滲入地也 大藏音義四十釋行均龍龕手鑑二遼

匕去汁曰滰 大藏音義四十四

潠噴也音巽 噴或引作濆歕同 後漢書方術郭憲傳注 大藏音義三十七 四十二 四十三 六十五七十四並引上訓 潠濆灑物也 同上四十三

注 註 解也 同上八十三

澇淹也 同上二十

淩慄也 爾雅釋言正義

澎冰室也 集韻上平聲五支澎字注 類篇

右水部二十條

沴冰室門名馬本引篇海水部亦見字典〻部沴冰室也或從水類篇

右仌部一條

靉靆翳薈雲興盛皃續音義卷九靉靆昧不明也大藏音義三十八五十三時不明也同上十八九雲氣不明也同上十四九音上愛下代同上二十七

右雲部一條

鰞鰂魚腹中有骨出南海郡背有一骨濶二寸有鬐甚長口中有墨瞋則潠人大藏音義七十四

鯆䱐鯛魚也一名江豚多膏少肉晉書夏統傳何超音義

鰲鯠魾也爾雅釋魚釋文 集韻上平聲十二齊鰲字注 類篇

右魚部三條

鹻鹵也大藏音義三十六　鹻猶鹵也同上六十一

右鹵部一條

床小户也大藏音義五十七

扂扅扊也同上十八

右户部二條

启作闙同呰禮反大藏音義七十五

闒劣弱也同上六十七

闃静也文選登樓賦注懷舊賦注任彥昇固辭奪禮啟注大藏音義八十一八十七九十八九十九

闃靖也文選宋孝武宣貴妃誄注一本

閑雅也文選舞賦注引作閑又作嫺同

右門部四條

耵⿰耳監耳垢也（大藏音義四十六、七十五）耳上垢也（衆經音義卷九。按海山仙館重刊本垢下有之字，今从任本）

聱牙謂其不相聽也（馬本引篇海耳部）聱不聽也，魚幽切（文選吳都賦注）今本玉篇

耾耾風聲（文選賦注）風耾聲皃（長笛賦注）

⿰耳占小耳垂（今本玉篇耳部）

⿰耳農耳中聲也（同上）

⿰耳翏耳鳴也（同上）

⿰耳曹耳鳴也（同上）

聑耳垂（同上）

⿰耳恖慙也（同上）

眂告也同上

聦春秋地也同上聦地名一曰耳聾集韻入聲十一沒聦字注

聣注意而聽也廣韻下平聲一先聣字注今本玉篇及集韻無而字馬本引篇海耳部

右耳部一十二條

攕揳拭滅也大藏音義五十四瀸為攕字唐本玉篇水部

捏捺搦治也衆經音義十六大藏音義六十四引云捏捺郁治也捏採搦也大藏音義三十八

捺担也同上六十四

摸捺捫搎也同上六十五

攫以爪持也文選射雉賦注按文選明刊宋本及通行本引云攫地爪持也攫地二字是賦中語埤倉未必雷同今從經籍纂詁所引

抶笞擊也文選羽獵賦注

揭高舉也巨列切文選過秦論注

搓擨也文選長笛賦注

掩覆也文選懷舊賦注

撍疾也晁説之古周易引陰弘道周易新傳疏見古易音訓及周易會通卷四

捌擽也廣韻入聲十七薛捌字注

掐爪也文選長笛賦注掐爪掐也大藏音義二十四三十七掐爪也謂爪傷也同上六十四又卷四十卷七十六引上句

抓掐也同上三十四三十五抓爪插也同上五十七

打掊也從手丁聲也同上十一四十一打掊也白降反同上十二又卷三卷八引上句

抛擊也同上三十三抛即抛擊也同上七十五亦擲也同上七十八

捦捉也同上五十二 揲捉也同上九十九

摞圍係也言急束也同上七十五又五十七引上訓

礭作搞同苦學反同上七十亦見衆經音義二十四疑即塙字之駁文

摹取象也同上七十七八十五 摹掩取象也同上九十七

摖挑取也同上五十二

揀擇也同上三十

擡振也同上六十一

⿰扌疾級也同上七十四

掏杼也同上八十八續音義卷十

拱大弋也太平御覽三百三十七

捆儌也孟子滕文公篇音義

攖 拮也孟子盡心篇音義

右手部二十六條

嫵 媚悅也文選上林賦注史記司馬相如傳索隱

嫋 嫋美也奴鳥切文選吳都賦注

娏 女神名今本玉篇女部集韻上平聲四江娏字注

劉 作嬼妖也詩月出釋文集韻去聲四十九宥嬼字注

娽 顓頊妻名廣韻入聲一屋娽字注

娪 美女也集韻上平聲十一模娪字注

妓 美女也大藏音義二十一二十五

右女部七條

戟 盾也太平御覽三百五十六

戩揗也任本及經籍纂詁引御覽三百五十七

右弋部二條

甈瓳大甂也大藏音義五十七

康作甗爾雅釋器釋文

甔大罌也字或作儋音丁甘反後漢書顯宗紀注

甓聲散也眾經音義卷二二十

㼭受一斛北燕人謂瓶為㼭大瓶也大藏音義十一

瓨大題也同上十六

甗甂也同上三十四五十三

甑甗也同上六十甑甗甂也同上五十五六十二八十三

罌之大者為瓺同上五十五

瓡縮小也同上八十六

𤮐乾瓦屋也集韻去聲五十九瓡𤮐字注

右瓦部一十一條

彆弓末反戾也詩采薇釋文

弤舜弓名廣韻上聲十一薺弤字注

弰弓兩端末也大藏音義四十一續音義卷一

右弓部三條

紟緷絲緫百升唐本玉篇糸部

鴻絧相通也同上

絽縶紩也同上

繡緷繡也同上 緷繡緻紩也同上

纅⿰糸幼纅也同上 ⿰糸幼纅縫組也同上

黑經白緯曰綅同上

⿰糸覓⿰馬風索也荆州云同上

⿱敄糸縛也益州云同上

緫所以連鍤也同上

⿰糸舞⿰糸樂淹餘⿰糸舞也同上

綾似綺而細也同上大藏音義六十六

綩者衣繡裳也唐釋湛然輔行記卷七之四

靡作縻散也易中孚釋文

縷淺黃色也唐本玉篇

縪冠綘縫也同上

緹佩終也同上

繸緣紩也同上

繗絡繹也同上

絯中約也同上

紕縷并也同上

緪狄衣也同上

緷大索也同上爾雅釋器釋文

繲浣衣也廣韻去聲十五卦繲字注

緭緒也唐本玉篇

綡纚也同上

絎紩也同上

⿱制糸緎也同上

⿰糸毛刺也同上

⿰糸尋續也同上

縝紛也同上

縡事也同上

綐紬也同上

⿰糸頁綴也同上

練擇也文選月賦注七發注

右糸部三十四條

蛸蠌螺屬爾雅釋魚郭注

蝦蟇蟲也大藏音義六十八

蝝豕掘地也（同上七十八又九十四引作蝝地）豕以鼻墾地取蟲謂之蝝也（同上五十五）

舉螯者蟹類也其一螯偏大名為擁劍亦名執火（輔行記卷八之二曰舉螯者蟹類也引埤蒼云云）

蝏蠶二眠（廣韻下平聲十五青蝏字注）

蜇亦螫也（大藏音義五十一）

蠍蠚也（同上六十二）

蠟蜜滓也（同上七十七）

强壯也（同上）

右虫部九條

蠶吐絲蟲也（大藏音義二十九）

右䖵部一條

䬒風遲也音隈文選江賦注

䬐上行風也大藏音義七十三

右風部二條

埫塔不安也今本玉篇土部

壀堄城小墻大藏音義二十四

長沙謂隄為墆衆經音義十三又十七引云長沙謂隄為塘

坽坎也坑也今本玉篇儀禮既夕禮釋文集韻上聲四十七寑坽字注引上訓

埳亦坑也大藏音義卷十埳坑也或從欠作坎也同上九十七

坎埳也同上二十九坎亦坑也同上三十三

䧍作墧同嚳學反同上五十七又八十二引云䧍从土作墧

堆土聚也（同上四十一）

塍埒也（同上九十九）

坻坂也（今本玉篇）

右土部一十條

⿰田共⿰田匈韭畦也（集韵上平聲三鍾⿰田共⿰田匈字注類篇）

畛則介有田（佩觿卷上）

⿰田莫耕麥地（今本玉篇田部）

右田部三條

䵟赤黃色（唐韵下平聲二十四鹽䵟字注）

右黃部一條

勦說亦代人說之（大藏音義八十四）

勸强也勉也勤也衆經音義卷八大藏音義十六引云勱强也

劢多力也今本玉篇力部

勖力作也大藏音義十七

勍健也同六十九八十八十四八十九九十三

右力部五條

鍮石似金也大藏音義四十七又八十九四十也作者鍮石似金而非金也

西域以藥鍊銅所成有二種續音義卷五又大藏音義六十引西域作西戎蕃國又八十引上句又九十二引云似金非是金也

鎢錛小釜也大藏音義四十五太平御覽卷七百五十七

鎢錥小釜也大藏音義七十九

鑴鑒鉏也集韻上平聲五支鑒鑒字注類篇桉原引並作鐲馬本引作鑴是也今从之

鐴土犁具也衆經音義十六

鎰廿四兩也唐本玉篇水部

鐖懸物鉤廣韻上平聲八微鐖字注

錀兔奄錀廣韻上平聲二十文錀字注

鎒小鑿廣韻上平聲十九臻鎒字注

鐻樂器形似夾鍾削木為之廣韻去聲九御鐻字注

鐎温器有柄斗似銚無緣音譙史記李將軍傳索隱

鋋小矛鐵矜史記匈奴傳索隱

鍝鋸也後漢書杜篤傳注

銾弩牙辟致也集韻上平聲一東銾字注　類篇

鐓燒鐵炙也一曰灼鐵以識簡次集韻去聲二十九換鐓字注　類篇　按原引

炙並作久今據玉篇廣韻正

鐇鏟也闊刃斧也大藏音義九十又七十三及後漢書·杜篤傳注並引上句

鉎鏉也謂鐵衣也同上六十四

鍒濡也从金柔聲同上八十

柔薄鋌曰鍱同上八十二

鉏鑱頭也同上二十

鐝磨鐝也同上四十六

鏜大聲也同上九十八

鎗金聲也同上五十六

右金部二十三條

矟長一丈八尺也大藏音義三十八亦矛也同上卷十丈八矛也从矛

矟聲同上四十八十一矟今戟矟也同上六十二又卷八卷十三卷廿九三十九四十九五十二五十六六十八六十九七十六九十三凡十一引文畧同

穳短矛也同上十四

右矛部二條

輀車四輪載棺也唐本玉篇車部

輆𨊠不平也同上

依𨋍山名也同上

䡅𨌲軘軨也同上

䡐䡐驅疾皃也同上

𨎡𨋞𨎡也同上𨋞𨎡三箱也同上

𨐉𨏔𨐉也同上𨏔𨐉車輞也同上

軽車轅兩尾初學記卷二十五軽或引作輕馬本引云軽重轅兩尾

輅車枕前也唐本玉篇

軤人姓也同上原本作𨋩寫誤也

軳軨軳也同上

轠車聲也同上

𨏥車聲也同上

輱車聲也同上

輂輮也同上

轘輓也同上

輮𨍭也同上

輩比也大藏音義五十三

輚臥車也亦兵車（廣韻上聲二十六產輚字注又唐本玉篇及文選西都賦注引上句）輚音仕板反（後漢書班固傳注并引上句）輚臥車亦兵車也又載柩車輚也（龍龕手鑑車部引埤倉六）

右車部一十九條

長沙郡謂隄曰隓（大藏音義五十六十七）

阤山名在楚地音毗（史記叔孫通傳索隱任本引云阤在楚地）

右𠂤部二條

醭䤒醬敗壞也醬敗則䤒生也醭音普木反（衆經音義十五大藏音義五十八）

醦酢甚也（同上六十三）

酮馬酪也一曰酢也（集韻上平聲一東酮字注類篇）

右酉部三條

埤倉輯本考異附

任氏大椿小學鉤沈輯本卷上

攫爪持也徐爰射雉賦注

按阮文達經籍籑詁六十六卷引云攫地爪持也又九十九卷引云攫以爪持也並出射雉賦注引埤倉其後一引所據未詳何本籑詁所采埤倉即任氏輯本此乃與籑詁異

撍疾也古易音訓周易會通卷四棄音訓晁氏曰撍與簪同陸希聲云撍今捷字說文云棄撍簪同音一音

按呂伯恭古易音訓引晁以道古周易晁引陰弘道周易新傳疏陰引埤倉云撍疾也撍与簪同按撍與簪同四字是陰氏說非晁氏說音訓又引古周易曰陸希聲云撍今捷字說之棄撍簪同音一字王原叔謂即詩不寁字祖感反其文如此說之云者晁以道古周易自謂也此乃改為說文云一若陸希聲引說文者說文中安有撍簪同音一音之言乎此必非任氏之說也

哮嚇大怒聲也一切經音義卷二文選洞簫賦注

按選注無聲字字嚇作赫

胖腹脹滿也

煜光燿熾盛皃也並不切經音義卷三

按元應摩訶般若波羅密經音義引埤倉云胖脹腹滿也經籍纂詁卷六十二引任輯埤倉亦同此與纂詁異

又元應光讚般若經音義引埤倉云晃煜光燿熾盛皃也經籍纂詁五十二引任輯同惟煜作煌為寫誤耳此上敓晃字與纂詁所采異

欯張口頻伸也一切經音義卷四

按經籍纂詁八十九引任輯云欠欯張口頻伸也此上敓欠字与纂詁所采異

苾大香也一切經音義卷五

按音義卷五引云苾水香也苾苾然大香也此下敓六字經籍籑詁九十三敓亦同

崎嶇不安也 一切經義義卷四文選、高唐賦注歸去來辭注

按歸去來辭注云崎嶇不安之皃經籍籑詁卷四引任輯同此與籑詁所采異

挑取也 一切經音義卷十一

按經籍籑詁六十七引任輯云捺挑取也海山仙館刊本捺誤爲捺慧琳大藏音義五十云云捺千計反埤蒼挑取也證以玉篇手部音訓相同此上敓捺字又與籑詁所采異

譫多語也 一切經音義卷十二

按海山仙館刊本及大藏音義五十三所引並云多言非多語經籍籑詁二十九引任輯不誤此語當爲言

徬徨仿佯也 一切經音義卷十三文選洞簫賦注

按文選明刊宋本引云彷徨猶仿佯也

⿰扌幾拭滅也一切經音義卷十三

按元應所作力士移山經音義亦見大藏音義五十四卷中引云⿰扌幾揳拭滅也海山仙館刊本敓揳字⿰扌幾又誤作⿰忄幾經籍纂詁九十八引任輯亦作⿰忄幾与此異此⿰扌幾下敓揳字

醭⿰酉㒼瞢敗壞也

⿰白巿暘米也竝一切經音義卷十五

按經籍纂詁卷九十引任輯云醭⿰酉㒼瞢敗壞也瞢壞則⿰酉㒼生也醭音普木反海山仙館刊本音義同此下敓兩語与纂詁異

又經籍纂詁九十五引云⿰白巿暘米也當从白此寫誤

皴皮皴散也一切經音義卷二十

按元應無明羅刹經音義引埤蒼云皴皮皴散也樹皮甲錯麤厚亦曰皴散皵音土約反經籍纂詁卷十一卷一百兩引任輯不誤此敓下文与纂詁異

褱不平也 文選吳都賦注云又重累皃

按選注引埤蒼云歲褱不平也又重累皃經籍篹詁卷九引任輯同此脫歲字又異

髫髦也 文選籍田賦注七命注楊仲武誄注後漢書伏湛傳注

按文選七命注引云髫髮也經篹籍詁卷十七引任輯不誤此又異

扶笞擊也 文選羽獵賦注

按扶當為抶經籍篹詁九十三引文不誤

閴靜也 文選登樓賦注懷舊賦注上蕭太傅固辭奪禮啓宋孝武宣貴妃誄注

按文選宣貴妃誄注引云閴靖也 奪禮啟下敓注字

嘈啐聲皃 文選文賦注長笛賦注

按長笛賦注引埤蒼曰嘈啐聲皃經籍篹詁卷十九卷九十六分別載之不誤此不當合并為一

怫愲不安皃 文選洞簫賦注笙賦注

按笙賦注引云佛鬱不安皃經籍纂詁九十四引任輯不誤此乃并佛悁為一又洞簫賦注佛悁作佛悁纂詁六十四引任輯作沸渭又与此異

攘疾行皃 文選舞賦注

按經籍纂詁二十二五十二兩引任輯亦並作攘今考明刊宋本引作瓖謹按字典曰傅毅舞賦攘瓖就駕註埤蒼云瓖疾行皃則舊本實作瓖

尻骨謂之八醪一曰夜蹄 史記貨殖列傳索隱

案醪當為髎經籍纂詁卷十七引任輯不誤

⿰木黑音每謂木傷雨而生黑班點也 列子黃帝篇釋文念孫案⿰木黑當作⿰禾黑字從禾亭玉篇禾部⿰禾黑黑也禾傷雨也廣韻同

按殷敬順釋文黣埤蒼作⿰禾黑同音每謂禾傷雨而生黑班點也經籍纂詁卷四十引任輯亦从禾作⿰禾黑與此誤从木者異此云木傷雨纂詁引亦同與釋文原引禾傷雨者又異

瞟一目病廣韻　按此瞟字與前列瞟明察也一條複見當合并

景玉光采廣韻　按廣韻上聲三十八梗璟字下云玉光采出埤蒼經籍纂詁五十三引任輯云璟玉光采與此異文

躘踵行不進皃集韻　按集韻上平聲鍾蹱徸字注引作躘踵非踵字

睦瘠人視皃集韻類篇　按經籍纂詁卷八引任輯云睦瘠人視皃一曰健而無德一曰目曹類篇引埤倉亦同與此詳畧大異

镽細長也

睍眇視皃並集韻類篇　按類篇長部目部無此二條

鏉燒鐵久也（集韵 類篇）

按經籍籑詁七十四引任輯云鏉燒鐵久也一曰灼鐵以識簡次与此詳畧又大異然久實炙字之譌

傱傱走皃也（漢蕭該漢書揚雄傳音義 文選吳都賦注）

按蕭該梁都陽王恢孫隋書北史並附見儒林何妥傳此以為漢人任氏之誤亦必不致于此又選注引云傱走皃非傱傱二字也

烔烔熱皃也（一切經音義卷四）

按海山仙館刊本引云烔烔然熱皃也經籍籑詁卷一引任輯不誤此脫然字又異

肱肱風聲（文選風賦注）

按此與前列肱聲皃一條當合并經籍籑詁卷二十三引任輯亦兩條并録之此又異

鬤鬤髮亂（集韵 類篇）

按類篇髟部引埤蒼云鬤鬤髮亂非鬤鬤也

任氏小學鉤沈輯本卷下

瓔瑄石似玉也玉篇

按玉篇玉部實引云瓔珢經籍纂詁二十三引任輯不誤此誤作瑄又異

珠曰璫充耳也一切經音義卷四

按大藏音義先後凡五引埤倉並云當充耳也釋名云穿耳施珠曰璫蓋埤倉引釋名以釋璫字釋名有劉珍劉熙兩本皆在稚讓之前元應音義引有敓誤

米麴所作曰釀一切經音義卷九

按元應大智度論音義實引三蒼非埤蒼任輯三倉下卷已采據此後人誤寫入之

拘桊牛拘也一切經音義卷十二

按元應别譯阿含經音義引埤倉云桊牛拘也經籍纂詁七十六引任輯不誤此上拘字衍桊當作桊

椸式支反竿謂之椸用以架衣也一切經音義卷十三

按元應太子本起瑞應經音義引云箷埤倉作椸同式支反竿謂之椸椸用以架衣也經籍纂詁卷四引任輯箷作椸同與此異此脫誤

鞚馬勒鞚文選鮑明遠擬古詩注太平御覽三百五十八

按御覽引埤倉云鞚馬勒也無下鞚字經籍纂詁六十引任輯同此選注相牽混

俑木人送葬也文選祭古冢文注

按選注引云俑木送人葬也

甗大罌也不注出處

按經籍纂詁二十八引任輯後漢明帝紀注云擔大罌也字或作儋音丁甘反与此字句異然此引作甗是也

輕車轅兩尾初學記卷二十五

按經籍纂詁六十三引任輯輕車作為輕車與此異

拱大戈也太平御覽卷三百三十七念孫案拱當為拱戈當為戈爾雅云找大者謂之拱

按御覽引云拱大戈也經籑籍詁三十二引任輯作拱與此異按論語子路共之集註疑共當為拱執之義此足以證明當依御覽原引作拱王說云云似別為一義

戰盾也太平御覽卷三百五十六

按經籍籑詁卷十四引任輯云戰楯也見御覽三百五十七與此小異然攷阮刻御覽此兩卷中實無此條或舊鈔本所有今本佚敘耳

鞴鞲勒靼也

靼柔皮也太平御覽卷三百五十八念孫案鈔本短御覽靼音浙柔皮也為鞴鞲勒靼也句注文

按王氏此校蓋謂不當以御覽附注之文為正文而別為一條也

錫鏋小釜也太平御覽卷七百五十七

按經籍籑詁五十二亦作錫鏋今攷御覽原引實云鍚鏋與大藏音義引文相同錫字誤也

䅣䅣䆶器 廣韻

按此蓋連廣韻文注故曰䅣䅣然經籍籑詁三十三引任輯云䅣䆶器則單字非重文也

𢂁布名

瞼膗也 竝集韻類篇

按類篇巾部引埤蒼云𢂁布名又津私切大布曰𢂁此作𢂁乃集韻所引非類篇也又類篇肉部引埤倉云瞼膗也居奄切頰也此亦集韻所引非類篇

鞴靫劍室 集韻

按經籍籑詁卷九引韻會云鞴靫盛劍室與此異

塲鼠垤也 一切經音義卷十一

按元應中阿含經音義引埤倉鼠垤之訓實幷鼠塲二字言之經籍籑詁二十二引任輯云鼠塲鼠垤也此誤敓上鼠字

長沙謂堤為㙐一切經音義卷十三 長沙謂堤為塘同上卷十七

按元應遺教經論音義俱舍論音義堤字並从阜作隄

碕曲岸頭也文選江賦注謝靈運富春渚詩注鮑明遠苦熱行注

按苦熱行注引無頭也二字

哄呴韭哇也集韻類篇

按哄呴當為哄哅經籍纂詁卷二引任輯不誤

阰在楚地史記孫叔通列傳索隱

按索隱引埤倉云阰山名在楚地經籍纂詁卷四引任輯不誤此有敓誤又注當為叔孫通

礧推石自高而下也集韻類篇

按此當與上卷礧碨礧也一條合并

水止曰渟一切經音義卷一卷七卷十二卷二十華嚴經卷八音義

渟水止也文選長笛賦注

按此似本為一條寫者乃誤分為二

蘄麥秀皃玉篇廣韻麥芒也文選七發注

按七發注引埤倉作蘄蘄本字蘄別體字

籢析竹膚也一切經音義卷十卷十七

按元應音義卷十七引云析竹皮也經籍籑詁九十八引任輯同此與別引異文牽合為一非

䇡竹頭有文也文選南都賦注案南都賦曰阿那蓊茸注引埤倉茸竹頭有文釋蓊茸之茸

考玉篇廣韻集韻竝云䇡竹頭有文从竹不从艸埤倉既訓云竹頭有文則定竹䇡字注誤以䇡為茸遂引以釋蓊茸之茸之非是念孫案賦蓊茸字必從竹頭作蓊䇡故注引說文蓊竹皃也又引埤倉䇡竹頭有文也

俗本誤寫廾頭茸

按經籍籑詁卷二卷三十二兩引任輯埤倉並作茸未嘗改作䇡与此大異此所附說及王氏校語亦甚

有可疑恐非二家之言也

⿰木霆蠶二眠 廣韻

按廣韻下平聲十五青實从虫作⿰虫霆此寫誤也

⿰魚孚⿰魚肉魚也 唐何超晉書音義列傳卷六十四

按高郵王文簡引之廣雅釋魚疏證引此條上有鯆字下有一名江豚多膏少肉八字蓋所見善本如此此所引與明監本相同其前後有寫誤處

齛羊㹗也 爾雅釋獸釋文

按原本埤倉云羊㹗也張揖音世解云羊食已吐而更嚼之此所音所解亦即埤倉陸氏以上文郭璞所音異故稱張揖以別之

⿰鼠韱鼠兒 廣韻

按經籍籑詁卷三十引任輯云鼸鼠兒與此異然廣韻下平聲二十六咸實引云鼸⿰鼠韱鼠兒⿰鼠韱鼸皆非兒

䍲羺壺羊也 一切經音義卷十四二十二 作兒未詳孰是

按壺當作胡音義卷十四引䍲羺二字卷二十二引羺一字經籍籑詁卷九卷二十六兩引任輯不悮此又異

⿰月感 玉篇云埤倉同⿰月感

當云⿰月感同⿰月咸此注仍作⿰月感誤也經籍籑詁卷九十引任輯云⿰月咸脚⿰月咸与此文字大異

覗 玉篇云伺廣雅埤倉並作覗一切經音義卷六卷十四

按經籍籑詁六十三引任輯云伺作覗同滑葸滑吏二反與此大異

⿰面巴 玉篇云埤倉同靦

當云⿰面巴同靦經籍籑詁四十六引任輯云⿰面巴姑也與此大異

⿸广風 爾雅釋器釋文云康埤倉作⿸广風

按經籍籑詁二十二引任輯云康作麃音如字與此大異

瑋 于鬼反 一切經音義卷一卷十九並云埤倉偉作瑋

按經籍籑詁三十四引任輯云偉作瑋同于鬼反与此引文各異又按此當與上卷瑰瑋珍琦也一條合并

鞴 蒲戒反 一切經音義卷一卷十一卷十四卷十七卷二十二卷二十五並云埤倉囊作鞴

按橐當為橐經籍籑詁六十九引任輯云橐作鞴又作排同蒲戒反鍛家用吹火令熾者也與此文句並異

闆 苦禮反 一切經音義卷十二云埤倉启作闆 廣韻云埤倉与啟亦同

按經籍籑詁三十八引任輯云启作闆同苦禮反与此互異

搞 苦學反 一切經音義卷十三卷二十四並云埤倉確作搞

按元應音義卷十三引作塙卷二十四引作搞經籍籑詁九十二引任輯云確作塙同苦學反又与此文句異

斨 恥格反 一切經音義卷十七云埤倉坼作斨 按經籍籑詁卷一百引任輯云坼作斨斨同恥革反與此文句異

艗 一切經音義卷十九云埤倉鷁作艗 按經籍籑詁卷一百一引任輯云鷁作艗同五歷反水鳥善高飛者也與此異

瘭 音必燒反 後漢書鮮卑傳注通典卷一百九十六 按此當與上卷瘭疽也一條合并

畍 佩觿云埤倉云畍則介有田 按郭忠恕先明引埤倉云則此五字皆埤倉文不當附見注中畍今本作畛同

[illegible] 人姓 廣韻

經籍籑詁引任氏輯本按此當與前列鵜鷹鳥二年色一條合并已見前者不復出

碕曲岸頭也碕與圻同文選江賦注引埤蒼卷五按文選明刊宋本江賦注無碕与圻同四字惟鮑明遠樂府苦熱行注引埤倉曰碕曲岸碕与圻同然此亦因本文焦烟起石圻句而發既引埤倉碕字故復申之曰碕與圻同似注字之言未可指為埤倉任氏小學鉤沈輯本中亦無此四字

渠耳渠也一切經音義四引埤蒼卷六按元應引此條亦見大藏音義十四卷中二家所引各異元應璫渠二字下曰都唐反釋名云穿耳施珠曰璫埤倉珠曰璫充耳也渠耳渠也慧琳璫轘二字下曰上音當埤倉璫充耳也釋名云穿耳施珠曰璫下音渠耳轘也是渠當為轘又為據之直音亦皆是二家羼入之語非埤倉文元應書有所殽誤耳任氏小學鉤沈輯本中亦無此條

鯆鮑魚也晉書音義下引埤倉卷七下

按此引上下有敍文詳見前任輯鈎沈本下卷

癀陰病集韵引埤倉卷十補遺

按集韵上平聲十五灰癀癩瘢瘣字注曰倉頡篇陰病或作癩瘢瘣蓋倉頡非埤倉也

璘斑文皃文選景福殿注引埤蒼卷十一

按明刊宋本注引斑作斒任輯鈎沈本引文不誤

砏礙大聲也一切經音義八引埤蒼卷十一

按元應大方等大雲請雨經音義引埤倉砏礙大聲也海山仙館刊本附武進莊炘校正曰砏礙當為砏磤今按大藏音義三十八亦載元應此經音義實作磤字任輯鈎沈本引文不誤

鬏細長也集韵引埤蒼卷十七

按集韵下平聲三蕭實作镽類篇入長部不入髟部鬏當為镽任輯鈎沈本不誤

蹉擗也文選長笛賦注引埤蒼卷二十

搓擗也文選長笛賦注引埤蒼卷二十補遺

按蹉是賦中字注云蹉一作搓埤蒼曰搓擗也此前一引假借後一引是也任輯鈎沈本亦引作搓

徬徨彷佯也一切經音義十三引埤蒼卷二十二下

徬徨猶彷彿也文選洞簫賦注引埤蒼同上

按選注彷彿亦多引作彷佯或作彷徉同任輯鈎沈本亦作彷佯

㲪毛席也後漢西域傳注引埤蒼卷二十五

毾㲪毛席也後漢西域傳注引埤蒼卷一百四

按前一條敍毾字後一条是也任輯鈎沈本同

喃語聲也一切經音義九引埤蒼卷三十

按元應大智度論音義引此條亦見大藏音義四十六卷中並从言作諵此从口非也任輯鈎沈本引文

俑木人送葬也餘腫切　文選祭古冢文注引埤蒼（卷三十二）（不誤）

俑木人送葬設關而能跳俑故名之廣韻引埤蒼（卷三十二）（補遺）

按選注引云俑本送人葬也與廣韻所引木人送葬異又廣韻跳俑之俑作踊

㣞㣞走皃文選吳都賦注引埤蒼（卷三十二）

按吳都羽獵二賦注並引云㣞走皃一本或作漎惟蕭該漢書音義引作㣞㣞

吻謂脣兩角頭邊也華嚴經音義下引埤蒼（卷四十二）（補遺）

按脣兩角頭邊陳氏獨抱廬叢書重刊藏本引作脣角兩頭邊亦與此異今并附識之

按慧苑此經所引實倉頡篇孫輯岱南閣本已采之非埤倉也

晥遐綰反一切經音義十九引埤倉（卷四十五）

按元應佛本行集經音義釋朣朧二字曰朣徒公反埤倉目珠子也下𨓵縂反倉頡篇目出皃也亦見大藏音義五十六卷中此反語蓋元應所加非埤倉也

崛與倔同　文選王命論注引埤蒼　卷九十四

按班叔皮論有曰未見運世無本功德不紀而得倔起在此位者也注引埤蒼曰崛特起也崛與倔同蓋李善旣引崛字又以論文作倔故復申明之曰崛與倔同此四字乃李善語未可以為埤倉任輯鈎沈本亦祇采上句不連下文

揭立舉也　文選過秦論注引埤蒼　卷九十五

按選注實作高舉也任輯鈎沈本引文不誤此蓋據海録軒本不足信也

嘈嗻聲皃嗻與囋及𪗑同才曷切　文選舊懷賦注引埤蒼　卷九十六

按此乃文賦注非懷舊賦又嗻與囋以下云云亦是選注非埤倉此卷補遺中哳字條下云嗻与囋及𪗑

同文選文賦務嘈啈而妖冶注蓋初以為埤蒼後審定為選注也是也任輯鈎沈本亦祇采上句

蠍毒傷人曰蛆 左氏僖廿二年傳疏引埤蒼 卷九十六補遺

按此實通俗文非埤倉任輯鈎沈本亦無此條

汃大聲也 文選南都賦注引埤蒼 卷九十七

按明刊宋本選注引云砏大聲也別本或譌作矶又或譌作汃此即砏礚磤大聲之砏選注摘其一字耳

齰齧也 文選南都賦注引埤蒼 卷一百下補遺

按選注無此條未詳所見何本任輯鈎沈本亦無此條

鷁作艦同五歷反水鳥善高飛者也 一切經音義十九引埤蒼 鶂作鷁同五歷反水鳥也善高飛也 一切經音義十九引字書 卷一百一

按元應佛本行集經第二十六卷音義引此字云鷁說文作鶂司馬相如作鶃或作鷊埤蒼作艦字書作

鷗同五歷反水鳥善高飛者也蹇詁分別載之悉本于此然水鳥以下云云當歸之字書任輯鉤沈本但引鷁字是精審處

靮馬韁鞚也控制之義也初學記廿三引埤蒼卷一一百

按明晉府重刊初學記轡字一條云轡之為飾有銜勒鑣羈韁鞚之類以成其用也銜在口中之言也勒絡也絡其頭而引之鑣包也在傍包斂其口也羈撿也所以持制之也韁疆也繫之使不得出疆限也韁亦曰靮故埤倉曰靮馬韁也鞚控制之義通俗文云所以制馬曰鞚其文如此鞚下敘佚一字以文義推之當為者其引埤倉止靮馬韁也四字与太平御覽引同鞚下云云蓋分疏上文銜勒鑣羈韁鞚之鞚非埤倉也任輯鉤沈本引文不誤

鰞鰂魚腹中有骨出南郡背有一骨濶二寸許有髻甚長口中有墨頭則潠人一切經音義十七引埤蒼卷一百二

按元應出曜論音義亦見大藏音義七十四卷中南郡作南海郡是也此敘海字又慧琳引無許字

襭襘衣也今人言襭疊是也一切經音義十四引埤蒼卷一百五

按海山仙館刊本元應四分律音義引此條無人字

經籍纂詁采引任輯埤倉與小學鉤沈輯本多不同豈纂詁入錄時有所校訂不盡從任氏原編歟抑任氏別有訂本歟不可知已

馬氏國翰玉函山房輯本隱依說文部居編次者

秘宓唐韻入聲五質秘字注

按廣韻五質無秘字此在宓字注即顏氏家訓書證篇所引宓音秘宓之宓也文与注當并讀之不當節去上宓字

璟玉光彩廣韻上聲二十八梗璟字注

按二十八捷當云三十八捷

琗　同瑟顧野王玉篇玉部

按此寶廣倉非埤倉又璱誤作瑟

瑰瑋　珍琦也文選班孟堅西都賦李善注又王仲宣登樓賦注瑰于鬼反釋元應佛本行集經音義瑋于鬼反法炬陀羅尼經音義

按登樓賦注未見引有此條又元應此二經音義並云偉埤蒼作瑋同于鬼反亦見大藏音義五十六四十二兩卷中所引皆瑋字非瑰字此作瑰誤也

穿耳施珠曰璫充耳也見寶三昧經音義

按原引云釋名云穿耳施珠曰璫埤倉珠曰璫充耳也與此所引異然元應此條寶有譌敓詳見前任氏輯本卷下

璘斑　文見文選何平叔景福殿賦注

椄文選明刊宋本引作璘瑦与甘泉賦注及集韵所引同

苾 水香也苾苾然濕室洗浴衆僧經音義纓絡經音義引作苾大香也

椄一切經音義卷五引云水香也苾苾然大香也又卷四引云苾大香也此大香也三字不當割裂入注

又注濕室當作溫室

菮 竹杼也十二門論音義

椄元應引此條亦見大藏音義四十七卷中菮實作筬杼實作杼集云菮草名筬篚織具海山仙館刊一切經音義作菮者誤也此當移入竹部

嘷⿰口息 息聲也文選揚子雲羽獵賦注

椄選注實引云嘷喘息聲也此因字誤而誤讀者

嘈啐 聲皃啐與囋及囐同才曷切文選陸士衡文賦注

⿰口草嘐 寂靜也⿰口草嘐與愺恅音義同愺麤老切恅闇草

切 文選王子淵洞簫賦注

按哰與嚽嘽嘐與嘽恅云云是李善釋賦中文字之語未可以為埤蒼

喃 語聲也 大智度論音義

詳見前蒼詁引任輯本中蓋喃是論中字喃是所引埤蒼字故必當从言作諵此當移後言部

唵 哈也謂掌進食也 正法念經音義

按海山仙館刊本哈作唅任本及經籍蒼詁五十七引同惟大藏音義引元應此條作哈蓋所見別是一本

呼 吹食聲也 陀羅尼雜集經音義

按元應原引實云吹氣聲也亦見大藏音義四十三卷中此食當為氣

遑 役也 梵志阿跋經音義

按元應此引在徬徨仿佯也之下海山仙館刊本有之大藏音義五十二卷中所載無此三字也其所音

釋止傍偟二字此遑字實為無因攷其下第六條有非偟二字注云偟作遑同或此條之注寫者誤入前條歟

彷偟猶彷彿也文選洞簫賦注

按明刊本引云猶彷徉也別本或引作彷徉

䶕音眼文選張平子西京賦注

按選注此引止有眴音旬三字是埤蒼其下音釋不當闌

跻蹷跳也求悲切文選郭景純江賦注

按跻當為跻說文讀若達明刊本引作踦蹷似因賦中踦踽字而誤

蹱行不進貌一曰小貌集韻上平聲三鍾蹱字注

按集韻三鍾蹱僮字注云埤蒼蹱蹱行不進皃一曰小兒行此誤以皃字為皃字故云小貌又欲下行字又誤蹱為蹱

靮 音的馬韁鞚也徐堅初學記卷二十二太平御覽卷三百二十八

按初學記舊本實無鞚字詳見前蒼詁引任輯本中靮音的是御覽附注之文又注御覽三百二十八當云五十八

⿰革面⿰革奇 勒靻也⿰革面音面⿰革奇音羈靻音折柔皮也太平御覽卷三百五十八

按⿰革面音面以下四語並御覽附注不當引入正文靻或引作靼

皺 皮皺散也樹皮甲錯麤厚亦曰皺無明羅刹經音義

按元應此引實云樹皮甲錯麤厚亦曰皺散此遺下散字

散 音土約反同上

按此本與上為一條不當割折

鱗眴 無涯也眴音旬文選西京賦注

按選注引埤蒼眴音句鱗眴無涯也句猶在其下數語之後是李善釋賦中語不當移掇于前指為埤倉

瞢　視不審諦也共耕切文選洞簫賦注

按此是李善釋賦中瞢字未可指為埤倉經籍籑詁卷一引此條亦但稱為選注又注共耕切共當作莫

睥　睨邪邪視也史記信陵君傳索隱又魏其侯傳索隱

按灌夫傳索隱引邪工有謂字

⿰目黑　地名一曰耳黨集韻入聲十一沒⿰目黑字注

按⿰目黑當从耳作⿰目黑集韻刊本偏傍有似乎目遂致此誤此當移後耳部

界　目驚界界然廣韻去聲十遇界字注

按此當移後介部

皭　白色也在爵切廣韻入聲十八藥皭字注

按此當移後巾部之次之白部此白部說文云亦自字也

皎　明也淨也大方便報恩經音義中阿含經音義

按元應此二經音義並引作皦亦見大藏音義四十三五十二兩卷中同作皦又此條亦當移後白部

鳲鳩鴶鵴詩召南鵲巢孔穎達正義方言云戴勝爾雅釋鳥邢昺疏

按正義引爾雅釋鳥鳲鳩鴶鵴郭氏曰今布穀也江東呼穫穀埤蒼云鴶鵴方言云戴勝蓋正義引埤蒼又引方言邢疏引亦同方言云戴勝非埤蒼同文也

胮肛　腹脹也集韻上平聲四江胮字注韻會引作胮肛腸脹

按集韻引此條在肛字注非胮字注

⿰月韱　膗也集韻下平聲二十四鹽⿰月韱字注

按集韻臉⿰月韱字注云埤倉膗也或从韱類篇肉部引埤倉云臉膗也居奄切類也集韻所引為上臉字故類篇引亦相同非為下⿰月韱字也玉篇云臉膗蓋所據即埤倉今本刪其稱引耳

䈺速也周易釋文䈺引鄭云速也埤倉同

按此條當移後入旡部

韛皮拜反所以冶家用炊火之熾者也大威德陀羅尼經音義順正理論音義正法念經音義引作朝瑜伽師地論音義作蒲戒反無所以二字冶作鍛韛又作𩏂同蒲戒反舍利弗阿毗曇論音義

按旡應前二經音義止引橐作鞴一語正法念經引排作朝致字書無朝字蓋即鞴字之刊誤惟瑜伽師地論引文最明云橐埤倉作韛又作排同蒲戒反鍛家用炊火令熾者也韛即鞴之別體排及𩏂又是排之寫誤並見大藏音義四十二四十八五十六七十一七十三諸卷中

杓子吝切凡織先經以杓梳絲使不亂玉篇木部廣韻去聲二十一震集韻去聲二十三稕並杓字注

按集韻與玉篇廣韻所引並有異文詳見今輯本木部此韋合為一非是又注二十三稕當云二十二

稃

𣘻 案今人以作飲音真加反若之類 爾雅釋文

按當云茶作𣘻此改作𣘻者非也今下敘蜀字真加反當云直加反

椸 式支反竿謂之椸用以架衣也 太子本起瑞應經音義

按此與任輯鉤沈本敘誤同詳見前

囊橐 有底曰囊無底曰橐 史記陸賈傳索隱

按此條上不當別標囊橐字

賭 賭也賭丁古切 文選韋宏嗣博弈論注

賭 記被切 同上

按選注引云賭賭也賭丁古切賭記被切本是一條不當分析又似此者恐為李善所加故別提其字曰某某某某切未可指為埤倉也

朣朧欲明也朣徒東切朧力東切文選潘安仁秋興賦注又文賦注

又潘安仁悼亡詩注

按注當云潘安仁秋興賦注又悼亡詩注陸士衡文賦注然文賦注所引實从曰作曈曨訓同此不當合而為一經籍籑詁第一卷卷亦朣朧曈曨分別載之也

斨恥格反俱舍論音義

按此當云斨作斨同恥格反

⿰禾黑謂禾傷雨而生黑斑也列子黃帝篇殷敬順釋文

按謂上當云黣作⿰禾黑同音每又班下有點字

俑木人送葬設關而能踊跳故名之曰俑孫奭孟子音義卷上

廣韻上聲二腫俑字注

餘腫切或謂偶文選謝惠連祭古冢文注

偶刻木以像人形五苟切文選祭古冢文注

按孫氏音義無此條今考注疏乃郤武士人僞孫奭孟子正義所引也郤武士人爲南宋人時埤倉久已亡佚其所引據蓋即廣韻舊文然今本廣韻踊跳作跳踊未無曰俑二字則必有一誤莫詳孰是矣選注引云俑木送人葬也餘腫切俑或爲偶偶刻木以像人形五茍切其文如此与廣韻所引木人送葬大異俑或爲偶以下任輯鉤沈木及經籍篡詁皆不以爲埤倉攷禮檀弓先有俑偶人也之注埤倉或連類引伸之此并采入亦近似特不當分析爲二致原文不屬又脫畧音切以上之異文及爲誤作謂則疎漏耳

俑 輔也廣韻去聲十遇俑字注

按此在上聲九麌非去聲十遇也

傞 擲也文選長笛賦注

按選注引作槎一本誤作槎經籍篡詁引作蹉又引作槎此从人作傞不知所據

伶俜 猶聯翩也妙法蓮華經音義

按此實三倉非埤倉也

䙱 桼衣也今言褶疊是也四分律音義

按海山仙館刊本一切經音義卷十四引桼作䙴褶仍作䙱

毴 毲毴音它闔反毲音毲毛席也後漢書西域傳注

按原引埤倉文止下一句不當連上文之反語直音并入于此

髦 髮也髻與鬐古字通也大聊切文選張景陽七命注又潘安仁籍田賦注引云髻髦也大聊切又潘安仁楊仲武誄注後漢書伏湛傳注並引髻髦也句

按髦實髻字此寫誤也其下云云乃李善釋七命中文字之語非埤倉文

鬤 鬤鬤髮亂或从髦毛集韻上平聲四江鬤氉字注

按上鬤字當刪下三字乃集韻爲氉字而發亦當刪

䰋 細毛也集韻下平聲三蕭䰋字注

按細毛當作細長又此條當移後從類篇入長部

覞 候也察也滑慈滑吏二反 玉篇見部妙法蓮華經音義引有伺猶察也句四分律音義引云僣䰏胥吏二反

按玉篇見部無此條此在司部云伺胥咨司志二切候也察也廣雅埤倉並作覗是見于玉篇者惟伺作覗一語可采耳又一切經音義卷六曰伺廣雅埤蒼作覗同滑慈滑吏二反伺猶察也則又見于蓮華經音義者亦惟伺作覗同滑慈滑吏二反兩語耳此所引候也察也猶察也皆訓伺非訓覗雖云伺覗相同而字體各別未可牽附至四分律音義所引二反乃字林也

峆嵤嶙峋 萬山無厓之皃峆音零嵤音營嶙音隣峋音句 文選揚子雲甘泉賦注又左太沖魏都賦注引嶙峋山厓之皃也

按選注引云岭嵤嶙峋深無厓之皃岭音零嵤音熒此岭作峆深作萬山熒作營不知所據何本

崛 特起也魚勿切 文選西京賦注大智度論音義引云崫特立也 崛與堀

同 文選班叔皮王命論注引崛特起也及此句

按下四字非埤倉詳見前經籍纂詁引任輯本中

巉嶮 皆高峻皃巉助奄切嶮魚檢切 文選西京賦注

崔崒 崔徂回切崒情律切 同上

按選注前一條在所引埤倉朐音苟之後後一條在所引崛特起也魚勿切之後皆李善釋賦中字未可目為埤倉

崎嶇 不平也崎夫奇切嶇音區 文選禰正平鸚鵡賦注 又密迹金剛力士經音義

不安也 文選宋玉高唐賦注 陶淵明歸去來辭注

按力士經音義引云不安也非不平也在一切經音義卷四亦見大藏音義十一卷中大寶積經第九卷此注當移下一條又歸去來辭注引云不安之皃與高唐賦注異不當牽混為一

矶 大石也 文選南都賦注

按此即砏大聲也之誤詳見前經籍纂詁引任輯本中

碕 曲岸頭也文選謝靈運富春渚詩注 碕與圻同文選鮑明遠苦熱行注引碕曲岸云云

按此碕與圻同亦如上崛與倔同相類詳見前經籍纂詁引任輯本

黴 鼠兒廣韵下平聲二十六咸黴字注

按原引實作黴

煋 光燿熾盛兒也光讚般若經音義菩薩本行經音義大智度論音義僧祇律音義並引云煋盛兒也

上脫見字詳見任輯鈎沈本上卷

鼜 鼓柧也俱舍論音義

按此條當从類篇入壴部

悽　慄也爾雅釋文　爾雅釋言正義

按正義引埤倉作淩不當并入心部

懱　摵滅也力士移山經音義

按懱字當作懱摵二字詳見任輯鈎沈本上卷

㴲　冰室也集韵上平聲五支㴲㴲字注廣韵作謻篇海水部㴲云冰室門名言部謻同引

按此字據諸字書韵書所引則言部水部欠部可以分隸廣韵引作謻非謻

洺　南易水本名漳水此句據風土記補洺水之目不知誰改俗謂山之下地名洺水因經之故曰洺水太平御覽卷六十四風土記引埤倉及水經

按上洺字及下引風土記補七字並當删

沸渭　不安皃文選洞簫賦注

按文選明刊宋本引作佛惘與笙賦注佛鬱作佛鬱同

瀾漫分散　文選洞簫賦注

按此在選注所引埤倉嘽嘐寂靜也之下是李善注文

毚灂水流聲　文選高唐賦注

按聲下敓兒字

滑美兒也　文選謝靈運石門新營所住四面高山迴溪石瀨修竹茂林詩注

按滑當作滑詳見前經籍纂詁引任輯本又注所往往當為住

闃靜也　文選魯靈光殿賦注　又潘安仁懷舊賦注　又任彥昇上蕭太傅固辭奪情啟注　又謝希逸宋孝武宣貴妃誄注引云靖也

按靈光殿賦注無此條似王仲宣登樓賦注之誤又奪情當作奪禮

瞑注意聽也　玉篇耳部注　廣韻下平聲一先瞑字注　篇海耳部

按廣韻意下有而字

耽 耽耽風聲文選宋玉風賦注

按耽耽當作耾耾此寫誤也上一字當刪

捆 斂也从才从木者誤也孟子音義卷上

按下二句是孫奭語謂捆屨之捆當从才或从木作捆者誤也非稗倉也此才又誤作才

攫 地爪持也文選潘仁安射雉賦注

詳見前任輯鉤沉本上卷此又以攫地二字誤截一字為句

攘 疾行皃文選舞賦注

詳見前任輯鉤沉本上卷

揭 立舉也巨列切文選賈誼過秦論註

詳見前經籍籑詁引任輯本

捦 捉也今皆作擒也 增一阿含經音義 僧祇律音義

按擒字不見玉篇是後出别體下句知為元應語非埤倉文 僧祇律音義止引上句

挑 取也 增一阿含經音義

詳見前任輯鈎沈本上卷

攢 椹也 泥犁經音義

按此即攢字之譌當并入前木部

嫋 嫋嫋美也 奴鳥切 文選吳都賦注

按上嫋字當删

嬜 聲散也 大般涅槃經音義 佛入涅槃金剛力士哀戀經音義 無明羅剎經音義

按佛入涅槃金剛力士哀戀經音義引作嘶非嬜不當引入于此 又海山仙館刊本附陽湖孫星衍校正曰說文無嬜字玉篇䛒也未詳埤倉所據之義樓一切經音義十四引通俗文云凡病而豐豐而聲散

曰覽埤倉所据以此又按覽與撕嘶⿱斯言廝澌通并識之

練　擇也與揀同義文選謝希逸月賦注又七發注引上句　按月賦注引云練擇也練與揀音義同不云與揀同義然此一句非埤倉也觀下文所引新論箏賦兩條可知也

蝭　蠶二眠廣韻下平聲十四清蝭字注　按此在十五青非十四清也

坻　坎也玉篇土部　按玉篇實引云坻坂也

⿰土座　門聚在睢陽集韻上平聲二十八山⿰土座字注　按集韻二十八山⿰土座字凡兩見並云⿰土座門聚名皆不引埤蒼此引見玉篇土部當以⿰土座門聚為句此誤截⿰土座字

塲 鼠垤也中阿含經音義

按上敘鼠字詳見前任輯鉤沈本下卷

⿰骨力 ⿰骨力⿰骨力力作也日藏分經音義

按原引云廣雅⿰骨力勤也埤蒼力作也亦見大藏音義十七卷中所引廣雅止一字此亦一字可知也⿰骨力⿰骨力者日藏分經之語不當羼合此上兩⿰骨力字並當刪去

鐴 土犁具也毗尼母律音義

按此當以鐴土二字為句

鑼 器廣韻上平聲五支鑼字注

按廣韻無此條五支韻中并無鑼字似誤以上聲三講所引䊿鑼器之文而重出者

⿰車彖 臥車也集韻去聲三十諫⿰車彖字注

按集韻輱⿰車彖二字注云埤倉臥車也或从⿰車彖盖所引為輱字非為⿰車彖字此條重複當刪

輕 重轅兩尾初學記卷二十五

按初學記明晉府刊本引張揖埤倉云輕車轅兩尾任輯鈎沈本同經籍籑詁引作輕車此云重轅兩尾于輕字亦甚有意義莫能詳其孰是也

轔 憐軫切文選西京賦注

按此即在前誤收之崔祖回切萃情律切後皆别為音切賦中字非埤倉文

阯 山在楚音毗史記叔孫通傳索隱

按山下敘名字楚下敘地字

⿰幾乙 ⿱山幾也玉篇乙部

按此在玉篇丝部非乙部也當移前鳥部之次

附記

諸書引埤倉文字同倉頡篇者五十有五

瑰嗷斷啾諸詆麐眗瞰鷃

髁髂腋剝剜箱鞫格樜析

撥枰植橐圖秏疣瘢癡𧝎

尻船篸覞預髫磟駃佛鬱聳

攫摸妓縻綩蝦蟇强颭膝

埧鉏葦醭

又文字同倉頡見于急就篇者五十有六

瑰（複見）茸牛嘔逢踝（複見）謳兆鴆

髖脹肘劉箱（複見）鬱鯢（同尾）麥摐

囊橐（橐複見）費疸痟（同消）癡（複見）呰俾倪

偉乜聚篸廂靡石·沛滓摵

戟 罬 旐同瓰 紩 縫 綾 縻 紝 練 終

同終 强複見 蝦 蟇複見 蟹 鐎 鋋 鉏複見 車

韎

又文字同三倉者二十

啾複見 踏 髁複見 植複見 俾 倪複見 毾 㲪 歃

爚 奕 沛複見 淰 漢 扶 揭 拴 揀 坻

鎗

諸書引埤倉訓詁同倉頡篇者一十有七

啾啾衆聲也 嗷訶也同呵 瞰視也 齆鼻疾也

腋肘後也 剝去其皮也 撥捊也 疣病也 瘷

寒熱為病也 癡騃也 舶大船也 伺作覗 預

安也 髫髦也 騃愚也 佛鬱不安皃 輩比也

又訓詁同三倉者九

啾衆聲也 髁尻骨也 俾倪城上小垣也 歖恐

懼也 耎弱也 淰水無波也 潩噴也 揀擇也

鎗金聲也

埤倉叙錄

唐本玉篇僞引曰埤蒼頡言部說字下大藏音義亦引曰埤蒼頡卷五十三礓石字下又曰埤蒼篇卷七十八湍船字下又別其字曰鞞蒼同上卷歔然字下衆經音義文選注後漢書注亦或引作埤又作裨桉玉篇埤附也助也補也增也詩云政事一埤益我埤厚也詩瞻洛釋文鞞琫之鞞又作琕禮月令疏引釋名鞞助也今本釋名鞞作鞸說文裨接益也蓋鞞琕裨並與埤通倉蒼古今字漢碑多作倉六朝人亦多書作倉今所傳集韻類篇皆北宋人書也猶相承作倉勃海高承勲參校任輯倉頡篇云蒼字从漢志孫星衍本作倉非見任氏小學鉤沈中不知任氏于倉頡三倉埤倉等字亦皆作

倉与孫氏同安得以今本漢志輾轉隸寫者據為典要

其說殆不可從

後魏江式曰魏初博士清河張揖著埤倉廣雅古今字詁究諸埤廣綴拾遺漏增長事類抑亦于文為益者也然其字詁方之許篇古今體用或得或失矣陳留邯鄲淳亦与揖同時有名于揖書魏書術藝傳北史列傳法書要錄卷二論書表並節文

隋書經籍志埤蒼三卷張揖撰古今字詁三卷張揖撰梁有難字一卷錯誤字一卷並張揖撰亾經部小學篇

棪隋志舊本埤倉實二卷非三卷宋鄭漁仲王伯厚所見猶然

又曰其字義訓讀有史籀篇蒼頡篇三蒼埤蒼廣蒼等諸

篇章訓詁小學篇敘

日本國見在書目錄埤蒼二卷張揖撰小學家

桉右録在近刻古逸叢書中首題正五位下行陸奧守兼上野權介藤原朝臣佐世奉勅撰或云佐世唐開寶後人奉勅撰録官庫典籍實見其書非同虛造是為埤倉二卷非三卷之一證

唐書經籍志三蒼訓詁二卷張揖撰埤蒼三卷張挹撰經部小學

桉下揖誤為挹又兩書卷數亦是互譌蓋三倉訓詁必三卷于何知之于江法安論書表知之表云李斯破大篆為小篆造倉頡九章桉李斯倉頡篇實七章此云九章者有漢初人續二章在内孫

輯倉頡篇所采漢兼天下云云十六字又有京劉西土四字皆第九章文見梁庾元威論書
趙高造爰歷六章胡毋敬造博學七章後人分五十五章為三倉上卷至哀帝元壽中楊子雲作訓纂為中卷和帝永元中賈叔郎接記滂熹為下卷故稱三倉上中下三卷記述甚明又有唐蓺文志可證而埤倉譌為三卷者自此志始

太平御覽經史圖書綱目曰張揖埤蒼

按崇文總目無埤倉此所著録未必實見本書故一千卷中止引數條埤倉蓋亾于唐末五代間

唐書藝文志張揖廣雅四卷又埤蒼三卷三蒼訓詁三卷雜字一卷古文字訓二卷經部小學類按古文字訓即古今字詁

桉此云埤蒼三卷者沿舊書志之譌也

通志藝文略埤蒼三卷張揖撰隋志二卷小學類

桉鄭漁仲所見隋志埤蒼實二卷與日本國見在書目著録同知今本隋志作三卷乃明人据兩唐志所改也是又埤倉舊本二卷非三卷之一證

直齋書録曰揖又有埤倉三蒼訓詁雜字古文字訓凡四書見唐志今皆不傳文獻經籍考小學

玉海藝文曰三蒼訓詁三卷埤蒼二卷魏博士張揖撰又曰文選注引埤倉又曰詩疏引埤蒼小學

桉玉海所録蓋据隋志本文埤蒼二卷與通志略日本見在書目同是又埤倉舊本二卷非三卷之一證　又

按今本隋志埤倉三卷之上敘三蒼訓詁三卷六字其下注文敘魏博士三字

明國史經籍志埤蒼三卷張揖小學書

按焦竑弱侯此志稗販通志藝文略而少變其類例又稍稍傳益宋以後書非明代官庫尚有埤倉三卷也

四庫全書總目曰後魏江式論書表謂埤倉廣雅勝于字詁今埤倉字詁皆久佚惟廣雅存經部小學類廣雅提要節文

小學考

歷城馬國翰曰埤倉一卷魏張揖撰揖字稚讓清河人一曰河間人魏太和中為博士見前漢書敘例按敘例又云注司馬相如

傳卷一北史江式古今文字表（按即論書表）云魏初博士清河張揖著埤倉廣雅古今字詁究諸埤廣綴拾遺漏增長字類抑亦于文爲益者隋唐志並三卷今佚從諸書所引蒐採成帙不能考原書體例隱依許字說文部居編次與所注三蒼比次見一家之學焉（玉函山房輯本序）

按馬氏本一卷凡三百五十三條其中誤采誤寫處已詳攷異此不具

又曰揖既作廣雅以綴爾雅之遺作埤蒼以補三蒼之缺具勤于小學叔重後當首屈一指也（玉函山房古今字詁本序節文輯）

又曰揖注三蒼外自作廣雅埤蒼古今字詁于字學形聲可稱詳備（玉函山房雜字輯本序節文）

番禺侯康補三國藝文志張揖三蒼訓詁三卷古今字詁三卷雜事一卷埤蒼三卷廣雅三卷錯誤字一卷又曰太平御覽六百五引王隱晉書曰魏太和六年博士河間張揖上古今字詁其巾部曰紙今帋也云云按字詁蓋依說文部次者又曰郭忠恕汗簡屢引張揖集古文當即由唐志古文字訓之名而省按汗簡略叙目錄中又引北齊江式傳云魏初博士清河張揖所著二字石經于漢碑西書記也是又有二字石經法書要錄載王愔文字志目有張揖而亡其文又曰康按埤蒼今有任大椿輯本

按任氏本今編入小學鉤沈中者分上下二卷凡三百五十條首題高郵王念孫校正任輯字林蒼稡浩博條理精密此輯乃遠出其下如以蕭該為漢人晁說之為

說文云詳見攷異則更不出芝田先生手明甚鈎沈所刻凡四十種大都後人裒録遺稾非其討本不獨此二卷爲然也所題高郵王某某校正今觀卷中亦甚有可疑似依託

子珍學使輯埤倉槀本題識云任氏輯在小學鉤沈及經籍籑詁內馬氏輯見玉函山房方埼此輯皆任馬所未見者當彙補之以還稚讓原書其意蓋欲合任馬二本彙補為一書也任氏埤倉不如字林馬氏所輯亦多淩襍故欲彙為一書今用孫輯倉頡篇例以說文部居條次先後各以四字三字兩字居前得六百餘條增二家舊輯十之七八依稚讓原編釐為二卷其音切亦明見諸書所引直音反語或出稚讓改反為切則後人為之也馬本濫收音切今存其近似者昔人有言曰蒐采逸文各據所見諸書傳寫不同故二家舊稡時有出入今于無從覆檢者分別注明各存其是元應一切音經義多見于慧琳音一百卷中其相同者不復出彼此同異寫失刊誤別為

攷異附之卷末學使手寫文鈔目有埤倉輯本序尋訪不獲今剌取傳記附以攷說為叙録一篇如右馬竹吾輯書序謂不能考原書體例今桉楊子雲之作訓纂也取閭里書師所并倉頡篇五十五章易其重複之字而訓釋之復所新纂三十四章順續倉頡合為八十九章名之曰訓纂篇其後班孟堅續十三章並見漢藝文志郎中賈魴之作滂熹篇也唐張懷瓘書斷曰魴又撰異字取固所續章而廣之為三十四章用訓纂之末字以為篇目故曰滂熹言滂沱大盛凡百二十三章文字備矣是又順續訓纂猶訓纂順續倉頡三倉源流蓋如此稚讓既作三倉訓詁又作埤倉唐人稱引為埤倉篇殆

亦如楊賈之例順續滂熹此一說也孫輯倉頡篇序曰三倉三卷者晉張軌所合時是雅讓之時猶三本別行未合為一五十五章者閭里書師合倉頡爰歷博學本也八十九章者楊子雲合并閭里書師本也三十四章者賈叔郎合并班孟堅本也又嘗攷埤倉逸文其文字詁訓同倉頡三倉及急就篇者凡百數十處附見攷異後大藏音義第八十卷釋髻字引倉頡篇云髻謂垂也又引埤倉云髻謂髺也同是倉頡中一字而兩書並見皆訓詁之文又自魏晉以下載籍所引亦皆訓詁之體無引埤倉本文如倉頡之考妣延年漢焦天下云云者由是推尋則其書大都如陸農師埤雅取三倉上卷之倉頡篇而埤益之所埤皆五十五章中本字故梁唐人亦稱引為

埤倉頡其體裁與所作三倉訓詁不相同此又一說也
臆見所及并附贅于此光緒丁亥歲夏六月里人姚振
宗謹識

廣倉輯文部目

廣倉輯文

陶方琦學

琗同璱今本玉篇玉部

右玉部一條

童牛之童作撞易大畜釋文

右牛部一條

噂嗤聲也衆經音義十五

喊作薑欸譪並同用大藏音義七十五按薑似萬之寫誤

喝謂聲之幽也同上九十八衆經音義卷三及後漢書張酺傳注無謂字

噭亦訶也同上十三

右口部四條

邅走也藏也廣韻上平聲二十八山邅字注

右彳部一條

踏蹈足皃文選上林賦五臣注李善注引作若

右足部一條

譜屬唐本玉篇言部今本云屬也

謻詩云謻謻碩言同上

右言部二條

睽目少精也衆經音義卷之一大藏音義四十二

右目部一條

脂腗肪也大藏音義卷五

腗脂肪也衆經音義二十大藏音義十七七十五

右肉部二條

籑胡餅家用籑籑剌也衆經音義十六

右竹部一條

饐深也唐本玉篇食部

右食部一條

郣鄉在藍田今本玉篇邑部

右邑部一條

靉靆或從日作曖曃大藏音義三十八

右日部一條

穟作䅎大藏音義十九引云樊恭

右禾部一條

癰成爲瘭疽瘡名也衆經音義卷四又卷十五引海山仙館刊本誤作廣雅一瘭癰成也大藏音義四十九六十四又衆經音義卷二十亦誤作廣雅

右疒部一條

佟人姓今本玉篇人部

右人部一條

毾㲪毛有文章也衆經音義十四

右毛部一條

欱𣢏氣越息也唐本玉篇欠部

欨𣤾喜皃同上欨𣤾樂集韻上平聲十虞𣤾寽注𣤾樂喜也唐本玉篇

㰤大咲也同上

欥呻吟也同上

厥大呼用力也同上

嗄从欠作𣣌所詐反聲破也大藏音義九十四

右欠部六條

頪戴也廣韻下平聲十八尤頪字注

䫄同䫉廣韻上平聲三鍾䫄字注

右頁部二條

𢀀音九偽反顏氏家訓書證篇原注

右危部一條

悇憛禍福未定也悇音它乎反憛音它紺反後漢書馮衍傳下注

悂用心并誤也方奚反文選魏都賦注

怢忽忘也文選四子講德論注

恎懲者也大藏音義九十四

憓疾也同上八十一

右心部五條

冷寒也大藏音義卷四

右仌部一條

以泱泱白雲為霙字唐本玉篇水部

濛為雺字同上

濃或為霳字同上

㴸為霿字同上淹从雨作霿大藏音義八十

右雨部四條

以魴魚甫為鯆字唐本玉篇用部

右魚部一條

維豈也隅也唐本玉篇糸部

以手搓絲為綫大藏音義三十七

右糸部二條

以土有垠坎為塸字唐本玉篇吅部咢字下引坎或當為堮

右土部一條

䂎短矛也衆經音義卷三引云廣蒼頡大藏音義卷十

右矛部一條

軲人姓也在汝南朖陵唐本玉篇車部

轎驅馳皃也同上

右車部二條

廣倉輯本攷異附

任氏大椿小學鉤沈輯本

癰成為㾽疽瘡名也觀佛三昧海經五十誦律二十一治詳病秘要經二按此三引見元應一切經音義卷四卷十五卷二十其十誦律秘要經兩引海山仙館刊本並作廣雅今攷廣雅實無此文碻為廣倉之誤惟秘要經音義引云㾽癰成也與上兩引句語不同此不當牽合為一　又按此所引皆音義非經文注並當加音義字治詳病詳當為禪

毲氈有文章也四分律三十七按此見一切經音義卷十四亦見慧琳大藏音義五十九卷中引作三倉似琳音因上一條引三倉勝字兩誤又注亦當加音義字

脂肪也詳法要解上按此見一切經音義卷二十亦見大藏音義七十五卷中此脂上當有脯字乃所釋下一字與上一字引

說文肪肥也對待言之又注詳當為禪

碎 同璲玉篇

按玉篇玉部實从玉作琗此从石誤

犝 大畜釋文

按釋文云童牛無角牛也廣倉作犝此當云童牛之童作犝但摽一犝字注又無易字于體例似未合于童字亦未明

騔 廣韵

按廣韵上平聲三鍾騆騔字下注云上同見廣倉此即琗同璲一例當云騔同騆但標一騔字于上一字相同者何從見之

馬氏

國翰玉函山房輯本

犝無角牛也 陸德明周易釋文童無角牛也廣倉作犝

按釋文童牛二字之下即注云無角牛也其上無童字又此四字在所引廣倉之前不云見廣倉未可牽連及上文

悂用心不誤也力奚反文選卷六左太沖魏都賦李善注

按賦兼重悂以貤繆注善曰言既重悂而又累其繆也廣倉曰悂用心并誤也方奚反此不當為并力當為方

佚忽忘也佚他没切文選卷五十一王子淵四子講德論注

按此音切恐非廣倉

瘭疽癰成為瘭疽釋元應觀佛三昧海經卷五音義又治禪病祕要經音義引作瘭疽癰成也

按觀佛三昧海經音義引廣蒼云癰成為瘭疽瘡名也此上瘭疽二字當刪下敍瘡名也三字又治禪病祕要經音義但引瘭字不連疽字觀其上瘭音畀遥反可知也

脂肪也釋元應禪法要解卷上音義

欨欶樂通作盱丁度集韻平聲十虞欶字注按脂上敍册字詳見前任輯本

按盱當為盱·此三字似是而非任本不取是也

附記

諸書引廣倉文字同倉頡篇者四

嘁　噭　繸　濃

又文字同三倉者四

脂　毲㲝　穜

又文字同埤倉者十有一

噭　瘭疽　毲㲝　欨歁　歌　靉靆　軲

諸書引廣倉訓詁同倉頡篇者一

嗷亦訶也大藏音義六十二六十三兩引倉頡篇無亦字訓同

又訓詁同三倉者二

毴毿毛有文章也大藏音義五十九引三倉

種短矛也孫輯倉頡篇出南閣

本引一切經音義作三倉未詳所出

又訓詁同埤倉者一

嗷呵也大藏音義四十四引埤倉又十三引廣倉嗷亦訶也訶與呵同

廣倉叙錄

隋書經籍志梁有廣蒼一卷樊恭撰亡經部小學篇注

唐書經籍志廣蒼一卷樊恭撰經部小學

唐書藝文志樊恭廣蒼一卷經部小學類

鄭樵通志藝文略廣蒼一卷樊恭小學類

王應麟玉海藝文廣蒼一卷樊恭撰

焦竑國史經籍志廣倉一卷樊恭

小學考

歷城馬國翰曰廣蒼一卷樊恭撰恭不詳何人廣蒼名義與張揖埤蒼同隋志于埤蒼三卷下云梁有廣倉二卷樊

恭撰云唐志著錄一卷今佚輯得一十八節除惲敏歆之類皆非習見則當日搜羅于九千字外亦大費苦心矣玉函山房輯本序

按隋志注實云一卷此云二卷誤也又所輯實一十九條此云一十八節亦誤

唐日本國人佐世篹集見在書目有埤倉無廣倉如廣倉開寶以後先亡矣兩唐志據開元四庫目故猶得著于篇諸家徵引今可得而考見者以顧野王顏之推為最先其書止一卷故自梁以來載籍所引亦寥寥不多見乾嘉時有任馬二家輯本各得一十九條茲所采獲亦僅僅四十有七存什一耳仍次以說文部居附攷異敘錄依學使原題曰廣倉輯文綴埤倉後其文字訓詁與倉頡三倉埤倉相同者凡十餘唐本玉篇欠部𣢟字下引埤倉欿𣢟笑意也廣倉氣越息也欥字下引廣倉大笑也埤倉張口也同此三字而兩書互見是廣倉亦廣埤倉之未備猶埤倉之埤倉頡三倉不盡如馬竹吾

所云搜羅于九千字外也元應勝天王般若經音義稱引為廣倉頡是又專為倉頡篇一書莫得而詳矣光緒丁亥歲夏六月里人姚振宗謹識

著雍困敦之歲呂懸段草藁于姚君海槎屬丁君漢章鈔之而培為之讎校分二對讀未遑檢書瞥見所及不無剌謬約舉三事以為右契衆經音義文選李注徵引羣書類譜音切或有引申咸非本文而一概采綴一失也諸書有云埤蒼以兆為祧字有云埤蒼偉作瑋綵叢元文惟一字可據而橫截句讀竟以兆為祧字偉作瑋為埤蒼之文二誤也文選注僃木送人葬也纍是木人送葬之誤有廣韵可證如斯之類搸枯苙采不知訂正直乃鈔胥之作非復學者所為三誤也姑識大較俟他日訂之蔡元培識

（清）陶方琦 撰 （清）姚振宗 校補

許君年表藁一卷附淮南參正殘草一卷説文古讀攷稿一卷又一卷

稿本

許君年表藁一卷附淮南參正殘草一卷説文古讀攷稿一卷又一卷

提要

清陶方琦撰，清姚振宗校補，稿本。一册。金鑲玉裝。每半葉行字數不等。是册爲陶方琦關於許慎考證著述三種之合訂：《許君年表藁》《淮南參正殘草》及《説文古讀攷稿》之前後兩稿。

《許君年表藁》爲陶方琦所作的許慎年表。《後漢書·儒林列傳》載有許慎事迹僅百餘字，且無生卒年。陶氏『生平好許叔重書』，乃作此稿，詳列許氏生平，并考證其生卒，以補史實之缺。卷端無題，首爲許慎生卒年考證一篇，迹其平生行事，考定其生於漢明帝初年，卒於漢順帝中年。正文按『紀年』『繫事』『著書』，列以表格，『紀年』始自漢明帝永平元年至七年（58—64），後逐年羅列，終桓帝永康元年（167）。依據年代順序排列人物事件及著書情況。

《淮南參正殘草》係方琦參以《禮記·月令》《吕氏春秋》等書，對《淮南子注》進行箋釋并辨析許慎、高誘二注而成。此稿所存内容主要是『時則訓』，兼有少量『原道訓』『俶真訓』『天文訓』等。卷端題『淮南鴻烈解卷第二』。

《説文古讀攷稿》兩種係前後兩稿，緑格『巽繻齋藏本』稿紙繕寫者爲前稿，卷端上題『説文古讀攷』，下題『陶方琦述』，并鈐『陶子縝』『湘麋手書』白文方印；另一種無格稿紙者爲後稿，卷端上題『説文古讀攷稿第一卷』，下題『越州陶方琦學』。前稿取《説文解字》十五部共七十五字，後稿存八部三十三字。著者所考内容，一是辨訓讀之法，一是訓注字義。裝訂次序，前稿在後，後稿在前。如前稿中『𤤷』字，原列『玉部』末，有眉批作『珏部』，後稿改增『珏部』。又如對比前後稿中『婿』字的訓注，後稿曰：『婿，夫也。從士，胥聲。詩曰女也不爽，士貳其行。士者夫也。讀與細同。案此聲引之讀詘，釋文婿音細，字書作壻，蓋婿細雙聲，婿讀若「細」，當是漢時方俗音，今越俗尚讀如是。女謂其夫曰婿如「細」音，故夫謂女或亦由細君。』從塗改及修訂痕迹，可考知前後稿。

前後兩稿成書時間不詳，數次修訂，浮簽遍布，有墨朱藍三色勾乙塗改，辨識不易。《説文古讀攷》前稿空白處墨題『以上三書須暇日重録，太模糊也』；書尾末行題『振宗謹按，以上經初鈔本謄寫』，可知此稿曾經姚振宗整理。

是書原封葉有袁天庚題寫書名及題識：『許君年表藁，附淮南參正殘草、説文古讀攷稿，皆潠廬手寫藁本』，《許君年表藁》首葉又題『此藁乙丑所得』，鈐有『袁天庚』白文方印。乙丑當爲民國十四年（1925），可知此稿民國時歸藏紹興袁天庚，後入藏浙江圖書館。

現藏浙江圖書館。

許君年表藁一卷附淮南參正殘草一卷説文古讀攷一卷又一卷

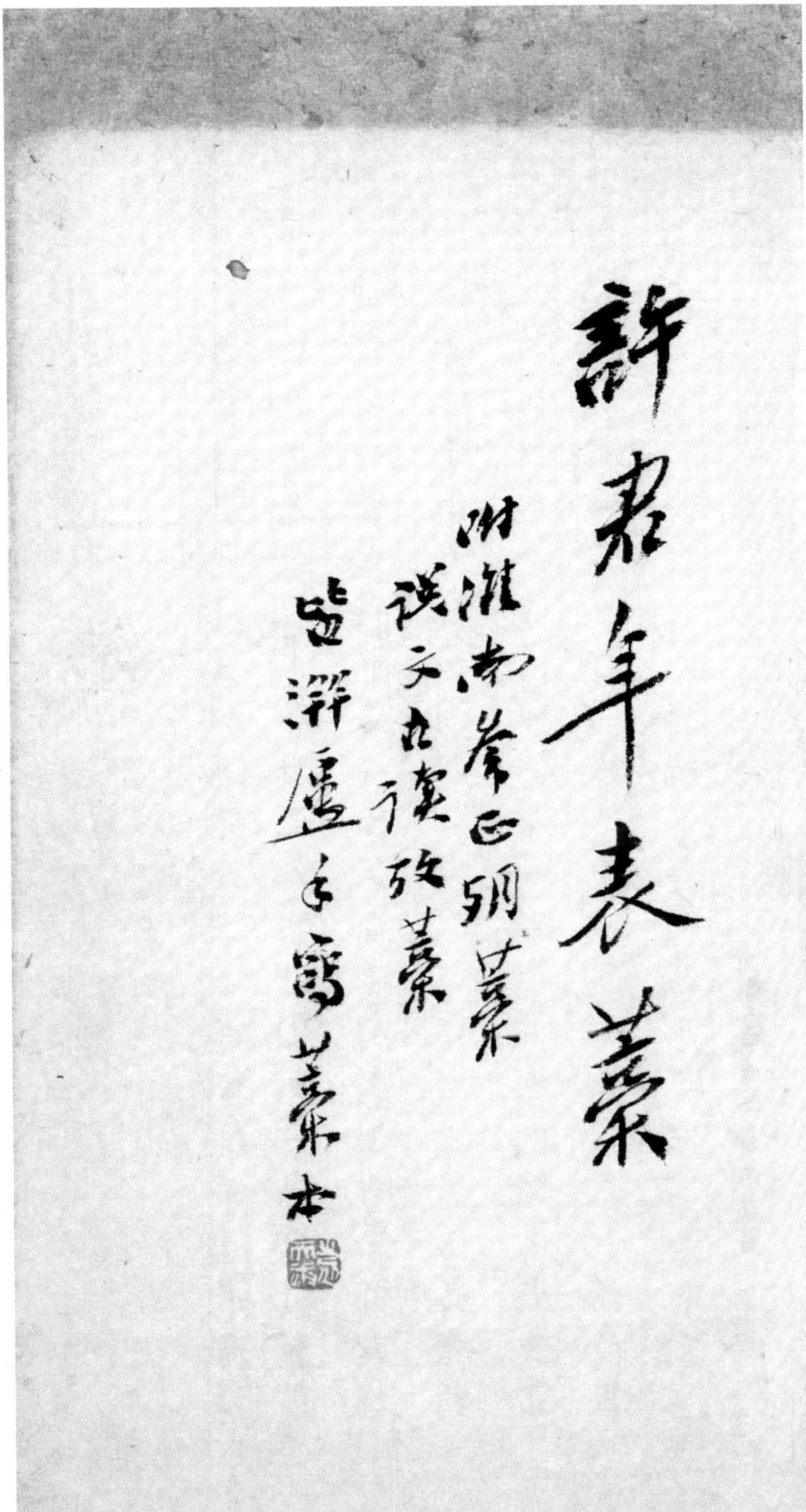

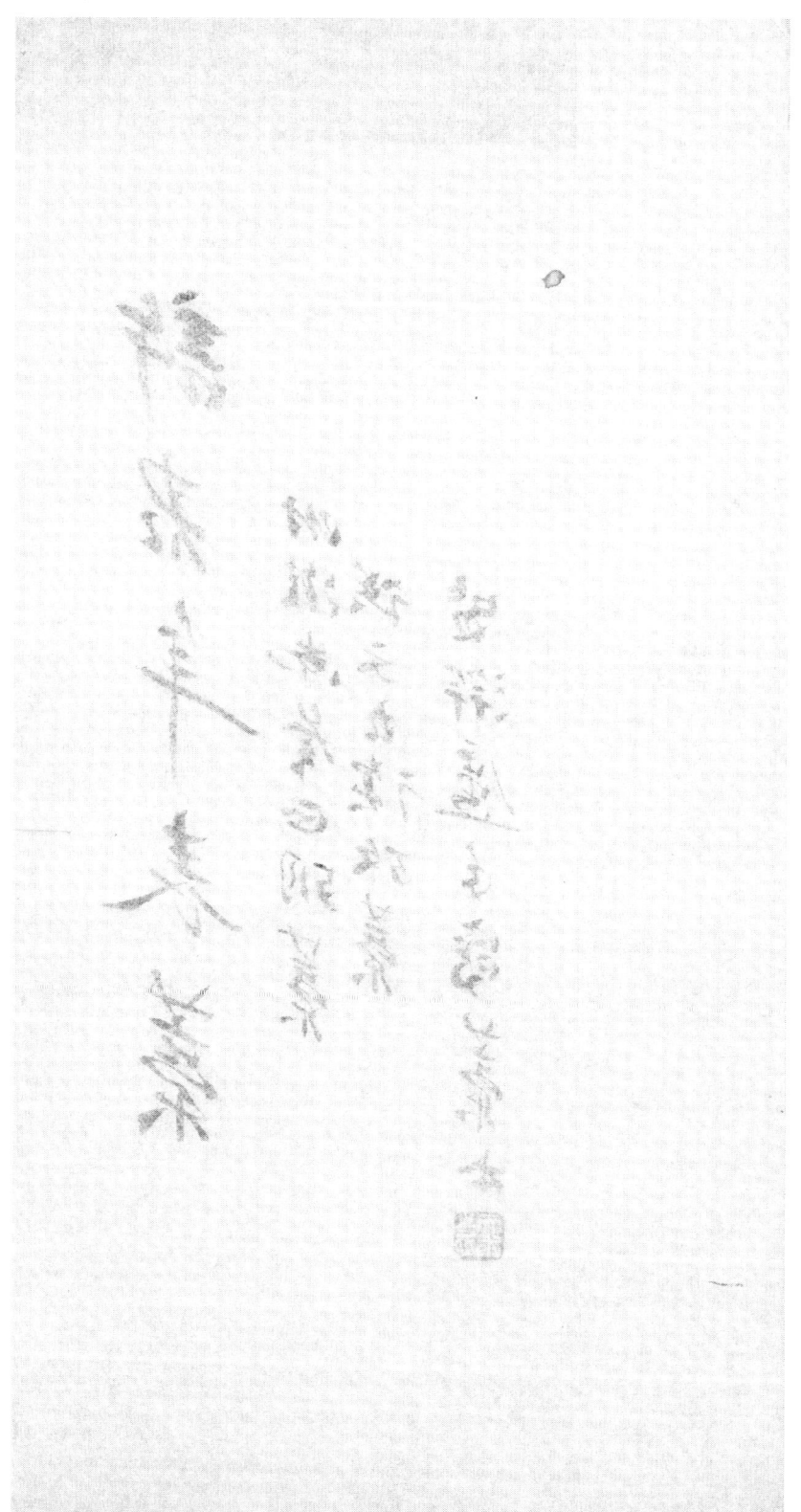

可信也
君及與許君同時又有後於許君
及受業於許君以見於許君本傳及說文敘史書
漢碑旁推其時爰得數端以左證長於許
君者為賈逵許君之師也許沖表云臣父慎本從逵受古學說文敘
曰書孔氏詩毛氏春秋左氏即从逵受古學之據也賈
逵以建武八年生以永元十三年卒見本傳許君艸說文
在永元十二年是時逵尚未卒故許沖表又云慎博問
通人考之於逵作說文解字許君生于明帝之中年則

賈逵長於許君者約三十餘年故許君本傳云少博學經籍乃生三十曰壯少者未及五十之年由是推之許君受古學于逵當在建初八年賈逵傳章帝八年詔諸儒各選高才生受左氏穀梁春秋古文尚書毛詩皆拜逵所選弟子及門生為千乘王國郎朝夕受業黃門署云云許君既受古學于逵說文敘亦云書孔氏後漢儒林傳孔僖魯國魯人也自安國以下世傳古文尚書詩毛氏春秋左氏正與建初八年賈逵受詔所教諸經相同是許君從逵受古學定在此時由建光八年上距明帝中年許君年二十餘故本

此藁乙日所學

[illegible]

年起丁亥止丁未是說也于許君生卒大概較可信也

余以謂有年長於許君及與許君同時又有後於許君（方儲乃取許君之師友弟子間互相考證詳備著其生卒詳攷其事迹）

及受業於許君者皆以見於許君本傳及說文敘史書

漢碑旁推其時爰得數端以左譣嚴氏之說爲長於許

君者為賈逵（許君之師也）許沖表云臣父慎本从逵受古學說文叙（許君自）

曰書孔氏詩毛氏春秋左氏即从逵受古學之據也賈

逵以建武八年生以永元十三年卒（見本傳）許君艸說文

在永元十二年是時逵尚未卒故許沖表又云慎博問

通人考之於逵作說文解字許君生于明帝之中年則

賈逵長於許君者約三十餘年故許君本傳云少博學經籍乃生三十曰壯少者未及三十之年由是推之許君受古學于逵當在建初八年賈逵傳章帝八年詔諸儒各選高才生受左氏穀梁春秌古文尚書毛詩皆拜逵所選弟子及門生為千乘王國郎朝夕受業黃門署云云許君既受古學于逵説文叙亦云書孔氏後漢儒林傳孔僖魯國魯人也自安國以下世傳古文尚書詩毛氏春秋左氏正與建初八年賈逵受詔所教諸經相同是許君從逵受古學定在此時由建光八年上距明帝中年許君年二十餘故本

傳云少博學經籍此一確證也與許君同時者為馬融許君之友也
馬融傳云融嘗欲訓左氏春秋及見賈逵註曰賈君精
而不博逵上左氏春秋詁乃在建初元年融至賈逵卒
時年僅二十三故于賈逵稱君者敬其先達之辭許君
從逵受古學與馬融當同時而年實差長之也永初
四年詔馬融等校書東觀許沖表云慎前以詔書校東
觀正在此時是與馬融又同官馬融以建初四年生以
延熹九年卒許君生於明帝中年則長于融者十
年以外故許君本傳云馬融嘗推敬之此亦一證也後

於許君者為鄭康成康成以陽嘉二年生以建安五年卒鄭君本傳有駁許慎五經異議一言其與駁何休之發墨守鍼膏肓起廢疾意例相似惟其生同時且其人尚在故致駁詰使互為問答論覈得失鄭駁異議意其時許君尚在然鄭君駁何休休猶與之論難及駁許君許君不及致辨者以康成為此書即屬少年亦在桓帝之中年許君此時已卒此又一證也問業於許君者有尹珍高彪尹珍事蹟無可考惟後漢西南夷夜郎傳云桓帝時郡人尹珍自以生於荒裔未知禮義乃從汝南

王愔文字志目載尹珍姓名於崔寔蔡邕之間見唐張彥遠法書要錄

許慎應奉受經書圖緯晉常璩華陽國志南中志亦云

學成還鄉里教授官至荊州刺史

桓帝之世毋歛人尹珍字道真以生遐裔未漸庠序乃遠從汝南許叔重受五經又師事應世叔學圖緯通三才還以教授於是南域始有學焉尹珍先事許君後事應奉必不同時攷應奉傳奉於永興元年拜武陵太守興學校舉側陋尹珍師事奉必在此時益此時許君已卒珍遂學於應奉由是推之許君之卒在永興以前為桓帝初年無疑矣此一證也又隸釋載外黃令高彪碑師事口口尉汝南許公桂氏曰闕處乃故太二字許沖表亦云故太尉可證

明於左氏桓帝立博士口口不就孝廉口口皆有缺文又云口被朱衣口步三署恬虛守約五十以數弘農楊公為光禄勲表君取口覲口口即東觀校書事後遷外黄令光和七年六月卒云云高彪蓋早從許君受左氏學舉孝廉不就迨中年辟三署掾所云恬虛守約五十以數雖屬敷詞然高彪五十之年尚不就仕此碻據也弘農楊公即楊賜賜以熹平元年遷光禄勳表舉高彪入東觀當在此時是時高彪約五十餘歲可知以熹平元年逮至光和七年計十三年是高彪卒時其年僅及七十以光和

郡之許君爲郡功曹當在章帝建初初年及舉孝廉當在和帝永元初年許君本傳云
少博學經籍其人宗師賈逵問疑義當在建初四年詔諸生諸儒會白虎觀講議五經同異時
其先通今文之學後從逵受古文學當在建初八年詔賈逵自選高才生受左氏春秋古文尚書毛詩
時其由舉孝廉拜太尉南閤祭酒約十餘年及充東觀校書又應十餘年乃除洨長當在安
帝元初六年是年揚尉出補令長者甚多許君必于此時方除洨長許君既除洨長不樂之官
乃託病亦歸故于後三年之建光元年遣子沖上書猶云今慎已病即是前年託病不爲洨長之說也
又云故太尉南閤祭酒以不爲洨長故仍書其太尉掾屬舊官如高彪碑亦云師事洨南故太尉許公正合此合范史云
除洨長卒于家乃要其終之辭其實許君不曾爲洨長許沖之表爲最之確證據例疑爲太尉南閤祭酒是也許君之
卒往當以桓帝初年爲定蓋由南閤祭酒充東觀校書遂除洨長[illegible]閑廢不歸[illegible]無能考尹珍[illegible]
是知病者託詞不願出山而已是時許君年不過五十
高尚如此此言是也大抵許君自再遷洨長以後家居（不欲之官）
教授博通經籍爰享大年兩漢之時高風可仰許君以

外實無幾人彼以謂生於建武時者逮桓帝時已百有餘年其説不足憑也今爲表如左又綴其出處箸述於下使覽古者詳焉

七年上距許沖獻說文時之建光元年計六十四年是
高彪在安帝末年不及十歲安能師事許君是知許君
之卒決非在安帝末年而在桓帝之初年無疑矣此又
一證也要之許君之壽亦當如嚴氏所云八十餘安邱
王氏曰許沖上書時云今慎已病尹珍學於許君當桓
帝時近三十年豈能病許久且既病又安能教尹珍乎
是知病者託詞不願出山而已是時許君年不過五十
高尚如此此言是也大抵許君自再遷洨長以後家居
教授博通經籍爰享大年兩漢之時高風可仰許君以

外實無幾人彼以謂生於建武時者逮桓帝時已百有餘年其説不足憑也今爲表如左又綴其出處箸述於下使覽古者詳焉

元年戊午 二年己未 三年庚申 四年辛酉 五年壬戌 六年癸亥 七年甲子

紀年	繫事	著書
明帝 永平元年至七年甲子	許君生當在此時（當以明帝初年為定，或云在建武者非也）范書本傳許慎字叔重汝南召陵人續漢書郡國志豫州汝南郡有召陵縣許沖表云召陵萬歲里又邑部郈汝南召陵里	
永平八年乙丑		
永平九年丙寅		
永平十年丁卯		
永平十一年戊辰		
永平十二年己巳		
永平十三年庚午		

永平十四年
辛未

永平十五年
壬申

永平十六年
癸酉

永平十七年
甲戌

永平十八年
乙亥

章帝
建初元年
丙子

賈逵傳建初元年詔逵入講北宮白虎觀南宮雲臺

建初二年
丁丑

許君此時當為郡功曹許君自敘曰學僮十七以上始試諷籀書九千字乃得為吏後漢杜林精於小史吏一分之才注史某說初為郡功曹也御覽二百六十四引汝南先賢傳云許慎為功曹奉上以篤率下以恭寬

儒林傳云建初中大會諸儒於白虎觀考詳同異連月乃罷
章帝紀建初四年下太常將大夫博士議郎郎官及諸生諸儒會白虎觀講議五經同異許君……
于是時……許君本傳云少博學經籍……君少通今文之學後乃從賈逵受古文學

建初三年戊寅	
建初四年己卯	是年馬融生馬融傳融以延熹九年卒年八十八逆數之知生於是年馬融嘗推敬許君故備著其生卒
建初五年庚辰	
建初六年辛巳	
建初七年壬午	
建初八年癸未	賈逵傳建初八年詔賈逵等各選高才生受左氏穀梁春秋古文尚書毛詩皆拜逵所選弟子及門生為千乘王國郎朝夕受業黃門署學者皆欣慕焉許君從逵受古學當在此時是時許君年二十餘矣

本傳云許君性純篤少通經籍時人語云五經無雙許叔重許君通五經乃在從逵受古學以後又以五經傳說臧否不同於是撰為五經異義鄭君本傳有

元和元年 改元 甲申

元和二年 乙酉

元和三年 丙戌

故本傳云少博學經籍曲禮曰人生二十曰弱冠少即弱冠時也博學經籍即從逵受毛詩古文尚書左氏春秋諸經許君說文自叙云尚書孔氏詩毛氏春秋左氏是其證

駁許慎五經異義隨經籍志五經異義十卷許慎撰今書已亡陳氏左海集其逸說為五經異義疏證三卷　又說文叙壁中書古文五經而外有論語孝經自叙易用孟氏詩毛氏尚書孔氏禮周官春秋左氏而外亦有論語孝經許君古文孝經孔氏說別有專書疑論語一經許君亦通其學其有箸述亦可知也

改元 章和元年 丁亥		
章和二年 戊子		
和帝 永元元年 己丑	許君此時或當為郡功曹御覽二百六十四引汝南先賢傳云許慎為功曹奉上以篤義率下以恭寬	
永元二年 庚寅		
永元三年 辛卯	賈逵為左中郎將	
永元四年 壬辰	許君此時或當舉孝廉百官志本注凡郡國歲盡遣吏上計舉孝廉[illegible]知舉孝廉在為郡功曹後	後漢書順帝紀初令郡國舉孝廉限年[illegible]

永元五年癸巳	永元六年甲午	永元七年乙未	永元八年丙申
十二月張酺為太尉			賈逵傳八年復為侍中領騎都尉內備帷幄兼領祕書近署甚見信用許沖表云先帝詔侍中騎都尉賈逵脩理舊文即此時也許君以孝廉當仍從逵受學年已三十餘
			許君此時當艸說文許沖表云博問通人考之於逵作說文解字是時賈逵復為侍中故得以攷正也

永元九年 丁酉		
永元十年 戊戌		
永元十一年 己亥	賈逵與魯丕黃香說經相難	
永元十二年 庚子	九月太尉張酺策免以張禹代之說文後敘作於正月時張酺尚為太尉許君此時當久為南閣祭酒今說文淮南子舊題尚云南閣祭酒范書失載攷百官志太尉掾史屬有黃閣又有閣下令史閣下即南閣令史即祭酒衛宏漢官儀丞相設四科之辟第一科德行高妙志節清白補西曹南閣祭酒許君葢舉第一	正月草說文解字竟後敘云粤在永元困頓之年孟陬之月朔日甲申說文解字始一終亥十四篇五百四十部九千三百五十三文重一千一百六十三解說凡十三萬三千四百四十一字鄭君注三禮凡三

科嚴氏曰許君由郡功曹舉孝廉由孝廉為南閣祭酒本傳所云再遷此一遷也 近人曰南閤當作南閣

引之

永元十三年 辛丑

賈逵卒 本傳云年七十二是建武六年生

永元十四年 壬寅

永元十五年 癸卯

永元十六年 甲辰

元興元年 乙巳 改元

殤帝 延平元年 丙午		
安帝 永初元年 丁未	張禹復為太尉	
永初二年 戊申		
永初三年 己酉		
永初四年 庚戌	安帝紀永初四年詔謁者劉珍及五經博士校定東觀五經諸子傳紀百家藝術整齊脫誤是正文字	詩說文解字猶未正定許沖表云以文字未定尚未奏上蓋許君以南閣祭酒

時、

鄧后紀乃博選諸儒劉珍等及博士議郎四府掾史五十餘人詣東觀校讎傳紀事畢奏御賜葛巾各有差又詔中官近臣於東觀受經傳以教授宮人

宦者蔡倫傳永初四年帝以經傳之文多不正定乃選通儒謁者劉珍及博士良史詣東觀令倫監典其事

劉珍傳永初中為謁者僕射鄧太后詔與校書劉騊駼馬融及五經博士校定東觀五經諸子傳紀百家蓺術

馬融傳永初四年拜為校書郎中

充東觀校書之選與劉珍東馬融等是正文字說文解字中所云博采通人亦在此時稾經屢定矣且由此至建光元年計十二年皆為正定說文之日許沖表云有古文孝經孔氏說一篇想亦成於此時亦未奏上也

按許君尚有淮南子注二十一卷觀馬融傳融亦有淮南子注必其親見許君之注而為之且說文中多採用淮南字義其注淮南

宦者傳有孟生李閏當即此二人

許沖表云慎前以詔書校書東觀教小黃門孟生李喜等當即此時是時鄧后臨朝沖表所云詔書即后詔所云教小黃門孟生李喜等即后詔中之中官近臣許君以太尉祭酒充其選即后紀之四府掾史許君至此十年尚為祭酒因充校書也儒林傳擢高第為講郎許君以孝廉辟太尉南閣祭酒旋以南閣祭酒充東觀校書本傳云再遷當即指此許君年已四十餘

又在說文未經正定之先晁公武讀書志謂許君之注曰間詁標題皆曰記上今淮南許注久亡方琦於史傳經注類書釋經輯為五卷又據宋蘇頌校題淮南子序謂無題篇者八篇皆為許注宋本淮南子繆稱至要畧皆題為間詁竊思續定淮南許君註二十一卷以究歸本書

年	干支	事
永初五年	辛亥	
永初六年	壬子	
永初七年	癸丑	
元初元年 改元	甲寅	
元初二年	乙卯	
元初三年	丙辰	許君此時當再遷除洨長洨縣屬沛

元初四年 丁巳	郡見續漢書郡國志又百官志縣萬戶以上為令不滿為長縣大者置令千石其次置長四百石小者置長三百石蓋許君由校書東觀出為洨長高彪碑郡舉孝廉後辟三署椽楊賜表校書東觀後出為外黃令高彪為許君弟子宦迹若一轍焉
元初五年 戊午	

勿

元初六年 己未	改元永甯元年 庚申	改元建光元年 辛酉
	安帝紀元初六年詔三府選掾屬高第能惠利牧養者各五人光祿勳與中郎將選孝廉郎寬博有謀清白[illegible]者五十人出補令長丞尉 許君以南閣祭酒選東觀校書已十餘年故當此時乃除洨長 汝南屬沛郡見續漢書郡國志 范史本傳云除洨長卒于家而[illegible] 故太尉南閣祭酒 高彪碑亦云事故太尉汝南許公 此必許君 除洨長又[illegible]官居家[illegible] 許君為郡	許君遣子沖上說文十五篇并古文孝經孔氏說一篇許沖表上於是年九月已亥朔二十日戊午安帝召上書者汝南許沖詣左掖門外會令并齋所上書十月十九日中黃門饒喜以詔書賜召陵公乘許沖布四十匹即日受詔朱雀門敕。勿謝沖表云令慎已病又云故太尉南閣
	[illegible]	史記漢書注中引許君說有出于說文淮南注外者王西莊以謂許君有漢書注方琦以謂乃史記注姑存其說以闕疑爲初學記載許君五經通義此即五經異義之誤

名及所

祭酒故者已去官之詞不言故
淩長習用内官也是年辛酉上
距永元庚子成說文叙之年已
二十二年矣許君是時年已五
十餘

延光元年
壬戌
改元

延光二年
癸亥

延光三年
甲子

延光四年
乙丑

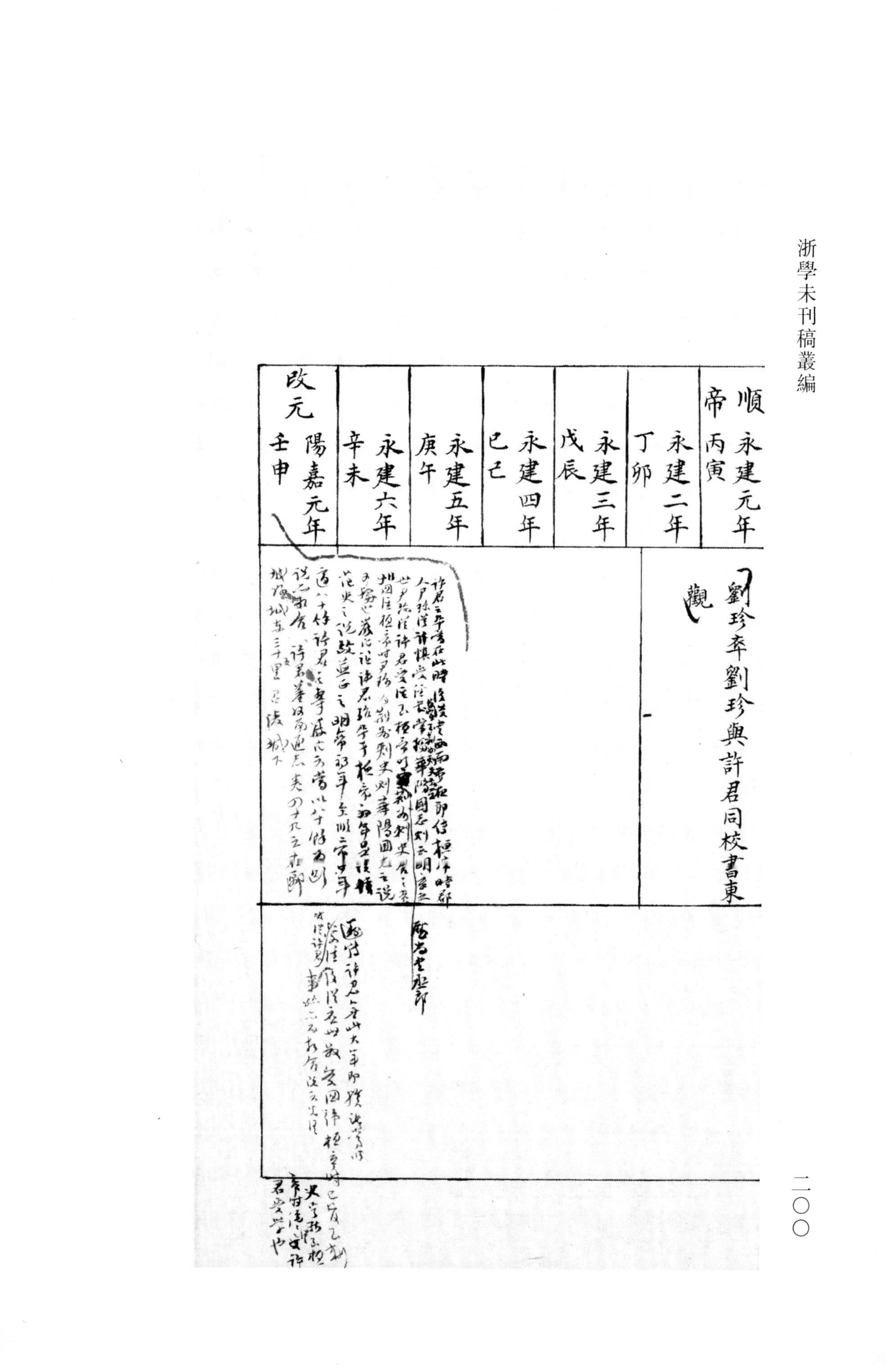

順帝

永建元年 丙寅

永建二年 丁卯 劉珍卒 劉珍與許君同校書東觀

永建三年 戊辰

永建四年 己巳

永建五年 庚午

永建六年 辛未

陽嘉元年 壬申 改元

[illegible]

永和六年
漢安二年
建康一年
沖帝永嘉一年
質帝本初一年
桓帝建和之永
康二十二年

陽嘉二年 癸酉	陽嘉三年 甲戌	陽嘉四年 乙亥	改元 永和元年 丙子	永和二年 丁丑	永和三年 戊寅	永和四年 己卯
鄭康成生鄭君本傳以建安五年卒年七十四逆數之知生於是年鄭君有駁許君五經異義其注禮亦引許君說文然許君與馬融同時鄭君為馬融弟子于許君乃後輩也許鄭並為大儒故備載之						

永和五年 庚辰	永和六年 辛巳	改元 漢安元年 壬午	漢安二年 癸未	改元 建康元年 甲申	冲帝 永嘉元年 乙酉

質帝 本初元年 丙戌

桓帝 建和元年 丁亥

建和二年 戊子

建和三年 己丑

和平一年

元嘉二年

永興二年

永壽三年

延熹九年

永康一年

許君年表稿冊

西南夷夜郎傳桓帝時郡人尹珍從許慎受經書許君蓋亦卒于桓帝初年者桓帝元年上距奏上說文之建光元年又二十七年此二十餘年許君隱居授經樂道不仕其享大年亦由於此嚴氏云許君之壽以八十餘為斷洵不誣也　許君墓河南通志卷四十九云在郾城縣城東三十五里召陵城下

自是馬融以桓帝末年卒相距

十餘年
鄭君以建安五年卒相距五十餘年
許君弟子高彪以光和七年卒相距約三十餘年

淮南參正殘草

淮南參正五

淮南鴻烈解卷第二 依宋本　太尉祭酒臣許慎記上 依宋本

時則訓　有故曰因以題篇字乃高注本也　琦案蔡邕明堂月令論云周書七十二篇而月令第五十三秦相呂不韋著書取月令為紀號淮南王安亦取以為第四篇改名曰時則今時則乃第五篇与蔡邕說為第四篇者有異

孟春之月　高無注　案淮南時則本于呂氏春秋十二紀高注呂覽在後注淮南在先 見呂覽高自序 故其說較鴻烈解尤詳備今鴻烈有文而不解者輒以呂覽注補之例昉于此○呂覽高注曰孟長也春時夏之正月也 月令鄭注亦曰孟長也

其日甲乙　注甲乙木日也　月令鄭注乙之言軋也日之行春東從青道發生萬物月為之佐時萬物皆孚甲抽軋而出因以為日名焉　漢律麻志出甲于甲奮軋于乙　說文甲東方之孟陽气萌動从木戴孚甲之象　乙云象春艸木冤曲而出陰气尚彊其出乙乙也　史記麻書甲者言萬物剖符甲而出也又曰乙者言萬物生軋軋也

其蟲鱗　注鱗蟲龍為之長　呂覽注曰鱗魚屬龍為之長　月令鄭注鱗龍蛇之屬　文選宋玉對楚王問注引許君淮南注曰其蟲鱗鱗龍之屬也

○萬物大蔟地而生　高注呂覽作萬物動生蔟地而出　當依呂覽注改

祭先脾 注脾屬土陳設俎豆脾在前也春木勝土言帝食所勝也一曰脾屬木自用其藏也
〇案高注內所云一說乃許君義也 許君五經異義言今文尚書說歐陽脾土也古尚書說
脾木也謹按月令春祭脾與古尚書說同是許從古尚書說以脾為屬木 說文肉部脾土
藏也心下亦云人心土藏在身之中博士以為火藏 博士即歐陽博士 許原說本作脾木藏
也博士以謂土藏與心下一例 此或經後人竄改而然 今脾下說文云金藏也而一切經音義兩引說文作火藏也此必是肺火藏也博士說以為金藏今但存金藏也三字脾下肺下並承其誤段氏亦云然 許氏以脾木藏為先一義也 五經異義言月令春祭脾
與古尚書脾木也說同 許無月令之注 高是注時則篇必承用其說 高氏注中猶附
存之

蟄蟲始振蘇 注振動蘇生也 禮樂記蟄蟲昭蘇鄭注昭曉也蟄蟲以發生為曉更息
為蘇 廣雅作穌 穌生也 小爾雅廣名死而復生謂之蘇 甄奥學子說謂禮月令呂覽孟春紀逸周書時訓
解並作蟄蟲始振 無蘇字 而呂覽注中亦云始振動而蘇生也 蘇生若形容振動
之兒 並非正文有穌字 此淮南正文無穌字為後人因注中語致而加 今注中振動而蘇生也致奪始字而字遂無蘇字
淮南正文 非淮南之異文也

魚上負冰

案上字衍文 禮月令 呂覽 逸周書時訓解並作魚上冰 淮南作負者 蓋異文也 乃從夏小正 易通卦驗

作魚負冰 鄭氏注 負冰上近冰也 後人以禮月令呂覽諸書並作上字 因記上字于旁 後并入為正文 此處魚

負冰獺祭魚皆三字為句 蓋或因注中所云上負冰而誤也 魏輿學子說謂負字涉注而衍 當於 呂覽作魚上冰

○注是月之時魚應陽而動上負冰也 宋本魚下有鯉字 王氏急就章補注引淮南注曰

魚鯉也 呂覽高注魚鯉鮒之屬 此定敓文

候雁北

呂覽同 禮月令作鴻雁來 鄭注今月令鴻皆為候 正義云月令出有先後 入禮

記者為古 不入禮記者為今 淮南與呂氏春秋皆今月令也 逸周書亦作鴻雁來

盧曰仲秋鴈自北徼入中國 可言來 若自南往北 不可言來 作候雁北是也 困學紀聞說同

○注北遇周雒至漢中 呂覽注作北過至北極之沙漠也 漢中乃沙漠之譌

乘蒼龍 禮月令呂覽並作駕蒼龍

服蒼玉 呂覽作青玉 禮月令作蒼玉

建青旗 禮月令呂覽並作載青旂 淮南注曰熊虎為旗 呂覽注曰交龍為旂 周禮司常交龍為旂 熊虎為旗

旂旗本可訓也 說文旗 熊旗五游 以象罰星 士卒以為期 旂下云旗有衆鈴以

令蒼也　載与建義亦近　建載青旂　月令呂覽並作服蒼玉　上与淮南異

○羊土畜也　呂覽注羊屬土義同　月令鄭注作羊火畜也

服八風水爨萁燧火　禮月令呂覽並無此淮南異文也今注中云取銅槃中露水服之八方

風所吹也　事類賦薈部引此注下又云八方風至誠井取新泉四時服之非獨春也疑

是許注

○取萁木燧之火炊之萁讀該備之該　說文萁豆莖也注有譌敓炊乃訓爨說文爨齊謂

之炊易箕子之明夷儒林傳謂孟喜弟子趙賓作荄滋箕同荄故萁亦訓如該也

東宮御女青色衣青采鼓琴瑟　禮月令呂覽並無此文但作衣青衣

其兵矛其畜羊　月令呂覽無此文但作食麥与羊[illegible]

朝于青陽左个以出春令　月令呂覽並作天子居青陽左个

○是月之朔天子朝日于青陽左个東向堂故曰青陽北頭室故曰左个个猶隔也　呂覽高注曰

青陽者明堂也中方外圓通達四出各有左右房謂之个个猶隔也東出謂之青陽南

出謂之明堂西出謂之總章北出謂之玄堂是月天子朝日告朔行令于左个之房

東內宮北頭室也其說較注淮南尤備

布德施惠行慶賞有緣賦　月令及呂覽作布德和令行慶施惠下及兆民慶賜遂行無有不

當

以迎歲于東郊　注迎歲迎春也東郊郭外八里之郊也　月令呂覽作迎春　後魏書[?]用　劉芳

傳引許君曰東郊八里郊也　高誘曰東郊（迎歲木德之氣于東郊也）郭外八里郊也（注与呂覽同）　許君即注淮南之說

故与高氏並列

脩除祀位幣禱鬼神犧牲用牡　月令呂覽無此文　犧牲用牡作犧牲無用牝

禁伐木　月令呂覽作禁止伐木

毋覆巢殺胎夭毋麛毋卵　月令呂覽作毋覆巢無殺孩蟲胎夭飛鳥無麛無卵

毋聚眾　月令呂覽作無聚大眾　淮南亦有大字　淮南注中云毋聚眾大眾　亦作大衆

掩骼薶骴　月令作埋骴　呂覽作霾髊　說文薶瘞也　通用作埋　霾乃假字　周禮又段作貍

骼骨有肉　此注有譌敓　當是白骨曰骼有肉曰骴　与呂覽注同　本書說林訓偷水不

受腐胔　注有肉曰胔　胔即骴　蔡邕月令章句　露骨曰骼　有肉曰胔

則風雨不時　月令作雨水　呂覽作風雨　作雨水是也　甄異二字說謂改雨水為風雨乃太初後人說

草木早落　月令作旱落　晏作早　旱乃早字之誤　宋本正作早　呂覽作旱槁（畢校亦改作旱）

則其民大疫　呂覽無其字　月令有

飄風暴雨總至　月令作猋風　呂覽作疾風　淮南飄風乃猋風　猋風即猋字　尔雅扶搖謂之猋

猋風扶搖風也　或作颮　賓戲風颮雷激是也　總至當作猥至　注中正作風雨猥至

猥衆也　多也　漢書溝洫志水猥至則放溢　注猥多也　仲春寒氣總至高注中亦作猥至

後人以月令之字改其正文　未及改注也　文選注引許君淮南注猥總凡也　即是此注　馬融

長笛賦山水猥至　馬氏曾注淮南　長笛賦即用淮南文句　高氏當親見馬氏注本　承用師

說　信而有徵　淮南作猥至　月令作總至　呂覽作數至　文雖異而誼則同也

雨霜大雹　月令呂覽並作雪霜大摯　淮南雹字乃暴字之假　廣雅摯很也　暴亦很摯也

雹暴一聲之轉　故注中不辭雹字

首稼不入　月令呂覽並作首種　呂覽注曰春為歲始　稼穡應之不成熟也　故曰首種不入　月令鄭（當補淮南）

注舊說首種謂稷　釋文引蔡邕曰首種宿麥　正義引孝經援云日中星鳥可以種

稷百穀之内稷先種故云首種首即先也種在百穀之先

正月官司空其樹楊　呂覽月令無此文

桃李始華　月令作桃始華呂覽作桃李華　王校謂始字衍

命有司省囹圄　囹圄二字無注呂覽高注有司理官主獄者也可補

毋肆掠　月令呂覽皆作無肆掠高注肆極掠笞也言無者須立秋

蟄蟲咸動蘇　月令呂覽無蘇字說見上

雷始發聲　月令呂覽下有始電二字

振鐸　月令呂覽並作奮鐸

角斗稱　月令作角斗甬呂覽作角斗桶　王校稱乃桶之譌

端權概　月令呂覽並作正權概

祭不用犧牲　月令呂覽祭作祀

民多相殘　月令呂覽作掠

杏有竅在中　案竅乃覈字覈同核呂覽引此正作杏有核在中象陰在内陽在外

田鼠鼢鼸鼠也　夏小正傳田鼠嗛鼠也尔疋作鼸鼠郭注以頰裏藏食　說文鼸鼢也

注中鼢字疑是鼸字之誤　尔雅鼢鼠注以謂地中行者說文鼢地中行鼠伯勞所作也字

林鼸鼠即鼢鼠也故高注以田鼠爲鼢鼸鼠•

青徐謂之鶉　鴽宋本作鶉字誤鴽下應有母字　尔疋李注鴽鴾也一名牟母　易通卦驗田鼠化鴽

鄭注鴽麋母麋鴾一聲之轉

舟牧覆舟　月令呂覽舟牧上皆有命字

天子焉始乘舟　呂覽作焉始

薦鮪于寢廟　注鮪魚似鯉而大　御覽九百三十六引此注作鮪魚鱣鮪魚也天子乘舟捕魚者以薦

進廟也當是許注

天子命有司發囷倉　月令作發倉窌廩　呂覽作倉窌

助貧窮　助當作賜　天子不得言助　助與賜相似而譌　月令呂覽並作賜

振乏絕　乏絕高無注　呂覽高注行而無資曰乏居而無食曰絕可補

使諸侯　月令呂覽作周天下勉諸侯

命司空　月令呂覽並有田字　下時雨將降文皆命司空辭也　當補田字

田獵罼弋　月令作罼翳

餧毒之藥　月令呂覽並作餧獸之藥　此注中云餧獸之毒藥　似正文亦作餧獸

乃禁野虞毋伐桑柘　月令呂覽禁作命是也　禁乃毋字之譌　故注云禁民伐之　非禁野虞也

呂覽高注野虞主材官　可補　下文孟夏亦作命野虞行田原

鳴鳩拂其羽　鳴鳩無注　呂覽高注鳴鳩班鳩也　可補

戴鵀降于桑　月令作戴勝　呂覽作戴任

具樸依王曲筥筐　月令作具曲植籧筐　呂覽作具挾曲籧筐　挾亦樸字　与淮南原本作橫同誤

具樸曲筥筐　史記索隱十六引許君淮南注曲葦薄也

省婦使勸蠶事　此無注　呂覽高注省其他使勸其蠶事　可補

命五庫令百工　月令呂覽作命工師令百工審五庫之量　義較順

角　呂覽月令角下並有齒字

箭幹　月令呂覽箭上並有羽字

無有不良　月令呂覽作無或不良　又呂覽注良善　可補

擇下旬吉日　月令呂覽並作是月之末擇吉日

乃合累牛　月令作累牛呂覽作纍牛

騰馬　騰馳騁若將羣者也　呂覽注作騰馬父馬也

甘雨至三旬　無注呂覽高注有旬十日也一雨三旬三雨也可補

山陵不登　月令呂覽作不收　注艸木不登成也呂覽高注作山陵所植不收成也

祭先肺　注肺金也祭祀之肉先用所勝也曰肺火自用其藏也　案高注內於曰一說即許義

五經異義言今文尚書說歐陽肺金也古尚書說肺火也謹按月令夏祭肺与古尚書說同

是許从古尚書說其注淮南定作肺火也說文肺金藏也一切經音義兩引說文作火

藏也當是今本譌敓

王瓜生　月令注曰今月令作王萯生　呂覽作王善生注云善或作瓜　夏小正作王萯秀

以迎歲于南郊　月令呂覽並作迎夏　後魏書[illegible]劉芳傳引許君曰南郊七里郊也是淮南注

選賢良　月令呂覽作遂賢良　注遂達也

舉孝悌　月令呂覽作　舉長大

毋興土功毋伐大樹　月令呂覽中有毋發大衆四字

驅獸害　月令呂覽無害字

勿令害穀　月令呂覽作毋害五穀

靡草薺葶藶之屬　呂覽高注作靡草薺亭藶之屬

決小罪　月令呂覽此下有出輕繫三字

四鄙入保　月令呂覽作四鄙

敗壞城郭　要敗壞之壞字因注而衍當是敗其城郭與月令呂覽同　注云敗壞其城郭

亦有其字

螽蝗為敗　月令作蝗蟲為災　呂覽作螽蝗為敗

小暑至　無注　呂覽高注　小暑　夏至後六月節也

一名齒肬　呂覽高注作一名齕肬　齒乃齕字敓其半

命樂師修鞀鞞琴瑟管簫調竽篪飭鐘磬　月令呂覽作命樂師脩鞀鞞鼓均琴瑟管

簫執干戚戈羽調竽笙鐘磬篪簧　呂覽作壎篪　飭鐘磬柷敔

毋燒灰毋暴布 注是月艸木未成不文物也火盛日猛暴布則脆傷也 御覽八百七十一引考

注艸木未成 毋暴布有毋爛之也當是許注 燒灰月令同呂覽作燒炭

執騰駒 月令呂覽作縶

日長至 此呂覽月令有是月也三字

陰陽爭死生分無注 呂覽高注是月陰氣始起于下盛陽蓋覆于上故曰爭也品物滋生薺

麥亭歷棘刺之屬死故曰死生分分別也 可補

節聲色 月令呂覽作止聲色 呂覽有注聲五音色五色止節也 可補

薄滋味無注 呂覽有注薄猶損也可補

事無徑 月令呂覽徑作刑 月令鄭注今月令刑為徑知淮南多因為今月令也

晏陰微陰也 呂覽注作晏安陰微陰也此脫一安字

可以居高明遠眺望登丘陵處臺榭 呂覽月令下三句無有可以二字 又呂覽高注明顯也可補

一曰望雲物占氣祥也 呂覽注無此文疑一曰乃許說

臺有屋曰榭 呂覽注臺上加木曰榭

律中百鍾　注百鍾林鍾也　月令呂覽並作林鍾

祭先心　注心火也用所勝也一曰心土也自用其藏也　案高注中一曰乃許說五經異義言今文尚書歐陽說心火也古尚書說心土也注據月令孝夏祭心与古尚書說同是許从古尚書說其注淮南定因故今高注中一曰心土也確為許義　說文心下云人心土藏也在身之中象形博士說以為火藏　說文惟心下尚見完義

涼風始至　無注　呂覽注云夏至後四十六日立秋節故曰涼風始至

悽愴居奧　注奧或作壁　月令作居壁　呂覽作居宇

腐艸化為蚈　月令作腐艸為螢　呂覽作腐艸化為螢蚈　螢乃衍字　說文引明堂月令腐艸為蠲　易通卦驗作腐艸為嗌　嗌乃蠲字　鄭注曰舊說腐艸為鳴　鳴乃熒字　又淮御覽九百四十六引淮南高注艸得陰而死極陰中反陽故化為蚈馬蠸也此乃許注

天子衣苑黄　春秋繁露民病心腹宛黄　宛黄即苑黄

黄謂登饒之登也　案當作苑　讀如豆饒之登　說文䵵讀若登饒字

詩云鼉鼓洋洋　呂覽注作韸韸

令漁人入材葦　月令作虞人（澤）呂覽作虞人　案禮月令命漁師伐蛟鄭注今月令漁師為榜人漁人當作榜人說文舟部舫船師也明堂月令曰舫人習水者舫人即榜人漢遣司馬相如傳榜人歌聲搖月令曰命榜人榜人船長也注中以漁人為掌池澤之官非舟師之類可知矣

俞氏說同云孫詒讓所據月令作鄭君所記今月令船長之義亦必舊說謂南用榜人字亦未見令寫作以為掌池澤官並檣月令作令澤人則知或本作榜人本義也榜人以為往也澤之官非榜從木未為從榜字為而有義深矣

為民祈福　呂覽高注祈求也可補

青黃白黑　月令呂覽作黑黃倉赤

以供宗廟之服　月令呂覽作郊廟　呂覽有注云郊祀天廟祀祖

勿敢斬伐　勿當是毋字之誤　月令作毋有呂覽作毋或

不可以合諸侯起土功　呂覽注土功築臺穿池合諸侯謂盟會也舉動兵衆恐搖封疆也可補

糞山疇以肥土疆　呂覽月令作可以糞田疇可以美土疆　此有脫文

多風欬　當依月令呂覽加國字作國多風欬

祭先肝　注肝木也祭祀之用所勝也一曰肝沈金自用其藏也　此高注中所云一曰乃是許注五經異義今文尚書歐陽說肝木也古尚書說肝金也謹按秋祭肝與古尚書說同是許氏

從古尚書說其注淮南宜同故今高注中一曰確爲許氏遺義 說文肝木藏也段氏
若膺云當作金藏也博士說以爲木藏與心部下一例其說是也

白露降 呂覽高注降下可補

寒蟬鳴 無注 呂覽高注曰寒蟬得寒氣鼓翼而鳴時候應也 御覽九百四十四引淮南
高誘注曰寒蟬青蟬也蟲陰類感氣鳴也 當補入

白馬黑毛曰駱 御覽八百四十二引作白駹黑鬣 爾雅白馬黑鬣駱 呂覽注亦作黑
鬣此毛字乃鬣之誤

撞白鐘 王校以謂白字衍文是也 然撞鐘二字究不成文 此皆三字爲句 五經通義曰金爲鐘石爲磬絃
爲絃竹爲管冬曰擊磬石此疑爲撞金鐘 故注即云金王西方

以迎歲于西郊 後魏書劉芳傳引許君曰西郊九里郊也 當是許淮南注

簡練桀俊 呂覽注材過萬人曰桀千人曰俊 可補

順彼四方 呂覽作迎彼遠方 迎與順古義通

繕囹圄 呂覽注囹圄法室 可補

謹[illegible]障塞　呂覽作謹壅塞

介蟲敗穀　呂覽注介蟲蝗𧒂屬冬氣盛故介甲之蟲敗其穀也　可補

毋以封侯　月令有諸字　呂覽與淮南同

五穀無實　月令呂覽並作不實

寒暑不節　月令呂覽並作寒熱

涼風至　月令作盲風至　孟秋已云涼風　此何以又云涼風　當從月令

羣鳥翔　注翔或作養　養育其毛羽也　月令呂覽並作羣鳥養羞　鄭注羞謂所食也　高注呂覽羣鳥養羞進其毛羽御寒也　故曰羣鳥養羞　夏小正傳羞者進也　若食之珍

篇相似

命有司申嚴百刑　斬殺必當　呂覽注云有司理官　刑非一　故言百　軍刑斬　獄刑殺　皆重其事　故曰必當　可補

無或枉橈　注枉曲也　橈弱也　呂覽注淺弱為枉　違強為撓　義較明

及受其殃　呂覽注殃咎　可補

養長老　呂覽月令作養衰老　呂覽注陰氣發老年衰故共養之　長疑衰字之誤

授几杖行稃粥　月令呂覽作行糜粥　呂覽注授其几杖賦行飲食糜粥之禮今之八月比戶賜高年鳩杖粉粢是也周禮大羅氏掌獻鳩杖以養老又伊耆氏掌共老人之杖

乃命宰祝行犧牲　呂覽月令作巡行犧牲

案芻豢　注艸養曰芻穀養曰豢　呂覽注牛羊曰芻犬豕曰豢　注文異

視肥臞全粹　呂覽月令作瞻肥瘠　下文有視少長　此視字疑作瞻

察物色　呂覽注物毛也　可補

課比類　月令呂覽作必比類

視少長　月令呂覽作視長短

天子乃儺以御秋氣　月令御作達　呂覽儺下有禦佐疾三字

儺讀躁難之難　案儺本字作難　正文作䰡　讀如難者由本字而讀也　周禮杜子春儺讀如難問之難

以犬嘗麻先薦寢廟　呂覽注犬金畜也麻始熟故嘗之可補

是月可以築城郭　案是月下應有也字本書體例如是　月令呂覽並有也字

穿竇窖　月令呂覽並作穿竇窌

修囷倉　呂覽注修治囷倉仲秋大内歛當此也圜曰囷方曰倉

畜菜多積聚　畜菜上當从月令呂覽補務字此皆三字為句　采字當作菜

蟄蟲墐戶　月令作坏戶呂覽作俯戶俯乃坿字又注云時蟄之蟲俯近其所蟄之戶

殺气浸盛　呂覽注殺气陰气

涸或作陰盛盛言陰勝也　案此錯簡盛言陰勝乃釋上文陰气浸盛此已見今本不得言

盛涸或作下脫一字

一度量　呂覽注一同也度尺丈量釜鍾也可補

平權衡正鈞石　呂覽注權稱衡也三十斤為鈞百二十斤為石可補

角斗稱　稱當作桶説見上

理關市　月令呂覽作易關市

來商旅　呂覽注市賈曰商旅行旅也

入貨財　呂覽月令作入貨賄　注貨賄財貨也

以便民事　呂覽注云以所有易所無民得其求以便民事

四方來集　呂覽作來雜　雜作襍　有集之半體　呂覽注雜會也

遠方皆至　宋本作遠鄉　月令呂覽並作遠鄉

上無乏用百事乃遂　呂覽注上無乏用所求得也事非一故言百事　○又呂覽此下有行

之是令白露降三旬文此無

春陽氣而行其令　此有呂覽論威　呂覽作春天陽氣而行溫仁之令

五穀皆復生　皆四字句皆字衍文月令呂覽作五穀復生　淮南注中亦云五穀復生無

皆字

候雁來賓雀入大水為蛤　注賓客者雀也　御覽九百四十一引淮南舊注云賓依雁之雀本飛鳥

也隨陽下藏故為蛤與今注異知為許義　高注呂覽亦以賓雀連解與注淮南正同

然高氏亦有所本易通卦驗亦作賓雀入大水為蛤困學紀聞以謂高誘許叔重注並

以候雁來為句南宋人皆以高注為許注之誤

百官貴賤　呂覽月令百官上並有命字

無不務入　呂覽注案秋事内故務入也　月令作務内内入古通

以會天地之藏　呂覽作會合也

舉五穀之要　呂覽作五種　月令作五穀

霜始降　呂覽高注秋分後十五日寒露寒露後十五日霜降故曰始也可補

乃命有司　呂覽有注云有司于周礼爲司徒司徒主衆故命之

上丁入學習吹　呂覽同月令上丁下有命樂正之字

貢歲之數　案歲乃職字之譌因上文來歲而衍歲字月令呂覽並作職本注中職貢多少有常也

亦作職

以習五戎　呂覽下有獀馬二字月令下作班馬政

載旌　月令呂覽作載旍旐　王校隸書旍字作桂与旌相似而譌　案御覽八百九十六引淮南

此文作載旗旗亦旌也

以級皆正設于屏外　月令呂覽無皆字　正作整疑皆正二字即整字也

北向以贊之　月令呂覽贊作揖

天子乃厲服廣飾　月令呂覽廣作厲飾

乃伐薪為炭　呂覽注有草木節解斧入山林故伐木作炭

蟄蟲咸俛　月令呂覽蟄下並有在穴皆墐其戶六字

供養之不宜者　注不宜謂不善也　呂覽注不宜者謂若屈到嗜芰曾晳嗜羊棗非孔子養故收斂之也與淮南注異其下一說即與淮南同疑不宜不孝之說出于淺人

師旅並興　呂覽作必興月令作師興不居

其樹槐　御覽九百五十四引淮南曰槐木字也樹以青槐燧人秋取槐檀之火疑即此字注

弦許説也

其祀井　注井或作行　月令呂覽並作行行篆作行與井相似也

攷伏生鴻範五行傳云仲冬致主于井楊雄蔡邕並謂冬祀井鄭井水之屬火功在養入夏火冬水于義亦合行即井也易曰往來井井是祀井之證道之亦故曰行若行道之神出祖奠祭之不當列五祀中也

雉入大水為蜃　御覽九百四十一引淮南許注曰雉陽鳥也三歲而死極陽趨陰故隨陰氣入水為蜃蜃大蛤也與今注異

水始冰地始凍　呂覽高注曰秋分後三十日霜降後十五日立冬水冰地凍也故曰始也

食黍與彘 無注 御覽八百四十三引注曰黍彘水畜 與御覽注彘水屬正同 時宜也當補

以迎歲于北郊 御覽月令並作迎冬于北郊 後魏書北史劉芳傳引許君曰北郊六里之郊也

與高誘同 引宣為許注淮南 又引高誘曰北郊六里郊也說脫 應補入

命司徒行積聚 呂覽月令行上並有循字

修城郭 呂覽作坿 月令作坏 案下即有修鍵閉 此修字當因下而衍 疑是坿字

固封璽 月令作封疆 鄭注今月令疆作璽

慎管籥 月令呂覽並作關籥 古管關通

脩邊境 上文有脩鍵閉 此脩字因上文而衍 脩乃備字之譌 備或作俻 與脩相似 月令呂覽並作備

完要塞 呂覽有注 要塞所以固國也

絕蹊徑 月令呂覽並作塞蹊徑 呂覽有注云 塞絕蹊徑為其敗田

審棺槨衣衾衣之薄厚 月令呂覽並作飭衣裳審棺槨之厚薄 薄厚當作厚薄

營邱壠之小大高庳使貴賤卑尊各有等級 月令呂覽並作營丘壟之小大高卑

薄厚之度貴賤之等級 卑尊當作尊卑

卯壠塚也　呂覽注作卯墳壠塚也　墳字應補

是月也工師效功　月令工師上有命字

堅致為上　月令呂覽並作必功致為上

工事苦慢作為淫巧必行其罪　月令呂覽並作無或作為淫巧以蕩上心必功致為上物勒工名以

考其誠工有不當必行其罪以窮其情

是月也大飲蒸　本注與呂覽注全異　疑此乃許注

今文注割乃禍字禍與禱同也

大禱祭于公社　月令呂覽並作大割祠于公社及門閭

角力勁　月令呂覽無勁字

角平地也　呂覽注角猶試也　疑今注譌

毋或侵牟　月令呂覽作侵削

行夏令則多暴風　月令呂覽並作則國多暴風　國字應補

故多暴疾　呂覽注多之風之字應補

地始坼　呂覽高注立冬後三十日大雪節　故水冰凍　地始坼坼凍裂也

鴰鴠不鳴　月令呂覽作鶡鴠　方言鶡鴠或謂之倒懸秦隴之内謂之鶡鴠　鶡鴠即鴰鴠或

作曷旦見坊記或作侃旦見晉志

鴰鴠山鳥　宋本山鳥下有陽字並依呂覽注鶡鴠山鳥陽物也

命有司曰　呂覽高注云于周禮為司徒掌建邦之土地之圖與民人之數故命之也

無發室屋及起大衆是謂發天地之藏　月令呂覽並作無發蓋藏無起大衆以固而閉

發蓋藏起大衆地氣且泄是謂發天地之房　淮南本文義未足當依月令補

有隨以喪　呂覽作乃隨以喪　古又有迺

命奄尹　注奄官也　呂覽注作閹官宦也

謹門閭　蔡邕月令說作門閭云閭尹内官也主宮室出入宮門宮中之門曰閨閽尹

之職也閭里門非奄尹所主知當作閭

省婦事　月令呂覽此下並有毋得淫雖有貴戚近習無有不禁　文義乃足

必全圭潔也　呂覽注作必全清潔

湛讀審釜之審熺炊　熺火之熾也　呂覽注二審字皆作瀋　炊熺字作饎是也

牛馬畜獸有放失者　月令呂覽並作放佚　失佚古通

取之不詰　注詰呵問也　呂覽注作詰誅也　文異

日短至　呂覽高注冬至之日晝漏水上刻四十五夜水上刻五十五故曰日短至在牽牛一度也

陰陽爭　呂覽高注云陰氣在上微昜動升故曰爭也

身欲靜　月令呂覽並作身欲寧

荔挺出　注荔馬荔草也　呂覽注荔馬荔挺生出也　月令鄭注荔挺馬薤也　與此異　從周書時

訓解荔挺不出卿士專權　亦以荔挺連解　易統驗元圖並同

則伐樹木取竹箭　呂覽作伐林木　月令無林字　又呂覽高注竹木調物又當今大山林之時故伐取

之也

器之無用者　月令呂覽並器上有去字

塗闕庭門閭　呂覽高注闕門闕也　周禮為象魏門閭　謂塗之塞使堅牢也

築以助天地之閉　月令呂覽並作此所以助天地之閉藏也

則其時雨水　月令呂覽並作天時雨汁　其本作汁与天文似

許君年表藁一卷附淮南參正殘草一卷說文古讀攷一卷又一卷

水泉咸竭　呂覽作減竭　咸減古通用　羣經音辨咸有胡斬切一音消也

民多疾癘　月令作疥癘

其臭腐　月令呂覽作臭朽

鵲加巢　王校云加讀為架謂構架之也　案月令呂覽逸周書並作鵲始巢　無作加巢者　玉篇以加訓架引合南箋為証非也　此亦宜當作始　與春紀蟄始振　虹始見　夏紀鵙始鳴　蟬始鳴　秋紀水始涸　蟄蟲始降一例　加乃始字之壞文　天文訓日冬至鵲始巢　[redacted]　亦不作加那　注中云鵲感陽而動上加巢也　加亦始之誤　通卦驗　鵲者陽鳥　先事而應　大寒之日鵲始巢亦無加字

雞乳　月令呂覽並作雞呼卵

食麥與彘　麥又黍字之誤　月令呂覽並作黍

天子親往射漁　月令呂覽天子親往乃嘗魚

令農計耦耕事　月令呂覽作命司農　多司字　月令亦無　呂覽又有注　計會也

令樂師大合吹而罷　呂覽注　周禮籥章　仲春晝擊土鼓吹豳詩以逆暑　仲秋夜逆寒亦式

舉春秋着文也則冬夏可知

乃命四監收秩薪[redacted]以供寢廟　月令呂覽　薪下並有柴字　呂覽有注云周四監者周制天子畿方
千里之内分為百縣縣有四郡郡有大監之故命四監使收掌薪柴燎也燎者積聚柴
薪置壁玉與牲于上而燎之升其煙氣故曰以供寢廟及百祀之薪燎也

歲周于天　月令呂覽並作星回于天　呂覽有注云次宿也星月日周于牽牛故曰日窮于次月遇日
相合為紀月終紀光盡而復生曰朔故曰月窮于紀日有常行行于中道五星隨之故
曰星回于天也一說十二次窮于牽牛故曰日窮于次也紀道也月窮于故宿故曰月窮于紀星回
于天者謂二十八宿更見于南方星月回于牽牛故曰星回于天也　案今淮南注即高注
呂覽下一說想淮南注或是許叔重注呂覽在淮南注後因采之

歲將更始　月令呂覽並作數將幾終四字　呂覽又注云夏以十三月為正夏數得天言其时
皆從夏正也故于是月十二月之數近終歲更始于正月也

令靜農民無有所使　月令呂覽作專于農民　呂覽有注云農事將起獨于農民無所役使也

飾國典　月令呂覽飾作飭古飾飭通

以待嗣歲之宜　月令吕覽作來歲之宜

次諸侯之列賦之犧牲　吕覽有注云次列也諸侯異姓者太史乃次其列位國之大小賦斂其犧牲也

以供皇天上帝社稷之芻享　月令吕覽無芻字（案此芻字因下文芻豢而衍）吕覽有注云皇天上帝五帝也社后土之神謂句龍也稷田官之神謂烈山氏之柱與周之棄也享祀也

供寢廟之芻豢　吕覽有注云寢廟祖廟也豢肉牲牧使供之也牛羊曰芻犬豕曰豢

卿士大夫至于庶民　月令吕覽卿上有令宰歷三字無士字下又有土田之數而賦之犧牲九字

國多痼疾　月令吕覽作固疾固痼亦通說文痼久病也高注固疾亦作久疾訓注中以篤訓痼亦是固字尒疋篤固也光武紀篤癃無家屬即固疾之義

原道訓

羽翼奮也角觡生也　一誤本禮樂記史記樂書作羽翮奮角觡生

昔者夏鯀作九仞（作三）之城　初學記引鯀作城吳越春秋鯀築城以衛君造郭以守民此城郭之始也

昔者舜耕於歷山　御覽八十一引注曰歷山在濟陰城陽知今本高注一曰以上說乃許注也水經注歷山有四

一云在河東郡一云在雷澤西南一云在歷城縣灤水所出一云在嬀城西北周處風土記舜所耕田

於山下多柞樹吳越之間名柞為櫪故曰歷山

朞年而漁者爭處湍瀨　御覽八十六引注云湍疾瀨淺與高注異論為水疾乃許注見文選注引已見

前說

昔者馮夷太丙之御也　馮夷許注作馮遲遲夷古通（詩周道倭遲韓詩作周道郁夷）山海經作冰夷郭注冰夷馮夷也冰馮同韻耦

天子傳作無夷注無夷馮夷也無馮雙聲史記索隱引太公金匱作馮修修夷亦聲相近

大道坦坦去身不遠　賈誼新書引書曰大道曾曾去身不遠

天文訓補

陽燧見日則燃而爲火注陽燧金也取金杯無緣者熟摩令熱日中時以當日下以艾承之則燃得火也 藝文類聚火類引舊注曰日高三四丈時以向日燥艾承之寸餘有頃焦吹之即得火与今本注義同文異當出許義也

熯則炭輕濕則炭重 白帖引舊注曰先冬至夏至懸土炭于衡者一端令適停冬至陽氣至則炭仰而鐵低 夏至則炭低而鐵仰也疑出高注

咸池者水魚之囿 藝文類聚星部引作水衛之囿衛誤作衡或脫而爲魚也天官書咸池曰天五潢五潢五帝車舍元命包曰咸池主五穀其星五者各有所職隋天文志咸池衛囿也

俶真訓補

孟門終隆之山不能禁 注 終隆即終南山在扶風 關中記 初學記地五引 其山一名中南 五經要義云終南山長安南山也一名太乙 漢書太乙山古文以謂終南山 隆慮縣東漢避殤帝諱作林慮縣林南古同韵也 定八年林楚公羊作臨南

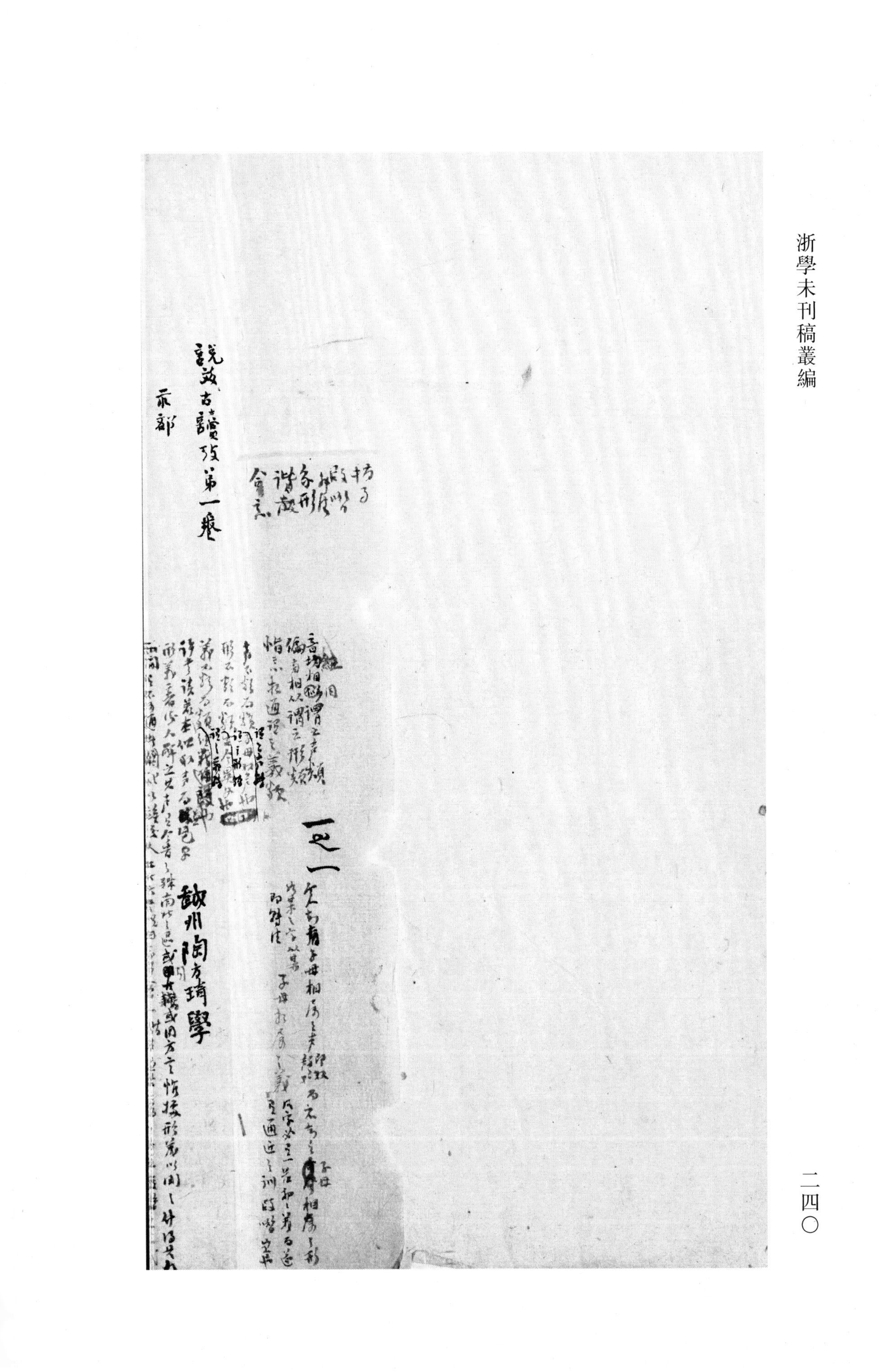

示部

說文古籀攷第一卷

[illegible]

歙州陶方琦學

[illegible]

一之一

[illegible]

說文古讀攷第一卷

歙州陶方琦學

示部

𥜽

數祭也。从示毳聲。讀若春麥爲毳之毳。

案以䊧聲之讀春麥爲毳以毳二毳均當从木作橇 橇橇形似義則殊 䴵書凡言讀若皆用他字以況本音 此用本字之例 廣疋[redacted]毳舂也 楚芮反 䴵書雖無毳字有𦎫字 𦎫下云春𦎫大麥皮也 知春麥爲毳之毳即是𦎫之或體 急言之爲𦎫 緩言之即爲毳 毳𦎫一聲之轉 江氏聲曰說文本文遵古篆 解內多用方言俗字 其不改爲𦎫者 本書多此例也

周禮春官[illegible]注 鄭大夫讀毳爲[illegible] 杜子春讀毳爲[illegible] 皆一聲之轉也

祘

明視以筭之。从二示。逸周書曰：士分民之祘，均分以祘之。讀若筭。

案此[illegible]之讀 [redacted] 筭與今字祘爲古文

一切經音義三引筭古文祘 祘讀若筭 然祘爲蘇貫切 乃因筭而得聲 非祘之本音也 竊謂祘从二示 亦有示聲 解內引逸周書均分以祘之 本典解篇作均分以利之 利亦祘字同音之譌 竹部算讀如筭 今人筭算多不別矣

王部

皇

大也。从自。自，始也。始皇者，三皇大君也。自讀若鼻，今俗以始生子爲鼻子。

案此聲義通嚊之讀 自鼻从自畀 形義相通轉之義 本書自下云鼻也 方言鼻始也 此

曰自始也自鼻同韵訓又互通段氏說文解字注曰自讀若鼻言皇字所从之自讀若鼻

[redacted]其音同也

玉部

瓇

玉也从玉夒声讀若柔

案此古声通轉之讀[redacted]本書擾柔謹也史記夏本紀擾而毅徐廣曰擾一作柔漢書辛毅

傅柔毅敷厚注擾亦柔也左昭二十九年傳[redacted]乃擾畜龍應劭音柔管子地員篇其木宜

櫌桑即柔桑尒疋釋文猱或作擾論語小山勿擾史記作不蹂从夒之字多與柔同是

形義亦古通段[redacted]也讀若柔之柔[redacted]當[redacted]即瑈字聲與類瑈玉名廣韵瓇亦云玉名柔瓇

同部與下珣讀若宣璿讀若淑例同錢氏養新錄云說文讀若即用經典通行字瓇讀若柔亦其例也

⿰王毄

玉也从玉毄声讀若鬲

案此古声通轉之讀毄鬲同部本書⿰鬲豦讀若擊⿰毄鬲讀若隔是其證文選長楊賦注

隔鳴球引韋昭曰古文擊為隔是古形義亦得段借也

珣

醫無閭之珣玗璂周書所謂夷玉也从玉旬声一曰玉器讀若宣

案此古声通轉之讀形義亦得通段尒疋釋器璧大六寸謂之宣郭注漢書所謂瑄玉也釋文

瑄如字本或作瑄漢書郊祀志有司奉瑄玉孟康注璧玉大六寸謂之瑄 詛楚文用吉玉宣璧 皆與珣爲說合 旬本書眘云从日从勹 古文作㫗 㫗與宣相似 訛來 旬來宣 旬宣義合 旬声十二部 宣声十四部 部近得通 故讀同也 臧氏經義雜記曰 說文無瑄字 有珣字云玉器 讀若宣 知今之宣字當作珣

珛

朽玉也 从玉有声 讀若畜牧之畜

案此古通轉之讀 但以音相近也 許書言畜牧解 字不作畜 當是嘼字 嘼下云 㽥也 今定 釋畜釋文言田 許又反 本作嘼 音同 引字林嘼產也 經典皆用畜字 有嘼同部 故得段借 其不改爲嘼者亦解用方俗字之例也 畀部䶊字亦讀若畜牲之畜 是其證

錢氏大昕曰 禮記畜其有聲欲 皇侃義疏作畜其畜聲欲 當有 盜臣唐書食貨志作嘼 音並近也 有畜古声相近

[illegible]

玉器也 从玉𠷎声 讀若淑

案此古声之通轉之讀 形義亦相段借 繫傳曰今是璋大六寸謂之琡 琡當同璹 許書有璹無琡 讀若淑者即此琡字 珣爲玉器而即今之瑄 猶璹爲玉器而即今之琡 字一例也 漢人音讀多以今字釋古字 璹爲古字 琡爲今字 淑又琡之諧声 廣韻璹玉名 又音孰 𠷎声叔声同在十三部

玤

石之次玉者 以爲系璧 从王丰声 讀若詩曰瓜瓞菶菶 一曰若盒蚌

玖

案此兩聲相近之讀，讀若詩曰瓜瓞菶菶，菶者半聲，奉聲同在九部，口部唪下亦云讀若詩曰瓜瓞菶菶，㔿若禽畔者，玤蚌又蠡韵，故古讀為蟹聲也

是其證 古讀例引經證指事

石之次玉黑色者，从玉久聲，詩曰貽我佩玖，讀若芑，或若句脊之句

案此亦兩聲相近之讀，讀若芑，玖或作玘，玉篇玘玉名，詩木瓜章李玖韵，丘中有麻子玖韵，又采芑芑以韵，是其證也，或曰若句脊之句，本書句从口丩聲，讀如鉤，淮南墬形訓句嬰氏，高注句嬰讀為九嬰，此玖讀若句之別義也，段氏說文解字注曰讀若芑古音在一部之證，又曰上句音鉤，下句當作痀，四部，痀曲脊也，讀如苟，句聲在四部

珸

石之次玉者，从玉匠聲，讀若貽

案此聲類之讀，但只音相近，無與乎形義也，匠聲台聲同在第一部

璡

石之似玉者，从玉進聲，讀若津

案此聲類之讀，但只音相近，無與乎形義也，本書𦘒下云讀若津，逮下云自進極也

釋名津進也，璡从進得聲，似于轉注

璁

石之似玉者，从玉悤聲，讀若蔥

案此諧聲之讀，詩采芑有瑲蔥珩，蔥即此璁字，是形義亦得段借也

璩

石之似玉者从玉豦声讀若鎬

案此声類之讀 豦声高声同在第二部 本書廬部 𧇡亦曰讀若鎬是其證

瑋

石之似玉者从玉韋声 讀若曷

案此声類之讀 詩衛風載脂載韋釋文韋鄭音曷 瑋从韋得声故讀同 本書省𠃍部 達讀若害 害曷音義通 韋声曷声同在十五部

珣

石之似玉者从王句声讀若苟

案此諧声之讀 與玽蚼同例 周礼巾車金路鉤 故書鉤為拘 杜子春云拘讀為鉤 又漢書五帝紀鉤町侯服虔注鉤讀 左傳 而 朐 皆以諧声為讀

琟

石之似玉者从玉隹讀若維

案此諧声之讀 與上珣苟同例 本書大部奞下曰讀若睢 亦从隹得声故讀同也

瑂

石之次玉者从玉眉声讀若眉

案此諧声之讀 瑂从眉得声 又讀如暠 文母子蘭 嚍之例 聯屬之義 讀名楣 楣也 瑂 眉也是其證 嚴氏校議曰既云眉声不應再讀若屬

非校者所加 恐係轉寫也 誤

玜

石之似玉者从王厶声讀與私同

案此諧声之讀 本書厶姦衺也韓非曰蒼頡作字自營為厶 即私字 玜从厶得声 又云讀如

私當與義交徹有合 段氏說文餴字注曰凡言讀與某同者亦即讀若某之例恐未當（凡許書言讀與某同者與本字之義微有通叚與讀若某者略異）

瓔

玉屬也从玉叟聲讀若溲

案此瓔聲之讀 穆天子傳采石之山有瓔瑤即此瓔字

瑎

黑石似玉者从玉皆聲讀若諧

案此瑎聲之讀 [illegible]廣韻引說文曰瑎[illegible]音諧[illegible]

珏部

𨋳

車笭間皮篋古者使奉玉以藏之从車珏讀與服同

案此聲類之讀 𨋳即箙字古省作服是義亦得叚借也 錢氏大昕曰鄭注司弓矢云箙以獸皮爲之 釋名受矢之器以皮曰箙 文選東京賦𨋳弩重旝 𨋳與箙俱是皮箙音義相近故云讀與服同 按攷箙古省多作服 詩衛風象弭魚服 鄭箋服矢服也 齊語服無矢 皆是箙字與𨋳義同

婿

夫也从士胥聲詩曰女也不爽士貳其行士者夫也讀與細同

案此聲近之讀 詩釋文婿音細字書作壻 蓋婿細雙聲 婿讀若細當是漢時方俗音 今越俗尚讀如是 女謂其夫曰婿如細音 故夫謂女或亦曰細君

丨部

丨

上下通也。引而上行讀若囟，引而下行讀若退。

案：此兩聲相況之讀，義隨聲別也。（引而上行即進義，引而下行即退義。）釋名：囟，峻也。本書囟爲息進反，聲歸進、近。繫傳中下引作中从丨引而上行，音進是也。玉篇丨下有古本、思二切，兩切思二即退音。

屮部

屮

艸木初生也。象丨出形，有枝莖也。古文或以爲艸字。讀若徹。

按：此古聲同類之讀。上丨亦上下通也。本書通，徹也。屮从丨，義象其上行，丨上行讀若囟。

徹一聲之轉。蔽讀徹，本書啟下云讀若屮，疑此徹字當作啟，取其初生象出形也。

艸𩠐

莠

禾粟下揚生莠也。从艸，秀聲。讀若酉。

案：此聲類之讀，但以音相況，無鄉于形義也。秀聲、酉聲同在第三部。本書歠亦讀若酉。

[illegible]

水萹茿也。从艸水，毒聲。讀若督。

案：此古聲相類之讀。中部毒，厚也。古文作副，从刀畐。笞，厚也。讀若篤。書微子天毒降災，史記作天篤。篤、督同韻。後漢杜篤傳論：雖雕權天督，即天竺語。繇竹竺篤轉，亦作[illegible]。

[illegible]竹也毒声 玉篇竹三篇同故 毋声 聲同杜第三韻 亦讀若犢 [illegible]

蘴

艸也从艸鑿声讀若鑿

案此讀[illegible]之讀 萈或通[illegible]故讀若[illegible]類也 桂氏義證曰[illegible]菜也 集韻[illegible]艸名扶須也 通作

菜故讀同 [illegible]大戴禮曾子制言篇[illegible]藜藿而食之[illegible]注[illegible]藿也[illegible]亦[illegible]艸也 [illegible]一名[illegible]

芨

堇艸也 堇乃堇之誤 从艸及声讀若急

案此声類之讀 芨義又与[illegible]通故讀若急 集韻[illegible]艸名[illegible]也 玉篇堇一名[illegible] 知讀若

急之急應作[illegible]即錢氏云許書讀若[illegible]通用字也

䇹

牛藻也 从艸君声讀若威

案此古声通轉之讀 顏氏家訓書證篇或問東宮舊事六色[illegible]是何等物當作何音

答曰說文云莙牛藻也 音隱 案隋經籍志有說文音隱四卷 [illegible]現 又今斷五色絲橫著線股間繩之以象莙艸 [illegible]

用以飾物 [illegible]張敞因造糸旁畏[illegible]是莙古有威音 [illegible]亦有巨[illegible]音是也 惠氏讀說文 [illegible]

記威君姑謂之威姑 古音相近 [illegible]

𧁇

灌渝 从艸夢声讀若萠

案此古声通之讀 周易集解引鄭注齊人謂萌為蒙 蓋古萌蒙夢同音 錢氏曰[illegible]

藋與□之義又通蓼（廣雅蓾蓼蘸也） 攸如南侯羽己去作羽參

蔍 鹿藿也从艸鹿聲讀若剽一曰蔽屬

小 案此聲類之讀來麃麃从鹿票省故蔍讀近剽亦䶯聲例也

𦿆 艸之小者从艸劂聲劂古文銳字（當是據文按語後人加）讀若芮

案此聲類之讀芮本有小義故𦿆讀相同 本艸石龍芮陶注其葉芮芮短小端長一西延驗

叢芮于城陽者百不要處一注芮小皃 錢氏斠詮曰方言𦿆小也凡艸生而初達謂之𦿆劂為

銳之古文𦿆與銳形亦相類

説文古讀攷稿

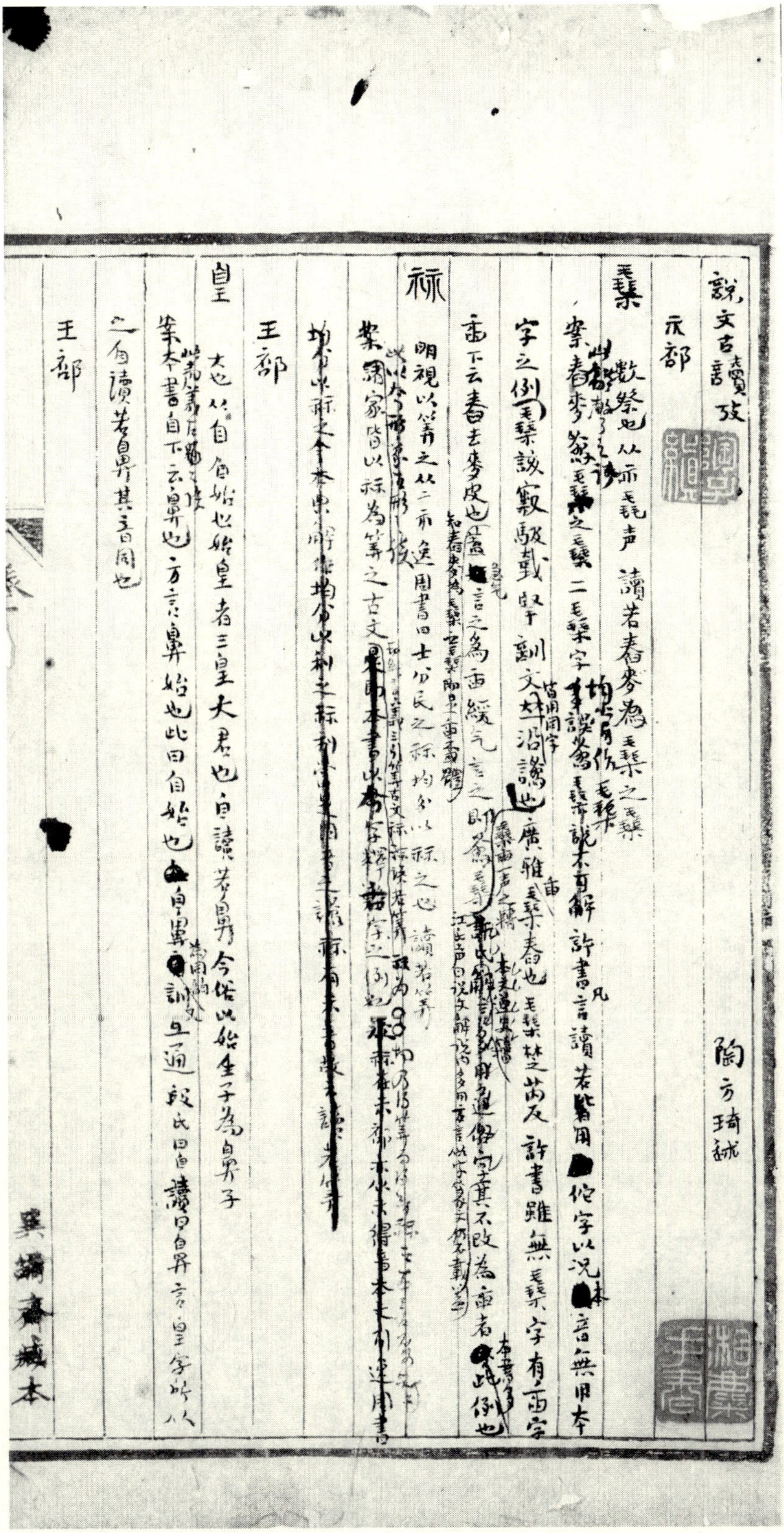

說文古讀攷　陶方琦述

示部

𥜽

𥜽數祭也从示毳声　讀若春麥為𥜽之𥜽　許書言讀若皆用他字以況本音無用本字

案春麥為𥜽之𥜽二𥜽字　許書雖無𥜽字有臿字

字之例　廣雅𥜽春也　𥜽楚芮反

臿下云春去麥皮也　其不改為臿者此例也

祘

明視以筭之从二示　逸周書曰士分民之祘均分以祘之也　讀若筭

案家皆以祘為筭之古文

王部

皇

大也从自自始也始皇者三皇大君也自讀若鼻今俗以始生子為鼻子

案本書自下云鼻也　方言鼻始也　此曰自始也　訓互通　段氏曰自讀曰自鼻　言皇字所从

之自讀若鼻其音同也

王部

巽綸齋藏本

瓇 玉也从王夒声 讀若柔

案本書瓇柔謹也 史記夏本紀瓇而毅 徐廣曰瓇一作柔 左昭二十九年傳 刀畜瓇龍 龍 劉音柔

管子其本宜瓇桑 即柔桑 論語公山弗擾 史記作不狃 从夒之字多与柔同

瑴 玉也从玉瑴声 讀若鬲

案本書鬷讀若擊 虩讀若隔 文選長楊賦 拮隔鳴球 韋昭曰古文擊作隔 瑴从擊

珣 醫無閭之珣玗琪 周書所謂夷玉也 从玉旬声 一曰玉器 讀若宣

案尒疋釋器 璧大六寸謂之宣 釋文 宣如字 本或作瑄 漢書郊祀志有司奉瑄玉 孟康注 璧大

六寸謂之瑄 旬 本書云从日勹 勹古文旬 与宣相似 詩來旬來宣 旬宣義亦相類 故讀同也

臧氏玉林曰 說文無瑄字 有珣字 云玉器 讀若宣 知尒疋宣字當作珣 桂氏未谷曰 一曰玉器 家

本此字皆無玉字 器即謂璧 與尒疋釋器璧大六寸謂之宣合也

珛 朽玉也 从玉有声 讀若畜牧之畜

案許書畜 畜當是嘼字 本書嘼犍也 尒疋釋畜釋文 畜本亦作嘼 音同 引說文

嘼也 字林嘼產也 經典以用畜為字 故讀同 為嘼 亦方俗之例也

璠 玉器也 从玉屬声 讀若淑

案璠當同璥 繫傳曰兮疋璋大八寸謂之璥 說文有璠無璥 宜同也（今攷）許書珣為玉器而即爾雅之

璲字 璠為玉器而即爾雅之璥字一例也 讀若璥之淑字當作璥 漢人音讀多用本訓 此即以今字

解古字之例 許書解說之字多不載篆文 此類甚多 璠璥一声之轉 屬声叔声同在第三部

玤 石之次玉者 以為系璧（从玉丰声） 讀若詩曰瓜瓞菶菶 一曰若食蚌

案本書艸部唪下亦云讀若詩曰瓜瓞菶菶（今毛傳作唪唪）（艸部唪下云）部雜引齊魯韓詩也 一曰若食蚌玤

蚌同韻 此以偏旁相同之字說其音（故）

玖 石之次玉黑色者 从王久声 詩曰貽我佩玖 讀若芑 或曰若句脊之句

案玖亦作玘 玉篇玘玉名 故曰讀若芑 詩丘中有麻子玖（韻）木瓜（章）李玖韻 又采芑亦芑敏韻

段氏曰讀若芑古音在一部之證（一字）上句音鉤 下句當作病 一部 病曲脊 古讀如苟 句声在四

部

㺶 石之次玉者 从王臣声 讀若貽

案本書臣顧也 象形 頤篆文臣 作頤 㺶从臣得声 臣與貽同韻 臣声台声同在第一部

璡 石之似玉者 从王進声 讀若津

異體齋藏本

（眉批：
李下句从口
（?）聲讀若
鉤（?）在南
厲其形訓
句曰（?）名（?）
句（?）名（?）
九（?）類也玖
讀句之別
義（?）也）

案璡或作瑨 本書𦘔下亦云讀若津 釋名津進也 津璡同韻（津下云自進[illegible]从[illegible]聿声）

璁 石之似玉者 从玉悤声 讀若蔥

案詩采芑有瑲蔥珩 蔥即璁字 璁蔥同韻（悤声在九部）[illegible]上[illegible]同例

[illegible] 石之似玉者 从玉號声 讀若鎬

案本書曰 [illegible]讀若鎬 號声高声同在第二部

瑋 石之似玉者 从玉韋声 讀若[illegible]

案本書[illegible]从[illegible]声讀若[illegible] [illegible]声同韋声 昌声同在十五部

玽 石之似玉者 从玉句声 讀若苟

案本書句曲也从口丩声 玽苟同韻（从句声古）[illegible]与上璁同例

琟 石之似玉者 从玉隹声 讀若維

案本書雀下曰讀若睢 琟維同从隹声古韻 与上璁[illegible]同例

瑂 石之似玉者 从玉眉声 讀若眉

案釋名楣眉也 湄眉也 皆以偏旁同韻之字相況 瑂讀若眉 [illegible]同

玜 石之似玉者 从玉厶声 讀与私同

[illegible]

8 8 珏部

8 0 士部

案本書厶篆衺也韓非曰蒼頡作字自營為厶私字同〔illegible〕引譯厶雖私作厶是也私

私篆从厶声 古同韻亦有其音在本音同 与上珄牪瑁蒠 〔illegible〕曰何 段氏曰凡言讀与某同者亦即讀若某也

瑁 玉屬也从玉㬅声 讀若沒

案穆天子傳天子西征至于〔illegible〕之山有瑁瑿即此瑁字 瑁沒如一作㬅得声古同韻与上珄牪瑁蒠同例

瑎 黑石似玉者 从玉皆声 讀若諧

案瑎諧並从皆得声古亦同韻与上珄牪瑁蒠同例

璑 車笭間皮篋 古者使奉玉以藏之 从車珏 讀与服同

案玉篇璑与韇同箙也 〔illegible〕大雅曰璑与箙同 〔illegible〕司弓矢〔illegible〕云箙以獸皮為之 釋名案

矢之器 以皮曰〔illegible〕服 東京賦璑弩重旃 璑与服俱是皮篋矣 〔illegible〕也服讀同 珓按箙

本字無作服 詩象弭魚服 鄭箋服矢服也 齊語作箙 〔illegible〕小服皆弓矢室 〔illegible〕

壻 夫也从士胥声 詩曰女也不爽士貳其行 士者夫也 讀與細同

案 〔illegible〕釋女子之夫為壻 壻从疋胥得声 胥在五部 壻在十五部本不相通

讀与細同 當是〔illegible〕方俗音 今〔illegible〕音〔illegible〕同

丨部

巽鏞齋藏本

丨 上下通也 引而上行 讀若囟 引而下行 讀若退

案釋名囟峻也 所生高峻也 本書囟為息 峻進 聲與進近 [illegible]引[illegible]進退也 本書 中從丨引而上行之音

中從丨云讀若徹 囟徹一聲之轉 玉篇丨下有古本思二切 思二即退之音 今本

讀若衮

屮部

屮 艸木初生也 象丨出形有枝莖也 古文或以為艸字 讀若徹 尹彤說

案上丨云上下通也 本書通徹也 徹讀與徹同 中從丨 本書貴從中云中財見也 財即才字 才艸木之初

也

[illegible]待[illegible]昭日鍾録去様

米[illegible]也

此声義相類之訓

此声類之訓

此声義相類之訓

此諧声義類之訓

中部

屮 艸木初生也象丨出形有枝莖也古文或以為艸字 四 讀若徹

此声義相近之訓

按丨下云上下通也 本書通徹也 屮从丨義或同徹 本書𠇗下云讀若屮 疑此徹字當作𠇗 取其初生

象出形也

艸部

莠 禾粟下揚生秀也从艸秀声讀若酉

此声近之訓

按秀酉同在有韵 本書𣢕亦讀若酉

䓯 水萹筑也从艸水毒声讀若督

此音相近之訓

按艸部毒厚也 古文作𥷎 从刀从𠷎 𠷎厚也 讀若篤 書微子天毒降災 史記作天篤 篤督同音 後

𧃲 杜篤傳論都賦權天𥷎 即天竺 詩綠竹如簀 韓詩作綠𧃲 𧃲音同竹故通

𦾔 艸也从艸里声讀若釐

此諧声義近之訓

按 桂氏義證曰 釐萊也 集韵𦾔艸名 枝須也 通作萊 故讀同 按大戴記曾子制言篇 蔾藋而食之 虛注曰 藜藋 穢草也 子羅 朝 草也

芨 堇艸也从艸及声讀若急

巽繡齋藏本

此芳薪君類之訓

此古通 此蔍蕨顯僞之訓

此古声通循之訓

錢氏說文疑釋云大戴礼夏小正百艸權輿朙稱魁蒿膉權與手内但落于孙萌者皆生此萌与蔞通故交讀若

此音類之訓

此音義有類之訓

此音近之訓

按義證云集韻蒠艸名荊雚也玉篇董一名蒠

莙 牛藻也从艸君声讀若威

此音義之訓

按顏氏書證篇或問東宫舊事六色罽緅是何等物當作何音答曰按說文云莙牛藻也讀若威音

今時所謂色絲織著總股朙織之以爲著艸用以飾物

隱 淸尚有說文音隱四卷 塢瑰反張敞因造絲旁畏宜作隈是莙古有威音字林乃有臣畏一音是也 錢氏斠詮曰

君始謂之威始古音相近

蔞 灌渝从艸蔞声讀若萌

按此古通之訓

惠氏讀說文記之鄭康成之 注見周易集解 齊人謂萌爲蔞說文云蔞

讀若萌 古作萌蔞蒙同音 錢氏斠詮曰 擇艸其萌蘿蕍萌蔞古通之證

蘪 蘼蘿也从艸麋声讀若剫一曰

此音義之訓

按蘪从麋象首声故蘪讀同剫

蒯 艸之小者从艸㓹声㓹古文銳字 當作籀文 讀若芮

按本有小義本艸石龍芮陶注其莖芮芮之短小 錢氏斠詮曰方言筏小也

凡艸出而初達謂之筏筏芮古音同即此字

蘳 黃華从艸鞋声讀若墮壞

此古聲通錯之訓

按段氏曰此謂讀如隋之壞之隋土鉉本脫去隨字廣韵蘳有壞音誤矣且段以鍇本是也廣韵蘳草木（此古聲相近之訓）

桊初出皃故蘳讀如隋蓋隋与蘳之从圭者聲相近也（隋聲在十七部　圭聲在十六部）

蒪

華葉布从艸傅聲讀若傅

按此古聲通（諧聲）之訓桂氏義證曰讀若与諧聲同者本書無此例當是讀若專本書專布也

芮

芮芮艸木生皃从艸內聲讀若汭

按此同（諧聲）之訓亦与蘮讀若芮相近錢氏斠詮曰詩芮鞫之即周禮注引作汭坃是芮汭通用

此古聲通轉之訓

葻

艸得風皃从艸風風亦聲讀若婪

按此古音通轉之訓韵會婪廬含反音嵐山風即艸風之者論語艸上之風必偃應用此葻字故音相近

風从凡得聲与婪聲亦類詩彼何人斯風南韵

此諧聲重義之訓

萃

艸皃从艸卒聲讀若瘁

按此（諧聲）通借之訓左傳無棄蕉萃萃即瘁字故讀同本書無瘁字應作悴悴下云讀

与易萃卦同

此古聲相類之訓

茜

以艸補缺从艸西聲讀若俠或以為綴一曰約空也

按㐁音相近㐁一字不盡一音故讀若俠又如綴也俠小字本作陸段氏以謂宜作俠綴字桂氏以謂當

段氏椿識曰各部西讀若導古音陸導聲近作陸

此聲義相及之例

此声轉之例

此諧声兼會義之例

作𦑘 本書𦑘从𦫵復合者

茻部

茻 眾艸也从四屮凡茻之屬皆从茻讀與冈同

按此音轉近罔之訓 莽艸 莽艸一名茵艸故讀與冈同 桂氏義證曰 一切經音義七 茵藥 正言莽艸

草有毒出𦑘州 莽艸經典借莽字

小部

尐 少也 从小乀 讀若輟

按尐讀如輟 揚雄傳音尐之本音不可知之 錢氏解詁曰 方言尐小也 又策也 燕之北鄙朝鮮洌水之間謂之策 策與尐同音 故讀若輟也

八部

余 二余也 讀與余同

按上余云余也 易困卦来徐徐 子夏傳作茶茶 王肅作余余 皆有舒義 故讀同余

此諧声之例 諸說

釆部

釆 辨別也 象獸指爪分別也 讀若辨 平古文釆

此音義並相近之訓

此音韻之訓

此音義之訓

此古音通假之訓

按此音義近之訓 書平秩周禮鄭注引作辯秩 惠氏讀說文記云尚書平秩平章平字皆當作乎 乎古文采字也 桂氏義證曰讀若辨者 本書臨讀若華 華乃采之誤

牛部

[illegible] 黃牛虎文 从牛余聲 讀若塗

按余塗乃古音斂之例 此音通之訓 蜀國卦象徐之或作荼作余 荼塗同音 本書辵部亦讀若[illegible] 蕭氏校議曰 [illegible]

[illegible] 牛徐行也 从牛攴聲 讀若滔

按後人以土刀切牧因滔而得音 牧之古音不可知已 段氏曰 滔古音字周時古尤幽部 漢時已讀入蕭 此音近之訓

本部犰許云牧讀若滔 錢氏斠詮曰 今俗語徐行曰牧 牧以義也 讀若滔者 杜之猶滔之為遠

[illegible] 兩壁耕也 一曰覆耕種也 讀若匪

按此國音之訓 錢氏斠詮曰 廣雅翡耕也 云左兩壁而讀同匪者 讀若匪縱之匪 耳太宰匪分也

[illegible] 牛羊無子也 从牛蜀聲 讀若糗糧之糗

按此音[illegible]通之訓 糗糧即書粊誓峙乃糗糧 古音[illegible]通 錢氏斠詮曰 [illegible]

本書有[illegible]無糗 讀若糗者 [illegible]

[illegible] 牛很不從牽也 从牛臤 臤亦聲 一曰大兒 讀若賢

巽繙齋藏本

此声類兼假借之訓

此声類之訓

此声類之訓

按此因字通假之訓（諧声兼） 林氏義證曰廣雅賢大也考工記輪人五分其轂之長去一以為賢注
云賢大穿也是賢與擊義亦得通

口部

噲

咽也从口會声讀若快一曰嚵噲也

按此字亦可通假（音近通假）之訓（桂）盧氏義證曰一切經音義卷十引三蒼噲亦快字 段氏曰詩小雅噲噲其正
鄭箋噲噲猶快快也 盧氏文弨曰淮南精神訓噲然得卧 宋書樂志吳鼓吹曲我自多噲皆與
快同

嗺

嗺也从口集声讀若集

按此用（諧声）與上偏旁因字之訓與上䆊嗺同

啐

小飲也从口卒声讀若叡

按此因音通之訓 數篇嘬小嘗也故讀同叡

啗

食也从口臽声讀與含同

按晉語主孟啗我韋注啗啖也廣韻啗與啖同 讀與含同者本音同啖而別之通含音（此音近之訓）
也此一字數音之訓

此諧聲兼指事之訓 引[illegible]於某本

此諧聲之訓

此古聲通訓之訓

此聲義相類之訓

唉 應也从口矣聲讀若塵埃
按大徐本作讀若埃 此同音之訓 此諧聲之訓

唪 大笑也从口奉聲讀若詩曰瓜瓞菶菶
按此同音之訓 此諧聲 引錢氏之訓 詩生民毛本正作唪唪 此殆韓齊詩也 玉部琫下亦讀如詩瓜瓞菶菶

嚌 語時不嚌也从口齊聲 一曰嚌呦也 讀若䶒
按此同音轉注之訓 此諧聲 一曰嚌呦一曰誤 [illegible] 讀如䶒

哽 語為舌所介也从口更聲讀若井汲綆
按此同音之訓 此諧聲 本書綆下亦云讀若井汲綆 嚴氏校議曰井汲綆當作汲井綆 糸部綆汲井綆也

哇 諂聲也从口圭聲讀若醫
按此音近之訓 古音圭与醫聲相近 哇从圭得聲 故讀如醫

𠯑 語相訶歫也从口辛 辛惡聲也 讀若櫱
此音義之訓 鈕氏新附曰辛臬也 讀与櫱同 櫱麼俗作孽 桂氏義證曰集韻吁語
相訶歫即同音字 櫱或作枿 亦从弁

吳[illegible]齋藏本

此古書相通之訓

咹

妄語也从口夾声讀若莢

按此即[illegible]之訓 金部鋏下亦云讀如莢魚之莢

嗑

多言也从口盍声讀若甲

按盍韵狎韵同在八部此古書相通之訓

唵

唵果之言从口奄声一曰[illegible]讀若奄

按此偏旁[illegible]之例改云奄声似不當讀若奄蓋与瑠[illegible]同例[illegible]不知[illegible]

唵字疑奄乃庵字

唬

虎声也从口虎讀若暠

按此即[illegible]之訓本書無暠字[illegible]作鎬玉部琥讀若鎬[illegible]以為鎬 嚴氏校議曰[illegible]

台

山間陷泥地从口从水敗兒讀若沇州之沇九州之渥地也故以沇名焉

按此同[illegible]之訓沇州今尚書作兗州兗从台[illegible]

吅部

吅

驚嘑也从二口凡吅之屬皆从吅讀若讙

按[illegible]通[illegible]之訓玉篇吅与讙同[illegible]漢書天文志天狗讙如雷

𤕦 亂也从爻工交吅一曰窒𤕦 讀若禳

按此古𤕦之訓 𤕦義並同攘 𤕦𤕦于篇引作窒穰 故讀同穰 以形疑从

喌 呼雞重言之从吅州聲 讀若祝

按此古音祝之訓 段氏曰左傳用呼雞果作祝 呼是古州祝古相通 俗桂氏義證引易林謹之

良張乃祝雞 雄必飛去 列仙傳祝雞翁（說苑張乃為祝雞）翁者 洛陽人 居尸鄉北山下 博物志祝雞公者暮[illegible]

法今世人呼雞云祝祝 即起此也 風俗記亦引風俗通 呼雞朱朱 朱朱舊音朱 音如祝 南山經柜山

有鳥名曰鴸 陶集作鵃（[illegible]作侏張）又通作粥 夏小正 鬻 粥粥 傳云 粥也者 粥粥呼也

走部

趫 善緣木之士也 从走喬聲 讀若王子蹻

按此諧聲指事之訓 段氏曰即王子喬 惠氏曰當作王子敿 蹻 周書今作嶠 [illegible]

本書足部 蹻 舉足小高也 从足喬聲 詩曰小子蹻蹻 此王子蹻 亦即小子蹻蹻之趫也

[illegible] [illegible]動有才力也 从走斗聲 讀若鐈

按此古聲通轉之訓 古音尤韻通 段氏曰鈄在三部 鐈在二部 今韻是最近

趁 𧼐也 从走㐱聲 讀若塵

[illegible]齋藏本

按此聲類之訓 趍塵同在十一部

趀

蒼卒也。从走朿聲。讀若資。

按此聲類之訓 易夬卦其行次且 釋文云鄭作趑（說文作） 本亦作趑 或作跌 次趑跌皆古資字形

趣

行皃。从走取聲。讀若菆。

札穀

按此諧聲之訓 ⿺走取菆（菆音鄒） 古韻同在十一部

⿺走蜀

行皃。从走蜀聲。讀若燭。

按此諧聲之訓 桂氏義證曰讀若燭者 毛傳燭之或字 亦當作⿺走蜀 是義亦可假借

⿺走匠

行皃。从走匠聲。讀若匠。

按此諧聲可相通之例 與瑙荷傳噍嗺例同 錢氏斠詮曰張守節云古本史記凡匠皆作

⿺走叡

走皃。从走叡聲。讀若紃。

⿺走延如今俗讀踰同

按此聲類之訓 大徐本作叡聲 寫例說不合 當從玉篇引

⿺走薊

走意。从走薊聲。讀若髽結之結。

按此古聲通轉之例惠氏讀說文記云鞋古鞵字亦作䩤故巳從圭蓟聲作古肩切之鞬是矣

氏兼謂日蓟諸聲古通今俗謂抉諸聲如蓟

振綺堂樓以上從鈔本寫 膳

巽編齋藏本

（清）陶方琦 撰 （清）譚獻等 校勘

淮南許高注二家異同攷二卷

稿本

上海圖書館藏

淮南許高注二家異同攷二卷 提要

清陶方琦撰，清譚獻等校勘，稿本。一册。毛裝。每半葉行字數不等。内封題『淮南許高二注異同攷』。前有兩序，一爲譚獻纂言，一爲清同治十年（1871）陶方琦譔言。

是書爲陶方琦辨析《淮南子》許慎、高誘二注之異同而作。漢儒注《淮南》者凡四家，曰許慎、曰馬融、曰延篤、曰高誘，而今所傳者，唯許、高二本。然自宋代以來，許、高二注相參，不復可辨，其書内容，更加混淆。後人不知兩家異義，每滋疑惑，不能確指，亦無由厘别。直至宋蘇頌在《校淮南子題序》中指出二家之異同後，纔有迹可尋。《淮南》一書，係方琦畢生精力所注之著也。觀其《漢孳室文鈔》中所存其論《淮南》許注之文，每每提及《異同詁》一書，知是書爲其輯許注大成之作，并以此書爲基石，旁搜博引，而有他書之作。

是書二卷，卷一内容爲『原道訓』，收録釋目六十三條，天頭補八條，箋補一條；卷二内容爲『精神訓』『本經訓』『主術訓』『要略訓』諸篇，收録釋目五十六條，天頭補十二條，箋補三條。

首列《淮南》引文，再『許注』，次『高注』，末爲『琦按』，即陶方琦辨析考證之内容。其將許注及高注相對照，以辨異同，别爲剖判，使許高二注之區分信而有徵。

是書初稿於同治十年，頗多塗改勾乙，多簽改，并朱墨藍三色多處校改增補。其中朱筆係同治十三年陶方琦自勘。卷二卷端朱筆題『孝邈又朱志一竟』，鈐『陶孝邈』印。書末朱筆自志：『甲戌嘉平望後，病起勘一過，三月廢書，今始覽此。忽忽若隔世事也。校書如落葉，愈掃愈有，信然。孝藐志。京中初勘半卷孝藐録過。』鈐『孝邈校過』白文印。甲戌，同治十三年。是稿曾經數人多次增補校勘，墨迹殊難辨識，可以查考者爲三人：

一爲同治十一年譚獻校勘。卷一卷端墨題『壬申秋日仁和譚獻卒業暇當副墨』。譚獻與陶方琦係同治六年同榜舉人，兩人交情甚篤。

一爲光緒二十三年（1897）儀稺校勘。卷一卷端藍筆題『癸卯夏初儀稺讐』，鈐『儀稺』印，卷二卷端藍筆題『儀稺讐過』，卷末又藍筆題『癸卯夏日又讐一次』。儀稺名諱待考。内封葉後有譚獻纂言，序末有儀稺題『中儀在都中作叙，置諸篋中，□□□□，出諸記憶語，微有□□』，鈐『儀稺』印。考其内容，應爲後之所增。

一爲黄以周校勘。無落款。墨題『藏金石室曰漢孳室，著經籍室曰巽緢齋，文詩集曰潠廬，畫曰蘭當宧、□□館。秋檥黄月盦』。其中所提及陶氏書齋名號，皆爲第一手資料，極珍貴。

按：封面墨題『此□□□《鄭易小學》底稿同時所得。□記』。《鄭易小學》稿本現藏浙江圖書館，書前護葉題『巽繻齋底稿。乙丑九月所得』，鈐『天庚日利』陰文方印，墨迹與此本封葉所題一致，是稿亦題『乙丑九月□□。初校藁本』，皆爲一人墨迹，可知該書曾於民國十四年（1925）九月爲袁天庚收藏。封面鈐『潠廬著書印』白文方印。

現藏上海圖書館。

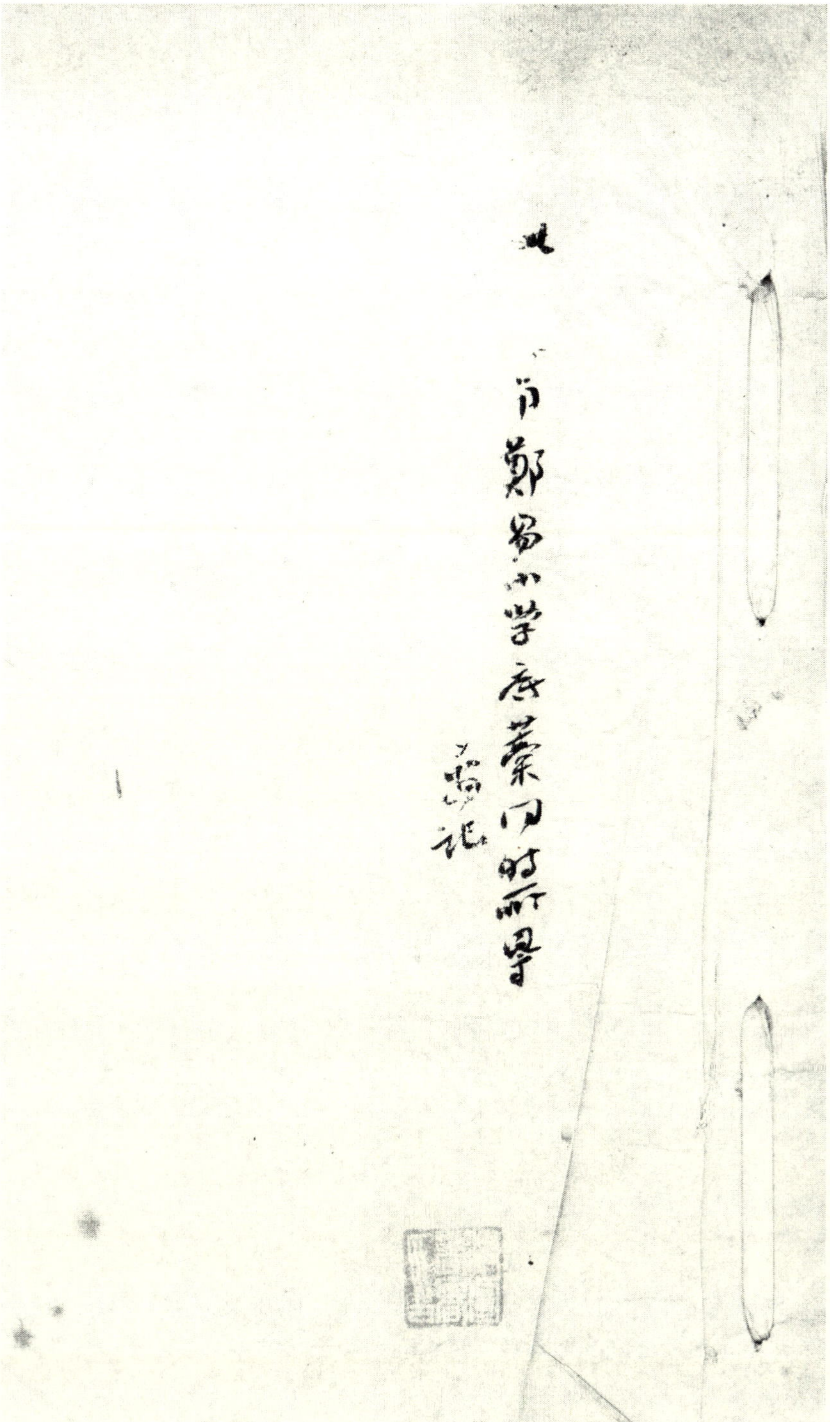

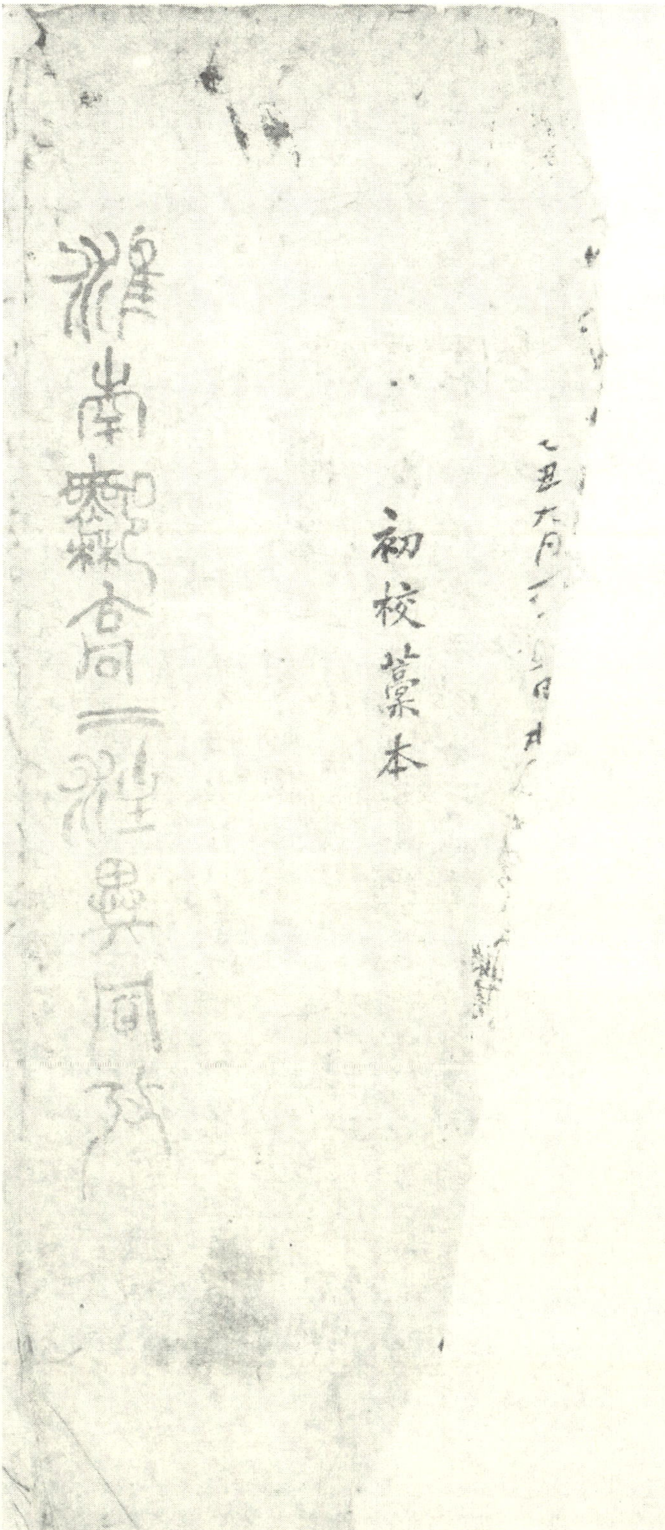

淮南許高二注異同攷

初校稾本

乾嘉而降言漢學者多尚許鄭賈孟之學具有完書

讀良說文述祖師祖其分無閒也五經異義亡于殘缺

之經淮南記上至于羼亂之餘相傳許君之注蔽入淺郎之

復不辨因句讀然古册徵引文岐出孝徵遂以為淮南之

學刺取古說刻此異同獨取宋蘇氏之說互相勘覈

其手辨析疏解故底稿南閣之義賴以不墮

二家之注並出漢季相去不遠當閣所詳宜于異中折同

不失之同中見異孝徵之學此書為外尚有淮南校正為卷

鄭氏易注尔雅漢注述說文古讀之攷劉氏字叢說文可觀

抉隱匡微獨有千古此學者孝徵其與歸杭州

譚獻篹言

道藏淮南本較通行本爲橪密，而奪敓愈甚，方琦讀而
病之。（嚮得宋本猶多諸宦）作音義中卷。許高二注並出東漢，談長詁記
說本古樸，漢令之注雖祖南郡，要非其匹也。己巳之歲
緒節舉圂剌取許氏之逸說，舊爲一卷，嗣得閒經輯本
頗多疏略，琦本補中卅餘條。舊傳道藏本有許注羼入相
沿累代，疇能釐晰。竊疑原道以次原道、俶真、天文、隆形、時則、覽冥、精神、本經、
主術、汜論、說林、說山、脩務十三篇多詳，繆稱以次繆稱、齊俗、道應、詮言、兵略、人間、泰族、
要略八篇多略，詳者當是許高注，略者必係一家之言。
後從鄔(?)甲楊氏假得宋蘇魏公鈔本，見內有校正淮
南子序云：是書有後漢太尉祭酒許慎東郡濮陽令高

許二家注隋唐目錄本別傳行今校崇文舊書與蜀川印本暨臣某家書凡七部並題曰淮南子二注相參不復可辨惟集賢本前賢題云許標其首皆是間詁鴻烈之下謂之記上（王氏漢埶文志攷正亦云許慎注淮南曰間詁其注曰記上）高題卷首皆謂之鴻烈解經解經之下高氏注每篇下皆曰訓又數篇為上下以此為異崇文總目亦如此云又謂高注更詳于許氏本書文句亦有小異臣某據文推次頗見端緒高注篇名皆有故曰因以題篇之語其間奇字並載音讀許于篇下粗論大意卷內或有段借用字以周為舟以檣為循以而為如以恬為惔如是非一又具詳

畧不同。誠如總目之說，互相考證，參其重複，共舉高注十三篇、許注十八篇云云（十字疑衍）。此與方琦舊說適相脗合。遂取舊輯許注比而勘之，原道以次十三篇詁注與高注文義盡異，繆稱以次八篇許注與今注文義盡同，益知十三篇真高注，今八篇實許注本也。況隋書經籍志淮南子載許慎注二十一卷，高誘注二十一卷；舊唐書載淮南商詁二十一卷，即許慎注（商詁，詁之誤），乃閒高誘注二十一卷；新唐書所載卷目都合（有題某篇者）。惟宋史藝文志載高誘（許慎注二十一卷）注十三卷，今原道以次適十三篇，意者北宋時高注已僅存十三篇（此數），即與蘇魏公議卷合（高注只十三篇之說）。至云許注二十一卷，又合

高注而羼言之如高注篇內必有雜附許氏殘說道藏
本遂題為漢太尉祭酒許慎記上而繆稱以下八篇全
無高注斯盡存許氏殘說而因以題篇等字別志之
古沈說為之晰剖所望同志信以傳信其它又有可證
者如今原道訓三仞之城士注云八尺曰仞而覽冥訓
作七尺曰仞以說文仞伸臂一尋八尺推之知云八尺
者乃許注矣詮言訓羿死桃棓注云桃棓大杖以桃木
為之而說山訓注作桃部地名以說文棓棁也例之知
云大杖者乃許注矣又高注有言某讀作某者有言一
曰某某者亦為許說如原道訓昔者馮夷大丙之御也

高注云夷或作遲而或作白而文選七發引許注正作
馮遲大白河伯也（俶真訓騎蜚廉而從敦圄高注敦圄（俶真訓[illegible]子之[illegible] 高注[illegible]子南方[illegible]中國名也 或曰[illegible]者也 以標桀為賢 而文選閒居賦注引許注南方[illegible]子蠻夷出於[illegible] 皆美材也）
似虎而小一曰仙人名而史記索隱引許注正作湻圄
仙人也）氾論訓段干木晉國之大駔高注駔驕怚一曰
駔市儈也而御覽引許注正作駔市儈也又如詩正義
引許注楚人謂寡婦曰霜文選注引許注楚人謂水暴
溢曰瀿列子釋文引許注楚人謂袍曰裋衆經音義引
許注楚人謂柱碣曰礎知二十一篇中引楚人謂某曰
某皆是許注矣以是類審蓋（古義）皆是至若當時許本必
與今本文義互有異同如文選注引坒相連也璐美玉也

裝束也猥總凡此皆確指為許注淮南之説一見再見
信而可徵而尋究本書罕可傳屬豈非今世淮南注本
亦經後人迭改乎潘陽孫氏謂延篤亦有淮南注引嵇康（攷淮南之注僅許高二家）
養生論一事不知隨志載延篤有戰國策音義一書豫章一
事師出乎此引書家遽屬及之非注淮南文也惟後漢（多沿類從不甚别白）
書馬融傳言融嘗為淮南注隨志不録書已早亡默高
誘之師為盧植植之師即為馬融誘自序云從故侍中
同縣盧君受其句讀誦舉大義是高之注多承師説用間（高當親見馬氏注本）
馬氏注本高氏當親見之必有多相合故即與許氏注本亦説
不甚相遠也不過較詳略耳方踌躇欲著淮南許説廣證微
況許高二家同為東漢人許訓近其高注多採音讀多詳解詁注釋亦如此類
皆言不下八
百逵今必別而同異之兩許注久亡後人但知高注先儒舊説每議混淆
襍于高注之中亦以高注之所安以故為異同致之差

一書以八篇爲宗參以所輯許注并取文選御覽諸書採引淮南注之說攷與以今本注異及今注所無者又復參徵說文析衷于是頗年夏患疕未卒業先出淮南許高二家注異同攷二卷簡繁數米煩而不察甘受鴻烈之譏也同治辛未夏日

會稽陶方琦譔言

癸酉夏初[illegible]錄

淮南許高注二家異同攷上卷

[illegible]仁和譚獻 辛棠暇當副墨

陶方琦學

原道訓 序目有因以題篇字乃高注本也與舊輯許注本校之說多異

夫道者覆天載地 今本

許注 地麗也 介疋釋地釋文序目

琦按高無注麗有附著義易剝卦山附于地剝楊泉物理論地著也[redacted] 下文以地為無所無不載 無不載即附著義也

[redacted]地麗[redacted] 同韻

問經堂輯本此條綴于使地東南傾下誤也應從其朔

夫道含吐陰陽而章三光 高本作橫四維而含陰陽紘宇宙而章三光

許注 三光日月星也 文選潘岳西征賦注 又司馬彪贈山濤詩注

高注三光日月星

琦按文選所引乃許氏本與高氏正文異日月星之說即許氏之所注淮南辭本高注本者賈逵國語注三光日月星也許用師說氾論訓上亂三光之明高注三光日月星辰也多一辰字

當是高秦師說與許同

文選兩都賦引高注……上云三光日月星也

有題篇字乃高注本

泰古二皇 今本文

許注庖犧神農 御覽七十七

高注二皇伏羲神農也指說陰陽故不言三也

琦按此高襲用許說說文[illegible]字下云讀若虙羲氏尚書序釋文伏古作虙易繫辭古者伏羲氏之王天下

也釋文引孟喜（本作伏）注伏服也許易用孟氏故知作伏御覽引作虙犧不後人所改虙虙字形近似易譌許注

（引）虙犧當改作虙羲春秋斗運樞伏羲女媧神農三皇也東京賦躔二皇之遐武薛注二皇伏羲神農也

昔馮遲大白之御（六雲霓遊微霧騖忽荒 見文選注引文）高本作昔馮夷大丙之御也

許注馮遲大白河伯也文選枚乘七發注

高注夷或作遲丙或作白皆古之得道能御陰陽者也

琦按高注云或作者即是許說此許高注文之異也原道訓爲高注本故與許說多歧其偶同者乃羼入

故也齊俗訓無題篇字馮夷得道注馮夷河伯也服

古夷遲通用詩周道倭遲韓詩作委夷

乃許注本

此夷亦應作遲 許本作遲也莊子秋水篇釋文河伯一名馮遲

八石得水仙[redacted]川有題篇字甘且大丙之御也高

注此十人本[redacted]之御也

杖策七貧闕從太白[redacted]太白為河伯[redacted]

許注本也

列子黃帝篇即大丙廣雅釋魚白魚鰣魚也 釋文河伯一名馮遲

用淮南說馮夷河伯乃為遲耳 許注本也

古字通假

婦人不孀今本文

許注楚人謂寡婦曰霜 詩桃夭正義

高注寡婦曰孀也

琦按詩正義不明言許淮南注諦案之知即此注如假

真訓許注楚人謂水暴溢曰瀎覽冥訓許注楚人謂袍曰

極[redacted]之例高襲許說故似同脩務訓有題篇字以養

乃高注本

孤孀高注雒家謂寡婦曰孀[redacted]

與許

可不用寫之

[redacted]稱楚人列子湯問篇京城氏之孀妻注孀寡也白虎通災異霜之爲言亡也故賓寡者多自稱未亡人

若知二十一篇內稱楚人者皆許注矣　異說

玉篇孀嫠婦寡婦也

問經輯本無此條

此下當補入勁策剡錣一條見七氾論訓

勁策利錣　高本作鍛誤文

許注錣馬策端有利鍼所以刺不前也　列子釋文

高注策箠也錣末之鍼也　此依劉本正今莊本作錣世之御誤文也

琦按二家注異說文錣羊車騶箠也著箴其端長半分玉篇[illegible]字或作錣列子張注錣杖末鋒道應訓[illegible]

澹然無慮　今本文

許注澹猶足也　文選謝靈運石壁精舍還湖中詩

琦按高無注齊俗文[illegible]澹足[illegible]注澹足也[illegible]

此許說

問經輯本無此條

[illegible]漢書贍皆作澹蓋古通借字也　宋本西作贍

乘雲陵霄與造化俱　御覽引文

許注霄其霧　御覽八

高注霄讀消息之消

段[illegible]

琦按霄其霧三字譌敓文𣶒書楊雄傳注霄日旁气也張衡傳注霄雲也 玉篇霄雲气也 霄其霧三字疑是霄雲气

（問經輯本無此條）

出于無垠鄂之門（高本作出于無垠之門 文選注引文）

許注垠鍔端崖也 文選張衡西京賦注（問經輯本引許注作垠鍔誤）

高注無垠無形狀也

琦按此許高注之異文也 御覽五十五引高誘此注曰垠鄂無形之皃也 今本作無垠灰敓文（說文垠無垠岸也）楚辭王注垠岸崖也 垠通圻 𣶒書晉灼注圻厓也 廣雅圻厓也 鍔應作鄂（塄字） 文選甘泉賦注鄂垠鄂也 又通咢 張衡傳注

垠崿也又通同崿文選注引文字集略崿垠也

獸蹠實而走今本走

許注蹠蹈也　文選宋玉高唐賦注傳毅舞賦引

高注蹠足也

琦按許高二家注文異又文選傅毅舞賦引許注作蹠跳也說

文蹈踐也蹋亦踐踏俗字應作蹋踏蹋義本相通此

踏字疑當是即蹈字之譌脩務訓乃高注本有題篇字蹠達膝高注

蹠足也氾論訓乃高注本有題篇字蹠距者果遠高注蹠足也

蹠足之訓確出高氏與此注同

閒經輯本無此條

陗法刻刑文選注引文高本作峭法刻誅

許注峭峻也 文選潘岳西征賦注

琦按高無注今高本峭作峭刑作誅亦與許本異說

文峭陵也與淮南同

昔共工之力怒觸不周之山使地東南傾與高辛爭為帝 文選注引文與今本同

許注昔共工古諸侯之强者也不周之山西北之山也

文選劉孝標辯命論注

高注共工以水行霸于伏羲神農閒者也非堯時共工也不周山昆侖西北傾下也

琦按二家注文異史記三皇本紀言諸侯有共工氏任

智刑以强霸而不王 以水藥木乃與祝融戰不勝而怒乃頭觸不周山崩天柱折地維缺 即此是也 天文訓引亦同 今高本無怒字

、暮年而漁者爭處湍瀨

許注 湍水行疾也 文選張衡南都賦注 張景陽七命注 馬融長笛賦注

高注 湍瀨水淺流急少魚之處也

琦按 二家注文異 説文水部 湍疾瀨也 湍有疾義 史記河渠書集解引韋昭曰 湍疾也 墬形訓有題篇字乃高注本 高注 湍急流悍水也 説山訓有題篇字乃高注本 高注 湍急水也 與水淺流急説自合

帍旗茵 今本文

許注茵車中蓐也 文選潘岳西征賦注

琦按高無注 說文茵車重席 漢書五行志注引蘇林

曰茵車上蓐也 說文文司馬相如作鞇釋名文鞇

車中所坐者也

南遊江潯 江潯海裔 雖遊于

許注潯水涯也 文選郭璞江賦 沈約應詔樂遊苑

詩注 謝希逸宋孝武宣貴妃誄注

高注潯厓也

琦按[illegible]字林潯水涯也 乃用許注說文

潯水旁深也 亦應有水字 文選謝莊宋貴妃誄注引

許注潯涯也 脫水字

繳軫之音 文選注引文

許注軫轉也 一切經音義十七 文選枚乘七發注 王元長永明十一年策秀才文注

高注抮轉

琦按高注本作抮與許本異原道訓蟠委錯紾高注 軫之訓轉亦同是注義故相同或文高承用許注惟 本經以盾倫字 亦以紾訓轉說文紾轉也疑許注當是紾字

揚鄭衛之皓樂 文選注引文

許注鄭衛新聲所出國也皓樂善倡也 文選枚乘七發注

高注鄭聲鄭會晉平公說新聲使師延為桑閒濮上之樂 濮在衛地故鄭衛之浩樂也

琦按二家注文異許作皓樂與高本浩樂文異 七發揚鄭衛之皓樂亦作皓與許本同

此齊民所以淫泆流湎也 本文

許注齊等之民也 莊子釋文

高注齊于凡民故曰齊民

琦按二家注文異莊子下以化齊民李注齊等也精神訓高注 漢書編戶齊民如淳曰齊等也無有貴賤謂之齊民

齊民生許曰齊等也恐未是許說 間經輯本無此條

而仿徨乎山岬之旁 水經注引文

許注岬山旁 文選左思吳都賦注

高注兩山之間曰峽

琦按許高作峽岬與高本異水經河水注引淮南注曰岬 子曰仿徨于山岬之旁 間經輯本無此條

山脅是即許注岬[redacted] 玉篇山旁也亦作岬廣韻岬山側也集韻岬…… 高本作峽當是誤說許義為長

俶真訓序目有因以題篇字乃高注本也與舊輯許氏注本校之說多異

欲與物接而未成兆朕 文選注引文

許注朕兆也 文選魏都賦注

高注兆朕形怪也

琦按二家注文異注言訓有兆朕朕兆也承用許說莊子齊物論而不得其朕釋文李注朕兆也鬼谷振端篇始有朕高注朕者求兆也謂其微也

而作亦有其朕於注言訓

今特正之

物豈可謂無大揚攉乎 今本文

許注揚搉粗畧也文選左思蜀都賦注 郭璞江賦

高注揚攉無慮大數名也注 莊子釋文

琦按二家注異文選魏都賦注引許注作搉揚搉也畧 敚一粗字

又陸機吳趨行注引許注作商搉粗畧也乃李善誤

承吳趨行詩語商搉以遂揚為商耳吳都賦引劉注搉

粗畧也 王注云搉畧而揚顯之

莊子釋文引許注作揚搉粗畧法度無也字多法度二字當從蜀都賦及江賦引

含哺而興而作者或引文

許注哺口中嚼食也一切經音義卷一卷九卷十三同十四引祇嚼食也三字

琦按高無注高本作含哺而遊亦與許本異說文哺

哺咀也又元應引字林哺咀食也謂口中嚼食也漢書輟飯哺注口

中所含食也與許說合

耳聽白雪清角之聲 今本無

許注清角弦急其聲清也 文選張衡南都賦注

高注清角商聲也 韓子師曠曰清徵之声不如清角侍設奏火播宮徵聽清角

琦按二家注異 白虎通禮樂角 木謂 素問金匱真言論注

角木聲也角為木聲故曰弦急 蔡邕月令章句凡絃急則清緩則濁

璧若鍾山之玉

許注鍾山北陸無日之地出美玉 文選嵇康琴賦注 任昉為范尚書讓吏部封侯第一表注

高注鍾山昆侖也

琦按二家注異西山經又西北四百二十里曰鍾山

郭注引穆天子傳云穆王北升此山以望四野水經

河水注鍾山即陰山 山北曰陰故 與許說合 云北陸無日之地 任昉表注引無出美玉三字

猶條風之時灑也 文選注引文

許注灑猶汎也 文選陸機演連珠注

高注麗過也

琦按今高本作麗與許本異說文灑汎也元應引通俗文以水撞塵曰灑漢書敘傳灑汎也 王襃傳忽若彗氾畫塗注氾氾灑地也 皆本淮南同

神遊魏闕之下

許注[redacted]天子兩觀也 莊子釋文 一曰魏闕王之門也 文選陸機弔魏武文注

高注魏闕王者門外闕所以縣教象之書于象魏也 巍巍高大故曰魏闕

琦按二家注異莊子釋文引淮南作䰰[redacted]陸機弔是許本也司馬注莊子兩䰰讀曰魏象魏觀闕人君門也言存心榮貴張衡西京賦建象魏之兩觀注象魏闕也一曰觀也

魏武文引許注作魏闕正文闕也高注呂覽魏闕象魏乃是別義當兩存之

也與注淮南合今雖觀謂之闕故許曰兩觀也

問經輯本不先綴莊子釋文引

是故聖人託其神于靈府

許注人心以[亡]氣所往來也莊子釋文

琦按莊子釋文靈臺注心也下節高注心有靈氣能主持也又引許說云云細案之乃此處注微真訓云知者心之府也

肝膽胡越

許注胡在北方越居南方文選蘇子卿古詩注又曹植求通親親表

高注肝膽喻近胡越喻遠

琦按二家注異文胡北越南相去負隔肝與膽異正復相似此許義也

問經輯本無此條

鏤之以剞劂

許注剞劂曲刀也文選左思魏都賦注

高注剞巧工鉤刀也劂者規度㓟畫墨邊箋也
琦按二家注異文選引許本劂作𠜾九月反說文剞
劂曲刀也（高誘淮南注）或同本經訓（有題篇字乃高注本）無所錯其剞𠜾刀
鋸高注剞巧刻畫盡頭墨邊箋也劂鑢尺削兩刀句
刀也與此誌微異

騎
飛龍從涫圃（高本作騎蜚廉而從敦圄）
許注涫圃仙人也（史記索隱二十六）
高注敦圄仙虎而小一白仙人也（名）
琦按二家注異高注韓曰一曰也內為高謂（一曰）即許說也楚
辭遠遊志靈圉而來謁（王注）靈圉昆侖眾神也

⿱亠風瘉蠋睆　許本字作燭

許注燭睆目內白翳病也　一切經音義二十[redacted]

高注梣木青用洗眼瘉人目中膚翳故曰色青翳青色

象也⿱亠風蠡薄⿱亠風蠋睆目疾也

掎摭二家注異一切經音義卷五引許注無燭字　卷七十七引目睆退棧反目內白翳病也

蠋睆王氏懷祖曰蠋作燭睆御覽鱗介部引淮南作⿱亠風蠡蠋睆注燭睆目中疾名也燭別錄曰蠋蠐味甘無毒

[redacted]

主燭館明目燭館即燭睆也

[redacted]

[illegible]

擢德攓性

許注擢引也　文選陸雲為顧彥先贈婦詩注　曹植七啟注　釋慧遠華嚴音義上

高注擢取也
琦按二家注異說文擢引也与注淮南同又廣雅釋詁亦云擢引也
莫鑒于流瀿而鑒于澄水高本作人莫鑒于流沫而鑑于止水
許注楚人謂水暴溢曰瀿文選郭璞江賦注
[redacted]高[redacted]注[redacted]流沫雨潦上沫起覆甌也
琦按二家注異正文異下文樹木者灌以瀿水高注
瀿音繁波暴溢也文互倒說文作緐泉水也
足蹀陽阿之舞
許注蹀蹈也文選張衡南都賦注

琦按高無注聲類蹀躡也廣雅釋詁蹀履也[illegible]

文選注十七引淮南曰足躡陽阿之舞高誘曰陽阿古之名倡也是高注本作躡與許注文亦異此從許本改也

義迄

此下閒經釋今有豈食血一條按御覽引豈戰積血正文娛引許注則此條應列在說山訓豈戰積血下

飛鳥鍛羽走獸廢足　高本作飛鳥鍛翼走獸擠腳

許注鍛羽破羽也　文選左思蜀都賦注顏延年五君詠注謝宣遠安城荅謝靈運詩注江淹雜體詩注劉孝標辯命論注

高注時飛鳥折翼走獸毀足

琦按二家注異高注以折訓鍛覽冥訓有顯篇字高注本注作鍛翼從翼也

蜀都賦及雜體詩引許注作鍛破羽也　文選安城[illegible]辯命論注引許注作鍛羽破羽也

鍛二羽字一切經音義卷五引許注作鍛羽而飛當[illegible]

五君詠及荅靈運詩作鍛破羽也

谿子之弩

許注南方谿子蠻出柘弩及竹弩 史記索隱十八

高注谿子爲弩所出國名也或曰谿蠻夷也以柘桑爲弩因曰谿子之弩也

琦按二家注異所云或曰即是許說 知許南篇注國 十三篇中所云一曰或曰多是許注

有本同文選潘岳閒居賦引許注作南方谿子蠻夷柘弩皆善材也與索隱引小異

天文訓 序目有因以題篇字此高注本也與所輯許注校之說多異

當刪日者陽之主也是故春夏則羣獸除 初學記 五 御覽 七

許注日者陽之至是以春夏則羣獸除角 初學記一

高注除冬毛徹墮也

月令而膚脃皸瘃作膚皴

許注瘷瘡皸也

高注膜肉不滿

琦按二家注本異廣雅瘷瘡也

痛即瘷瘡義今御覽引卻不言許注 並未蘇 祖廣雅 脉也引 作許慎 注當 誤

[illegible]

琦按匀家注異觀下文日至而麋角解當以除角為

説

陽燧見日則然熯而為火　高本作燃而為火　閔經輯本引華嚴音義以載陽燧五石之銅精六字疑脫

許注陽燧五石之銅精仰日則得火　華嚴音義上

高注陽燧金也取金杯無緣者熟摩令熱日中時以當日下以艾承之則然得火也

琦按二家注異文說文華嚴音義引無火字鐩陽鐩也論衡率性篇陽燧取火于天五月丙午日中之時銷鍊五石鑄以為器摩礪生光仰以向日則火来至與許説合　參同契陽燧以取火非日不生光　元應引許慎注曰燧取火者也陽燧五石之銅精也圓以仰日即得火也此與許合

方諸見月則津而為水

輔行記五之三引鄭注論語云金燧火鏡也

許注方諸五石之精作圓器似杯仰月則得水也 華嚴音義上 諸珠也方石也 初學記作方諸也 以銅盤受之下水數升 御覽四

（問經輯本不載華嚴音義所引誤甚）

高注方諸陰燧大蛤也熟摩令熱月盛時以向月下則水生以銅槃受之下水數滴先師說然也

琦按二家注異高云以銅槃受之下水數滴先師說然先師即許（馬氏）氏也 （張揖子虛賦注[illegible]） 御覽五十八引淮南萬畢術方諸取水注曰方諸形若杯无耳以五石合冶以十二月夜半作之以承水即東與許說合 崔憬易注曰方諸與月同有陰氣相感則水生陽燧與日同有陽氣相感則火生然本許說

虎嘯而谷風至龍舉而景雲屬

許注虎陰中陽獸與風同類文選劉孝標廣絶交論
龍陽中陰蟲與雲同類御覽九百二十九
高注虎土物也風木氣也木生於土故虎嘯而谷風
至龍水物也故龍舉而景雲屬
琦按二家注異御覽引淮南舊注曰虎陰中陽獸與
風同類龍陽中陰蟲與雲同類以文選注引例之知
御覽所引皆許注也管輅别傳曰龍者陽精以潛為陰幽
靈上通和气感神二物相扶故能興雲夫虎者陰精
而居于陽依木長嘯動于巽林二气相感故能運風
即用許注說也春秋元命包猛虎嘯谷風起類相需也龍之言萌也陰中之陽也故言龍舉而雲興與許說合

論衡亂龍篇曰雲從龍風從虎以類求之　又曰風從虎以類求之
虎為陰物也風亦陰也虎亦同氣類

麒麟鬬而日月食

許注麒麟獨角之獸故與日月相動 初學記一 御覽四

錡按高無注御覽四引日月相動作相符說文麒仁獸也麕身牛尾一角 尒雅麐麕身牛尾一角許云獨角乃本此說 春秋元命包麒麟鬬日月食 無光 宋均云麒麟少陽之精鬬于地則日月亦將爭于上

鯨魚死而彗星出

許注鯨（海中）魚之王也 一切經音義十九 海中二字係御覽補 又云彗除舊布新者也 初學記一

問經輯本不載一切經音義所引一條

錡按高無注然覽冥訓 有題篇字乃高注本 鯨魚死高注鯨魚大魚長數里死于海邊與許說異 亦存 說文作鱷云海大魚

也或从京御覽九百三十六八引淮南注曰鯨魚海中魚之王也[redacted]時許注彗為除舊布新左昭十七年傳彗所以除舊更新也劉向洪範五行傳彗除穢布新也
（鯨或四呼今謂曰東海有大魚如山長五六里謂之鯨鯢……海精死……）

覽冥訓有顛蕃字乃高注本 高注彗星為變異人之害也與許注互異著秋方異鮎鯨魚之死彗星出注鯨魚陰物生於水

四守

許注四守紫宮軒轅咸池天河也 初學記一 六 御覽

高注皆星名

琦按二家注異高本作四官……

從與許同是襲許說後人誤以展轉入高注本者

初學記引許注有四守略所以同此剗本改正

太陰在寅歲名攝提格……

日出于湯谷
許注熱如湯也 漢書司馬相如傳[redacted]
踦按高無注今高本作暘亦與許異說也說文[redacted]漢書
楚辭論衡諸本並作湯谷山海經海外東經下有湯谷注湯谷谷中水熱也乃用許說
文選思玄賦注引淮南曰出于暘谷至于虞淵
[illegible]
言注淮南似未可據入

正月建寅月從左行十二辰
許注歷十二辰而行 文選謝莊月賦注
踦按高無注說文歷過也謂經過之處也
堪輿行雄以知雌 文選注引文
許注堪天道也輿地道也 文選揚雄甘泉賦注
踦按高無注今高本作堪輿徐行雄以音知雌與許本大異揚雄傳注張晏曰堪輿天地總名也
墬形訓 篇自有因以題篇字乃高注本也與舊輯許注本說多異
八殥之外有八紘
許注紘維也 文選歐陽堅石臨終詩注 班固答賓戲注

高注紘維也維落天地而爲之表故曰紘也

琦按此高襲許說故似同原道訓（有題篇字乃高注本）紘宇宙而章三光高注紘綱也不應先後歧說

土龍致雨

許注湯遭旱作土龍以象雲從龍也（初學記一白帖二御覽十一）

高注湯遭旱作土龍以象龍雲從龍故致雨也

琦按此即許說羼入高注本者故似同說林訓（有題篇字）旱則修土龍高注土龍致雨物也劉昭續漢志引桓子新論問求雨所以為土龍何也曰龍見者輒有風雨興起以送迎之故緣其象類而為之

論衡亂龍篇 董仲舒申春秋之雩設土龍以招雨其意以雲龍相致 設土龍

燕鴈代飛

許注燕春南而鴈秋北 文選江淹雜體詩注 問經輯本無此條

高注燕元鳥也春分而來鴈春分而北詣漢中也燕秋分而去鴈秋分而南詣彭蠡也故曰代飛代更也

琦按二家注異御覽九百四十二引淮南舊注曰燕春南而鴈秋北即是許注文選脫一秋字當補入

自西南至東南有裸人國黑齒民

許注其民不衣也其人黑齒也 文選木元虛海賦注

高注其民黑齒

琦按此許說靡入高注本而譌敓者 山海經郭注引

東夷傳曰倭國東四千餘里有裸國裸國東南有黑齒國船行一年可至異物志曰西屠染齒亦以放此人

聞經韓本引許注多裸人國黑齒民六字乃臆加

齊俗訓[illegible]裸之國[illegible]許注倮不衣也淮南本裸字作倮說文[illegible]

夸父弃其策

許注策杖也文選潘岳西征賦注

高注策杖也其杖生木而成林

璘按此高襲許說故似同莊子齊物論司馬注策杖也

燭龍在鴈門北不見日

許注不見日故龍以目照之蓋長千里開爲晝瞑爲

夜吹為冬呼為夏 初學記卷三歲時部

高注龍銜燭以照太陰蓋長千里視為晝瞑為夜吹為冬呼為夏

琦按二家注似異引山海經說同高承許注也海外北經作鍾山有神名曰燭陰視為晝瞑為夜吹為冬呼為夏

御覽九百二十九引舊注與許同

當即許注

舊本高注

謂銜燭以

照太陰者

一曰二字

即許說要亦

與許同

時則訓 序目有因以題篇字高注本也 與舊釋許注校之說多同

孟春之月其蟲鱗

許注鱗龍之屬也 文選宋玉對楚王問注

高注鱗蟲龍為之長

琦按二家注與（敢）周禮大司徒具動物宜鱗物（鄭）注鱗物

魚龍之屬與許說合

迎春于東郊

許注東郊鄗外八里郊也　北史劉芳傳後魏書同

高注東郊鄗外八里之郊也　北史引高誘注作迎春氣于東方八里郊也呂

覽同作迎春木气

琦按劉芳傳引賈逵曰東郊木帝太昊八里盧植云

東郊八里郊也賈為許之師盧為高之師故所（延）用先

師說（故）自同

具樸曲筥筐

寒氣總至

許注 [illegible] 總凡也 [illegible]

高注 [illegible]

[illegible]

許注曲葦薄也史記索隱十六

高注曲薄也青徐謂之曲

琦按二家注文異說文曲凹受器曲象物爲之形或曰曲蠶薄也莊子大宗師或編曲釋文引李注曲蠶薄[redacted]也此云葦薄即是蠶薄呂覽高注與注淮南同[redacted]

詩七月雅萑葦毛傳豫畜萑葦可爲曲也許說本此

方言自關而西謂之槌齊部注云槌縣蠶薄柱也

[redacted]

漢書周勃傳以織薄曲爲生顏師古注引許慎云葦薄爲曲也[redacted]

迎夏于南郊

許注南郊七里郊也北史劉芳傳

高注南郊七里之郊也北史引同呂覽亦同

琦按劉芳傳引賈逵云南郊火帝七里疑敓祝融二字盧植

云南郊七里郊遵（並用）先師說故自同
寒蟬鳴 呂係玄立說林刈寒條翔水乙
許注寒蟬（螿）蠆也 文選謝惠連擣衣詩注
琦按高無注御覽九百四十四引淮南曰寒蟬鳴注
曰寒蟬青蟬也蟲陰類感氣鳴也疑是高注呂覽高
注作寒蟬鳴得寒氣鼓翼而鳴時候應也 〔開經韓本無此條〕
迎秋于西郊
許注西郊九里郊也 北史劉芳傳
高注西郊九里之外郊也 九里之郊北史引無外字 呂覽引祗
琦按劉芳傳引賈逵曰西郊金帝少昊九里盧植云

尒雅釋蟲蜺寒蜩郭注曰寒
螿也似蟬而小青赤
腐草化為蚈
許注草日陰而死極
陰中反陽故化為蝍蛣
馬蠸也 御覽九百卅八
高注蚈馬蚿也 案高注呂覽注同
琦按本本依笔與許慎注三
字互異初學記廣雅疏證
引為許注是也 又呂覽訓
乃許注本 三字題篇字 若蚈王在許
注蚈馬蠸也知御覽
所引確為許注無疑
高注蚈馬蚿與注呂

與說正同說文蠲馬蠲也廣雅馬蠸蠸蝈也蠼蠲蠍蠸蠸蝎皆一聲之轉

西郊九里然用承先師說故自題同淮南無中郊之文故北史祇引賈盧鄭氏之說而不及許高二家

迎冬於北郊

許注北郊六里郊也北史劉芳傳

高注北郊六里之郊也淮南無注依北史補呂覽引祇六里之郊

琦按劉芳傳引賈逵曰北郊水帝顓頊六里盧植云

北郊六里郊也然用承先師說故自同

覽冥訓序目有因以題篇字高注本也與舊輯許注校之說多異

庶女告天雷電下擊景公臺隕海水大出

許注庶女齊之少寡無子養姑姑無男有女女利母

財而殺母以誣告寡婦婦不能自解故冤告天 文選

江淹詣建平王上書注

高注庶賤之女齊之寡婦無子不嫁事姑謹敬姑無

男有女女利母財令母嫁婦婦益不肯女殺母以誣

寡婦婦不能自明冤結叫天天爲作雷電下擊景公

也之臺

琦按高誘許因小詳其說御覽六十引淮南舊注與許同

當是舊說故 亦此說

下云云景公齊景公也 雷擊景公之臺隕其 之也景公为雷所傷折股當出 許注

魯陽公與韓構難戰日暮援戈而撝之日爲之反三舍

許注二十八宿一宿爲一舍 文選郭璞遊仙詩注

高注撝曰命返卻行三舍次宿也

琦按二家注異廣雅釋詁宿舍也鬼谷子陶注宿猶舍也聽文選注引許說未全

東風至而酒泛溢

許注東方震方也酒泛清酒也木味酸相感也太平廣記一百六

高注東風木風也酒湛清酒也（本作湛故曰湛）木味酸酸風入酒故酒醉（酢）而湛者沸溢物類相感也

琦按此許注[redacted]二家注文異易說卦震東方也說文泛浮也（漢書禮樂志應劭注泛泛上浮之意也）言清輕者在浮也周禮以酸養骨鄭注木味酸

畫隨灰而月暈闕

許注有軍事相圍守則月暈以蘆灰環闕其一面則月暈亦闕于上 初學記一 御覽四

高注運者軍也將有軍事相圍守則月運出也以蘆草灰隨牖下月光中圜畫缺其一面則月運亦缺于上也

琦按運者軍也以下高襲許說注或是習其義高時小詳其說許作月暈與高本月運交異說文暈日月气也漢書天文志如淳曰暈讀曰運呂覽有暈珥高注气圍繞日周匝有似暈營相圍守故曰暈也與此注異此用許注無疑

屚入高注本者

鳳凰之翔至德也 濯羽弱水莫宿風穴 文選注引文

許注風穴風所從出 文選劉孝標辯命論注

高注風穴北方寒風從地出也

琦按二家注異說文風動蟲生故蟲八日而化文云

穴土室也 宋玉風賦迴穴錯迕注引十洲記曰玄洲

在北海上有風聲響如雷上對天之西北門也 按玄洲有風山其音方高三百里風穴如電窟深三十里

前白螣 後奔蛇

許注奔蛇馳蛇也 尔雅釋文疏

高注奔蛇騰蛇也

琦按二家注本文異許以馳字釋奔與高注異尔雅釋魚螣螣蛇郭注龍類也能興雲霧而遊其中奔蛇即螣蛇之類

文選與高注同 引文子螣蛇蓋古之奔字 引作後賁蛇 而騰也淮南子 曰文子蛇字作蟦

短褐不完

許注楚人謂袍曰短[redacted] 文 後漢書王望傳注

高注短褐麤器物之人也褐毛布如今之馬衣也 列子釋文

後漢書注引許注作楚人謂袍曰短褐

琦按二家注異列子釋文引許注作楚人謂袍曰裋

褐衣

說文袍襺也襺衣也褐毛布漢書貢禹傳裋褐不

完裋褐毛布之衣也

列子釋文云短褐宜作裋褐 荀子作豎褐 史記寒者利裋褐 徐廣曰裋一作短小襦也 方言襜褕其短者謂之裋褕

方言襃明謂之袍 廣雅袍長襦也 衷衣複襦謂之襌襹即裋 釋名袍苞也苞內衣也 複襦亦有包裹之義 裋袍亦曰裋也

奈水句月不而刑固而古[illegible]無源者也

按此文 史記[illegible]

注

人張春言教

注者指於前 [illegible]夜也

正作遽疾[illegible]高注異[illegible]也

不盡注瀷湊漏

之流也 江賦注湊漏之流曰瀷茲用許說

羿請不死之藥于西王母姮娥竊而奔月

屬入高注本者

鳳凰之翔至德也　濯羽弱水莫宿風穴　文選注引文

許注風穴風所從出　文選劉孝標辯命論注

高注風穴北方寒風從地出也

琦按二家注異　文選　說文風動蟲生故蟲八日而化　文云

穴土室也　宋玉風賦迴穴錯迕注引十洲記曰玄洲

在北海上有風聲響如雷上對天之西北門也　埤雅志龍蕭方鳳山之首方高三百里風穴如電突深三十里

短褐不完

許注楚人謂袍曰短[redacted]　文　後漢書王望傳注　列子釋

高注短褐處器物之人也褐毛布如今之馬衣也

前白螣　後奔蛇

許注奔蛇馳蛇也　尔雅釋魚疏

高注奔蛇騰蛇也

琦按二家注異文　異　許以馳字釋奔与高注異尔雅釋魚騰蛇郭注龍類也能興雲霧而遊

其中奔蛇即騰蛇之類

文選興之賦注引文子騰蛇遊而殆也注南子曰大乎蛇逆　太玄二年引作後賁蛇古文奔字作驞

琦按二家注異列子釋文引許注作楚人謂袍曰裋

後漢書注引許注作楚人謂袍曰短褐

説文袍襺也詩七月箋褐毛布漢書貢禹傳裋褐不完注褐毛布之衣也

列子釋文云短褐宜作裋褐 荀子作豎褐 史記寒者利裋褐 徐廣曰裋一作短 小襦也 方言襜褕其短者謂之裋褕

方言褎明謂之袍 廣雅袍長襦也 東□複襦謂之襡襩即裋 釋名袍苞也 苞内衣也 □裋曰複襦亦有包裹之義故袍亦曰裋也

潦水旬月不雨則涸而枯澤受瀷而無源者也

許注瀷湊漏之流也 文選郭璞江賦注

高注瀷雨濆疾流者故曰無源瀷讀燕人強春言敕同也

琦按二家注異管子宙合泉踰瀷而不盡注瀷湊漏之流也江賦注湊漏之流曰瀷並用許説

并讀不死之藥于西王母嫦娥竊而奔月

許注 嫦娥羿妻也逃月中蓋上虛夫人是也 文選郭璞遊仙詩注

高注 姮娥羿妻羿請不死之藥于西王母未及服之姮娥盜食之得仙奔入月中為月精 奔月或作坌肉 藥坌肉以為死畜之藥可復生也

琦按二家注異許作嫦 爾雅釋詁恒亦常也故 與高本作恒 義本曰通 淮南王當諱恒字許作常是 後避天文 [redacted] 與意林引淮南作姮 皆後人加字

志嫦娥竊羿不死藥奔月及之為蟾蜍 字作嫦 也

文選注引 [redacted] 歸藏經 曰昔常娥以不死之藥奔月 奔月為月精 是許說所本

大荒西經 常羲浴月 引說文 月者亦名常娥 亦名恒娥 月初月末恒

常羲 是作娥 ……

淮南許高二家注異同攷下卷

會稽陶方琦學

精神訓 序目有因以題篇字高注本也與舊輯許氏殘注較之說多異

陶人之剋埏埴

許注 埏，揉也。埴，土也。一切經音義十三 文選馬融長笛賦

高注 陶人作瓦器之官也

琦按：二家注異。文選馬融長笛賦注引許注作"埏，抒也。埴，土為也"，與衆經音義引小異。揉、抒字相似而譌，以揉為是。揉者，造作之謂。易說卦"為矯揉"，宋忠注："使曲者直，直者曲為揉。"陶人剋埏，義正相合。抒非其義也。

擬匠以也又

也字林[illegible]曰柔[illegible]也聲類埏柔也一曰柔即擀埴之訓土字

林埴土也黏土為埴釋名土黃而細密者為埴埴膩

也如脂之膩也老子河上注亦曰埴土也文選注引

作土為器即黏土為埴之脫文 聞經輯本引許注埴也埴土也又有埏

𢾺也亦和也六字此元應引伸之義非許說也刪之為是

兵田君副無題篇字乃據注本陶人云化埴注陶人復字為埴土不㺯化埴土也亦土刊埴

苦洿之家

許注洿濬也 御覽三百七十一

高注洿水猶濬水也

琦按高承許說而引申之故似同說文洿濁水不流也文云

[illegible]

也元應八引三蒼停水曰洿廣雅洿深也濁也

[illegible]

機發于踵 問經輯本此條與下倒寘

許注 機發不旋踵 列子釋文

高注 機諭疾也 謂命危殆不旋踵而至 猶不恐懼

琦按 二家注異 高則仲許說 原道訓 高注本 其用

若發機 高注 機弩機關 言其疾也

鳳凰不能與之儷 而況斥鷃乎 高本作斥鷃

許注 鷃雀飛不過一尺 言其劣弱也 文選曹植七啟注

高注 斥澤之鷃 為飛不出頃畮 諭弱也

琦按 二家注異 說文 鴳 雀也 从鳥安聲 字作鴳 韋昭

國語注 鴳扈 小鳥也

初學記三十引楚國先賢傳曰 夫尺澤之鯢 豈能料江海之大 斥亦作尺 …… 鷃不能 …… 云作尺

許注云飛不過一尺 是許本作尺鷃 [illegible]

本經訓序目有因以題篇字高注本也
與舊輯許注校之說多異

芒繁紛挐

許注挐亂紛也 文選左思吳都賦注

高注挐讀上谷茹縣之茹

十二[illegible]川有題美人挐首 高注挐首亂首也

[illegible]

飄風暴雨總至

許注飄[illegible]風也 [illegible]

[illegible]

[illegible]

[illegible]

注猋多總風即爾雅義

[illegible]

許注大風風伯也

高注大風風伯也能壞人屋舍

[illegible]

本經訓 序目有因以題篇字高注本也 與舊輯許注校之說多異

芒繁紛挐

許注挐亂也 文選左思吳都賦注

[illegible]

許注大風風伯也 文選 [illegible]

高注大風風伯也能壞人屋舍

[illegible]

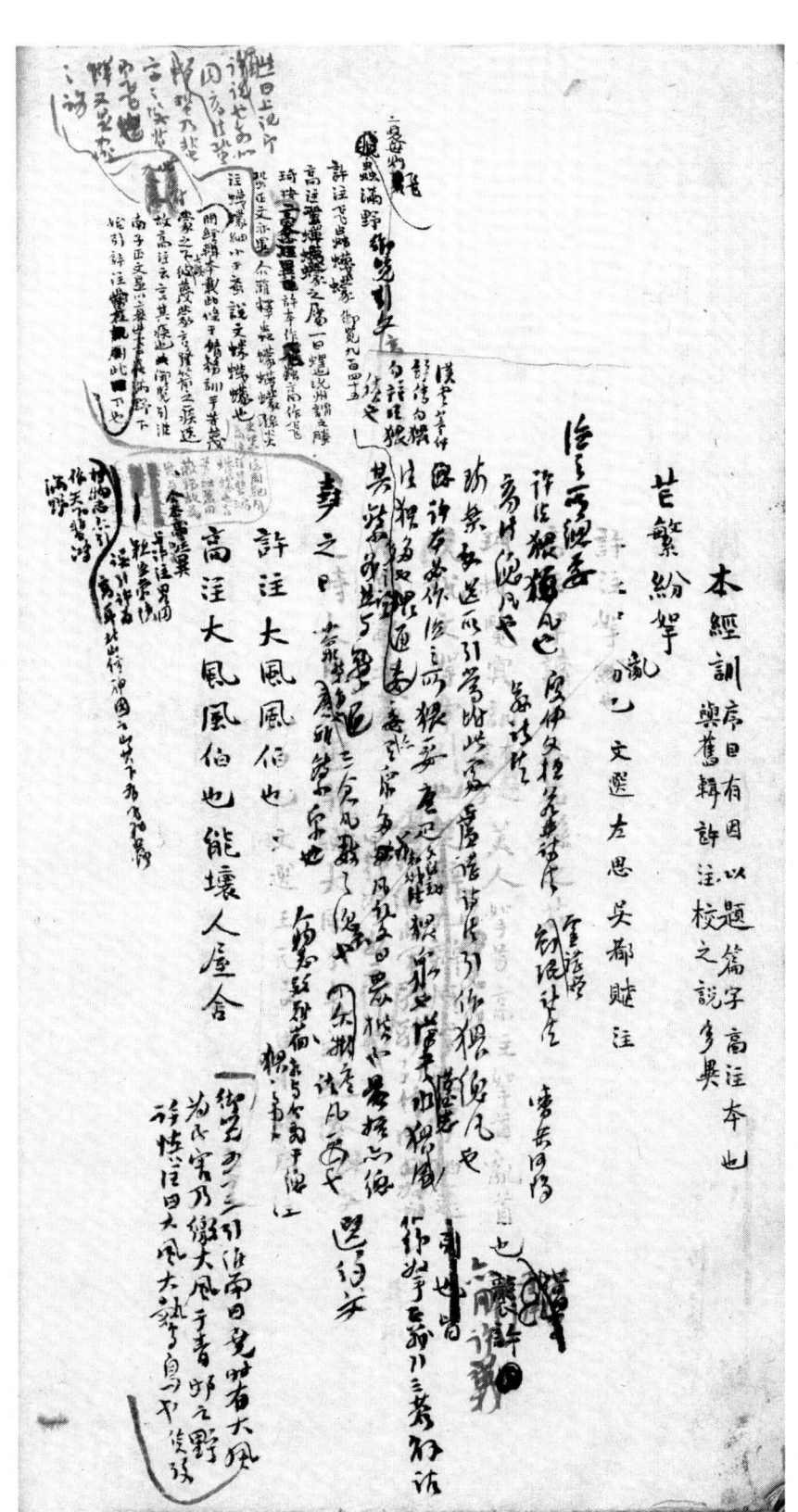

本經訓 序曰有因以題篇字高注本也
與舊輯許注校之說多異

芒繁紛拏

亂 [illegible]

殺九嬰于凶水之上 九嬰水火之怪為人之害

[illegible] 羿射日 [illegible]

大風大鷙鳥也 [illegible]

上射十日 [illegible]

乃使羿誅鑿齒于疇華之野

[illegible] 繳大風于青邱之澤

[illegible] 斷脩蛇于洞庭 [illegible]

禽封豨于桑林 [illegible]

猰貐 大風大鷙鳥也 御覽五十八引作許注

今檢高注本 [illegible]

[illegible] 大風 [illegible] 許注也 [illegible]

[illegible] 大風鷙鳥也 青邱東方也

[illegible]

本經訓 序曰有因以題篇字高注本也 與舊輯許注校之說多異

芒繁紛拏

許注拏亂也 文選左思吳都賦注

高注拏讀上谷茹縣之茹

琦按覽冥訓有題篇字美人拏首高注拏首亂首也

說文拏牽引也

大紛亂之義

[illegible]之時大風為害羿繳大風于青邱之澤 此文選注引

許注大風風伯也 文選王元長曲水詩序注

高注大風風伯也能壞人屋舍

許注飛蟲蛺蝶 御覽九百四十五

高注蟿蝗螟蝶之屬一曰蟋蟀兗州謂之螣

埼按此許說羼入高注本者御覽九百二十七引淮南舊注曰大風鷙鳥也在東方一云大風風伯也疑即高注所謂一曰正許說也今本高注敚此條

象廊玉牀

許注廊屋也 文選班固西都賦注

高注用象牙飾廊殿

埼按二家注異廣雅釋室廊舍也後漢申屠剛傳注廊殿下屋也 四周屋也 司馬相如傳注廊四注 注廊堂下

大構架興宮室雞栖井幹

許注皆屋構飾也 文選鮑照蕪城賦注 謝朓銅雀臺詩注

高注構連也駕材木相乘駕也雞栖井幹復屋棼井也刻桷寘其中也

琦按二家注異許本作架與高本作駕異說文構蓋也（冓交積材也）杜林以爲椽桷字文選魯靈光殿賦注構架也迴

許注架構木注構架也與許說（文選注）飾一作飾飭飾古通

以純脩碕

許注碕長邊也　文選左思吳都賦注　郭璞江賦注

高注碕曲中水所常處也

琦按二家注異漢書司馬相如傳注（[illegible]）引張揖曰隑長也（埼）隑即碕字埤蒼碕曲（岸）頭也　高注曲中疑曲岸之譌

[illegible]

主術訓 序目有因以題篇字高注本也 與舊輯許氏破注說多異

譬猶揚堁而弭塵

許注堁塵塺也 文選宋玉風賦注

高注堁塵塺也楚人謂之堁堁動塵之皃

詩按高注堁塵塺也當是許說屬高注本者[illegible]

[illegible]堁動塵之皃楚人謂之堁[illegible]說林訓有題篇字高[illegible]

按古作堁土塵也楚人謂之堁則此塵塺也或作土

塵也為是說文塵塺也通俗文塵土曰塺 廣雅釋詁堁塵塺也疑誤 注莊子大宗師云若今之風塵 塵為塵堁以至[illegible] 字多引[illegible]

鄒忌一徽琴而威王終夕悲

許注鼓琴循絃謂之徽悲雅俱有所以成樂直雅而

無悲則不成 文選陸機文賦注

高注徽鶩彈也

琦按二家注與劉孝標廣絕交論及陸機弔魏武文

注皆引許注鼓琴循絃謂之徽七字 [illegible] 通揮 [illegible]

[illegible] 漢書揚雄傳之高張急徽注徽琴徽也

甯越商歌車下而桓公慨然而寤

許注甯越衛人聞齊桓興霸無因自達將車自往商

秋聲也 文選王子淵四子講德論 謝惠連西陵遇風獻康樂詩注 陶淵明夜行塗口詩注

高注甯戚飯牛車下叩角商歌齊桓公悟之用以為

相

[illegible]

琦按二家注角許本作□然與高亦異

推移大戲

許注 戲大旗也 史記正義八

琦按高無注今高本作大犧與許本異御覽九百三

十二引此處注曰觡角也大戲軍之大旗今高本祗

有觡角也之注而無軍之大旗六字疑本高本脫文

麾說文作摩曰旌旗所以指麾也周禮建大麾鄭注

大麾不在九旗中 閩經輯本引此條在人間訓本卷下鄭注下不知鄭乃許豐地名

與大旗之解不合大

張為傅會故繆錯至此

鵂夜聚蚤察分毫末

許注 鵂夜聚食蚤蝨不失也 莊子釋文

高注 鵂鵂鵂也 謂之老菟 夜鳴人屋上也 夜則目明 合聚人爪以著其巢中 故曰察分秋豪

琦按 二家注異 許本作蚤蝨之蚤 高本作指爪之爪 解說互異也 說文蚤跳蟲齧人也 莊子司馬注曰 鵂鶹夜取蚤食 崔譔作爪

江久鵂舊鵂留也 鵂留即鵂鶹

御覽九百二十七引纂文曰 鵂鶹一名忌欺 白日不見人 夜能拾蚤蝨也 爪蚤古字相近 俗人云鵂鶹食人弃爪 相其吉凶 妄說也 ……作蚤為是

王氏懷祖曰 蚤爪古字雖通用 然揆之事理 許為確

磬言……

堯年衰志憫 舉天下而傳之舜 猶卸行而脫蹝也

高本作蹝

許注 言其易也 文選孔稚圭北山移文注

高注 言甚易也

楚莊王好觟冠楚國効之也

觟冠

琦按此許注應錄入高注本者其易應作甚易

許注今力士冠 御覽六百八十四 事類賦冠部

高注獬廌之冠如今御史冠

琦按二家注異王充論衡觟觟者一角之羊也注郎

獬廌觸邪神羊也

趙武靈王服貝帶鵕鸃

許注鵕鸃鷩雉也 文選左思吳都注 又索隱

高注趙武王出春秋後以大貝飾帶胡服鵕鸃

琦按二家注異史記索隱二十七引許曰鵕鸃鷩鳥也

應道㒸

呂覽慎大高注巨橋紂之倉名与此不同

紂發鉅橋之粟

許注鉅鹿之大橋有漕粟也

集解漢書張良傳

高注鉅橋倉名也一說鉅鹿

勇略之士

許注孟賁衛人也 後漢書鄭太傳

高注孟賁勇士也

琦按二家注異文

孟賁水行不避蛟龍陸行不避兕虎

子過孟賁遠矣趙注孟賁勇士

高用趙注許注孟賁衛人

高注亦云孟賁古之勇士

尒疋作鷩雉注似山雞而小冠背毛黄腹下赤項綠色鮮明[?]邃延引作鷩鳥索隱引作鷩鳥皆鷩雉之訛說文鳥部鵔字下鵔鸃鷩也 琦按鷩下應補雉字 鸃字下鵔鸃也秦漢之初侍中冠鵔鸃冠蒼頡篇鵔鸃神鳥也 漢書佞幸傳郎侍中皆冠鵔鸃貝帶 高本作鵕鸏謬文

繆稱訓

序目無因以題篇字乃許氏注本也取舊輯許注本與今注校之說多同其為許注無疑

魯酒薄而邯鄲圍

許注楚會諸侯魯趙俱獻酒于楚王魯酒薄而趙酒厚楚之主酒吏求酒于趙趙不與吏怒乃以趙厚酒易魯薄酒奏之楚王以趙酒薄故圍邯鄲也 莊子釋文

今注（今雖有高注實許注也故曰今注）魯與趙俱朝楚獻酒于楚王魯酒薄而趙酒厚楚之主酒吏求酒于趙不與楚吏怒以趙所獻酒獻于楚王易魯薄酒楚王以趙酒薄而圍邯鄲

琦按今注較莊子釋文[illegible]詳[illegible]書[illegible]偶憶[illegible]（引徵集今注[illegible]說今乃[illegible]引與莊子釋文同）

暉日知晏（宋本作暉日 說文暉日也）[illegible]

許注晏無雲也（史記索隱四 文選揚雄羽獵賦）

今注晏無雲也

琦按[illegible]羽獵賦云是天清日晏 許注晏無雲之[illegible]

處也多之處二字說文晏天清也 今雖廣言晏開[illegible]

[illegible]

岸

陗者必阤

許注陗峻也阤落也 文選馬融長笛賦注謝靈運七里瀨詩注

今注峭峭也阤落也

琦按今注峭應作陗說文陗陵也 陂即峻

文選謝靈運七里瀨詩注引淮南岸峭者必阤許注阤落也 峭未

作峭 今注 峭即峻字 乃留峭字耳 譌陗即阤古它也通

齊俗訓 序目無因以題篇字許注本也取舊輯許注本與今注本校之說多同

間經輯本無此條

短

褐不完者

許注楚人謂袍為短褐 文[illegible]

今注楚人謂袍爲裋

琦按此條已載覽冥訓見列之以徵許高之異此列之以許注今注之同今注作楚人謂袍爲裋褐大布當是楚人謂袍爲裋又訓曰褐大布

閩經解本無此條

炮烙生於熱斗

許注熱斗熨斗也熱人手遂作炮烙之刑御覽七百二

琦按今注無此條應在庖人進羹□□□□上

其於致雨不若黑蜧

許注黑蜧神蛇也潛於神泉

今注黑蜧神蛇也潛於神淵

[illegible]蜈蠼[illegible]兩注引許

陶茗和[illegible]注詩

神淵詩神雨

琦按文選注出李善，唐人避高祖諱，改淵為泉。

越人契臂

許注：契刻臂出血也。列子釋文

今注：刻臂出血。

琦按今注文有缺訛，刻臂上應有契字。御覽引契作[illegible]。契其肉挽

鹽說林訓有題篇字，高注：契刻也。同許。見乃高注本

譬若綄之候風

許注：綄，候風扇也，楚人謂之五兩。

今注：俔，候風者也，世謂之五兩。

琦按今本作俔，與文選、御覽所引作綄異。古字[illegible]

北堂書鈔引注曰：綄，候風之羽也，楚人謂之五兩。

文選郭璞江賦注　御覽七百七十[illegible]

北堂書鈔

此小字一[illegible]

王氏念孫曰：藏本作候風雨，[illegible]改為候風者也。兩即羽字之誤，當作綄候風羽也。御覽所引作候風扇，扇即羽字。北堂書鈔再卸手引注曰：綄候風之羽也。

字形相近多譌

論語莞爾釋文作莧爾 睍即綄字之譌 玉篇綄候風五兩也

廣韻……綄候風羽出淮南子 淮南舊本作綄明矣

……船上候風羽楚謂之五兩

澆天下之淳

許注澆薄也 文選陸機招隱詩注 王元長永明策秀才文注 劉孝標廣絕交論注

今注澆薄也

錡按 文選 經音義引說文澆灌瀆也 字亦作 澆 又選注又引澆與漓同非許注 莊子繕性澆淳散樸 舊本作澆 即淮南所本

道應訓 序目無因以題篇字 許注本也 取舊輯許本與今注較之說多同

何異於梟子之食其母也

許注梟子大食其母 御覽九百二十七

今注梟子長食其母

8 孟賁成荊無所行其威

許注 成荊古勇士 孟賁衛人 史記集解七十九 後漢書馮衍傳注

今注成荊古勇士也

錡按 今本脫孟賁衛人四字 據補之 史記范雎傳注 許注淮南記曰 孟賁衛人也

……成荊古勇士 孟賁……

琦按長大古訓通漢書景帝紀張晏注長大也呂覽
任數論大注皆作長大也意林引桓子新論梟生子
長食其母乃能飛應作長字高注呂覽分職篇亦作梟[illegible]
子長而食其母也
孔子勁杓國門之關而不肯以力聞
許注杓引也古者縣門下從上杓引之者難也列子釋文
今注杓引也古者縣門下從上杓引之者難也史記索隱引杓引也
琦按[illegible]字不[illegible]蓋知所存無題篇字樣八篇真許注
也說文摽擊閽牡也義同杓列子說符作孔子之勁
能招國門之關張注招舉也
𨑳人稽稍耳

杓字從手不從木[illegible]玉篇杓丁激反引也
廣韻杓都歷反[illegible]
手旁[illegible]引說文音丁了反而亦引淮南注杓
引之說字應作杓主術篇有題[illegible]孔子之
通力招城關高注以一手招城門關[illegible]能舉之
高作招許作杓異文也道應篇為許注本故尚[illegible]
作杓
[illegible]

[illegible]

許注糟酒滓也已漉糟曰粕也一切經音義三 莊子釋文

今注糟酒滓也粕已漉之精也

琦按莊子釋文引許注作粕已漉麤糟也今注已漉之精二字疑爲麤糟之譌說文糟粕酒滓也糟名酒滓曰糟浮米曰粕抱朴子明本篇說糟粕之滓

今不果往

許注果誠也文選謝宣遠于安城答靈運詩注 繁欽與魏文帝牋注 魏文與鍾大理書

今注果誠也

琦按誠一本作成論語行必果皇疏引繆協注果成也

此上
不用寫

吳起為楚令尹適衛問屈宜若
許注屈宜臼楚大夫[redacted]在魏者也史記集解引
今注屈宜若楚大夫之在魏者也
琦按宜若即宜咎之誤皆若字形相似誤也宜咎或作宜臼説苑指武篇亦作屈宜臼權謀篇作屈宜咎

朝秀不知晦朔
許注朝秀朝生莫死蟲也生水上似蠶蛾文選劉孝標辨命論注
一曰蕊母御覽九百四十九引許注多一曰蕊母四字今補入
今注朝菌朝生莫死蟲也生水上狀似蠶蛾一曰孳母海南謂之蟲邪
今注朝菌應作朝秀後人因莊子注本而改不知此書注互異不必強同
琦按文選御覽引俱作朝秀今本作朝菌莊子逍遙遊朝菌不知晦朔釋文引司馬注菌大芝也[redacted]今許注俱作蟲解[redacted]當作朝秀廣雅朝蜏孳母也秀當是蜏字[redacted]蓺文類聚引廣志曰蜉蝣在水中翕然生覆水上尋死隨流與許注合[redacted]玉篇蜏蟪蟲也朝生莫死虫也生水上狀似蠶蛾一名孳母即用許注
氾論訓篇目有因以題篇字高注本也與舊輯許注校之説多異
是猶無鏑銜橜策錣而御馯馬也

許注鍛馬策端有利鐵所以刺不前也　列子釋文

高注鍛樀頭鐵也

琦按二家注異列子說符倒杖策鍛上貫頤張注鍛杖末鋒與許說合

閒詁輯本無此條

此條當移在原道雖有輕車良馬[illegible]

魏兩用樓翟吳起而已　西河

許注樓季魏文侯之弟也

高注魏文侯任樓翟吳起不用它賢秦伐其西河之地

文選[illegible]

琦按二家注異許作樓季高作樓翟　正文亦異

明月之珠不能無纇

許注　夜光之珠有似明月故曰明月也　文選班固兩都賦注

高注　夜光之珠有似月光故曰明月　御覽八百二引高注作有似月光　又李善連命論注

琦按　此當許注羼入高注本者　故同十三篇中甚多許注安能別而識之　有題篇者　文選兩都賦李善注曰高誘以隨侯為明月許慎以明月為夜光是許高說本異也

閒經輯本無此條

段干木晉國之大駔也而為文侯師

許注　駔市儈　御覽八百二十八

高注　駔驕恒　一曰駔市儈也言魏國之大駔也

琦按　二家注異所謂一曰即是許說如俶真訓故國注例也　索隱二十八引淮南注曰干木度市之魁也

水生蝄蜽

許注蝄蜽狀如三歲小兒赤黑色赤目長耳美髮

許氏注

夫亂人者芎藭之與藁本也蛇牀之與麋蕪也

許注此四者藥艸臭味之相似惟治病則力不同

高注言其相類但其芳臭不同

琦按[redacted]

慎本是淮南注無疑

又血為燐

許注兵死之血為鬼火

高注血精在地暴露百日則為燐遙望炯炯然也

奇按二家注異

無朕

許注朕兆也　文選左思魏都賦注

本注朕兆也

詮言訓

序目無因以題篇字許注本也取輯許注本編今本校之說多同

竊按昭七年正義引張林說論亦有

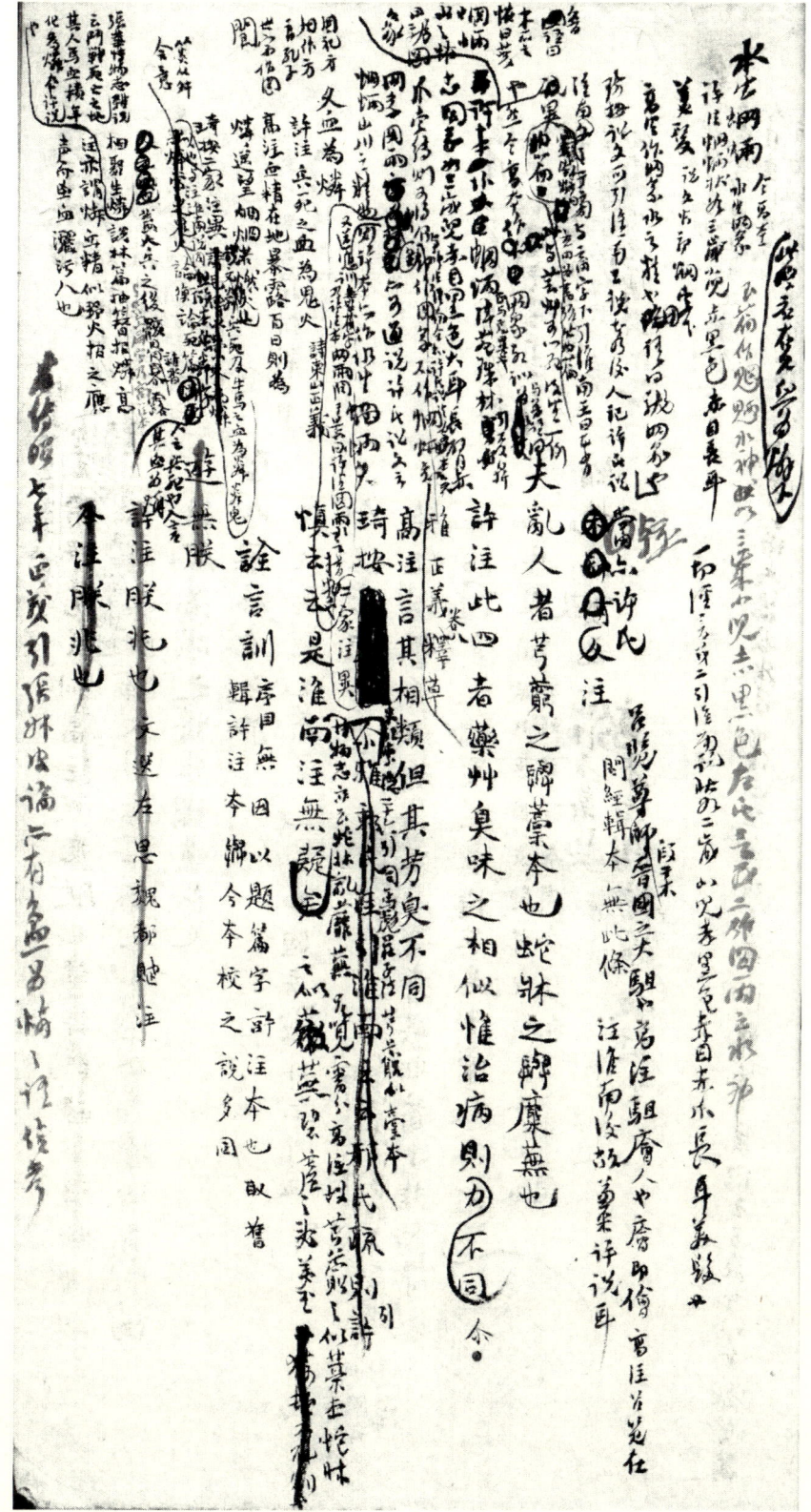

羿死于桃棓

許注 棓大杖以桃木為之 擊殺羿 由是以來鬼畏桃也

今注 棓大杖以桃木為之 以擊殺羿 由是以來鬼畏桃也

琦按 覽冥訓高注 朕兆朕也 許說 莊子齊物論 而不得其朕 釋文引李注 朕兆也 鬼谷子 㦰始有朕 陶

注朕者隙之將兆 謂其微也

聖人無屈奇之服

許注 屈短也 奇長也 一切經音義十二 十五

今注 屈短 奇長也

琦按 漢書廣川惠王越傳 注 屈奇 奇異也 荀子非相 奇衣婦飾 注 奇衣 珍異之衣 惟其異于常 故有短長

兵略訓

序自無因以題篇字 許注本也
舊輯許注本與今注本較之說多同

綰枹而貫鼓之

敲本作組枹綰而鼓之

許注綰貫也　一切經音義十八

今注綰貫也

琦按說文綰惡也桂氏曰說文義證惡即貫之譌文　玉篇綰貫

也蒼頡貫穿以繩穿物曰貫綰貫同聲

此條宜並發斥下
不必移還條

修鎩短鏦

許注鏦小矛也　華嚴經音義上

今注鏦小矛也華嚴經音義引鏦小矛也又有鏦乞字樅也方言乃七摞一云

琦按方言矛吳揚江淮南楚五湖之間或謂之鏦說

文鏦矛也訓同　閩經輯本無此條

發斥不忘遺此候之官也

漢書吳王濞傳鏦殺吳王索隱曰方言戟謂之鏦字通
釋名釋兵矛
稍矛也

許注斥度候視也候望也 史記索隱二十四

今注斥度候視也軍候候望也

琦按索隱引脫軍候二字漢書李廣傳遠斥候未嘗遇

官

藏志九旋之淵 今本作而藏志乎九旋之淵

許注九旋之淵至深 文選郭璞江賦 莊子釋文

今注九旋九回之淵至深者也

琦按文選注引有從文當從今注說文淵回水也从

水淵象形左右岸也莊子釋文引淮南許注作至深

也則從文又甚淵矣 州王蕭字淵瀨旋淵亦作旋淵深淵也未敢確說 九字注未

漢書賈誼傳師古曰九淵九旋之川言至深也即用許注須再說

揚塵起埸

許注埸埃也 文選班固西都賦注

今注埸埃也

琦按文選又引埸與壒同於害切非許注説文無壒

字新附曰塵也

[illegible]

此善為充幹者也

許注幹強也 文選陸機辨亡論

今注幹強也

琦按詩韓奕幹不庭方韓詩章句曰幹正也釋名釋

兵矢其體曰幹言梃幹也皆近強義

[illegible]

說山訓 序目有因以題篇字高注本也

與舊輯許注本校之說多異

乘桴入胡

許注 桴木筏 御覽七百七十

高注 桴筏也 一曰 鄙言非其宜也

琦按 高襲許說 注文小異 論語乘桴引馬融注桴編竹木大曰栰小曰桴

問經輯本無此條

奏雅樂者始于陽阿采菱 今高本作欲美和者始于陽阿采菱

許注 楚樂之名也 御覽五百六十五

高注 陽阿采菱樂曲之和聲 有陽阿古之名俳善和

悸注 編細縿也

淵生珠而岸枯

許注 淵潤 鍾子明 珠致令岸枯也 史記集解一百二十八

高注 珠陰中之陽也 有光明 故岸不枯也

琦按 二家注異 集解史記龜策傳 玉處于山而木潤 淵生珠而岸不枯 徐廣曰一無不字 引許注說淮南

云云 是徐所見舊本作淵生珠而岸枯也 徐為漢以人 ……引許注亦全文也

楊塵起堨

許注 堨埃也 文選班固西都賦注

今注 堨埃

錡按 文選又引堨與壒同於害切非許注 說文無壒

說文[illegible]塵也 又埃塵也 上郭

字新附曰塵也

說文埃塵也 有[illegible]又曰 塵也 壒塵埃也 埃塵也

今注[illegible]也 字當作壒 西都賦注 引許注 壒堨混濁 許義未也

[illegible]

[illegible]

此善為充幹者也

許注 幹強也 文選陸機辯亡論

今注 幹強也

錡按 詩韓弈 幹不庭方 韓詩章句曰 幹正也 釋名釋兵 矢其體曰幹 言挺幹也 皆近強義

說山訓

序目有因以題篇字高注本也

與蕭輯許注本校之說多異

乘桴入胡

許注桴木筏 御覽七百七十

高注桴筏也一曰[illegible]言非其宜也

琦按高襲許說注文小異論語乘桴引馬融注桴編竹木大曰桴小曰筏桴

問經輯本無此條

奏雅樂者始于陽阿采菱

今高本作欲美和者始于陽阿采菱

許注楚樂之名也 御覽五百六十五

高注陽阿采菱樂曲之和聲有陽阿古之名非善口

說山

或斷隋而顧結

許注顧反也 史記索隱十六

高注顧反

琦按此許注廣丁高注中去

揚塵起堨

許注堨埃也 文選班固西都賦注

今注堨埃也

琦按文選又引堨與壒同於害切非許注說文無壒

字新附曰塵也

[illegible] 說文[illegible]塵也 [illegible]

[illegible]

[illegible]此善為充幹者也

許注幹強也 文選陸機辯亡論

今注幹強也

琦按詩韓弈幹不庭方韓詩章句曰幹正也釋名釋

兵矢其體曰幹言梃幹也皆近強義

揚爪

許注[illegible]

[illegible]

說山訓

序目有因以題篇字高注本

與舊輯許注本校之說多異

乘桴入胡

許注桴木筏 御覽七百七十

高注桴筏也一曰鑿言非其宜也

琦按高襲許說注文小異論語乘桴引馬融注桴編

竹木大曰桴小曰筏桴

閩經輯本無此條

奏雅樂者始于陽阿采菱 令高本作欲美和者始于陽阿采菱

許注楚樂之名也 御覽五百六十五

高注陽阿采菱樂曲之和聲有陽阿古之名倡善和也

琦按二家注異楚辭涉江采菱發陽阿王注楚人歌曲也與許說合〔閒經輯本無此條〕〔馬融廣成頌陽阿衰斐之晉制……淮南歌采菱發陽阿……〕

狸頭愈鼠〔高本作瘉〕

許注狸食鼠 御覽九百十三

高注鼠齧人瘡狸愈之

琦按二家注異……

抱朴對俗篇云……以狸頭之治鼠漏

戢積血以類推之也 高本作蔵 散積血 〔閒經輯本此條在上誤義見上〕 全文

許注䖟食血 御覽九百四十五

琦按高無注說文䖟齧牛尾䖟也

說林訓 序目有因以題篇字高注本也

與舊輯許注本校之說多異

非以一墣塞江也

許注 墣塊也 御覽三十六

[illegible]墣塊也 又引賈逵國語注曰

說山 文王洿[illegible]

許注洿[illegible]也 [illegible]七十一

高注洿[illegible]陷習也

[illegible]

日出湯谷 [illegible]

許注[illegible]

高[illegible]注[illegible]陽谷

[illegible]

許本作湯 [illegible]

[illegible]

琦按二家注異楚辭涉江采菱發陽阿王注楚人歌曲也與許說合 閻經輯本無此條 馬融廣成頌陽阿衰斐之晉制注引淮南歌采菱發陽阿 上林賦郢人……

貍頭食鼠愈 高本作

許注貍食鼠 御覽九百十三

高注鼠齧人瘡貍愈之 爾足釋詁瘉病也孫炎曰畏之病也通作瘉此鼠即瘺字許高並以貍制

琦按二家注異 文縣 秦氏訓貍執鼠不可……度者……之說相釋……字之義山海經……之山有獸……可以已瘺……注瘺病也淮南子曰貍頭已瘺……

博雅……也……捕鼠……貍……之……

又御覽九百十二貍頭止瘺……瘺寒熱瘡也

抱朴對俗篇……以貍頭……治鼠瘺

兵戰積血以類推之也 高本作散積血 閻經輯本此條在上誤義見上

許注蚊蝱食血 御覽九百四十五

琦按高無注說文蝱齧牛尾蟲也俶真訓蚉蝱……

說山 文選注淯習 今本作淯膺
許注 淯廉也 [illegible] 七十一
高注 淯膺 陷習也
𤪌按 二家注異 說文 膺 習也
[illegible] 得通 淯說文曰 竁 穿地也 [illegible]
下即盡陷之義 [illegible]
[illegible] 有廣義 [illegible]
[illegible]
御覽 [illegible] 引此注 墣 [illegible] 土塊也
[illegible]
[illegible]

說林訓 序目有因以題篇字高注本也 與舊輯許注本校之說多異

非以一墣塞江也

許注 墣塊也 御覽三十六

𤪌按高無注 說文墣塊也 御覽又引賈逵國語注曰 墣塊也 許用師說 玉篇引淮南子非以一圤塞江墣作圤塊也

附經精本無此條

以篙測江

許注 刺船竹長二丈以鐵為鏃者也 一切經音義十五

高注 篙擿船以篙度江篙沒因以江水為盡故曰惑也

寒蟹翱水下寄附日出湯谷一條

琦樓 二家注異方言所以刺船謂之欘說文新附亦
有𣘻字曰所以刺船也

柳

下惠見飴曰可以養老

許注展禽之家有樹柳身行惠德因號柳下惠一曰邑

名 藝文類聚八十九 御覽九百五十七 李踐賦柳部

高注柳下惠魯大夫展無駭之子名獲字禽家有大

柳樹惠德因號柳下惠一曰柳下邑

琦樓 二家注文畧異 許高 [illegible]

書古注 [illegible] 國語注曰柳下展禽之邑

許注云一曰以下且酌

山

雲蒸柱礎潤

許注楚人謂柱碣曰礎　一切經音義十八

高注礎柱下石礩也

琦按二家注異　文選西京賦注引廣雅碣礩也　又廣雅

作礎碩礩也　鄭注曲禮云質猶本也　碣在柱下如石

之有本　玄應云礎音楚柱下石

有羅紈者必有麻蒯

許注紈素也　文選潘岳藉田賦注

高注言有國必有衰

琦按二家注異　說文紈素也

人間訓　序目無目以題篇字　許注本也　取舊

輯許注本與今本校之說多同

吳人鬼越人𧝎

許本皆吳作鬼 說文鬼部

今本作荊作禨

琦按說文引淮南傳曰吳人鬼越人𧝎是許慎本如此也今本作荊人鬼越人禨及國語以下云云

又吳實為荊

列子虞重元……引作

南亦作吳人鬼越人𧝎……淮南作越

子彭祖傳……引淮南作越

人𧝎唐人猶見許慎本……

作吳作𧝎與說文一例是今本

為後人竄改無疑

楚攻宋圍其城

許注楚莊王圍宋九月 列子釋文

今注楚莊王圍宋八月

琦按八乃九字之譌左傳宣十四年秋九月楚子圍宋十五年夏楚子去宋杜注在宋積九月當是列子釋文所引為是呂覽慎勢篇莊王圍宋九月

宋本正作九月

𣗳載粟米而至 一切經音義引亦今本作犨……

許注𣗳擔之也 一切經音義十一十六

今注犨擔也

琦按唐韻𣗳音犨負擔也說文犨挽車也故書犨作

連 周禮鄉師鄭注連讀爲輦 褳字說文不收 [illegible] 即連

字 [illegible] 文 南史何遠傳 褳水還之 亦有褳義 元應曰褳

今皆作輦 [illegible] 今注 [illegible] 也

參喬木而巢扶杖

許注扶傷也 初學記天部一 [illegible]

今注扶翦也 [illegible] 說文

琦按 [illegible] 傷近也 周禮牛人鄭注 [illegible]

居其翦曰傷 [illegible] 言其高木而巢近枝義以傷爲是 [illegible] 皆扶 [illegible]

脩務訓 序目有因以題篇字 高注本也 與舊題許注本較之說多異

不待脂粉 西施陽文也

攢扶風

淮南 [illegible] 扶風 [illegible]

高注扶風疾風 [illegible]

[illegible]

良馬不待策錣而行

許注錣策端有鐵也 御覽八百九十六

琦按舊本注本亦佚許注錣義見上承之訓動策利錣刺之怪

文引作錣為策端有利鐵與

[illegible]同說[illegible]後據[illegible]鍼指利鐵

許注陽文楚之好人也 文選枚乘七發注 御覽三百八十一 劉孝標辨命論注

高注西施陽文古之好女

琦按二家注異 文選辨命論陽文之貌[illegible]七發使先施徵舒陽文段干吳娃閭娵傅予之徒皆以陽文為好

[illegible]好八美人也 [illegible]

手若蔑蒙 已補入本經訓則此條可刪

許注[illegible]蔑蒙 御覽九百四十五

服劒若擲于岳[illegible]

連比以像宮室

許注比相連也 文選左思蜀都賦注

琦按比字舊本[illegible]想即是連比之比 [illegible]云比相連也 許本作比與高本異字說文土部比地相次也

次[illegible]比[illegible]

受教一言精神泠

許注泠然解悟之意也 一切經音義十四

高注泠猶了也

琦按二家注異元應引許注本無曉字莊子山木篇

真泠司馬注泠曉也曉即解悟意 高低訓可从泠泠之意曉解也

邯鄲有鬻曲者託之李奇諸人皆爭學之

許注李奇趙之善樂者也 御覽五百六十五

高注李奇古之名倡也

[redacted]琦按二家注異御覽于陽阿采菱下引許說并引此

注[redacted]嘗為許說 全類蓋莊此引為許注當從之 闕經輯本無此條

彭端臣笑茜藝人之倩也 [illegible]

印田照事揣為莊人與許注合

百舍重趼不敢休息 趼高本作跰

許注趼足指約中斷傷為趼 莊子釋文

高注跰足胝生也

琦按二家注異莊子司馬注趼 [illegible] 宋本作跰 [illegible] 司馬注病不能行 故許趼與許注合

[illegible]之趼古跰字高作跰

誤矣也趼或通作繭宋策

墨子聞之百舍重繭 [illegible]

類傳注繭足 [illegible] 形

良馬不待策錣而行

許注錣策端有鐵也 御覽八百九十六

琦按書高注本亦佚許注錣載

足上承上訓勒策利鐵刺之好

文引作鐵馬策端有利鐵與

此同說林篇注有刺鐵與諸本鍼作利鐵

許注陽文楚之好人也 文選枚乘七發注 辯命論注 御覽三百八十一 劉李標

高注西施陽文古之好女

琦按二家注異文選辯命論陽文之艷敓洽七發使先施

徵舒陽文段干吳娃閭娵傅予之徒皆以陽文為好 新論曰陽文之□□女

好美人也新注□稱楚□人此□楚之好人亦此例也 淮南云走嫉西施天下之美人 御覽引作好女

服劍者期于銛利而不期于墨陽莫邪 當在□□□之下

許注銛作□ 宋蘇魏公淮南子序

手若蔑蒙 已補入本經訓則此條可刪

許注飛蟲蠛蠓 御覽九百四十五

高注言其疾也

琦按二家注異許注當是古說爾雅釋蟲蠓蠛蠓孫

炎注蠛蠓細小于蚊說文蠓蠛蠓也

受敎一言精神泠

許注泠然解悟之意也 一切經音義十四

高注泠猶了也

琦按二家注異元應引許注本無曉字莊子山木篇

真泠司馬注泠曉也曉即解悟意 舊似刊亦原脫之語之意曉解也

邯鄲有鸞曲者託之李奇諸人皆爭學之

許注李奇趙之善樂者也 御覽五百六十五

高注李奇古之名倡也

琦按二家注異御覽于陽阿采菱下引許說并引此

注疑為許說然此引為許注當從之 問經輯本無此條

彭翁臣以笑篇趙人之所無說少似篇之理世人猶習之

即因此事編爲趙人之許注今

百舍重跰不敢休息 跰高本作 莊子釋文

許注足指約中斷傷爲跰

高注跰足胝生也

琦按二家注異莊子司馬注跰

胝也 宋司馬注病不能行

故跰蹁與許注合

誤文也跰或通作蹁 宋策

墨子聞之百舍重繭 鮑彪注

類傳注繭足

[redacted]

苗山之鋋羊頭之銷雖水斷龍舟陸剸兕甲莫之服帶

許注鋋銅鐵樸也銷生鐵也 文選張協七命注

高注苗山楚山也利金所出羊頭之銷白羊子刀

琦按二家注異鋋高本作鋋文選引許注音徒鼎反

當作鋌說文鋌銅鐵璞也一作紺同

脩務訓 序目無因以題篇字許注本也

舊輯許注與今注本校之說多同

九龍之鐘

許注刻虡為九龍縣鐘也 御覽五百七十五

今注楚為九龍之虡以縣鐘也

琦按微有詳畧當是御覽約文說文鐘樂鐘也虡鐘

夫蛟龍伏寢于淵

許注蛟龍龍屬也 史記集解一百二十八

今注蛟龍

琦按

許注卵字謂卵自孚出 闕元占經

今注蛟龍龍屬也 孔子陵而伏于淵

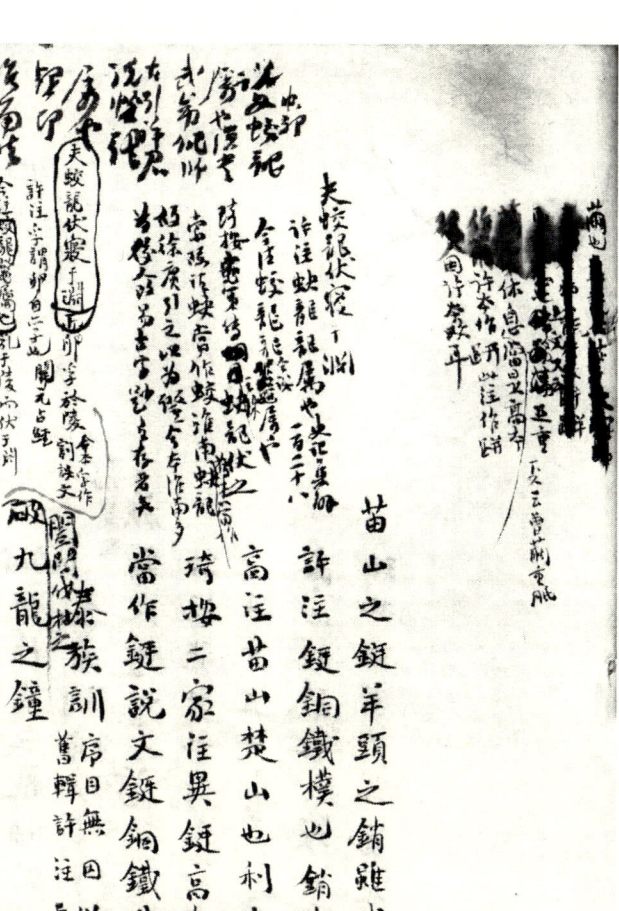

藝文類聚樂部引作破九龍之鼎子引作刻人記于鼎以為宣大鼎當是陳華博物志子胥入中世傳其府庫破其九龍之鍾

鼓之栒也飾為猛獸詩靈臺虡業維樅鄭箋虡也栒也所以縣鍾鼓也禮記明堂位夏后氏以龍簨鄭注簨虡所以縣鍾磬也文選西京賦九龍之內薛注門上有三銅柱柱有三龍相糾故曰九龍言其飾也御覽又引胥子云鍛十龍之鍾是也

要畧訓序目無因以題篇字許注本也取舊本許注与今注本校之說多同

帘案此族鑄大鐘撞之庭下郊雉皆呴

許注族聚也鐘聲如雷震雉皆應之北堂書鈔一百八十御覽五百七十五初學記十六

本注族聚也大鐘如雷震雉應之而呴鳴也

琦按敘有詳畧當是書鈔御覽互竄莊子在宥雲氣

不待族而下司馬注族衆也廣雅釋詁族聚也鍾夾
有聚也義國語周語二間夾鍾韋注鍾聚也太書天文訓
音此黃鍾注夾曰鍾聚也聚義又同叢尒雅釋木孫
注族叢也小尒雅廣詁鍾叢也皆同音之訓

戊戌嘉平望後病起勘一過 三月 擴書
今始覽此忽忽若隔在事也校書如落葉愈
掃愈有信然 奉顏志 京中初勘本老 干暇
樊那灃百又□一次

黃以周校誦芬叢

1册

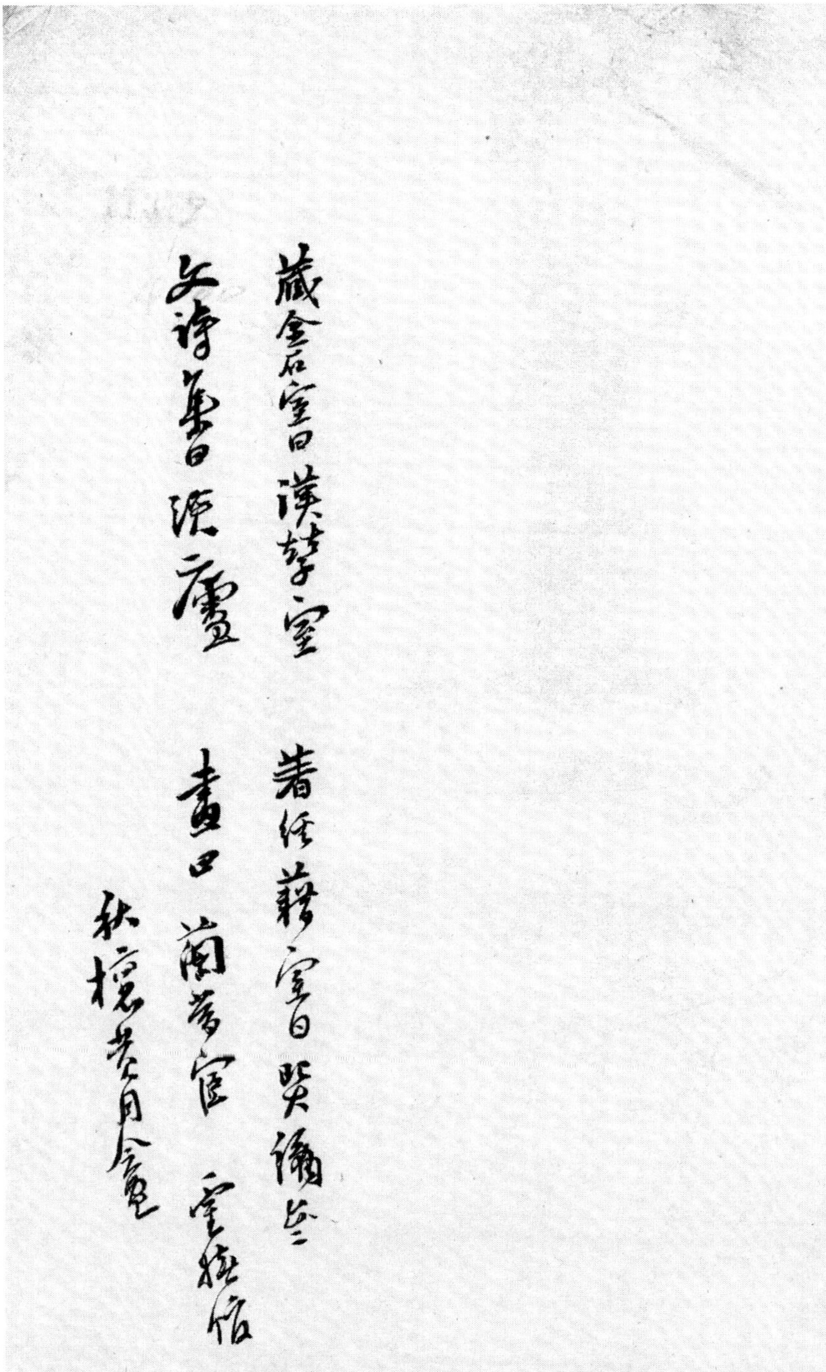

藏金石室曰漢學室　著經籍室曰[illegible]儀[illegible]
女詩集曰浣廬　畫曰蘭若室　雪梅館
秋[illegible][illegible]月[illegible]

此爲放置於葉三二四與三二五間之活簽

墬形訓 燭龍一條下 今高注龍銜燭以照太陰上無一曰二字 宋本有 則許高並有一曰 即許注也 故許高同說

墬形訓 短褐不完一條下 宋本 今高注有短或作裋字句 知列子釋文所引許注楚人謂袍曰裋 爲許注 作裋 高作短褐 高本或作 即許說 何以知上

天文訓 二 東至暘谷 宋本作湯谷 許本也 見余日出湯谷下

繆稱訓 首 題淮南鴻烈間詁 知繆稱以下八篇非高所注 其爲許注 更無疑問 于繆稱卷首題間詁最要緊 考高本繆稱至要略八篇皆許注也

全上 十四 本作者必陀 宋本作陁 與文選引許注作陁合

（清）陶方琦 撰

淮南許高二注異同攷二卷

稿本 存一卷（卷上）

淮南許高二注異同攷二卷　提要

清陶方琦撰，稿本。存一卷（卷上）。一册。毛裝。每半葉十行，行字不等。無版框。開本高二十六厘米，寬十六點五厘米。封葉題簽作『巽繘齋著書弟六種』，鈐有『巽繘齋主』『潩廬著作』印。内封有手摹牌記『漢孳室藏本辛未寫定』。卷端題『淮南許高二注異同攷』，下題『陶方琦述』，鈐『漢邍』『方琦』朱文方印。

前有譚獻序，鈐『巽繘著書印』朱文方印；又清同治十年（1871）陶氏自叙，叙末鈐『瀟湘使者』朱文方印、『漢邍』朱文橢圓印。

是書爲陶方琦所著《淮南異同考》的另一稿本，内容係考證辨析許、高二注，成稿背景可參照前文。書凡二卷，僅存上卷，内容含《淮南》之『原道訓』『俶真訓』『覽冥訓』諸篇。正文收録釋目九十五條，天頭補釋目三十五條。首列《淮南》引文，再『許注』，次『高注』，末爲『琦按』，即陶方琦辨析考證之内容。其將許注及高注相對照，以辨異同，别爲剖判，使許高二注之區分信而有徵。

將此稿與上海圖書館藏《淮南許高注二家異同考》稿本相比照，上海圖書館藏本成稿在前，此稿在後。兩稿序文及正文内容多經修訂，此稿雖對上海圖書館藏本修改内容多有吸收，然并不盡同，且『俶真訓』『覽冥訓』諸篇，上海圖書館藏稿未見。此稿朱墨雙色勾乙塗改遍布，曾經陶氏多次校勘。如卷端有朱筆題『甲戌夏日又校删一過』，鈐『覃思稽撰』白文方印。卷末朱筆題『乙亥校於巽繻齋』。序末亦有朱筆題『乙亥仲春再讎一周，當繕書清本』，可知此稿係同治十年寫定後，至少於同治十三年（甲戌）及光緒元年（乙亥，1875）兩次經陶氏校删。而上海圖書館藏稿有同治十一年譚獻，同治十三年陶方琦、黄以周，光緒二十三年儀稺校勘。可見兩稿成後，皆有各自獨立修訂，彌足珍貴。

前人對於許高二家之異同，每不能確指，亦無由厘別。待陶方琦《淮南許注異同詁》出，是能辨許、高二注之異。近代治《淮南》學者，多稱有清一代，陶氏方琦用力最勤。李慈銘在《越縵堂日記》（同治十一年五月十四日）中曾對此書有過如此評價：『得陶子珍三月廿八日書并所撰《淮南許注敘》，考訂甚密，文亦爾雅，書翰古奧尤絶。子珍力追漢魏，孟晋迨群，海内少年未見其比，吾邑古學，其在兹矣。』現存陶氏二稿，校勘增删修改補注遍布全書，概知其爲之積年，敂學之勉，可見一斑。現將二稿同列，可俾將來研究者互爲參考使用。

現藏浙江圖書館。

淮南許高二注異同攷

上冊

顨縭齋著書第六種

漢學室藏

本草未寫定

乾嘉而降言漢學者多尚許鄭高密之學具有完書洨長說文迭相師祖其外寖闇也五經異義晉於廢缺之餘淮南記上櫻於屛亂之末𣃼傳許君舊詁殽入涿郡亦复不尟歲月緜曖因而仍之然皆冊徵引二家岐劉孝邈好爲淮南之學剌取古說剖判異同尋其分珠邳張隆恉猷取宋蘇氏之說與近人儀顧堂觧不牟而合好學博聞兩賢一軌九亞若擩搌蹈精推測底壔南閣之義賴以不墜獻竊謂二家之注𡗗峙漢季𣃼去不遠當聞妙諦宜於異中求同不宜同中見異孝邈篤於學此書而外尚有淮南音參諠正若干卷臮鄭氏易疏合疋漢注述五經異義通疏箋說文古讀攷諸書雖未卒業於許鄭之學捋然可觀扶𨻶匡敚獨有千古當世好學非孝邈其誰与歸杭州譚獻

淮南道藏本較通行本爲楙密而踳駁尤甚方琦讀而病之許高二注（遂爲淮南鬻□一書）竝出東漢洨長詁記說尤古樸濮令之注雖祖南郡要非其匹也已巳之歲閒居寥事繙帙羣冊剌取許氏之逸說香爲一袠舊傳道藏本有許注羼入相沿累代曷能甄析嘗疑原道以次十三篇多許原道俶眞天文墬形時則覽冥精神繆稱以次八篇多略繆稱齊俗道應詮言兵略人閒本經主術氾論說林說山脩務泰族要略許者當是許高注雜略者必係一家之言解故簡塙尤近許氏後讀宋蘇魏公文集內有校■淮南子題敘略云是書有後漢時太尉祭酒許慎東郡濮陽令高誘二家之注隨唐目錄皆別傳行今校崇文舊書與蜀川印本臣某家書凡七部竝題曰淮南子二注相參不复可辨惟集賢本卷末前賢題載云許標其首皆是閒詁鴻烈之下謂之記上

淮南許高二注異同攷序　一

開元占經屢引淮南閒詁皆許氏說卅條在記上後仿此

道藏原道俶真天文地形此都時則主術人間皆有上下卷詮在繆稱為上下非分卷注

琦案王氏漢藝文志攷証云許慎注淮（慎）高題卷首皆謂之鴻烈解（呂覽高誘叙云誘作淮南孝經解）
曰閒詁其注曰記上（晁公武郡齋讀書志謂許慎注標其首皆曰閒詁次曰淮南鴻烈自名注曰記上）
至解經之下曰高氏注每篇下皆曰訓又分數篇為上下呂此為異崇
文總目亦如此云又謂高氏注更詳於許氏本書文句亦有小異臣某
據文推次并見端緒（頗）高注篇名皆有故曰因以題篇之語其閒奇字
并載音讀許于篇下麤論大意卷內或有段階用字呂周為舟以楯（在後頁上）
為循呂而為如呂恬為惔如是非一又其詳畧不同誠如總目之說
互相攷證去其重複共畢高注十三篇許注十八篇云云此与方琦
舊說適相脗合原道呂次十三篇皆有故曰因以題篇等字高注本
也繆稱以次八篇皆無故曰因呂題篇等字許注本也家取舊輯許
氏逸注比而勘之原道（淡）十三篇許注与高注文義多異繆稱呂次八

陳今此七本皆有高氏訓叙題卷仍各不同或於解經下云許慎記上或于閒詁上云高氏或但云鴻烈解或不言高氏注或以人閒篇為第七或以精神篇為第十八參差不齊非復舊時之體

篇許注與今注文義多同其異者正見二注之並參其同者益見許注之不謬況隋書經籍志淮南子載許慎注二十一卷高誘注二十一卷舊唐書載淮南商詁二十一卷（商詁迺間詁之譌不言許慎注明矣致文）高誘注二十一卷新唐書所載卷目都合（新唐書直云許慎注二十一卷不云商詁知舊唐書無許慎注三字）（乃佚文也）惟宋史藝文志載許慎注二十一卷高誘注十三卷今原道以次有題篇者適十三篇意者北宋時高注僅存此數與蘇魏公高注尋十三篇之說如出一揆至云許注二十一卷乃合高注而言之宋蘇魏公云互相攷證去其重複共得高注十三篇許注十八篇十字疑衍文蓋高注十三篇許注八篇正合二十一篇之數故云去其重複否則八篇即繆稱以次無題篇之字者十篇注已淆入高注中知高注篇內三篇中不可復識矣宋時安得有許注全本宋史誤也必雜附許氏殘注故宋本及道藏本並題為漢太尉祭酒許慎記上

錢溉亭曰宋時安畀復有許注大抵許注既佚宋人務以零落僅存者羼入高注遂題許慎之名又云正統道藏本即宋時羼入之本校通行高注增十三四其間當有許注是而繆稱已下八篇全卷高注斯盡存許氏說故注獸簡貲并卷暫山因以題篇等字方琦又讀宋本淮南其繆稱篇題首有淮南鴻烈閒詁於要略篇亦題閒詁二字閒詁許注本也知繆稱至要略八篇塙爲許注舊本卷疑而前人志別之苦心不絶如縷矣今古沈惑釐柳剖晰所望同志信吕傳信即一書中有文義互異者正見許高之判如繆稱篇無題篇字爲許注本之紂爲象箸而箕子嘰與說山訓有題篇字爲高注本之紂爲象箸而箕子唏異也詮言篇無題篇字爲許注本之猨狖之捷來措繆稱篇同與說林訓有題篇字爲高注本之猨狖之捷來作異也詮言篇許注本之羿死於桃棓注訓棓爲大杖與說山訓高注本之羿死桃部注訓桃部地名

誘自敘云比方其事爲之注解悉載本文並舉音讀故十三篇中音讀畢詳而許注八篇音讀闕案溫渢之別不言可知

異也道應篇無題篇字為許注本之孔子文勁杓國門之關与主術訓有題篇字為高注本之孔子之通力招城關異也道應篇本許注之周鼎著倕使齕其指与本經訓有題篇字乃高注本之周鼎著倕使銜其指異也脩務訓有題篇字為高注本純鈎魚腸之始下型与齊俗篇無題篇字為許注本之作淳均異也覽冥訓有題篇字為高注本之上契黄壚与兵略篇本許注之作黄壚異也後人不知八篇十三篇之分動有疑其互異者其未經竄改亦尠矣舉數事以為左證其它又有可攷者如原道訓三仞之城下注云八尺曰仞而覽冥訓注作七尺曰仞以說文仞伸臂一尋八尺推之知云八尺者乃許注矣墬形訓百果所生下注云在木曰果在地曰蓏而時則訓注作有核曰果無核曰蓏以說文在木曰果在艸曰蓏推之知云在木在地者

原道訓高注之京臺与道應訓許注本之作張臺異也原道訓高注本之六瑩与齊俗訓許注本之作六英異也氾論訓高注本之淄澠与道應訓許注本之作菑澠異也人間訓許注本之提挈与脩務訓高注本之作攫掇異也脩務訓高注本之浚江疏河与泰族訓許注本之決江濬河異也齊俗訓許注之隅眥之削与本經訓高注本之陽[illegible]削異也

乃許注矣又注中有言某或作某者有言一曰某某者多爲許說如原道訓昔者馮夷大丙之御也高注云夷或作遲丙或作白而文選七發引許注正作馮遲太白河伯也俶真訓騎飛廉而從敦圄高注敦圄似虎而小一曰仙人名而史記索隱引許注正作涫圄仙人也氾論訓段干木晉國之大駔高注駔驕怚一曰駔市儈也而御覽引許注正作駔市儈也俶真訓谿子之弩高注谿子爲弩所出國名也或曰谿子蠻夷也以柘桑爲弩而史記索隱引許注正作南方谿子蠻夷出柘弩及竹弩也又如詩經正義引許注楚人謂寡婦曰霜文選注引許注楚人謂水暴溢曰瀿列子釋文引許注楚人謂袍曰裋衆經音義引許注楚人謂柱磶曰礎知二十一篇中引楚人謂某曰

某者多是許注矣呂是類索古誼蓋出至若當時許本必与今本文

義互有異同如文選注引畦相連也璐美玉也裝束也猥總凡也皆

指爲許注淮南之說一見再見信而可徵而擅究本書殆或多變易可傳屬即

近攷史傳志注及古冊徵引与今本縣區者多爲許氏義矣蓋今時

唐人引淮南之注 開元占經 意林 羣書治要 等書 皆為許本故与今高本雖豐異後人不知遂目贋說也

淮南之本迭經變竄多至于此攷淮南之注傳者惟許高二家 閒經輯本

謂延篤亦有淮南注引嵇康養生論一事不知隨志載漢延篤有戰

國策音義一書豫章一事即出于此引書家多以類從實非淮南注也

惟後漢馬融傳言融曾爲淮南注隨志不録書已早逸然高誘之師

爲盧植植之師即爲馬融誘自序云從故侍中同縣盧君受其句讀

誦舉大義是高誘當親見馬氏注本承用師說必多相合故與許氏

注說亦不甚異遠也況高出漢季去許未遠所云深思先師之訓即指

淮南許高二注異同攷序　四

馬氏注本故音訓之詳碻非魏晉已後可隸今必別白同異無繇許注久湮後人尠知精討疑信相乘古解日替如劉盧泉以爲許慎記上而高氏爲之注標題進星疑高誘許氏並無注又如南宋以後諸儒引高誘使南閣舊義踳駁羼亂於高氏注中亦非注皆誤稱爲許注之類是也高氏所安也故爲異同攷二卷方琦復欲著淮南許注八篇存疑證一書以輯存其賸義參之說文日信其附采之文傳志注所引以申其誼汔未卒業頻年㥯患舊徵疏落先出此書召質同學略傅徵据特取照記譪簡絲數米煩而不殫審穪奓不受鴻烈之議也同治辛未夏日會稽陶方琦自叙

乙亥仲春再讎一周當繕書清本

甲戌夏日又校刪一過

淮南許高二注異同攷上卷

陶方琦述

原道訓　序目有因以題篇語乃高注本也與舊輯許氏殘注本校之說多異

夫道者覆天載地

許注地麗也　爾疋釋文釋地序目

方琦按高氏注易曰百穀艸木麗乎土釋文引王肅作麗乎地

說文麗附著也楊泉物理論地著也

案說文薦席字下云草木生著土　蓺蘭注

夫道含吐陰陽而章三光　高本作含橫四維而含陰陽紘宇宙而章三光

許注三光日月星也　文選潘岳西征賦注　又司馬彪贈山濤詩注

高注三光日月星

方琦案文選注所引[redacted]（文子道原作含陰吐陽而章三光与）舍[redacted]許本日月星之說高氏亦承用舊訓（像用舊訓）

先師舊訓故与許同賈逵國語注曰三光日月星也（文選注張是詩）

亦用師說淮南訓（故高与許同）（有題篇字爲高注本）上亂三光之明高注三光日月星

表也多一表字

泰古二皇

許注庖羲神農（御覽七十七）

高注二皇伏羲神農也指說陰陽故不言三也

方琦案此高氏亦承用舊訓故与許同說文𡗣字下云讀若虙

羲氏（𧰼）𧰼字下云讀若虙羲氏之虙尚書序釋文伏古文作虙易

繫辭古者庖犧氏之王天下也釋文引孟喜本作伏許易用孟

案易包犧氏釋文包本又作庖孟京作伏

案史記五帝本紀注作虙犧

氏故作虙也气御覽引庖羲乃虙羲之譌庖虙字形相似覽冥訓猶未及

繹稱訓昔二皇鳳至于庭公輸御覽九百十五引許注二皇虙羲神農與此注同

虙羲氏之道也亦作虙東京賦薛注二皇伏羲神農也 亦作伏羲神農為二皇

周而復帀 此條未審可從刪

許本周作舟宋蘇頌校正淮南子序

方琦案蘇氏叙云許於卷内多有假借用字以周為舟以楯為

循以恬為惔以而為如如是非一蓋親見許氏注本作舟今高

本作周說文勹部匊帀徧也从勹舟聲淮南云周而復帀正應

作舟作舟者又匊之省文周禮考工記作舟以行水故書舟為周鄭司農云周當為舟

案文廟碑舟而隸釋云舟為周隹韻匊通作舟

又周禮考工記作舟以行水故書舟作周鄭司農云周當為舟

婦人不孀

許注楚人謂寡婦曰霜詩桃夭正義

高注寡婦曰孀也

方琦案正義所引許君之說知即此注也如俶眞訓許注楚人謂水暴溢曰瀿文選江賦引覽冥訓許注楚人謂袍曰裋列子釋文引之例高徵許舊說故似同惟脩務訓有題篇字為高注本以養孤孀高注雒家謂寡婦曰孀婦高誘東人故稱雒呂覽注亦時稱雒家與許稱楚人異說知二十一篇內稱楚人者多係許注矣許注孀作霜用假借字御覽八十二及八十三引以養孤霜正作霜亦是許本

昝馮遲太白之御六雲霓遊微霧騖忽荒文選注引文者馮夷大丙之御也乘雷車入雲霓遊微霧騖怳忽高本作昔

許注馮遲大白河伯也文選枚乘七發注

此本漢書地理志右扶風有郁夷
縣師古注引韓詩作周道郁遲
韓詩作郁夷

[redacted]

高注夷或作遲兩或作白皆古之得道能御陰陽者也
方琦案高注中云或作者即是許說此許高注文之異也原道
訓為高注本故與許說多異其偶同者非承用舊訓即屬羼入之
故也古夷遲通詩周道倭遲韓詩作委夷齊俗訓為許注本無題篇字馮
夷得道以潛大川許注馮夷河伯也華陰潼鄉隄首里人服八
石得水仙此夷亦應作遲後人因高本改耳文選劉孝標廣絕
交論注引淮南昔者馮遲大丙之御也亦作遲莊子秋水篇釋
文河伯一名馮遲顏籀匡謬正俗八云古遲夷通用淮南說馮
夷河伯乃為遲師古所云淮南說即許說也兩或作白者廣雅
釋蟲白魚蛃魚也王氏疏證謂白與兩聲之轉引淮南兩或作

白為證枚乘七發六駕蛟龍附從太白知太白為河伯乃古說

賊星不行

許注五行星逆行謂之賊星也 御覽七十七

高注賊星妖星也

方琦案此與上文泰古二皇許注連引㩁為許說故與高注異也京氏易有五星占五星為歲星熒惑太白鎮星辰星也逆行即京氏所謂失度也漢書天文志五星所行合散犯守陵歷鬭食晉五星逆則彗孛飛流孟康曰五星有變則其精散為妖星也

漢書天文志云歲緩則不行急則過分逆則占熒惑緩則不出急則過分不入逆則占填緩則不建急則過舍逆則占太白緩則不出急則不入逆則占辰緩則不出急則不入非時則占五星不失行則年穀豐昌又曰天下太平五星循度亡有逆行

勁策利鍛 今高本作錣誤文

許注錣馬策端有利鍼所以刺不前也 列子釋文

高注錣策末之箴也 此依劉本正今莊本作末世之御誤文也 道藏作末之箴也箴乃箴之譌

方琦按高與許說同然注文異也說文竹部𥲅羊車騶箠也著箴 箴即鍼 其端長半分又作鏊字下云羊箠也端有鐵 鐵當是鍼 玉篇𥫱或作錣說文無錣即鏊字也道應訓無題篇字 乃許注本 倒杖策錣上貫頤許注箠馬檛端有鍼以刺馬謂之錣脩務又御覽七百四十六引淮南脩務訓良馬不待冊錣而行許注錣策端有鐵也 亦應作鍼 皆與此說同 氾論訓有題篇字為高注本 是猶無鏑銜橛策錣而御馯馬也 高注錣檛頭箴

廣韻十五鎋錣字下策端有鐵即引許注 [illegible]

恬然無思 見後可刪

許本恬作恔 宋蘇頌校正淮南子叙

方琦按蘇氏云許于卷內多有假借用字此其一也說文人部

案韻會憺或作惔莊子恬惔無為

惔安也从心炎聲又恬亦云安也許注淮南當作惔然惔假惔

為之元應一切經音義引倉頡文惔恬也許作惔用假借字

惔惔義同

澹然無慮 本經注

許注澹猶足也 文選謝靈運石壁精舍還湖中詩

方琦按高無注齊俗訓無顯篇字為許注本 智伯有三晉而欲不澹許注

澹足也此澹即恬憺字曰猶足者假贍字之義耳澹古贍字又

通詹呂氏春秋適音篇音不充則不詹高注詹足也讀如澹然

無為之澹是亦用許義

陰陽為騶乘雲陵霄與造化俱 御覽引文

許注霄其霧 御覽八

集韻會霄霄今人所謂濕雪也著物則消是霄有消義

莊子天下篇無端崖之辭

高注霄讀同消息之消

方琦桉霄其霧三字譌敓文古字其作亓雲作云故雲譌為其霧乃誤字當是霄雲也玉篇霄雲气也後漢書張衡傳注霄雲也人閒訓無顯篇字䨻摩赤霄許注赤霄飞雲也或是霄雲也一作霧俶務訓乘雲陵霧是其證

為許注本

出於無垠鄂之門 文選注引文作出於無垠之門 高本

許注垠鍔端崖也 文選張衡西京賦注 張景陽七命注

高注無垠無形狀也

方琦案高注作無垠与許引原文亦異御覽五十五引高誘注曰無垠鄂無形之皃也 衆經音義七引說文作地圻咢也 今高本作無垠亦係譌敓說文土部垠地無垠[illegible]也 岸也崖也形訓岸下云多礁 覽七百四十引作崖下云多礁 楚辭王注垠岸崖也

鄂同聲互文鄂即鄂即垠也

案前會鍔字下說文作鄂通　去

作咢今作鍔

天文訓氣有涯垠（宋本作鄂壞字）垠通沂漢書晉灼注沂厓也鄂即說文刀部之剾字然應作鄂李善引淮南正文作鄂而引注作鍔摧為誤字文選甘泉賦注鄂垠鄂也（七命注引許注作堮）（景福殿賦注同）又作堮（假真訓未有形埒垠堮）又通咢張衡傳注垠咢也又同堮文選西京賦注（堮）（莊子天下篇無端崖之辭許說本此）堮鍔朐注引文字集略堮垠也（通俗文山叡重巘曰隄隄即堮字也）

陗法刻刑（文選注引文本作峭法刻誅）

許注陗峻也文選潘岳西征賦注（高）羣書治要四十一

方琦按高與注今高本刑作誅亦與許本異說文𨸏部陗陵也（陖𨸏部說文作陖）與注淮南同魏徵羣書治要引舊注峭峻之為許注也

獸蹏實而走

許注蹠蹈也 文選傅毅舞賦 宋玉高唐賦注

高注蹠足也

方琦桉二家注文異[redacted]高二注一 舞賦引許注作蹈說文足

部蹈踐也又蹋踐也俗字作蹈蹋蹋連文而同訓則此蹋字乃

蹈字之譌 脩務訓脩頸篇字乃誤注本蹠達膝高注蹠足也与此注同

精通於靈府

許注人心以上氣所往來也 莊子釋文

方琦案高無注莊子釋文引郭象注靈臺心也心有靈气能主

持也俶真訓知者心之府也

越王翳逃巫山穴

許注翳越王之太子[illegible]

巫山之穴中[redacted]

高注翳越太子也賢不欲為王逃于

山穴之中

方琦案二家注文異此事見莊

子讓王篇[redacted]作王子搜越世家不

載惟王公翳翁出王翳是也索隱並

作丹穴許作巫山之穴与高本異也

巫山在會稽巫縣俶真訓巫山

之上高注巫山在南郡

昔共工之力觸不周之山使地東南傾与高辛爭為帝 文選注引文

許注昔共工古諸侯之强者也不周之山西北之山也文選劉孝標辨命論注

高注共工以水行霸于伏羲神農間者也非堯時共工也不周山昆侖西北

方琦案二家注文異史記三皇本紀言諸侯有共工氏任智刑以强霸而不王以水乘木乃與祝融戰不勝而怒乃頭觸不周山崩天柱折地維缺列子潛夫論引皆有怒字高本無怒字應補離騷路不周以左轉王注不周山名在昆侖西北郝氏懿行山海經箋疏云王逸[redacted]高誘[redacted]注云不周山在昆侖西北非也依此經乃在昆侖東南攷西[redacted]次三經又西北三百七十里曰不周之

山然非指言昆侖西北許注西北之山不專指昆侖是也列子湯問篇張注不周山在西北之極与許說合

朞年而漁者爭處湍瀨

許注湍水行疾也文選張衡南都賦注張協七命注馬融長笛賦注

高注湍瀨水淺流急少魚之處也

方琦案二家注說同而文異說文水部湍疾瀨也湍訓為疾与注淮南同史記河渠書集解引韋昭曰湍疾也地形訓有題篇字為高注本高注湍急流

御覽八十二引淮南爭處湍瀨文注云湍疾瀨淺湍訓為疾當是許注約文

悍水也說山訓[illegible]然訓為急

閒經輯本有苗車中蓐也一條係李善注西征賦文非許君注也蓋連林藂杖也而誤特芟去

南遊江潯文選注引文　高本作故雖遊于江潯海裔

許注潯水涯也（文選郭璞江賦注　謝莊宋孝武宣貴妃誄注　沈約應詔樂遊苑詩注）

高注潯厓也

方琦案此許注羼入高注本者［高誘用舊訓故因許注多一水字］涯即厓（說文有厓無涯介疋釋水滸水厓字或作涯也）故謝莊宣貴妃誄注引許注亦作潯涯也說文水部潯水旁深也（水旁即水涯廣雅釋詁厓方也方旁古字通）亦有水字字林潯水涯也（文選七發注引）即本許君淮南注

激軫之音（文選注引文　高本作耳聽滔朗奇麗激抮之音）

許注軫轉也（一切經音義十七　文選枚乘七發注　王元長永明十一年策秀才文注）

高注抮轉

方琦案軫抮同訓義相連屬［文異而轉同］或高承用許注而異其文與說文

糸部 紾轉也 許注當是紾字 原道訓有題篇字爲高注本以紾訓轉亦同許說 蟠委錯紾 高注

揚鄭衛之皓樂 文選注引文高本作浩樂

許注 鄭衛新聲所出國也 皓樂善倡也 文選枚乘七發注

高注 鄭聲鄭會晉平公說新聲使師延當作涓爲桑間濮上之樂

濮在衛地故曰鄭衛之浩樂也

方琦按 二家注文異 皓浩同字 孟子浩然劉注作晧然 七發揚鄭衛之皓樂 正同許本 說文人部倡樂也 楚辭陳竽瑟兮浩唱 浩故許注曰善倡也

案皓通皞 自楚辭歷太皓以爲轉注郭 皞也 說文暤字下云暤旰也 徐曰日轉高暤旰盛也 增韻盛大也 廣韻盖大也 是皓有善義也

案皓通顥 高小字晧亦作𠥻顥 廣韻顥大也 又善大也 是晧有善義 曰四顥見廣韻顥字下注

此齊民所以淫泆流湎

許注 齊等之民也 莊子釋文

高注齊于凡民故曰齊民

方琦案二家注文異莊子下以化齊民李注齊等也漢書編戶齊民如淳曰齊等也無有貴賤謂之齊民

而彷徨乎山岬之旁 水經河水注引文 高本作山峽之旁 而彷徉乎

許注岬山旁 文選左思吳都賦注 水經河水注

高注兩山之閒曰峽

方琦案二家注文義俱異水經注引淮南子曰彷徨乎山岬之旁注曰岬山脅 山脅即山旁廣雅釋詁脅即是許注玉篇岬山旁也 方也 方旁古字通 [redacted] 亦作㟁 廣韻㟁山側也皆本許注淮南說 集韻岬古作㟁 切 許愼說作岬 高本作峽 說故是異說 許義爲長

漢書地理志注師古曰陝兩山之閒也即用高說陝峽同

俶眞訓 叙目有因以題篇字乃高注本也
與舊輯許氏殘注本較之說多異

欲與物接而未成兆朕 文選注引文

許注 朕兆也 文選魏都賦注

高注 兆朕形怪也

方琦按二家注文異詮言訓 無題篇字
乃許注本
注朕兆也正與此注同

莊子齊物論釋文引李注朕兆也鬼谷抵巇巇始有隙（朕）陶注朕

者隙之將兆謂其微也

物豈可謂無大揚攉乎

許注 揚攉粗略也 文選左思蜀都賦注 郭璞江賦注 陸機（莊）
釋吳趨行 莊子釋文

高注 揚權無慮大數名也

方琦按二家注文異許本作攡與説文同許注粗畧即大畧是解大揚攡之義漢書叙傳揚攡古今猶言約畧古今文選魏都賦注引許注作㩉揚攡畧也多一攡字亦一粗字又陸機吳趨行注引許注作商攡粗畧也乃李善誤承吳趨行商攡詩語遂以揚爲商耳莊子釋文引許注作揚㩉粗畧法度無也字多法度二字當从蜀都賦及江賦引説吳都賦劉逵注㩉粗畧即用許

含哺而興一切經音義引文 高本作含哺而遊

許注哺口中嚼食也一切經音義卷一卷九卷十三卷十四引

方琦按高無注許本作興與高本作遊亦異説文哺哺咀也口中嚼食依文龍釋文引補元應引字林哺咀食也又引嚼咀也説文噍或作嚼齧也漢書轂

目覩玉輅琬象之狀
許本以作璐美玉也 文選雪賦注引
高注玉輅王者所乘琬琰象牙之飾
方琦按許本當作璐 玉璐琬象皆飾也文選注引無可附屬
當是此注正見二本之異
說文璐玉也楚詞王注璐美玉也

飯吐哺注哺口中所含食也

耳聽白雪清角之聲

許注清角弦急其聲清也 文選南都賦注引

高注清角商聲也

方琦按二家注文異韓非十過平公曰音莫悲於清徵乎師曠曰不如清角蔡邕月令章句凡絃急則清緩則濁說文綧弦急之聲也

管子曰凡聽角如雉登木以鳴音疾以清

譬若鍾山之玉

許注鍾山北陸無日之地出美玉 文選嵇康琴賦注 任昉為范尚書吏部封侯第一表注

高注鍾山崑崙也

方琦按二家注文異西山經西次三經又西北四百二十里曰

鍾山又云黃帝乃取崟山之玉榮而投之鍾山之陰山北曰陰郭注以為玉種故許注云出美玉海山北經鍾山之神名燭陰即淮南之燭龍地形訓曰燭龍在鴈門北蔽於委羽之山不見日是鍾山即雁門以北大山也故許注云北陰無日之地

猶條風之時灑也

許注灑猶汛也文選陸機演連珠注

高注麗過也

方琦按二家注文義俱異許本作灑與高本作麗正文亦異說文灑汛也與注淮南同元應引通俗文以水撒塵曰灑文選張華答何劭詩注引淮南猶條風之時灑即許本

神遊魏闕之下 高本作魏闕

許注天子兩觀也 莊子釋文 一曰魏闕王之闕也 文選陸機弔魏武文注

高注魏闕王者門外闕所以縣教象之書於象魏也巍巍高大故曰魏闕言眞人雖在遠方心存王也一曰心下巨闕神内守也

方琦按二注文異高注前一說與文選注所引許注相同當是許說竄入高注文選莊子釋文引乃約文也 高注内作兩觀 許曰 異

淮南作魏是許本司馬注莊子同作魏亦魏讀曰巍象魏觀闕人君門也言心存榮貴正括許義 山海經魏山或作隗山說文隗隗隗也隗隗即崔巍故西山經魏山郭注魏音巍高注以魏訓巍是巍魏三字音義並通 張衡西京賦建象魏之兩觀注象魏闕也一曰觀也 桓三年穀梁傳注闕内觀也 水經穀水注引白虎通義闕者所以飾門別尊卑也許注曰天子曰王皆尊

公羊孫炎注宮門雙闕者象治象使民觀之故謂之觀

者之辭[redacted]

見後可刪

○○引楯萬物

許本楯作循　宋蘇魏公頌校正淮南子序

方琦按蘇氏云許注卷內多有假借用字以楯為循亦假借字也

楯當作揗說文手部揗摩也又彳部循順也　廣雅釋詁揗循也　揗可假

循漢書李陵傳數數自循其刀環注謂摩順也摩順義即揗而

字作循古字多用假借人間訓為許注本無題篇字中山國亨其子而遺

之羹與其首樂羊循而泣之循亦揗字摩義之借又是許注楯作

循之證

肝膽胡越

許注胡在北方越在南方　文選蘇子卿古詩注　曹植求通親親表注

高注肝膽論近胡越論遠

方琦桉二注文異　蘇子卿古詩注引作越居南方居應作在　曹植親親表注引正作在　莊子德充符作肝膽楚越　沈約捨身願疏作燕肝　趙膽新序作肝膽秦越

鏤之以剞劂

許注剞劂曲刀也　文選魏都賦注

高注剞巧工鉤刀也劂者規度刺畫墨邊箋也

方琦桉二注文異說文剞劂曲刀也與淮南注正同淮南劂應作劂　韓集送文暢師北遊詩注引淮南鏤之剞劂注剞劂曲刀也此即許注字作劂　應劭曰剞曲刀劂

曲鑿　說[illegible]　與高注本經訓[illegible]同

文選注哀時命剞劂刻鏤刀也亦以剞劂為一物　廣雅剞劂刀也

騎蜚龍從敦圄（高本作騎蜚廉而從敦圄）索隱引文兮

許注敦圄仙人名也 史記索隱二十六

高注敦圄似虎而小一曰仙人名也

方琦按二注文義俱異高注中一曰乃許氏說私穢地形訓夸父弃其策（如氾論訓跂乎木囷之大融高注融騎恒一曰融市儈也而御覽引許注正作融市儈也之例）

高注夸父神獸也一曰仙人也與此同亦疑是許說 羽獵賦靈圉燕於閒觀集解引郭璞

注靈圉淳圉仙人名也即用許氏淮南注

嬴蠉痟蠋睆 高本作蠉痟蝸睆（御覽引文兮）

許注嬴鮒螺也蠉細長螺也 御覽九百四十一 蠋睆目内白翳

病也 御覽九百四十一 一切經音義卷五 又十七 又

二十

高注螻嬴蠡薄嬴蝸睆目疾也

方琦按二注文異許本作蠃螷蝓蠋睆（鄧覽引許注淮南正文如是）与高
本正文並異惟御覽引作蠋睆目内病睆乃睆字之譌又攷去
白鷖二字衆經音義五及十七引許注又攷去蠋字卷二十引
有蠋（蠋字）鮒螺當作蚹螺（蠃）介足釋魚蚹蠃螔蝓說文蠃一曰虒蝓蚹
蠃[redacted]（聲同）蒲蠃吳語其民必移就蒲蠃於東海之濱是也又轉作僕
纍（即蟆螺）見中山經（高注薄蠃即本此或蒲蠃之轉聲）郭注（介足）蚹蠃即蝸牛也（郭注云）廣雅蠡蠃
蝸牛螔蝓也說文蝸蠃也本艸云蛞蝓一名陵蠡（古今注作陵螺）別錄
云一名附蝸附蝸即蚹螺也說文無蠯字方言蚰蜒或謂之蛝
蠯廣雅（蛝）蠯蚰蜒也蓋蚹蠃（有殼）与蠯皆無殼（蠯細長如螺形兹）居旱非水中之螺天雨
即出俗猶以其涎清涼可愈熱毒故名隱居別錄曰蝸籬味甘無

毒主燭館明目生 江夏螺籬即蠡甗蠼燭館即燭睆

擢德攓性

許注擢引也 文選陸雲為顧彥先贈婦詩注 曹植七啟注 華嚴經音義上

高注擢取也

方琦按二注文異說文擢引也与注淮南同廣雅擢引也

莫鑒于流瀷而鑒于澄水 文選高本注引文 高本作人莫鑒于流沫而鑒于止水

許注楚人謂水暴溢曰瀷 文選郭璞江賦注

高注沫雨潦上沫起覆甌也 當是流潦雨潦上流起覆甌 潦或作沭与沫相似

方琦按二家注文異 義須 許本作流瀷与高本正文亦異下文樹木 高本流沫當作流潦

者瀷以瀷水注瀷或作潦御覽七百二十引高注正作潦水是 瀷以

說山訓 有題高字 另高注本 人莫鑒于沫雨而鑒于澄水[redacted]注沫雨或作流潦

作瀿者許氏本作潦者高氏本也玉篇瀿水暴溢也波也即本許氏淮南注說文無瀿字有𤅊字𤅊泉水也疑當作瀿說文云瀿大波也

足蹀陽阿之舞

許注蹀蹈也文選南都賦注

方琦按高無注文選注十六引淮南曰足蹀陽阿之舞高注陽阿古之名倡也是高本作躡與許作蹀微異聲類魏都賦引蹀躡也

說文躡蹈也蹀說文作𨅝廣雅釋詁一蹀蹈履也

主術訓高注足躡郊兔偏覺三百今六引作足蹀狡兔是許本作蹀二證

逵鳥鍛羽走獸廢足高本作飛鳥鍛翼走獸擠腳

許注鍛羽鍛羽也文選蜀都賦注顏延年五君詠注謝宣城答謝靈運詩注江淹雜體詩注劉孝標辨命論注一切經音義卷五

高注故飛鳥折翼走獸毀脚無不被害也

方琦櫻二注文異高注以折訓鍛義與許亦類覽冥訓有題高字為高注本

琦按鍛或通作殺周禮救獄其君則殘之注殘殺也此鍛訓殘或義得相通

高注作鍛翼從翼也鍛訓為殘𣦼應作𣦼說文𣦼禽獸所食餘也字亦作殘蜀都賦注引許注作鍛殘也殺二羽也一切經音義引許注作鍛羽而飛當以辨命論注君詠所引

夫歷陽之都一夕反而為湖

許注歷陽淮南縣也有人告歷陽母曰見城門有血則走無顧此後門吏有故以血塗門母便上北山縣沒為湖中母邀化作魚也覽林

高注歷陽淮南國之縣名今屬江都昔有老嫗常行仁義有二諸生過之謂曰此國當沒為湖謂嫗視東門閫有血便走上北山勿顧也自此嫗數往視門閫閽者問之嫗對如是其暮門吏故殺雞血塗門閫明旦老

谿子之弩

二許注南方谿子蠻夷柘弩皆善材也史記集解一百十九史記索隱十八文選潘岳閒居賦注御覽三百四十八

高注谿子為弩所出國名也或曰谿子蠻夷也以柘桑為弩因曰谿子之弩也

據平往視以見共伎上北山圖謢為
湖与注異言共市適二箱与一夕
日為為湖也
方琦按意林所引盡出許注
祇下椓杖李奇二條並確此亦
省許異名同化名事更与高
異也

方琦桉二注文異微高注所云或曰即是許說与數園一日仙人
名騶一日市儈同例索隱引作南方㶊子蠻虫柘弩及竹弩引
文小異蜀雅御覽㶊子弩也古史考引御覽烏號以柘枝為之柘
桑其材堅勁可為弩

越舼蜀艇 高本作越舲蜀艇

許注舼小船艇大船皆一木 御覽三百四十八

高注舲小船也蜀艇一版之舟若今豫章是也

方琦桉此因上南方㶊子蠻連引定為許注許本作舼与高本
作舲亦異廣雅舼艇船也玉篇舼小船也即本許義 方言注 楪即長舼也
故御覽引淮南舊 御覽七百七十一亦引作越舼蜀艇後漢書
音作舼渠容反

意林引作越舼蜀艇
書類聚舟部亦引為
齒舼蜀艇傳並云鄰用
越舼 [illegible] 許本文

馬融傳連舼舟李賢注引淮南越舼蜀艇並許本也方言南楚江湘之間小艒艑謂之艇釋名二百斛以下曰艇其形徑挺一二人所乘行也小尒疋小船謂之艇玉篇艇小船也無訓為大船者然高注一版之舟與許注一木義亦相類是訓蜀為一也方言一南楚謂之蜀廣雅一蜀弌也漢宮殿疏御覽引漢武帝于昆明池作豫章大船高注云若今豫章是亦以艇作大船乃承用許義

天文訓序目有因以題篇字此高注本也與所輯許氏殫注輕之說多異

火氣之精者為日

許注日者火也開元占經二十三

方傳按占經引作淮南[redacted]閒詁云閒詁乃許注本也故高本無注

日者陽之主也是故春夏則羣獸除

許注除角初學記一 閒詁韓本道也孝舉[illegible]而許識非

高注除先毛墮也

方琦案此條乃初學記連正文而引惟除角二字為許注也然除

孫氏閱後轉本連正文並引為許注非也

角當作除毛

日至而麋鹿解

許注解角 御覽九百四十一

高注日冬至而麋角解日夏至而鹿角解

方琦按觀此條許注知初學記引除角二字為許注無疑許注

質而高注詳 說文鹿部冬至麋角解夏至麋角解

月死而螺蚌瘷 御覽引文 高本作蠃蛖膲

許注瘷減縮蹴也 御覽九百四十一

高注膲肉不滿

[redacted] 說文縮一曰蹴也則減蹴即減縮

方琦按二注文異廣雅瘷縮也縮即減蹴義通俗文縮小曰瘷

皺不申曰縮 肉字當作秋說文揫束也通作揫呂氏春秋 以揫 御覽引

月望晦則蚌螺蛤虛羣陰虧

太平廣記一百六十一引許注本亦作熯而為火又引許注皆五石之精陽燧圓以仰日得火

陽燧見日則燥而為火 高本作燃 高為火 華嚴音義引作

許注陽燧五石之銅精 圓而 依廣記加 仰日則得火 華嚴音義上 太平廣記一百六十一

高注陽燧金也取金杯無緣者熟摩令熱日中時以當日下以

艾承之則燃得火也

方琦按二注文異說文鑿謂焞火當 說文作鐆云陽鐆也周禮考工

輈人謂之鑒燧之齊注鑒燧取水火 于日月 之器也鄭注論語 唐釋輔行記引

金燧火鏡也論衡率性篇陽燧取火于天五月丙午日中之時銷

燧即說文之鐆字

鍊五石鑄以為器摩礪生光仰以向日則火來至參同契陽燧

以取火非日不生光衆經音義引聲類曰燧取火者也鐩五石之銅精也圓

以仰日即得火即用許氏淮南注藝文類聚火部引舊注曰日高三四丈持以向日燥艾承之寸餘有頃焦吹之即得火与今高注義同而文異[illegible]

太平廣記一百六十一引許注皆五石精作方諸坼而向月得水藝文類聚月類亦引諸珠也方石也為舊注即許注也

方諸見月則津而為水

許注方諸五石之精作圓器似杯仰月則得水也坼而向依廣記加華嚴音義上太平廣記百六十一

諸珠也方石也以銅盤受之下水數升御覽四部續博物志事類賦月藝文類聚

高注方諸陰燧大蛤也熟摩令熱月盛時以向月下則水生

以銅槃受之下水數滴先師說然也

方琦按二注文異高注云以銅槃受之下水數滴与御覽所引

許注說同知所云先師說然先師疑即許氏也蓋古人尊聞之意或云

嵩言先師即盧植以序中曾云從同縣盧君受其句讀琦謂當
是馬融後漢馬融傳言融有淮南注高誘之師為盧植植之師
即為馬融知高注本中必多稱用說文鑑字下一曰鑑諸可以
馬注所云先師或即是馬氏也
取明水於月段氏謂當作一曰鑑方諸也周礼司烜鄭注鑒鏡屬取水者也
世謂之方諸御覽八五十引淮南萬畢術方諸取水注曰方諸形
若杯無耳以五石合冶以十二月在半作之以承水即来与許
說合崔憬易注陽燧与日同有陽氣相感則火生方諸与日同
[redacted]有陰氣相感則水生[redacted]

符子曰鏡以耀明故照人蚌以含精珠故内照曙明故能取火含珠故能下水方諸一名蚌鏡故謂之照鑑

虎嘯而谷風至龍舉而景雲屬
許注虎陰中陽獸与風同類文選劉孝標廣絕交論注御覽九百二十九事類賦風部御龍

高許分列

陽中陰蟲與雲同類　御覽九百二十九

高注虎土物也風木氣也木生于土故虎嘯而谷風至龍水物也故龍舉而景雲屬

方績按二注文異御覽引淮南舊注如此以文選注例之知為許注也春秋元命包御覽引猛虎嘯谷風起類相動也龍之言萌也陰中之陽也故言龍舉而雲興論衡寒溫篇虎嘯而谷風至龍興而景雲屬同氣共類共相招致管輅別傳曰龍者陽精以潛為陰幽靈上通和氣感神二物相扶故能興雲虎者陰精而居于陽依木長嘯動于巽林二氣相感故能運風皆與許說合初學記二引虎嘯谷風曰類為高注此疑以許注為高注也

麒麟鬭則日月蝕 御覽、初學記引文麒麟門而日月食。高本作麒

許注：麒麟，大角之獸，故与月相動。初學記一、類聚日部、御覽四 事

方琦按：高無注。御覽引"日月相動"作"相符"，事類賦引同。又"大角"引或（事類賦）

一作"獨角"。說文：麒，仁獸也，麇身牛尾一角。介足麐，麇身牛尾一角。

春秋感精符曰：麟一角，明海內共一主也。作"獨角"義是。春秋元

命包：麒麟鬭，日無光。宋均曰：麒麟，少陽之精，鬭于地，則日月亦

將爭于上。抱朴清鑒：日月蝕，則識麒麟之共鬭。初學記二十九

及張華博物志並引作"麒麟鬭則日月蝕"，皆同許注本。開元占經引許注本亦作蝕

許君五經異義（公羊疏引）曰：公羊說云：麟者，木精，一角赤目，為火候氣。引作"大角"者

當另行

鯨魚死而彗星出

許注：鯨，海中魚之王也。一切經音義十九、御覽九百三十八

許注：彗，除舊布新也。初學記一

方琦按高無注覽冥訓（有題篇字乃高注本）鯨魚死而彗星出高注云鯨魚大魚長數里死于海邊与許注文敚異說文作鱷云海大魚也字或从京作鯨一切經音義引淮南無海中二字魏武四時食制（御覽引）曰東海有大魚如山長五六里謂之鯨鯢春秋演孔圖海精鯨魚也薛綜西京賦注海中大魚若鯨當从御覽補海中二字

~~彗為除舊布新~~左昭十七年傳彗所以除舊布更新也劉向洪範五行傳彗除穢布新也覽冥訓高注彗星為變異人之害也与許注亦異

奔星墜而勃海決

許注奔星流星也（占經七十四）

高注奔星客星也又作孛星

方琦案二注文異占經引為許慎說云云蓋知二家之本不同也高注云又作孛星孛即奔字之誤

四守者所司賞罰　高本作四宮

許注四守紫宮軒轅咸池天河也　初學記一　御覽六

杜法令則多蟲螟
許注螽蝗生蛑則蟲食心 占經一百十九
高注食心曰螟螽之災也
方琦按二注文徵異 占經引 全上訓方本脫義
許注多能字
東方木也
許注木冒地而生也 占經二十三
方琦按說文木字下云冒地而生東方之行與注淮南說同
其帝太皞
許注天神五帝太皞主東方 占經二十三
高注太皞伏羲氏有天下號也死託祀于東方之帝也
方琦按二注文異義並明 簡時則訓高注盛德在木 高注太皞之神治東方也 亦與許說合
執規而治春
許注規者圓也 占經二十三
方琦按說文圓字下云圜者規也與淮南注說同

高注四宮紫宮軒轅咸池天阿
方琦按二注文同王氏讀南雜志曰上文紫宮太微軒轅咸池四守天阿高注曰皆星名下自解此作四宮乃統括之詞前後不應矛盾若此蓋後人以許注羼入高注中遂至于此王說是也
今高本四宮乃四守之誤天阿當作天河 韓非子天河猶杯隨 志天高西上星名天河
今北堂書鈔及御覽引高注曰天河星名知阿乃河之譌文
正月建寅月從左行十二辰 高注引作多一行字
許注歷十二辰而行 文選謝莊月賦注 占經六十七
方琦按高無注說文越踰也隨行也歷過也 占經作越歷十二辰而行說文歲字下越歷二十八宿越字疑增
秒分而秒定律數十二十二秒而當一分 高本秒作蔈

其佐祝融
許本作祝融
高注云舊說云祝融
方諝按高云舊說即許本也占經引淮南天文閭詁作其佐祝融
確是許本

執衡而治夏
許注衡平也占經[illegible]三十
方諝按高無注衡義同
漢說文準平也

執繩而制四方
許注繩直也占經三十[illegible]
方諝按高無注下文子午卯酉為二繩高注繩直也亦同許說

太陰在四仲
許注太陰謂太歲也占經二十三
高注仲直四中謂太陰在卯酉子午四面之中也
方諝按二注文異實同上文太陰在寅為攝提格爾雅作太歲在寅曰攝提格知太陰即太歲雖太陰太歲之本稱義

許本作秒 說文禾部稱字下
高注禾穗孚甲之芒也讀如詩有貓有虎之貓古文作秒也
方諝按說文所引皆淮南文故與說苑律歷志異也說文秒禾芒也義與高畧同許本淮南多用古文故高注曰古文作秒
所謂古文即許注本 占經作本標注云標禾穗芒也

太陰在寅歲為攝提格
許注太陰謂太歲也 開元占經二十三
方諝按高無注今定太歲在寅曰攝提格此作太陰故知與太歲同周官保章氏鄭注歲謂太歲歲星為陽右行于天太歲為陰左行于地十二歲而小周太陰或作歲陰史記天官書攝提

格歲歲陰左行在寅歲星右行居丑是也廣疋太陰太歲也本

許注淮南說

堪輿行雄以知雌　文選注引文　高本作堪輿徐行雄以音知雌

許注堪天道也輿地道也　文選揚雄甘泉賦注　漢書藝文志注　後漢書王景傳注

方琦高無注揚雄傳張晏注曰堪輿天地總名也藝文志五行家有堪輿金匱十四卷

則歲星行三宿
許注假令歲星在卯
星宿須女虛危故曰三宿
[illegible]注二十二
方琦按高無注

太陰在四鉤
許注四鉤謂丑寅為一
鉤辰巳為一鉤未申為
一鉤戌亥為一鉤
高注丑鉤辰申鉤巳寅
鉤亥未鉤戌說是淺
在四角
方琦按二注文異　即未交丑寅辰巳未申戌亥為四鉤說也

則歲星行二宿
許注假令歲陰在寅
歲星在斗牛故曰二宿
也高注二十三
方琦按高無注

行列宿日無道之國為亂
為賊
許注歲星居民之家与列
宿俱之中國熾威也高注七十四
方琦按高無注
辰星正四時常以二月春分效
奎婁

隆形訓　序目有因以題篇字乃高注本也　与舊輯許注本較之說多異

八殥之外有八紘

許注紘維也　文選歐陽堅石臨終詩注　班固荅賓戲詩注

高注紘維也維落天地而為之表故曰紘也

地形之所載
許注地載也
方琦按今高無注楊泉物理論地著
也說文[illegible]者也萬物[illegible]
字上主[illegible]
地地風[illegible]訓

許注訓見也 左傳五十三
高注訓見
方琦按此許注靡入高注中
者故同誤又無訓字作欬欬
象也
上有目夜上始冠卷維
中
填星以甲寅元始建斗
許注甲寅元始歷起之
年也建斗填星起于牛
也 左傳三十八
方琦按高無注今高本作鎮字
四守者 隱先本
太微垂朱鳥也 今高本無也字
許注朱鳥太微之鄉 左傳六十六
高本作朱雀
方琦按二注異上言其獸
朱鳥高注朱鳥朱雀也似
本文當作朱鳥
冬至發狼之山
許注發狼之山冬至所出也 左傳六十七
高注本作峻狼南極之山
方琦按二注各異而此篇引作日冬
至入縣娘之山蓋許本也
[redacted]夏至牛首之山

方琦按此疑許注靡入高注中與故偶同原道訓有題篇字 許另有用舊詞
宇宙而章三光高注紘綱也若小車蓋四維謂之紘繩之類也 乃高注古紘
或此靡入之說 注又紘綱字作也說在今

上龍致雨

許注湯遭旱作土龍以象雲從龍也 初學記一 御覽十一 白帖二 歲華紀麗注
高注湯遭旱作土龍以象龍雲從龍故致雨也
方琦按此亦疑許說靡入高注本或高承用許說故偶同桓子
新論劉昭續漢志引問求雨所以為土龍者何也曰龍見者輒有風雨
興起以送迎之故緣其象類而為之論衡亂龍篇董仲舒中春秋
之雩謂土龍以招雨其意以雲龍相致易曰雲從龍以類求之
故設土龍許注謂湯時事必係古說說山訓有土龍字乃高注本[redacted]土龍待

之而得食高注土龍致雨文說林訓……

注土龍致雨物也此注亦自作土龍致雨物也

許注牛首東南之山名也 高注牛首北極之山 方按二注大異

天一元始

許注 天一元始爲日月五星之時也 方按五

方按 高注無 天一當作太一 太一紀

七曜俱在營室 也若太陰甲寅太歲 丙子歲星當在星紀何得至營室

燕鴈代飛

許注燕春南而鴈北 文選江淹雜體詩注 御覽九百四十二

高注燕玄鳥也春分而來鴈春分而北鄉漢中也燕秋分而去

鴈秋分而南鄉彭蠡也故曰代飛

方按二注文異御覽引許注作燕春南而鴈秋北文選敘一

秋字義固未足御覽加一鴈字義又未安當是燕春南而秋北

鴈春北而秋南 管子桓公曰鴻雁春北而秋南不失其時 文承相類

日月俱入營室五度

許注日月如連璧五星若貫珠皆右行 方按五

方按 高無注 東壁 許注未

無餘分

許注餘分小分也 方按五

方按 高無注 [illegible] 引淮南 小餘也當作小分是

日行危一度

自西南至東南有裸人國黑齒民 文選注引文

許注毫也方以粗也 呂注五
方按許本義長 有毫
方謂日行有所附
故不可以表郭上度
許注直平也 呂經五
方按高無注說之者乎
也与注說南同
月注右行 下字

太陰在寅歲名攝提格
許注太陰在天為雄歲
星在地為太陰 呂注二十三
方按雄字衍周禮保章
氏鄭注歲星為陽右行
于天太歲為陰左行于地
太陰即太歲故曰在天為
歲星在地為太陰說正同
也
以十二月與之晨出東方東井
與鬼為對
許注東井輿鬼在未斗牽
牛在丑故為對 呂注二十三
方按即四鈎之說
夸父弃其策

許注其民不衣也其氏黑齒也 文選木元虛海賦注
高注其人黑齒食稻啖蛇
方按此許与高同本海外東經之說或許注羼入高注中之其人黑齒
者海外東經黑齒國郭注引東夷傳 即今魏志東夷傳 曰倭國東四十
餘里有裸國裸國東南有黑齒國船行一年可至 今魏志引十作千 王
逸楚辭招魂注黑齒齒牙盡黑 說文羸袒也或从果作裸 齊俗訓
原無題篇字乃許注本 雖之夷狄徒倮之國許注徒倮不衣也与此注同 原
道訓有題篇字乃高注本 從裸國高注裸國在南方又脩務訓有題篇字乃高注本
東至黑齒高注黑齒東方之國

百果所生
許注在木曰果在地曰蓏也 本注
方按此許注原道之高注于

苦斗之神有此旅五月[illegible]令午

諫[illegible]刑

許注刑為斂收蕭參紀

也 在卷六十七

方侍御云刑[illegible]蔽 五首為八

[illegible]蕭參孝慈歷柱之義

十一月令之諫讒

許注從卷中明為射了

脈末 在卷辛七

方侍御[illegible]

[illegible]

注文多記我即上六十月

日無至移加氣人氣

錦首之文[illegible]擬

堪輿行旅傳見下

許注策杖也 文選潘岳西征賦注下連引茵車中薦也乃李善注文

高注策杖也其杖生木而成林 明經輯本引作許注非也

方琦按此[illegible] 亦許注 [illegible]廣人[illegible] 高注中者 莊子齊物論司馬注林 策

[illegible]也

燭龍在鴈門北蔽于委羽之山不見日其神人面龍身而無足

許注不見日故龍以目照之蓋長千里開為晝 御覽引作視字 開仍瞑

為夜吹為冬呼為夏 初學記三 御覽九百二十九

高注龍銜燭 蔽至也 委羽北方山名也 本加 依宋 一曰龍銜燭以照太陰蓋長千

里視為晝瞑為夜吹為冬呼為夏

方琦按高注中所云一曰多為許說 [illegible] 故与

元中記御覽卅六北方有鍾山山上有石首如人首左目為日右目為月開左目為晝開右目為夜開口為春夏閉口為秋冬

初學記引許注同然許注亦本海外北經說也海外北經作鍾山之神名燭陰視為晝瞑為夜吹為冬呼為夏御覽引括地志亦同又大荒北經章尾山是燭九陰是謂燭龍郭注引詩含神霧天不足西北無有陰陽消息故有龍銜文選雪賦注引銜下有火字精以照天門誰南子曰𣸣于委羽之山不見天日也

時則訓序目有因以題篇字高注本也与舊輯許氏殘注本較之說多異

孟春之月其蟲鱗文選注引文

許注鱗龍之屬也文選宋玉對楚王問注

高注鱗魚屬龍為長之屬也

方琦按二注之異周礼大司徒其動物宜鱗物鄭注鱗物魚龍

之屬礼月令鄭注鱗龍蛇之屬

從宋本安從存句

飄風暴雨總至

高注風雨猥至故舉旁

蓬蒿疏藏之艸並興盛也

許注猥凡也 文選殷仲文九井詩注 文選殷仲文桓玄

盧諶贈劉琨詩注 潘岳河陽縣作

方琦按文選所引許注颺

嘗在此許書安作風颺猥

至今高注作猥至尚是許

注本也凡用猥猥衆也

廣雅猥衆也 漢書溝洫志水猥

獻注猥多也 馬融長笛賦

山水猥至師用淮南文 馬融賞名

淮南仲春寒氣總至高注

注內當作寒氣猥至是也

迎春于東郊

許注東郊八里郊也 魏書五十五劉芳傳 北史四十二

高注東郊郭外八里之郊也 魏書北史引高誘注作迎春氣于東郊方八里郊也臣瓚同

方琦按劉芳傳引賈逵曰東郊木帝太昊八里盧植東郊八里

郊也賈為許之師盧為高之師然用先師舊訓故自同

具撲曲筥筐

許注曲葦薄也 史記索隱十六 漢書周勃傳

高注曲薄也青徐謂之曲

方琦按二注文數異說文曲作⿴古文象器曲受物之形或曰曲蠶

廣疋笛謂之薄字亦从竹

薄也又苗字下云苗蠶薄也从艸㘡聲蓋以萑葦為之故字从艸莊子大宗師或編曲釋文引李注曲蠶薄也方言薄宋衛陳楚江淮之間謂之苗或謂之麴自關而西謂之薄南楚謂之蓬薄蓬薄郎葦薄詩八月萑葦毛傳豫畜萑葦可以為曲也此許注淮南訓本此

迎夏于南郊

許注南郊七里郊也魏書五十五劉芳傳　北史四十二

高注南郊七里之郊也魏書北史呂覽引同

方琦按劉芳傳引賈逵云南郊火帝七里疑脫祝融二字言盧植云南郊七里郊並用先師舊訓故同

果實早成

許注在樹曰果在地曰蓏 齊民要術收種篇

高注有覈曰果無覈曰蓏 覈同核

方琦按二注文義並異說文蓏字下云在木曰果在地曰蓏与注淮南說同臣瓚應劭漢書注宋衷易注並曰在木曰果在地曰蓏与許說同也墬形訓百果所生下注云在木曰果在地曰蓏當是許注孱入高注中不然高注墬形与注時則一人之注何先後歧說也 呂氏春秋仲夏紀本味篇高注並云有覈曰果無覈曰

蓏

此上當補腐艸化為蚈一條 見下一頁

迎秋于西郊

許注西郊九里郊也 魏書五十五劉芳傳 北史四十二

高注西郊九里之外郊也 魏書北史引無外字 呂覽引祇九里之郊四字

方琦按劉芳傳引賈逵曰西郊金帝少昊九里盧植云西郊九里許高並用先師舊訓故同今淮南無中郊之文故魏書北史祇引賈盧鄭氏之説而不及許高二家

雀入大水為蛤

許注雀依屋之雀本飛鳥也隨陽下藏故為蛤 御覽九百四十一

高注賓雀老雀也棲宿人家堂宇之間如賓客也故謂之賓雀

方琦按二家注文義俱異高作賓雀与注呂覽同 禮記釋文言高誘注呂氏春秋作賓雀與月令異 今月令鄭注來賓言其客止未去屬上鴻鴈解与

許合也說文雀依人小鳥也故注淮南亦曰依屋之雀本飞鳥

此條宜在迎秋于西郊上

腐草化為蚈

許注草得陰而死極陰中反陽故化為蚈蚈馬蠸也御覽九百四十八

高注蚈馬蚿也幽冀謂之秦渠

方琦按二注文殊異兵畧訓無題篇字乃許注本若蚈之足許注蚈馬蠸也正與此同說文蠲馬蠲也引明堂月令腐艸為蠲郭璞注尒疋馬蠲云馬蠲蚰也廣疋釋蟲蛆蟝馬蠸馬蚿也又曰馬蝬蝭蛆也蚈蠲蠸蚿蠲蝬皆一聲之轉高注呂覽及說林訓皆作蚈馬蚿

說文雖[illegible]之[illegible]訓

迎冬歲于北郊

許注北郊六里郊也魏書五十五劉芳傳　北史四十二

高注北郊六里之郊也今淮南無注依(說書)史補呂覽引祇六里之郊

方琦按劉芳傳引賈逵曰北郊水帝顓頊六里盧植云北郊六里郊也許高並用先師舊訓故同

芸艸生

許注芸艸可以死復生說文艸部芸字上爾雅釋艸疏御覽九百八十二

高注芸菜(芸)萵菜名也

方琦按說文云淮南子說乃後人引許說淮南之文于其旁也(許君自……)

因詒為淮南子說史記集解徐廣引許君淮南注皆稱許氏淮南說也与蛕蟜下引淮南子說同說文芸艸也似目蓿与鄭君月令注芸香艸說亦合高注呂覽皆訓作菜御覽引此直曰淮南子注是也

覽冥訓 序目有因以題篇等字高注本也与舊輯許氏残注本較之説多異

庶女告天雷電下擊景公臺隕枝體傷折海水大出

許注庶女齊之少寡無子養姑姑無男有女女利母財而殺母以誣告寡婦婦不能自解故寃告天 文選江淹詣建平王上書注 御覽二十

高注庶賤之女齊之寡婦無子不嫁事姑謹敬姑無男有女女利母財令母嫁婦婦終不肯女殺母以誣寡婦婦不能自明寃結叫天天爲雷電下擊景公之臺隕壞也毁景公之枝體海水爲之大溢出也

方琦按二注文異高取用許注特微小詳其説御覽所引雖注尚有景以齊京之也雷擊景公臺隕壞之也景公爲雷霆所傷折而

景公臺隕枝體傷折
許注景公齊景公也
雷擊景公臺隕壞
之也景公為雷霆所
傷折 御覽六十
高注雷電下擊景公
之臺隕壞也傷毀
景公之支體
方琦按二注並異並
當用許說

是許注

魯陽公與韓搆難戰酣日莫援戈而撝麾之日為之反三舍

許注二十八宿一宿為一舍也 文選郭璞遊仙詩注

高注撝日令反卻行三舍次宿也

方琦按二注文異論衡感虛篇星之在天也為日月舍猶地有郵亭為長吏廨也二十八宿有分度一舍十度或增或減言日反三舍乃三十度也廣雅釋詁宿舍也

東風至而酒泛溢 廣記引文子本作湛溢

許注東方震方也酒泛清酒也 御覽引作清醑酒也 木味酸酸相感故也 太平廣記一百六十一 御覽九 事類賦風部

高注東風木風也酒湛清酒也米物下湛故曰湛木味酸酸風入酒故酒酢而湛者沸溢物類相感也

方琦按二注文同小有詳畧然皆許注也廣記乃約文太平廣記引許注後又引高誘注云酒汎爲米麴麯之汎者風至而沸動此乃高注故與許注文異益知今高注本中羼入許注不少惜無明證釐出之也汎字今高本作湛論衡亂龍篇引作湛蓋汎字乃沈字之誤文御覽事類賦引然作沈字是也沈湛古通御覽所引爲全文與今高注畧同

畫隨灰而月暈闕

許注有軍事相圍守則月暈以蘆灰爲環隨暈闕其一面則月暈亦闕于上初學記一 御覽四 又八百七十一 事類賦月部 歲華紀麗注三 藝文類聚月類 白帖

高注運讀連圍之圍運者軍也將有軍事相圍守則月運出也以蘆草灰隨闕下月光中令圜畫缺其一面則月暈亦缺于上也

方諸樓運者軍也以下高承用許說或即許注羼入高注中者高本小詳其說也許作暈高作運義亦通說文暈日月氣也漢書天文志如淳曰暈讀曰運則高本作運亦合也呂覽明理篇有暈珥高注气圍繞日周匝有似軍營相圍守故曰暈也運作圍解与此注同博物志引凡月暈隨灰畫之隨所畫而闕淮南子云未詳其法御覽八引春秋文曜鉤曰楚有蒼雲如霓圍軫七蟠中有荷斧之人向軫而蹲于是楚之唐史畫遺灰而雲滅宋均注曰雲水气灰火气盡遺灰故雲滅

梁庾肩吾望月詩暈逐淮南灰即用此也

飛黃伏皁
許注乘黃狀如狐乘
之壽三千歲伏皁櫪
馬食也 卷一百五十五
高注飛黃乘黃也出西
方狀如狐背上有角壽
千歲皁櫪也
方璹樱二注文多詳略
瑞應圖 御覽八百九十六引 騰黃
神馬也一曰飛黃狀如狐
背上有兩角 許高皆本
此也

鳳凰之翔至德濯羽弱水莫宿風穴 文選注引文 說文鳳字下亦過崐崙飲砥柱濯羽弱水莫宿風穴

許注風穴風所從出 文選劉孝標辯命論注

高注風穴北方寒風從地出也

方璹樱二注文略異 博物志雜篇云風山之首方高三百里風穴

如電突溪三十里 文選風賦注引十洲記曰玄洲在北海上有風

穀耳響音如雷上對天之阿也 說文風字下云翱翔以暮宿風穴亦作南文

眠應龍

許注眠韓中也應龍有翼之龍 御覽九百三十

高注駕應德之龍在中為眠在旁為驂有角為龍無角為虯一

說應龍有翼之龍也

方琦按高注所云一說多為許注与御覽引正合說文眼一曰

車左騎銜策拊髮無笠眼注韋策韁中曰眼蓋與用許注淮南因

廣雅有翼曰應龍班固賓戲應龍潛于潢汙頓以注天有九

龍應龍有翼大荒東經應龍處南極郭注應龍龍有翼者也

蒂蘿圖

許注蘿圖車上席也 御覽九百三十

高注蘿列圖籍以為席蓐一說蘿圖車上席也

方琦按高注一說即許義也与上同蘿圖為車上席未詳或疑

席是飾字之誤

雲黄路 高本作雲黄絡 御覽引文乍

此據廣雅疏引

許注璐美玉也 雲黃所乘路車 文選雪賦注引 御覽九百三十

高注終讀道路之路也謂車之垂絡也黃雲之氣絡其車

方琦按尒雅釋蟲疏引作雲黃璐与下許注奔蛇馳蛇連類而 二注又顯然異 御覽連類引之 尒雅疏引作雲黃璐 璐乃路字

引之知此為許注無疑 文選注引許注璐美玉也 編檢本書並無

璐字當屬上也說文璐玉也 楚詞璐美玉也 注 御覽九百三十引作雲

黃路注云雲黃所乘路車正文路即璐謂雲 垂也 說文 同通國 有

[illegible]

[illegible]

璐謂所垂路車上也 [illegible] 引作震黃路 [illegible] 皆与高本異

從奔蛇 車字疑作垂

許注奔蛇馳蛇也 尒雅釋蟲疏

高注奔蛇騰蛇也

方琦按二注文畧異許以賁字釋奔御覽九百三十引作後賁蛇賁与奔同許注本作賁也詩衛風鶉之奔奔礼表記作賁賁說文奔走也从夭賁省聲与走同意一切經音義引古作驞今作奔文選□賦注引文子騰蛇無足而騰淮南子曰奔蛇即高注奔蛇訓騰蛇之證高誘訓騰蛇

此後半注異文也

黃神嘯吟

許注黃神失其臨上經七十四

高作黃帝之神傷道之衰故嘯吟而長歎也

方琦按二注文異許者或身失其臨之意

緼褐不完高本緼作短

許注楚人謂袍曰緼後漢書王望傳注　列子釋文

高注短褐褻器物之人也短或作裋字宋本道藏本並有此五字褐毛布如今之馬衣也

方琦按二注文異高注所云或作即許義也与原道訓處或作

遅而或作白同說文裋豎使布長襦也荀子大略故作豎褐从衣豆聲方

言四襜褕其短者謂之裋褕郭注裋音豎又襜襦江湘之間謂之裋

豎郎裋列子方言作裋張注引方言曰襜襦謂之豎釋名裋曰襜襦史

記秦始皇本紀寒者利裋褐集解引徐廣曰裋一作短小襦也索隱

曰蓋謂褐布豎裁為勞役之衣短而且狹故謂之短褐亦曰豎

褐說文袍襺也也本今玉藻云纊為襺緼為袍釋名袍苞也苞內

[illegible]廣雅袍長襦也說文以襦為短衣蓋曰長襦乃稍長于襦

因別言之袍与裋皆長于襦故漢書貢禹傳注裋者謂僮豎所著

布長襦也与說文裋訓長襦同

潦水旬月不雨則涸而枯澤受瀷而無源者也文選注引文

許注溪湊漏之流也 文選郭璞江賦注

高注溪雨瀆疾流者故曰無源

方琦按二注文異管子宙合泉踰瀷而不盡注溪湊漏之流也

江賦磴之以瀿瀷皆本許義

羿請不死之藥于西王母常娥竊而奔月託身於月是謂蟾蜍

許注常娥羿妻也逃月中蓋上虛夫人是也 文選郭璞遊仙詩注 初學記

高注姮娥 道藏宋本作恒 羿妻羿請不死之藥于西王母未及服之恒

娥盜食之得仙奔入月中為月精奔月或作坌肉藥坌肉以為死

畜之藥可復生也

方琦按二注略異許作常常与恒義同 亦足恒常也 淮南王當諱恒

初學記引淮南正文尚有託身於月是謂蟾蜍而為月精十二字許高異本也

字詁本是也者常儀同月常儀讀如俄常娥即常儀之異文後人傅會其說字當作常也後漢天文志姮娥竊羿不死藥奔月及之為蟾蜍字作姮与意林引淮南作姮（今莊本亦改為姮）皆後人加字也文選月賦注引淮南注曰常娥羿妻也亦是許注又引歸藏曰昔常娥以不死之藥奔月（李善風乙巳占引連山易云有羿者得不死之藥于西王母常娥竊之以奔月）皆作常娥（本初學記引亦作恒）張衡靈憲作恒娥宋釋湛然輔行記引說蓋古說也文云月名常娥亦名恒娥月初月末恒常如娥其解又異初學記一（御覽四事類賦月部）引淮南注月御曰望舒亦曰纖阿（大洞經月一名結璘奔月之仙）皆以廣異聞耳無足深攷

乙亥校於吳儂識

類別
編號 005539
册數 1
售價 25.00
浙江圖書館善本
乙 登記號：022173
一九 年 月 日

（清）陶方琦 撰

淮南許注異同詁補遺一卷
續補一卷

稿本

淮南許注異同詁補遺一卷續補一卷

提要

清陶方琦撰，稿本。一册。毛裝。每半葉九行，行二十字，白口，單黑魚尾，四周雙邊。

是書係陶方琦於《淮南許注異同詁補遺》一卷刻本之天頭，手録續補《淮南子》許慎所注三十八條。故是書題名爲『淮南許注異同詁補遺一卷續補一卷』，則天頭補抄部分即爲《續補》。刻本卷端題『淮南許注異同詁補遺』，下題『會稽陶方琦述』。牌記題『光緒八年壬午十有一月既望諸可寶署』。是書天頭處又有『再考』等注語。卷末陶方琦有墨筆跋語，述及是稿始末，跋云：『鄂中刻《補遺》一卷後，旋又獲覩東洋近出大書數種，如唐人卷子本《玉篇》零部□□、杜臺卿《玉燭寶典》，後重得「淮南許詁」數十條，始知異書迭出，嚮學靡止，再有續聞，必勤斠録。又聞東洋有希麟《續一切經音義》，如此未遂搜□，均感□□。前閱畢氏《關中金石記》，云：「有唐人史崇道藏《一切經音義》，引據古書，亦稱博雅尚書，殁後迄未刊行世，無□書知者亦尟。倘獲以籀讀之餘，匡拾遺殘，使之力續古義，完歸本書，庶幾并世宜有同好。」』據此可知陶方琦在光緒八年（1882）刻《補遺》卷後，繼續搜集各種古本，悉心輯録增補許注數十條，始成刊後增補稿本，即此《續補》一卷。

是書當爲《續補》卷之最初草稿本，成稿於光緒八年至十年間。現《續補》一卷有光緒十年湘南使院刻本存世，刻本内容、序跋等皆與是稿略異，知是稿之後又經著者校勘增補，而後纔刊刻行世。清徐友蘭在《〈漢孳室文鈔〉跋》中，論及陶方琦著《許注異同詁》四卷《補遺》一卷《續補》一卷來由，可資參考，云：『（方琦）生平好許叔重書，以類治《説文》，爲《通釋十二篇》《漢孳室讀説文》，記與嚴鐵橋相出入。又因《説文》而推知許君《淮南閒詁》多爚亂於涿郡，援蘇魏公言，左以《説文》及群籍所采剖泮而疏通之，定《閒詁》二十一卷，爲《許注異同詁》四卷《補遺》一卷《續補》一卷，《説文補詁》八卷《存疑》四卷。』

現藏浙江圖書館。

淮南許注異同詁補遺一卷

光緒八年壬午十有一月既望諸可寶署

續敘

方琦輯鄦君淮南注廿載溝瞀乃就斷漏今茲讀禮匽伏蔽疢朝餔之暇尋繹廢簡屢从姚子海槎窔涉古籍敓斠奧文奇書碩記互相披析因又從蕭吉五行大義補九則杜氏通典補一則唐釋慧琳大藏音義補九十餘則大藏音義者傳于雒東獅谷阮文達眾經音義提要云西明寺慧琳大藏音義一百卷今已不傳乾隆紹師均未逮見余㠯闇居獲睹異冊旁引秘文非世諗習瓌瑤盈前攈摭不盡爰事次簡緝補前書識大識小信

而有徵且與昔恉若合符節在八篇者盡同在十三篇者多異觸事廣之演其未及昭茲來許令得用諝開詁之誼庶無遺焉

淮南許注異同詁補遺

會稽陶方琦述

原道訓此篇高注

𣏟八極許本作斥

許注㡿拓也唐釋慧琳大藏音義十五

高注析開也

方琦桉大藏音義引許叔重淮南子注云是許本當作斥說文作㡿正同列子黃帝篇揮斥八極亦作斥大藏音義凡引淮南注皆標題許叔重或許慎云云

剞者嫗伏 [illegible]

淮南許注異同詁 補遺

鈞旋轂轉

許注鈞陶法也慧琳大藏音義十一

高注鈞陶人作瓦器法下轉旋者一曰天也

方琦桉高注中前一說卽許義大藏音義所引許注當是約文漢書注陶家名模下圓轉者爲鈞也

澹然無慮

許注澹心志滿足也大藏音義十　七十六

方琦桉許君澹足之訓見前書卷一今引作心志滿足注義更爲詳明惟七十六引作憺足也正文

御俱作憺文子亦作惔然無慮

知八紘九野之形埒大藏音義八十三引文高本作而知八紘九野之形埒者

許注紘維也八紘謂之八方大藏音義一十八十三八十五八十八

方琦桉許君紘維之訓見前書卷二今大藏音義引正文又引許叔重注云云則前書附列誤也當更正八紘謂之八方八十八引注文亦當補

夏鯀作九仞之城大藏音義引文高本作三仞誤

許注八尺曰仞大藏音義九十二

方琦桉今高注中八尺曰仞之説前書已釐別爲許君義今又得此確證

鳥排空而飛獸蹠實而走（大藏音義引文　高本空作虛）

許注蹠蹈行也（大藏音義四十五八十五九十九）

方琦桉許君蹠蹈之訓見前書卷一此引較文選注引多一行字（大藏音義九十引許注作蹈也行也）

木處榛巢

許注叢木曰榛（大藏[illegible]五）

高注聚木曰榛

方琦桉此許注羼入高注中者說文榛菆也音側鳩切

古菆與聚音義相通叢木當作菆木

鴝鵒不過濟

許注鴝鵒一名寒皐大藏音義十四　三十七

高注春秋傳曰鴝鵒來巢言非中國之禽所以爲

魯昭公亡異也

方琦桉說文鴝鵒也考工記及左昭廿五年傳皆

作鸜鵒許君淮南注作鴝鵒正與說文同高注既

引春秋傳則作鸜鵒可知

以曲隈深潤相與

許注潤水入之處也

朞年而漁者爭處湍瀨

許注湍疾水也瀨淺水也大藏音義八十五

方琦按許君水疾之訓見前書卷一御覽八十一引淮南舊注湍疾瀨淺與此藏經音義引許注相符是御覽所載舊注卽許注也高注水淺流急少魚之処亦本許義

吾獨慷慨遺物

許注慷慨不得志也大藏音義二十六卷一百

方琦按高無注說文慨字下云忼慨壯士不得志也訓同

南游江潯文選注引文

許注潯涯也大藏音義八十六

方琦按許君水涯之訓見前書卷一此引敚水字

激軫之音文選注引文

許注軫轉也大藏音義十八

方琦按許君軫轉之訓見前書卷一

上漏下溼

許注漏穿也大藏音義十八　四十七　六十六

方琦按高無注大藏音義六十六引作漏穿孔也

說文作扁云屋穿水下也訓正合

俶眞訓此篇高注

物豈可謂無大揚搉乎

許注揚搉粗略也大藏音義八十二八十四八十七

方琦桉許君粗略之訓見前書卷一

含哺而與大藏音義引文作與

許注哺口中嚼食與之也大藏音義十五十八三十四四十一五十六十八十九

方琦桉許君哺字之訓見前書卷一元應經引正

是故傳知其兄嬈
許注楚人謂刺軋爲[illegible]
之兒爲嬈 [illegible]
高本作嬈注云擾煩也
善行爲崇人
方琦按二注各異[illegible]
義引說文嬈[illegible]
兒也[illegible]

文作含哺而與此作含哺而與注中有嚼食與之
則作與爲是又六十引許君注曰口中嚼食吐與
孩子曰哺又多數字

夫挾依于跂躍之術

許注跂跳也 大藏音義四十五

高注跂躍齟齬不正之道也

方琦桉許義以跂與躍連文故釋爲跳說文跙一
曰躍也

擢德攓性

許注擢引也大藏音義三十三

方琦桉許君擢引之訓見前書卷一

足蹀陽阿之儛大藏音義引舞字作儛

許注蹀蹈也大藏音義二十四

方琦桉許君蹀蹈之訓見前書卷一

又況編戶齊民乎

許注編猶列也大藏音義七十七

方琦桉高無注說文編次簡也漢書高帝紀爲編

戶齊民注編戶者言列次名籍也正與許君訓相

合

天文訓此篇高注

陽鐩見日則熯而爲火大藏音義引文作鐩或作鑒

許注鐩五石之銅精圓以仰日則得火大藏音義三十三四十

方琦桉許君陽鐩之訓見前書卷二此引乃全文作鐩尤與說文合

鯨魚死而彗星見大藏音義引正文作彗星見又有見音蜆三字知與高本作彗星出亦異

許注鯨魚海中最大魚也大藏音義十五八十一八十三

方琦桉許君鯨魚之訓見前書卷二大藏音義引文小異然十八亦引作魚之王也當兩存之

東方木也

許注木者冒也言冒地而出 隋蕭吉五行大義一

方琦桉五行大義釋五行名引許愼云云此合淮南說文而然採上一說定爲淮南注以開元占經二十三引許君此注亦云木冒地而生也此引乃全文且以下土字一條分別知之 引許愼 曰後又引許愼 曰云云與說文同則上一條乃淮南注也又弟三論引許愼曰北方物醎所以堅之也又引許愼曰

醎者銜也下一義卽今說文解

南方火也

許注火者炎上也五行大義一

方琦桉說文火字下云燬也南方之行炎而上象

形

中央土也

許注土者吐生者也五行大義一

方琦桉五行大義引許愼曰土者吐生者也中間

引王肅說下又引許愼云其字二以象地之下與

地之中以一直畫象物初凷地也下數語皆說文

西方金也

許注金者禁也陰气始起萬物禁止也

方琦桉說文金字下云五色金也黃爲之長久薶不生衣百鍊不輕從革不違西方之行生于土從土左右注象金在土中形故五行大義又引下一說與說文同是又采說文也許君淮南注萬物禁止之說亦本之白虎通與說文同故不爲采入也

至于悲谷是謂餔時

許注日行至申爲晡時悲谷日入処也 大藏音義三十四

高注悲谷西南方之大壑言其深峻臨其上令人悲思故曰悲谷

方琦桉二注文異說文餔日加申時食也從食甫聲與淮南注義亦合元應經引淮南子曰行至于悲谷爲晡時謂加申時也此亦許君注義

十二粟而重一分十二分而重一銖 今本兩重字皆作當字

許注銖十黍之重 大藏音義四十五

方琦桉說文銖權十分黍之重也訓正同或曰黍

字當作絫以十黍之重爲絫也然荀子富國注亦云十黍之重爲銖

墜形訓 此篇高注

嚼咽者九竅而胎生

許注嚼咀也 大藏音義九十二

方琦桉高無注大戴禮引此文作咀嚾者九竅而胎生 嚾應作嚾卽嚛字廣雅嚾茹也 是嚼咀通訓之證說文噍齧也或作嚼蒼頡篇咀嚾也

時則訓 此篇高注

其味酸其臭羶

許注羶者羊臭春物气與羊相類木所以酸者象東方萬物之生酸者鑽也言萬物鑽地而出生五味得酸乃達也五行大義三

高注木味酸酸之爲言鑽也萬物鑽地而生羶木香羶

方琦桉二注文異酸之言鑽十二字疑許注羼入高注中者觀下數則知之説文羴羊臭也或作羶

其味苦其臭焦

許注焦者火燒物有焦燃之气夏气同也五行大義三

高注火味苦也焦火香焦

方琦桉二注文異說文𤓰火所傷也

其味甘其臭香

許注土得中和之气故香也五行大義三

高注土味甘也土臭香也

方琦桉二注文異聖證論孔鼂云能吐生百穀謂之土故云得中和之气

其味辛其臭腥

許注未熟之气腥也西方金之气象此味辛者物得辛乃萎殺也五行大義三

高注金味辛也金臭腥也

方琦桉二注文異元命苞云陰害故辛殺義故辛剌陰气使然也

其味鹹其臭朽

許注朽爛之气北方气同此其味醎者北方物醎所以堅之也猶五味得醎乃堅也五行大義三

高注水味鹹也水臭腐也

方琦桉二注文異五行大義此下又引許君云鹹者銜也即說文說文鹹銜也北方味也

覽冥訓此篇高注

平公癃病

許注癃癘疾也大藏音義卷二七十七 七十八

高注癃病篤疾

方琦桉二注文異癘爲惡疾當讀爲盩周禮疾醫四時皆有癘疾注气不和之疾說文癃罷病也蒼頡篇大藏音義引癃固疾也

䠶車奉饟 高本饟作鑣

許注䠶推也

高注䠶推也

方琦按此亦許注羼入高注中

鈍悶以終

許注鈍識見闇濁也 大藏音義三十 三十三

高注鈍悶無情也

方琦桉二注文異闇濁之訓當讀如黗說文黗黃濁黑也

食薦梅 許本作莓

許注莓實似桑葚生江濱可食也 大藏音義九十九

高注薦梅艸實也狀如桑椹其色赤生江濱

方琦桉此許注羼入高注中大藏音義引乃約文

潦水不泄潢瀁極望旬月不雨則涸爲澤受瀷而無源也 高本作涸而林澤受瀷而無源也
許注瀷湊漏之源也 原本玉篇
方琦桉瀷當作瀷見前書卷二

藨梅應作藨莓爾雅釋艸藨麃郭注麃卽莓也今江東呼爲藨莓子似覆盆而大赤酢甛可啖許注作莓不誤字本作苺說文葥山苺也

裋褐不完

許注楚人謂袍爲裋褐 大藏音義九十九

方琦桉袍裋之訓見前書卷二此裋褐逭文與後漢傳注列子釋文略異

精神訓 此篇高注

陶人之挻埴也 大藏音義引文

許注挺抑也埴土也大藏音義三十八十五引作挺押也押乃抑之誤

方琦按挺埴之訓見前書卷一此引許君注作挺抑也當別爲一解與蕭該漢書音義引許君注正同淮南齊俗訓若璽之抑埴抑埴卽挺埴是亦挺抑通訓之證八十八又引許注抑土爲器也疑有衍文

釆椽不斲㾞題不枅大藏音義引御覽八十引亦同今高本作樸桷不斲素題不枅

許注枅欂櫨也大藏音義六十二御覽八十

高注不枅者不施欂櫨

方琦按二注文異御覽引舊注言梁柱相斥距不

著枅櫨也觀大藏音義引知御覽亦是許注無疑

說文枅屋櫨也正合

與守其篅笹

許注篅卽笹也大藏音義十四　六十二　六十八　七十二

高注篅笹受穀器

方琦桉二注文異說文篅判竹圜以盛穀也又笹

笹也大藏音義七十二引許注篅卽笹下有音鈍

二字似本文當作笹卽篅與說文訓合

本經訓此篇高注

深州沈五藏
許注大達也
高按沈遠之詁見補遺

芒繁紛挐

許注挐亂也 大藏音義八十

方琦桉許君挐亂之訓見前書卷三然此條應列在俶真訓決挐治煩下

鴻水漏

許注漏失也 大藏音義五十三

方琦桉失讀爲泆說文泆水所蕩泆也

象廊玉牀

許注廊屋下也 大藏音義六十三

方琦校許君廓字之訓見前書卷三此引多一下字

德之所總要

許注猥總凡也大藏音義九十　九十六　一百

方琦校許君猥凡之訓見前書卷三此引亦多一總字與文選盧諶詩注引同

苫簟籧篨

許注籧篨草席也大藏音義八十　八十二

高注簟竹席籧篨葦席

方琦椄二注文異說文籧篨粗竹席也此草席亦是竹席之誤古草作艸與竹易亂

贅妻鬻子

許注贅者賣子與人作奴婢也大藏音義八十

高注贅從嫁也

方琦椄二注異據許注當作鬻妻贅子漢書嚴助傳如淳注云淮南俗賣子與人作奴婢爲贅子此如淳注引淮南俗或謂即淮南注亦是大藏音義又引顧野王曰居婦家之婿爲贅今玉篇中亦無此文

一 主術訓 此篇高注

爲之圈檻

許注圈獸牢也 大藏音義三十九 六十八

方琦按高無注說文圈養畜之閑也養畜當作養獸畜佀罾與獸字相似漢書張釋之傳登虎圈注養獸之所與許君淮南注獸牢說合文選注引說文正作養獸

寄民賴之

許注賴利也 史記集解八

方琦按高無注晉灼引許君說多係淮南注決非

說文說文賴贏也

是故非澹薄無以明德

許注憺滿也怕靜也 大藏音義卷二 卷七

方琦桉高無注許本當作憺怕諸葛武侯戒子書用此文作澹泊說文憺安也怕無爲也憺怕連篆卽本此衆經音義引許君說憺安樂也怕靜也亦卽淮南注

羣臣輻湊

許注湊競進也 大藏音義三十

三頁原何張登中
千南分
方按二注文小異

高注羣臣歸君若輻之湊轂故曰輻湊
方琦桉二注文異說文奏進也本書原道訓趨舍
指湊兵略作指奏湊從奏故有進義

肥醲甘脆
許注醲肥酒也大藏音義七十七
方琦桉高無注說文醲厚酒也此肥字恐涉正文
肥字而誤

繆稱訓此篇許注

若跌而據

許注跌仆也大藏音義十六　六十二　六十四

今注跌仆也

方琦桉大藏音義所引許注在繆稱至要略八篇中者注文盡同益見八篇之稿為許注而唐人所引淮南多為許本可知也

小子無謂我老而羸我

許注羸劣也大藏音義十一　二十八　三十　三十二　四十　四十二　四十七　五十一　六十二　六十三　六十七

今注羸劣也

淮南許注異同詁補遺

方琦桉注文同詮言訓本許注一嬴在側許注嬴劣

人也

岸峭者必阤文選注引文

許注陗峻也大藏音義七十七九十三九十六

今注崝峭也

方琦桉今注崝應作峭峭應作峻文選注引許君

注亦作峭峻也幷引正文當不誤義見前書卷三

齊俗訓此篇許注

必有菅屩跐踦

許注屩履也大藏音義九十二　九十七

方琦案今無注是敓文當補九十二引作草履也

此以草釋菅字說文屩履也訓正同

夫蝦蟇爲鶉

許注老蝦蟇變爲鴾鶉大藏音義六十八

今注鶉鴾也

方琦案此今注有敓文御覽九百四十九引舊注

曰老蝦蟆化爲鶉水中蠆蟲化爲蟌蟌蜻蜓也此

皆是許注大藏音義引鴾鶉卽今注鶉鴾之訓

尸祝袀袨

許注袨黑衣也　大藏音義十七

今注袨墨齋衣也

方琦桉黑衣不誤袀袨儀禮皆佀袀玄蔡邕獨斷祠宗廟則長冠袀玄說文黑而有赤色者爲玄又袗字下云玄服也袗卽袀字袨本作玄

人和修干戚而笑钁插

許注钁斸也　大藏音義九十四

今注钁斫屬

方琦梭當依大藏音義作斸也精神訓高注本揭鑁

臿高注鑁斫也今注斫屬卽斸字之殼文或後人

見精神訓高注而順改之

故刳劚銷鋸陳非良匠不能以制木

許注鋸者可以截物也大藏音義六十二　六十

方琦梭高注本銷鋸作削鋸見本經訓說文鋸槍

唐也列女傳仁智鋸者可以治木也

而刀可以剃毛

許注鬄截髮也大藏音義三十四

今注剃截髮也

方琦桉注文盡同大藏音義引作鬀不誤說文鬀鬄髮也从髟弟聲剃乃俗字

辟若綄之見風也

許注綄以候風雨也大藏音義九十三

今注俔乃綄字之誤文候風雨也

方琦桉注文同見前書卷三

澆天下之湆

許注澆薄也大藏音義十八　八十　九十　九十七

澆天下之湆
許注澆薄也大藏音義
今注澆薄也
方琦按注澆薄之訓同而
此在補遺

道應訓
玄玉百工
許注二玉為工
今注二玉為一工也
廣按注文同蓋本於八篇東
以許誥說文珏二玉相合
為一珏也故或從工字
亦作珏字

今注澆薄也
方琦桉注文同許君澆薄之訓見前書卷三
道應訓 此篇許注
是直聖人之糟粕耳
許注糟酒滓粕已盞粗糟也 大藏音義七十七九十一
今注糟酒滓也粕已漉之精也 之精二字乃粗糟之譌文
方琦桉注文盡同許君糟粕之訓見前書卷三
今不累往
許注累猶成 大藏音義五十四

今注果成也

方琦棪注文同果字之訓見前書卷三誠一本作

成不誤

大司馬捶鉤者

許注捶鍛也大藏音義十一

今注捶鍛擊也莊本鍛下有銀字宋本無

方琦棪注文同今本多一擊字說文捶以杖擊也

擊字應有

願以技道齎一卒大藏音義引文今本無道字

許注齎備足也大藏音義七十八

今注齎備卒足也

方琦桉注文同大藏音義引但證齎字則足字上敓一卒字無疑御覽四百七十五引此注文作該備也一卒一人也又小異然齎當如周禮典枲頒功授齎之齎俗齎是也

吾與汗漫期于九垓之外

許注九垓九天也大藏音義三十四十五八十八

今注九垓九天也今本作九天之外乃因正文誤衍朱本無

方琦按注文同御覽三十七引注九垓九天也亦即許注漢書禮樂志郊祀歌如湻注引淮南子汗漫期乎九陔之上謂九天之上也亦本許君義垓作陔古土與阜通

約車申轅

許注裝束也大藏音義九十二

今注申束也

方琦按許君裝束之訓見前書卷三

氾論訓此篇高注

佚同曼聲之歌

許注曼聲長聲也通典一百四十五

高注二人善歌一曰曼長

方琦案高注一曰曼長乃許義與通典引許注正同列子湯問韓娥因曼聲哀哭許君本此高作二人解與許亦異

天下雄儁豪英

許注儁才過千人曰儁大藏音義八十八一百

高注才過千人爲儁

方琦案此皆本之本書泰族訓然亦許注之羼入

者故同

誕反爲功

許注誕慢也大藏音義六十八

高注誕爲功者弦高是

方琦桉二注文異許注慢乃謾字說文謾欺也與信反爲過之信方鍼對方言卷十讙謾欺謾之語也

牛蹏之窪不生鱣鮪大藏音義引文今高本作牛蹄之涔

許注窪謂小水也大藏音義八十九

高注涔雨水也滿牛蹄迹中言其小也

方琦桉二注文異正文亦不同說文窪窊也劉子新論觀量篇𧿹窪之內不生蛟龍又志瑕篇牛躅之窪不生魴鱮卽用許注本

詮言訓此篇許注

羿死於桃棓

許注棓大杖也大藏音義四十一八十四九十七

今注棓大杖

方琦桉注文盡同知八篇碻爲許注本也棓字之訓見前書卷四

兵略訓 此篇許注依衆經音義引

綰枹而鼓之

許注綰貫也 大藏音義七十六 九十 九十七 九十八

今注綰貫也

方琦按注文同見前書卷四又大藏音義九十引

許注綰猶攝也或是別一義

士卒殷軫

許注軫重也 大藏音義八十

今注軫乘輪盛重貌

方琦桉大藏音義引是約文軫訓重卽駗字說文

駗馬重難行也

刑德奇賌之數

許注胲軍中約也漢書蓺文志注

今注奇賌陰陽奇祕之要

方琦桉蓺文志注引許君說乃淮南注也胲卽賌字蓺文志有五音奇胲用兵三十二卷故許君以爲軍中約今注斂此文當補說文作該亦曰軍中約與淮南訓正合

縣之以方城
許注縣絡也 [illegible]
今注縣絡也
方琦桉[illegible]
[illegible]
詳見補遺

埤爲[illegible]
許注[illegible]人也 [illegible]
今注[illegible]人
方琦桉注文正同

縣之以方城

許注縣絡也大藏音義九十

今注縣絡也莊本作落宋本作絡

方琦桉注文盡同漢書楊雄傳縣絡天地許君卽

本此爲訓

運籌於廟堂之上

許注籌策也大藏音義三十七

方琦桉今注佚本書脩務訓籌策得失

若鏜之與鞈

許注闛閤鼓鼛聲也大藏音義八十四

今注鏜鞈鼓鞞聲

方琦桉注文同大藏音義引闛閤卽上林賦鏗鎗闛鞈也鞈又因闛字从門作閤誤字說文鼞鼓聲也鼛鼓聲也說文鼞下引詩擊鼓其鼞此三家詩毛傳作擊鼓其鏜鼞爲正字鏜與闛古通假字說文鼛篆下又作鞈今注作鏜鞈不誤也

不若捲手之一挃

許注挃擣也大藏音義七十八

今注挃擣也

方琦按大藏音義引摶字義爲長廣雅釋詁摶擊也說文摶一曰至也至卽通挃史記淮陰侯傳孟賁之狐疑不如庸夫之必至至亦同挃以挃訓摶卽以摶訓至一義之互通也蒼頡篇亦曰摶至也

憢悍遂過

許注驍勇急也大藏音義十三　七十二　九十

今注憢勇急也

方琦按今兵略爲許注本故與大藏音義引六條

盡同今注憢當作驍說文無憢字漢書霍去病傳誅獟悍今注憢或是獟之誤史記韓長孺傳驍騎將軍張晏曰驍勇也

說山訓此篇高注

人莫鑒於沫雨

許注沫濛雨也大藏音義三十七

高注沫雨雨潦上覆瓮也俶眞訓作流沫高注沫雨潦上沫起覆甌也

方琦桉二注文異許注濛雨濛乃瀑字之誤說文瀑疾雨也一曰沫也蒼頡解詁水濆起曰瀑也王氏懷祖校沫雨作流雨似非

一淵不兩蛟高本作鮫

許注蛟龍屬也池魚滿三千六百則蛟來爲之長

大藏音義四十一

高注鮫魚之長其皮有珠今世以爲刀劒之口是也一說魚二千斤爲鮫

方琦桉二注文異許本作蛟與高作鮫亦異說文蛟龍之屬也池魚滿三千六百蛟來爲之長能率魚而飛置笱水中卽蛟去大藏音義引許君淮南注正同說文高注中一說卽許注也道應訓許注本

兩蛟挾繞其船許注曰蛟龍屬也魚滿二千五百斤蛟來爲之主也與此說亦同高注作鮫訓爲皮可飾刀劒卽說文鮫海魚也皮可飾刀與蛟不同

嫁女于消渴者高本無渴字依意林

許注夫死則言女妨夫意林

高注以女爲妨夫後人不敢娶故難復嫁處也一說女以天下人皆消不肯復嫁之也

方琦桉意林引誤入正文今別白之與高注上一說合正許注也

上有三衺下有九殺

許注衺殺皆踰儉也傳曰上之所好下尤甚焉故有九殺也羣書治要四十一

方琦桉高注相同此許注羼入高注者治要引皆許注本故可憑也

分流舛馳

許注舛相背也大藏音義六十四 八十四 八十九 九十六

方琦桉高無注大藏音義九十六云淮南子作僢與玉篇引淮南子分流僢馳僢相背也正合然諸

引許君淮南子注皆作舛相背也說文舛對卧也

從夊𡳿相背淮南注文卻與之同氾論訓本高注聞見舛馳高注舛乖也與許注亦異

蹲踞而誦詩書

許注蹲卽踞也大藏音義八十九

方琦桉高無注說文蹲踞也與淮南訓正同

萬物莫措其所脩

許注措置也史記集解梁孝王世家

高注措置也

須臾不韅人之頸 [illegible]

[illegible]

淮南許注異同詁補遺

方琦桉此許注羼入高注中者說文措置也訓正同晉灼引皆許君淮南注文

說林訓此篇高注

騰蛇游霧而殆于蝍蛆

許注蝍蛆一名吳公也大藏音義九十九

高注蝍蛆蟋蟀爾雅謂之蜻蛚大腹也上蛇蛇不敢動故曰殆于蝍蛆也

方琦桉二注文異御覽九百四十六引舊注曰蝍蛆蓋吳公也此卽許注嘗謂御覽引淮南注與高異者皆許注也廣雅

蝍蛆吳公也字林義 眾經音義引 蝍蛆吳公也皆本許義

玉篇螏蟍蝍蛆能食蛇亦名吳公

至味不嗛 高本作慊

許注嗛銜也口有所銜食也 大藏音義九十五

高注慊快也

方琦桉二注文異玉篇口部引淮南子至味不嗛嗛銜也卽許君注 嘗謂玉篇引注文者皆許注也 說文嗛口有所銜也正與淮南注文同

蔿苗類絮

許本作荻藋也 大藏音義卷八 三十一

高注蔏苗荻秀楚人謂之蔏蔏讀敵戰之敵幽冀謂之荻苕也

方琦桉二注文異陸氏詩疏齊民要術引薍或謂之荻至秋堅成卽刈謂之萑大藏音義引許注荻藋之藋乃萑字之譌廣雅釋艸藡萑也卽本許注而高注之蔏應作藡大藏音義三十一云藡古荻字

以篙測江

許注篙刺船竹也長二丈 大藏音義六十三

方琦椄許君篙字之訓見前書卷四眾經音義引

多以鐵爲鏃者也六子

潰小皰而發痤疽

許注皰面氣之瘡也七十二大藏音義三十七　三十九

高注皰面氣也

方琦椄此乃高氏承用許注說文皰面生氣也與注淮南同嘗謂說文中采用淮南中僅見之字其訓詁必相同玉篇皰面皮生氣也

蘇秦以百詭成一信高本詭作誕信作誠

淮南許注異同詁補遺　完

許氏詭謾也 [illegible]

許注詭詐也謾也大藏音義六十二　六十六　六十七　八十九

高注誠信也

方琦桉二注原本亦異衆經音義引說文恑變詐也恑詭訓通

山雲蒸柱礎潤

許注楚人謂柱碣曰礎大藏音義七十七　九十二　九十八

方琦桉許君礎訓見前書卷四

有羅紈者必有麻蒯

許注紈素也大藏音義八十七

方琦椄許君紩訓見前書卷四

人間訓此篇許注

撻載粟米而至衆經音義引文

許注撻擔也大藏音義六十四　七十九

方琦椄許君撻訓見前書卷四大藏音義六十四引作擔負也多一負字此篇大藏音義引三條文盡同

且塘有萬穴

許注塘隄也大藏音義六十七

浸之隋中則不敗保十
方氏之于隋
許注隋臭汁也隋下原本玉篇
今注隋臭汁也
方中擬人間詞亦之篇中在
故同說文隋又汁也

今注塘隄也

方琦棪注文同說文隄塘也訓同

起波濤

許注潮水涌起還者爲濤大藏音義卷一十二四十一五十一一百

今注波者涌起還者爲濤

方琦棪注文同今注有字誤大藏音義五十一引

又作海水涌起說文無濤字大藏音義八十三引

說文濤潮水湧起也從水壽聲訓正同

脩務訓 此篇高注

或以甕瓴

許注瓴甕似缾者 史記集解高祖本紀

方琦桉高無注說文瓴瓮佀缾者訓正同然晉灼所引單稱許君曰者皆淮南注故仍列入

媮慢懈惰 高本作偷

許注媮薄也 大藏音義四十五

高注偷薄

方琦桉此本舊訓或高承用許注說文作媮巧黠

也與淮南注作媮同

苗山之鋋

許注鋋銅鐵樸也又曰鋋者金銀銅鐵等未成器鑄作片名曰鋋大藏音義二十九　四十九

方琦桉鋋銅鐵樸之訓見前書卷四大藏音義二十九引鋋者以下十六字云云或別一解也

泰族訓此篇許注

鑱皮革

許注鑱刺也大藏音義六十二

今注越人以箴刺皮爲龍文

方琦桉大藏音義引乃約文

千人者謂之俊

許注俊謂絕異于人也大藏音義四十七于人或即千人之誤

方琦桉今注敚此文宜補說文俊材千人也

十人者謂之傑

許注傑特立也大藏音義四十七

方琦桉今注敚此文宜補詩邦之桀兮毛傳桀特立也即假傑字

所以鍼縷縩綷之間 原本作……
許注縩綃繳也 縩下……
今注縩綃殺也 殺乃繳字誤也
……許注篇中
故同……
……淮南子……

要略訓 此篇許注

覽取撟掇

許注撟取也 大藏音義四十七

今注撟取也

方琦桉注文盡同益知繆稱至要略八篇碻爲許注廣雅釋詁撟取也即本許注

所以洮汰滌蕩至意

許注汰達也 大藏音義九十二

今注汰潤也

方琦桉今注誤當依大藏音義引文汰說文作泰滑也古文作太達卽澾字字林澾滑也今注潤乃澾字誤文

大藏音義引淮南許君注無可附屬者四條

搔抓也手指把搔也七十九 八十八 方琦桉疑俶眞訓手足之攅疾蚌許本攅作搔

媲偶也八十八

崢嶸山谷高險貌八十八

侘惙憂也九十六 方琦桉此引疑在惙字下郎原道訓其爲憂不惙惙注文

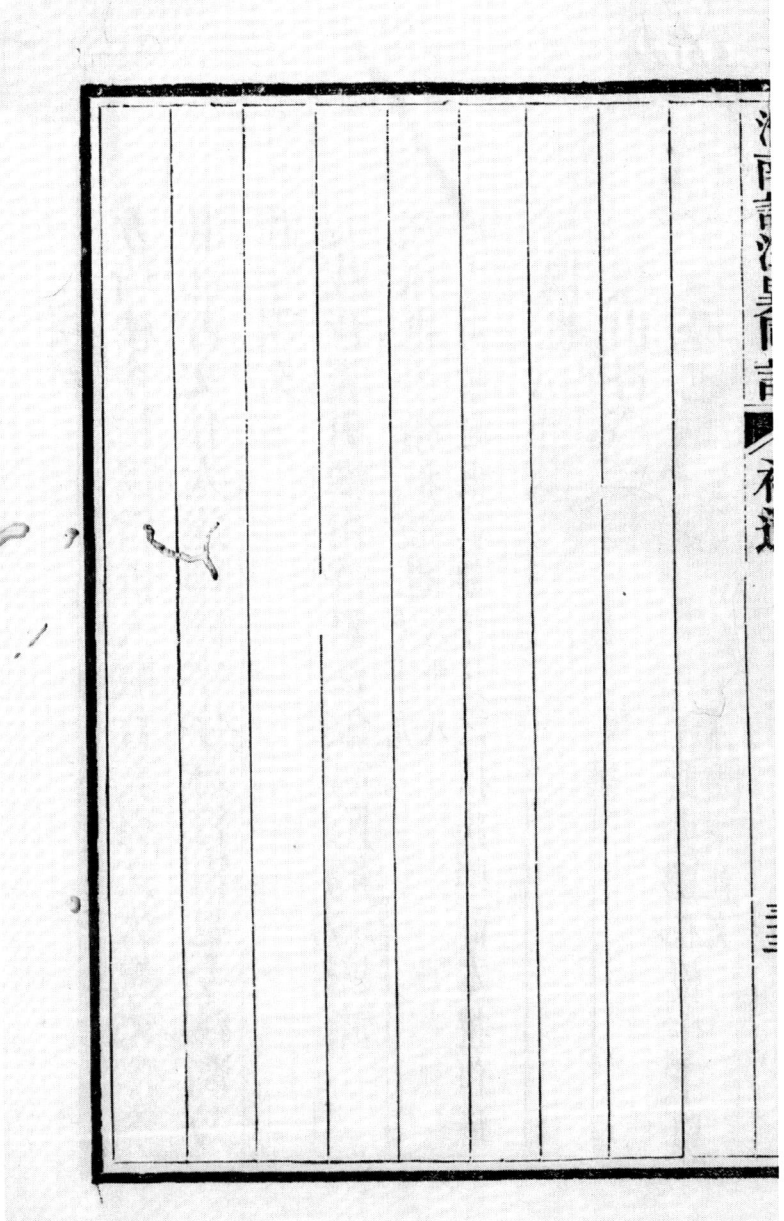

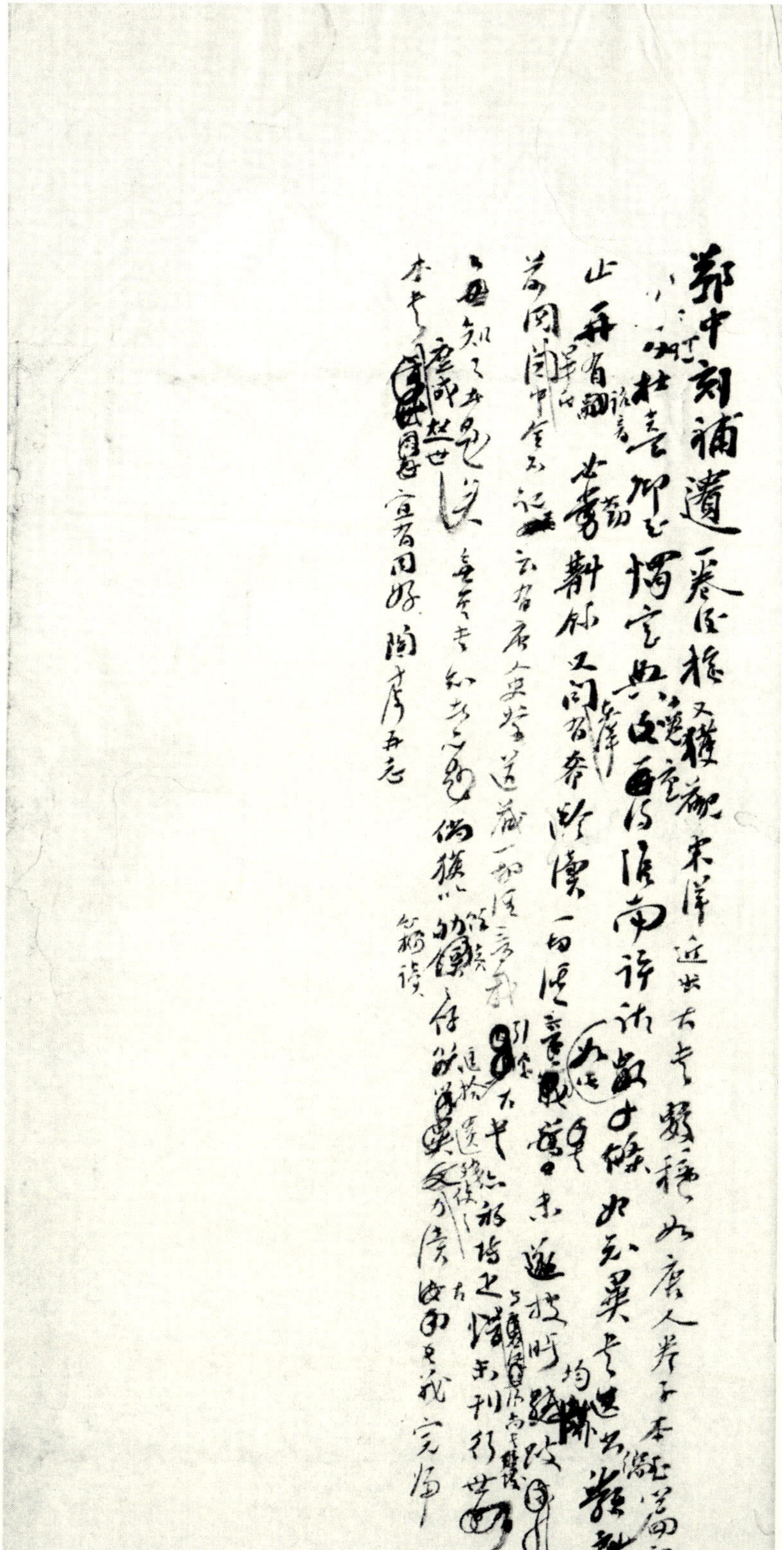

（清）陶方琦 撰

雜抄一卷

稿本

浙江圖書館藏

雜抄一卷　提要

清陶方琦撰，稿本。一册。金鑲玉裝。開本高二十四點四厘米，寬十七點二厘米。每半葉行字數不等，無界格。

封葉、卷端皆無題，無署名，無前序及後跋。現題名係編目者據内容擬。是書體例難辨，經部類《爾雅》，以釋名物爲主旨；又子部類雜纂，包羅頗廣，然無清晰類目。全書共列詞條三百餘條，先列詞目，次援引古籍爲之注釋，再爲『琦按』，部分天頭處亦加按『琦按』，此『琦按』即爲陶氏自注。所收詞條多冷僻詞，如『塊阜』『陶臣』『成荆』諸條。注釋引徵材料廣泛，多見《詩》《易》《左傳》《離騷》諸書，亦有《論衡》《説文》《淮南》《山海經》，旁及歷代碑刻，多爲釋言，亦收人物及典故，且多參以己意。然門類頗雜，莫衷一是。

是書成稿年代不詳。書中有夾紙一張，鈐『湘麋文字』朱文方印。全書頗多增添、塗改、勾乙處。現藏浙江圖書館。

杌䀛

張衡西京賦杌䀛之上　琦按即曉昧也　近人多作㯗䀛之字见郭

璞方言序

山海經注引亦易

山海經西次三經具音如錯子郭注引亦作易蒲曰音如石相轚子

琦按此易易弦[illegible]石之注

若柯

匡謬正俗言似謂如評[illegible]如柯　按即狀之如干　干柯一聲之轉

皮樹

儀禮鄉射禮則皮樹中　注皮樹獸名　今文為繁豎　琦按皮讀如

婆說畫懂目從即古今人表之司徒皮　又按皮即婆字古韻作羅叶

尸之

左傳屈蕩尸之　杜注尸止也　陸據尸乃屍之脫文　崇非屍止也

孟子行或尼之　復坐　釋名臥化也比化為踞

○臥字　此說殊也笱从目臥有下也　說文書錄屈　又說文舛對臥也捈臥引也

臥說文休也从人臣　條伦伏伏字是也从人臣會意未

解　或云當从[illegible]頤隱于几即孟子隱几而臥之隱　按从

人　頤即从乚說文乚匿也讀若隱　臥與匿之篆　說文尸下云

象臥之形　按說文展伏貌尸下云象臥之形即此字　臨字从臥

或云尸即擬人字　存考

全刻人作[illegible]
[illegible]

說文臣字下云象屈服之形　按臣从乚說文乚匿也

台　緄　仁右文作尸　據么八為化以从到人

樂敝碑　嘗寢台緄　緄即衮字　伏見

昆干

說文䍐䵷昆干不可知也　䵷即昆也　與混沌同　聯綿字也　莊子慰暋沈屯　武梁祠昆吾圖右之象　昆干亦作曰比干　俟考

賁典

張衡功德碑[illegible]綜叙賁典　王政碑研典賁　即典墳　皆蜡文也

流僊

尹宙碑文判流僊[illegible]袁良碑僊作城之鄉　皆以遷作僊

鳥仚

絕世書勢鳥仚[illegible]　注仚高舉之皃　從人山　乃企字之誤文

大饑

君覺重己篇胃充州中大饑　注不勝食氣為饑病也　是即

[illegible]字

物

說文𠂹古文从毛 疑據乇省作手 我字从才 說文云垂古文作手 東郭垂

即東郭垂也 手才字形近而誤 漢書地理志武功縣古文以為敦

物物物字即物字也

𧗳

說文𧗳進也 漢上[illegible]作𧗳進也 詩中以勝夫如今人表作

中術 術即𧗳字从行米 忌是進義 疑中術之術乃術字古衍从水與術相似 衍與形近致訛

龜手

莊子逍遙篇不龜手之藥 按依說文即踊字 說文踊下云瘃足也

壹壹

說文 壺 壹壺也 引易曰天地壹壺 即絪緼 按从凶从壺 不得泄凶也

段注 天地渾沌如壺中氣 壹从壺中吉 吉壺从壺中 凶皆元氣渾

沌者也 未分之象 故曰會意

望舒

諸書記三引說文云 月御宮望舒 月又名纖阿 記文亡此文

離騷 望舒使先驅兮 王逸注 望舒月御也 補注 初學記太平御覽說

文皆引淮南子 [illegible] 望舒 亦曰纖阿 [illegible]附居 或云即方

諸望舒方諸也 [illegible] 北御覽引淮南方諸見月 詳見底珠也

方明也 亦無此說 未考 文選注引淮南注曰 纖阿月御也

銀兔 侯龍

御覽六百八十六引白澤圖曰 陰陽室化之精名銀兔 故室之精名侯龍

借蠐

詩推度災邶國而供輸之宿營室之精也　按向元存屋引也

軸古營宮一名鱗鰆　乙巳在六月鄭為供輸之宿謬

馮耳

果之向奚船神記船神名馮耳五行書云下船三呼之辭其名除百忌

頓竿

諸衡稅龍篇頓竿拔若不能後引釘頓竿說珀也　從考

安哉　李尤文集鑒侯銘設之酬飲酒當豐侯也

御覽七百六十引李尤安哉銘曰安哉今名付省是盛陋坐之行甄陶百成

食飲並珍思與我飽　廣雅盞醆盃也　珍譯語六作安醆引御覽李尤安

殘銘云之　玉篇盞醆大盃也　方密之謂殿通雅觀說文觚設篋也以凡從人才談瓦

軼以安引為飲器之器也

陰囊

袁叔平韜類　蘇韋業在筆中人所懸伏如今謂之陰囊

擢對

淮南說林學燭具擢對　高注擢對貯水器也　未詳何器

陸燏疑即樂省即樊雅之酒斗　皆挹水器　擢對當即斗白一聲之轉

秕傳城

說苑善說傳說秕　紐葉秕傳城　該段

感喜芝

抱朴內篇仙藥是感喜芝　夜視有光持之甚滑

光風

西京雜記苜蓿一名曰懷風或謂之光風

歸終

淮南萬畢術 歸終知來 猩猩知往 注 歸終猩猩 並神獸 按歸終獸未詳

淮南子繆稱 鵲來而不知往 猩猩知往而不知來

鄒衍

鄒衍事燕惠王盡忠 左右譖之 王繫之獄 仰天而哭 五月天為之下

霜 見淮南子 論衡感虛篇 初學記 後漢書劉瑜傳注 又袁紹傳注 御覽十四 文選注 皆引此為淮南子 今淮南子無其文 且無可詳

庶俟考

宛雛子

淮南子曰宛雛子今之傳子也 藝文初學御覽並引 琴操見注文無子 時席

塊阜

淮南俶真 塊阜之山 高注 塊阜小山也在陳留 列子釋文引淮南記

作魁阜 魁阜即魁父 見列子 御覽引淮南正作魁父之山 蘇文缺

原引作塊 舟之小丘異也 說文𠂤小阜也 廣正𠂤 國語賈注 小阜曰魁

以魁為𠂤字

陶𠂤

漢史夏世侯伯 歙今為陀陶𠂤 驛張理清水之佳

成荊

國策韓策 聶政刺殺韓傀 政拂袂 閔之曰 是其軼賁育高成

左傳作成荊 作彘曰一作羗 羗與籧通 故 作成荊 即成荊 勤 郝卿之勇

荊矣 飽鬼作 說文 成荊古之勇士 案據說文無此 假借字

錢坫曰 三飽鬼作國策 今據說文為訓

舊律

方言十二蠢律始也　按此樸與之義　廣雅蠢華始也同

恢祏

盡極山神恢祏宇宮　祏即柘字　陟按白石神君碑開祏舊也同又敬恢

碑定祏于詞桐柏碑鐘開祏神山

叔液

周器之叔液鼎　當即八士中之叔夜

射干

荀子勸學篇西方之木乎名曰夜干亦作射干　陟按那冬至蘭射干

生之射干　廣雅射干烏蓮也

鯈神

蝂史家為稱神　又名茀犀　曷其蜥蜴也故字亦或從し

廑蠦　齊正蠦蠦蜥蜴也

何匝杖人

同治辛未山左新出土（陝西）古何饋何匝杖人象　今論語作荷蕢

荷蓧　荷亦作何　說文匚部匠田器也桂氏以為与蓧同字不

知古書正作匠也　漢人碑可以隱法書之　說文艸蓧下引論語以杖荷蓧乃異本

閎夭學說于太公　泰顛閎夭學于宜西里子

書大傳說閎夭學說于太公太公除師白礼待為朋友　依此

荊楚

商煙荊楚不知何君楚德王陽鼓牛于荊伯之召者來已久

唐五代世系莫考用羽翼入中國 盤淨王再封之 待考

高宗伐鬼方 惠氏周易古義 高宗伐鬼方國時荊楚之地乃服

鄭在文之武丁 三十二年伐鬼方次于荊

安字上从𠬝即非字 非即古手文非字至古文

我亦从戈非之古文 矛亦从矛 古文不偏反之

則安之从已从反手 反手即卵也 女部之姝

新序 烏亦窮則啄 啄亦同此字

中[illegible] 烏窮則啄 待按 啄當作啄 淮南齊俗篇作鳥窮

則啄 一切經音義引淮南鳥窮則啄 啄啄觸通 猶狄獸窮之為

觸觸鄉也 韓詩外傳亦作啄 同誤 說文啄鳥食也

石奢
韓詩外傳二

楚昭王之士曰石奢者，公而好直，王使為理。于是道有殺人者，石奢追之，則父也。返於廷，遂伏斧鑕加斧，曰：命在君。昭王曰：子其治事矣。石奢曰：不然。不私其父，非孝也；不行君法，非忠也；以死罪生，不廉也。君欲赦之，上之惠也；臣不能失法，下之義也。遂不去鈇鑕，而刎頸于廷。君子聞之：貞夫法哉，石先生乎！孔子曰：子為父隱，父為子隱，直在其中矣。竹按：夫子之言與直躬證父攘羊同，又皆楚事，存考。

高懸大鏡

北堂書鈔引淮南子曰：高懸大鏡，坐見四隣。御覽亦引。竹按：今淮南無此文。庾子山詩試掛淮南竹，堪能見四隣。又唐趙思廉墓志：大鏡無塵，四隣常見。並用此文，存考。

飛遯

後漢書張衡傳「利飛遯以保名」李注：淮南九師道訓曰：遯而能飛，吉孰大焉。易遯卦上九：學者不能果斷，知遯而能[illegible]及之，以肥遯无不利。王弼本亦作飛。詒按：肥古作𩇫，與飛字古作𩇫，易混。經讀虞人書亦古義，似飛遯亦足虞實名安士所。飛遯居貞亦作飛遁。

九師易

漢藝文志言淮南王聘明易者九人，號九師易，今不傳，其僅少飛遯一條尚足舊義。詒謂淮南子中言易義多是九師家法，亦可採入。王通云：九師興而易道微。又唐修孔子廟堂碑：流易明于

九師

輔行記引說文

唐釋湛然輔行記引說文月一名望舒望以常舒又引說文曰月名常娥亦曰恒娥月福月求恒常也娥此不知何本今說文無之或是唐代之說 存考

盅

老子道盅而用之 說文盅器虛也 唐潘子師偶氏儀盅彥序 尚位盅字

吳萊研盅類即沖規

以沖代為盅廢矣

唐蕭思亮墓志

孔門之鯉初即聞詩楊氏之烏童而儼易 鸞對丁娘之正

吳萊

史記樂律 書孤女言索隱之吳萊徐廣曰吳伯柔按即漢萊也

遻蠕

史記律書遻蠕數也　按遻即愕，蠕即懦字

隌

爾雅釋言隌闇也　按隌即陰字，諒陰即諒闇，廣雅隌闇也

大交

尚書大傳中祀大交霍山　按南嶽衡山一名霍山，自郭注爾雅後，霍山當之，後人遂多異說。大交即南交，當古文作幸，脫其半體了

金目

淮南泰族訓欲知遠近而不能，教之以金目則快　高注金目深目，所以望遠近射準也　或謂金目乃今眼鏡之類　按古無此物，釋名金禁也，高說近確。言金，禁口金，即噤字，謂眼蹙之使細，便能遠望歟

匡謬深目

急

說文急褊也从心及聲字亦作伋急省作悉者也今俗作相承

作急[illegible]乎乃當是作及為急

漢紀孝武

唐酒紀孝武內有云芙蓉□□銘室花芙李斯之篆銅人

今銅人李斯之篆已不見

唐石經

金石萃編唐石經七十一卷（十卷）所載唐石經內有以閣（若覺）本校月令共有以

探入時令刊

冬蛛蝗

淮南螽蝗為災唐石經作蟲蝗為災冬蛛說文作冬蛛（蝝）與蟲蟆相似

姑息

舊韵作姑息 即禮之姑息

配林

孔安國先生有了于配林 公羊傳注作悲林 孫撫說文山廊字或

作醉 此林亦同此

石經春秋氏傳後序

汲郡之縣界內發冢者大得古書皆簡編科斗文字發冢者不以為意

往之散亂藏在秘府余晚得見之所記大凡七十五卷多雜碎怪妄不可

訓知 周易及紀年最為分了周易上下篇與今同別有陰陽說而無

彖象文言繫辭疑于時仲尼造之于魯未播之遠國也又別有一卷

純集左氏傳卜筮事上下次第及其文義皆與左傳合名曰師春
師春似是抄集者人名

霜晝

唐羅逵墓志 霜妻李氏 今作孀妻假字也 淮南原道訓 人不
嫁許注楚人謂寡婦曰霜 亦作霜字 說文無孀字是也

杼匠

唐楚士祥師等五人杼匠 杼即梓字 所爾古音也 周書梓材篇 陸
氏云 梓亦作杼 集韻云 杼同梓木工也

吳文碑

唐吳文碑 夫人恒國李氏 閨○○姿替月 閨瞼○○呈花 守家婿 瞼眼瞼也 與
瞼字異 金石文字記 唐人寫作瞼實猶古人詩之 今人以為通不作此字誤矣

金薤

唐鄭國長公主碑金薤書隹華並沸僞　按六朝殿銘之注金薤

即泥金也

鄭司農碑

唐碑二十八卷鄭司農碑唐史承節撰並篆額書字畧同碑文

是開元年　通系氏易皆本傳所無　又云晉戴逵字安道以鄭

卿汁波白瓦屋為篆碑各自寫之文　鄭氏葬于碣京兆□□自山之原

孫思邈福壽論

唐孫思邈此文雖見於抱朴子中傳但修敵在文相似亦道家

欲世之言不敢誦之

鬼魑也

廣雅釋詁 悤𪗊也 王氏疏證曰未詳 琦按 𪗊即䚛字 說文玉部 䚛
理自外言之可見 思理也 䚛之過慮亦是思義

疊懷也

廣雅釋詁 疊懷也 王氏疏證曰未詳 琦按 當是莫不震疊之訓

任考

8 豛賈也

廣雅釋詁 豛賈也 王氏疏證曰未詳 琦按 豛乃夃之譌字 說文乃字從
弓鼓譌作亏 又即夃中之夂字 篆文之夂 易為夂耳 說文夃下
云秦以市買多得為夃 故訓夃為賈也 荀盈字作風 風亦夃字之
譌也 余著春秋名字解詁補證條例

郎

周書作雝鳴云鳶多向阿及古重元重郎郎即廊 史記集解引

譚君曰象牙郎乃注淮南本經訓之文

○皋蘇

淮南精神訓高注皋蘇餘蘇也可以釋勞 案卽山皋蘇白蘇也

王朗為魏太子書云東讀蘇美以蒼稽仇陽雅之陵州芯蓼皋蘇釋

勞無以加 大傳皋蘇釋之入夜勞秋之物 錢陵王袁彭祖亭云伐彼萱蘇蠲 煩釋疾廣志云蘇為釋疾之郎

○胥餘

韓詩外傳引太公曰愛其人及屋上烏惡其人者憎其胥餘 胥餘即

胥餘 瑞按胥餘即胥邪 胥雖胥邪為壯也在屋曰胥邪 承安

屋字為衍 胥假作胥與牆字相似 餘邪古音通 後考

大宰少貳

廣延　神器臣藤原長三尺六寸六分上看五位田中宮前前　徴羽文王境

二位田中宮少貳

雅楷

管領法　左右雅勝許情曰翼似以十二月祭飲所也　与説文同

楣

爾雅水草交為楣　釋名楣眉也　近前各兩若面之有眉也　小正作言其面前之廉

傳之書年傳余鳴如豆詳之棄與同楣　又爾雅釋匡岸之名皆曰徼　説

通谷之匡則謂之徼　爾雅釋文徼本又作楣　楣徼亦一字　廉正楣匡也

轉徼居井之眉　眉即眉　古廉眉通　荀子頌廉即頻眉　鼻皆

以廉棄代眉棄　説文水部湄下云水草交為湄　用爾雅　水經消川歸之

雲也　徐氏少宰氏　惟九名以徼為之

懷懷

大戴記 音辭 見者懷懷 即論語中之見者懷懷 又毛詩古本引作見者懷懷

騶虞

丁山是 騶虞疏引許氏淮南子注云不食生物不履生草仁也 又云白虎黑文 [illegible]引作[illegible] 倍[illegible] 淮南子[illegible]天下之[illegible]騶虞[illegible] 乘評姓[illegible]高誘注之[illegible]篇乃許注 [illegible]高誘或[illegible]引[illegible]異耳 今[illegible] 騶虞白虎黑文而仁不食自死之獸日行千里亦相同

說文虞字下騶虞也白虎黑文尾長于身仁獸食自死之肉 [illegible]

評姓重[illegible]異義引騶虞又一說

周禮疏引慎[illegible]古山海經鄭[illegible]云騶虞獸名 [illegible]引鄭[illegible]

周[illegible]白虎黑文[illegible]白虎黑文周史王會云[illegible]騶虞白虎黑文尾長于[illegible]

于雅不食生物不履生草[illegible]者也 山海經[illegible]北經林氏國之珍獸

同南注蘇州名南
伊騎長髮髮髮
 卅三塔欽名讀
 聲尚好卻平
 體雲秋

大兄見五嘉軍县尾長手身 各體多乘轉寧寗 卽 陵 上川囲
 主曰 來拙菌 耶 入酉耳 咸唐 堂 钧
 乃駘寄 若兒 尾参手身 毛仕亩要
 白宇二尽作荩 品賣光佳俗尼候多
 漢讀等例
 左海陸雜中省漢讀等例甚於 鳰子樣
  公平

雖陛日記中童魯詩 上筆 俘接 源氏 一節 甚基 詳 贍 了樣

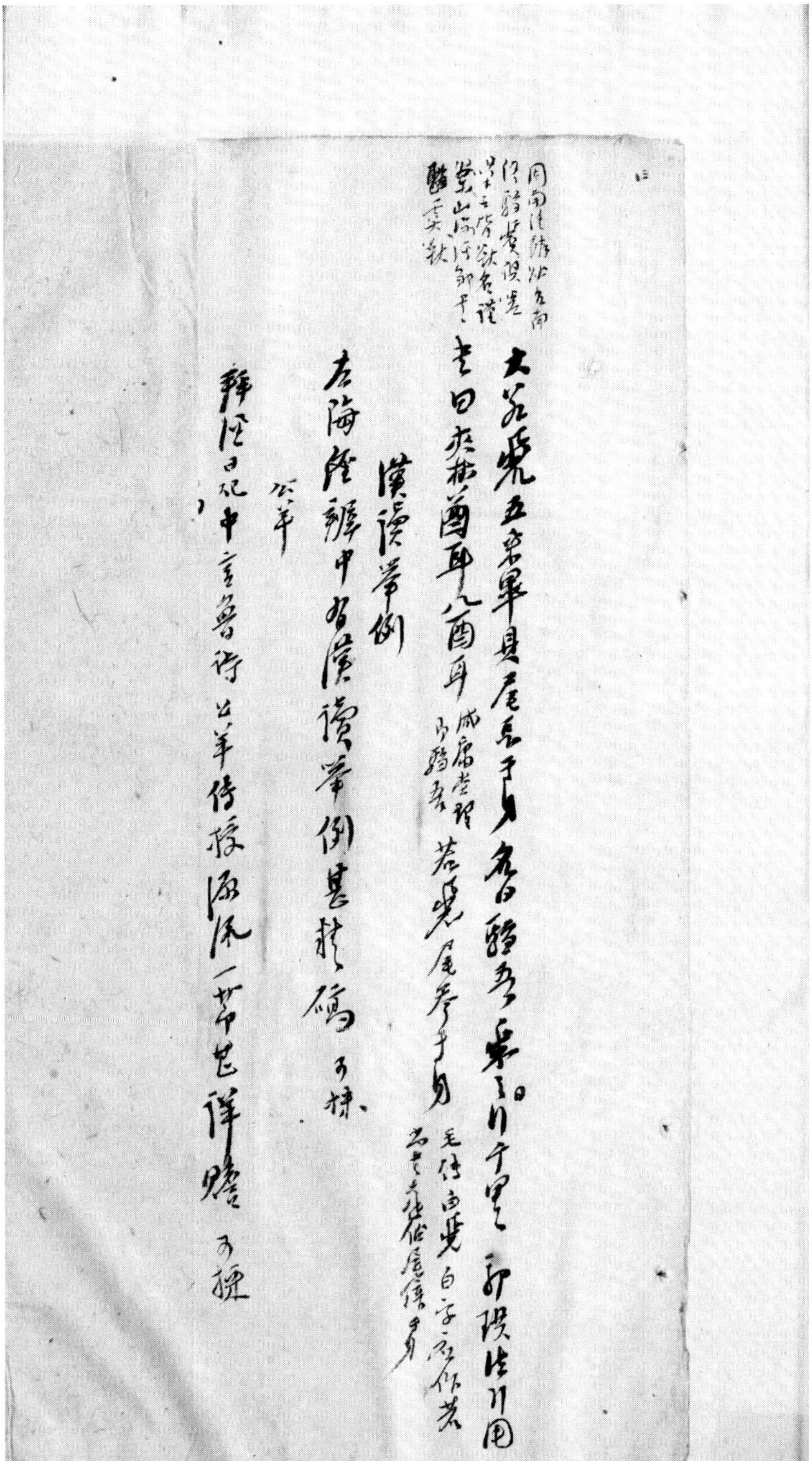

堯九男

堯九男 淮南泰族訓曰 堯覽去私於人之爲 堯有十子 高注 佚致

介推

吳季重賛記云晉文公年分封 介推 淮南人間注同 杜佑通典云甲也

其說字敷爲佐甲當是許高之異 故據人間訓乃許注本與呂覽高

注說異 史記伍子胥列傳同許異 虞瑞州部詩蔡邕張公碑劉孝威詩

此篇引文中今本皆與許注同

離騷 湘夫人 麋何為兮庭中 王逸注 麋似鹿而
小有角
真誥 湘娥登湄而解佩
注 滄思元妃兮獨處此湘濱 注曰湄水際也
論語 瓜祭 論語瓜魯論作必 瓜如必字作瓜如誤
古人引書不能無誤
注疏云 周禮 鄉人 鄭注引曲禮誤為檀弓 射人 此引射義誤為樂記 康
成為尚不能況後代人 按古人引書之誤即陸氏評尺牘中亦有

才

說文 說文才草木之初也 又我字下禾者垂字 注按禾即木才好音同也 義證
說苑 東郭牙 即周禮東郭垂 牙乃牙之誤字

亥

襄三十年

春秋 亥有二首六身 下二如身 是其日數也 孔疏釋曰 宋元人算字

一二三四五六七八九或為丅丌[illegible][illegible]或為丄丄二亖亖 權與古射禮釋獲籌略同

字即古算象(?) 其上亥為二畫 下乚乚上者似入 與丁相似 是其二六

形其旁橫為上二畫 下算為傳 以成而亥九(?)算 橫列四位 起二萬

次六千 次六百 次六十也 陳據此說甚精

立部

孔氏經學卮言內載立部說可採

鰲物

周禮大司徒其動物宜鱗物 劉本作鰲物

陳據說文鰲(鰲)魚也 或與鱗通

玲瓏

穆天子傳 玲瓏㲿瓚 注玉名 按玲瓏即玲瓏 龍或作竜与毘于

似因誤 說文玲玉聲 瓏旱也 又張識和氏玲瓏

卬

方言六 卬為也 按以卬代為 當時或用方語 然義不明 卬字義与寧字

義上疑有似 後考

䅡

集韻 盡 䅡月行也 詩日居月諸 通作諸 是諸乃本字 䅡䅡字

不見說文 或是俗字

細席

荀子大略 雖欲無席 細席之言 尸子作當席之言 按細當以本字

按當席當是筲席 筲是竹之用席也 細席之細即筲字之誤 筲席之用席也

班孟堅傳贊語字

班固敘傳述其宗字云仲少字諸子師丹固以魁 字伯者特之子固之從
孫也地理志亦引之齋詩知班氏世爲齊學 自魁通六孟堅承樸集中引
韓詩内傳 兩祠並戲標之至上引詩語皆是齊家也

褭首 舊作

淮南王淝擬莊辭中不云褭首 惟言細微也 韓詩外傳十四頁 時校 字
而中齋所 最毀 即 玄都首也

神囧

北魏張猛龍碑 猛龍字神囧 全不是云 囧 呼當爲日出氣象也 金石萃
編云石墨鐫華載此碑作囧 不詳音義 今細檢楊本上、字上有以形
不甚真 是以字 或謂是 圖字之訛 非 囧古 冏字也 碕想研中只

碑上或有以形 囧字寫 碑中 淵元萬方鏞云中明之旨 淵字有訛
囧字与圓字明矣 當是囧字 從火囧 囧明也 讀若獷 獷与獷義
相類 後人以讀字為良 華字形近 神井 龍也 囧即獷之訛 名獷龍字神
囧或亦明別體 囧有書作囧者 此書徐法之係 拓形貿則囧亦獷与獷訛
即囧字或誤 為囧字之誤也

○ 寵寶匡蓋

北魏懷令李超墓誌銘 寵寶匡蓋 中州金石記 ... 匡蓋 匡淵之之
蓋即說文序中云 使天下學者 猶蓋之蓋 時所匡蓋即匳蓋 漢書 ... 匳蓋 藏者即
大器蓋言之信 ... 匳蓋之 ... 藏物器 ... 以為匳 ... 不蓋
匳蓋 匳也 从品 ... 中 ... 藏匳 ... 即 ... 之 匳蓋 ... 之言
匡蓋之字不文
唄華

西匡言篆引宣驗記曹植登魚山忽聞岩岫有誦經聲遂仿寫之

今之所稱梵唄已今傳之

楬櫫

說文楬 楬櫫杙也 一切經音義引 周禮泉府物楬而書之 司農注楬著其物也 楬著

即楬櫫 漢書尹賞傳楬著其姓名 注楬杙也 櫫音 楬而書之以付之也 不知識謂之楬櫫

揚子雲子烏逸事

太平御覽三百八十四引劉向別傳揚信字子烏雄第二子幼而頴慧雄算

元經不會子烏令作九數而得之又雄擬易羝羊觸藩彌日不就

子烏曰大人何不云荷戟入榛 此條當以補入[illegible]漢易義中

武榮治魯詩

漢執金吾丞武榮碑云治魯詩經韋君章句

脣竭 淮南說林脣竭而齒寒今本作脣亡
高注脣亡則齒寒是高作脣竭則齒寒注竭亡也 許據竭乃揭字說文揭
去也言脣去則齒寒去猶亡也

䡵
說文䡵車底也段改䡵低也底即低 即輊字 淮南人間置之前而不䡵 輊許君即
此注中例

叕
淮南人間訓愚人之思叕注叕短也 按說文叕綴聯也此當
是當窡字窡云短面也字亦作䂌方言䂌短也
淮南主術宮古戈
金石學之銅器款字 淮南主術宮而出古戈銘 金鐵侯矣

漢孝子郭巨

劉向孝子圖郭巨河內溫人郭巨墓在平陰縣東北於僧之在宅北齊隴東王

孝感頌云今對雙碑獨存一祀實命出此坤見福德天云郭巨之墓馬鬣

交阡孝子之堂島通鄉阜於坤見子出樓神祀存僕畫

羅振玉孝堂祠堂石室內邢渠前有邢毅郭巨之詞巨說文曰莨也即矩矩

古字作榘與渠字近故邢渠前與郭巨無涉不能孝子之今

上年於河以邢渠無関於郭巨之遂子文且畫象刻邢渠事董永

上其為漢人無疑

邢渠事蹟李宗陽隋書經籍志已改其見御覽

范賢代兄

武氏左石室畫像題字第二層六橋義士范讓陳兩外蠹贖議其門

亦代兄孝旌此子為其孝

魃

一切經音義引說文亦有魃字云剩推推鬼也从鬼友聲 據此則漢帝佚真詞傳

及本草其鬼魃類即魃字

要

要說文篆作𦥔 頤以之字篆作𡰪上象首下象足中象腰手臼之按 [illegible]

漢書地理志注𡰪古要字 亦移長田君碑君宪居道𡰪亦作此字

常羊

海外西經形夭與帝至此爭神帝斷其首葬之常羊之山

郝注南望形則常羊之山在西北

汪氏

張衡思玄賦超軒轅于西海兮跨汪氏之龍魚 即海外西經諸夭之野 博物志引作諸沃之野

故依海外形則沃民即汪氏也

說文鷖下孔子
也又曰鶺鴒也
小也

嫛婗

釋名人始生曰嬰兒或曰嫛婗 說文嫛下嫛婗也 雜記中路嬰兒失其母

鄭注嬰猶鷖彌也 趙注孟子倪弱小繄倪者也 按鷖彌繄倪皆

嫛婗之轉 借字今食皆本于嬰兒之轉耳 蒼頡篇女曰嬰男曰兒

宋忠字仲子

隋經籍志宋忠字仲子 玉海魏曰一作宋仲子 則按子古文作孚 與字形如

華陽國志梓潼士女志李仁從宋仲子受古學 亦作仲子不誤

淮南

吳志虞翻傳引淮南子曰人莫鑒于止水而鑒於流潦 与高注本作流潦

正同此則高注本也

洄

說文洄讀若瓶瓴之瓴 亦从水卣舟 是洄或字作㴑也 按从舟与

从各通 瓴瓴之瓴作瓴也 字彙以从各為是

丁

說文了下云了尥也 王氏引許注淮南原道訓於了戾也 不知重何所據俟考 又猶下引兵略訓許注猶猶屬同不知何據

從子無臂
孓下云從了無臂象形 按与木部欁之古文不從木無頭一例

巳

吳越春秋越在巳地其位蛇也 按此乃南蠻蛇種之說越即閩越也
劉逵注方伯證宗日是蛇民至人不為知近時閩人亦為寮居之流
乃蛇種也

○修蛇

說文騩馬在騩之北郡帝所古言封豕修蛇之害 乃誤據左傳中包胥
曰吳為封豕長蛇 今作修蛇乃引淮南本經訓封豕修蛇皆為民害
之文 淮南王避諱凡長字皆作修 不見許見說文多引淮南舊注年編

知子謝氏曆篇釋文引六博經曰博法二人相對坐向局局分為十二道兩頭當
中名為水用棊十二枚法六白六黑又用魚二枚置于水中其擲采以瓊為
之二人互擲采行棊棊行到處即豎之名為驍棊即入水食魚亦名
牽魚每牽一魚獲二籌翻一魚獲三籌若已牽兩魚而不勝者名
曰被翻雙魚彼家獲六籌為大勝

〇暘 注尚書郡形如乙所曉曉即睹方言睹視也

說文暘日出也从日易聲商書曰暘谷 虞按暘日出也當作暘暴也
日出乃曰暴字之上體傳寫誤文也 古陽與暘通 秋陽以暴之即其義 小徐本引
洪範庶徵曰暘謂日暴之也而學記未詳又 且以下當誤引暘若二字 时暘若陽以乾物需暴也
今以字當作暴備之詞從人以日出暘若之文遂稱乎九疇二字之下不知暘

本字曰暴暘也又暘不云乾也義从於乾

谷如花無革言暘者且說文但作暘谷或作湯谷即山海經湯源谷也

暘与陽亦通論衡暘出陽也詩湛湛露斯匪陽不晞湯谷陽谷也 故李善曰暘下無出字

下有暘也 己子新引高也曰暘谷 謂引洪範八庶徵曰暘之文以人代為

黄以蓮加谷字 或文段高為雲是也 字彙曰暘谷 萬傳曰暘若即下文曰文

時暘若曰僭恒暘若之文 詩星引經多有作文此言曰暘若正相似

也且曰暘谷 鄭生暘金氣也 秋物成而堅故金氣主為暘 鄭氏說亦以暘謂乾

暘即晃業義也

曰木生㬥號也 耕晃業四曰㬥 耕也曰春耕夏種秋耕春種之田

是伊抵貿之㬥 木生晃業下方从日从出此即暘下據之由

○ 金山

說文金嶽會稽山一曰九江當塗也民以辛壬癸甲之日嫁娶从山余聲虞書曰予娶塗山

山

新按：左傳禹合諸侯于塗山，魯語言禹致群神于會稽之山，杜會稽山亦名塗山，為禹會諸侯之處，是越有秋，禹於塗山以致羣后，知會稽山原名茅山，以禹會諸侯于此，更名塗山（朱氏謂）茅山載明曉茅山（之誤茅）書與會嵞相近。又于九江當塗[illegible]有禹所娶塗山氏國也，又有當塗[illegible]曰嵞山，古國名[illegible]之[illegible]氏，[illegible]禹娶塗山氏女，不以私害公，自辛至甲四日復往治水，即（說詳上山下，[illegible]氏[illegible]當塗之嵞山）記[illegible]本紀[illegible]會稽名塗山，其迥異。淮南子原道訓：合諸侯于塗山，執玉帛者萬國。高注：塗山在九江當塗，斯誤也。後漢郡國志當塗注引帝王世紀曰：禹會諸侯塗山，則以當塗之嵞山為會稽之嵞山，謬矣（王氏蓋亦以說）。謬不知[illegible]謬，娶于嵞氏也。宋人史繩祖[illegible]（說嵞山之嵞）[illegible]（見會稽三賦）以謂許慎之著說文則曰嵞山，會稽山，一曰九江當塗也。及為淮南子注，不曰在會稽而曰在九江當塗，塗山[illegible]所娶此。宋人誤以高注為許注，且誤以高氏九江當塗之

說[illegible]知辨[illegible]譜也

醫無閭

說文珣下引醫無閭之珣玗琪此爾雅釋地文淮南地形訓亦載地形

訓之[illegible]為之本 醫毋閭之珣玗琪焉 高注醫無閭山名在遼東無作毋與許氏異御覽三十八引此

文亦作醫無閭又引注曰醫無閭東北之山也注蓋亦異御覽引作無石

與許氏說文引於今本之可以補入

蔡蓁

魏郡[illegible]蔡[illegible] 按說文蔡艸也玉篇蔡艸芥也則蔡蓁即艸

犕

說文易曰犕牛乘馬 今作服 王氏[illegible]玉篇犕亦犕服也 按今[illegible]人

凡字去佩服佩服之佩帶作犕字當是皇甫高士傳崇其犕未字
手作佩犕音服今所謂人執其此言音備是知犕字同服而音必備
又人人言釋服釋之犕字也

淮南王草木譜

水東日記吳門內吳氏道田楷模二字係借予吳華淮南王草木譜以對曰
楷模楷生周公冢上至葉春青夏赤秋白冬黑以色得正也楷木生孔
子冢上至今枝疏而不屈以質得其直也吳氏乃直不曲焉所說生周公孔
子冢中　瑞按謂之楷字本出孔子冢蓋楷之本義詳其事即引草木譜此書已亡
淮南王草書見于藝文志者不少惟隋書經籍志及此書皆不載

歡喜歲

高誘大業引淮南子曰歡喜太歲之所居　瑞按此所謂淮南子佚也

説文烏字下曰[illegible]也太歲之所在[illegible]離同字許氏即自引淮南文也[illegible]云[illegible]六歲[illegible]氾論訓大[illegible]夫一即史

高注淮南　説林[illegible]

氾論訓蘇秦匹夫徒步之人也高注本云説苑[illegible]言一篇今[illegible]言所引蘇秦[illegible]

皆是注[illegible]乃許注本[illegible]時[illegible]本也[illegible]詳注也　又氾論訓[illegible]

之高歌[illegible]曰[illegible]歌曲　歌曲二字[illegible]　[illegible]利[illegible]許注本[illegible]引[illegible]

[illegible]之[illegible]歌曲也

淮南三十而娶注文与説文合

説文包字云象人裹妊巳在中象子未成形也元气起于子子人所生也男左行三十女右行二十俱立于巳爲夫婦裹妊于巳巳爲子十月而生男起巳至寅女起巳至申故男年始寅女年始申也　淮南氾論訓[illegible]

而娶蓋從四數十三而娶共陰易某之時俱生于子男從子數左行三十
年至于巳女從子數右行二十年亦至于巳合夫婦故聖人因是制禮使男子
三十而娶女子二十而嫁 至男子自巳數左行十得寅故人十月而生于寅
故男子數從寅起女自巳數右行十得申亦十月而生于申故女子數從
申起　許據此以說文系從因而爲許君舊說洪容齋隨筆引爲許叔
重說鄭君不云蕤從高帝宋人多以高說當許說也　北堂書鈔引歲星在
制也爲高說或古本引上二語乃是許說亦未可定　王逵蠡海集說寅爲陽
之始男所生而立于寅寅屬陽庚也申爲陰之始女所生而生于庚庚亦陰故雖說與男
生于寅寅爲陽木陰女生于申申爲金陰金從水出從當用其說義許君二月以
微古等說自創說也　古義者許君五經異義說

顧理

說文乙下云鰓理自外，鰓即䚡，角部䚡角中骨也，蓋外皆骨内骨至中之理也。吳封禪國山碑䚡理洞徹，亦作䚡。

○ 㤅

㤅，仁親也，从人二。㤅，古文仁，从千心作。（韵會引說文曰千心爲仁）汗簡考是悉？心从千心孔乃下加一點，畫作乃豊人字，讀碑者字皆如二古文乃省此言人人心有仁古人人心中所具也。若今說古字古文料亦訛千一小畫乃古文也誤非今千字从人古文从千也。

○ 席古文作㢈

說文于席字下云从庶省，古文㢈下云从石省，轉攄古者庶与石爲通（跖作蹠，柘作蔗）或因此致訛作慳。修曰囙，篆作㘝，象裀褥之形，席之文似因而此囙乃古文至說頗新，竊謂席古文作㢈亦从囙字，（裀）席古通用也。又㢈下云古文㢈

一曰竹上從說文竹席也從丙宿字亦從丙丙即竹席也丙字宿字當從西以因之誤

文作因吾謂曹憲云西下之六上從丙作茵字亦從之說不誤

曾□鼎

古今姓氏書辯證引前氏譜曾子二子元元生西西生欽欽生鼎

中阼

箕山吳銘玄鼎曰旨擧從王薦家詩人皆稱為立中庭廷

銘說此字作庭字此乃阼字段及文也說解說云長謂兩階間

從西階上面北以錫晉春香石鼓有也故鬘之曰一級君降立于阼階

之南南鄉謂第此面史南君有族其常也至王當大一日中阼立

中中阼即立于阼階之說從文阼字阼也以鼎下器新銘新

有大寺鼎曰王在周康宮旦王各大室即位字稱為中廷者何

離珠

無逆草殘離子背毛生引淮南曰離朱之明能察鍼末於百步之外 按慎子曰

離珠 此云按於乃李善之言 慎子曰離珠 郭景慎去為離朱 慎本即

許君修本

涓子

列仙傳涓子齊人好餌朮 英之如人 日經三十八篇釣于澤得符鯉魚中隱居

宕山能致風雨造伯陽九仙法淮南王安少得其文不能解其意旨其琴

心三篇有條理焉 亦見於錄也

讀文選序類

畢附捉已 趙在所事 姓云英

佐明六藝之文義崇宣先聖之指 趙岐孟子題辭

虛無紛繆雖周遊而不疑暁之於思過半矣 孫子算術序

煩毀律紀 小字和

優賢揚歷

三國志賀邵傳優賢揚歷垂聲千載裴松之注今人[illegible]左太沖魏都賦

優賢著於揚歷劉淵林注盤庚[illegible]今[illegible]云優賢揚歷此

皆今文尚書古文尚書作心腹腎腸歷告爾百姓于朕志今文作心腹二

字當為優歷字屬上為句皆古今文之異

易林　王[illegible]林注本引[illegible]詩引秦風有車轔轔崔駰[illegible]隱之轔轔即本書詩並翻[illegible]為齊詩也

近儒謂焦氏易林本崔氏之為崔氏易林即崔駰所云穿易林　而中引詩多同毛耳

世所中引詩從韓未[illegible]崔氏為習齊詩之學者

儇

漢書[illegible]禮[illegible]至耳[illegible]引詩見曰儇數也　[illegible]

彝氏

詩菁莪引截彝之氏傒芭注示之方也明鞮制方令子女士又人
之義之說極詳

溪

三倉溪谿也廣正同惟谿作谿西域安全水源曰溪易林敖記
衛水衆溪名林

崽

廣正崽子也方言云湘沅之會凡言是子者謂之崽若東齊言子矣
郭注崽音山柔反之語也稍釋崽字初誤當是子字之轉
文從子子下覆女作㛤崽作山下從川中從田下從心之字作也
與愢相似惟媚其亦之一總字

盧植習多言詩　鄭康成從盧植受書，詩從張恭祖受韓詩

盧子幹亦習韓詩　高誘是其弟子，如習韓詩，則是說淮南注也。引詩往往與毛異，可參也

涓桓

賞予小雨帶君乘驂而湑桓　注云：湑古盤字。按盤桓古何多作般桓，从舟同，从水未詳。

軫軳

轉飾也。說林說以音讀，注據一人說，門切之轔。此從轔是許本。

廣雅：軫軳，轉戾也。廣雅引淮南本多是許本，如此獨作（廣雅釋訓）濟障也。今高本注則異，而說文博字作多什也。此字僅見淮南，今道訓从出，蓋採許本也。淮南原道扶搖抮抱　原道扶搖　高注抮抱了戾也。此亦是許本。

惛悍悅惋也，即惛悶之高義，許本當惛悍

饑賑直視也，即上文應訓縱之，轍勇之直視也。

清英

康正清英風也 即係迷秋清醥之美 高本作清醥 亦清醥風也廣

雅以詳本 思案巴至也 即人含巴花為飲 蘭薦也 射集衛

之作 婦為一藤王御冊二習系用清為深校語文 照校詳本

釋文引說文

詩釋文引說文作厶 釋文同毛詩 詩是今周毛詩本云詩字作厶者

雖是說文采王家詩文也 然亦說為異字

引詩雜說

詩釋文所引古書凡引詩多有與毛本不同多為三家詩 或有字異

義同如古今文之別 或一字同義異者見師說之不同 凡校書者然如此當識

鄭志

鄭志卷只模圖（禮記正義引）注記時就盧君後乃得毛傳於政之尔是鄭君
誰習韓詩當多魯義即盧子幹亦必兼習魯詩也焉識
與植弟子謝南吕覽注引詩往之有與魯合者當是不可一例泥視
之也

班氏齊詩

班氏習齊詩因班伯常受齊詩於班氏漢書是通法之與齊
詩合於漢代三家詩此證以漢書本之同為公羊齊詩
其可考據者是也

東漢書引詩為魯詩本

魯陸以前魯詩立學官最早學者多習之東漢古書引詩
多是魯詩本　又云魯詩近于東晉是以無所隨多習毛義

蜀三家本亦不少也，如魯峻、武榮碑中皆云習魯詩，情花
只載之不詳也。矣魯以韓爲齊，以韓引詩爲異者，多爲見三
家本流傳已久，不免誤爲先大家分數耳。唐賢亦詩
往跡本要自亦有流人以三家本改毛氏觀之，釋文多以先儒

毛用左文作本不便皆本文

螮蝀

毛詩蝃蝀在東。蔡邕月令章句引詩作螮蝀在東。蔡中郎書
漢石經用魯詩本也。淮南時則訓虹蜺見下高誘注引詩亦作
螮蝀在東，是高亦用魯詩本也。又蔡邕銘寢廟下高引詩云
寢廟奕奕，今毛本作新廟奕奕。蔡邕獨斷引詩亦作寢
廟奕奕云云，言夜遠也。是亦高用魯詩之證。

崦嵫

山海經有崦嵫山，玉篇並引之。謹按：説文無此二字。淮南天文訓：日入于虞淵之汜，上御覽三引且見崦嵫，經細柳，入虞泉之池，曙于蒙谷之浦。此如許未及引。注云：崦嵫音奄茲，亦日没所入山也，此亦許注乃騷炫侯博物志引同。並崦嵫于省作奄茲。張覽冥訓注：崦嵫，都廣，入日抑節于此。又云：經營扶桑，入日蒙谷至柳谷，乃崦嵫二字之轉語字也。

○

雯 説並無詩字

馬竹吾曰：雯讀新更禮薦稽雯於君子之圃也。雯，雲紋圖之同紋也。

詩一葉君配吁滿乎猶葉，賈生漢書文帝時懷多詩畢出此用為證也

此

楊子云△篆説字
陽數楊曰楊子雲爲篆説字
古者从艸木相通
莠之秀茁從厚作梵之秀茁蝌之从蛙金文或从林
説文
相下省視也从目从木易曰地可觀者莫可觀于木晁氏云爲是苻瑋先引
相
爲是大傳云东方易居地上之木爲觀与此異同
孔子家語
孔子家語引詩螟蛉有子教誨之也但一條乃王肅杜撰也
又係兩間引彼訓義同
雜記
説文詁下引作詁訓傳昭下引作詩文章句之句皆漢人異也

另義

詩傳亡失

齊詩[illegible]之最早者詩[illegible]書緯詩隱在人無傳者惜哉 不足據者

詩易等種五國學已同此當次宗別段詩序義

趙岐

趙岐注孟子本事置之有出處　孟子一條　李難一條

重離賦

劉向劉歆淮南王有重離賦　又此當有劉引淮南王之原

風賦

春秋繁露

蕭何為言之董子為著書之作

董子春秋繁露固亦知之事也　以釋詩者亦為言詩本

說文圉下云籒文作[illegible]　今石鼓文圉亦作[illegible]　知石鼓乃宣王時物已有用史籒

害也

劉氏世習齊詩

左氏傳傳于劉歆　劉氏世習齊詩　故今左傳序引詩之與毛異

而爲齊詩合此

潛夫論

潛夫論引詩鄭箋爲魯詩　夫祿字亦作相　福不除　毛作何　魯詩凡何爲作相

○煦

文選演連珠注引韓詩章句曰煦暖也　晉竹書訓此字無可屬

詩訓此乃睍字之誤　詩見睍曰消　釋文引韓曣睍日出也　此睍字乃

衍文曣日出与毛睍日見同　則下文睍字或用魯詩作睍　廣韻曣睍

暎昌字詩此亦作瞌嗑也与音材同

魚尾蓋尾

説文魚水蟲也魚尾蓋尾相似　按此即角下云角与刀魚相似

陋字下通作与它鼓同　文六本作　寡下云金勒高四寸者也

跋行

女卯姝下談笑跋行此語及跋行作為表远利跋行嚎息

丁女也

凡似通假用告詩

凡似通行詩書子書之　傳寫者引作傳之乃若詩同

東多嬾

張衡東京西京賦未之为蕃行不一

元撰撤之即用为詩系一本撤之之本

官
説文曰官吏事君也从宀从𠂤𠂤猶衆也官与師同之
齊鐘薛鼓
史記注序齊鐘薛鼓言奏宣言也
連鎖鼻耳
凡但連一般之文猶連鎖腰鼻耳鄉以為東辭語也
閨妻
會稽你閨妻去詩作嬬妻蕭該音義引劉氏曰閨音淫謂女有部
韓酒味淫謂此春秋傳美而艷蓋艷淫如故閨亦同艷亦聲
亦聲似也
是纔横樹來始南北耕田也
詩釋文引韓詩作横由其畝曰东西耕曰横南北耕曰由副目耕比例汝氏
謂南与由通用
春秋左氏傳釋曰大由注大由大衆也又引阿毗曇論曰恒逐日行一百九

還の第八千八十四句以申句為反覆名之因此申字也 [illegible]按此由即說

文袤字下云一曰南北曰袤東西曰廣 即韓詩南北畔曰[illegible]由東

南畔曰横說文如韓詩作横由 [illegible]說文作廣袤 [illegible]通假也

周[illegible]雅廣[illegible]袤[illegible]也 從說文之南北曰袤東西曰廣 亦本乎淮南之說

淮南天文訓欲知東西南北廣袤之數七 [illegible]其記[illegible]城廣

袤方[illegible]用[illegible]天地之廣袤 [illegible]一縱十横[illegible]說[illegible]袤[illegible]

袤以[illegible]

[illegible]

[illegible]

[illegible]

[illegible]

[illegible]

此是古本不必妄改也　周本　岑此段桂文郁劉氏舊本之義以為證

說（注）之言

阮太傅曰古作之詳如此段氏誤為新之云云刊義即下已三葉條

近人桂馥之論一要苗以精義古言毋庸之議為至當說為第一義則

徐傳以釋為第二義也

岐頤

春秋元命包后稷岐頤自求其體　岐頤即岐山頤　善詩作岐嶷

祇

說文示部下以觀示為正義以祇為引伸己本萬氏周官以示為地祇說

當為古義段氏鄭中之字皆為神祇為之（周禮大司樂天神皆降地示皆出是古義也）王氏曰古文一以……之一一即地祇

與之同亦乃孫詒讓地示出之狀孫氏據文從以乃古文坤字

依說文字見

坤　地也。說文坤易釋文坤本又作巛，巛今字也。見毛居正六經正誤，曰巛古

坤字。陸氏以為今字，非也。字經執熹石經此從巛之美也。王肅作巛，古坤字

玉篇以為坤之古文。蓋說文土部坤字無重文，後人見經借川為之，非矣。此巛字古

石經隸碑中坤字或作𡿧，或作巛，或作𡿨，皆巛字之譌變。衛方碑

之巛字尤與今巛字下宜以作巛更合

斲

斲之重文斵，說解以為從爻，非也。隸體從二七二刃為文，此字說文有八二為

出字，丱生于地，即斲之但斷其莖之艸，下留其本，以斲之根，二下又見丱

也

目

說文目下云：人眼。象形。重童子也。桑氏曰：詳見圖，象中黑而畫，而說之重童子

[illegible]候笑[illegible]是◎◎両[illegible]◎[illegible]自形[illegible]作◎[illegible]黒[illegible]

重々之色[illegible]逆[illegible]也[illegible]重々子[illegible]

大同[illegible]重々子也 [illegible]重[illegible]

[illegible]種々[illegible]

以[illegible]二字[illegible]子也

蕉

蕉下云照者[illegible]熊下炎者[illegible]二字[illegible]从火[illegible]

[illegible]炎二字下[illegible]从火[illegible]尾形[illegible]

[illegible]

三戸

金文以泗爲錫 宋本葉萬 吳氏說即易之省文 錫者金作易

其文通易字

六嬉

孝經援神契 五行大義引 以一五比二課 以三比四 以五合以六 御 以七 以八

餘笑列以十鉤 隋蕭吉曰一至十 簙 擲 ……

四兩字疑無據

蕭吉 簙

五行大義第二論支干云一作幹一作簙一作干 外簙 六…… 此文簙疏於配成用也

楷書之省文條 簙 其義 楷體…… 云簙 干之云 干也 世……

此干支字作簙作一簙者是也

五行大義引 ……固 世……別錄之文

禮書大義 錦……洪 …… 成雅…… 孔穎……

……春秋元……

……孝……禮 ……合 ……圖 春秋……

卷一

尸子 三禮義宗 京房易傳 鄭氏易注 翰氏易注

又引孔子太公兵書　類家長社撰序　黃帝太宮經　·黃帝太素地記　五行書　李氏陰陽說

出說

蔡倍皆說　抄世隱虛經　黑巴經　許慎五經異義　附郭敦　以爲孔子藏經　如稼氏

宗鏡　大乙經　河上公注老子　又引老子玉枕道經義云、無欲無欲所知　道家太平經　道家太武經

自覺通　寂子　道德經　經合小　又古枕書子經　皆在之道德經

春秋　尚書　老氏春秋　兵書　淮南子　又引注解　許本　趙記　韓詩外傳　又引國語　三首止已　續漢書　楊泉物理論

論語　左氏解案　帝王世紀　許氏說文　孔子元辰經　遁甲經　翼奉說　見爲詩學　桓子新論

錄圖　帝王譜　三五曆紀　玄女式經　黃帝八神圖　洪範五行傳

文子　老莊相議　史蘇虎經　王肅問說　集靈經　本生經　射覆經

鄭玄婚禮謁文

神君蘭相字說

黃大第一引卦六易曰地上之木爲觀言春付出地之木無不曲直花葉可觀如人之宗觀咸信

也許慎云地上之可觀者莫過于木故相字目傍木之

易天數五 注 韓王韓勅案 地數五又引 韓曰五位也而各有合 引韓曰陰

易大衍一引韓曰五奇也

陽相應各得相配而各有合也 韓曰天地之數各五五數相配以成金木

水火土也

大衍說

易大衍引京房以十日十二辰二十八宿合爲五十其一不用者天之生氣將欲以虛求實

故用四十九焉 馬融曰易有太極謂北辰也太極生兩儀兩儀生日月日月生四

時四時生五行五行生十二月十二月生二十四氣北辰居位不動其餘四十九轉運

而用也

食經

文中子注食經譜南王依

食作蝕

同文本卷十七引

詩曰彼日而蝕 則維其常 此日而蝕 于何不臧 今詩作今 主日大女也 作作懷乃善也

毛詩章句

金府廷也 本卷六十二引 不知何人章句 亦柏然 讖緯之說

淮南子汲星色赤名曰天狼 軍中之精華也 [illegible]

淮南子名曰主為彩柱

笠穎易林

易卷引笠穎易林曰井水沸不可以居

淮南逸文

通典公子淮南子曰太平之時五日一風一年七十二風 本卷五十六引

淮南子云唐寶五狐六狐不敵一虎 歌王注文

淮南子曰東海之宮為十墨田 白帖一百卷引

御覽四十三引淮南記 [illegible]

淮南子曰惕惕[illegible]而來者自為風 文選魏都賦注引

淮南子曰[illegible]大鏡[illegible] 又御覽

淮南子曰日月中有桂樹 御覽九百五十七引 注文

淮南子群牒於軸雲呼成雲 [illegible] 注文

淮南子曰君子[illegible]今之讀者也 初學記 御覽引

淮南子曰鄒衍盡忠於燕惠王 惠王信讒而繫之 仰天而哭 五月天為之下霜 文選[illegible] 又文選注

不審 後漢書[illegible] 御覽十四 白帖二

史記楚世家以某邑某廣袤六里　○○　注中必揣之度廣袤千里

廣倍法门

袤廣

尚書中候紀有兒至日若廷龜背廣袤九尺

尺寸

墨子備城門柄長六尺廣袤十二尺　廣長七寸大九寸　又名二寸廣寸作兩[illegible]

廣者曰地中寬大之地名也

王注異義　五經異義

左氏十年傳注有大夫之富專擅權勢秉持國政廢置在己也

橫行

東周策不橫行于周矣　高誘注橫行東行　橫即東西曰橫之意

金石

昌黎求人功德銘乎金石　高注金鏡形也石豐碑也

朋友之昵

孔叢子記義篇季桓子龍婦與太甄閣夫教官至南宮適為之昵朋友之昵

也之道理也行之也

包卿文

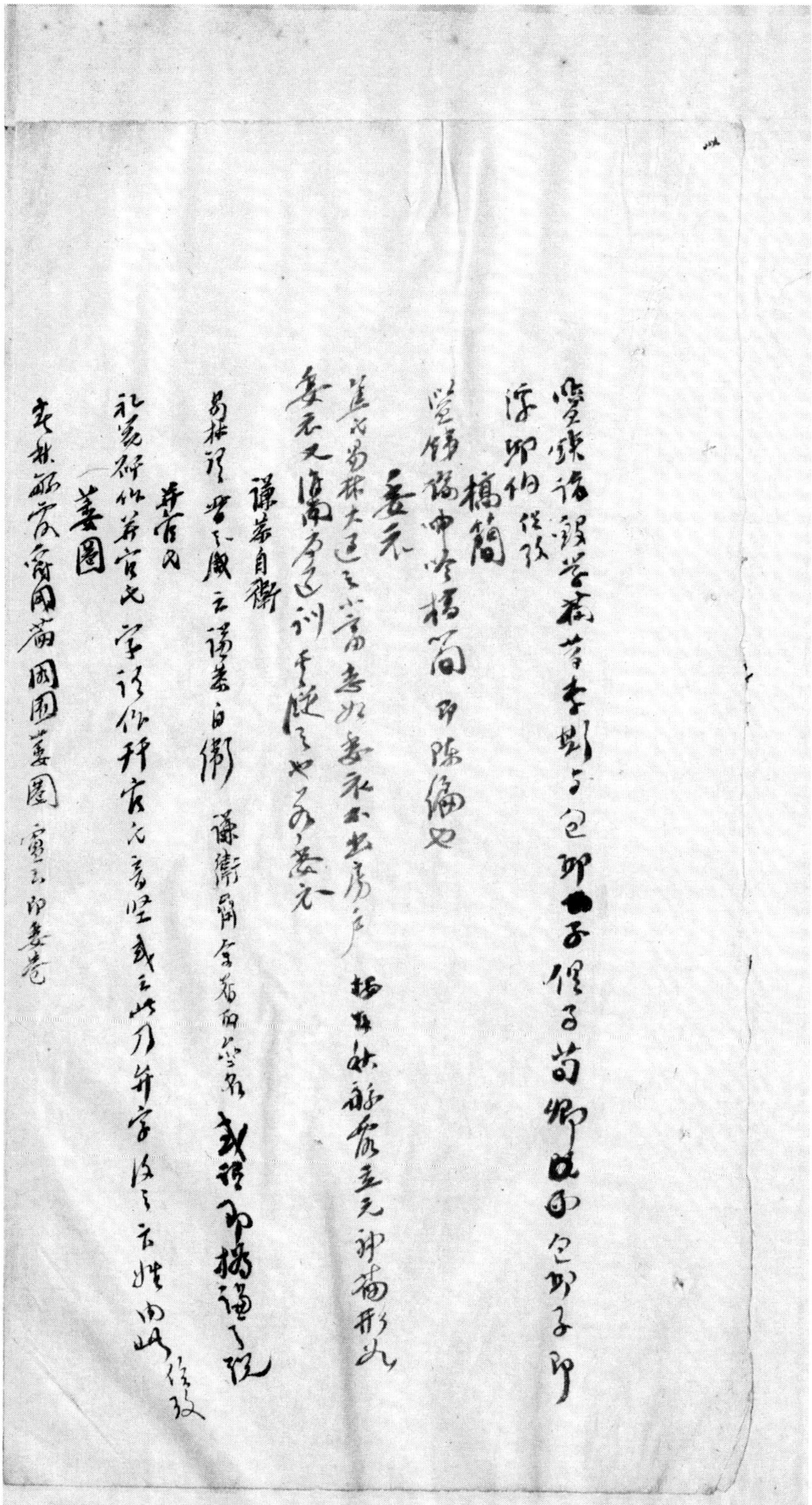
瑩錄諸說並稱李斯與包丘子俱事荀卿 包丘子即
浮丘伯 後改
橋簡
瑩錄諸中作橋簡 即陳編也
蠹衣
蠹衣不出房户
謙恭自衛
謙恭自衛
姜園
姜園

蔓

未松解賓爲堂校 蔓音法蔓与搜同 此字即爲蒐之字文

浮濔

此季子以以縱小衣乃以爲舟與浮濔 浮濔二字案書之梓樟之左文

錫十朋

唐韵引逸周書武王悅箕子之對錫十朋 蘇文推亦引帝王世紀曰武王喜爲分出梓箕子之因錫

貝十朋

今金文中有錫貝五朋爲錫貝十朋 我拟之

威覺

西京雜記載日南貢私如爲上林賦宗旨而成 友人威覺字長通祥柯
者嘗問以作賦 私如曰合纂組以成文 列錦繡以爲質 一經一緯
一宫一商 此賦之迹也 賦家之心 包括宇宙 總覽人物 斯乃得之于

以下可得寄傳

文不識　又杜陵秋胡能通尚書善為古隸字

西京雜記云邑人文不識家富多書衡乃與客作而不求償主人怪問衡

衡曰願得主人書遍讀之

郭威

西京雜記郭威字文偉茂陵人也好讀書以謂爾雅周公所制而爾雅之有張仲孝

友張仲宣王時人非周公之制明矣余以問揚子雲子雲曰孔子門徒游夏之儔

所記以釋六藝者也家君以謂外戚傳稱史佚教其子以爾雅爾雅小學也

又記言孔子教魯哀公學爾雅爾雅之出遠矣　按[illegible]

一產双生

西京雜記云昔許釐莊公一產二女曰妖曰茂楚大夫唐勒一產二子一男一女

男曰貞夫女曰瓊華皆以先生為長

莊氏說金文

莊氏述祖云鐘彝不比五經古文有師說相承學者以人意屬讀往往多難曉
○又云余嘗欲爲用異說文以審定經典異字皆取金于周器以證人師說之舛誤
彼乎吾未能勒○又云異說文說文古籀繇之字不盡在鼎彝古文乃彝器之
往而未徵錄之寄正郭

虞以證玉篇集韻類篇一切經音義所引古文亦當補入 又管子墨子列
子荀子吳越淮南莊子凡周秦古子書多存古字亦可採列 注中之攷工記禾
漢之古字以及廣雅方言與張揖等亦可備採

酒

說文字訓三酒原本據宗周不誤要說文此古醜字也 琦按說文酒字以
也蓋醜之古文醜乃酒字之誤當云酒古酒字

軺馬

國語晉語服牛軺馬以周四方 韋注軺馬車也 琦按軺及駱 駱即驕字亦服
牛乘馬之意

隨錄卷一亦有服牛軺馬以達淩陸語

○嗒際

脩豫利涉朕嗳嗚　按廣雅䫺嗚朦朦俶作𦩍也　此上評本

𢒻

玉篇彡部𢒻古文諸字　集韻郝字下云古文𢒻　𢒻者字下米旁文旅於通於俗作也

養

玉篇饍下古文養古文㫗七為壹則一之在文亦按字曰也　集韻一字下引𩚏作弋𩚏或字乃飯

栗

玉篇栗子老人杖也今俗作枴杖古無作枴今俗作枴从木又从手文

說文𡋯止也　𡋯　楊此即辰之同字辰字作𡋯乃𡋯俗𡋯九也

憧々

集韻憧下云憧々往來不絕兒徐邈讀

令

廣韻叟下另今字云老也 按下字乃叜 按此字古作叜 疑篆字从隹今亦从隹作隹叜 如手字也

廣韻 妝 妝姓也 或作奸 按此字妝乃通妝 奸之左半即女字篆文也 今本作妝或作

奸說矣

李舟

廣韻蓐字下引詩蓐之其莪李舟說 又蔽字字下亦引李舟說 見唐人作切韻者

集韻巢下引孫炎大雅注云巢聚也 按炎讀 巢 柳交切 又雜下亦云聚也 如炎讀

癸

集韻癸下引古文作癸 此今本作從古文从北 古文乃作 即吳中之人

商高

周公問于商高 吳語問平大夫 蓋姓也 按商高周時人 周髀算經

詩撥商焉解即商容

廣云

南箕中部惟王令南箕代及箕方之年箕白箕宿西方箕方抱

云西方諸采薇序云文王之時西有昆夷之患北有獫狁之難南仲為

帥而伐之云云

沛之傳曰　沛為渙殊于外師即此師也

思元帝以漢生執因昔楚之王欲請沛之傳曰杜甚傳之不杜之甚成了

玄燭宮

林公遣然引宮以為年玄燭宮即玄是曰燭以仰命而之子孝之稱為立

共宮也

毛詩假字　擬

毛詩之擬之楚辭詩作數　彼詩撥即數之譯文睍睆黃鳥韓詩作簡簡

毛詩作睍睆　今韓詩作簡簡　古字又作之五行九　説之洋洋　韓詩作袪泂洋洋之上即即之將字

莊盤匜

通典一旦莊盤匜孙宇復以欧宣承 忘執事之閒盤匜惟其月

通典引詩

通典一引或芸或杼柔稷衍之 句是作杼作芸艱之异 舍良受解一二引詩已作或芸或芸柔杼衍之 芸済枕中 芸附枕也

機

集韻去聲下機字下云 案語水的乘面机乾

周許女方簠  簠形中人枋 皆形 舊釋作 枋上三足 句形闌形斤形 徐氏籀莊云 作苂以方 字款御笑 簠形 在簠字 面臣 禽宮之家 簋舊釋作枋上三矣形今按當是人枋皆形 蓋本案字斜從之家 刀句形西西形合艸的字  六形形真之等從而以

諸方礼 未定此字 以存疑

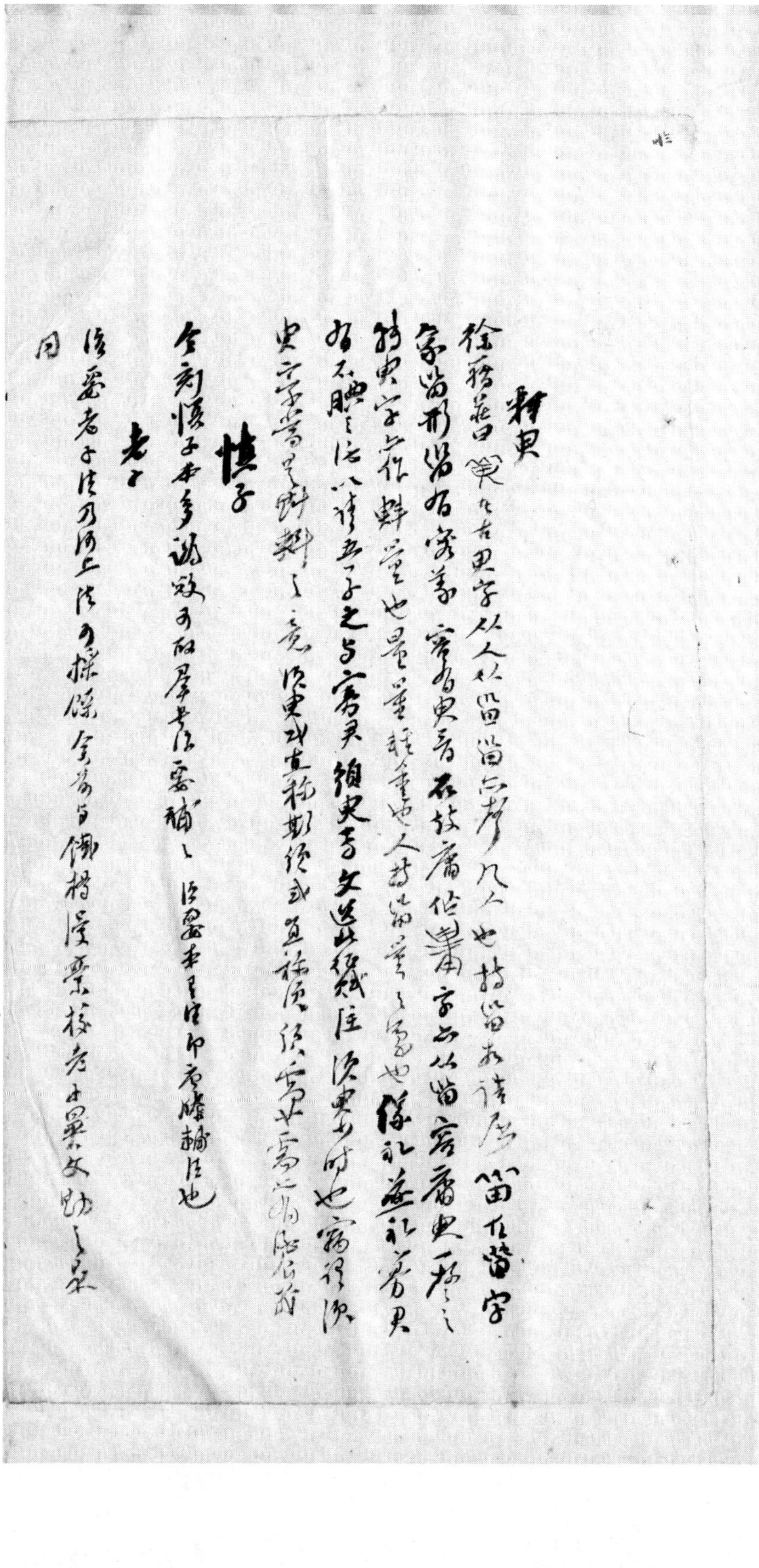

滕璸

山海經注引世本鮌娶于滕璸氏 妻御覽引作滕奔 畫二十五 漢書律曆志引作滕濆
當是從字之無璸字璸濆皆應作賁 集韵古今奔通是也 隋楊此璸
字當作驞 字一切經音義十二引今作奔字作驞 驞乃古字 或山海經注
存其字右從王乃從馬之譌致文

好仇

正本作好逑 郭璞爾雅注引作仇 是鄭箋今文作仇 箋云能為君子和好衆妾之怨
列女傳賢明篇引詩好仇 說合與爲傳之作仇 今作好逑 乃後人所改 [illegible]
而漢儒亦從此作好仇 漢書匡衡傳引詩爲本于歸 以 [illegible]
乃歸於其作好逑 [illegible] 引詩于好仇之歸之詩也 匡衡引詩作君子好仇 [illegible]
蓋以好仇
爲仁之字

説文璽字

説文璽王者印也　唐韓等隋門説文作璽　璽者印也　蓋説文當是篆從土之字

不從玉作璽

釋嚼字

説文噍嚼也从口焦聲　或从爵作嚼　言部譙讓也　本從言焦聲　讀若嚼

説文言部多通　字皆从口云噍字當作嚼　尊如訓　咀嚼詞　譙讓字作譙作

噍嚼通用　説文噍下云噍或作嚼　作以明之　讀若嚼　説其言噍哉作嚼　兩字皆通

説文雀依人小鳥　从小隹會意　讀若爵　同是　雀爵古字通　故新文中爵系

或書爵形　象大小爵形　礼器作爵　古文爵通　故説文雀也

黄雀而爵　嚼之區文　作嗟　廣雅釋詁言噍

嚼也　噍噍不設　大戴記易本命篇咀噍者九竅而胎生　譙作咀嚼

者九竅而胎生　淮南墬形訓作噍咀者九竅而胎生　知大戴記

惟其从嚾字亦為嚾之誤非噍之誤也

嚾字乃嚾字之誤，淮南字語當作嚾，即嚾字也。禮記少儀數噍毋爲口大戴記作嚾
容。荀子榮辱篇毋嚾嚾之口，唯史記司馬相如傳嚾集其聲，莫嘵嚾後華
凡噍字皆當作嚾，即說文噍下之噍字，見噍下之噍字也，亦當改作嚾
嚾字少見，噍字多見，且嚾與嚾乃上下其文，故易誤也。嚾下引詩宛嚾亦作
見說文但嚾字言噍字即不得說之即嚾字，毋嚾穀之嚾亦當嚾，嚾即嚾字，嚾亦誤
二字天傳誤毅也

又火部爔，火所猶火也，从火羲聲，周禮曰以明火爇燋也。爝下云苣火祓也。字林爝炬火也
从火爵聲，呂氏春秋湯得伊尹，爝以爟火，釁以犧豭。古書禮部作爟，炬也，所以爟火也
亦爔爝實爟之誤，本從火再加火于旁，此乃俗字，字亦應作係
爟，後嚾之或作嚾也。爝下引呂氏春秋爝以爟火，依嚾俗本書作祓以爟火
疑此爟亦爟字之誤

辯慧琳大藏音義引石經

大藏音義引石經不多皆樗明蒸篋石經古文包蒸篋石經加肉作脃卷二引建字

下云字本草作韋石經加辵作違卷二引捧下云石經从斤作斵卷四引蒦下云石經

作奪卷五引蛇下引毛詩作虵作蛇蔡邕石經加虫作虵卷六引抑下云石經枇

手从卬作抑卷八引蜚下引蔡邕石經從作蜚引飢下引石經今作飤二十六引

琦字

琦字說文所無於大藏音義七十五引說文琦从玉奇聲又引說文璜琦圖瑜

者从玉貴聲似本是琦字　敫字說文無見字林大藏音義二十九敫

下引說文敫香皃从香从復省聲無本是之鍾字為也

滬字濤字　大藏音義六十三引說文湍隆也從水遠聲今說文無𣶒恭隆也

說文無此字大藏音義卷十八引蒼頡篇云黃第除手云滬作此滬字

又十三引說文濤潮水涌起也从水壽聲今說文無濤字

邢渠

武氏畫象內見邢渠哺父久之[redacted]邢渠無可考御覽宋宗懍隋書經籍

今考邗載邢渠甫父事已詳考於文閣

志孝子傳云[redacted]五郡孝子邢渠隗通亭侯文讓申屠君

趙苞合錄王韶伏叅朱百年郭世道何子平孫法宗並見蕭廣濟

孝子傳 見人廣五之十五卷

蠐螬掘閱

毛傳掘閱容閱也 大藏音義引作蠐螬之掘 毛傳掘窟穴也 容與窟

乃字誤以閱同音而易 段玖 莊子空閱來風 古穴閱通

桃之媄媄 高麗跡

大藏音義二十一引毛詩桃之媄媄 少年壯兒為歌曰 媄媄 和悅之貌也 焉

終為毛詩疏所不傳

鐪鍾

鐪鍾之鍾，說文云：「鍾，錘也。」不得用鍾字。莊子大宗師「唯杜鐪捶之間」，丹作捶，李注：「鐪，捶，鍛所以句鐵，所以吹火，非橐，合二所用為鐵吹火之物，皆以土，則字應从土。」（文正從土器）復命子齊伐利鐪壚坊鍛治具也，再正字當作壚。莊子捶从才，乃从人从土之誤。

荻

（大荻）說文音義三十一引許君作為「荻，萑也」。說文無荻字，當作荻，即菼字之說文菼（萑之初生，一曰薍，一曰鵻，从艸剡聲。）或作菼，爾雅菼，薍也。夏小正傳萑未秀為菼。說文薍，萑之初生。毛傳菼，薍也。萑之初生，許君本毛傳，蒹乃萑字之誤。齊民要術引陸氏詩疏：「薍或謂之荻，至秋堅成，則謂之萑。」郭注曰：「要相如。」好蒹似荻也，似萑而細小，然今江東呼蒹荻，蒹亦似萑而細，高數尺，江東呼為蒹藡，則蒹與菼同類而異名，茂盛而

從林義蔿苗頡然不可覺雅之蘆雚也之蘆蘧蘆乃蘧字誤 蔿之蘆之誤

陸德明釋文云一本蘧蘧蘆乃蘧之蘆之誤

女作萩因萩與蘧音同又誤作荻為萩其實荻與萩為二字不得

字皆應作荻

六同音假作蘧與如為宜者說文無萩字

雲臺雲侍中

雲臺傳 說命撰齊萬歸請與毛甫曰氏

和帝時永元三年以蘧為左中郎將 以年

學者傳中領騎都尉兼領秘書近署

使仍假用

淮南万畢術

大藏音義四十二引淮南畢術曰鱉亂止鼻鳴必得之者也

鄭詩孝氏

大藏音義二十三卷鄭詩孝經抄撮雋康也

鄭

說文 徨遑也從心衍聲 大藏音義十八 心部從心衍聲 字從千或從行也 中 從以行

或字又作㥔 音義廿八五月大文作 衍心 無

㥔 大藏音義八五月 說文從心衍聲 字作

表堅

表堅固而志之 宋刊 子掘 與大字 所作 益並程 所廣史伯夷

益田以物出也 乃言史伯夷之刑 許文

益雲史伯夷長才記載 或云夷忠堅

乃庭堅也

戰

說文 戰鬥也 門 上蔭 大藏音義七引古文作㦵 塔全之中有戰字 採作戰

常是此㦵字 舊說戰古文作㦵

果眷

刖子用之牧正者 從人果舉 善菴篇欲 依段

眷

大藏音義七引 眷正腰佐 合以合從日 古字也 今通作眷 依段

倫侯

琅邪臺刻石列侯倫侯 此倫侯建成侯趙亥 倫侯昌武侯成 倫侯武信侯馮毋擇

倫侯侯次也

荊卿無狀

會稽刻石 荊軻無狀 實卿無名 此諸南齊似刺之成荊 亦荊軻也 皆弗取

則又成慶耶其人 孟子云云之慶卿 之孟賁人疑是荊卿 不得謂之無狀

韋

說文韋相背也从舛口聲 按口乃□圍字 乃象其形 从二人舛置口于中 此殆韋于形也

韋之舛下之二夕 十相背 韋乃違之本字 其違之義則字去

韋作韋 不從口 后作違

雉

公羊定十二年傳 五板而堵 五堵而雉 雉乃雉字 舊作埃 太原閒謂之闌 埃字亦不見 揚雄訓方言 許氏失收此字

論語鄉黨 皇侃義疏 …

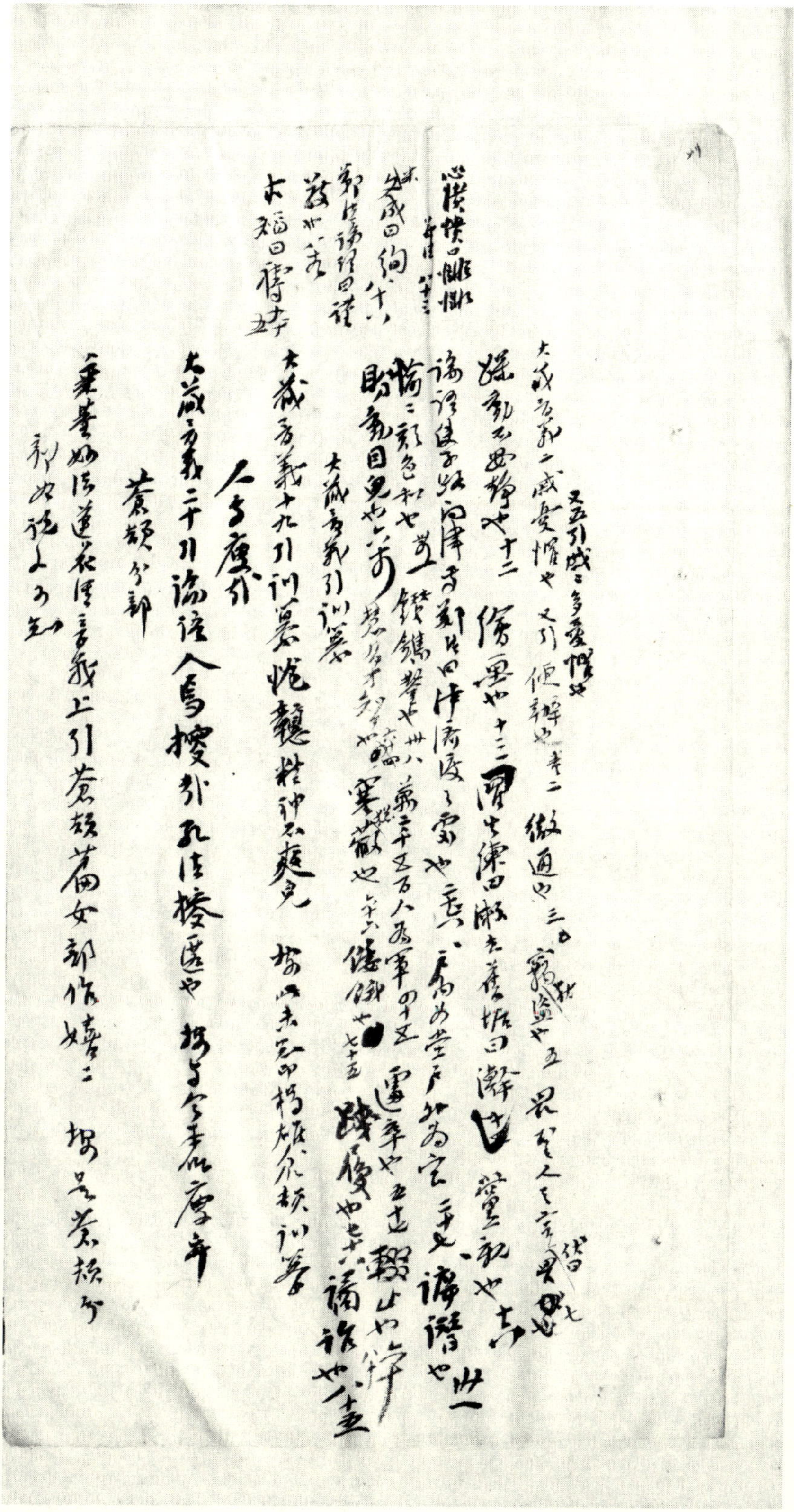

大成音義二戚憂懼也　又五引戚二多憂懼也　又引便辟也　十二　徹通也　三十　窮[illegible]也　五　畏[illegible]人を宜[illegible]也　七

媒黷不安静也　十二　傍要也　十二　闌出漂田[illegible]去蕪垢曰灘也　[illegible]動也　十六

論語集解引[illegible]律者鄭[illegible]曰[illegible]度[illegible]也　[illegible]　[illegible]外為宦　二十又　譚譖也　卅一

[illegible]二親急和也　[illegible]　[illegible]也　卅八　[illegible]十五万人為軍　十五　[illegible]還率也　五十[illegible]　[illegible]也　[illegible]

[illegible]見曰見也　[illegible]　[illegible]　寒[illegible]也　[illegible]　[illegible]也　七十五　[illegible]便也　七十六　論語也　八十五

大蔵音義引訓纂

心[illegible]曰惴惴　[illegible]　八十三

[illegible]成曰徇　八十八

鄭注論語曰謹

蔽也　八十五

大福曰[illegible]　九十五

大蔵音義十九引訓纂[illegible]　[illegible]不庭見　按此未定[illegible]

人多麗引

大蔵音義二十引論語人鳥攫引[illegible]也　按与今本[illegible]

蒼頡分部

[illegible]如依道衣[illegible]音義上引蒼頡篇女部作嬉二　按是蒼頡分

新[illegible]撰[illegible]知

隋經籍志春秋公羊穀梁傳十二卷晉博士劉兆撰 唐志卷數並同作

見大藏音義 十二卷

劉兆公羊穀梁注 侵 害也〇 公羊注 蹈 履也〇 劉兆注穀梁傳 穀梁傳曰寰內諸侯 劉兆注 寰 圻也〇

果木穰也 公羊注 三

洿 濁也〇 穀梁注 蹈 二也 八 公羊注 累 遲孚也 公羊注 十 偏也 遠也 公羊注 十一 庠 指言也 十五 公羊注

濯生煉曰漱 去舊垢曰滌 十五 公羊注 踊 騰也 公羊 十九 譏 問曰譏乎 公羊注 棲 屋棲也 卅 公羊注

寰王者千里內封域也 八十八 穀梁注 享 合也 廿 言自入口曰譖 五十七 公羊注 勢 分律也 六十一 公羊注 顛 仆也 六十二 公羊注 警 戒也 卅七 十三

編 竹書也 連貫也 簡也 九十一 公羊注 壞 六十九 穀梁注 於 此以 八十 公羊注 垂 境也 廿一 穀梁注 劉兆曰 域 城北 郊之壘 合 為射人 莽人之 吾胃也 寬 公

給相收兵也 九十五 公羊注 爰 文法 速也 穀梁注 八十 公羊注 國 公羊云 齊國 見 棄而 備 犯 小 公 麾 幹 卅八 公 鋪 鞮而 席也 公羊注 八十六

挈 級也 穀梁注 九十八 霊公大皇縣音義 三卷 及 宋基 妙法蓮華 經音義 一卷

執 即合也 饒也 九十五 穀梁注 此兩經音義在大藏音義 世無傳本 內所引多有 亦雅注 已李巡 舍人 諸家

多補采〇

孟子佚

大藏音義六引孟子曰不以規矩不能成方圓 鄭玄曰規者圓器也 此孟子之鄭注佚文

雲公字母

雲公大涅槃經音義 在大藏經二十五函 論字母頗詳

礬

大藏音義廿六引說文礬石之端其從垚象形从二半从山 按与今小篆不同

礬與字義

鄭氏易說

大藏音義引易注皆生所說 四十五引周易鄭注曰慊不平于心也 本已缺之

息夫人子

舊著息夫人論 以為夫人僞故不能遂亡其國 大悔以為魯詩云息夫人守節乃

左氏春秋古說皆不及至庶人妃乃據左氏義以為說也 是魯詩之說

不似夫人之言也 左氏取之說于檮杌不足為本 固相傳成詞 其實息夫人早殉節

前觀拜經樓詩話亦引息嬀嬀事本左氏國語皆敍並無言之別而列
女傳云如息夫人初未嘗失節中壘必了然皆將左氏置諸此書故不取
其說當是據杜預之書曰或因夫人不從而死別取夫人嬀堙之以息
夫人正死闕之是兩說並存者矣果說可取已當余今合詳考
諸不可之也如是者

又按向觀中壘所贊云楚王伐息納其適妃夫人守義終死自持
云之如楚子所納乃息嬀然其夫人也息嬀自將楚子息夫人自
殉息侯當語二女者實也息嬀是年以歸作息夫人猶節以死故但
一生一死天壤此人

了之

方言了之鶩也趙魏之間謂鶩曰了之郭注了之鶩兒也元應經音
義引了皎反
　按或謂荼蘼成之形若如綫繞也了鳥二語此乎實
鳥字當作之矩言即鶩例之語吳人語鶩俗作了御覽了字
例老即為了之字今人寫人帖凡人字少例字其之季于者之寫了帖
以示知零丁之丁者亦例也無與了之字無異

倉頡篇

史記陳臣孝抄近年の字 蒼頡孫為諸邑出蜀の字 奉行藤公十年寫之云數註雙

五為數之義曰蒼頡篇 錄作註 瞭之為數 奉字從兩之 又字の年云羊

倩朋友教衛匠同問果朋同志曰反郄 云出 蒼頡篇

史例

右氏釋春秋恭凡例の十有九是為史例 見極典而馬班爰通之 體之純視

何休公羊解詁設科條例亦其次也

三史

晋以前以馬班後漢記為三史 唐以後以馬班范為三史

興豐

阿毘達磨大毗婆沙論有 興豐二字 梵語義名 唐云阿毘也

蘇悉

大藏音義八十六唐内典録卷一 蘇悉 漢言人名也 云天眾細水法也

信仰

鄯

鄯善國名也 宋忠曰杜今臨夏鄯州也名 大藏音義八十四

謨 亦作悳

大藏音義八十四引韓詩曰以言教層眾所謀議謨謨曰 謨也

三鑾

佛經辨正論卷三鑾 音義引說文鑾鈴也

項日

辨正論項日 音義引漢明帝感夢見佛項後有日光飛行殿庭也

扈

大藏音義八十四引河圖曰蒼頡為帝 編字亦蒼 南巡陽虛山臨元扈洛汭也

說文扈州京兆鄠 山名 大藏音義八十八

蕧

說文蕧未詳也　禮記寢苫枕凷　大藏音義九十二引作枕蕧枕凷　又引顧野王曰蕧枕草也　按蕧苫同聲　書籍無字當作蕧

淅

宋本云淅江出會稽郡　大藏音義九十二

宋忠注楊子

大藏音義九十五引楊子坵墳以為瑩宋忠曰坵靈也

慺

字書慺謹敬皃

𪊨牆

大藏音義六十引　狼之巨首口頰𪊨牆之居處口　按𪊨牆即土鼢知中之鼠害也

鄭氏周易注

大藏音義九十八引鄭氏周易注：㵎，疑也。疑用孔注作故

唫

大藏音義卷四引：㵎，疑也。又引古今正字作𪩘。此引注之文作𪩘

已見本書太常令史

漢官儀 此從注 能通蒼頡史籀篇，補蘭臺令史，滿歲補尚書令史，滿歲為尚書郎，出亦與郎同，宰百里。

劉向七略 七略又云：武帝敕丞相公孫弘廣開獻書之路，百年之間，書積如山，故外有太常、太史、博士之藏，內有延閣、廣內、秘室之府。此見二十三引

七略云：孝宣皇帝重申不害君臣篇，使黃門郎張子喬正其字。此廿一引

徐邈 與徐爰著之書

晉中興書：謝安舉徐邈補中書舍人，在西省撰正五經音訓，用為

晉周光照傳

爲國先賢傳曰陳冬守時閩中亦爲詩冨勝以爲博士申公爲詩傳号曰魯詩 御覽[illegible]引

汝南先賢傳 御覽二百六十五引

許愼爲功曹奉上以篤義率下以恭寬 御覽二百六十七引 範書人之最垂平上侯沽下引 並有益相勸浥且聊補也 蔡母蒙述陸回 範書大宗人鍾札也

列女傳注

御覽三百十三引列女傳曰陽安令西伐張戰手以傳 以傳南 袁紀名 增列女

傳注方馬馳 曹大家二字 此不知爲馬爲曹 唐藝文志 趙母注曹大家注

吳鐸

淮南俗稱吳鐸以聲自毀 今本作吳鐸 吳屬上讀 王念孫定爲吳鐸 膏燭以明自銷 許注

鐸大鈴出于吳 鹽鐵論 吳鐸以其舌自破 文子作吳鐸以聲自毀

按吳鐸謂出于吳非也吳即吳字 詩絲衣不吳不敖 傳箋皆曰 吳譁也

字或作吳 說文吳一曰大言也 即作吳 吳為大言又為譁皆取乎聲 故吳子(?)作嗥(?) 嗥(?)亦出于吳也

魏應

漢南記 魏應字君伯任城人 明帝詔(?)章帝更了數遣召讀經書前特賞 賞賜錢(?)致厭(?) 御覽三百四十三引

南越志

北流(?)道南越志曰 山越竹八尺以為子竽小竽 淮南所謂陸子竽也 御覽三百□□

牛翁

淮南萬畢術 牛翁十四五以(?)陪(?)娶(?) 取牛翁十四枚 牛翁草(?)牛翁(?) 御覽三百四十八引

蕭廣濟孝子傳 又引五郡孝子 蕭廣濟(?)孝子傳(?) 又御覽三百五十二

御覽三百五十二又引 東陽不疑 字人(?)獨與父居 父為刀戟市南少年所(?)陽(?)

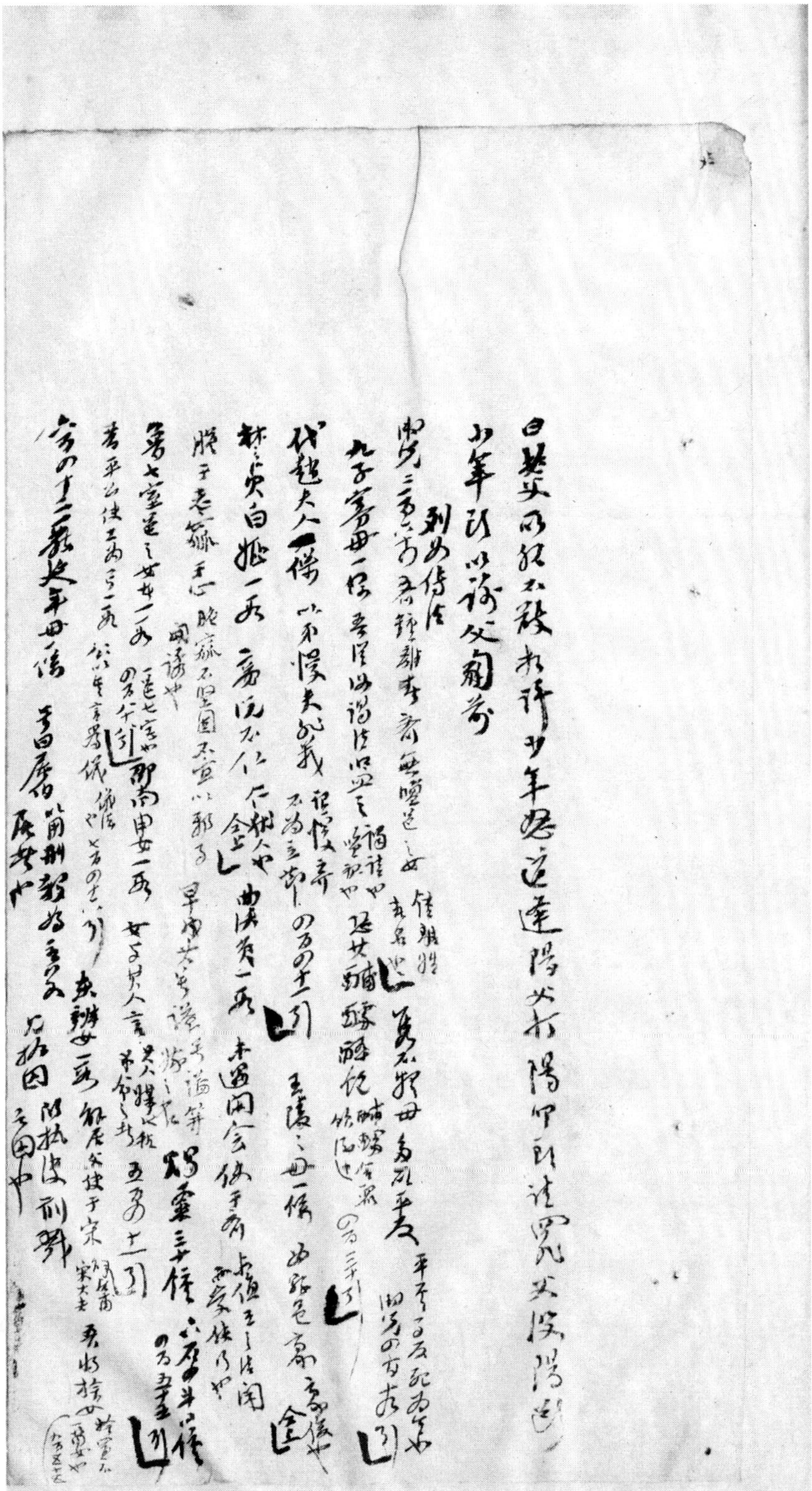

御覽先採輯書

劉向孝子傳　宋躬孝子傳　師覺授孝子傳　蕭廣濟孝子傳

陶氏職官儀　十道志　郡國志

御覽校書

鹽鐵論　楚詞　新序　說苑　淮南子已有校本未全　越絕書　吳越春秋

魯峻石室

御覽四十二引戴延之西征記曰焦氏山北數里有漢司隸校尉魯峻冢山有白蛇白兔不葬更葬山南鑿而得金故曰金鄉山山形峻峭冢前有石祠石廟廟四壁皆青石隱起自書契以來忠臣孝子貞婦孔子弟子七十二人形像像邊皆刻石記之文字分明又有石牀長八尺

磨礱砥厲卯之於閒也遭時太顯從事中郎傳瑕之誤議尚書周
安穆於燈石林皆叔之爲魯氏之後所謂三人益見害

太公兵書
御覽引六韜　太公陰符　太公伏符陰謀

韓詩內傳
內傳曰湯爲天子十三年年方盛而猶薦于徵令扶風徵隨口之也　御覽八十三引　折卅六引六三引唐

魯丕
御覽一百八十四引後漢書恭年十五及母弟丕俱居太學習魯詩論語

博士
漢舊儀曰武帝初置博士取學通行修博識多藝曉古文爾雅能屬文章爲高第
朝賀位次中都官史稱先生不得言君其弟子稱門人也　御覽二百三十六引

鄭康成別子

魏書曰太丞司馬張逸年十三為郡小吏鄭君謂之曰爾有贊道之質玉雖美須雕琢而成器能為書生以成爾志不對曰願之乃遂拔于其輩妻以女弟 御覽五百四十一引

杜撫

會稽典錄趙曄字君長山陰人少為縣吏詣博士杜撫受韓詩撫嘉其精力 見北堂書五十六引

九師易

劉向別錄曰所校讎中易傳淮南九師道訓除復重定著十二篇淮南聘善為易者九人從之採獲（苗釋文）故中書曰淮南九師書 御覽六百九引

劉熙謚法注（舊唐書作劉熙注）

隋經籍志謚法三卷劉熙撰（又有謚法十卷沈約撰）謚法五卷梁太府賀瑒撰（舊唐書作謚法十卷沈約撰）大藏音義一所引謚法（舊唐書賀瑒作賀璪）

是書皆有劉熙注本

齊論

齊論謂齊論之說，齊人傳之，凡二十二篇（多問王、知道），魯論魯人傳之，二十篇。齊論王吉、宋畸、
貢禹、五鹿充宗、庸生傳之；魯論龔奮、夏侯勝、韋玄成、扶卿、蕭
望之、張禹傳之。張禹本授魯論，晚講齊論，遂合而考之，删其煩惑，除去齊論
問王、知道二篇，從魯論二十篇為定，號張侯論，因以定此為之章句，為之訓
鄭康成（以張侯論為本）參考齊、古論而為之注

又書云論語古文出孔子壁中，有兩子張二篇，合為二十一篇

鄭注孝經

大藏音義三十引鄭注孝經曰：抑搔癢痛

螵蛸

御覽從書中螵蛸，母臭蘇麥膝蛸，挽而愈之（御覽九百四十二）桑螵蛸見本草陶景注

隸字

書斷曰：和帝時賈魴撰滂熹篇，以蒼頡為上篇，訓纂為中篇，滂熹為下篇，
所謂三蒼也，皆用隸字寫之，隸法由此而廣（此見某卷之十五）

百馮

太公六韜曰（御覽八百七引）太公語散宜生求珍物以免君罪，九江得大貝百馮（注：諸作百朋）

寒皐

大戴記夏小正盧辯注：鶪鴂一名寒皐。按：御覽九百廿三引蔡章句

寒皐鳴在律，言寒，寒皐鶪鳴也

曹植貪惡鳥論

御覽九百二十三引王曰：月令仲夏鵙始鳴，詩曰七月鳴鵙，七月夏五月，鵙則博勞

也。按據不引伯封教桑謝之詩（詩字姑為）而錄詩記，近讀博勞集不至見

桃林

山海夸父山北有桃林，廣圓三百里。按：桃林即鄧林，桃鄧雙聲

悲谷

淮南天文訓曰：入于悲谷。注：悲谷，西南大壑。按：悲谷即昧谷，以聲相

漢藝〻文志逢門[旁注：蓬蒙字或]武法二十卷逢門武二十卷　按逢門即今之逢門　音讀與逢門古字通

伯人之逢門子為

從牛

一切經音義引字林犍從牛也　說文新附之犍字犗牛也　洪氏筠軒曰[illegible]

引通俗文以刀去陰曰犍　淮南氾論訓剎秋而羈而從也凡牛已犗者謂剡從

齊民要術從牛　顏氏家訓書證篇引戰國策　寧為雞尸無為牛從

延篤以從為牛子非也　按也即犢也宜以從為是也鄭注從為子用反　流二九人

易林變占

魚頡黃易林不書　易林變占　隋志作易林變占十六卷　與易林並著

北堂書鈔卦部引三事　書作易林占占

班固難[illegible]周

北堂書鈔卅一[illegible]引班固難[illegible]周曰太古之世不事不用[illegible]不校不宇草衣[illegible]

高誘說

萬曆縣志山部若陽山引嘉泰會稽志蕭山之蒲坂若陽山之南高陽之說
因西高陵以為溉在縣西二十里之首杜牧阮籍藏以為姓即今二山處云

齊家者

孝女曹娥

萬曆縣志引會稽典錄曰曹娥父盱沒江以五月五日迎神不獲其屍娥乃沿江號哭七日不
絕聲乃自投江三日抱父屍而出家人收而葬之名之孝女碑

按今越俗以五月二十二日為孝女祀期蓋曹娥作五月十二日父以五月五日死孝女七日後投江亦死乃五月十二日也又按曹存宗作句章五月五日則供祀
不詳也

丹邱

黃以十年一清丹邱十年一濁　拾遺記

成相

萬曆縣志引成相篇曰莊子妻之死避之樓　此之成相出荀子
按今荀子無此篇名或為荀子佚文乎

北海為鄭元儒林講堂（儒林講堂）見鄭康成別傳 以孤等記出處

彈生于孝子

吳越春秋引陳音對越王問云彈生于弓弓生于彈彈生于古之孝子古者人民質朴死裹以白茅投之中野孝子不忍父母為禽獸所食故作彈以守之故大人歌之曰斷竹續竹飛土逐宍

智炬

元應經音義序乃太一終南山釋氏撰不著其名今讀大藏音義內題（有雲公撰）涅槃經音義（音）為太一山南釋智炬等撰今大涅槃經音義已闕入藏經音義中不錄其名矣智炬於唐藝文志中有智炬寶林傳十卷法常撰禪門秘錄八卷又元常玉卷（貞元末）此朝陽也南陽人印吾人與

大翮

春秋王次仲爲蒼頡舊文爲今隸書，聖皇徵不至，大怒，詔以檻車送之。次仲首發於道，化爲大鳥，翻然而逝，落二翮，曰大翮山、小翮山。水經注

貴隅

桂林八樹在貴海東　張注注貴隅今番禺

岸嶽　吳林

藝文類聚鳥部引貴嶽吳林白鶴銜珠

室姜詩

陸氏釋文　室姜言詩下云此是魯詩，今詩爲莊姜

樛卿下　例此曰騁相也　昼從下一作[illegible]也　例此同

鄉華釋文

辨　故書犇也

鄉戴下　鄉此亦樣也

有詩之華下　例此亦華通借也

[illegible]之詩之孫　今本作[illegible]

律詩三韻下　劉攽云如此者少錯

寒暑

宋史志百五十三引萬畢術寒暑斷云佚語　所寒暑故其書印語　寒暑一名斷狀

見玉海

玉海云藝文志大章禮　共路三陸十三篇　許沅十八篇　子論

漢志

西京雜記稱劉子駿漢書一百卷傳之劉歆欲撰漢書未及而亡班固所作全用劉書小異耳　按此可知漢書本劉氏業

劉攽　廣志郭璞秋集筆錄異古代集解十一卷劉氏撰

夢筆劉攽字延世濟南本平人博學強聞武帝時五府公府三徵博士皆不就隱心著述不出門庭數十年以春秋一經而三家殊途諸儒異見乃思三家之異合而通之作春秋調人七萬餘言皆論其首尾又為春秋庶紀名曰全綜公羊穀梁加註皆仍傳守業其劉之

旝

[illegible]旝[illegible]曰旝[illegible]以[illegible]也

說文作旃，旗曲柄也，所以旃表士眾。按此[illegible]

淮南王兵書

抱朴子曰：淮南王所著兵書，皆魁罡之陣，風氣之占，厭軍中之妖，象徵祥解兆之候，知敵國衰盛，[illegible]而動之術，[illegible]以知行止，不可測使[illegible]

[illegible]別藏全　[illegible]其兵略訓

砭

南史王僧孺傳：侍郎全元起欲注素問，訪以砭石，僧孺答曰：古人當以石為鍼，必不用鐵。說文有此砭字，許慎云：以石刺病也。東山經：高氏之山多鍼石，郭璞云：可以為砭鍼。春秋：美疢不如惡石。服子慎[illegible]石[illegible]

鄭康成[illegible]

[illegible]元年[illegible]神農氏[illegible]作

五家注一篇係於高才子備釋稱　御覽八百三十九引

荀子無芝比

御覽八百卅一引荀子曰左酒右漿　楊倞注曰事有先左右在酒之右漿之遠

訓纂

大藏音義十九引訓纂悦鶻　犍部石蠖兒　招訓纂九引兒互合

翻照謹法性　報訓纂

大藏音義二十引謹法許叔重曰裁判也云人所喚裁也

叢麈要梨

大藏音義三十七引叢麈要梨李安注云梵語佛智菩薩也

大藏音義引荊法周易　周易訓代

四十五引慊不平於心也

大歲方義引淮南 畫損

五十引雖有形骸猶知經半 今本作惜咀 圖不破心 破空 五十五引莫

不惜心 破也 出評本之異

摭蒲

大歲方義六引 老子對摭蒲 與雜擲 摭蒲也 俗作樗矣

挂茫蹤蒙

蔓方衣也 六引 轄牽也 七十二 壜瓶也 八十二 蜜語誰殊之引 九也 樓罷也 生

都亭湖

都亭湖 吳楚間都西官所同庭湖 雲七郡國志 八三 在洪州豫章郡

大歲方義八十四 崢嵘雲霄山名也 四州孝德天下主男部

郡昭下引 七 卯州西北方八十里 九十引雲夫郡而克

檀溪 襄州溪名也 九十二

雲遊閑居
神農氏曰中古帝雲遊日帝利也 大藏音義反也
墟坊
窩曰猴人猴穴墟坊 按墟乃壞字 大藏音義九十九 膝一依緣
緇衣 詳說
橋
水經注曰水以下別出已芳武王伐紂發巨橋之粟以振殷之飢民 昭宣曰
巨橋倉名 許慎曰 鉅鹿水之大橋也
五柳
水經渭水下 水發南山 軍北流與柳派合 東北逕五柳宅西長楊
五柳二宅 或者云 宅並以柳為名 心疑陶氏之五柳主孫
陽字不文

集韻隋字下有古文隓　說文此篆古文在陸字下，䧌下亦有古文

集韻亦誤也。南宮鼎對揚之揚作𩰫，與集韻所引之古文執

似南宮鼎揚字即作隓字

幽字古文

王筠之蘊部引幽云古文作𢆶　不故有滌滋其澇字作瀠，當即

幽字

羔字

羔從以羔從火以得羔當作羔，从小羊會意，以羨熏變从火為誤

此據大戴禮夏小正曰羔羊腹時也，孔氏曰腹謂毋于腹下乳之也云

腹時者羔，不腹時名羊。竊疑以字象大羊腹下之乳形，羔為小羊

不離腹下，食其乳，而字即象之，此曰羔，非從火也

玉燭寶典

傳前新出卷子十二卷號第四第六兩卷乃隋杜台卿撰內分十二月增採

采古書時義內引古書甚多如　易緯鄭注　尚書大傳鄭注　禮記盧植

注　崔寔四民月令　蔡邕月令章句　唐固國語注　又有孔晁注　緯書宋均注

春秋服虔傳　春秋賈逵注　淮南許君注　及干寶周　服虔通俗文

廣志

惟螝作虵

劉向五行論引詩惟螝惟虵女子之祥　此乃篆詩　見玉燭寶典三

論語鄭注

論語君子不以紺緅飾紅紫不以為褻服　鄭注紺緅紫玄類紅

纁類　紺緅石染　紅紫草染　玉燭寶典六

周易鄭注

易曰先王以至日閉關商旅不行后不省方 鄭注曰資貨而行曰商。旅，客也

商客也。以至日陽氣始復，雲雨未施，萬物未動，旅則陽氣爲發洩，害

任下類也 玉燭寶典六

列女傳曹注

列女傳京姬節於爲宣婉 曹大家注伏依意字而解 玉燭寶典三

許叔重五經異義

異義曰 顓頊有子曰黎 爲祝融 火神也 祀以爲竈 玉燭寶典五

騂犅

公羊傳魯祭周公何以爲牲 周公用白牡 魯公用騂犅 羣公不毛 ……

詩曰 騂犅是嘗 山前爲詩 毛詩作騂剛也

長于胡

孟子十三 使君之年長于胡宝國家 安詩胡考之寧先生胡壽也 胡與遐

幾遐 詩遐不眉壽 一引作胡不眉壽

蔵字

如 勸勞力歲事而不責其 洪氏註 勞力歲下當有道民文義乃可對歲字

之蔵字之誤 讀義雖蔵救也 此解謂攻蔵救也 蔵當作勸 壽蔵之壞文

蘆萐

孟子 蘆葦萐 即石蔵疏

子孺

第七子孺 洪氏引之 蘭孺 孤也 孺亦孫字之訛

捽搼

禮樂志 鄭注 雖有勤勞不敢捽搼 釋文引隱義曰 齊人以相從許為捽搼 獲似推撲

昔云 此謂人理相從事為捽搼 此捽搼乃轉字 固與注背 如救而以持之

捫如抱之意耳目覷 揬瞎之義同此 說文𢴲遂也 或倚矢作𪬥 與揬字相近
故曰揬瞽 亦作揬瞽也 讀若趙 雨之後如揬者之揬 亦作揬瞽

〇 牝

牝古音皆扶死反 今誤作並此 說文牝从牛匕聲 牝為女陰 故此言牝安陰
為讀如匕聲 即此牝字本音也 沈氏讀以從必之字 亦失其聲

、 沮洳

沮洳舊讀皆如作女字 按沮洳即說解古音 轉讀如說誦 偶而同聲
說解為大帝 轉為女媧之象 讀者論引三皇 或曰燧人 或曰說解是古帝 出於
古說解即說 解或解作沮洳 未可知也

皆

王氏證 密密二字皆當從此 不當從之是也 今本者皆專奉之參

三令

公孫發

困學紀聞六引衛公孫蔑注謂公孫文子論語孔注作公孫拔 集注云
公孫枝蓋傳寫之誤 按發當作嬰 [illegible]
與嬰之誤 世從發之字多與犮之字通 不知者發亦當定作嬰也
其注極多 亦云名拔 或作發 發從犮 嬰字 作枝者乃拔之誤字

說文弌

說文林[illegible]弌 古文弌 王貫山以說得之 蓋弌為後作也 按說是文
則亦作于弌弍 則弌非孔子書 數始于一 終于二 成于三 以後凡從
皆由此衍之 後之觀許君于一二三特作弌弍弎 蓋弌於[illegible]
古人結繩之義 即畫鳥獸之跡 [illegible]中皆有義 文亦同此 故余
說文以一畫開天 一似古手弋 何許君乃曰一古文 信弋蓋誤

淹之無以見為細，乃或又在于一也

朵

梅支作𥿑，从二朵，其不道，稽文蕠茻耳。至賓即从一朵，今作某，左廿下口

𦥑同甚也，作邑，即此例也 省金文多作𦥑

米

說文米作米，向無在文米字。張仲簋米為皆作𠦒，是也，蓋一本亦而為假借也

姊朕簋果字作𡡚𠦒，與此米字並稱，亦說文

綏

甲午簋秉綏受命，綏作𦂋，為安，作妥，省糸字也，與妻篆金同

𡢃女

說文釋大為的𡢃女，舞，釋曰𡢃，讀為仙媛，𡢃女乃長女也

韭

說文韭下云與耑同意　耑上从屮　韭與耑同意　从韭上那非字乃韭字也

韭　從攴

奧

說文衛之古文作奧　按从卤即从角　或者作卤奧是也　御覽三百五十八引元秘子曰夫蛩寫爭窦衛言　此即衛字之古文　彼書作衛　傳寫者誤分為衛也　其上从卤　卤上从卤因　下从火乃从大之譌

仲子雀事

師曠擇著傳　仲子雀　仲由之子也　子好任俠　赴衛　賊之殺衛人于歷里遂殺之　子雀沉長　欲報父仇　豎知之　曰夫君子不擒人之不備　須後數日于城南後戰　失日豎持劍弓未戰　與子雀而殺　太平御覽三百五十二引

弓

嶨 三百五十引桂氏詳行凡字之文作字詳 擬當作執字之譌形也

說文詳左文上作執

四凸 說文上從凹

谷根當四凸作窊突 此二字皆當作四即凹字之譌 凹下云古文凸上從人 物也無不由也

凸即昏字之譌 爰說文云昏不順子忽出也

薆辭

由孔介甫不拜詔其稱亦薆稱謂薆則失實古薆籍謂也釋文子以

爲又側稼爲謂也拄也靈壽依蹲說文無薆字玉篇文部云薆

云亦作薆引孔記無薆稱廣雅亦云經典作薆 此擬畫亭

於蹲不誤也漢南雅稱 其蔑于以五書 田中當改爲 高生緩古作蹲 此四字薆何

從後之詞係人又加艸耳 校書也 今會典 堅主郭勞將軍 [illegible]

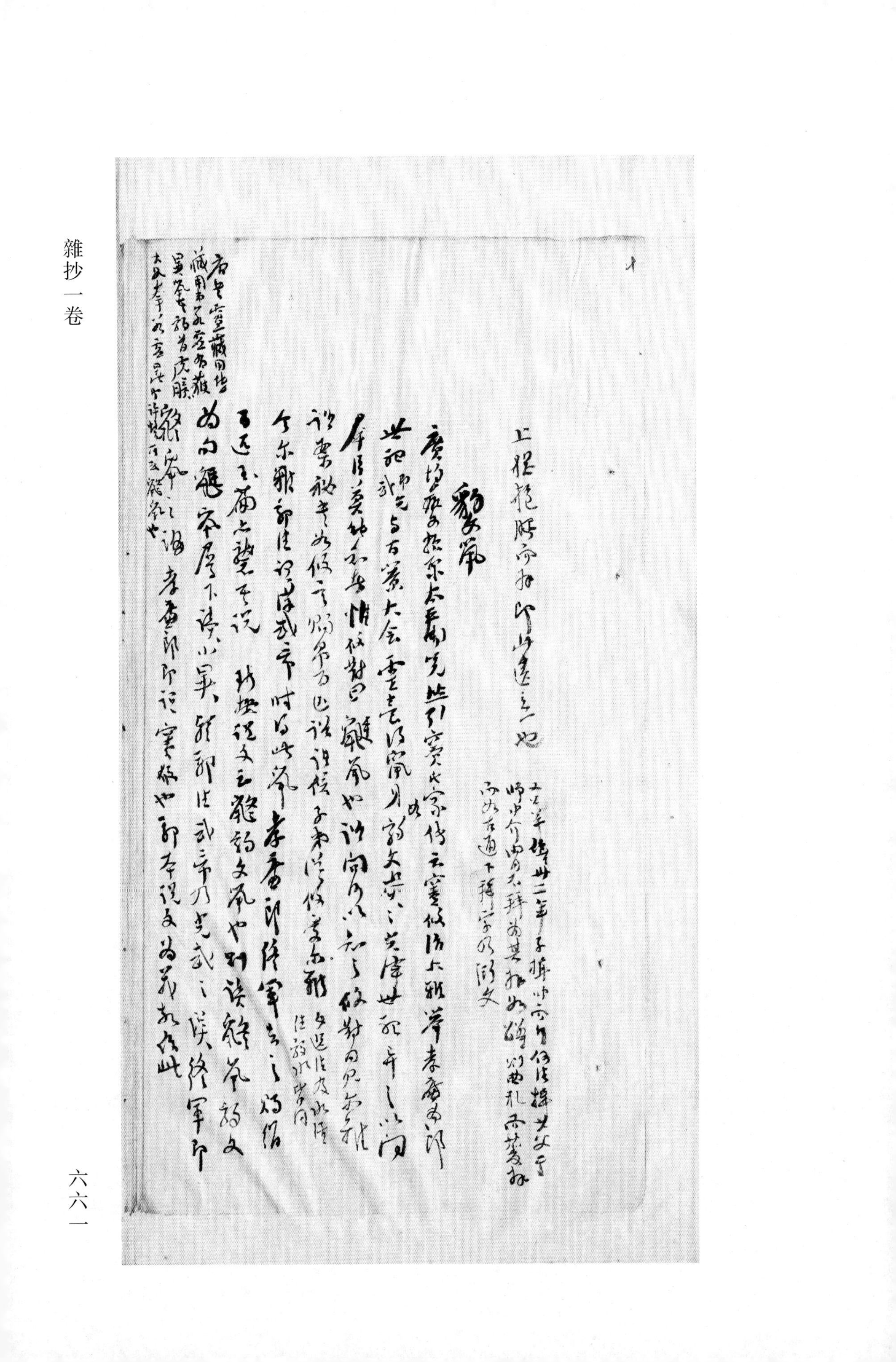

上椙龍勝所持[illegible]之也

[illegible]

雞婁皷

廣博物志云[illegible]

[illegible]

全華
金華印室男花兒傳言燭

咔嗽
宋三佛書有咔嗽三卷皆密摩譜具咒語之術 注云咔以夢反咳聲

趨下
趋僧以趨下櫳里中 下急也言迅疾 疾搖蓋其手搏為下也成有

霜佮
馬闌踐之貝觀初平上霜佮 北寒佮

陰喝
後漢書竇憲奪公主園田帝出過園以問憲 憲陰喝不得對 注猶噎塞

鈎鈴
李泥問事田昆弟有親親之是則鈎鈴不離房

麼

玉篇縻求縛也（廣韻云）左傳羅無勇縻之束縛也今左傳字作縻（說文… 今亦多作縻）

先游

鄒陽獄中上書故有人先談則枯木朽株樹功而不忘李善云談或為游桂未舊曰先游即先容故下文云素無根柢之容

說文統系圖

札樸云余亡友羅兩峯作說文統系圖自許叔重至吾所知十餘人

華陽國志

史書

西域傳楚主侍者馮嫽能史書即史籀文也

元經

劉向別傳（御覽六百十五引）揚雄書元經不會至子烏令作九數而悟之

求第淺之

盧龍碑中有束帛讀，不要之也

文不係照

史書下文不係照 係讀改字照讀藏字 上文不加照以異，加之增字

豐山 在今萊州府淄川縣東北十里

三壽作朋 鄭康成刊注詩書 栖于豐山 今山有石井不竭 御覽四十二引 又佩觿

引目眾牛角 注云 鄭康成牛角抵牆成八字

樊儉傳

從學樊儉皆是周官之誅第孝友為先經傳天之事 孝悌 皆用其之書官學之林

次言于國主用以採政將不利于成王故周公誅之 又據□序 鄭為多習書 詩之學以資教書用之事

巖山之銅

鹽鐵論力耕篇 禹以歷山之金 湯以莊山之銅 鑄幣以贖其民而天下稱仁 竊夫吞婦

鹽鐵論復古篇 吞婦田正歸

薄 噎蘧瑞刺淡茄心懂〻沖言 若俟大川遇風雨未落 至同 探薄乃大字〻作 泊也石読如酒字之道

慴 佛陀 悟阿沙数 若國迦記羅而今印度之安蔭河

星石 州座通志云陶柱之宅内有星石 中物如子者 名五士坛名為拯言

堠𡩋 未摘子隠尊居苗君男也 昭示蒲目證其便螺转物 又称之阿𡩋

干室書云 此為囊而就詩本也 往段

東瀛 洋楊草衍空遅其柳

風深 經澄之雨錢王堂傳 世繁愛風塵于家 探風深刀朋深 古朋即風學 字遥深而風學

韻會擬各款

二 婹婦人嬌態二兒嬌也諸家兒嬌二離幼弱之形也二 秦蘢畫毋一曰木名似桂

三 惷傆 水田濞

子思鉉佩

篁鉄論意言十七不定之緩絕賢于李楊之擬歎子思之鉉佩美于靈比之

未韻 鉉修注說

婣 籀文 婣 作姻 經姻之偏旁从因乃从㘣 囧即婣字 金文从口皆非川

婣 中从婣水 漢書匡引為銘文

皋陶造獄法律存 漢書張敏傳注 付鼓詳莫奉諸君 仰見 [illegible]十川

貞當

廣雅釋詁 貞當也　今按說文鼎下云古文以貝為鼎 此即得其正解矣

注云鼎非當也之謬

蜣蜋

讀一切經音義釋云 蜣蜋一名蛣蜣 蜋即蜣蜋也至小最細

蠆也

希麟續一切經音義五引說文蠆从虫萬省聲 蠆音邁 今說文作从萬 小以為萬為蠆之

今刻本蠆引亦誤萬字云近段人也即今之蠆字 蠆字說文亦未遂 今本正為

尚書作飌从風雅从鬼萬聲 魙字異文也

蠆古作蠆 即蠆為蠆之訛

法雲翻譯名義引蔡經

又名顯田伏食人必日蠍五 蠍音歇也六 蠍者帶毒六

庚向

漢高注析中有庚向之說 即后世指與之宗羅漢之術

唐陽華蓋志云宋子龍山卿

江上里庚向之本

右四本雅注

爾雅云梟鴟其子鷅李巡曰野曰鴞梟家曰鷚 丑翻譯名義 爾雅云狂茅鴟今之人曰狂

一名茅鴟其衣氣大目七色

貝三册

古義泉志錄文多用貝 雪堂碑陰記出錢所祀

天竺

翻譯名義丑引西域記印度云天竺之異稱舊曰身毒或曰賢豆 按漢律考

之身毒身乃頁字讀如元殷於身之衣音皆一聲之轉也

論語鄭注

君子博學于文約之以禮亦可以弗畔矣夫 鄭注弗畔不違道也 翻譯名義

彫剞業

唐無寶國石南山開佛碑記末名彫剞業僧邑選律字勒刻字 根彫

剞業即刻工也

王爾

鄒陽ノ燭王爾以獨座荷骨リ援著論　按王爾見淮南子

美觀

春秋紀年長安美觀聖見今稿用新于雲見斎　漢武帝仙封禪儀記

禊事

古人[illegible]修禊叙修禊事也作禊不誤

塞上亭

武氏高氏塞上亭詩序引代人云塞上亭姓李　代々李氏並居之也

硯

唐潤州刺史墓君墓志名来粟三百廿硯　按名係硯字

烏嘷

不嘗虞武勞烏嘷柘桑　按即須弓子之烏號弓又柘桑之弓

廣延

晉書食貨志 廣延百里 柯本延印作廣袤

鯝

玉燭寶典五引風土記 鯝魚之鯝音鮮字之誤

論語鄭注

唐本玉篇出部引論語論事成素 鄭注論會也

單

新出偽刻唐本玉篇叩部引倉頡篇 單延薄人也 是單乃儼之古字 札璞引證

印有萬歲單于印 又案印藪有千歲單于 金石字大引有萬歲單于三老 五方作[illegible]

單三老 [illegible]

說文 單 大也从吅 [illegible] 義闕 疑以象鬼形从甲也 [illegible]

金石字引印文單作[illegible]

作 [illegible] 單 [illegible] 說字皆象鬼之形也 玉篇[illegible]乃正字 [illegible]

古有厲鬼無極 奉記單于 印文

唐詩批評而易思而風之前矣 說文 單大也 何為單字耳 和本作欸乃……

尹琮

貴州圖經引尹琮學成歸鄉里 至桓帝時官至荊州刺史 今遵義府

綏陽縣東五華堂有尹琮講堂 今綏陽知縣毋銘題跋

小挾

近傳刻唐字本出蜀 殆不謬 愛由山峽流來 峽作挾 古人假借之字也 說文本無峽

音變

易傳音變二字之節 鄭注音假借字 後以韻韻之韻 已亦作之

三乞也 此條……

唐人自序

易緯鄭注引舌人用今言云乾爲金

易緯鄭注如釁麋母也　麋母即牟母　一曰讀若鳴法作鶉母

麋曰

釁即潏之假借

陸氏桂園詩話易緯在亹引陸士衡詩志金城郡浩亹即今浩亹

亹者水流峽山岸深若門也　秦風有之潏信潏水隔也　唐詩湄厓也

詩亹爲潏正合　在鳧鷖有眉亹亹與此亹亹二亹字

詩亹亹文王韓詩作勉勉此亦流通也亹亹之韓作勉勉之轉

沈流　形似之誤　然義亦可通

讀若仰平其思流血出脈　大戴記作沈血出脈　詩國邪字記引韓詩痛

都邑增紛萬行之　沈（亦沈溺也）　文選西都賦引韓詩痛亂包增宗宇

訢之流（亦漲溺也）

楊憕者唐人設日本畢也

隋唐以來世多而佛經語意尤衆 中國無經之經寫鈔本 字數甚多

如多異體 聞之萃聚字彙名義 日本人撰爲名字人 三十卷 四十五篇 皆宗本 字鏡 二十卷 日本人撰 宋開寶時人

倭名類聚鈔 四十卷 聞已刻 淨土三部經音義 異體 皆異同也

無人本州 庶幾於異鈔 秘府略 新字鈔

床

說文戶部文以木作床 乃拠此字別爲一字 然字以從從宮字從誤是也

通俗文字曰床 廣韻音職切 特小戶乃介戶之訛 其職切與門限

之義同 說文嵌之限 木介至之門限也 今讀俗讀正同 今字作

外与小六相近 然如門和開門扇也之形 開說文門中之木門庭也門中之木曰閑 戶下之木曰床

宋史藏文志 小學子類

宋時以字爲名　便雲樵補說文解字三十卷　錢承志說文正新三十卷

劉伯莊史記音義二十卷　某修文雅注五卷　唐雅字說集解三十冊　進士

衍刺負玉篇解疑三十卷　瞿伯壽稱文二卷

桓帝時荊州刺史　又七年荊州刺史度尚督[illegible]

延熹三年　荊州刺史度尚討長沙宜平之　八年改爲[illegible]中郎將

陵　荊州[illegible]及蠻夷大破平之

何琨傳　延熹五年　武陵蠻夷寇反攻據江陵　間荊州刺史劉度南郡太[illegible]

度尚傳言延熹[illegible]劉度[illegible]

字孝前　延熹至荊州刺史度[illegible]　秦至　桓帝謂以衛尉代劉度[illegible]

南齊書　延熹三年荊州刺史劉度謂[illegible]爲部太守[illegible]爲荊州刺史

故爲延熹九年李子政　八年又以度爲荊州刺史

移荊尚自麻權任爲荊州刺史

延熹七年[illegible]荊州刺史

靈帝中平五年[illegible]荊州刺史[illegible]

又九年李隗爲荊州刺史

靈帝時楊旋爲零陵太守　荊州刺史趙凱[illegible]

獻帝元年[illegible]荊州刺史王叡

又靈帝中平[illegible]年　荊州刺史王叡[illegible]

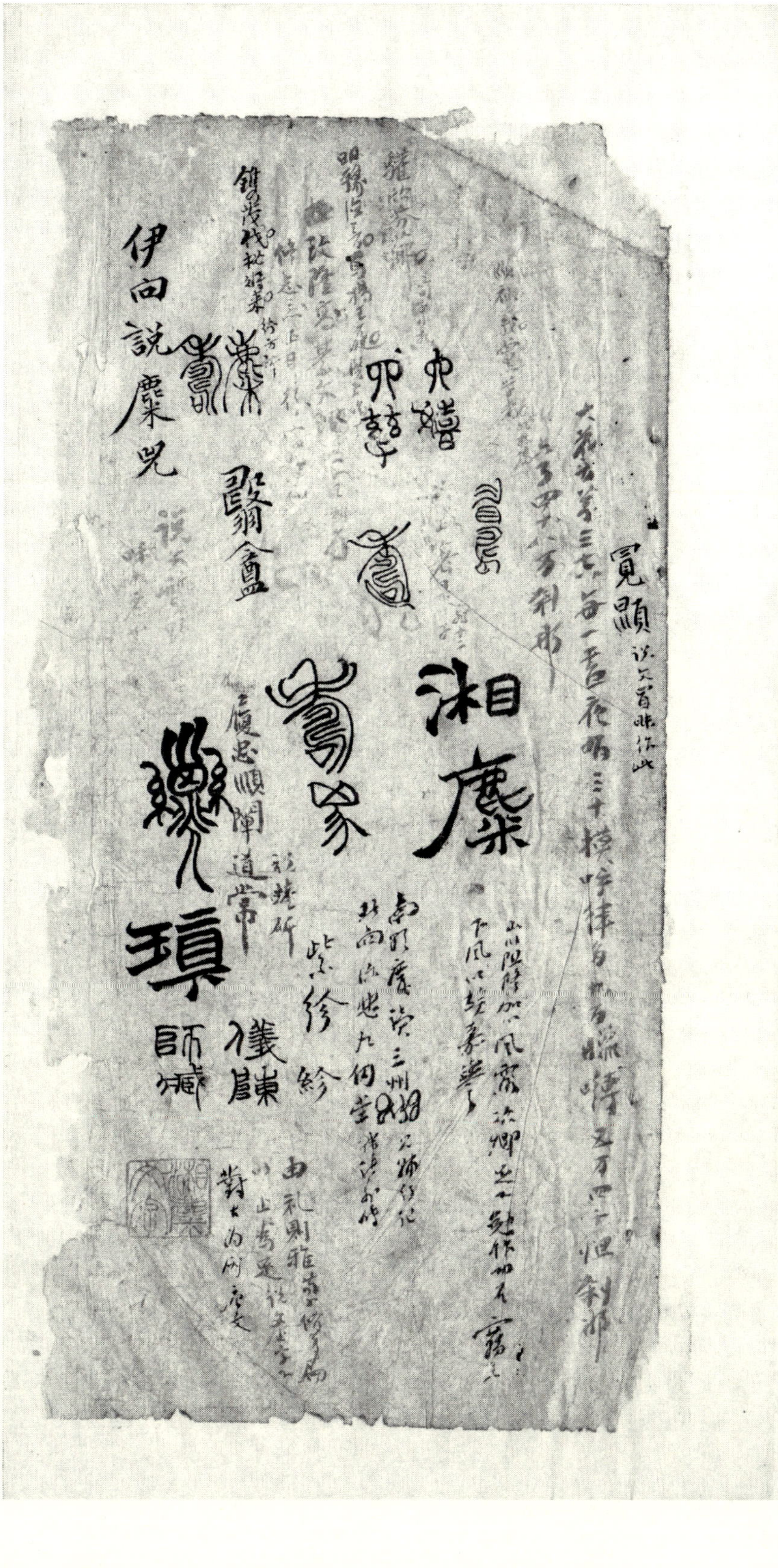

国家出版基金项目
NATIONAL PUBLICATION FOUNDATION

浙學未刊稿叢編

浙江圖書館⊙編

徐曉軍 李聖華 主編

陶方琦專集

執行主編⊙唐微

3

國家圖書館出版社

第三册目録

六朝剽華二卷　（清）陶方琦撰　稿本　陶馨遠題記　存一卷（卷上）……一
陶湘麋學使詩文遺稿不分卷　（清）陶方琦撰　清同治十年（1871）稿本　陳慶均題記……一〇一
湘麋館遺墨粹存一卷　（清）陶方琦撰　稿本　清樊增祥點評……一九九
潠廬初稿四卷　（清）陶方琦撰　稿本　清陶在新等題記……二九七
琳青書館詩藁二卷　（清）陶方琦撰　稿本　清陶濬宣題識……四〇一

琳青書館詩藁二卷附道咸同光四朝詩一卷 （清）陶方琦 撰 民國抄本……四七五
琳清仙館詞藁二卷 （清）陶方琦 撰 稿本 清孫德祖題簽 清秦樹敏等題識……五六五
咸同間名人詩箋不分卷 （清）李慈銘 樊增祥 陶方琦等 撰 稿本……六一五

（清）陶方琦 撰

六朝剽華二卷

稿本 陶馨遠題記 存一卷（卷上）

王德軒（紹興市）藏

六朝剽華二卷 提要

清陶方琦撰，稿本。陶馨遠題記，存一卷（卷上）。一册。金鑲玉裝。單魚尾，四周單邊。朱絲欄稿紙，版心下印『老益泰』。封葉簽題『六朝剽華』，下題『同治己巳焦月初旬，子珍』。鈐『子珍』白文圓印。内封題『六朝剽華』，下題『己巳夏日題簽』『襍類』『紫昣小築』。鈐『□□心遺餘葦』『紫昣□□』等印。

首有陶氏小志，叙是稿緣由：『余適自虎林回，豢痾五旬，强起無事，因略區類，擇漢魏名家集雅馴者，束而摘之，聊爲消遣云。同治己巳焦月初旬子珍小志于鐙右。』據此可知是稿成書於清同治八年（1869），時值陶方琦自杭州回家鄉紹興養病期間。

是稿係陶氏親手綴輯的一部小型類書，从漢魏名家諸集中輯録典故、詩、賦等，以類編排，蓋供創作詩文時漁獵詞菏、獺祭掌故之用。卷端無題，以版心所題類别爲區分。先列辭句，後注出處。采擷廣博，體例井然。共十七類，計文學、學業、詩歌、字學、交際遇會、記憶、柬寄、雜務、景仰、贊美、感恩附薦行干謁、淹漢不遂、感枕、通顯閥閱附、官職、歡樂、品藻等類不一。所輯辭條皆有所本，書凡上、下二卷。首列上卷目録，後列『手摘書姓目』，即是稿所引人物及文獻，署『孝逸』。分二欄，上欄爲人物姓名，下欄簡述人物生平及著述，共收人物十六人，如梁簡文王、王僧儒、沈約、顔延之、謝靈運、江淹、鮑照、陸機、崔駰、張衡、蕭統、陶弘景、邱遲、任昉、阮瑀、劉楨等，除梁簡文帝、王僧儒、沈約三人略詳外，餘概極簡。雖取名『六朝』，實則時間上起自兩漢，下迄魏晉南北朝，其中崔駰、張衡、劉楨係東漢人，阮瑀爲三國魏人，陸機則爲西晉人。是稿從十六人正文彙輯辭句近千條。首序旁題，『如遇天文、歲時等可另編入摘錦』，可知此稿未臻完備，隨收隨編隨録也。方琦早年工詞賦，後轉研經學，此爲其早年摘録抄本，平步青《霞外攟屑》卷六所收《漢孳室所著書目》中未見載，其他文獻書目亦未見載。僅存上卷，下卷佚失。

卷首序末有一九九七年陶馨遠識：『此本確係先祖子縝公陶方琦真迹。陶馨遠識。一九九七年八月時年八十四。』鈐『陶氏馨遠』白文方印。此稿原藏陶方琦玄孫陶馨遠處，後散落民間，自二十世紀九十年代爲紹興收藏家王德軒先生所收藏。

現藏王德軒（紹興市）處。

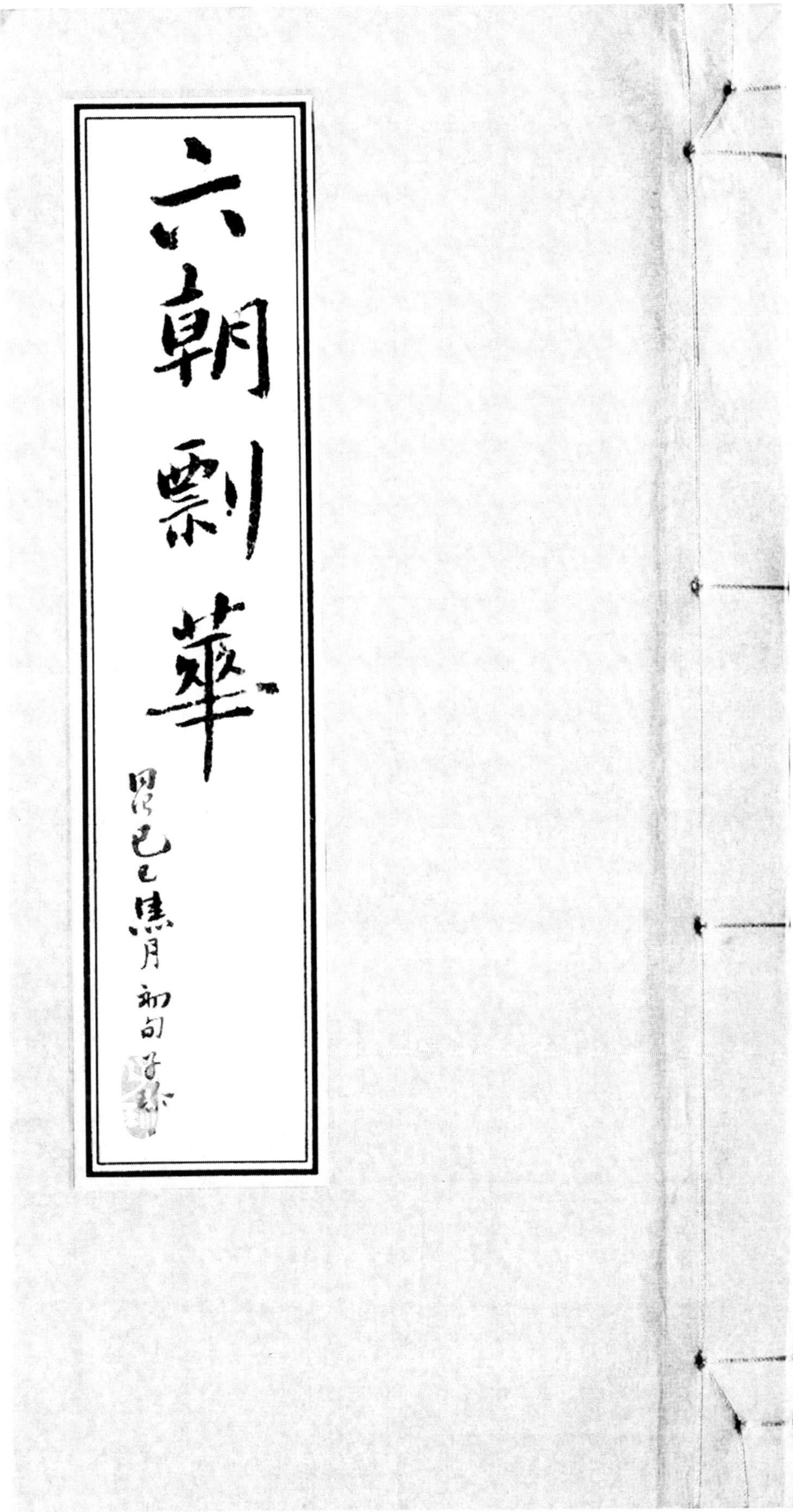
六朝剽華

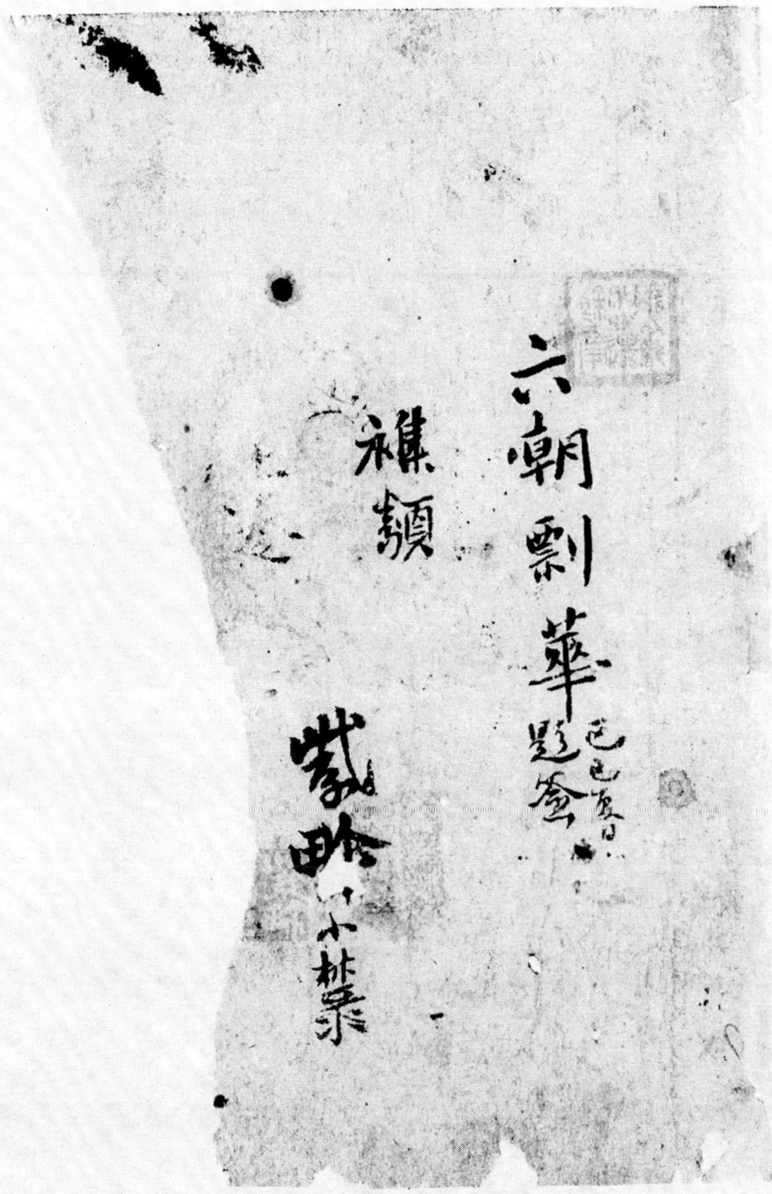
六朝剽華
襍纈
貳冊

以迄天文 節時 等子編 乃摘錦

余適自虞林回寒病 五旬強起
書子因暇遍類搜藍鑑名家集
雅馴者東而摘之聊為消遣云
時己巳焦月初旬子孫汝誌于鄉右

此本確係先祖子鎮公
陶方琦真迹
陶馨遠識
一九九七年八月卅 年八十四

陶氏馨遠

六朝剩華上巻

文學　賛美
學業箸述附　感恩薦引干謁附
詩詞　淹滯不遇
字學　感慨
交際遇會　通顯朝閣附
記憶　官職
東寄　歡樂
雜務　品藻
景仰

手摘書姓目　孝邈

梁簡文帝

姓蕭名綱，武帝第三子。六歲屬文，方頰豐下，鬚鬢如畫，眄睞則目光燭人。讀書十行俱下，九流百氏經目必記，篇章詞賦操筆立成，於傷于輕艷，當時號曰宮體。所著昭明太子傳五卷，諸王傳三十卷，禮大義二十卷，老子義二十卷，莊子義二十卷，長春義記一百卷，法寶連璧三百卷。

王僧孺

字僧孺，東海郯人。家貧，傭書養母，所寫既畢，諷誦亦通。常與任昉等竟陵王西邸以文學友會。好墳籍，聚書至萬餘卷，率多異本，與沈約、任昉家書相埒。少篤志精力，於書無所不覩。其文麗逸，多用新事，人所未見者，是集卅卷。

沈約

字休文，吳興武康人。祖林子，宋征虜將軍；父璞，淮南太守。幼篤學，母恐之，常遣減油滅火。實為參軍參記室。齊文惠太子設選遷隆後，勤累遷尚書僕射，封建昌縣侯。年七十三卒，謚為隱侯。約左目重瞳子，腰有紫誌，聰明過人。著宋書、晉書、齊紀，又著四聲譜。

顏延之 字延年

謝靈運 小字客兒封康樂公

江淹 字文通 有醴陵集

鮑照 字明遠

陸機 字士衡

文選所列賤傳
不録

崔駰 字亭伯 竇憲擢為長岑長不之官去々之辞々字

張衡 字平子 有問集

蕭統 昭明太子 字德施

陶弘景 字通明 丹陽秣陵人

丘遲 字希範 吳興烏程人

任昉 字彥昇

阮瑀 字元瑜 只感懷詩一條

劉楨 字公幹

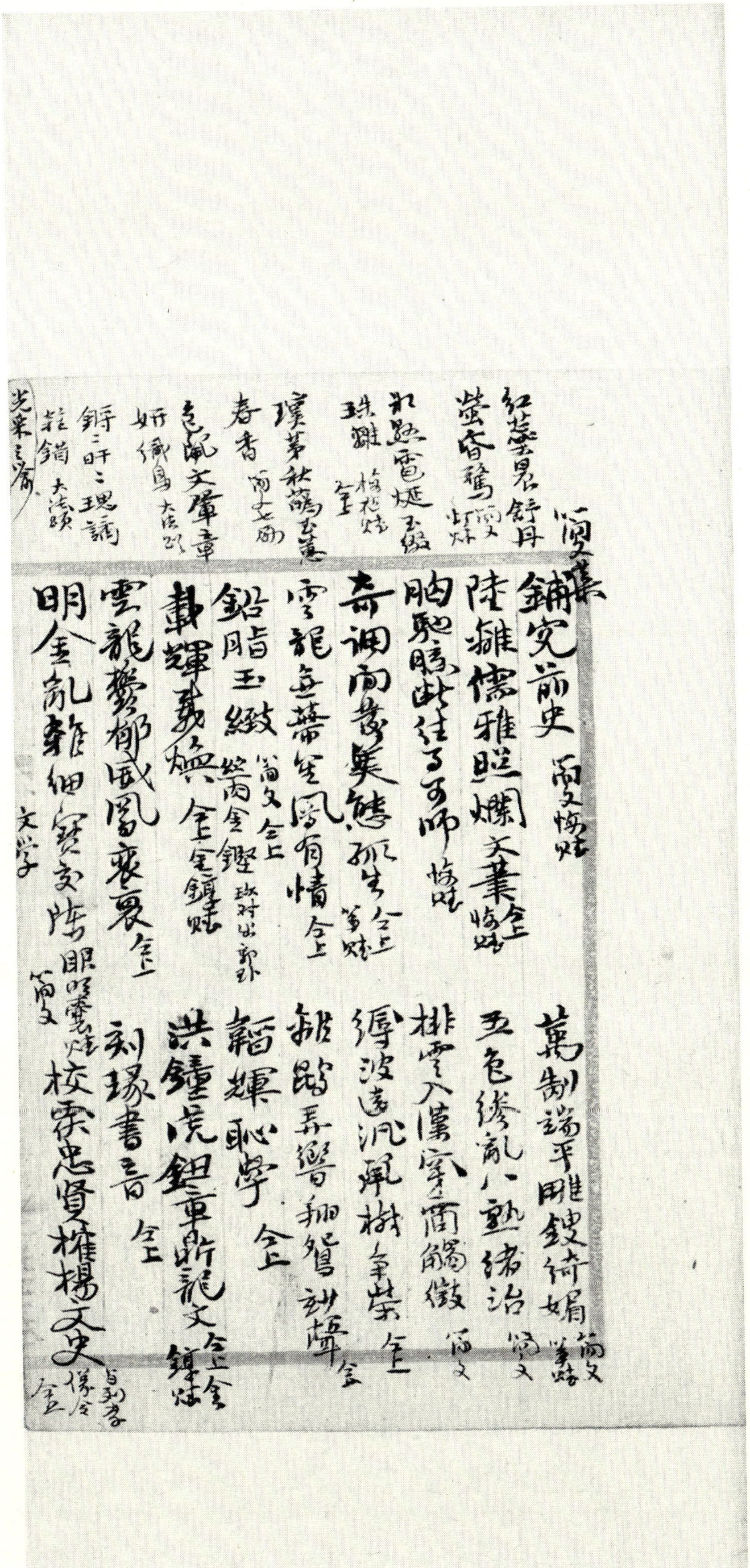

簡文集

紅蕖暑舒丹

螢昏鶩鳥

飛題雷梃玉緻

珠雖

瓊茅秋藕

春香

泛瀾文章

妍纖鳥

鋳二盱二瑰韻

粧錯

鏞究前史 簡文 悔娃

陸離儒雅照爛文業 仝上 悔娃

朐馳騁斟往子所師 悔娃

奇調雨集態孤生 仝上

雲龍並帶風隨有情 仝上

鉛脂玉緻 簡文 仝上

韡輝麗燦 仝上

雲龍藝郁鳳凰裘裏 仝上

明金亂雜細寶交陸 簡文

萬制端平雕鏤綺媚 簡文

五色繚亂八勳絡治 簡文

排雲入漢窮高鶻徵 簡文

縟波遠汎飛樹争榮 仝上

鍬踏弄響翔鷺刻鶤 仝

縚輝聰學 仝上

洪鐘虎鎧車軒龍文 仝上

刻琢書音 仝上

校案忠賢權揚文史 仝上

文學

蕤〻旖〻綺
璧雁霸 仝
雄〻吐色暉〻
上映 大法頌
沖融隱嶙閑
曠體遠 南郊
熊〻灼〻赫赫
沐沐 南郊頌 畢兩上帝
麻塞華芝芬
芳塞疊叢 樹頌
仝 鏘玉度 甘道 詩禾苑

闓筆韜詞 〻〻好歌不作 簡文大法頌 摛文著藻 〻〻魏美〻〻支德 一闕 上南郊頌表
寀龍文圍 漁獵義河 上之南園講頌 一君 簡文帝 文衡綺發思闕珊瑛 仝上
廣音閱筆 雄旦〻〻不能〻〻 有懶拔澤異同故態 答湘東王書 發 浮疏闢緩 說字〻〻等爲
遲春甚水 李商隱 遲遲春日反字歸撼浩浩 江永道同大造 仝上 吐言天拔 謝宏〻〻出自 自拔 仝上
朐馳膽赴 〻〻〻五倍好色之實 〻數 仝上 精討錙銖 仝上 覽不〻〻蓄文質
玉數金銑 指所嗤 仝上 明帝學序有云金銑玉徽重霧凝 巧心妍手 有異〻〻絳愧〻〻
驅塗烟墨 搆囊紙札 繞烟墨不言實其驅染 紙札〻〻情任其搆囊 仝 春翹秋實 以興〻〻方爲〻〻 答唐伍度書 仝
永謝寫瓶 修題染翰 庚信 度序 簡文 意論禪理 風雲行間 珠玉字裡 〻吐〻〻〻生〻〻 答新渝侯
琢璞雷左 太沖 今超遂滿 士衡 仝上 雲情卓絕 駲落芳奇 仝上

燭飛夭矯風闕
鉅鏞 寺碑 王僧孺
東離煥爛 燭映丙殿 王僧孺
彬蔚越灼 仝上 王
雕瓏磨礲 仝上 王
百華春風序
宗秋成 孔佛文 王

賛動神明雍熙鍾石 此之謂人文 昭明集序 雕彩瓊席綺飾瑤琳 論文 論文七啓
襟抱芳腴心極華綺 含芳腴于一一 擷華綺于一一 昭明集序 敷以綴珠雜以旋綺 仝上
珠雜豐貴 吉敬 商榷英古鈞弋陶甄 仝上
喻山岷風大夏貞符 大法頌 河文 填委廣內暉煥旗慶 仝上 大濤
玉條經寶青史緗暖 大法頌 渙汗條篇苔氣丹冊 南郊頌
擷宸摛藻媛娟錦縟清譚論辯參差照照 玄圃園講頌序
霞騫鳥翥 南郊頌 家攄虎情敲 緗史裁觀靈篇妙鏡 菩提樹頌
理局遠圖乃緒終曲 大宗政古 刻漏銘 緗色斜臨霞文橫竪 明月山銘
既鑄既鏤是磨是銑 吳郡公碑 文雅綺縠與之相宣 王規銘

文字

文檀既闢采節晨輝 長沙宣武王碑銘 簡文

倚思霞暖清天飈燠 一一暖霞飛一一 煙騰特照張纘

含毫吐思爭高競敏 任府君傳

吐論吮毫宣赴鍾瑄 徐子陵 王僧孺 標心用已題材繁雜 全上

王僧孺謝清義表 祖述問學 徐子陵 王僧孺

玉震蘭摇金鏡桂縟 裴衍文 神工曲造雕絢彌豐 劉孝綽 謝素 沈約

金鑣互騁玉軑並馳 上連珠表 沈約 玉聚珠照若是光彩 謝燭女 沈約

李采水華綺文霜潔 謝火精啓 沈約 鳳綵鸞章霞鮮錦縟 謝玉 沈約

爕乎樓嚮孔翠群翔 與王顯书 沈約 會昌昭發蘭輝玉振 全上

詞采妍富光影相照 與劉杳书 沈約 因流極源披條振藻 學亭 東亭 沈約

榆枕風動表議雲飛 吳郡高士(?)序 沈約　雜同錦肆 心學府〻〻 任昉墓銘 沈約

人天異軌翮動珠貫 內典序 沈約　凝光環筍炫彩瑶縢 為竟陵王表 捐(?)啟 沈約

妙絲西長 仝上　思馭春馬理析秋蟬 仝上

畦金蕊玉霊儀衛目 仝　八彩敷蝸鳴 三山〻〻 [illegible]僕射詩 [illegible] 沈約

龍章八彩瑶華九色 仝　娟大爆慶雲 奉華門王外兵 沈約

月煥星鮮 內典序 〻〻于闐序 〻〻淨刹 沈約　[illegible]擺江舊[illegible] [illegible] 祝延年 [illegible]白馬[illegible]

鬱葉往迹煥述西聲 仝上　開堂[illegible]澤飾虹爆電 奉[illegible] 顏延之

叶愍心霊抑揚訓象 仝上　清越琳璉 〻〻〻〻 [illegible] 顏延之

絢蔽倚情幽擔密術 佛像贊 沈約　擬舊揚猗 山居賦 詠[illegible]

秘義煙涵環詞雨散 王僧孝銘 沈約　散華霏蘂 山房賦(?) 詩

清辭灑閣、、、藻　謝宣城　永平公主儀植　瑉色瑤文　玉臺新咏、、柳、、　採石燈　江淹

淵雲墨妙嚴樂筆精　江淹　劉繇　琮瑕失璪錯璧生潤　仝上

來疑秋月又似冬霞　江知己書　蛟龍文章麟鳳婉約　江淹

仙藻重艷金華玉儀　江淹　獻佛書　鍾天鑄物鑄化漆靈　石劫書　江淹

五光甕襄十色陸離　仝上　錦派綺分　謝宣城　江淹

紺縹赫蘭摘芳擷蕊　仝上　翡翠翠疊、、子、、　□文遊山　江淹

諸光許色雜卉雜葉　山女燈　江淹　采鳳麗龍飾照雲霧　上表　江

璃文命絕奄藹燈爛　仝上　依葉蔓哩　讀楊州牧表　江

絕丹電燭飈翠杏實、、光焰、、流氣　玉、、　丹砂可學賦　闢耀叢麗、、世經、、相序　謝賀字表　江

日月纂組星宿羅紈、、裳、、七、、繞、、　仝上　江淹　貞潤月明晦魄自於天華　謝開府辟　江表

拂采汰色 曼雲〻〻

文筆林府 蔚藻彬彬 陸機 文賦

才蘩韶采 〻〻〻葉受姚翔

筆言雕瀉 六藝芳潤 全

瀹靜風簌 飲芳擇露 謝江

朝華夕秀 全 陸機

群驪金騰 江

詎見鳥潤 或〻〻 全陸

繁聲豐華 絕照

平徹閑雅 煒曄譎誑 全

青角星光明麗 爛逸 絕照

炳悉情絃 全上陸

凝華結響 絕照

瓊葉玉蕊 全上

鏡飾丹綠 靡芬紫烟 絕

精鍊和惠 陸機

飛瀚洒鳴球 王儉 絕

經趣崇英 陸機

雅續信煩情 絕

藻思羅開 文筆 陸機 周處碑

表色可鋈 日出東南隅行 佳樓

覌旌奏白山獲珠溯海 謝靈運 書傳

瞻彖之銳 望同丨丨丨 蕭任七啟

揚暉發藻九采襍揉 欣賦 劉楨

君侯多壯思文雅縱橫飛 於五官中郎將詩 劉楨

澡、、沙突，雖有求於篇，田見其書有甚飢愁 會稽
欸業無休 、、、窓喉廢婆 昭明太子集序 全上
躬刊手掇 全上 簡文帝
含吐緗縹 翩躚樽俎 王僧孺文 与何炯書
翡鍼纔續 碎米臨塗 全上 、、、同之、、 、、學之、、
精贖必探 徐府君序 王僧孺
神經怪牒 綠簡丹筒 金版玉匣 錦文繩帙 伏府君序 王僧孺
垂帷弄墨 白鳥篇 王僧孺詩 、、、塵上
章句蹯滞 名理乖疑 莫不酬酌取衷 久得其同 沈約

偏探冥賾 異聞局捡 伏府君序 王僧孺
賈馬董鄭 小生紙越
郭何王孫 多踏謬 全上 伏府君序
莫辯塵測 棲玄寺碑 王僧孺
刻情厲想 玄 全上
鶩遠知微 貫宗句極 發彩文 王僧孺
守株膠瑟 難与適變 上建珠表 沈約
沈約 披案法度

文以子業 書

瑩奇擬異，挺淵乃迓 沈約為詳燈讓表
稠覽博論 庭津文

選典備甄 孫曠求居 沈約
研書覈理，敷文奏褒 鄭道 山居賦

津心道道 寫宮亭 沈約
褰幽眷頤，戢妙栖密 書陜銘 詩室讚

黜華裁飾 宋序 沈約
冥析幕象，談洽性靈 江淹 詩笙讚

暉映緝圖 全上
搜圖炤籍，抽經閱史 江 傷友人賦

精理瑩心 全上
麾詩文之綺，發窗書麗乎錦毬 全上

曲辨情靈，棲心妙典 全上
攀古今之寶，貴彈竹素之珠奇 全上 江

日麗星瑩 士之林 懶情文 沈約
倦容獻縭，釁弄鍋奇 空青賦 江淹

理塗靈奧 為竟陵王發講疏 沈約
反影毗道，絢月積德 謝二聖表 江淹

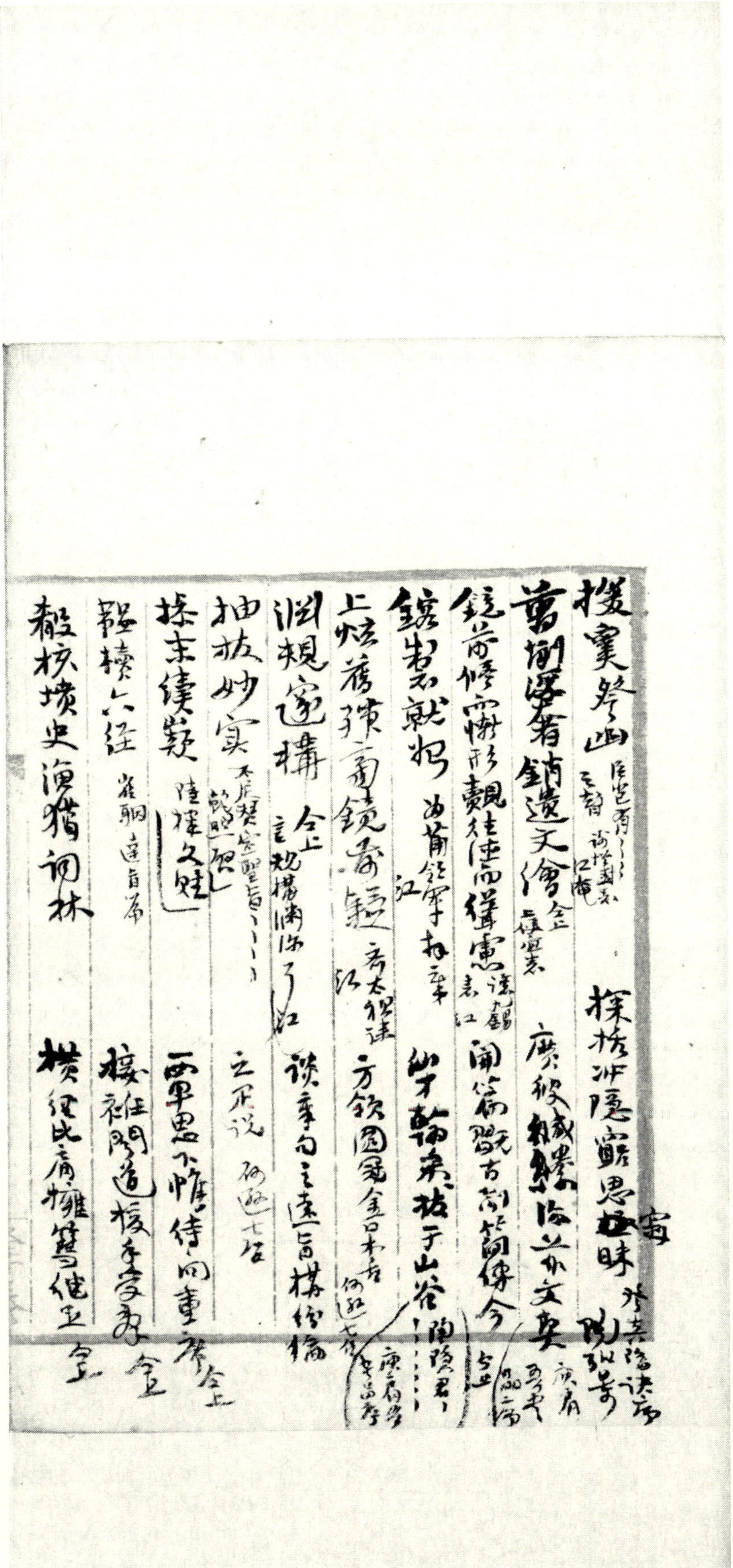

持身覺論達德舟航 何迺 七古

理閑樧初鐄鼓而絕 佛記序 沈約

膠目闇睃 全

深方淟悴思壅猥局 上白紵詞啓 鮑照

緣綈壞抱篇帛塵緇 鮑照詩

聆子填壽文墨鏘鼓 魏詩 劉楨

鈍學 [illegible]

沈吟短翰補綴庸音 答張纘 簡文

〻藝〻函甲子之亂 謝東宮賜史 陸倕

欷歔今旨 答樂藹書 沈約

時風夕灑程形赴音 連珠

吟誦環回編鏈字謎 与范述曾書 沈約

徽音鏗鏘〻〻〻〻樣絃 劉緩 全上

輕知被紙光影爲字 報王筠書 沈約

聲以迴環良同金簇 [illegible] 答文園 謝靈[illegible]

下情拙目無任斯奉 全 沈約

高唱子自輕從音亭不憚 [illegible]

歎服吟研周流戀念 報王筠書 沈約

雪以清覧 与劉杳書 沈約

亭亭自遠 竹[illegible]序 沈約

羈心苦調密吐金聲 彭思之 秋胡行

餘唾激界 〻〻〻〻界回景 詠平存[illegible] 謝敬[illegible] [illegible]和

簡文帝
作楷桐鉤時熟獻案倉門生上之
銀鉤～巧重世過（僑蕭特蕢錦
張衡魏芳金鑌蒼題貼石補造方
方傅烟墨永砌虐玩金
兔墨酒蘸蜀の賢試

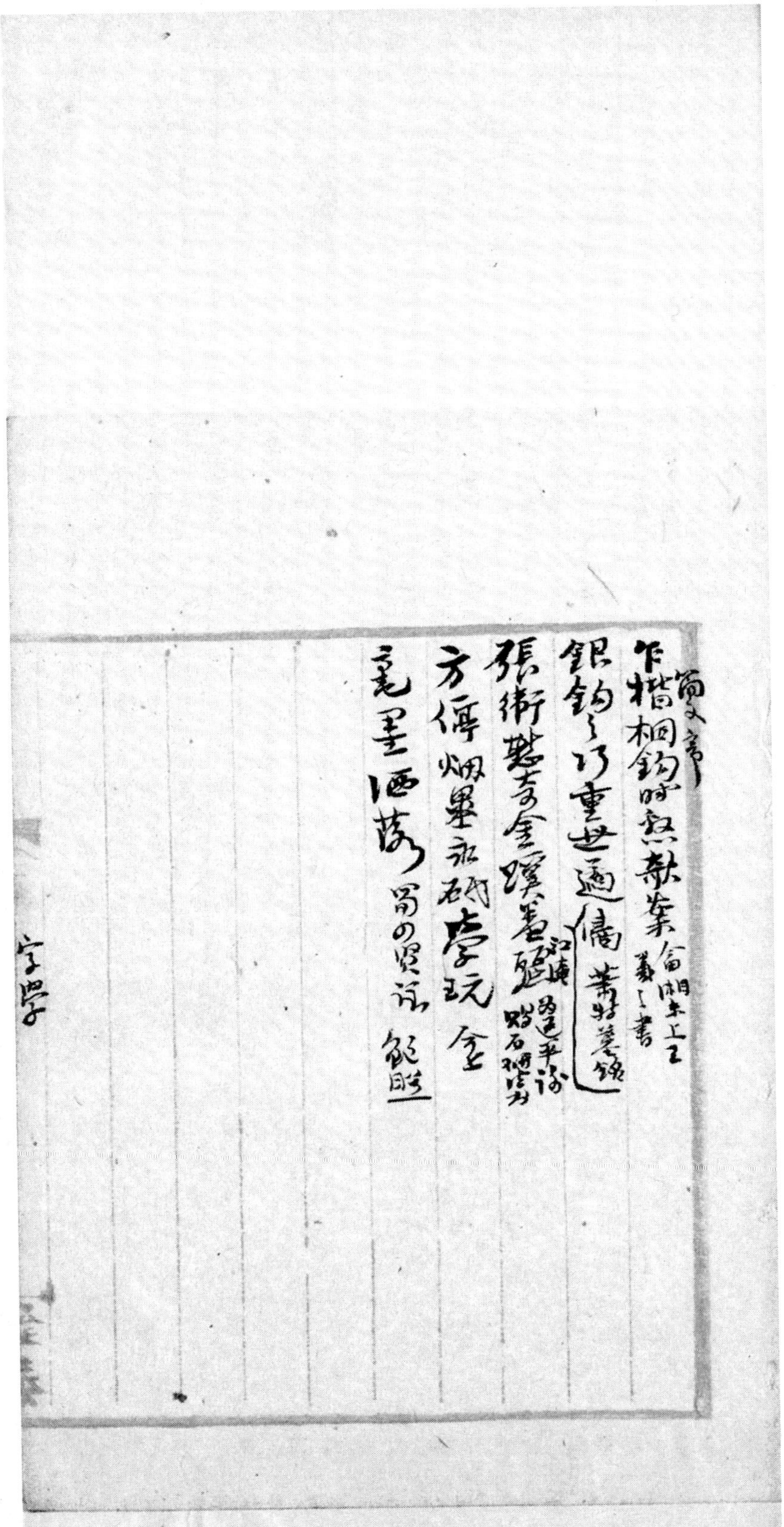

故人婉僂 此謂故人時相婉僂 與劉孝儀令 簡文

遊士天寶氏得譚賞 又答湘東王書 簡文

美恒日夕 言交結晨夕常會也

文雅縱橫 與蕭臨川 仝上 言多分阻

會逗之期靡要子儀 與劉孝綽 儀見也

樞談永日靈論終朝 言備圖書好序

陪奉靡末 ⋯⋯ 仝上

欽風味術迫遯敝時 言手好也 何不嘗寒清

振裳躡步 六根讚文 進趣隨肩 文學 附造訪象令

渴愛 ⋯⋯ 簡文

時英法侶 言佳士也 ⋯⋯ 簡文

披勿披衿 伏府君集序 王僧孺

敷文研理匪晨伊暮 伏府君集序

瞻慕實自旭徂曛 任昉

臨風清鳴瓊萼延佇 沈約

穿路邀遠神轍遙潤 沈約

樹志惟重佩握如搏 南郡 沈約

遲此閒日清觀乃申 與王[illegible][illegible] 沈約

遲此叙會更共申析 与劉香分 沈約

靡靡神襟鍋鍋孝彥 九日侍太子宴詩 沈約

蘙薈結納 庭誥文 顏延之 結闊陳金宵盤畫想 陶徵士誄 顏延之

晴鸞縫綣 謝之之之 江淹 傷友人賦 鶼好契心 乃之石 全上 江淹

異衰同襟 江淹 傷友人賦 超彥文希歌 蔡宗詩 絶照

年相亞遠 知予與君之之之 忠歎篆詠 陸倕 烟繆之遊自睹及朗 全

雅穆同心如環如林 潘岳 佳林 繾綣襟趣 之論之 何遜 寄卿原史詩

志交於曲 南洲口號 答魏子曲

清談同日夕情盼叙憂勤 贈五官中郎 劉楨

燕肝越膽 接子卿 謝朓 沈約

處彩驕貳 庾信文 彭兵

朝吐暮饗 全上

文選不錄

歎因月積想逐時旋 又答湘東王書 簡文

悵夢〻除來常弭歇 仝

瞪遠轡積興言盈臉 答廣信書 盈臉淚痕 [illegible]也

白雲〻在天蒼波無極瞻之歧路眷慨良深愛護波潮敬

羇光彩 与蕭臨川書 簡文

執別〻徑日兩寒暄思〻為勞未能忘弭 王僧孺 与何炯書

纤冥之懷蔚結寢興 古謝朓劫 沈約

坐暮空除何可長歸 与劉杳書 沈約

晨燕暮想 改陽懷錄 沈約

晚人晨興翹心[illegible]念 相國寺銘 沈約

徂日悠長疏年緬邈 北郊功德碑 沈約

佳心南雲為日已久 [illegible]

情無不[illegible]叢懷忘忘 宋武帝 詔

攬含攻別心河　贈方重遠

言華書洒梵越南北　江淹　倚友人

總綺笑情　擬吳姓　江淹

含秋一顧斷絃山中　學離　江淹

山川遠久　送平王讀陸送　江淹

良攬清寒　送平王[illegible]　江淹

白雲在天山川間之
看往西顧綿下谷屑　贈送平王府　江

結中州之雲旗綿思千遠夕　自遊思姓　魏照

睽高遠瞻新嫂迎值婿華　寄發歌　魏照

春思迷緯　和王遊　魏照

寄含篆美　送門下遠寄別　魏照

遠塵如玉　燒土姓　陸機

契潤充飽　贈方詩　陸機

叢墻依阻　贈顧彥先　詩　陸機

隆思迷歡　陸機詩

暨彼緜密都含雅帶　代作　陸機

对月流歎臨風軫憶　俞[illegible]　陶征君

菜艾之歌，著于信宿；子衿之思，起于嗣音。況寔之秋，能不有懷。雖星卅楷楷，泉蘊生側，悵憤不遑，張以烓

壬戌秋 耿息若七

顧瑒

習〻流韵，怦〻不並 簡文筝賦
密驛輕郵，側此歸簡 仝上 与[illegible]書

輕毫獨束〻〻〻 吐艷陳詞 簡文謝費係叙
俗務紛糾，勞僕特深 与智琰法師 仝上

輕塵塵闕 微均濁歷〻〻〻 仝上 幸尉居
指遠此信，今無述寸 [illegible] 仝上

每有西鄉，事同楂壁 仝上 答湘東王書
叙述方寸，頻為珠及 仝又

其向信使，蓋得其篇 仝上
麈塵紛糾，得濟涯涘 [illegible]序

潤色音旨，無闡延佇 答廣信侯書 仝上
百億仡億，均〻〻之〻 大法頌 簡文

執別濡滯，觀音但遲 与劉孝綽書
息興捧持，獨勞心靈 謝南園[illegible]序

涼燠得宜，時候無爽 想〻〻〻〻〻〻 仝上
往奉珠璐 仝上 如篩〻〻 [illegible]

務煩殷湊 既官寺〻 務劇〻〻 仝上
游降慈跡，下答蚊蝝 大愛敬寺刹下銘

輕[illegible] 与下本記校參看 [illegible]

亟往翰苑　何子晉答謝言時寄書也　伏覺縉璟戢你鑊奉　翁燁法雲誌

蓄思含毫傳芳寄誉　仝上　叢蒙祛藏訶瓜抱雲　序上　王僧孺

長素誠敦永賁心期　千融頌文　仝上句　孫奉湖蓁執不離肅　詹釋法聖府高小揚

遠矚餘翰徒勞心目　登城詩　既〻自〻　裁此酬白不申擊蘇　仝上

短歎可裁情非露轂　仝上　〻惟〻停〻　執別之後日隔寒暄

塵中喧囂　〻〻攘　杜虔寓山句　子着蜀未能忘誦　與何煙帖　王僧孺

摩傳纏朦　由來六〻宿昔五〻　吳興了詩　何遜　猥惠佳音用慰疾首　答江陵書　王僧孺

絮殘自靜　〻往〻　蘭雯　和劉縉東王詩　發函披紙朗若披雲　往府丞昊庠

豈唯人輪戎綏在路常　王僧孺　吏部郎表　思橋倚轂　王僧孺

巘谷清音洞庭廣樂（王僧孺答江琰書 言其詞翰之美）　鞶袂端襟翰飛紙落（任府君傳 王僧孺）

雲波邁霄翼越越千（与陸屋士书 王僧孺）　信解堅深趣向無忘（孔佛文 王）

行雲鬱術征會難使（与陸屋士书 仝上）　飛鯨託意駛翼銜辭（怨春閨）

開葛巾車木驗擬札（仝上 引録專畫悵矣君）　尺素鯉腸寸心雁足（詠擣衣 王僧孺）

擬復含寶毫必瞻靡麗（往府君序 王僧孺）

夕影臨顏（為南郡王讓表 沈約）　徽命降臨魏典安寘（為晉安王讓表 沈約）

龘章鳳貴韓此人恩加（仝 沈約）　霄塗嚴遠事隔披照（為始安王謝辛 沈）

岩岩巃嵷（所懷殷了 定恨過四七達 擬上行 沈約）

山洞幽道音靈閒絕（答范光禄书 東宮 謝霍達）　臨高白悵悵着歎良深（王衛軍 於詩）

藻豐論情辭於詩旨 答綱琳二法師書

陳襄狀孫伏遮之訓 謝賚[illegible]答

敵披奇論 [illegible]拂莖揮 仝 法綱問

三復精議 斯懂斟酌 仝 慧琳問

音塵寂蔑 [illegible]詩 [illegible]

彬想匪蕭書 [illegible] 詩

襄答見表 又〻〻〻 江淹 [illegible]

請簿此衷 [illegible] 江淹

寫抒愚丹 [illegible] 江淹

未畫鏡怨 〻〻〻一首 [illegible]

靜躬自愛 啟居匪也 仝 [illegible] 江淹

不任懶款 仝

再抽惱請 〻〻〻第三表 [illegible]

伏坐東鑑 仝

襟懷徒懸 仝

優旋之降 非復常旨 仝

肅奉譽[illegible]曉 如失 仝

雖奪丹函 遠絕鄉怨 [illegible] 江

將垂鈞溷 〻〻〻伎不獲盈 讓二抑表 江淹

具煩才謀備騏天史 讓擢考第三表 江淹

奉宣旌靈遂逢勉誨 重讓鼓鉤表 江

鏡睇 〻〻未周 代讓殊禮表 江淹

希垂閨允 代謝親章表 江淹

優心驚豫 守清畢議 讓九錫第二表 江

歎諸紫〻衡 敬式編綸 由蕭讓皋表 江

有睇未交 〻〻〻心靈已坼 仝上

芳訊俞越 為蕭王謝表 江

東陽

蜀之鑒 狠不〻〻 為建平王讓蜀史附 江淹

握睇 以克〻〻 為建平王…刀極附 江

高卑有別 抱手未期 浮雲

色睇撫移 魂飛路 知己難明書 江

祕音英 傑疑〻〻 從建平王拜紀南擔 江

歎睇〻〻坐回面 江淹謝東宮送賜料

臨途草壓 離意不周 夫人與妹書 鮑照

洗河奉之命 登大雷岸與妹書 鮑照

有念豈數文 白研山寺 鮑照

蘭之音 攬芳懷 陸機 妻對

蔚彼萬蕊如玉如蘭 金賓謐 陸林詩

撥尒玉惊疇以連三音 俞潘尼 陸林

音息曠以遙 仲作 陸標

音徽日夜離緬邈若飛沈 陸機

及信發飈 全 れ行二重行、

逝面乃悲 与亡國陶講以令 蕭統

炎涼始貿觸興自高 全 笺五りあまや、

促遲遲來 全上

臨華無次 与張纘論法編 老矣 蕭統

去鴈回鱗 四月啟 蕭統

叩封披札 吳城宦行 ……札 蕭統

遲積瓊瑤慰其杼軸 何遜 為衡

印撿縱橫 縱撿印 檢牘 何遜詩 山王占 渾之

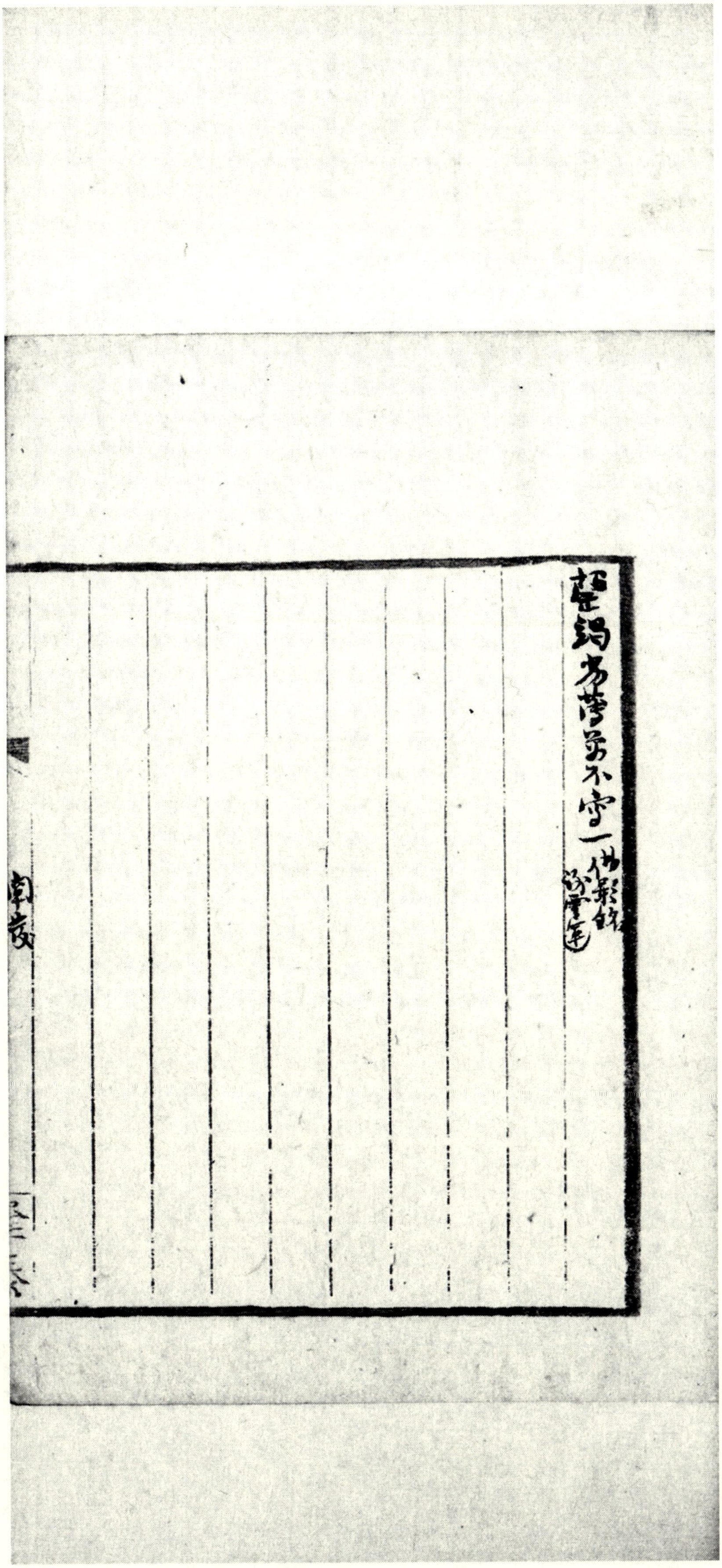

皇甫四

开前月明后　杨约提　世朋诗云

庭务州庸俗并劳之者食　郄延之　全

漏累煙銷　內典序　沈約

務煩殷湊　比官…頌　与和李……梁簡文　杜蹊之騷　多与時奪　懺悔文　沈約

塵壓紛糺　宋論…疏序　簡文　千界萬畛　神不滅論　沈約

百靈棼總　均…　大法頌　簡　顯喧遍正　…大慈相填　与徐府　沈約

俗中喧穢　…靈…　往…　簡　萬塵滿席　徐…　沈約

塵縛纏矇　與…寺詩　簡　嬰拂世務　…隆行狀　沈約

人為膠加　与徐…　沈約　為雜排銘　懺悔文　沈約

病纓靈切　与徐…　沈約　紛吾囂滓　…行　沈約

勞役遏差　全　喧業喧囂　…之間　庭誥文　顏延之

總以潤謁　全　緊遏囂鄙　庭誥文　顏延之

…遭…月…宗轄　全上　沈約　…其……

氣雜難屏　謝靈運詩

塵家位旣罷遠懷悚　如對無上　謝羊謡

嚚贖一行、、、、魁𠫵弥積　代人謝啟　江淹

俛首求衣飯眉窮食　袁淑明書　江

嵓崖易屏　鍾山解講　蕭綜

懸鏡獨曉，仰均神鑒　齊文　謝朓　中庸跡居

叨預趨闕，渴仰無厭　全上　請上郎　講居

福聲徒馨，清風惙藻　南郡　齊文

括羽儔圓，舟與席珍　何子哲墓銘　齊文

流芬相踵　劉歊墓銘

若韜山含，如蓄海寶　智者法師銘

馳寫六蘭，沐連百稱　六根懺文　言其普照　齊文

傍玉流溫，依蘭染薰　夜今詩　齊文

璣珠之質，曷佩瑱瓌

徑企　同前　王僧孺　吏部郎表

排雲矯漢，飛棲紆景　全前也　為南康刑獄　集　王僧孺

亘擧附蓋，無陸限　全上

邁瑤踰杞　南郡　隴西　梓　蕭子諒　王僧孺

清暉霽藁，粹範淵叡人　王僧孺

克播徽塵　為柳世隆上　表　沈約

合采徽猷　表　為南郡王讓中書　沈約

依天宅逕，釋海憑潤　為晉安王　謝　沈

心循崛迹，蹈無缺　沈約與陶弘景

鴻徽未遠 李尼淨秀行狀 沈約
曲存窠仰 塔寺碑文 郡邑
耀影汰迹 縈魂洒魄 郡邑誌 江淹
昭振才識 穆嶷性緒 江 王子淵
停首箋迹 以銘以表 江 拜貝外表
薑魂肆請 飾康仰謁 詣相府步二 表 江
過延履冷 渫攀河塞 詣闕書謝勑 表 江
攀露鏡月 非復霄晖 詣親告表 江
激風揚雌 漱人華重韻 詣府台表 江

瞻影寫集 睎光遠至 語 東陵王 江
響音陵影 寄驚 謝止論 陸機
慶雲扶碍 清風承景 陸機 文選詩
桃李雖陋 側想瑤瓊 陸機
架學遙中 飛才向外 陶
清塵緬邈 為武帝遊封 王融 任昉
咳唾為恩 眄睞成飾
朝多派上 逢接佚

[illegible] 景師臨仿 [illegible]

牓雲纏直孚宅含琦 詩學碑 梁簡文 馨髮佐外芳潄霜 同掛 詣元陵時 江淹
英名遠播 仝上 神光碑 簡文
馨傾價譽 〻〻相國〻〻鄉里 從子誄 王僧孺
崇蘭玨玉 〻〻自芳〻〻自光 仝上 王
馨芝物右 裴檄文 王
清暉秘馨 焬野芝朝 月 齊吟川王 〻〻 仝〻 沈約
聲價隆振 叙迈〻於四鼻味
列馨敵于一時 江淹
宏芬英猷 〻〻〻遂芬于里聽 三讓揚州表 仝上 江
芬惠琳聲 訥簡散譽 慶位 王 江淹
贊美 名譽

翹誠注仰屬
希矜愚 簡文 請武帝御講啟

鴻名盛典忝華膺薄 簡文謝立西皇太子表
慺慺寸志重敢披祈 注上御講啓 簡文

頂戴曲私 ～～～伏增欣躍 簡文謝啟
飢家玉膳質獲寶珠 謝上降所講啓 全

曲垂恩遠 ～仰降恩慈～～ 全上 謝府風啓
旱苗賜雨～～仰間它此自憐 ～恩林方糖濕仰 全上

銘荷不任～～之誠 全上
恩賜～裸毯 全上
櫥循宿願私增滿嗌 謝超利啓 全上

沐浴深慈～～～欣荷交至 全上 謝玉佩啓
負恩知重寤寐蓬萊 全上謝賜鈎啟

濕華曲被 全上 謝勅賚被褥啓
怖鴿獲安窮魚永樂 全上 謝賜九果

速降知慚睹恩興慈 謝賜果啟
曲降便及喜隱忘崖 第二啟

荷恔 垂賚新奇益增～～ 簡文 答安吉公主啟
影和波翻氣和烟灑 排房 答廣信侯書

徒負春華之遠陳秋雀 啟 重謝御講 全上
均荷慈養 南澗寺碑 序

國徵舊引

跂予融欣生　昆虫得性……有郅咸簡文
回心閱睇　大愛敬寺剎下銘
永言纏冥髣髴回丹心　華林寺碑　簡文
饕仁　有餘……鳴等文　飧佳之竟……簡文
頌惟菲薄侯承恩裕　謝曲阿寄詩　簡文
適春經春育回鏡雲申　為臨川王謝奔尉　王僧孺
不悟元造曲被徽渥　適鄉志　為南平王妃謝美　王僧孺
猶弱勝荷　忠言……所被……　金王僧孺
出之溝壑置之邃霄　謝陰長部郎啟　王僧孺

時因奉德而屬思仍　玄多長也　謝陰長部郎　末王僧孺
加内杉嘉布葉椿株　白符燭　王僧孺
思霑嶄風潤　沈約謝知郊恩啟　嶄風潤凱
探其私志澤此閒澤　謝田封表　沈約
草冉輕命式寘云疇　金　沈約
滋露油雲便降昊昊　謝……　沈約
弱植輕蟬不載嶽重　金上沈約
慈旨曲洽霈被朽彫　謝……啟　沈約
閒恩曲謝自葉流根　謝竟陵王賚　沈約

蕙澤由臨珠華未重 謝安田向宅賦啟 沈約 紫藥西臨恩鏡文徽 表 江淹
楚蔵普洽遂遍芳徽 謝司徒賜北禄啟 沈約 白毛耗驛鱗蔵紫鱗遊 仝上
歡欣之誅寔徵起歸 竟陵王登樓 沈約 難雲私照傲未厚卒 仝上
恩隱闕陋 顏延年赭白馬賦 内爝緋細眇不停循 或作 仝上
颺齡覃恵 登禄賦 謝靈運 迅彼光紛隱蒙恩華 謝靈運 仝
珍駿賜爰陋容敢擬 傳元 謝靈運 迴魂驚概紫遲不暇 仝上
丁遭潔眷 傳毛 仝上 電雜徽窪阿葉洞幽 仝上
生無鬱滯物獲循通 建平王 江淹 裸柱青爍增光實陂 仝上
係名騰上 與智士書 仝上 江淹 心懷未屢情愁洞戶 仝上
國臌舊八

具經酒敎忻愉並薦（仲慶吐希侯知表 江淹）豈弟俯且觴陽恩謹 全上

褭誰載瘞 全上 虛飾墮伍 第三表 江

不任窮鞭 ——亡情 代建平謝表 江淹 鴻奬彌深 皇明孰遐——

戰寵迴隨 代建平讓表 ——奪彝典 淹 迎光蹀恩 舉焰速惠 謝尉府表 淹

迎恩銜佩 攬情寓實 全上 楚績越繆 方莅懺閫 全上

慕務恒采 爰貴異等 全上 弥抱渥洽 ——不任感情 全上

謹刷審情 竊露弱志 全上 雖蒙藻渥 ——秦宮山表 ——讓油幢表 江

雲鑄有悶 神極無樂 梁書驃騎讓封表 江 曲流並照 詔埋爭等三表 江

鴻造鬱集 樹恩頓華 全上 ——御御 血祈旦亮 惕志夕惕 江

撰心祀私桂忠清亮　謝揚州第三表　江　寵需殿熠　三謝揚州表　江淹
鸕盧再歷說於敗席　仝上　僧熠俄頃　借燿頃之照　謝揚州輟勤表　江
局志火戰浚驟已領　仝上　悲柱垂光　退梁協謀｜｜｜　仝上
曠旬決策祈梅遂宜　仝上　肅足華勤實亦宮迫　仝上　江淹
務揚華謝　上條宜表　江　翫矜單志　仝上
殊甚之禮隊于青雲　謝揚州拔表　江　丹寫丹翅宜堂凝　熠更謝揚州表　江
功挾雲峻才弱[illegible]寵隆　重謝揚州表　江　鏡伏迴環悶默失図　仝上
守魂甚膺康邀隆睠　仝上　榮崇益甚寵華日暎　仝上
徽采旦明影近交戰　仝上　一運天景徽見蘿心　仝上
檢雀晚志駐心桂氣　仝上　三讓表　鱗泗荷珮　不任｜｜｜　謝　仝上　謝臨賜父祖表
國徽　謝侍臨哀悼

鏡瞬未周，金火交審（代濮陽王謝表 江淹） 才輶志淺，而景追照（爲蕭拜太尉表 江）
名淤恩照，竊垂私賚（謝豫章王賜馬表 江） 酒意還岸（離心似詩……還背帰聞）
才局褊淺，常銜烱燿（仝） 豈謀効畫，必期銷亮（爲蕭重讓詩表 江）
涵惠既饒……春錫多矣（仝上） 浮榮曠年，叨光賒日（謝遷奉之禄 章江）
弟垂闓允（原作未垂闓允）（謝秘書表 江） 修濩丹局……紛恨（黨始 維一作雜 仝）
褒優命臨，魁厥既積（仝上 江） 寵艷內維，榮煥外闈（爲蕭拜妃表）
雲蹟依軍，潤衷寞感（謝家璟表 江） 方樓名寓，有陋蓋謀（仝）
時深初懷，鏡鬼丹襟（爲蕭讓九錫第三表） 沖生醜氣，安以榜詠（仝）
寵量之祈，冥焰瞰賁（仝） 涵數襲恩（仝 江）
疊靈印祈，吞蒙顯品（爲蕭讓勅表 仝江） 歛惠延光（仝上 江淹）

鴻寶之行頓蕃末躬　弟南郊[?]車拜[?]手　江
魚懍雖晛且悚且懟　鮑照　謝隨恩被原疏

頻露極祈長叩鑒川順　全上
仰銜俯愧　全上

授己謙志火淵内涯　為蕭[?]太尉揚州牧章
伏衰[?]渥　謝[?]葉[?]箋　鮑

丹情寧理備虔洪鑒　全上
晞曬陽春滴汏秋水　謝加[?]啟　鮑照

煙露飾彩日月末光　表[?]　全上　江
乾陶踊彥[?]寒[?]姬飾　全上

抽精膽狀惹光　[?]平[?]詩　江
命運福逝丁[?]恩　為行[?]家　鮑照

空負恩輝徒隆惹飾　謝[?]書　謝江
醴洽深恩　付[?]家詩　鮑

局影凝霜　獄中上建平王書　江
田雲涵潤[?]澤昌流　陸[?]
乘風藏響含音徹白逵　陸[?]

天明廢臆臚潢[?]沈　謝侍郎表　鮑照
柳君廣末光　陸[?]壇上行

錣羽暴鱗摧見翻躍枯楊寒萎遂

起烟華　鮑照　謝侍郎上珠

仰鑽彌堅蓋無喻心 陶弘景与武帝啟

奉令震驚忘顏無措 易范吾書 細昉

必蒙克允拜重含育 爲補謝除諸表 金匱

蘇盛凱雷訛編劇距 齊竟陵王行狀

幽貯否滞 南郡頌 簡文

中都才麗 雖之上 班長卷

徑寸之珍 跂墮泥沙 佐士民陳政刑議 沈約

閑麻貝絡下秩 詠史 劉孝

徒心宿志 復成乘矣 與徐勉書 沈約

伏影軒間 参氣衝下 江淹 雜體詩 江淹

佳人埋暮 悼之之 江淹 妓婦詩

鯉鮪沈藏 方絶光景 齊國賦

眉骨不惜 椎金謹慷 全上

臣窮姊情 嗟踟味貞

形命寵屬 傷之之 赤虹賦 江淹

弱涓從氣 地函井谷 全上

圭竇奔滞 之之之 四時賦 江淹

萬偏形而無曉 與蟻蟻而為塵 陶貞白 水仙賦

魄兀心亡 之 知 窮術盡之之 丹砂可學賦 江淹

鞅鬱有意 摧萃不舉 樂賦

蒲帰 江淹 不遂意

飛花擁戶斜
暉度寮 簡文帝[illegible]
蕩癯 [illegible]齊季〻 簡文[illegible]招
榛曠 自西洛〻 簡文洛陽平素
臨此氛霧 醉亂 簡文
浸漉 蓬〻 建初[illegible]表 王僧孺
浣慕 萬代世運〻 与[illegible] [illegible]

而古傷今 驚憂嘆把 簡文[illegible]姪 魂驚神襲 悔結嬉彩 仝上
饒管徒鳴 才人空置 仝上 氣含珠[illegible] 情苦[illegible]雲霧 仝上
連鐘鏗冕 時屬傾顛 仝上 [illegible] 棘緒交加 [illegible]樹叢[illegible] 簡文 [illegible]
軫歌悲心 惋焉交積 述[illegible]姪 仝上 愁逐雲飛 思隨蓬卷 仝上
懸旌[illegible]殷 蕭未足云喻 仝上 政之詔 心額戰龍 〻〻 仰[illegible]巖〻 簡文 謝郡陵王[illegible]
危脆之質 泡生幻家 明堂文 簡文 飄飄之狀治 嗟有〻〻 女兒[illegible] 言陵廣也 [illegible]
宗冀州 間湮淪 塞實 [illegible]郎表 王僧孺 老与年并 疾隨身及 [illegible] 王僧孺
全遂[illegible]戴偏遁 鍾[illegible]時[illegible] 自傳其光 王僧孺 富春[illegible]斜 [illegible]及全
菌蟪夕陰 僅駛無幾 仝上 感慨 悲如霰委 〻〻涕[illegible] 王僧孺 [illegible]

多愁柱照取影長裾 王惺撝者府詩 言不諧子份
歡苦餐毒抱痛含悲 王惺撝 發聞文
脆草若器 命妙ミ了同ミ 初夜文 王惺擇
寢兹心詠 壁如ミ中ミ夢室存 煙於倉東 王
逐淚東流掛心西月 王惺撝詩 淚逐東流心挂西月同
悄顏相顧 對像友而不怡ミ而ミ 沈詩 懶國炫
枏裹與裹望吉遲曝 5沈驊士 沈伪
逐食桂遷未諧風願 仝 沈詩
崩去芳顏遠年來若心驚 長歌行 沈詩

愛原湓瀰渤 郭出東西門行 沈詩
愁根腸係 ミ盈ミ下蒲隱 ミ風詩 擬行路難
縈心零淚 李善 詩
接草與言情近其懷 佛影
擱華陷蕚悲至難餘 美行詩
戚ミ哀漠 仝上
泣盡影傷 儀綿西 江淹 迎文詩 別炫
淚溢魄勃 仝上 別炫
含鼓莫歎 江淹恨賦

潺湲沫袖歔唈染裳 江淹泣賦

泣緒如絲 〻〻〻手憐卬晞 仝上

縈笛空結 泣〻帳〻 傷友人賦 仝上

結𦁛悲起 心〻乎〻 傷愛子賦 江淹

慱慱外施 切切內圮 仝上 外施外無聰 內圮心崩傷也

左右隕歎 仝上 江淹

脣丹泣于下壤 仝上

傷殷憂于窅昊 仝上

往端擗慄 仝上

國慨

深悼誰弭 江淹傷愛子賦

歡寡感饒 恨〻戚〻 作人生之在世 仝上

輪琴情動 憂瑟淚淒 四時賦 江淹

炉炭片葉 並緒一息 望上山賦 江淹

歘愈未怙 纏遷巳遷 仝上 江淹

增歎鬱吟 款暎賦 吟呻吟也 江淹

競歎載悵 〻 別恨郭贊〻〻 大赦 江淹

憂以晨盛 情以宵嘆 赤虹賦 江淹

望源殄歎 四巳江〻以〻 上招末江

慧迹軼宬 出蒲谿申伏入殿志江

桑泗硯默 出北客王詩 江

哀辛方挾 全

彷伏憂歡滅靈爐袁 全

神乘追失言影何妙 出望平王 讀和史賦 江

香挑茄歸 情 小腰 月戴絶 全

燋饑車躬輾复荃觴 全

生經露離磨出長瓣促 北湖能照

窮蹊方哭 全 範

怵迴柔虛輯轄甚少歡 北湖能照

了有限西星飛 情意方向雨集 野蘋姓照

綿歎对迴塗 能照 棲華

丝淚毀金官 范所思行 範照

緘嘍 讀珠淵 棹歌 從照溪也 範

綿亭推柳 北行路 難 範

酒酒逕玄顏 馭馬子夢 範

幽悲淪鐔 秋思 範

箴痒鮮臓數 遊仙 陸棣

芝焚蕙歎 歎逝賦 陸機

雨面 然本空|| 陸機詩

甚以酸耿 蕭繹 與蕭挹書

雷歎雨淚 ||声歇||泪縱 蕭繹 蕩婦思

歎氣青雲 ||氣|| 阮瑀 詠史詩

幽府藏積 ||||| 招隱詩

朝郵夜錦 王僧孺
雷電激揚經綸
相梁 莊素 江淹

毓慶霄冥遐暉璿極 謝朓 太子表　遠紆名德 徐陵 序
陸離蟬組 王僧孺　寶佩鳴鳳璽貂映日 王僧孺
幡旗貴客 王僧孺　帷扆綽有餘輝 仝上 徐陵
秉珪聽衮 之貴 黃敏文　玉宸蘭桂金鐻桂纓 黃敏文
翁翁青組烟烟金鐺 沈約
重溜華薔珠璣懋甸 江淹　升宮清闈列侍嚴闈 江淹
供奉紫極伏紋丹殿 江淹　兼金疊組 江
私以闡播寵以帷鼎 仝上　瓊纓上序鏘珮中軒
炎貴祀融 江淹　拂翠吳虹

智金耀綺　〻〻曲庭

弦執躍騰雕戈扇福　鼎彝郡君與繹匯　萬壽圖　老陸棲

枯岸之民果于輸珠

湖山之窮致于貢玉　全　陸棲

高冠夢武煥爛爛紛　陸棲　百年歌

耀穎名郡　陸棲悠然詩

華軒敞室　時後百一亭序　陶貞白名引筆

紆依帝闈　士貴文　全

鳴玉飛翠　何存君謀　卯遂

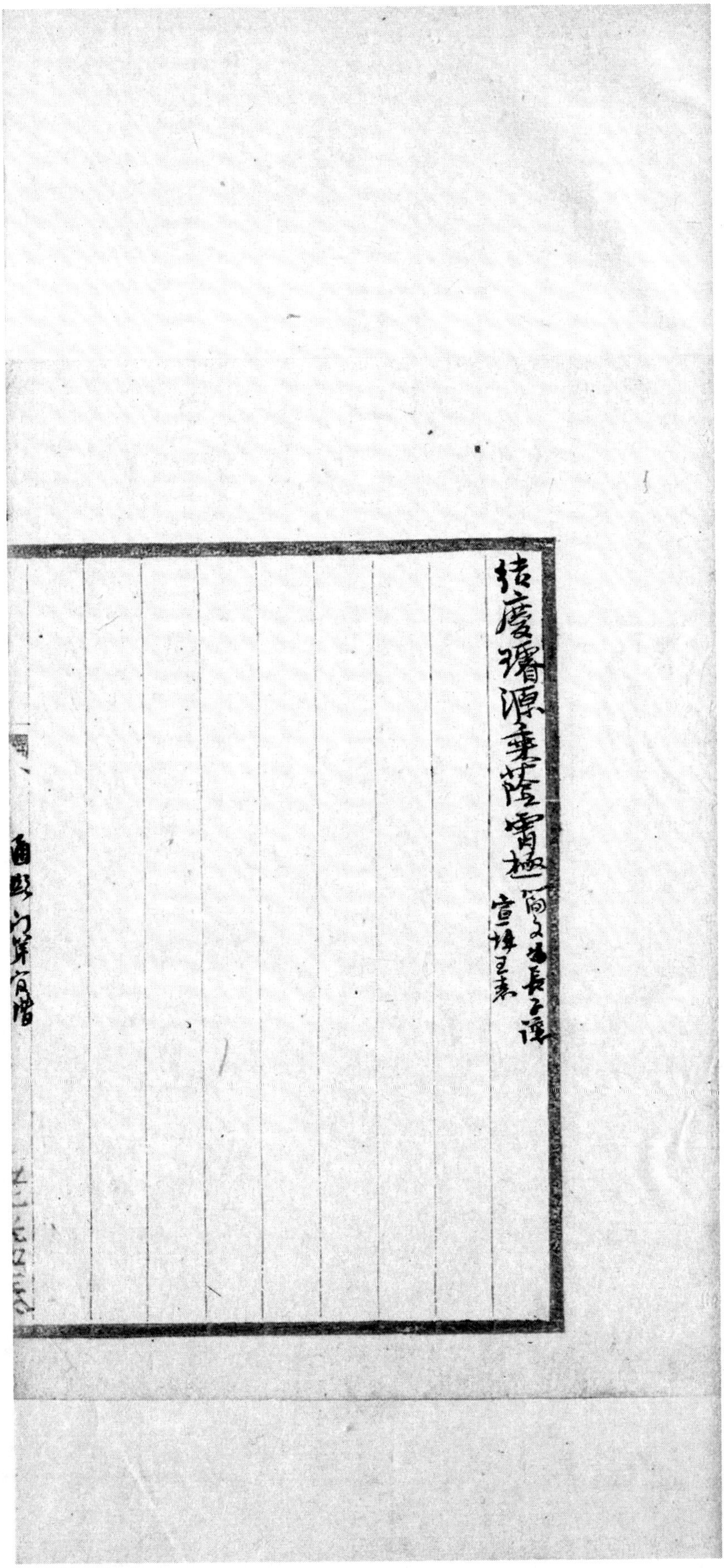
誥慶璿源垂蔭霄極 簡文爲長子謝
宣猷王表

駢其鞍馬鬟鬐珮去爍轂而行琳琅 南郊頌 簡文

世鏡河仙鏈容廓廟 南郊頌 貂蟬盈席 馬寶頌 簡文

謬從緇組 建平王讓王刑諮 江淹 影裾垂纓鉛勞 江淹

掄執國典綿絡民紐 代建平讓表 江淹 鉉司宗貴空位閒嚴 詣建平王第二表 江

官職

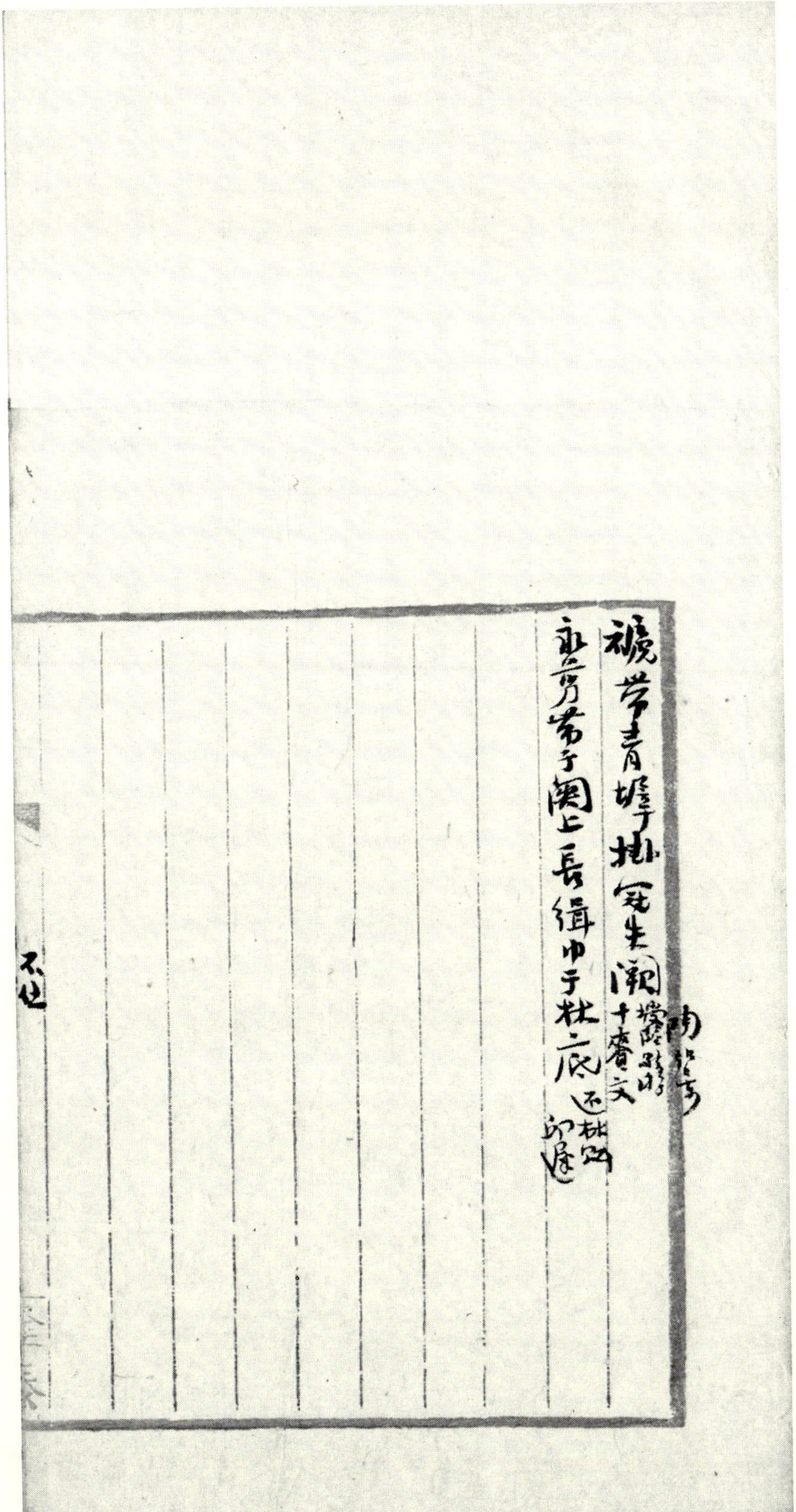
襪帶青娛于掛冠失瀾
並芳菊于閣上長揖巾于林底

晬穀鳴悴 ーーーー 竹窗詩 虞羲

縱意遲怡 ーー 君當ー自 擬行路難 鮑照

紫苔湮氣 ーーーー 于雲霄 仝上 鮑

歎鷗歷襄 鮑照詩

史車駿馬 ーーーー 遊都城 陸機 百年歌

歡樂

新弄縈纏 傅亮歌………
靈根妙植 庾信文 王

靈器兼珍 簡文寶炬 全上 金鎔娃
芳蘭珏玉 吳子請 王

揄揚盛軌 武表洪徽 全上 上昭明集表
玉田皎鏡 珠樹鏗鏘 黃鄉文 王

獎被 曲垂…… 簡文帝 謝啟
金鑾玉琢 家其金玉 …之鄉… 禮佛文 王

崑瓊疊璧 梁簡文崑瓊 暉因壘壁 昭華文
業守泝正 識鑒超凡 沈約 李文 加侍中詔

寶華瘞璧 為謝…卷……… 徐府君集序 王僧孺
識春夷素 風鑒清奧 沈約詔 擬王亮 擬沈約

清風嘉譽 震灼朝野 徐府君序 王僧孺
理識閑悟 思裒韻警 運授晉…詔 沈約

風度清銶 中寺碑 王僧孺
器度淩闊 志局詳穩 王融 加侍中詔 沈約

玉體怡清 金枝再妙 趙 蓑頌文
風韻儁邁 識業標簡 封王詔 沈約

品淳 知貴 王 …

體韵淹穆，神寓凝正 封授臨川王詔 沈約　　水鏡金沙，樹羅瓊實 佛像贊 沈約

神檢外湊，悄量內湛 仝　　瓊瑜澤潤 瑞石像銘 沈約

秀識沖情 荊州刺史懷……又文又武 仝　　風覽閑遠，儀止祥華 柳世隆行狀 沈約

清源素範，體業倫正 授王儉蔡約制 沈約　　風標秀徹，器範昭潤 仝 沈約

凝猷獻烈，風道引曠 答樂藹書 沈約　　雲崖景曖，萬嶽秀川 齊臨川王行狀 沈約

風趣高奇，志託閑曠 與約法師書 沈約　　優藉文雅，散朗風飈 修竹彈甘蕉文 沈約

真情素韻，水桂齋虞 仝　　金真玉粹 庭誥文 顏延之

超挺審與，潛發神衷 上梁武書 沈約　　蘭薰玉縝 祭屈原文 顏延之

風邈逸挺特 七賢論 沈約　　垂淵映芳，獻蘭 秘奉諭水詩 顏延之

如桂蘭於風飆邁 曇隱法師誄

業體淹濟田疇通敏 柳僕射誄 江淹

英馳芬徽識深標高 知己賦 江淹

秉心貞元志局開亮 王侍中誄 江淹

丹瑀非寶緣蘭無芳 全上

體局閑濟器揆端敏 蕭驃騎誄 江淹

綾錦共文璇貝合質 水上神女賦 江淹

參馥遐中道茂張外 爲太尉誄 江

鑒識清瞻理味秀徹 王僧虔誄 江淹

麗名文質齊影儒哲 孫緬墓銘 江

業履沖約秉情閑素 王鎮軍誄 江淹

騰芬中禁飛藻上年 劉喬墓銘 江

器洽朝序聲緝民聽 張令誄 江淹

雲喜霜柏瓊英冰堅 全

志幹貞烈秉情閑敏 王撫軍誄 江淹

鑄霜蘭薰 〃〃霜〃〃風〃 孫緬墓銘 江

德履淹遠識局詳正 王光祿誄 江淹

玉瑛金鏡 性玉方〃情金方〃 樛懿墓銘 江

出貴

素秉穉馨　梁趙彥銘

蘭叢玉暉　思親賦　江淹　陸機

德音遠播　才器清茂　詠平原　陸機

東南遺寶　宰朝奇璞　薦戴淵表　陸機

英情天拔　遠性峻峙　周處侯碑　陸機

茂德淵沖　天姿玉裕　宴安園　令晞詩　陸雲

性識遠瑋　播殖清風　贈弟詩　陸雲

清穎瑩挈　絕世特倫　許長史碑　陶弘景

遠量之表　雅德姿英茂　何府君誄　印庭

暢風標秀　物器淵曠　與封涉　褚諮　任昉

風穎儁遠　標同識業　勸三王譲表

神寓凝正　表　任昉

並東序之祕寶　瑚璉之茂器　薦士表　任昉

蘭茂瑤潔　應璩　百一詩

（清）陶方琦 撰

陶湘麋學使詩文遺稿不分卷

清同治十年（1871）稿本　陳慶均題記

浙江圖書館藏

陶湘麋學使詩文遺稿不分卷

提要

清陶方琦撰，清同治十年（1871）稿本。陳慶均題記。一册。蝴蝶裝。每半葉九行，行字不等，白口，單魚尾，左右雙邊。緑格稿紙，版心下印『漢廬』。封面題『陶湘麋學使詩文遺稿』，下署『乙亥仲夏楖梅閣裝存』，鈐『楖梅閣』朱文方印。内封題『陶湘麋學使詩文遺墨』，署『民國二十八年歲次屠維單閼。婣後學陳慶均謹題』，鈐『艮軒六十以後作』印。

是稿爲同治十年（1871）前後陶方琦所作詩文稿。卷端上題『辛未漢廬雜箸草藁』，下署『陶孝邈』。無序跋及目録，無統一編排。全稿收録詩二十四首，詞五首，賦二篇，記三篇，書四篇，文二篇，諸體夾雜，并無分類。如首葉，先列詞一首《慶清朝・送少篔五哥北上》，次爲詩一首《壽儀四物銘》，後爲信札一篇《畣彦清書》。陶方琦嘗與同年知友孫垓、秦樹敏、馬賡良，從兄弟在銘、祖培、濬宣等十餘人，結社賦詩，互相唱和，名爲『皋社』，成一時之盛。該稿内容龐雜，詩詞多寫皋社詩友唱和情形。如《次韻彦清都門》《春興感眎心雲芑田》《巳日書興三十二均寄呈勉師》

《春莫寄懷彥清彝哥》等，所涉人物有陶濬宣、陶在新、秦樹敏、孫德祖等，皆係『臯社』成員兼陶氏族堂兄弟。亦有歌咏越地風物者，如記三篇，《稷山草堂記》《春日游南鎮記》《登快閣記》，狀物寫情，文辭綺麗，可供賞讀，亦可補文史之闕。

文中多有圈點、修訂、塗改、批校，多係墨筆，間有朱、藍筆。《書落葉詩後》篇末後署時爲『辛未元春二十又六日潠公書』。

卷首有陳慶均題署書名，并題詩二首，其一：『窮年兀兀證儒修，筆底華生尺楮留。漫道奇才偏促祘（先生歸道山年纔四十），名山早定有千秋。』其二：『星軺猶溯指三湘，多士頻煩玉尺量。珍重遺編宜宅相，碧紗籠護費平章。』末署『永江媚大兄以舅氏陶湘麋先生遺墨裝製成册屬題，率紀俚詞，幸希粲政。陳慶均初稿』，鈐『艮仙書畫』印。陳慶均，字艮仙，民國期間紹興縣修志委員會六常委之一，是稿曾爲其所藏，後入藏浙江圖書館。

現藏浙江圖書館。

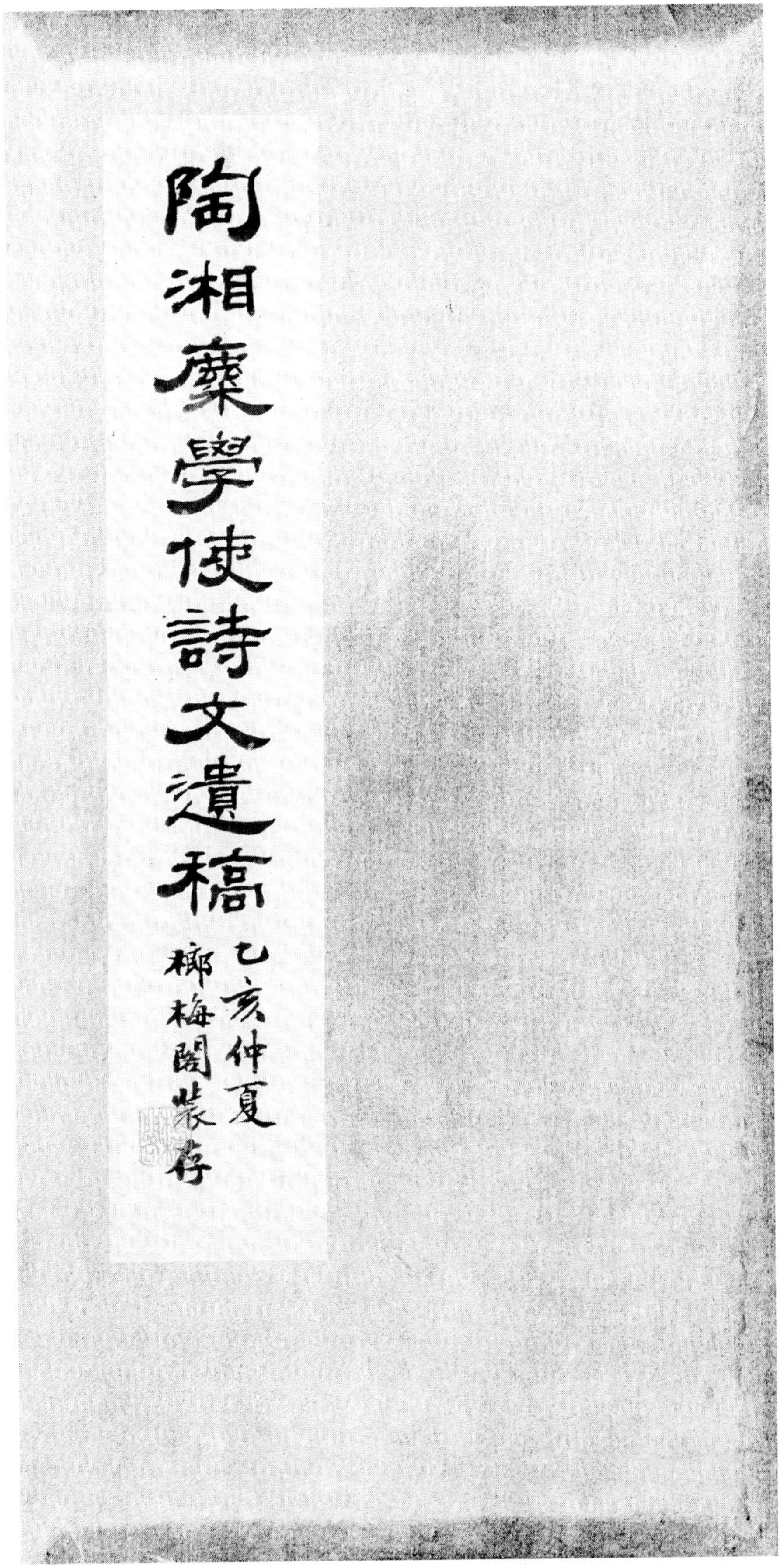

陶湘麋學使詩文遺稿

乙亥仲夏

榔梅閣裝存

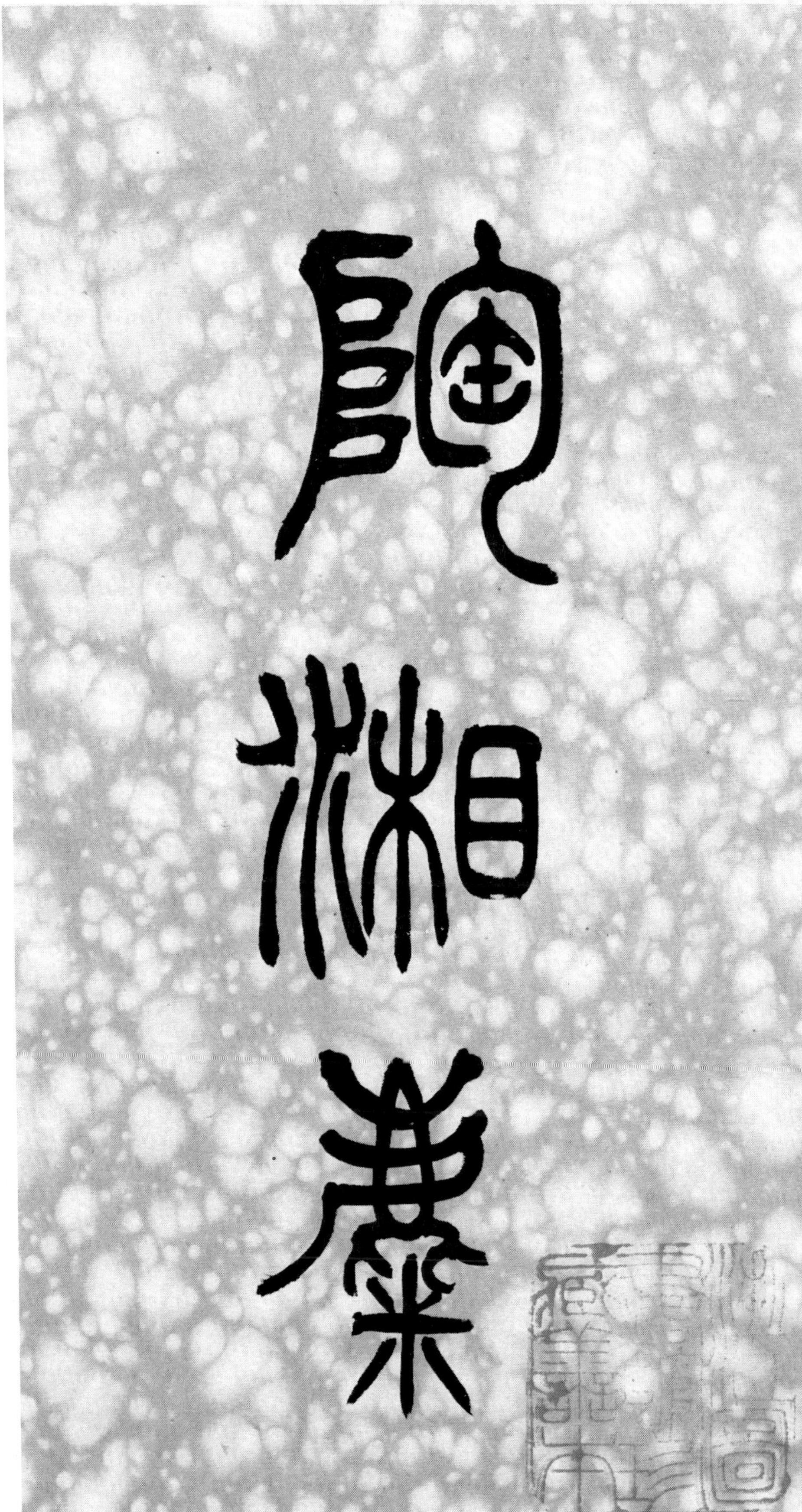
陶湘麋

學傳詩

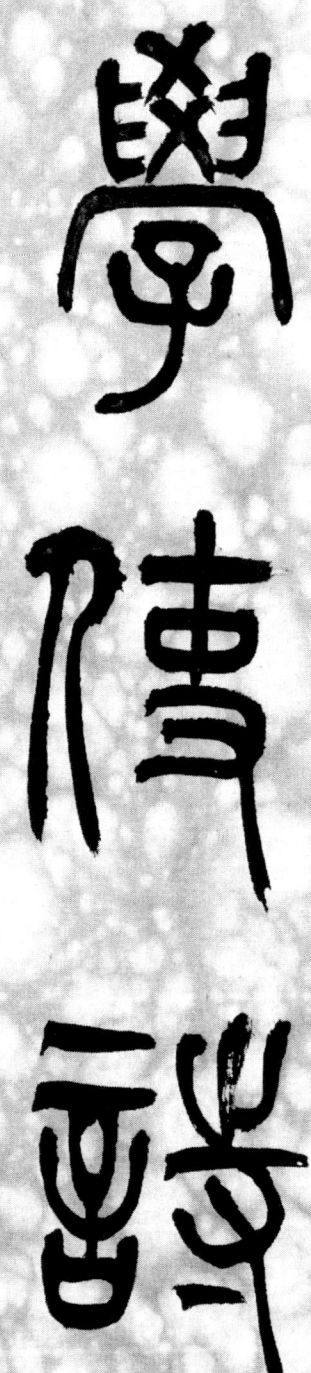

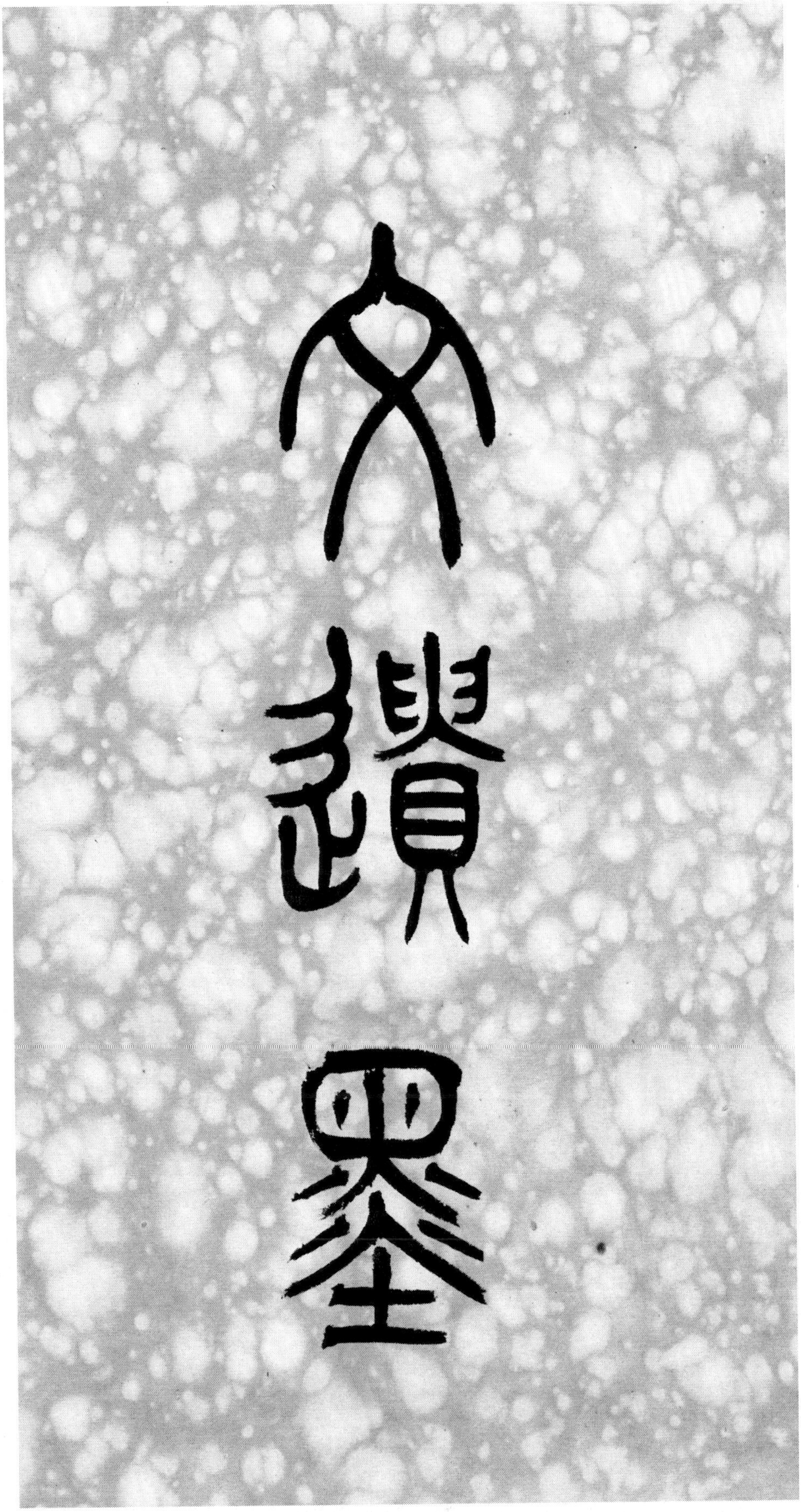
文遺墨

民國二十八年歲次屠維單閼

滿遊學陳慶均謹題

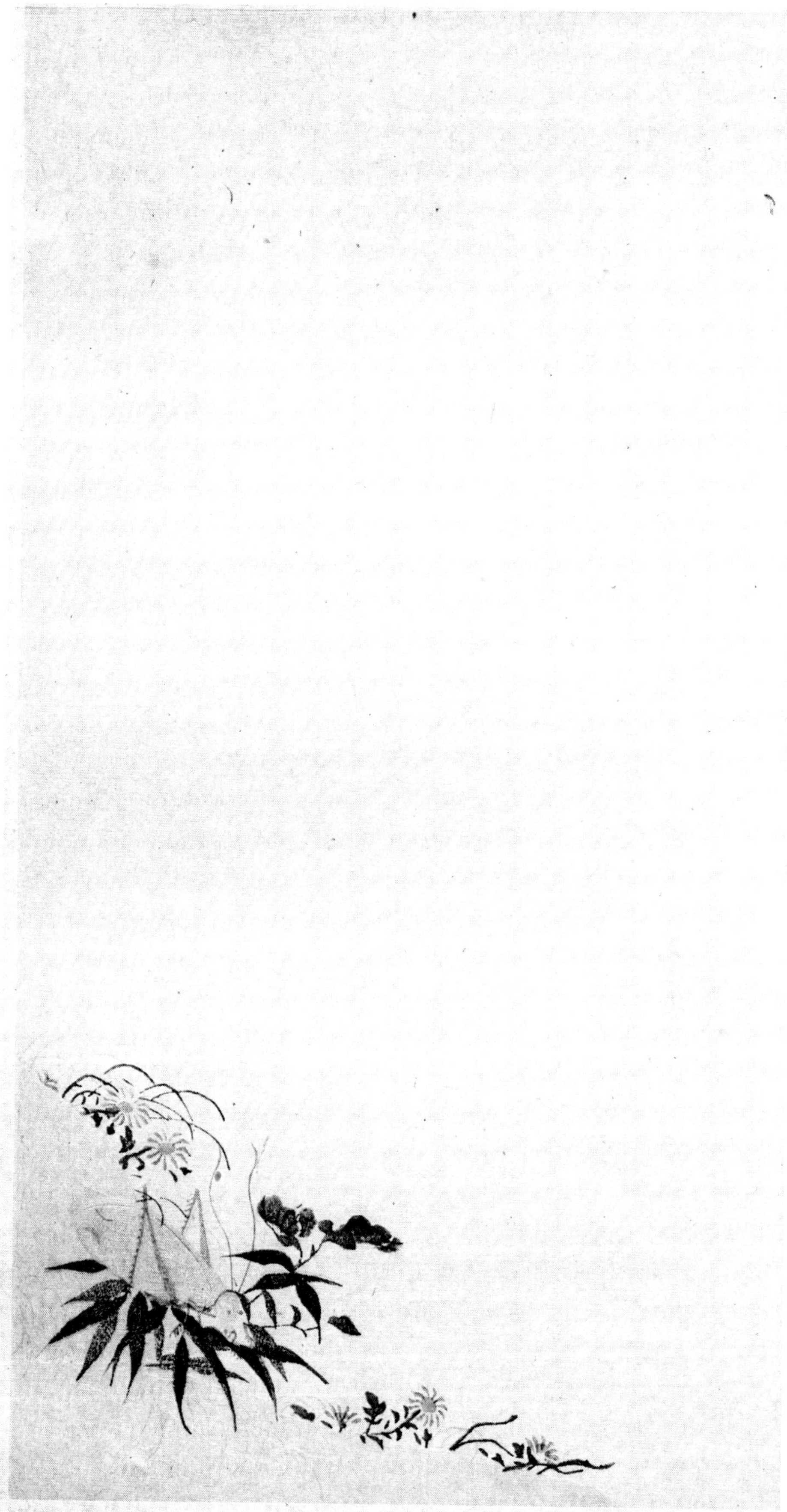

窮年兀兀詮儒修，筆底等生

天楷留，漫道奇才偏促祿（先生返道山，年纔四十）

名山早定有千秋

星軺猶溯指三湘，多士頻頻玉

尺量，珍重遺編宜定相碧紗

籠蒦貴千章

永江瀾大兄以第父陶湘麋先生遺墨

裒製成冊屬題率紀俚言率希

粲政

陳彥均初稿

辛未 潩廬雜箸草藁　陶孝纓

慶清朝　送少箕五哥北上

颰雪萇裘，冰濤飛舶，相思北地南天。墨鴻人字幾行，低寫雲邊。一片綠波南浦，可憐芳草未歸池塘畔，剩將殘夢，馱上春鞭。

記當日長安道，悵韶華塵土，都付啼鵑。今朝雁柱，催送愁撥三絃。好去青霄同步，大羅仙子美年年（並調彝壽）。休回首，東風燈艫（吹蓮）[illegible]日明蟾。

壽像四物詺

金石之頌壽千計，文字之名壽萬計，以文士之名與金石合壽，歲一廝綿曖，其居乎計。青田雙石

裳格鉤鞶鞈紲有穿蝸緺纍綸纂乎太玄 絲帶

題名于鸑綠儼直于竜圖謹而視者淵蹇徒

金鳳樞鍿

太虛融融鬺物棣通奉歔仁風東山之側有

袁宏 魚金摺箑

龠彥清書

皋東牉襯憿然魂飛比從瑟居嗣畢旋畢亥亥

縕貝鬼猶縈㠯芬知相思之娭杪忽若鉅南蘇北柁

烟灰兮翔悠悠遠行得毋蘊結君則榷芒萬數鋭息

千霓酒豪錢囊征叢詩富驛旛彎影駝褐封塵
幽燕之氣寫爲壯遊顧望之情酸夫倫輸縱或悲風動地
浮雲翳天而鸞翔龍驤之會何至邑悒而不怡乎輪
指抵都亮在陬末維時春初薰影宵半鈴聲御鼓四起
鄉夢不圓燈燼半溫愁唫已安組綺思于斗帳碎鞭
影于嚴城飯罷趲沙茶肥肯遲長安之居料大不易所
莫春華努力池墨孳燀廢門而精纖靡投轄而簡儷柞灺
桂無鶴巢之慮看花須走馬之隙蓋以鏌鋣待鍊氣早
翀夫斗霄驊騮得駕影先躡于塵寰寶書不磬磨礪

以須窮蹊臏華時睎吉語貢詞左右敢竭區區第
分璋以旋賓鷃擴思頴冗墨嬾吟櫺蕭閑又際冥巃
路巖杭容走俗立廬炷卷睡思甞臆息陰謝章鑑之
私懷娛園檻招揭來六數玄亭奇字周黨清譚飫德
辭作固非辭纘而品香遂耦霄淵未嘗不歸嶋巚而懷
元禮瞻金鼓而緬興公也寄龕詞卷亙闕甚多殆與
上湖東漚不脛而走禍亭麗句江東瑰名洛下爭傳擷
幰藂香第則春鳥嘌舌秋虫餘塌翎亞惲弄墨神志
宰家況復故山松槲烏啣未遂呼天惸惸隱茹酸
青侯弟謹上

至於嶔巖巀嶭乘興翻雲覆雨本不屑攖第聞楊麾
折負米艱難吹熟因人耐寒如歲縈洄清寫徒業款
悃耳仲倚子虞錫堂諸君想已偕至初筵豆觴為我
述衷歲杪季珪太史締契燦園懃宴贈言琱英思
闕鏤蟲瑣碎舞鶴鐻鐘稽前先士傾都賸疇修禊
虛華潛吹自頤踐世惟睇感箴繹我勞怳歉歲初吉
春寒驟饕冰梅竅斗石葉噫爐塵墨塔埽而小閑
嬾與年以偎進潛羅素韓埋鬱青霄肄閱讀書
尚非俗士一寒至此旅涂何如眷眷浮客此心天末

送王延士中下楚游幕請大受

聞子楚南去徒為幕下游親朋文字淚風雪洞庭舟舊學蹤嗟歎卷多書慰白頭此行南浦遠蘭芷盡騷愁

一別五千路里遍其期未卜年河梁今日始觥句故人前吾道謀生拙風塵送汝先瀟江幼游地唲楚上湘絃 金五齡侍大父官楚

[redacted]遊天台山賦 有序

天台山者東浙之靈勝也興公之賦美畢具矣騁神思

于圖籙多攄廬而遺實然度蹤之辭摹繪之狀儲與
溶欲埴醉煩想古人之言豈虛乎惟撣險謹幽多
自登陟始茲以麁麤誦異迷得遂署行而神居之體身
歷夢綿泚筆始遠稍歷遍責果肓於而有知當喻
吾賦遊之意

台曜之正躬靈越之遠蹤五都之界三辰所宅峻
齋華衡尊詭桐柏環八百餘里宮十八萬尺天台
之山昭揭圖籍夫其崖巖趣宇壁峭宮石相尚繒鏡
谽谺劃劚巍崍巙嶇嶱磬臣埆陰霧泱漭鼉雯眇

赦㩵殑伽之遐昇宛巨靈之隃擘羾靃岺而橦翠

岱烟海而瀰白氣亭峴之眄練園初錄之裴溷徑駛

騀其若駞路柘庠而始歸中巖天開福洞地瀆玉几

昆崤瑢崱盍欃重嵐及青古卉燒赤。若夫霄崢脊

豎霽岑䔧面出壇曼旻廣涉禕隮岸迎翳乎檣滃瀆

乎亢瀛瓊臺寶闕貢其麗東蒼佛攏鐵其名池有

金錢洞有玉京俯眄陋泥迭纔兩晴其高則靈

巘㞙巇嵱嶁崝嶸嶵岏嶋連嵮嶷櫓樸鳥不卑

巔獸不尋趏華頂之峯巖巖砰砰其巔則林岑森

嶠泉礐巃嵸鏗寶華石彩嬥靈墟天晶岬孋凍颸樹
垛古霧鬼閾祔陛璸池碧城至於磴嵒石複岫迴錡
壘叉岑霄巋峩陽蠌迤華山之南門赤城周遮
巒嵋櫛膠秀鬖紛層嶻嵒訶繹籭厂臥牢遨嶇嚳
林之千丈巃嵷堞之百仞迤邐迆乎石城迺西門
而崇崇上有㯥竈金鼎紫琳丹砂文嶼芝草仙溪
桃花[redacted]肥羽服之蠕蚰螻蠂斗壚而暈呪東則玉嵬巃嵸
北則火金虎嶒和委羽蒲雷而灑灅大盆鼇圭而張
哆䪨蚪螭蹲跜巒鳥鵲鬖鬖猗牵欂櫨䶊嚵傒顛仰

旭卉而瞻覲儀神偉而齒齦劉侍從與嬰提鹹欲

飆而艷霞緣山而行盤樯翳迻靈溪玉琮鑾𣏌棋

綠狭柱皴萏鬱深織蕊瓦類亘練隋宛削鞞墮雲

禽之翠翾尾天驥之矯駛對磬龜螄齊蛟先龍𠣘

而徑眎橫犁鷗嶺之雨峻落龍潭之水外若華琳

九峰紫凝百里明巖暗巖競其秀方山妙山聳其

址柘谿竹崖之峙祥織象銅魚之摽崪不礚于天表

庵燈寶蓋壇于地壝黃礁赤頰之鰈鯉金鱗白鶴之羅

雁莫不被雲栱灩雨屈礁圮裂處無而作根楮圜

健纏努[illegible]恣性聖 勞
翔遊畀于石箭瀟瀑宣之遠動
拮石叢森蘢困[illegible]聯[illegible]
石[illegible]崖[illegible]
萌青巖[illegible]嵩山旅[illegible]
道[illegible]躡千嶺[illegible]
[illegible]

寧而巍峩當其慶筱蘭洞振英桂鹿褰衣千佛之
峯汎鶴三溪之谷乘飇飈而徑進擻震爛其若逐
颿嶢山之巉嶒度拆嶺之巔巔遲言磯之岑巘斯嶙
界之鋸鑿白鮫濕絜之窈窕鏘松龕之謖謖於鳥棲
蓁嵺莽明水燦相歙丹埜之大若窯翠嵫之巔
竹荊霽靄遄而飛巍琛鄘而神魔芰葛荊以上
徆嶁復輦而高蹴過涯瀦之徑嶢陵漢瀦之灊
湯滌汎趨而自然眺結習而避幕繢贔屓之險
嶨巻饞看之引嘯眴曾穹之訣蕩滌歷滓之觀

洞霄括蒼尹棠峙
道晋曰雲華司令
樸

邃矣巖臥于潛真詔麗矚于迴衡水瀲灩而淸禬
雲靄靄而襲傳入石室之竅瀑迭天窗而詭箋篇
稠盈霍而孤鵠傑佹頑遠而齋趾春響重巒而
寧元墨現萬景而画護春暘其回瑩夏晝冥其鬱
怒如秋潛廩其競洸冬墋黷其罕窖維仙邑之將
嶺宜荔灑之恒駐驂若豨之千聲迴蔓蒿之一
巖逐騁褭而遊艤岌務羅而茶花況乎婆羅香
爐玉女鑾徽瑋欐麗狀朱雲絳闉心炯炯而穹
遊目眞奐而崩睇悅群峭之隱霧像僊巆之堯

遂登至霄學乎丹梯[illegible]
躡危巘而方嶠[illegible]乎雲編
亭巖[illegible]粹采晨霞[illegible]
巖之[illegible]乎[illegible]之[illegible]
之[illegible]堪[illegible]之燭[illegible]
金[illegible]玉[illegible]之翻赫
憤[illegible]之[illegible]之[illegible]阻[illegible]
蛇之[illegible]依[illegible]飾[illegible]
[illegible][illegible]卽[illegible]進猶[illegible]
而[illegible]也

煇欲倚依乎一升恒岩步之重壑勑風磴摩穹以寥
按金柱焯灼而巖巍下旺寰界虹飲星稀景涸天
之隣以迴瀰瀰乎塵瀰朝發軔乎大倉夕旋樂乎
曲碕跛澳遻而轄擧神風忽而舊迟於是褰澁畢
度覬躋既周萬螺鐽燭一翠橫秋撥鸛翎而意
縝聯龍嗆而思逌檻光景之攢爐洛臨碧之詩
求義青霄而屬躍汲紫珉而發龍悟太虛之闃
米耳霧靈園之龠計俩層城與崑崙助少室與羅
淳小佳烟霞之福大隱神僊之儔苟攀躋之可

裕釗

和湘天姥之奇
丹崖古洞[illegible]

遠〻何憚于遐徜遊披圖而吟想終有閡于冥
搜能指曉乎溟滓吾親語于道流

覆楊春生同年書〻

一昨蜓欕鬱裒罕兜河梁畔襪從此雲泥故人星
稀知己兩別每當軫結忽忽若失逢臘伊始一送
彥清再送李琫其閒影李參蟊述好溷佩風流
雲散遂有今日如君者亦契勺之素緇笠屐之風
契也而迺拟征勉日計偕得朋破浪萬里伙舡
懷度吟一囊瀾燈者夢蛟鯨星滿魚鯨翠雲濤宣

豪情之評，格壯志之聲，汰矣。況复幼安品宗少
識於區中，盈川才名早傳于洛下，以此聯詠仙裳
題家，佛說魚龍濺濤，騏驥騰驤，應亦窮谷乘春
臯廬舊雨，輕勸羣論，不能忘彈雲山著眉，只
久矣，會握之期，邈緣同矣。然清債聿阻，繒緘可
通日下舊聞，大羅豐事，那景不擾，詠之聲音，故
鄉戰翔所望，惜此洄闍之作，桐蓍葉齋譬以變
碌一號窮鳥，三勤淒絲，嘽仰撫不勝吟，用以遂
材質諸闇，鏡非敢矜，春華之宿，推鴟蜆之互賞

所望想愛之獎華過迺褫同心之言合之蘭臭爾按
灤清路望者若仙奮榮揚燁勳爲感時瑯嶺袁宏
鎸其崇飾道里追緬人事志嘗能與言及此能無
黯然小詞一解藉作陽關疊弄也

徵招　送春生同年北上用藏園題圖均

嚶嚶世事浮雲耳鄉能無離別歙遂過長亭
酸意憐三折征塵暗又減空闌了江聲淒咽衣
柳斜陽送君此去未須愁絕、驀記得當年津
問晞煖酒燒燈時節轉眴判雲泥悵外塘圍瀲

韶華成縈闐祓而訪箇玄廬風靄顧諸君京雒紅霄
寫興旋人謁

上孫省齋方伯書

己巳元冬飛躡珠擲侍謁棨戟備荷茂寵珍駿過
愛跂春融遂里用以輪薄得所攬符而世叔飆灑曲
臨溜䇸廣被一經品題鶚羽鵷之文鸞再降徽飾
魚目輓於靈蛇世叔不以不才而棄之許假尺增
獲可感柔庶能漸汰秋水睎曬陽春羅翀暑鷇
夏見窗翀泳勞薰筵炭並起烟華而猶寢餘訓迪

有隆無替頻矜單志降懋額衿籌鐩三月之糧商
飲百朋之賚所謂因雲洒潤芬澤易流乘風載響
音徽自遠某得以落魄書生遄返故邱晨夕有資
宵饍不輟皆出自世叔所賜幾若戴冀寵踐紵縯
永言纂纘莫名鎸紉先君辱承賜書眷眷崇琊
叙朋之契不啻雲泥子敬之惠乃忘車笠先君嘗
曰此故人之德逮于幽蹊蔑以加矣嗣上衛辭亮
蒙存注自阻纓席屢易裘鑪思德滋深仰燾增
執弟某長飢驅救餘執因人難為御錫之魑魎

紼應作綍

褱作衝寇之嫁衛青鑪之資無補親臑丹膢之飼罕及窮崖某以菁雷瑣木䰞蠹蘂品之似苔蘚之濕滯鮮蘆沫之露濾石影蹊閭巻氣衡下不吉達峨初冬驟摧乾蘆皐廬風雨比澱還醆苣走晨昏縈哀無曉慕儀奠讀筍蕢鑣悲屑鰻泗於黄墟額嬰憂于蒼穹聊以寄春序影重疏殘哀素鐸煢煢麻衣黲黲歙苦餐畫以歸餘生惟見長年莧蕨几枝灘親故山松楸窀穸未卜而乃鬍茅負土有待廬年傾囊解驂誰為廛車爰生死何視輀紼僂學

重闈高誼迭增座恩加鼎珪之榮壯麥冊之色則組紃之契不敵于九京昊昊之德永鏤之百禩也而或謂大福不再寵錫難常予取予求古人所謂至三至再自好不為而某謂此即淺世畛域之規而非任人竊攫之意蓋以君子之交不忘死生凡民有喪尚須匍匐況其涓埃皆塌佳城竦立甄犢牛之葬無資窮魚之涸已甚休夫舉函而待棘人擬鞍而哀大德曰生寧難乎繼方寸已亂何暇為之庸苗能加三品之金成二碑之禮則哀均福草渾遒柏芙沖

弱扃孤亮四壁睇仰徒俯婉漲意遠闢方今始和布澤萬物黃融慮維春容憧節綽有餘地土庶有猗富厥溢頌句宣之感茉屠菲靡迷聽懃誦歡喜檮昧惟於灼之

复上張朗齋軍門書

琦頓首死罪死罪朗齋世叔大軍門麾下逢歲之冬哀函一緘亮惆閱睇而未蒙賜覆此心懊之竊以古之人建大功立大業者多自將相始而將相之能建大功立大業者多自不忌親舊始蓋其中必有

至性至情以諭洩乎人之心因親及疏因舊及新而
人之被其德誼者談宏功頌瓌業赫赫烜烜之不知
其於親舊間話懃摯愛無微不周德誼之入人者深
而人之依附者衆故將相偷收其功業而人之羨其功
業者多知没齒不衰語曰君子篤於親則民興於仁故
舊不遺則民不偷斯之謂也今之世去古遠矣然言
李郭韓范功業者多知震而聳之及觀其撫親舊之
厚德隆誼又感而嘆之震其功業者猶豈而感其
德誼者乃直耳麾下于先君舊好也憶駐節武

林時先君往訪以征西之役相邀先君以母老辭而峯
峯之意甚可感也先君恒曰麾下之爲人輔賢材而崇
義虛己而尊人遇人善籍籍譽不容口及極人患
傾囷倒篋亦所不卹故世之震功業者多而感德誼
者尤多琦不幸先君去世先君瞑目之言望麾下成
其志良以先君之志非麾下不能成而亦非如麾下
者琦亦不輕相其成麾下如此而賜之成則澤及黃
壤恩流冥漠非琦生死所能報鳴呼此何志也先
君之志也先君之志非得宏功璞業厚德隆誼如麾

者六鳥能成之哉　琦自丁棘後家事衰落門户寂
寥有難爲長者告至於先君之志則不敢不軒以
上聞無任讋廩猥噎之至

硯山草堂記

文沖子以書室名請而余故遲迴之難其甄也
難其甄非不甄也余嘗流覽古籍矣朝甄而暮癈
焉今日甄而明日癈焉景羨而不确事邇而不穎
是故愈甄愈難愈難而甄愈不已也人曰子迂矣
是何難子不嘗事繙端乎甄其尤者一一標幟之

以贖于人百非而一當也子責卹爲矣余曰是大不然名者求其愜心者也推至鐫名于金石題名于圖籍銘名于旂常鼎鐘必求其名之當而心始愜天下未有名不當而心愜者而徽特區區一室名余暇日以稷山衡文冲之草堂文冲首應曰斯可耳余曰子獨見其可文冲曰越志越王種蕺是山山始名夫望衡而署名字者非稷山乎余雖非築室于山而臨江一廬朝夕面秀勝于居其中而不知其勝者況天下事夕有外觀之流連翫羨及身處其中反漠然不知余

之於山亦變夫外觀而得其勝也至於雨船烟樹風帆沙鳥山特矗巔羃羅霏空翠四合爲吾廬勝觀室以是名矣而確迩而顯茍見是是知足矣又何求余曰子爲可斯可耳而不能已于言因書稷山草堂記以贈之

書落葉詩後

凡物得秋氣者音必悽色必憯非無韻也而益見淒非無華也而益見憯吾友鍾子箇也殼其人也箇聲籍甚也林丁卯登賢書與余爲同歲生戊辰偕航海初

儐如故面瘦削身頎挺聲譔譔如松下風酒後益
聳肩岸幘抵蹠指畫作少年崢嶸狀嘗箕踞而言
曰大丈夫貴適意耳若齷齪繩檢豈得爲圭沙印
如反掌吾寧死不獲不作此老婢態意蓋有所指
也而發特狂跅有致時適風濤萬里蒼茫捭天怒
若島嶼傾簸或黝或明鼇抃鯨哮雷轟電掣號聲
四起與奔濤聲相洶涌聞者非魂褫形茹便畏頭
瞑眩伏舟作嘔哇聲笆聲獨聳一巨觥眼睒閃狂
笑如怪鴟身晃側而益兀傲意气益適上余特異

之抵都後與余居遼阻然十日必一至所言皆不如意
事報罷後益流湎詩酒以寫磊砢抑塞懊悴不平
語袖中出落葉詩四章示余余讀之覺胸次間悴
悴作數日惡殆所謂音之悽色之憯者與笠聲不知
而余獨知之然余知之亦第知厄于文而爲此也而
不知笠聲之爲此不特厄於文而厄于遇也並不特
厄于遇而且厄於年也蒼蒼之厄人固至此哉暇
檢舊篋然復覩此讀之音益悽色益憯乃知吉祥
之語或不兼而兼殺之詞多不聲也士衡云忼

慨獨平生、俯仰何為悲傷讀笆聲詩者何以為情耶

辛未元春二十又六日撰公書、

春日遊南鎮記

春晴正麗香雨尚稀鄭子倫豪而語曰有遊興、乎余曰有能遊南鎮乎余曰能因購片艓挈飲具汎乎西溪艤乎南麓華檣聳于雲表彩鷁橫乎中流斯時日影方午人語隘囂舟指可槳水響漾檣衣光若虹沙氣蔽曠相與謂乎嶌廟淡忍吾幽討蟻入古廡鵠瞰穹碑碑高一丈文皆爛蝕

崩崳𥳑肆宵

字青石赤驊巖卒讀追摹奇畫超鑒大義則謂碥出

於衡嶽之岬鎮守會稽之靈秉之明德俯半遠矣

偕行邐迤攝上夾道柏葉古蓺蔭嵩直濃草香細

熏色宛窈闃石梯百級入平崇殿𡑞霓睽罛神

居壯麗龍蛇蟠踞八輔森肅面嶂背巘𡽱巘爗爗

右行殿廊觀勝空石亭齋廟脊磐根巍插首鋭孔

貫肪彿破柱金簡玉書虹气何在[illegible]

邀羅曉登高壑綖流射日輪闃聲嘯戰歷歷縈聽縮

出舊途上緬禹陵泥磯百盤峇巑萬笏叩乾坤

梅梁黯古宙

睹蝙飛背

荒涼已上蚓

畫

之頃洞環虎龍之靈秘徘細大之而不忍去余以初
識質於熟游隨薌子行歎莅南鎮郊壇如墟蔓艸
堙塞溪壑能秀邱隴叢峙豐筱轆徑碎聲風吹怪
松夾路數鱗倒飛紅牆亞足怒洋桃花翠嵐萬重
爭翳杉木蔗攤茶幔饕館香棚要貨之房朝山之
舉眯目摩肩徒獸犍雜詹仰神檻饗祀若茇燭不
見跋酒不薦爲楊觶爆竹聯震耳梘鼓鳴琁篁雜禱
額灰墳起赫赫嶽尊鞾鞾地維崟跎肸蠁吾衰其
瀆周覽登臨古蹟希廖友由歸棒曠參有亮爐峰

幽块蹴躃不前惟見香客蝟来喘汗倚節老嫗
宣佛稱女挐筐猶憶巳巳之春躋涉三竺此時
此景適符鑼聲儷唾偶語薄飲蓬廬又楪嵑穴
坐亭脩林顧鄰子曰儂乎曰未儂也興闌乎曰
盡興而反復與徜徉于豐碣之下蹁躚于崇陵
之間夕日欲頹山鳥呼耦垣陰小憩麗牛犢人謂
罷大瀔漫沽村勺浪游已徧厭逢熟人迺田理舊艀
歸還故園和舵之暇溪與適上鄰子請曰地有勝
軌可以盤石桓人無羈躧契在沖儁雖嫮王之宮

肃讀難續天南之鎮誦擲亦稀摩崖之文闕如詠銘之迹嵓磐泯泯乎村町社集滓塵一烘舲輿驟湊何與靜觀然今日之遊勝半疇叢佐歡紉貫可無詞乎余曰甚善旋遂索憶拉襍成辭偕敎顛末究宛在目至於朝宗之壯吟吊古之瑰篇願竢它日以補遺裹

綺羅香　題傅筱耘烹茶鶴避煙圖冊子

燒藥雲蘿鑪茗石瘦人坐古松風裏排聲沖襟小注茶經花底好細品瓦銚泉新待泠泠如[illegible]

香鰷喚花笑料理瓶笙欄書長在綠陰尾 炎之

唫話燕譁伴底事饞奴羽服滿塵小簃情懶濂

雲葛錢濤吹起微擷苦步影洗馬幸安仍瀧酒流 鷗伴卻圓看墨螺

魚情味准顧將飄笠泛年騷險湖海氣

引言有詩洗馬圖

及詩魚得酒

直慨

登快閣記

由阜東面城行三十里至水偏門沿城而南水 跨湖橋

市廛迤山翠錯落顧而樂之應接不暇矣樓竅

咿啞聞樓臺益深溪壑益麗卻望有閣嵺嵲

螺

看滿寬皺

悟杜腐

然舟人艤篙而語曰快閣至矣欄牖四周倒影雲影畫垣一角俯見水光維時春色正嬌尚擁裘鞾俊遊得侶各攜琖蒲緣入漱酣卉木罨藹鼓花石盆平支鬣架古柳一丈下欹石根獅山猻鬚饒注以勻流蘇新樹稀劫痕宛爾迺躡師舟倚闌而眄壁瑩若鏡屋小宜船晶闌燈限面相如映墨屏澹素胸次靜符初蘭瞻望磊磊槭槭少選主人出主人為姚海槎齷尹子姻舊也館於閣之下者為章厚甫孝廉亦余舊識茗話方狎昔岑互憶上

而登快閣，殆是亦之居，度入勝之廊塞
梯壓交飛，柘寮怱瞬，岑景萃窩，秦望天柱亭山
筆架尖巒巔嵯峨秀巍，四出千巖萬壑，擁在眉睫
斥帆隻艦，宛乎畫詩圖，樹紫綠，劃分嵐烟平疇
青黃絲縷，上春水臥龍堖尖，景可以襄，視采鷁簫
鼓時近乎春嬉，鑑湖之勝，為嘆觀止，清福得地
自足歡，臥仙人好樓，可以儻徉，笭鏡湖山婆娑
風月，羨辰遊景，矚然有懷，緬夫山谷鑑名放翁
選勝觴詠之地，其盛笠屐之遊，可圖龢部追吟

通堂軼蹤津逮百祀流韻未沫逮夫處泉卜居藏
園纂墨匹溢而誦酒人之詩屋扉而登名士之總
固亦一時盛事也然林園不貞遷易其主滄桑迭
變僅存廢壘遺憑弔登眺飛躍會意今幸姚子偶復
葺新渭南功臣太守嗣響千百年後尚得臨眺後
之視今亦猶今之視昔爾排徊久之肅客降隰青
甬道小園則栖煙之亭在焉花石娟峭盎瓷璁瓏卻
溝陬沼滙乎短池麗譙庋書翳祇皎壁團筵淺句
豈發襟曠隆歡新賞甫命述遺書鉛山十賛已鸛全

覽復古詠鄭詩幽殊悉斜日晚檻游興稍闌短
奚窺幔歸意已覺重巒集佳蔬并嚐飴柑爰遲後
遊得反回棹華檣翼雲直想天際晴波檝槳佳
興人同雲水光中來應洗眼山陰道遊廣騁懷
蓋眺矚之樂惟三人是曰祓禊之期尚二句是
傳而於此卷題仙鄉俛慰渴慺藏園贊云其闔
不同其快則同余亦云其遊不同其快則同周
師莞爾曰子快于遊不能不快於言學勉師為
之歌而方琦系以記時同遊者秦勉鉏師樹鋆游者又有

何[illegible]茂才彥昭也

春日侍勉師訪興教禪院用浣花宿贊公土室

二章均寄達相上僧

選勝出快閣刺櫂逆歸路重覓雲栖居春水一

灣渡積龕藍西清輿導游愜心素淨苔席壓躑躅

篁媚幽趣扉巷古可讀戰手恣躡步禪房石氣

濃遺景屢紛顧壁花紅踈散池蘇綠瑩洒世事

三滄桑尚留百年樣名賢不可即愧覷我来暮

篛笠中沖邦意若注春露

閶雲度翳林禽聲歇人静斜陽墜橫嶺片月生松杪影開士池公畜幽討吾顏永騰踔沂鴛鴦蹴泥鐫龍井鐘盪紺祠屏慧相崖壓氣頹從遠公遊虎溪嘆廟迴闌悟滅陽豔浮名愧清瀨昏叢棲鳳闕嗔嫉香亦心屏忽遊惜日短晚霞暮布西巔歸夢更離奇飛繞亭山頂

高陽甘臺　壽星竹　為趙蘭士賦

瀛露輸根鄮泉滴葉貞節貌度和霜昂渚流寒餘曜應照質當排成鬱籥麻姑心待添籌數盡□

滄桑閱盡蒼姬小，祝長春合拜東王。定禪玉版

華顛侶想簾櫳，紅幅枝頭青鳳鍊，雪擁冰影齡

鑴編滿湘兕桃，紫綺箇嬋娟，邦篋瑤池同醉霞觴

下年年踐翠雛披，長驅顏陽。

題王湘洲邨門圖

吁嗟我古來井田之制，已扶持友助風洞范輟

粉諳評争豪芒，血氣摶鬱愁陰陽。王郎攬俗情

慨慷圖繪寫村門，非荒唐。游戲中有至理。阿生

氣磅礴濡縹緗，悴鬢變相，良猶猶礧筋斗翁轟

蹟

嗚碌怨讟戰舞拳堂張纓冠被髮救不遑鮎叟顛

喻丁男狂田稚嘶啕村姑忙冢咻四起儒冠框壁

觀摩壘蝸牛疆驕鷄猪犬同蟻惶屋狸泣鶯首蠢

昂曹讒一烘烟壓黃鳶評大祖蠡杤旁蛩眠好勇

事揹擭誰其禮讓相挾匡百年三萬六千場戰爭

蹟趣究勢蒼萬溝壑壯四方一怨之釁嘐沸罐

陋之把遂錄旦鷸事鄰于纏理固常遠競雖或非

敲龐聚族猶見時月良睚眦況復轄蹤卷解仇棕

酒歌同慶君不見權相門勢朋黨彰禍門智聚

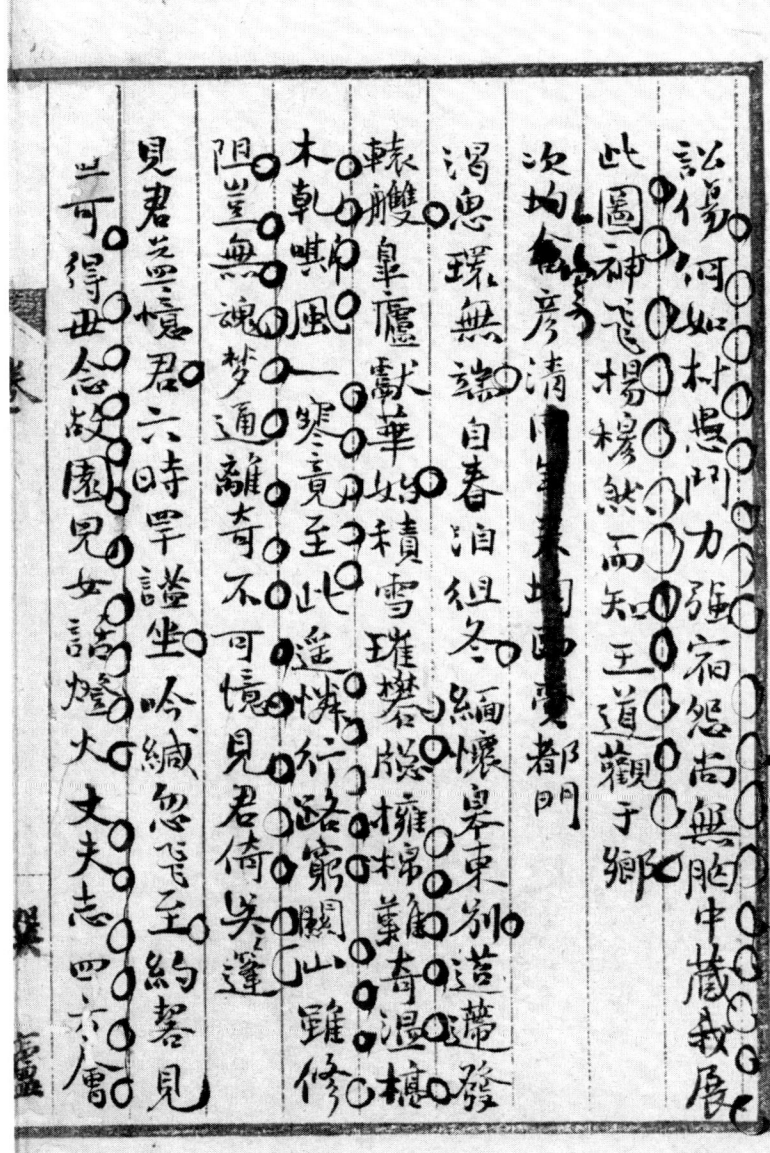

訟傷何如村愚鬥力強宿怨尚無胸中藏戢展
此圖神飛揚穆然而知王道觀于鄉
次均俞彥清[redacted]都門
渴息環無端自春泊徂冬緬懷皋東別道遥帶發
轅艭皋廬獻華好積雪璀璨艤擁棉葉餘奇溫櫝
木乾嘶風一蹊竟至此遥憐行路窮關山雖修
阻豈無魂夢通離奇不可境見君倚笑蓬
見君若無憶君六時罕謐坐吟織忽飛至約略見
豈可得毋念故園兒女語燈火丈夫志四方會

彼受奔篩歟因知飛塵飾勝于滯灘船窮途有困翮

青霄羞雁頭

青霄正彦雲騖詡樂陶陶帽影翩千塵鈴語鬧春

宵努力奮壯采東壁文昌擢修名有積累外觀安

足驕平生善作達快飲三百杯鄙珍惜此盛華謫

時為賢豪

盛華類鑿電自嘆尚守園隱憂懷至今寞岑過霽

衣花鳥感時變燕越無異土垂帷弄點墨蕭索類

心脈置道身荼蘗中未足喻淒苦欲言意不盡聊以

孰古處

附原唱

長揖辭感嵩天氣猶窮冬錢塘迎春至五日上吳艭潇洒度南湖晴日明晶聰忽然
更陰冱打頭騎翔風十夫挽拚紲嗒焉心力窮孤舟碇曠野四無人逕通遙斷東棲暗雨
颯颯打疏篷
欲寐不成寐起擁布被坐攤書與覓句輾轉無一可焦渴試求飲誰能為吹火以闖
鳴啟雷低入水聲簸恐是奴人鼾酣睡倚孤舷情懷復就枕懷人此時頻
頻憶娛園中飲餞皆二陶主人擲為觴序別話良宵寒飈學入林屋愕動燈光搖是
時酒力王論詩氣豁驕豈無同舟彥互勵長亭飄其如離腸枯引盡難復

嘉北道中耐冷有邊圍鷄鳴霜雪威勁馬催寒旅肌膚裂凍歎西日飽

塵土懷懷見風霾惻惻傷肺腑卽今猶江湖漂泊未爲苦寄語山中人

出定不如雲

[redacted]

春興蘼眠心雲芭田

鬼火乾陰荏蒲更藥囊吟處遣餘情水簾夜雨

葸茶新山市春晴賣筍聲漫為酸鹹殊世好酸

將還飽足平生黃金擲牝深憐耶夢裏亂蛟擘

自驚

慶春澤　題何銀湖司馬綠陰灣春釣圖

藥竈書囊，詩瓢畫笠，閒誰風月婆娑。十里南塘，釣徒大好艇。問鏡湖一夜春流急，弄晚鱸漫乞。青蓑想樓竿，擲破蒼絲，覓碎山螺。桃花和水，人間漸膩，桐廬烟雨，西塞漁歌。[illegible]點風流，[illegible]重調[illegible]。一曲松蘿，篷隱飽看溪巒。好寫烏絲，幾度籠鵝。訪幽人鼓棹坐綸，漠漠煙波。

團扇聯句二十均

韶光一百五，南薰勤彙煽。初試方空衣紈　方琦　旋

裁合歡扇妙用蒲葵齒 潛宣 巧樣檀欒清索

應書畫詩 在新 製合紈繒練一揮傲羽流 在寬

三伏噬田漢餘春著手生 方琦 明月前身現懷袖

珠褶疊 潛宣 摯棟供論選白綺玉張歌 在新 月

青紋翦讚迴環皆成韻 在寬 被拂飄宜細晃疑

鏡暈雙反評 方琦 仄評和弓彎半輕揮松枝涼 潛宣

姜擁桃花甌拗抝銷甚角 在新 映笈規人面皎潔

蟬翼如 在寬 界劃烏絲便繪雀昂市價 方琦 樸蹉

戲童卅彈指帛聲鏗 潛宣 搖身巾汗帶類陽驕

觥驕在新　大暑酷始追清談晉風流在寬　圓光佛
塵電雲雨隨翻覆方琦　冰炭互揚按鼓物育天
道潘宣奉仁珮君眷汎的篋中攜在新　莫向秋
風怨在寬

孔雀歎　同眉牀彥清

南方有鳥曰孔雀金花綷羽尾色璘錯離披互綵
殊衆禽愛惜羽毛慎盤躞聞絃起舞遇彩啄猶
如文士喜名好自来多才每爲累豈知飾守
皎嚼況復文章未嘗淵修禧無多便論鑄古今

鏑華有同概區區比鳥將焉託錦翎繡毛縱自
憐其奈弋人感籠繳四翔舒耀期有用綴冠要
資金紫覩胡為牽攣市駔手翦墮翁翅尚昂迮
通纚某睞索徽杪以幃敵身綯縶腳令余觀之
蔑三嘆泥塗潦倒讙丹臒鷄尾憚犧矯羅罹家
遠焚身豢留羇蕩之戀豕六有覓罻罣嬲縢遭
湯鑊早知養到宜韜晦不如華采先零落休已
礪毛行思自全青霄立圍任飛躍

寄仲彝甲哥五十均

吹夢江山黯分蹊歲月長計程燈火語加飯弟

時檻

兄望風雪蹤鱗羽星辰感御張荊花明書檻

外荊花盛開

椒葉撫春觴努力韶華富鐫心旅食康

惟君能作達為我更容狂破浪曾方檝吟秋復

對牀壎篪如響應花萼有輝光阜俗周才面加噲

奇邃詣商嵎于賡眾籟萃散保同方加自搏風

去時增對月傷伏雌羈井邑朋牡如度關梁並轡

吟倫勰清謂彥清時計吏藏展新更歲篇選勝問

詩囊篝橐江南雨茸裘薊北霜幽燕歌慷慨文酒
气飞揚王貢彈冠久機雲入洛岡摩天鴻獨喚得
路驥先驤紫電東來氣青霓北道裝大羅鰲屭贔
名世鷟文章燒尾春官盛羅胸夜宿煌魚龍澠濟
會鯨掣鳴儔況復君才富非微物望彰璞應聲
地獻藻許熙天翔定壓新桃李來暉古棣桑勝述
占巳彙門謂雲至春珮母忘自媿窮蹊堁難詹上國
璜賸華悽白葦餘閏厄黃楊羌蔚千春淚松楸百
仍罔囍難疏負米辛楚耐含薑海疾縈襟背騷愁

轉轂腸皐廬花月黝姜被粟春猖豐蔀蒼髯變
燒城赤舌防卷葹心漫拔砭藥耳同嘗累影悲
騑服酸音杏雁行醍醐羞臭味絃括判邏蹌幸
入春風坐顰眹舊雨堂（謂勉師）琴罍開畫舫笠筏
甜禪房（同勉師游雲栖）攬益羊求徑遶詞鮑郭場聲
蘭詒澧浦（謂延士在湘中）芳艸夢池塘（謂與諸弟聯句）花鳥時
初纜江湖興不常澆愁情鶻突汎眨影駒忙鐘
迹安蓬蓽驅飢靳稻粱時乎更苒苒勞者每倦
倦矣絀京華騎噞喁淅汜魴屏居韜赤艭齋遠

護緇囊炊桂居非易看花福未妨莅劉宜叶律嫓
孌苔分璋魚素宣慫緬騈珠眄顛頏停雲昆季思
離緒兩蒼茫

入寺聯句

信武入山寺 方琦 綠陰如水流 方璟 蜂聲晴鬧午
在新 樹腹古容秋 在寬 社賽春深郛 方琦 巖扃晝
裏幽 方璟 何嫌塵躅函 在新 冷節恣遨遊 在寬
禪榻三生感 方琦 闌干萬里心 方璟 昆明丰稀散
在新 襟矚久浮沈 在寬 晴翠松濤合 方琦 疏紅蘚

壁深 方璟 扣舷發清嘯 在新 回望白雲岑 在寬

北山四首

汎汎北山去，波陰盪十里。春煦過炎曦，清風喚不
起。舟路傍山轉，畫影巖扃裏。晴嵐撲疏翠，湔眸倚
舩几。平畦春上耕，青黃鬥新水。相觀意不盡，溪巒
好難擬。卻喜重艤櫂，行行上峯趾。

搴轎度紆麓，人影直卧午。驕陽負炙背，卸衣遍愈
苦。松飇歘似噤，搖箑急無補。泓池醖碧乳，汲取紛
難數。深箐有濃陰，靜坐如太古。崇巒一詩嘯，禪林

正齋鼓還行忘遠近誤入桃花塢
言尋招提行間雲翳林悄叩關詰誰來遊蹤署
相告拂坐淨素埃旃檀覺心妙苔壁上蟠畫松
龕忿蜂鬪瀹茗巖瀑清山果献新拁憶昔避桃
源十年真一覺慚愧為闍黎又被紅塵到戊戌避地此禪庵中
躑躅興未闌歸迹翻嫌速穿藤嬾攀躋兩篠愛環
曲斜照下西崦金彩翕人目墮葉非秋霜深紅愛
蟲蝕山花掩映間書聲度村塾自感汨囂滓如泉
出山濁相賞在松石勞人亦未俗奈何負遂初馳

驟類騑服振策且歸去幽景縈衿矚煙水暮蒼蒼

高唱青溪曲時憶弘農青溪千餘仞句

巳日書興三十二均寄呈勉師

駛雨滯連宵卵色天黯黮緜煙瀰曲牖橫潦呀虛

窗江河隨曉潤花鳥受春闌簡行囿芳躧重鍵耗

周臂手注灑煖炙蕉哦詩森回欄冷況對釭藥岑處

常他

宛邱嵌岑盧橡樒檮幽興討鉛槧禊節歘汎瞑

曼誦頻播頤螺孩鬱難伸芳菲孌不寔青旗靄

柳色麗服阻莎毯泛水觴湛浮鹽也墨默濤惟管

蘭亭遊至今草堂搶散馥縈黃沈偶影肖綠慘

唱訓恕攻錯醎酸嗜糝糪緬想晉風流能談史

津醇庚信組綺辭王融抽精贍俊教興公瑩鑾

語參軍鏊古人去千載聞者猶興感況復近扃

隷坐使名園賸詩龕酌佳序書舫舒錦贉荃靡

古博山藥隱舊石礎簷霤弄孫筱番風展初荅

新篇忽稠積雅集耽玄憺懷人亮綿曖慨我多韓
轗盛華惜膏晷細流愧章贛涵濡小草滋叩鳴大
鼓坎舊愁鑄無何長吟靦豈敢春夢蘇鶯啼壯志
虛蕪領嶢燭檢環瑋淪醞飽啜嗽秉蘭沾良長鑽
槐癡陳覽膠雞羽音晦淒鴻耳輪撼東窗一搔首
陳辭中俱缺

寄懷延士楚中六十均

楚越異風雨綿思吐滂沛緬昔散晨曦飛揚漢江
祢颸雪苦饕虐別恨等蟬蛻星飯齒決磔水宿聲

擊汰張帆涉洞庭衡峯露嶒峴湘江多離人騷愁
莫沾句莛蘭擷盈袖懷人詒黤黮羈羽諒鬱黯
題詩壁疥癩矯首望南雲熒背苦矇昧郢篙半
沈曠隃阻毋乃太莫嗟事案牘名法非狡獪文弊
鏡吏役利藪覷齟齬聖世舒棼絪何事設鉗釱讀
律庶致用寬仁永汪濊諳練師老吏勝於壘官膺
膺倉廣也况君耐勤慎吾道亦有賴所惜絃誦材役之
操譮猶如儕笇終若屬荷役音廣戉也詩書本風
契相期毋玩愒名轉輿利鋤兼并難為最惟君富

春華立志須遠大江湖快擊檝安能汎溝澮切磋
徽屋愛動言亦無奈我自離絃箬纏綣為螂靄皐
廬甘瑟居難占麗澤兌藁鼎湛歲月吟席縈塵壒
鏟迹伏衡茅無譏等曹劊驂坫宗攻錯誰其張旌
澮昆明多先驤激昂青雲會掞藻縊蛻儷鳴盛鐵
蔦嶸時傷蟄窮蹊雄心空像怏卄沈丰蘿衰饕餮
安粗糲更復遭閔凶跋蹇儼狼狽白舌飛于于畏
睒艱穰澮松楸歎營宅蒿蔚泣圖繪靈帝蔦參春盤
元含垂皜澮也澮帶哀歌縱寡懽吐嗶志未艾賚析

撰
盧

有程韡皐社列茅茷儁語嗜昌歜澄思茵[illegible]清瀨
雕蟲雖小技喁于契天籟自視若槱櫟相譽臧
松檜唱訓州名士彪炫燿神仙軑（音太。仙軑見道經）鑪鳥
雖菲薄袷襀王貞文冤垂帷弄黝墨狂葩肆霑霈
何敢易語言蠅吟雜鳳崇綠駢跨虛空蒼鯨恣
訇磕感君素師我風胡鑑瑤貝雕琢怵肝腎咀
嚼耽羹膾又能[illegible]臭味球果愛李柰猶憶詼秋
宵篝燈誦芝謁斯時盛觴[illegible]趨來好酬酢磨礲
謬推許碎錦咸蔚薈詎意閭闠津滯[illegible]疑懶懀

芳菲睎灃浦清謳宣下蔡蔞暄感迭變相思苦毒
害何如憩古里水通鞋帶加餐亟數勖際時正清
泰黃金休擲牡精神常茈鞠親交思無極香奠過鴻外

三月八日夜坐有感讀秦淮海集即用其秋夜有
懷均

春雨夏萋滯空臺燈影空黝痪縈苦緒繁音覷愁
縫鼎心茶籟買簾角花氣重額雲霄夜色尖風亂
清謳墜權嗟莫補岑寞渺誰共人生貴適意遑論
瘵與用只恐世眼涼長才罕驚衆多文鑑翳難苛

邑類指蝀越練耀輿臺汨羅悲屈宋廾沈合有
時底事題嘲鳳寒氊困鄭虔荒經構求仲古人
去千載尚論深懷負杜陵盛自負稷禹期縱送
遠志非空談奚勞後人訟自悔鷄塵鞅漂泊若
菰蒓湫宅近闌闠魚喧雜米麵節陽煦歡料
衣寒薄中維摩丈室閑藥气罩帷幪世事任翻
覆無痕了春楚遺興墨痕渙壓愁酒懷動痛讀
離騷經蘭芷亦齊慟願身增修羽翮青霄快飛縱
剖腸孤臣胃瀉昂告頊泪命窮苦磨蝎猶如默
驥

遭歎遄湛負盛華灌落鑴憂衷遥知頊陖高萬岀
誰
屢鼛弄

出峽聯句

出峽正昏暮咿啞一櫓聲遠燈明水市方琦遥
電劃江城迂路心逾急在新高歌氣未平莫愁
風力緊崇勳自惰有木梆更方琦
春莫寄懷彥清彝[illegible]

所惜辭華非苦吟[illegible]
[illegible]

相思涯角感離儔駝褐東華憶舊游別恨漫縈
紅躑躅粉塵應鞚紫驊騮初燈風月樽前酒故
國鶯花夢裏愁料得題襟佳彥會清狂端合言

楊侑

清怨飛東盼斷鴻（目斷江）音書惆悵笛邊風[redacted]

[redacted]

[redacted]可憐寂冷過江塘亭[redacted]

[redacted]

偕許稚麐鱸尹游曹山錄寄

松巒杳靄夕陽前，笠屐來尋濟勝緣。鬱林春痕

襟上酒痕嵐人影，洞中天東州禪悅留陳迹

君曾過訪京國綢繆感少年京中竭來最密却為齋谿新點

縹緲烟波吹篴綠陰船

黃池雨中

螺青濃翠佛頭嵐，春漲蘋花水蔚藍，帆影濛濛

三十里，彌人烟雨板橋南

翦瀨柔櫓打頭風，壞衲山雲淰淰叢，好泚泚綠波

高樓句演燈添寫雨脫中

翕園話雨聯句懷京中諸昆

烟水瀟瀟草閣深閒譚清綺鐲前塵雲山京國春閨夢方琦風雨盤餐午榻身笑語有懷文字樂在新音書無恙另離親柳棉吹老天涯遠方琦可憶西窗剪燭人在新

鼻煙十六均次芭田均

撲鼻如蘭氣松煙合細熱金壺調翠眉珊蓋瑩紅尖貼許珠塵斟小歎毋鐵杖嫌刺馨參茶末璅響昆葱纖辣暈蟣眉洒鬚篩刮骨鹽[redacted]顆痕花蝗臏通竅

木犀甜哼嗡輕兜縷懷蕆薄裹縑荊絲蠲纖供仫
蒂破煩添透腦山根擁挑牙石髓指珍封雲母盒
涼吸水精籤麝粉欹[illegible]取蟾酥掩袖沾巴菰噬口
噴辛藥佐頭砭劃字灰留鼎收香篆裊簾酸鹹殊
五味水火宛雙兼灌頂輸甘露熏心避瘴炎好將
西域種禪榻龔何[illegible]

宜此紙兩枚

附芭田原作

畢竟非還似煙絲一抹黏神明通鼻觀消息到
心尖妙法傳何自新方試不嫌麝臍磨細細犀

角切纖纖貯匣疑黃粉堆盤肖赤鹽氣真諧
沆瀣味卻外酸甜壺合鑲金玉囊宜繡素縑
劑調三伏製深淺幾分添飯罷相思嗅茶餘
信手拈挑應勞指甲撥只費牙籤噴噓肩防
聳吹噓口恐沾不須求水火也可作針砭品
式同攤几留香莫捲簾機關呼吸並竅郤導
批兼摩破消煩悶清涼散熱炎詩人方掩咏
相對意無猒

象皮鼓歌　鼓爲姚公啟聖戰臺灣時物同社

鈎九、岀六二卷
移轉詳

子九丈曾見之社中均系以歌勉師復倩予

総和　　青郎[illegible]

涿鹿大戰蚩尤魔烟雞檜鞭夔鼓馱馬鞈金敲鐃

雷斸骨天裂地炭愁蠻鼉神鉦鐸石競譁金[illegible]

𪖐之植屬郊雁誰其闐賁劒鉅制留皮浴鐵泣

乾陀惟昔姚公奠麃耳歎歎虓將耀珊戈如[illegible]

破霧聖牛吼氣鯨橫掃昆合閘阝

宋史昆合郵國[illegible]　即今之臺灣

内擣艨艟集畫角吹冷澎湖潮朔蘭胥鞭霸驂

礶百寧騎尾軍聲和酣鏖悸墒鄭劉膽全坑橵

瑯璚

攬泄靈阿（金坑橄欖乃鄭逆先墓）瀣登亙市阻沖渠（鄭逆諡款澥澄亙）

市亡獨壙塽往石壁天新羅陸刺（縱火錠隋王墓）序下才龍艦天梭

不阿

不數紅毛倭（天啟中倭逐琉球而踞臺灣紅毛又逐倭而居之）可知在德不在險

至赤嵌徒嶗峨（二城名）

王師天降翁靡震聲震百里喧蛟波浴皮運屢帛裂

絞徹鼓擊艘播凱簫鐃歌煌煌丹詔下鬼國滅鯨鯢琅瑋

烈爐蠣絹此鼓定與節宣力亮隨庸中瀟銀河況

復奧色吞屢傾爬世縣大紀功番番（施世驃重定臺灣紀之大三之）

文革神物獨橐卧藏庫不及白旋螺（紅臺多風庫特賜右白旋螺附）

聊存

以上颶濤迸功成
命闢藩存之

淵淵兆墟鎮無守，揚帆叙鍛論紛詭。
想見凌棱龍鱗鱗，左設露罩右鼓羅，聽鼓自古。
思得巾幗鴻宴韜戟，洵珊瑚周王石鼓嘆，淡孫銷鎔金花。
銅諸葛留行鍋，萬物與世迭興廢，古器往往沈。
蓬禾鐳茲遺籟，行中葉疑有生氣，常衛呵戰鞾。
剝蝕湖林邑，鑑古何處傳聞訛，方今
聖世靖烽沴，韜兵劍戟同消麋，鼓因論真獨究。
好勸鑄熟葉，空摩挲諭桑變，不知處百年之
物壽如何。修君

松臻案曰此涵第淳相來遂以据遠人

林邑古花鋪

[illegible]

清和望夜雨止望月

綠陰淋漓逝流湧溶溶花影欄杆晚空階人定斂燈

沸聲燈也片鳴蟲幽續垣灑粉弄餘色五字飛棄過

清鏡積水空明交荇藻此景合待幽人攬裳衣款步

洛快矚笛聲吹墮橫江樓今年苦雨半春晴愜甚東

嬌良夜遊況復忽忽憂患叢清景一皆雲烟眸今宵

不意得好月與月顧寫胸中悰古來萬事判圓缺

不可喜圓可憂人生萬事悲歡盡如此猶如過月痕

不留與今逢與蔑陰憶春酒不飲復何求

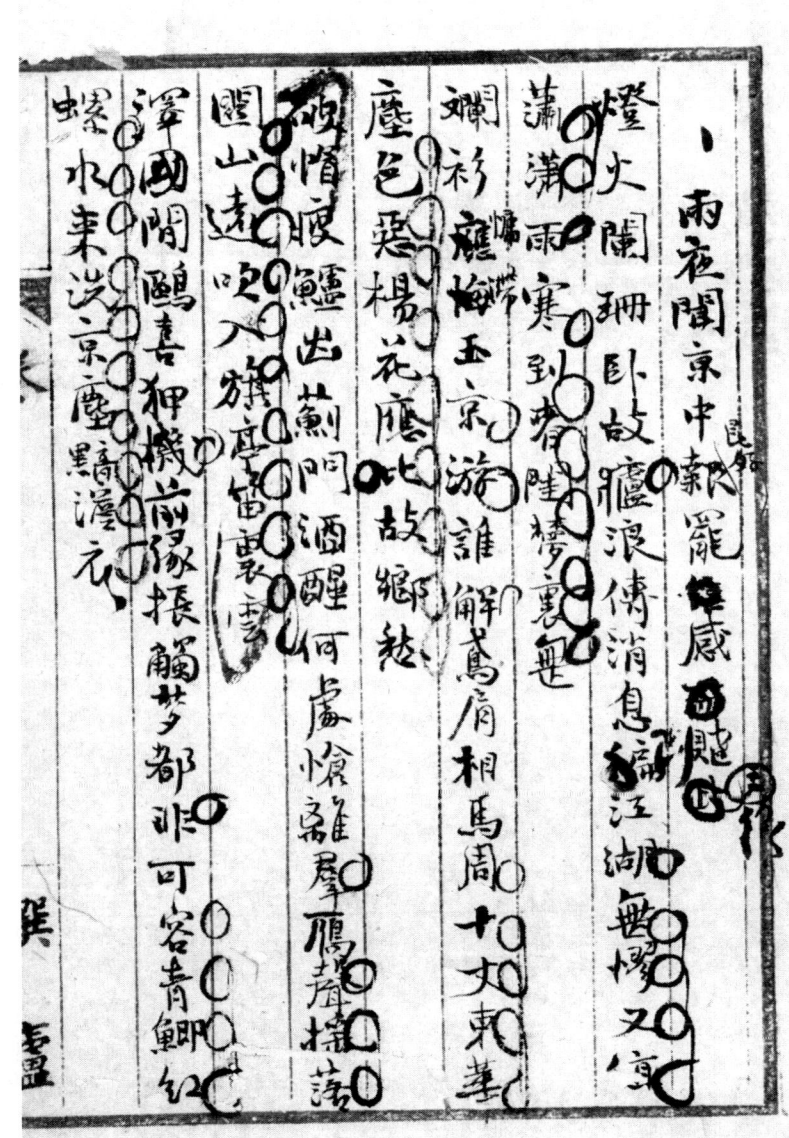

雨夜聞京中郵罷感懷

燈火闌珊臥故廬浪傳消息徧江湖無憀又寫
蕭蕭雨寒到春陛樓裏無
瀾衫憔悴玉京遊誰解羞鳥肩相馬周十丈東華
塵色惡楊花應是故鄉愁
破帽瘦驢出薊門酒醒何處憶離群雁聲搖落
圍山遠吹入旗亭笛裏雲
澤國閒鷗喜狎機前緣振翮夢都非可容青鄉紅
蟋水來從京塵黑滿衣

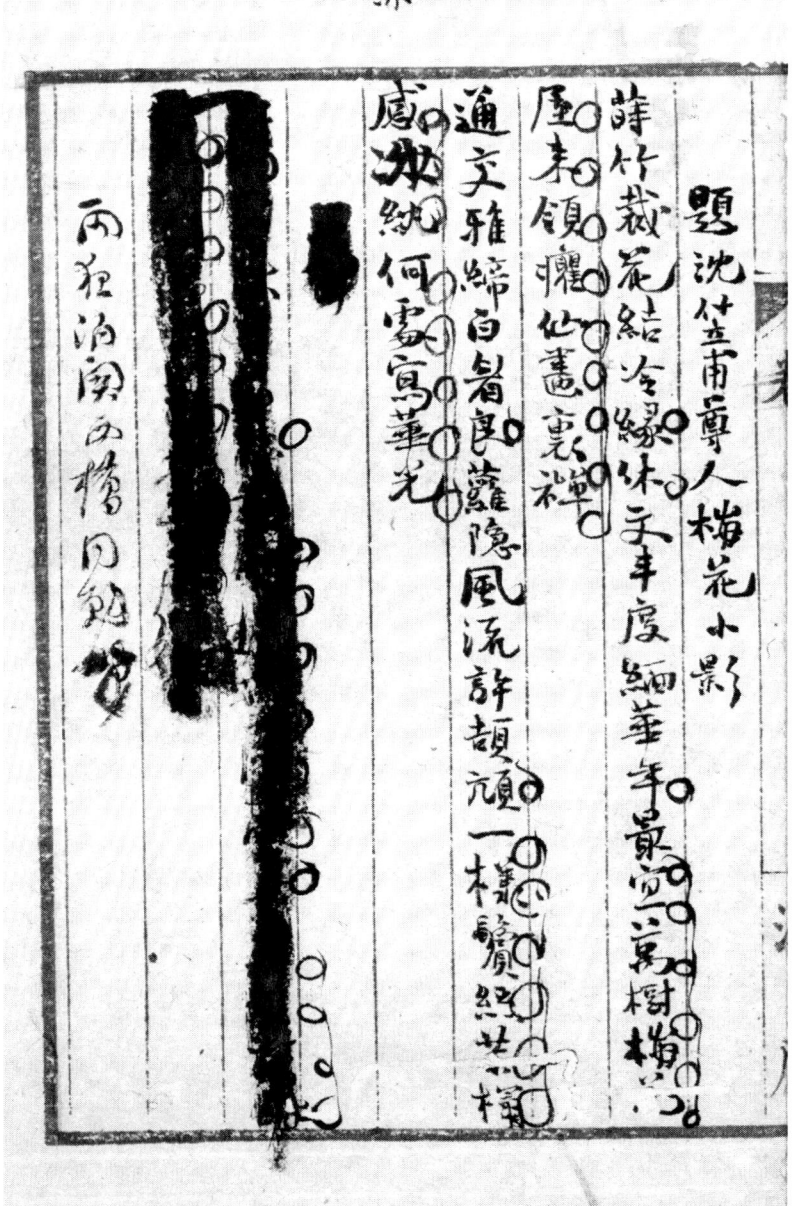

冰

題沈笠甫尊人梅花小影

詩竹栽花結冷緣休文耳度細華年最宜萬樹橫斜
屋來領攤仙畫裏禪

通交雅締白眉郎蘿隱風流許頡頏一樣籠鬟經共檻
處冰紈何需寫華光

[redacted]

兩狂泊閔西樓同勉[illegible]

將之四明從南城水墨山陰道上行秋深猶花滿窗

浮山雲桐葉落初晴半篙過客帆高人行自是僅狙低

情 步出雲門山作有九 送天涯何院修理

秋日居 先大夫韻 寄

黃茅蓋荊路山空雅蓋情難知誰帮德猶記殘花修

柔也儒寒僕蓋薄數從夢覺不勝真詩集唱殘節探描

未遂瀟洒錄孤孤卑已傍情寒緣老恨出窗少年不久情知

那計殘寒等一不數有家相又別回有處陪之 先大夫歷石家峒時

冬晚

凌煙樓上幾潛澀竊氣加凍煙速心細和旭劉雲氣葉
色堆千朵林虎嘯寒聲塑雲蘆指飲炬盡硬鄉花

孤兒草

有衣體不暖有食日饔一餐不及飽只奔宜獵薪開兒
何幾歲少而又憂勞朐穴獮猴時作珠學小物一旦悵悵代
食我術仰古木鼠辛勤無人憐不及僕堅出僕望乃生為術
有父無母今可依陪于孤兒啼寒饑飢寒無已知無人危
三飲泣皇天悲

賀新郎

往事悵如許記前時江干抱別呢呢識語一十六年同

汛朐想見英姿霞舉闌小試雄心騁弩葢領功名

老食肉笑雕蟲末技譚何補當少壯力千勞勤力

秦晉神仙侶算紅閨之情佳句鶼鶼同深却奇门

闌多喜气莫負乘龍佳婿更美蘭陵椿萱雙樹

自顧此身成老大願來春同躡京華土須競爽

门户

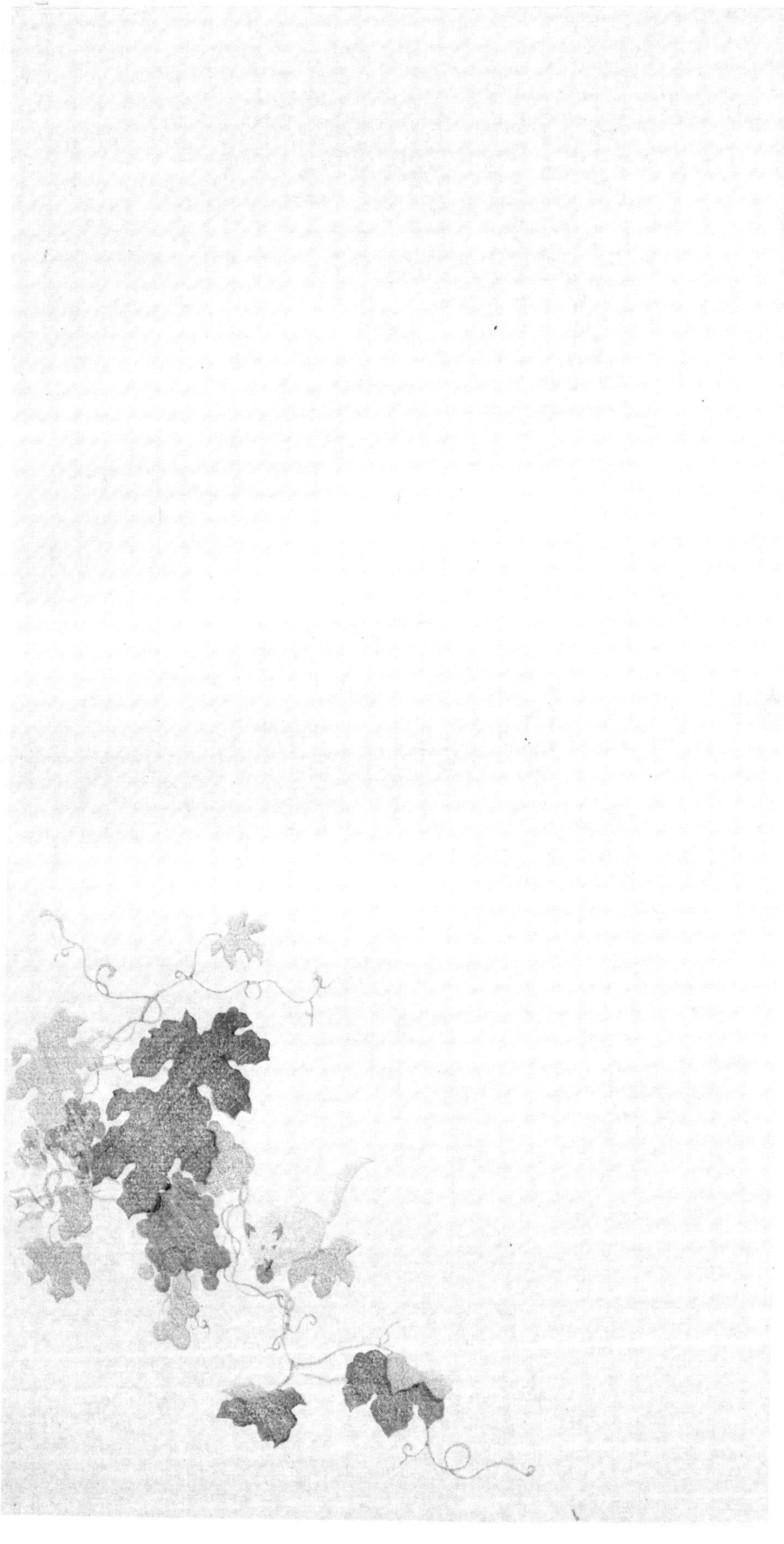

(清)陶方琦 撰

湘麋館遺墨粹存一卷

稿本　清樊增祥點評

浙江圖書館藏

湘麋館遺墨粹存一卷　提要

清陶方琦撰，稿本。清樊增祥點評。一册。每半葉九行，行二十字，白口，四周雙邊。緑格稿紙，版心下印『翕園』。封面題『湘麋館遺墨粹存』，下題『乙亥仲夏，榔梅閣珍藏』，鈐『榔梅閣』朱文方印。内封亦題『湘麋館遺墨粹存』『祝犂單閼仲吕後學陳慶均署』，鈐『艮軒六十以後作』朱文長印。

是書無目録，卷端無署名。全書收録共計文十五篇，所含序七篇：《古皇臆攷序》《春日同人團飲龍樹寺序》《梁端卿師遺草序》《韓湘南先生遺文序》《嚴懷白師誄并序》《秦勉公畫蘭册子序》《送同年孫彦清偕彝哥北上序》；記四篇：《春日游南鎮記》《夏夜步月記》《登快閣記》《九日游曹山記》；文一篇：《責病鬼文》；書三篇：《復淵哥書》《上孫省齋方伯書》《上嚴懷白師書》；賦一篇：《娱園賦并序》。與浙江圖書館藏《陶湘麋學使詩文遺稿》稿本相比較，是稿僅收文章，未收詩詞，文章篇目略有增加，亦有一些文章兩稿皆有收録，如《春日游南鎮記》篇等，據校改痕迹，是稿應置於後。

是稿内容不乏友朋贈序、狀物寫景、藉古寄懷之作。全書圈點塗改批點遍布，多數篇末經樊增祥點評，增祥與方琦皆好詞，又皆師事越縵堂李慈銘，故兩人交情篤厚，時有詩文唱和，賞析點評。是稿即經樊氏點評，多四字語，文辭簡潔。如《春日游南鎮記》詩末後題四字『氣息厚緻』；《夏夜步月記》後題『措詞獨堅，會心不遠』；《登快閣記》後題『繪狀處不是俗手』；《娱園賦并序》後題『氣體高華，獨有逸趣』。其點評語中，也有將方琦作品與慈銘相比較者，如在《九日游曹山記》後作『越老此作極堅緻，此方琦雋』等評語。

是稿與《陶湘麋學使詩文遺稿》手稿本一起，民國期間曾爲紹興陳慶均先生所藏，後入藏浙江圖書館。

現藏浙江圖書館。入選第二批《浙江省珍貴古籍名録》，名録編號〇〇三九六。

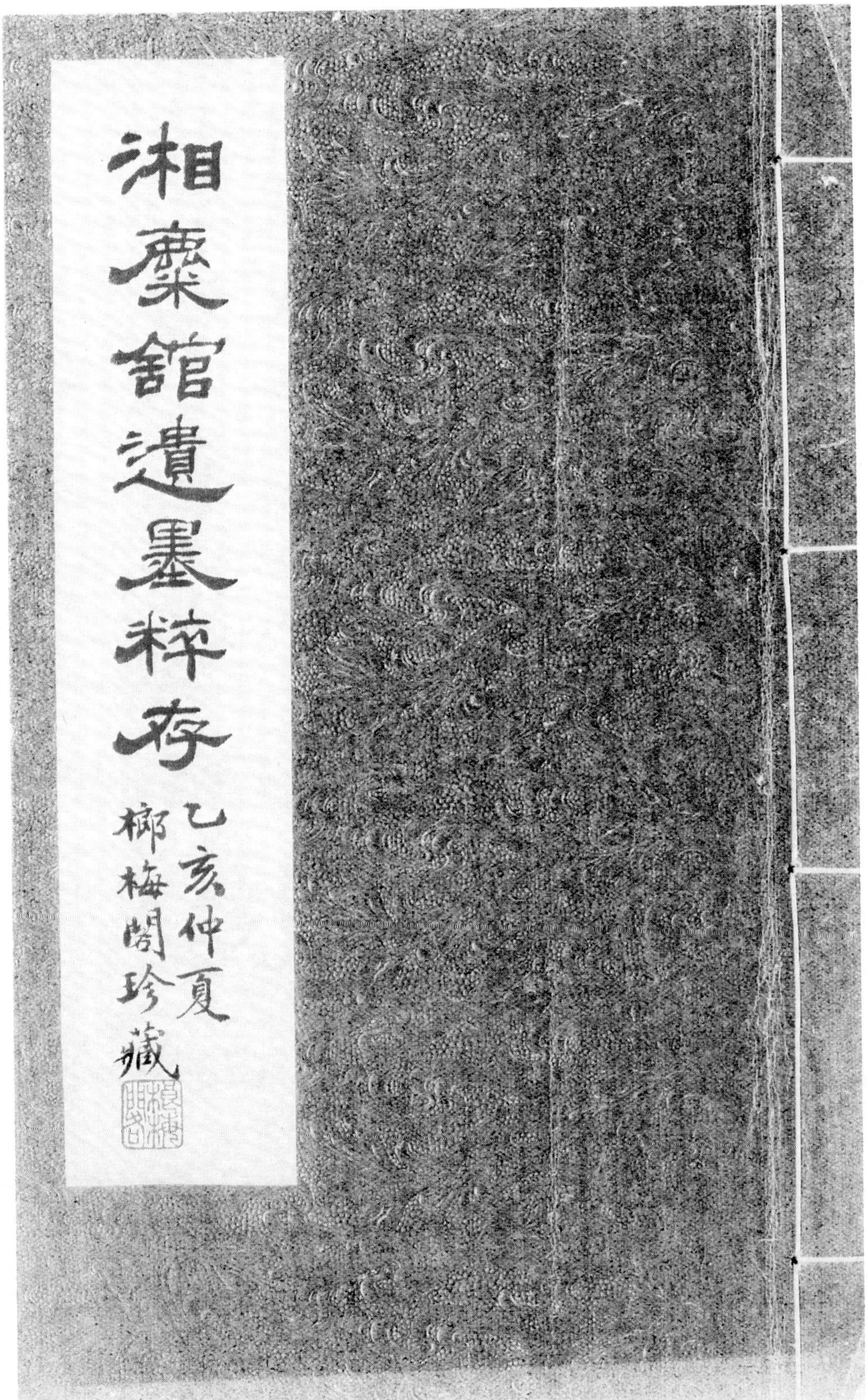
湘麋館遺墨粹存
乙亥仲夏
榔梅閣珍藏

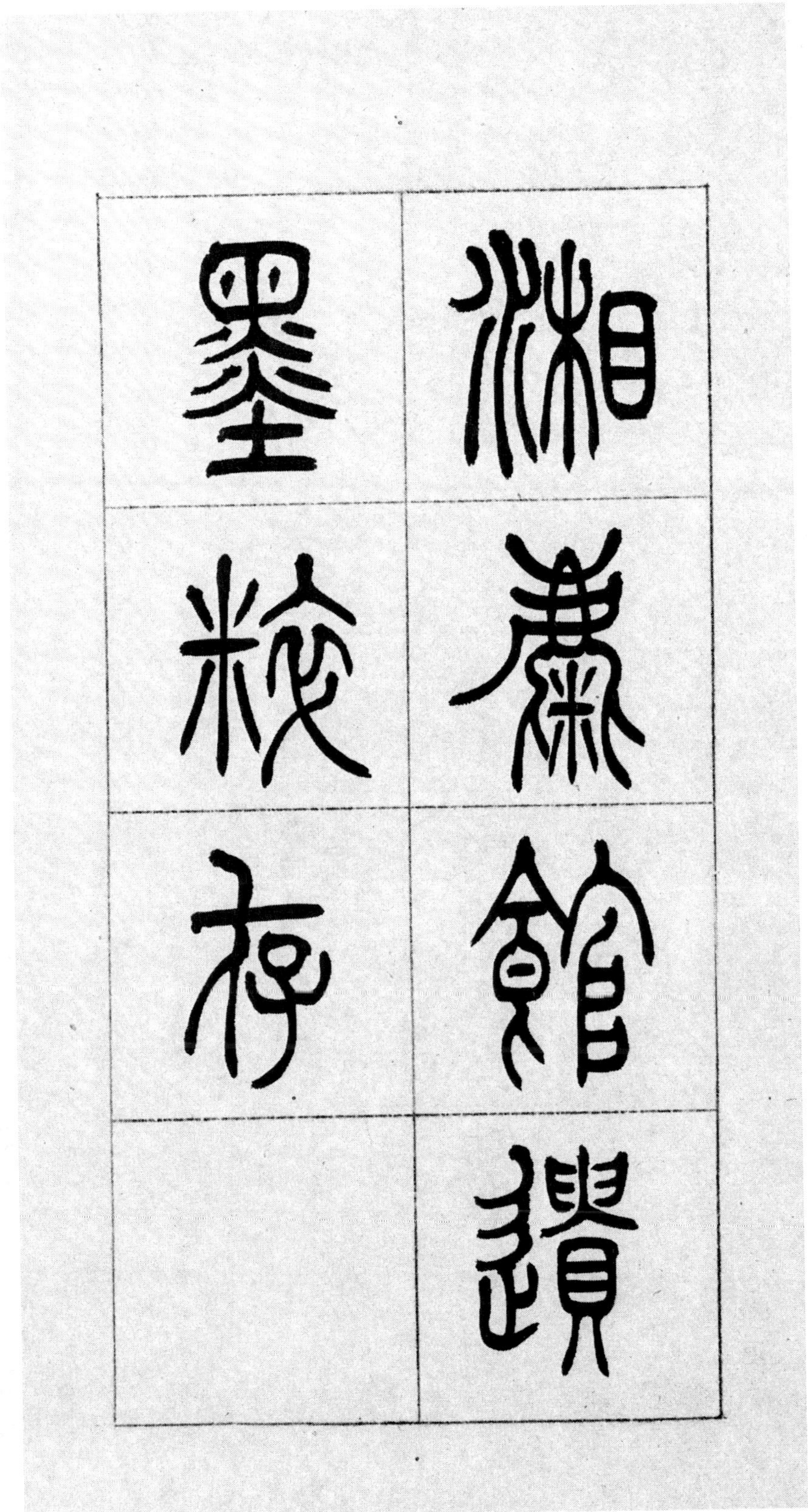
湘纍館遺
墨粹存

祝犂單閼仲呂

遂學陳慶均署

古皇臆攷序

粤自需舌髭星括亞當而亭毒蜧昀甀汲酕頏顬之盧牟萬運隧壀治戠六蜚㚇聚僉散德駿四世女媧七十二化斷鼇足而止蘆灰地皇萬八千年觀鳥學而辨草譽其時譙明鉤㰝古禩珢雕冄相蓋盈舊名斁㦗薹流訖修飛之紀鏡巫常大䰡之年少瀶臆金蟬祥鞾梦日犯神孠黃袜騠駕蜚羊鉅霊蹽灝揣丸大凝神化泰壹闓圖挺紀畧晁傳熹皇覃難犃鳳之莱庸成攓蹝砠之烈閭首絢髮辰敓之渾㩫彀歙鶡

屋几遽之犨鍛有菓嘬臑孿領甄芒黖之蠢生燧人教熵熱胜啓黲黷之寓宙雨粟鬼哭史皇之造文提犿旋穹權天之制樂宗廬行奬之文奇難釋虛古皇皈仁之績居乃在彊馴陰閎之飛覷無懷紹亂聽弇州之鳴鳥屬續敭譎人莫不儀緝羅拮菘之風闌吮露咀蝿之列矣追其後華骨跧跡虙羲絧興徽轢靇竜珠稱遞踐書熄紾象銅棘胜方絙桑為卅六絃龕目孕十二歲烏明眡冒百賭平民火爁水灝六書則洽及乎神蓐廣位伊耆邁升剳鐕焳直大蒸耄以蔷

黎⿰𧾷弗髮跂艽制晦甽以網罟女羲操俎鶩而獻胡妢
賁笱羽而來藥⿱艹斟赫鞭瑞⿰糸焉瀵醴莫不懷石年之勳
佐火帝之⿰口尌功厥後軒轅[illegible]飛⿱髟者言嫗異占風占日
天地亦為椆螯作鼓作弓傀裒始無蚉息故制方盂
湔餌蹎蹎全生無破萷鳴條⿱雨重⿱雨重應化文章翬翟熛
丹竈之珠流氣類螾螻緬蠶神之絲獻固已挻挏窾
熱挾張奇賚蚩尤之霧不興峚山之玉長種然金天
鳥紀僅得傳雲⿰阝羲之封顓頊黑精獸證騰璝之要蟜
極綿胄高辛嗣生系繹三皇薰銘八殯煜雲滂郁疑

之恖紹纂括皇繫之全以此摸藾蒼倉于勑持遂代緯書萑蓭首載攝提元皇險隱翻廋鑿度芠芒騶駮衍俶落之文鼓阜遼巢撝舛馳之説揖嶷陽之碎事醳鬏帶之奇文而不知羅泌之言徒衒懷囊之富史遷之引亦嫵媒但之多馬氏全史毛舉罕醻人物一書倰牟反駮上古未分男女而有咒煙之辭古皇何有姓名而載岳鏗之號木公金母等於黔天牛首蛇身疑同毛萸三皇之説或言非天地人太皡之裔或言作風凧凬紩衣皃冐未必非沿飾之譚鬼䰫黃神

或亦是竆虛之稱竆桑而别作空桑中黄而變作中
央祝融而誤作祝𥠖栗陸而譌作栗睦軒轅繼昆連
而興殊於黄帝古皇紹昊英之治亦號有巢庖犧有
弟竒郝胥之名皰媧非女作娥陵之附駿毫翁嵐何
與於春皇弇峒泰清見欺於蒙叟濦陰𤀹貸實路史
之誤閽黑菡驩頭更山經之鑿說讀多䶒齒識罕曉
心貫高殊棼屬史難守余敫門劉覽箸席觀鑽日湛
月礲左圖右史莞闋於開闢之始蕝援於芟訂之前
上自盤古訖於帝嚳作古皇膽攷二卷悉皆搜脥擂

秘羃蕭剔瑕徵羡吹釐辨貞削雁萬霄一霸不詳無
蝡之編丹水黃姚別載荼靈之冊蝠腹鄲手不記姒
商榖璃觮鼠未探穆傳提槧故我泥檢壞書非敢云
遂古之鍵鈐皇初之館鎋而神由多竹難徵錢譜之
贅文子雲已亡誰解草元之奇字

岩字衍　地也二字衍

春日同人園飲龍樹寺序

[redacted]兩南數里為龍樹槐仙迹所至用地有古
槐仙迹所至用以是名為都門[redacted]飲餞地戊辰春杪
會山會兩邑同年於此極俊[redacted]之樂事緬故鄉之景
光清蔭繚冪苔[redacted]瑩[redacted]秀色蘢蔥藤本[redacted]蟄葉晝
聶枯枝雲峯碎音帉歙婆娑其間是日也天晝晴光
人益春意屬坐煥搖黃埃不來晶闌爣瀲白雲在望
髡樹偃臥間有煌意頹樓互瀕寂無塵心山淡淡而
作靄野茸茸而含榮柳絲受風宛蓬頭之稚女草色

過雨、襯蓼節之老、吒以視向之駝鈴敲沙刺面若點、馬黨熱土透腿欲噎恃健僕而漫游受裸丐之垢瞰輪聲震几於宵坐帽影黏塵於午行寂囂互分霄壤迴劉矣況乎尼爲相萃皆古鄉之英、冲襟合題、並撫麈之好、觥籌酬戰、毿毦備羅、炊玉饌珠、點長安之食譜、流觴品管、仿蘭亭之雋遨、伊其相謔、述治遊之詞適然有吟契、酒人之侶、花氣一榻、鼻觀沁馨、茶渏半甌、眼纈豁醉言、皆同心、地無截濘猶憶梓鄉禊事桑社吟綦、上巳春山、杜鵑唬遍、鏡湖煌水、桃花豐開、雖

燕越之阻夐實僊凡之區迥別也然則楊片草飾諸廬
礫之地則佳舊侶新知契以山水之賞則乃嶲一
邱一壑可無裙裾半醉半醒何必絲竹況人多綺年
境隔蔵莽矮簾低捲翠撲衫衣門獨開幺蜨隨僑
畫意欠筆詩情寡和非無澄清之分亦有靜躁之判
而勝懷天永佳興人同朝市山林釐之於裣度濁賢
清聖識之於尊罍寄寫自遐迹新如昨靜觀自得足
集不恒迴至頹日西墮炎風東來客散參差不問歸
路僧留戀歇猶遲後遊競駕回車各述歡緒濡穎攄

賞曠再閲懷并示以詩

槃人祭酒集中亦為上唱

子雲都下不聊之泛題

於紙上前送錦飯因

亦復清雅 [illegible]作

梁端卿師遺草序

蓋聞纂錦鬱麗而有擨裂之憂美珵閬瑩而有璺殘之綮物猶如此人何以堪　先師梁端卿夫子諱之祥會稽梁相國曾孫也叔敖有零裔知廉吏之難為甘羅亦少年識將相之有種興門之望早屬於陳群聚書之報允鍾於丁度　先師生而酖憶長益嶔奇毓寶氣於豐城歆香名於觿歲黌宮濟濟非孝標晚登之才氣節觵觵無劉勰鬻文之意而乃曭陰早霣桑季多凋庭有賜書家無尤物聲地欽為美前生事

歟夫浮萍墨竈寒皆長雞夜字青氊虎竹鳳努春華
寄良歲於目睇異今曹以犖骨播經焰籍繼華之歲
月著書範玉琱金雀麆之光儀早俗叔敬敷戶櫨言
惡乎素飧景明導夲同逑穹其學府子野既形弱而
文狀孔融復小了而大佳雀儷儦讀五千卷書之於
門張綰號百六公世無其輩凡此文藻蠭涌才識律
魁日礟月讋煙綿春益意必蜚雲衢之謏鑱月蜎之
香目邢邵為周才重劉芳之賚辨況太素原有衣鉢
周翰共美人門則以虎脊龍文佽挨張之色隼壓驊

路肆跣跔之才人必謂鳳優豹劣之風鍾珠貫輩分之食郭奐而乃一衿青暗千帙丹棼鉛槧磨人霜星炙壽翔蓬身世苦蓼生涯陳編無益其宛奇悴穎反疑其險脆蛾眉信拙轉慈雲錦之工燕頷侯虛難免星鐔之泣而猶復文章憎命杜陵不廢歔欷錦囊嘔心昌谷諱言消凍劬功冬足世眼秋涼饍好酸殊无文醬覆衡蘆噴沫盡助邑癖瑣米碎鹽不縈閑覽每當唧啾聲裏倉涼歐子之悲蟠蕭隊中激昂青蓮之氣識長爪之集痛哭秋風彈昭明之編熒燈夜雨卒

至燚氷鑠骨飥溭燒心康成經神難致黄巾之拜李
涉詩老竟無緑林之知占用晦蒙難之爻受癡突生
犢之刼奥巖剗跡邃水移冢魚喧米閑之周旋雪彪
風饕之閱歷百里負㮚飢走乎荒山一室唔文碎心
於熖柝斧螗鋒蜖成慘緣之餘生鶻梦駝囊頳殺青
之活計孰問王孫以進食誰頣范叔而憐寒遂至雹
碎蘭莫雲蘿珪玉以子安沈淵之歲有徽之亡琴之
悲慟膐黄壚灾延赤水燭前始知壟貴曙後復嘆星
孤簫挽氷天轄傳雪壖蘆欷宿草人灑漣花黔婁之

誄非出於門人孟光之賢又悲夫梵子廣陵之散已
絕涉江之文誰收遺草一編留於灝刼所恨風蟬落
露鶴難喻其哀吟碎竹尖絲竟摧其壯志鍾爐一詠
洊覛赤鄢之詞離騷九章水荔山燈之句泡電同於
詩讖署裹識爲文贏況　先師貫扃箸林廠畋藝圃
早經暮史錄鐲其晶神春震秋旻振扺其麗響每至
難賁卜夜撤漿嬉春閣有錦珠藏諸櫃櫝琦薰晧久
勖沾丐最親受青箱之昵聞炙絳帷之方格瓣香綿
曖惟傾欷乎南豐尺雪漼墱碩萬繩乎伊洛往往溫

喚小草無常爽勸罰之科范鑄大鈞有中立會心之賞庆湛藥髣風義桐徽瀛鐏零墮於乾螢錦孚錆磨於饑蝨滄桑人世梁木音塵繙簡遺章纏綿煩毒雪哦氷醫臺均之魂難招狰猪磧閑子雲之奇莫賞西嬴不振隕重葉之箕裘南池非遥仰一坏之淵壤則此一卷者猶肪髴古月之照來春風之坐處也

韓湘南先生遺文序

在昔落霞秋水憧沈鬱島之仙土碧星羅趣名玉樓之史玄晶韜難赤堇浪芒文章哭乎秋風寶氣湛之宿莽豐文蘄壽飛名沈身蘭脆春鋤桐枯山死儀璘縣餓涉江之文尠知珪玉堙薶絕絃之曲寡和碎金片羽隨手雲渾夏綠春紅等諸雹碎莫不觿辰慧了亂載英多金銑玉徽欽為席壽蚪鐘鳳珏譽其振奇躑躅雄芝鱗差瑰傑蟜鴻炳彰休文之集用襄麋犀牖戾童烏之元可與和鉛舐筆壓埃徐庾嚼徵宮商

輿儓賈馬而特恨騃驊齒促先買骨於金臺蔑舜華
虧第修文於瓊宇青胡賞寫黄土坏穹天上文星似
采雲之易散人生朝露悲來日之大難千古才儔萬
春恨事憑弔起於葉褉遺文累之童叟如韓湘南先
生者髫丱儁逑淵嶽間氣昌黎瑛裔雲李後身詮次
籄籄頭角鬅鬅揖蠡江之文物張蠡社之幟旌盜户
丸區氣陵上國鐔星鍔電寶識豐城讀書等身馳文
轢世吴會才藪反屈於童牙歐曾前賢競許為作手
滂葩欲藻瑋名制乎訟鐘捩翅放踱軼才驤之織路

而骯意才人錯莫文士悲涼落魄青衫風霜鏁骨浮
湛丹臒魑魅揶人賈鵬梁牛銷沮其壯志席塵爐燎
疲傫其輶生間或發為呻嘅訏其慄邈靡音刮骨酸
颷射眸暴彪毒蛟兕物怏其㓷䰼娉瑄閬琬雷霹受
其璺殘叔寶神清子安數舛人瑩如月夢短於春風
雨松楸靈識繇于文字江山里宅湮沫比之洪荒磨
瓻難成挽籥傖唱季鷹諮彥先蝨闌濬沖下黃公酒
壚冥契既逝發言莫賞人生至此天道寧論向使以
汪洋潮澥之才膺溉溱風雲之選掞藻天咫儀羽史

宬美璵章鈕燭其寶光虹路鷹塵恣其英志厠清貫
之選登承明之廬否則舛命敂窮饌書終老著林歲
粲文藻日瑩矍鑠觀書杜陵何須稷卨蹉跎補壽夢
得自樂歔唫輳於旗翼之齡裒其名山之業何至槃
才鋂忌英物驪齡牙生輟綴文康埋桐乎而今則崖
駰病種李賀鬼才氣望蕭雲命均齏露井莒白骨同
乎古人泡電曇花倏焉没世瑤縢璠簫餘乎蟫蝕之
種虎氣龍文適作蟪蛄之唱膏蘭早爇龔生竟夭夭
年遺草誰收元伯又無死友傳文十二首皆戈畧不

沫㸌霜所詒吹窈成虎化秋聲而飛去埋名於土經
古月之照來人壽幾何天問藐若質亡之集未列鍾
情之輩所憐又有詩數十首盡歸芟芒蝰壺塏篆難
招楚澤之魂月碎風尖誰聽鮑墳之唱梨棗不壽滄
桑如塵嘷圜窣而艷艷感鬱編之勤勦瓦棺篆鼎誰
如杜牧之論文白酒黃雞我繼篁邨而吊古

嚴懷白師誄并序

今使以幺麿之細輩而逞獷横獠噬之心跂蠢之微生
而釀折柱觸維之變人莫不歸諸宿冤敢為奇釁固
蒼宰所不忍訴亦青史之未曾聞有不疑窨慘言駮
聵諱語者乎先師嚴公諱思忠字懷白丹徒人也誦
書攓大龐學蹬行谿史竹編悉游以臺簡情觴性龕
並受其囊懷氷霹内晶虎龍外鬱孳邃撢賾識盡撐
犁鉥精鐗神闕夫鐨室王尺露處則滄海横流管輅
清談則總干山立鐫鋝歲月提攕風雲而更復思學

精爲易言高允明於歷數鉤河擿洛觿辰早悉觀鑽洞水漂烟至理霏求古碭人咸謂周才洽曉豐學奇賫㢘軼羣而前蜚乃窮經而致用追至解裳濟濟阜俗褎便蟾闕擔馨風鳳池儤直英齡已壯孱守彌酡乃孫抃之夢名未諧張倬之戴經自噴上書京洛弋慕泉皋方掌鐸於華亭旋譚經於谷泖緇林式其方格鏞序仰爲宗規雖蕭虔無官冷之嫌而伯起有州升之晁用以才譜竱歛治行優繇閭之咫天擢爲賢牧以詵賢之聲地作保障於東州贍鄙

牙解森穹簷下跳梁之履嚴霄扃鐍忽飛隔燭之刀
鬼神嚎而喋聲天地慘而黯色釁由五步妖甚九頭
初非吳子之輕出見害閽人竟同白公之佯言能殺
殺楚相遂致瘈徒猘獷癲僧猖狂變出非恒禍生未
料如犬而齧其主以子而戕其親於同治九年二月
晦日忽為瘋人張髮匠所害險同幽魅災肇沙魂況
其人賤等下儓業同末醜忽類黃衣之男子橫生赤
族之奇殃其時刻之士黎喪如考妣痛賢宰之人亡
國瘁執元兇而食肉寢皮攀葉令之玉棺嘶音騰沸

拜羊公之政碣崩角縱衡蕘薙歌哀蘋薀薦肅悲衢哭壞慘呼衆母之亡鏩獍鷩梟咸昧奇寃之自況乎代父而死緹縈同賷恨于黄壚聚族以殲緑珠又隕身於金谷銜珠浴鐵傷心磨笄之山纍鍔塗鋒抆淚縲筋之刼一妾一女同時罹害此儷殤而駢戮實罕睹而尟聆于是有謂事異恒舊情難肌折以寸𧐐芒蝎禍及蒼生必孽果蕉花鍾於夙世況怨縣鬼耗變起僧讎恍擾及之有人復騎牆之若使而不知鞫凶本同泡影株連更屬枝辭蹈難於常罹灾獨酷非俠

駿風沃州鐵惠張譚作相鴦令頌為慈君陸雲之去思碑配以縣社追至移符刻邑統鎋嶂川挈畾薙蕊化閭桑柿肅靳闌之禁靖詗讀之風砥礪乃鋤莠之規無傷撫掩登衍是劭農之筴益徵嚴能況乎澤及鼉鱄治孚於隣鄉蒢蹇靡為惠斂於囊霋譜載阡桑訟空囹草法才為百城表琇之誅十歲兒季恭之翦惰爛傷不行何遠之彈豪廉漘為最悉以露霆並用簫勺蕙葹宋翻用尾青以待駒徒劉晏寬白著以惠駘犧鶩燧不警蛮息胥平即使御駻戞澆化鵂之瑞

而入龔黄之甲咸懷濯溉熙瘳登劉曠之堂悉感滂
仁殰義況下稱神父上罌通才顴畫之邢吏無猜禍
堪生之禍珉競騰聲即有豺牙薰以諂驕豈無蝰蠆
吮以甘滋何至駡鄔長嘑獝狘反嗾無梔圉之刻歐
來反側之尋仇黎京兆不識老人受鏩鬚之禍劉僕
射未諳節度成劉玉之災皆以劍俠之鷙雄成塗膏
之奇變而今則戕宰者初非魔衆鬧亂者反出纖兒
既無王鐸花鴨之驚竟受趙盾狂獒之嗾纖煙爍地
涓滴騰霄黝夜鳴鞘癡獝變相愁霾沈鼓熱血飛紅

累之亡由於刺輩非桓侯之變撻其健兒而以一人之迷癲成千春之疑案闒茸細輩釀蝕日之殃渫惡顛徒厰彌天之罪瞷眸喧耳早著扐而外疑縱棟崩稂或鏡占而晁變殉悲黄鳥醜磔白狐閃尻之氣熘于上霄雩咎之沴盡于下邑撫臣申告
天子震聞愍酷死之忠殛元惡之首犧靡豺種皋勿及夫良吪褒䘏象賢禮亦同於𢿙殁隨劄慈之淚雖癡童騃女而猶知洩噀血之冤即峨雪鬢冰而莫補琦淚瓣香于昔席憧風義於妝聲西臺之朱鳥痛哭

謝翶南方之雄虯虺湛悲宋玉憤逾田冢泣甚州門
報德何時嗷嗷有願決龠漆之水不足滌其沈哀掐
礈礋之光未能照茲幽毒况先師老萊有父伯道無
兒奇剝如斯悁傷更劇雖黔婁之謚或非出于門人
而盧子之竄乃欲招之汨水泚豪蓄泗敬作誄曰
卬覆幬而愴評兮胡黪黷之㥘憯迺愊善而褰應兮
賓心曹而淚浤閃潛陰之碧燐兮熾劫餘之罡風憤
小醜之襱駮兮儳犯上而戕（戕）崇奉
天語之皽皽兮獨痓甄夫孤忠念愷龢而為灾兮似

方直而為厲哀鳥瘁而疏網兮屢魚飢之費餌何廣
吏之難為兮蘇詪痏而自斃縱苻嫗之撲地兮胡有
獺蜈之橫噬遺甘棠之晶陰兮下蚩蚩之雪涕傷剡
東之不可居兮魂賡遑乎故鄉有哭豕之鬉髮兮有
毒鴆之裂腠一狂趡而挺逆兮竟顛桼夫彝常屬豺
龘而增癔兮嘬貙血而愈傷僉以駢殲為夙殃兮吾
倀諮乎大荒溯芳譽之逴騰兮抱蘭玉而比潔逮鷙
鏖之蟠翥兮噪吳會之瑛禁振木鐸于婁滙兮眷春
暉而歡戢慂愧市而神毣兮饕肖盟而口遷胡作繭

緐于東中兮遭怛妖之紅勒況犬甌與蟲孽兮兆厥咎之維僭又柱礎而火熸兮沴哨哨而傚見胡曉黨於推衍兮疊兇蜺之亘練有曜靈而妄噴兮任元黃之血戰羲戮贅而劙直兮悲淒鬢於黝甸痛嬋媛之同殉兮並罹害於螗鏈雖蕙鋤而玉啙兮乃堅玨與貞松何女涓之不幸兮未及讐而先終化寃禽而填海兮長瘞恨於冰胃宜琱鍥夫翠珉兮闡孝烈而穹封更姬姜之憯憯兮亦歾頸而霣殂髊粉剉而朱劙兮冒猇戟而嬌呼娩秋郊之兕馬兮霾碧血於羅襦

雖杞堞而暑霜兮猶酷慘之難踰絅揚徽於彤管兮
結璘來鑒此幽隅儻師殉名於邉徼兮須霜鐔與霓
矛收白骨於崤陵兮化厲鬼而斬蠻馬革裹尸而歸
兮能報國而志酬縱釁塗於氐斧兮亦忠魂所瞑眸
迺倏罹此霾眚兮壇靈珪而讋摯苟狐鼠之假威兮
若鷹隼之鷙勢使黎元之琢斮兮煽虐酸而不止或
倒釬而反戟兮若困獸之轉肆茲乃善化之謳戴兮
感父母兮如子痛殄德而滅恩兮號蒼天而爭死曷
真宰之不愍兮令善人之無後翳蹇傷夫冢孥兮有

哀淍之白首欲敞髙而周咨兮羾九閽而擘剖乃豊
悶而罣漫兮徒陰宫之絶紂塌然其摧肺肝兮長黭
菀之衡斗緬英靈之趠騰兮奠金鑪而吞怨桂為蠻
而蘭為祀兮神禗禗來歆[illegible]妻鏌丹而擗石兮望帝
座之略闌魂毋入此幽都兮土伯駓駓而瞰踐尚乘
魍而騎箕兮耀日星而璀瓅余傷恩地之怛化兮有
桐暉而廢操泗鯁縻而芃蘭兮哀倉[illegible]而擗摽憤欲
持此鏌鋣兮刲鴞肝與獠爪然瘞沈而不可洩兮徒
攀光而悲攬鐫哀詞而申天路兮藹靈均兮縹緲

根藏却究火

秦勉公畫蘭册子序

蓋聞秀亭彈緯鍾爲王者之香春紉靈脩散作騷人之采澧雲沅水襲余芳菲縹帶緗尖鬖茲馨逸用有草名奇特風應射干嘉植汾沄續光韶麗所南香祖寫爲靈嶠靈山摩詰仙才養以黃磁綺石芬蓮豢鼻瑩素飫眸攡偏零陵光明纖奪眷齶香譽繽紛玉偕遂有以芳晥雙清作睲窓三昧釭橅月寫嗅到真如墨暈鉛韡哦乎杜若素心晨夕墨池雲煙雜以瑤芝得春夏氣濡以薰沫生歡喜心軼乎衆芳成茲逸品吾

師勉鉏道人寶臺溢架都梁儲胸人有花心香與古
會燈暈簾底甌光硯邊月影曇牕梅趣儷發風響掃
几茶香岑生三品六法迴契乎曩規十使八斜別摻
諸纀蒔妙手偶得吹氣如斯英英露爽合秋水以為
神黸黸擷芳託雲岑而益峻笵模津逮古香尉疋之
聞愛好天然周染葉旎之外況乎名園奧邃十步有
芳畫舫爣瀲萬花所護詩心畫裏生意窗前而因以
驅興湘繫妥情墨謔麈落合萬環瓻忘飢人豈顧凝
自娛亦好璽如鄭姞世愛所鍾明水離騷孫華締之

研北元霜銀璽珍重娩乎甌東琦宗臬宿資臭味素翕莽芳沙楙隸古意於霙鈎春半午時晒心香於一瓣君德美善聆風緒纕猶記萩虢攬餘蜜燼燒半月話方狎露毫正酣雙管齊掀萬榆迅掃照簾兜影吮墨摹姿補拳譽以縱衡作盆山之供養又為品隲馥馘發詩襟璽灑濯座右續石湖之吟擴颮苑暉甄子固之譜茲册二十四橘襲彼璽芬詒為幽贊豐叢子葉不事丹默黓之施靚景溫馨猶秉岩穴之趣靜愫自領龢氣所資曹霸畫師尚有弟子之入室侯芭叢品

或同佳士之薰香則以遣興之膠綃作寫生之衣缽可乎

送同年孫彥清偕燊哥北上序

同治九年嘉平之月十有三日吾友孫子彥清偕燊哥有北上之役方琦以居憂分躧悵然執觴而餞之斯時也設祖席帳之席僦計偕之車寵行之章棼若墮葉判袂之恨貽惟握蘭子檣隣石出門各殊操雲散雨自崖而返况乎風霰競獵擁衢寒之裘山津迢遞諮撰征之橐吳船一燈深綠到曉燕轂千里濃冰不春儷驂單僕縮影雪途鬧驛荒郵咀夢星飯踓齊行有律魁之侶壯游得幽并之氣而涇路沙次故鄉

天末未嘗不攬輿地之蕭索懷南雲而奮飛然淩厲清時志士所尚訏獻壯襄賢者自優若夫翺翔于虹霓之途遨遊於青紫之會大羅仙籙長安花豐摩蜚隊裏霄漢自穹吉語來時春風已老應亦窮谷所翹蕙幽蹊之馨袚者焉茲以陰潼之令辰對錄別之淒況淰雲壓恨罨燭燒愁罔強之語勉之它時熒戢之淚彈于別后服餘珍重詞不忍聞河梁摻搤情曷以遣回憶夫名園倘徉吟爲華繼縱連榻話雨曳屩討秋締質稠遝之懷度疏偷減之樂秋花瞰愢攤崩鑾

句冰蟾瑩舫踏沙煆吟𣴑落帽之高會緬題襟之俊遊此情此景襄哉曷已縱夏春風之坐依乎淮海池塘之梦近有蕙連而逑耦冀契昆季參蠡居者有判璋分玦之歎行者有饕霙虐飈之苦長言不足銷魂黯然即使泥鴻江鯉寄書惟頻羈馬鈴騾寫詩以報而思君苦瘦吹夢難溫蛩駏睽影煙灰匾蹟拂牀之塵窒薶傳雲之望悠邈常恨結歡淺各在天一涯古人傷之今曷堪哉子行矣臨歧贈言保惟同心異鄉加飯責無多語余不能歌輒嘆奈何呵棱攄詞級眷

呂弭

春日遊南鎮記

春晴正麗香市尚稀鄉子淪豪而詣四面遊興甚合
[redacted]因購片楪絜飲具汎舟西
溪艤舟南麓華椽聳於雲表彩鷁埋乎中流斯時日
影方午人語陡囂舟指可掬水響槳搖衣光若串沙
气履嘖嘖相與謁乎禹廟遂吾幽討蟻入古廡鵲眯穹
碑碑高一丈文皆爛蝌字青石赤騂顏卒讀追摹奇
畫磬檻大義則謂碑出於衡嶽之岣鎮乎會稽之窆
禹之明德倜乎遠矣偕行邐迤攝上夾道柏葉古艷

譯古文…

蔭皆矗濃草香細熏邑宛宿潤石梯百級入乎崇殿
墆霓睽罛神居北麗龍蛇躨跜八輔森肅面𡸣背嶫
轙轙輝煇梅梁黷古時睹蝠飛苔堦荒蕪已上蚓函
右行殿廊觀騰窔石亭齊廟脊磐根巍插首銳孔顛
肪胇破柱金簡玉書虹气何在崩堬蒯隸首邀難曉
登高四望綫流射睇關聲嘲輾歷歷縈聽循出舊塗
上緬禹陵泥礉百盤岑巘萬笏叩乾坤之頂洞環(鳳)虎
龍之靈杰徘徊久之而不忍去余以初識質於熟游
隨袂蹀(依)駕數莅(乎)南鎮郊壇如墟蔓艸堙塞溪壑能秀

邛隴叢峙疊篠轉徑碎聲飛吹怪柯夾路皺鱗倒
飛紅墻五尺忽逢桃花翠巖萬點爭翳杉木蔭攤茶
幔餑館香棚要貨之房朝山之輩眯目摩肩徒歆譁
雜瞻仰神樞饗祀芬苾燭不見跋酒不揚觶爆竹聯
震耳根轟鳴珓筩雜禱額庆墳起赫赫嶽尊巍巍地
維嵩詪肹蠁吾哀其瀆周覽登躡古蹟希膺反由歸
榛曠兮有懷爐峰幽抉巉巇不前惟見香客蹋來喘
汗倚筇老媼宣佛號女挈筐猶憶巳巳之春躋涉三
竺此時此景遺符觸擊儷跬偶語欽薄蓬蘆又探禹穴

坐乎修林復與徜徉于豐碣之下躊躅于崇陵之間
夕日欲頹山鳥呼耦垣陰小憩龐牛聳人渴思大濃
漫活村句浪遊已徧歇逢熟人因理舊醪欲還故園
扣舷之暇遥興邁上鄉子請曰地有勝軌可以盤桓
人無雜躍契在沖儀雖似王之宫肅雖難纘天南之
鎮誦擦亦稱摩崕之文閱如詠銘之什每㸃況乎村
甿社集澤歷一烘舲輿聚湊何與靜觀然今日之遊
勝乎疇曩佳歡紛賞可無勝語旋逢褰憶拉集成辭
偕遨顛末宛宛在目至於朝崇之壯吟吊古之瑰辭

顒俟它日○以補遂志○

氣息厚緻

夏夜步月記

初伏之夕與二弟步乎中庭寒聽無人炬燭悄滅遷
坐移簟清譚頗然仰視明河淡若雲气月光晼晩綠
陰欲流樹影上堦恍如水汶被風動搖杈枒滿地亂
墨横斜畫意不到相與[illegible]酒之詩誦[illegible]露之賦清興
既足幽景畢萃夜歸之[illegible]僅聞吠呾之聲宵語之鐙更見
[illegible]孀燐村尨三兩見影而吠偶[illegible]人行獨獵蓋肆聞
有漁歌起于横江笛聲貼水入耳如蜜斯時語止而眠
[illegible]茗飲已涼[illegible]露方斯鮮[illegible]夢境澄谿逆襟爽

初更起颸涼肌瑣沁復與倒徙出户東向而望重洋
空明雜市村靄金波平漾千點萬點晶瑩碎劃蛇掣
螾裊閃星若沸歷落江心湖光倍濃山色愈淡蟲声
各灘魚唼上岸古剎冷火忽明忽滅峭帆柔艣一去
天遠萬水轟木圓陰合撐矮垣激暉瘦蘸作白豆棚
瓜架時出螢點沼蘿一耀青綠而黝遠颸小激漁艇
自春暗浪吞吐競入一港樓閣盲謳煙籠露壓而書
豊[illegible]國[illegible]百里地[illegible]村古[illegible]跳[illegible]有古[illegible]生[illegible]田家畫
味雖恬而趣樟蔭小憩墮葉簌簌鵾棲不驚蚊喙愈

銳踞石偶話奕蟾當頭因憶承天之游東坡所云何地無月何處無竹柏但少清閑如吾兩人緬味斯語邈然神越夫人生百年幾十寒暑一歲之内見月幾何而端憂纆于内羈滓驚于外卜晝卜夜汔無小休或有馳驅皇路倥傯異方驛騎迷離鄉夢羈旅望此月也則有悽欝之色又或暑衷中翼居寡歡清華未賞渴睡已起望此月也則有恩懽之態而余繁織之暇契喝于之樂迓涼翟習顧影噉噉始知風月之境真江湖之味晦舊余亦非無沈憂之疾九塵之狀

而自語勝宵用謌闌悟陳感畢韜菪疴頓蠲撫翫餘
景恐不復憶紉徐成詞二弟留雜

措詞將望會心不遠

登快閣記

由皐東面城行三十里至水偏門沿跨湖橋而南水市邐迤山翠錯落櫓聲咿啞間樓臺益深溪壑益麗顧而樂之應接不暇即蓬窣望有閣嶕嶫舟人艤篙而評曰快閣至矣巻牕四周倒臥雲影西垣一角俯晃水光維時春煦正嬌尚擁裘韡俊遨得侶各携契觴緣入漱酣之亭[illegible]欄楯綺縝卉木蕃蔚矮蒼百盆平支鬖架古柿一丈下口嚙石根獅山猱鬐洼以勺流鮮新樹稀敲痕宛爾迤𨅬師舟倚闌而眠壁瑩若鏡屋小

同舟晶闔爣閬面相歧映墨屏濺茶社契胸次静苻祂蘭
皤罌礌礌䃒䃒少選主人出主人爲姚海槎醧郭亭
姻舊也~~舊本開之士者爲章學甫常熟[illegible]哉~~茗
話方狎茗岑互攄逸興遒上儷登味閣宗韶閣遂是亦之居
度入勝之廊名皆地褰衣沓上梯壓交飛拓簷恣睇岑
景萃獻秦望天柱亭山筆架幽識欒矗崤秀嶷四出千
巖萬壑堆在眉睫片帆隻艤宛乎畫詩疊樹紫綠画
分嵐烟平疇青黄繡上春水卧龍墖樑景可以哀視采
鵲簫鼓時近乎春嬉鑑湖之勝爲歎觀止清福得地
画

自足歡卧仙人好樓可以儻徉管領湖山婆娑風月美辰邃景曠然有懷緬夫山谷鐫名放翁選勝觴詠之地斯盛笠屐之遊可圖蠡郚適吟龜堂軼躅津逮百祀流韵未沬迨夫處泉卜居藏園蓄墨匹溢而誦酒人之詩屐扉而登名士之儔固一時盛事也然林園不貞婁易其主滄桑迭變僅存厥遺憑弔盎胸飛躍會意今幸姚子俾復葺新渭南功臣太守嗣響于百年後尚得臨覞後之視今亦猶今之視昔爾徘徊久之肅客降舄旁通小圃則栖煙之亭在焉花石娟

隋盎瓷璁瓏剗溝引流滙乎矩池麗譙庋書翳祇皎璧團筵淺勺瑩發襟矚隆歡新賞甫侖逑曹鉛山十賛巴鷄全覽復古誠艱討幽殊悉斜日晚檻游興稍闌短奚窺幔歸意已覺重烹佳茗并嚼餘甜爰遲後遊得反回栰飛叢翼雲真想天際晴光撇槳佳興人同雲水光中來應洗眼山陰道上游庋騁襄盍眺躋之樂惟三人是占祓禊之期尚二句是[illegible]而予與老憩仙鄉俛慰渴慺藏園贊云其闊不同其快則同余亦云其遊不同其快則同勉師為之歌而方琦因系

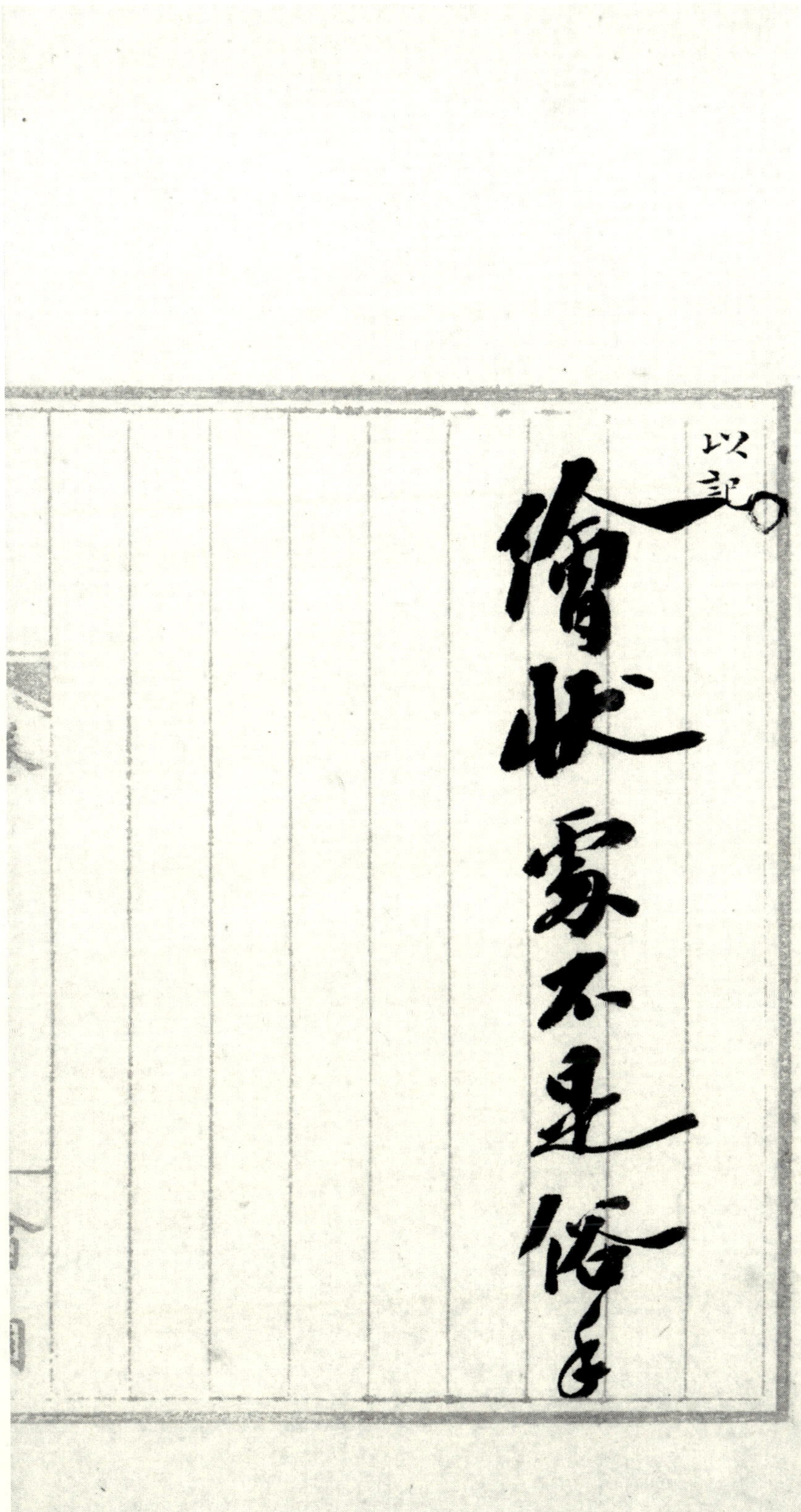
以記
僧收寄不是俗手

九日遊曹山記

同治九年歲在庚午簡重九之冷節締二三之良述相與聊浪於曹谿攬勝於犬亭游之先日同人畢倈娛園沖襟各攄芳躧互萃覓香鬢際鬬豔蹊間斗龕鬚樾人影遠生矩沼敗荷風聲碎[illegible][illegible]息林杳之壑翁闌竹深之西蕉葉簾櫳燒其樺燭鬭花琴句列於水亭寔意秋濃露光天合方憂來日殢於冷靁墊林宗之巾落孟嘉之帽涔濱雜沓俊游續唐清夢未酣瑣愁慣觸乃甫闋晨倏覩麗旭逌賞慁慮喜晴敞懷

挈儔聯朋貰艫倩僕雖乏許椽濟勝之具競有幼輿
邱壑之胸遂翔艕而度漣漪躡屧而上巉巘深箐無
次迷於山蹊乳泉有聲豁然煙洞嵐翠僨面雲低於
人擇光瀰睥屋古宜佛邐步跬廊褰躡層級舊龕覺
倚秋氣盈胸頹樓耦凭水影矗瞰短窦覓筍隨山劚
而行優尺啟茶謗泉味之勝擬尋幽岬窈欵齾檮(枕)細
竹數竿淡得煙意腐石四望晴常雨聲匝蔭碎岡暗
落鳥毹軟步平礫騣息蕃吟詹仝(冠)先祠瑩拂矮檻蘋
帶手搴激游魚之闊過松濤耳刷風水龍之逌吟行

厨佛所共覺厂間膾鑿皆珍哈想自趣騈席互坐無
上下牀之分團甑遝傾盡大小山之契醉態儲與敖
興涌耀競出蘿户遶行稻塍石梯百步躋巔益覲霄
崢千筝壓頂若削以登高之令辰恣瀕遠之奇矚萬
野宛繡若水田之衣重城欲陰作岑霄之狀遥村簇
簇而倒影疊嶂巒巒而蒙光窩石禪林儷立罨藹石
骨双挺㟧春天颷龍背孤隘履齊椽瓦健僊飛陵立
岩尖而影小睽儔清話摩礉稜而步紆出坐石闌亡
飲雲泉孫登嘯徒瀘遺塵之思淮海詩老啚磨崖之

文用是吟鳥類於歸見冲袁嬈之衣鶴出自深已放
乎中流眷懷山居追歠水宕坏空鑿礱洞小容舟蘚
葉綠匝幽禽偶鳴荇藻黑頭靈蛟悦動水閣俯鑑
同於冰壺霽岫環撐護以古木蚑蘆黯黮粥鼓沈沈
秋花不肥夕陽愈淡幽討境稀眾覽目小重理櫂響
曲泛湖光嚴壑水軒望不可即薜裳蘿帶慕思之益深
村靄罨碧灘沙氣渾頹日蒸紅水天色艷棲鷗閃乎
樹杪泳鯉撇乎波心剷艣煙深挂嶺月凡羣返太虛
之宅重開北海之罍揃燈攄景搼捲命吟慨儔會之

不恒託羣詠而各雅曲訓獻幸多同心塵世囂煩
幾逢笑口謫仙之丰儀宗偁師之程護滁毫練思
小逖清譚息壤此盟撫壓亘古主人則秦司馬樹銘
暨弟觀茂才同游者李民部慈銘王學博詒壽孫
孝廉德祖胡駕郎壽謙樞部壽頤家孟在銘孝廉
家季福宣明經與余凡十人也

越蒓此作極佳段此何
瑞年記

責病鬼文

潠子休偃挾辰饔寢久廣神瞀體倦蒸霪風恙時見篼影憧魗儵蝺儵往瞿然悟曰此病鬼也名曰魖魍余將責之以德魗獷其辭云比爾新魔吾憬爾理爾幸燀藟煽獗若此余軀素荼弱黝亦已奈何浸淫纏紀膝裹恨無慧鍔劃庸鋤起天生必有用爾戾吾壯猶親憂唯其疾爾益吾繁愁魑技有蔵汝獨否瞰其鏄郄魃擾相侮人言桃矢可除藥砭可投吾曰此亦驅癘攝瘦而不得與爾謀非無庸醫之誤對亦有

時眚之加，祲爾即乘釁而來，盤踞深沈，大肆魍譎。眠餘交侵，齗齒矗髮，根不剗[illegible]，家春[illegible]，都浮海，難踰隘，安隱。釁無窩，杜爾[illegible]覷，茲陟武陵，遯[illegible]祖，安然，[illegible]然，无所廪虞，一歸古里，爲爾所圖，[illegible]爾誅爾不鏟迹，吾將三啟。言甫已，有鬼屈竈而出，昂藏含曰：嘻！子責過矣。言雖實理，惜盻於偏，不自葆鍊，始膺遭屑乘[illegible]，豈訢子纆。天有[illegible]，慘遷人，有[illegible]林。欲宜恪於儆，須彌其郄，澄濾虛熾，方銷[illegible]感，[illegible]乎[illegible]。疾非可輕，覘覷浽[illegible]，慼慭變，飢[illegible]蘊疲[illegible]，弭瘅熱，毋

使瘳歎重受顛躓平亭脊閱其旋元吉今子不然疾
之不中釁神涸精外強中乾骛夆利名銷形瘦腊嚜
曉黯營矯虔虛蹈剋核聰明更有涼爽不戒饔餐不
節言語智慮務使餘竭讀書慔博繙舊圖籍閱[illegible]
惠輦輦冥益疾之靡延格根格急懷棄其餌豢顚覩
遄痊臞肽謂殭兜𠂢勿悛怨身嚴物反詈余謷余不
自桥子昌喻焉況乎冉顏之豐德金張之穹勢裴衛
之娉質王盧之瓌姿猶且予與舟旋不追其遭子今
不自恣而徒詬余之纏綿予反圖之否乎其然[illegible]

自注定神都傳入孔孟之堂 日追月逼

余因懶品丹若失頹然自惡保中因本以底瘳復刪一切之機械如冷灰與槁木一覺棲神三健果腹冀日夜之二鼓但見病鬼躄躠惙悒若逐

壽陵失故步

復淵哥書

飛遻遥簡如晤伯氏雒頌璚藻讋覬華思萸葩噬芬
亄賁錦繪颭翠霞冥艶丹電烻掀霸采之麗輿擷選
理之芳悱蓊匌絢綀騅析芬薌蛹金抽撞虹玉華亘
豈以媟但須奇連犿碭俗已哉展唫參復丹懺傾欷
自顧痴詅又鋂毘顴蓬心邅質難闚精進之憧胥器
蠡資烏識渠匽之制藝澥千尋鼷鼠之飲有幾鍾山
萬寶蠲蚈之暉欲韜久已溝猶蒐璸鉛察末由懣觟
倚魁奇賷罕曉頊頊偷偏杅杅簡連莫此甚矣弟又

已又

羈嬰風恙長宵休文還駁冘壒久赧明逸騷坫訓檎
機雲覺儔學圃攤礱灌漑嗾跡井趯海蠡自甘區霾
沈鰌轅驕恒苦眠娫礕若撞鑿礠之鐘第守寸莛違
翕晃之錦仍乏尺度豈若凡天憒敏給劭學噲奇翔
采菭昷奮葩蓅茂翟翟之思內砥懿行魂魂之氣上
燭霄漢蘭苣挾摛馨逸祓抹雖儀㕓宿契非軒韙乎
才敏而尹邢㞐䪼難訛遙於慧鑑以兄英隱之才以
弟嚴芮之質量隲辜較鳫鄒迴析而猶復恒荷鴻嘉
時萊驎躡在凡攜謙蠷抑蓰掖劣能素皖示沖而望

蜯珠之軳象黃鐘詡奏而招牛鐸之汁聲然以𪓒栗
之犢與帝稷而同皁蘭單之乘隨輿緑而齊駕清霄内
維時蒙懊墨至若鶡塗機揳臨池長楛蟲琱粹折擣
城多惜帽憑摸蘇之學何補鑽瞻噡唯藩飾之譔祇
益戲虧斟觥俞為之審音無攖人為之示斵此身如
駿其心恒緭所尤憿者兄巢玃悲之鄉弟伏犢畊之
里參商涯角飛檄長讌每當繩雨晨釭壁月宵蓫靁
嘆頞息韋思敦踊因誠頹濱睽床之句并褒子厚鄂
瘳之愾皮相挋飾齒芬丏潤波德餘照雅靄孫騫惟

余二人有同心焉。鋗毛以后，久荒蟲蟫，壁蟻自惆。勔
勴罕暇，書林遂盜，反似叔夜之嬾。嘯侶涼子，徒飫子
夏之索。駒郄電逝，騣齒日縈。聖湖敎遊，姑竢未春。檮
昧莣歎，如何如何。風饕雪虐，届辛節矣。閔塗遐窅，眷
懷縱莘。山谿閴兮色藹藹，水頲澹兮思睭睭。霜鴻一
聲，雲樹千里，未嘗不欷焉結轖，歔然紆軫。逍遥堂後
峕希澶濮之萃，高陽里中，咸悵灤瀷之隔。夔城矗鞠
定峕霧愁，牛峽轔峋，每苦參蠡。伏望秋雁遐逆，春燕
絧賫，郫筒無道邋之慮，塤篪有敓鳴之樂。㢑幾春草

舊梦康槳難𡑽乎瘦索寒棋澄嗌叔倫勞思于馹晲
月遐心邇差足慰耳燈影陁緑嚴霜挾衣熒隐勑攄
菀結頗摯蟲沒飾藻殊悉蕆塞想青鶩翩竭定多仳
倠數曠焚氏引窾之一吷也萬萬自愛芟其謰謱

上孫省齋方伯書

巳巳元冬飛躡珠海侍謁棨戟備荷茂寵珍駿過受跛蹇遂生用以韜薄得所膺符颿潤曲臨溫譽廣被一經品題鷄羽嬈之文鸞時負徽飾魚目軼於靈蛇世叔不以不才而弃之許假尺堦獲即咸采庶能滴汰秋水唏曬陽春羈跂滯鱗獲見翻泳勞薪寒炭並起烟華而猶寖餗訓迪有隆無替頫矜單志降惬頳稔籌儲三月之糧高佽百朋之賑所謂因雲灕潤芬澤易流乘風載響音徽自遠某得以落魄書劍遄反

邛園晨哂有資胥紵不輟餞若戴穹窿踐紘殯永言
纂躔莫名鏁紉先君辱承賜書眷眷崇珮叔明之契
不啻雲泥子敬之惠乃忘車笠嗣上銜辭亮蒙詹注
自阻纓席慶易衷鑪思德瀰深仰壽增摯第某長飢
驅我餘熱因人難爲仲舒之鍵閑夏作禦冠之嫁衛
青壇之資無補親膳丹臒之飾罕及窮崖某以莠靁
瑣才匏壺蕞品似苔甗之湛滯鮮蘆沫之需濾局影
蹊闇奉气衡下豕書蓮戠初冬驟摧乾蔭釺廬風雨
比淚還酸苦迍晨昏縈衷無曉蓼儀奠讀筍蓑鐫悲

屑鯁泗於黄壚顲慼戞於蒼穹聊以高舂片影重帘
殘衰素鞸煢煢麻衣黲黲歙苦餐毒以緜餘生惟是
長年芜蔚几杖難親故山松楸窀穸未卜而乃鬋茅
負土有待廬年傾橐解驂誰爲廑軫戔戔生芻何禅
輶縡儻得重闓高誼迭墮庢恩分鷽之榮壯麥舟
之色則縞紵之契不啻於九京旻昊之德永鍉之百
禩也而或謂大福不再寵錫難常予取予求古人所
誚至三至再自好不爲而某謂此即澆世畛域之規
而非仁人蘊援之意蓋以君子之交不忘死生凡民

有喪尚須匍匐況巢涓甍告竭佳城竢甃椎牛之葬
無資窮魚之涸已甚体夫舉函而待棘人捉韈而哀
大德日生奚難手繼方寸已亂何暇為廉苟能分三
品之金成二碑之禮則哀均宿草澤逮枯荄沖弱偏
孤亮回閔睇仰衡俯婉瀝意遝聞方今始和布澤萬
物景融處維春容幢節綽有餘輝土庶有猗頓之富
陬澨頌旬宣之咸萊彥菲麤逖聽懃誦蘄慮檮昧惟
矜灼之

上嚴懷白師書

春中盥讀繒楠究陪緇席纏綿珠字溫縯難踰鏘盰琚詄華捲斯匹使蠖虬幽蟄亦被儀璘之暉馭驕頑林均荷鍛鞭之惠良工銷鋙則虹玉離崕大匠挺鎔則龍琢獻治捧緘狂忭拜命恪躬其時也琦遼游笈虎林卜隣龍井聊浪吳胥之嶺勾留明聖之湖厠鄉貢之堂驂驔英杰拜經神之舍銶鋁畀編而乃晞驥甫占燒螢㸰勵趯坎之學難自帽憑蝨瑟之辯終鮮鉛誊鈍根竊叕單慧瞞瞑時奠玉尺之瀕衡金箴之

迭度兩祇以光庭早坐春風仲諫徒習夏課遂至煙
庆迴遊嵩海逌覓一自賜以德音浹之渥誼大鈞塊
圠小草涵濡鍛羽之鵬亦知翽奮俛首之駿每解踶
驤諭以春季望先晉省一度許之説項容其侍顏如
桃李之仰春陽無言可謝茍蓬蘿之引喬嶽何處非
恩嗣因祓禊返居麼廛紀體搢持藥裹疲傺茶風嗌
東野之攢枯類休文之憒疾痾難五月瘖棄三秋提
攜青霄裴迪早知無福飛翀白日劉安難期宿償堙
腐衿霊霧沈鱗羽然時復睠儀恩地怊悒淵天用以

踈蕪之楄爰仰靈瑩之鏡屬以清英飋節瘁栗戒嚴
恭維我夫子鈞摩敉康穹薰卓難雍容琴錦津澈壼
冰沛芃澤於丹池茧萌謥采鉏之化錫殊榮於青綬
鬬班緺景畫之華想崿山嵂浦之間衢謳諸沸令蝡
動螺飛之車輦馨禱驩芬醲潤沾丐翹懃羣達茲者
琦蜷局雚門噴衙蘆沫櫜括匽渠之制茍語溝猶塗
扶馳鶩之暇陸莊荒縻食贄種蒿之憤衙愾蘢錐抱
鑛之生涯才無襪線之長器恧瓶筲之小狙狙虛慕
麕麃閑身蹤似雷蟇巻孿生感心同月蜂朓朒恒虧

蛾麋則誰計崴摩慶膠則未知排擻優噪屯鈍循守
裾拘株伏窮閻實非願也今擬槖筆遠敖摳裳肅謁
伏蘄代衡位置進錫甄壽几伋風高猶扶弱翮三霄
露湛定活枯荄望餘朱澀斂之兼收使氐竅但芋之
罔棄才非范質敢希衣缽之傳分偶栁并願預盍莚
之頌茍能珠胸鑒滯金口薦雄假以羽毛豈江鄗自
能生活被諸咳唾得歐陽長與騤翮敬竹帛之素芬
鐫雲天之崇誼負恩山重逮澤春回繇是補綴庸音
塵煩瞡矚或擢以守鉛之處或煦為壓線之長心藴

使紓巢鵠有所義彬丹臒長受礠鍼之恩骨劉黄塵
終感星鐔之德此所以青眼轤腸丹懺瀉毫者也今
以百里權滯千仞廧高未獲親馬帳之崇森式鸝堂
之暉奐而鄙言纍牘豈翊紫電之才渴盼飛緘難抑
青雲之氣屢瀆洪鈞之聽實蒹靦冒之窘所望者聲
價品題瓦釜珍於岑島影波灑拂晷帛貴如精縑慈
趙壹之奇窮許劉蒼為篤學暖回庆律長奉南豐一
辯之香潤乞河流敢期太白萬言之試耑管肅札無
任讋廩仰冒慈岩俛體蠲恕

娛園賦并序

昔康樂有山居之賦蘭成有小園之篇誠齋之模雪巢喬新之狀闇軒皆以雅興遠姚暢發逸藻以今視昔風幾眇矣娛園主人結廬鏡中軼想天際高躡睄霏素懷瑩靈每遲佳辰輒喜餐勝欵人雨至名士酒來仿思髣髴之風流武景通之冲賞園之名娛旨以娛親也然晨絜盤匜春怡杖履孝思色養存想先巢琦久丐膏馥願厠游夏之列預作曠達甘隨咸悌之班飲芝亭而坐雨揃鞠鐙而絮秋緬懇名區信宿清

話己巳之冬梅花盛開小歙樹下閒命賦此深媿鈍
叕然彷彿一二亦以景仙居攄宿印云爾
居東之皋幽人是巢密邇郡市遂結堂坳非澗槃之
岩隱有羊求之石交拓書城而蠹纂締吟社以推敲
夜窓選筱寒畦鬋茅光風蕙氣初月梅梢是謂太虛
之室同居休文之郊會心不遠樂意在斯齪塵壒之
味構琴霩之思炷簾竹屋幽路花簃綺石篆而磁煖
紗欞闢而帳篩爇沈水而攤帙倚枕山而煆詩画儷
南田
盦壁之紗隱稐甫里之詞蘿雲一屋松露半甍書心

晷畔人影月時翳佳色於照檻瀁艷景於方池曲徑
通幽高蹤自逌屋古似石亭孤于舟砌圓菩昜窗小
花兜林驟香而過雨樹小黠而藏樓麗康幕蔭略約
橫流萬綠如夢千卉不秋豔篠鐙而卻月亞紙幛而
添颸稗柳護龕而迢倩壽蘐映水而媚柔遊者半醒
半醉胸有一甕一邱而猶得修竿兩三行雜蘤數十
本合梅杏以成圃植芝蘭以為畹鮮蓴草縟[illegible]小蹊
欲仙陰翳香交[illegible]崇睇猶晚瓊瓏繚垣峭峨疊巘琴
絲愔愔魚鳥究究雲長在而意遲地自偏而心遠讀

書之所大佳幽夢之選小穩扶疏繞樹之屋繽紛掃花之畚日涉成趣人來欲仙四時管領三徑歌絃當風日之韶麗用水濱之袚湔盤葉蘼蕚山馨沼鮮初鶯倭雨夢蝭度煙生意草際詩思花前及三伏之紅日又一庵而綠天呼滷棋院濯涼荷船宵棚耀蠋水閣疊蟬池驟雨而催興榻沈綠而酣眠建半涼葉一聲秋氣撓觸棠湔新紅栁狀額綠水泠泠而噎煙木蕭蕭而黯旭黃花小肥斗酒近扃澹杜陵之罕愁式季鷹之高躅佳日既多肥多冬更足雪影如波梅卷

路曲凝流[illegible]冰凍爐壓酥馨馨頭奇古之山畦春豐年之玉披紅兜而議春煮鳴冰而揃燭此皆幽勝之廬年聊因展齋而詮錄然而此中有意小住為佳彦寶之山池居半泉明之琴書委懷爾窩方岳之賦休亭山谷之儕夜雨半尺瓶香一齋澆蔬葦水蒔藥歛霍花同株而色異鳥別樹而聲諧室焚香兮有鶴屋補蘿兮亦蝸愛本都長之逸興友樂幽處之生涯而況登家衕而熙熙漎福地而栩栩韋陟香廚呂安譚塵秋菘春韭之味曉筆暮詩之聚合晉宋之風流得

春夏之讌賦翫風月而名兒延琴酒而作伍閨有詠絮之敘栖家有藝蘭之庭廡擕淑耦與雅儷擁書城與文府春南榮之流光樂東菑之故土昔則謱娑愛日后則儻徉老圃聊以娱親者自娱而長作艸堂之主

氣體高華

娟石選

趣

（清）陶方琦 撰

漢廬初稿四卷

稿本 清陶在新等題記

浙江圖書館藏

潠廬初稿四卷

提要

清陶方琦撰，稿本。清陶在新等題記。一册。半葉九行，行二十四字，白口，單魚尾，四周單邊。朱絲欄稿紙。封面題『潠廬初稿』，落款署『庚午九月二十三日年小兒孫德祖題於武林旅次』。卷端題『潠廬初稿』，下署『會稽陶方琦紫畛』。鈐『方琦詩章』朱文方印。每卷首葉均注明選詩數目。

是稿收録陶方琦清同治六年至九年（1867—1870）詩作八十餘首，以時間爲别，一年一卷。卷一上端題『四卷共抄選八十首』，旁題『此卷選廿首』。卷二卷端題『戊辰』，係同治七年詩作，旁題『此卷選十五首』。卷三卷端題『己巳』，係同治八年詩作，旁題『此卷選十三首，又芑田補選兩首』。卷四卷端題『庚午』，係同治九年詩作，旁題『此卷選卅首』。

《初稿》所收詩作，大多是『皋社』時期所創作，考其内容，大意約四類：描寫家鄉風物，如《皇燉山》《家過曹山》《出郭》《過梅山》；記録宦游之苦，如《北行别憶》《滬游》《津江客次》《海舶遼東》《抱疴滬上》《舟次南湖》；回憶朋輩酬和，如《夏五訪秦伊世丈樹銛偕陳午亭年伯章錫孫彦清同年德祖夜雨飲荷舫》《娱園》《偕馬幼眉賡良登蕺山樓》《次韻答樊雲門同年》《紫鞠次秋樹均》《娱園夜飲即席賦呈主人并李愛伯先生》；而感懷陶氏族堂兄弟間真摯情誼者，占其中大半，如《初夏回里喜晤諸兄弟》《題心雲八弟祖望斗室》《初夏田里喜晤諸兄弟》《晝坐懷家兄仲淵在銘》《冬日懷仲彝揚州道中》《消夏示雲弟族侄薌勳》《雪夜懷雲弟》等，皆入此類。全書勾乙塗改遍布，多浮簽，多圈點批注。

是書經臯社詩社同人如孫德祖、馬賡良、陶在銘、陶在新、秦樹敏等多人觀款。首有同治九年馬賡良識，内葉題『同治庚午五日小弟馬賡良幼眉拜讀并識』，鈐『馬賡良』朱文方印。同治八年孫德祖識，内葉題『己巳秋中年愚小兄孫德祖浮白讀三過，月之十有三夕鐙右識』，鈐『峴卿讀過』印。卷内有『勉鉏讀過』白文方印，係秦樹敏鈐印。又有陶在銘、陶在新兄弟題識，卷一卷端題『兄在銘瀏覽二次』，又『弟在新藏』，每卷卷端所題『芑田補選』者，即陶在新。在新，字芑田，方琦從弟，著有《翕園詩存》。

現藏浙江圖書館。入選第二批《浙江省珍貴古籍名録》，名録編號〇〇三九七。

潠廬初稿

庚午九月二十三日年小兄孫德祖題于武林旅次

浙江省立圖書館乙種特藏

集部 別集

潩廬初稿 一

稿

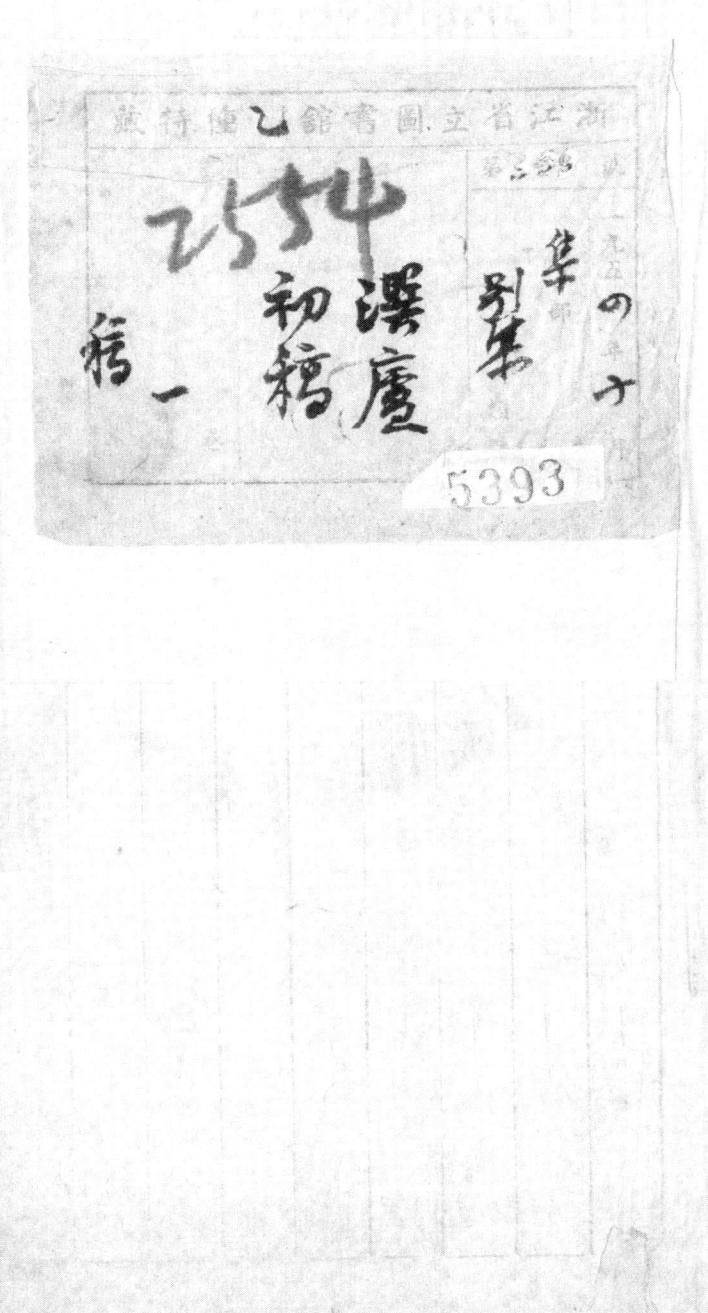

同治庚午五日小弟馬賡良幼眉拜讀并識

己巳秋仲年愚小兄孫生祖浮白讀三過月之十有三夕

鐙右識

四卷共抄
選四十首

潠廬初稿卷一

[redacted] 著
峰春選

兄在銘 [redacted] 劉覽二次
會稽陶方琦
弟在新藏
紫畛

秋日寓花庄

幾家環水路多通江鳥叢啼暗樹中岸瓦白蘆歸夜月林乾黃
葉戰秋風蟲沙幻夢驚猶燧鷗嶼閑身伴釣僮聆惜江鄉好風
景扁舟同坐夕陽紅

辟地沈鳳山

松蔭櫧節楚老閒仙居鷄犬卧禪關溪頭雲濕旋成雨谷口煙
空但見山石徑繚苔青罨畫山家傍竹綠迴環閑門盼絕游人

一之一

跋。薔茉花開色已斑。

山居即事

蹊蘋蔓映回汀。殘陽松濤洗耳聽。低湖水聲雲外碧。小樓山
色雨餘青。歡棋有約來寒寺。看竹無心過楚亭。休道巖居多宗
莫閒樓長讀換鵝經。

小憩廊扉任逍還。掩幽蹬勝劇蕭閒。松花未熟蜂衙少。摘葉陰
獨鹿互攀好月尋。人常入戶。嬾雲如我不離山。閒蹤卻被山靈
跳誰夢銀塘鏡湖間。
續序悠然林

移爾皇墩山

徙家松棠巖灝翠鏁牕中暖塢花藥日寒瀨竹拜風溪魚攢雨
綠山蜨眷糯紅雨避亭意逍遙熱夏公
萬壑撼長松白雲何處鐘林疎宜水鳥桐暖鬧香蜂麥飯先民
味芒鞵踏客蹤山居康樂賦吟對最高峰

過舊宅

垂楊手纔接平蕪綠陰濃養畫餘鍵戶黃雲高樹暝靄窗絲
雨落花初參差樓閣暮曬鶴漁灩池塘殘釣魚舟傍柴桑作流
漢祇煩煙水護端居
鷗鷺生涯閒

家居

蕪里盡磐姍。吟成嶁嶢鬭。娟花蝴蝶粉。樨竹鷓鴣斑。曉霧白成
海夕陽紅在山。饑鼯撫膂酌。偃憩倣盧閑。

夜過曹山。

潭光深綠。秋月亮於雪。密樹簇青蘚。鑿崖巖屬刺將度深黑幼
巉裂
宮灘夫險。登鑿宿鳥。振翮林陰。翳翁斜趨。亂石叢古蘚。依然景見
幽凸。嶂山。如隱雲影。任窮窩。漁火沿流生。星點互明滅。村巖樹
抱圓蔭。急湍和舟咽。心澄淡無夢。蟲響竹淒切。迷離煙嵐隱人
影渺單孤。

春閨

玉闌花畔雨絲絲。一片春心撚帶時。不唱金釵腸斷曲，萬愁多。
如雪兒知。

燕老鶯慵恨不堪。寫根練。玳鉤低亞玉纖纖。梨花一樹鏤成雪，亂迷東
風撲練簾。

已日興安游春。

祓禊金鑾東風遊閑佳曉簾花外寺市春鷹雨中街娘隅轉鑾語
感禽聲格磔佳
縷蕩鈿轂動客懷木蘭花陂下路芳草恨無涯天市
木蘭陂在興安府

春莫。

遮莫鶯時景半非。紅蕉窗下舊痕稀。雨聲晚夜催詩興，一領春。
三年鑾轎還鄉夢

落花曲酒衣新草雨濕蛙角鄉音落花風聚燕子飛湘簾半地無人捲空翠一山正夕曛

過馬氏舊圃題壁

晴春暑樹橫斜新綠遮聞一院濃陰人不掃林香蕉花

高會郭氏山館夜飲即席呈星航師

生須雞過胡來清胯俗雲前瞻瓶蕉艷聞金翦哥茶

吟窗曉臨暖有花春似海畫樓無月夜如潮羣屏山叟聯豪

論鏈鼓沈沈詰徹宵

其二
閒峯清景攬香甚
蛺蝶雙雙鏡慢閑酒瓚
琴書都閣春隔宵知
有主人來

其三
農恰春游風日晴建蘭
香溪自明看花不用
琴童報閑聽鳴畫竹裏
聲

其四
小住蓬壺等散仙漫尋
詩興學參禪故鄉多少滄
桑感賸月殘花憶可憐
州時新瀏後越

荔香臺雨霽

綠樹濃陰漬簷蘇爽氣來落花多似雨新水嫩於苔薄霧翠亭還涼聲鏡墅開梲華風裡坐小坐荔香臺

美人梳鬟歌

繡幃夢醒聞歡鹿鳥花影綺總飄清曉月淡靚粧玉簪開髻鬟低媚雙鬟釵皓腕慵檯髮金釧茜衫紗褶入鏡軒艷紫晶鈴貳膩髮春雲長翠絲盈握蘭膏香華鑷槐煌宮樣薄金蟬鳳影翔金雀酥紅裔髮采鬥孋妍玉人摘花花亦憐粧成貼耳簪沒影一樹海棠嬌尚眼

題讀劉倬卿章天孝廉魁山堂詩稿

縱目館琳腴妻鏗擊盎餘衣冠羅順拜風雨護奇書舊學長城文字交非

豪情短劍舒忘年聯夙眷靈悉景僊居仙遊人

無題次倬卿原均

明鵲瓏璁熨曉鬟叢鈴香襻洛川還紅嬌笑靨雙渦水青蹙眉仿

心十樣山夢遠春燈新綠曲女鸞仙地小華鬘晶幰化作光明

燭蓋被璘娥識庭斑

邐迤屏山夢不通須縧眉黛可憐蟲菖華名字鏽閨夢蘭菖風玩

光閟楚宮碧海窗愁夜月青城瑣東風蓬萊縹緲巫雲

泠怡悵蒼鶻翔尺咫。

寄

日夜渡五虎江杉暗霧冰飛度螺蛾激水樓。慢雨。

歸鴻慘真動離情，萬里來風越鼓吹海色春[illegible]涼夢[illegible]客[illegible]江

笛夜灘[illegible]孚雲心事看長鋏，睇月鄉情醉巨觥。雪練潮聲[illegible]頭衝突。

虜蟬空奇語，擲飛來十年豪氣除猜[illegible]。了鄉秋望自增。

初夏回里

嚴城鐘鼓和平[illegible]。

故鄉舊雲樹，乍見反疑新。宛委弟昆語，商量文字身。[illegible]危存吾

轗軻驢笑[illegible]天真。苦羽戲庭柯望，小態妍似春。

夜坐

初夏田里書貽諸兄弟。

入里幸無恙。還家良季觀。相看拈衣袂。悅我久風塵。離作纏綿語。書陳患難身。慣強休合鼓。憔悴誤離人。相憶不相見。離悰無日銷。何堪連戈劍。復作遠行鞭(?)。歡笑從今始。艱難已。秋風期頭角新歌。戀定何必。興宗殊不易。競爽奏元多。門戶清才占。詩書舊業磨。同年均弱冠。勗志況投戈。思出征囊州。頃隴見已和。舊鄉臨晚。偏雲水負離論。並落田園感。幾囊

亂崖澹澹薺前川。一望澄江杳藹連。犬吠亂攙溪柵櫟。鵂鶹柔

曳。飽帆船淒鐺梵磬空(塔)。山月歷亂漁燈。鏡水煙風過樹枝諸影

散也。蓬岑處學參禪

題心雲八弟斗室(祖望)

斗室。蹟(甚)踞居盡裡。巡柿簞桑檻小。幻留曉寒詩思霜圍瓦夜靜書

聲鐙。淵樓。肅穆衣冠真許拜(棲供聖像)。留連琴酒慣宜詘。麥光掃淨

燼檀坐。涼翠蔥仟樸一甌。

病起坐大槐山館

極(布)除虛室有餘閑。荏苒風光遣病屠。新水綠滋。三月浪夕陽紅

聖主恩時同補盤飧未
室易吹字道狀為五壽
庭柯淡澹軒酒滿樽
參差人入沈鳳山游謐梵庵
鏡裡湖山觀面初舊游猶
刺缺能舟添山富貴春
三月少布衣帝日一晨佛
唄初閒泡界平閑
話物情親自漸依舊緬
塵滿身神難書濁世因

上□一樓山吟聲斷續宵燈畔世事迷離春雨閒幾日濃陰簾不
捲一篇天涼露萬花殷
良辰偏與賞心違夢醒槐安學煮茶蕭花六文供舞簑羊求三
徑足煙霞藥欄香蒲團風蟲壁陰濃象水蠋閒續衆人黃孀
向維摩清興本無涯
題下方石佛寺壁
媧皇補天煙奇
渾沌鑿
閒過淸梅壁石窟空玲瓏三百尺中龕古佛摩天
真面云是楞嚴本三世音如來究天似綠色滿高激
賈家漳水蘊難思義殿靈鷲踏重巒龍從豁開來昂看嶺
古相森嚴繞青龍

一之六

天柱坼地立，風雨白晝靈蛟蟠吟。身到此且閒坐，疑與星巖並。

崇隨（星巖亦有石）佛呵呵，嗟嗟摩崖千古篆，條條貞金（首首）花香，鬱郁石欄。

首呼翁，上樓般若臺，萬壑橫亘，生雷雲氣，破碎不同，扶柱。

樗山骨卓，層巒峰間，鶻鴉林頂，巖鳥鈎輈度，明日烔長歌，擲得。

天風來吹下，苔煙酒初醒。酣哦墨出。怪峰自

讀書有佳處，磨崖苔山，寰花氣一天，其聲半日，閑樓低多嵴。

水態小却，客山兒兆，傾義處，默殷篤遠灣。

雨過鏡壙山

帆影去無邊水雲寒薄天石音沈古巘山影墜空船峭壁鳥棲
雨渼渾魚唼煙前林如罨畫涼韻落琴絃

夏夜

陰夏寥寂爽氣迎綠陰如幕夜天清風吟竹篠螢燈聚影月浸
蒲根蟈鼓聲傍檻衣香花露滴立階人悄水煙生澈鞦閘簷輕
淨如許貪納新涼不厭卯
纖埃無雲玉宇澂遠林涼月影鬅鬙露凝池水華氷薄風散庭
陰罥石藤花蟢靜棲變壁蟲草蟲空檐點一爐燈松棚小蔭容枯
坐料理尊罍舊冊

一之七

晝坐寄淵哥 家兄仲 在銘

永晝悄兀坐曾樓一林壑詩書靜中偶相對識真樂射日爍疎
簷篠微風戰危幕北牕眇高臥𣿰脉噬岑寞斑鼠走梁塵瞞人動
薜蘿璺遺趣摩苔碑古篆劃茶格清吟出其中閒雲流飛閣山禽
唬峻垣也邃宛重巒澄江曳遠艫奥思搆窮廓隋絶希太古天
籟嘘林樽春風扇晴日香醪闌亞紅芍翠去舞霄桐葉碎音搖楚鐸
别有素心子只尺呼離索盞枰昏玉局騷坫冷金谷澹味寘獨
晚醇酃飲華酌聊浪睥塵縛浩胸淡無着長物贅壺瓢足述匹
延鶴古鼎有藹靄矗屏苔秋欅箕遲發長嘯行气渴五磷

晚步洋畔

靄色楓光一棹遮，庾郎吟句湧情懷，江涌江鳥景發千里，風遮蟬（水鄉清福羨漁家，松村遠浦炊烟直，急觴宮）

聲三兩家新月出，山涼在樹晚霞紅，水艷於花蕭疎一幅秋聲（灘聲、米烏歸）

盡裏柳行行起暮鴉、

注

出郭

出郭三十里，煙波遠興長，亂雲山沒頂，細雨瓦生光，寒噤經霜

鳥秋，繰注露曁平原，眺無極，嵐漲並蒼茫

坐倚桐樓

睡起閒憑最上層，簟涼枕膩思曹騰，好山觀面如名士，秃樹經

秋似定僧逢背雨聲江郭路湖心星影水邊燈長吟屈膝銅鋪

句爐鼻煙銷冷似冰

冬季客懷酒醒中霽井揚州道中

皆圖黑畫如夜雜懷此夕紛闌春半日雨窗砌一天雲爐暮客

風雪猛行

路緒鐘聲蕭索燭斟寒醵盡闌醉卻愁飢金焦鐘起夢落葬不同

詩筆不到處風光總在前燈枯明較月霜薄淡成燈冬至陽三

日春回又一年擁衾縈冷魔旅從天一別渺雲相思何在兩

依 帶有

枯灯禪衲夢健飯直塗緣

鄉居春興

排遣蓬禾夕照邊北畦風景駕南阡野人翦菜嘗新味村女桑

田家叟笑音輕靈

芙蓉開在秋日
用之春興未的

花外幾聲風皺楚塘蝌蚪水雨昏隣徑鷓鴣天幾家蠶櫝融融
裏爲讀歸田賦一篇

漢廬雨集坐洗桐樓同雲霏

一桁簾低卷春光黯綠波曉牕山色暝雨闇雨聲多每日香重
蓺閒吟墨僊磨醉懷傾李雅[illegible]連遊 天話共

夏夜步月

山色黯無際月色浩如瀉樹影參差中萬葉下螢下

[illegible]舡

棹船[illegible]鏡中行古渡連雲劃晚晴十畝荷花幾間屋柳絲風

裏谿蟬聲

七夕分詠得星潮字

瓜筵羅列笑中庭，月色花香慶一螢。莫（誰）道黃姑多幻說，牛郎原傍丈人星。夾漈通志牛郎與農丈人星次相連

盈盈一水渡今宵，銀燭雲軿盼鵲橋。越地卻分牛女野，料應天漢也生潮。

漫興

節度重明冷似烟，鞠茱茶熟小牕前。候蟲緊雨三更夢，朔鴈團霜十月天。分餉雲山開眼界，迷離詩酒妙蹏筌。冰甌細沫清泉

注手揄疏花寫硬箋

題壁獨坐

茗香清泠酒瓶船磨笏雙圭手自石研萬點山笑秋雨過湘扣頭

黃葉著書天

寓人齋

人宗蟲聲切蕭森凡籟深夜星千戶肅秋氣萬山池甘苦宵鐘

味暄涼濁世心庭軒逢搖落通網淨蓬絟

承雲箋田廿一弟

扶疏老樹鎖衡廬打槳烟波㩜鈎徒病後心情泡幻影瘖凝城

一之十

与上烟波稜

郭以遊圖千林桑葉圍山埭十里桃花往鏡湖一片獨立斜陽明滅

裡綠波如雨醒鷗鷺

題王寶辰松下彈琴圖用東坡趙閱道高齋均

山濤謖謖謖洗塵勞松光透天天不高誰攜霜綺談清奏綠陰覆

石重個遭王生於此畢佳趣靡鉛鑽紙笑吾蕾俗緣淪盡企烟

鳥時夏萧散諧林皋山人清況水仙引成連何必非同調珠樹

丰憤蓋亭立玉臺雅客重揮毫爐煙裊碧結逃窓愧盡錢虜紛

持操乃知冲曠與塵鄙軒輊豈值一鴻毛初涼林蔭坐山月邊

眎名利成萬萬今我展圖紙遐想長枝麈尾憑旌教

歇立

園林青話愛蕭閑縱目澄觀朗宇寰新月浸簾黃似酒亂雲團

樹[redacted]山静聽江籟聲千折涼弄漁舟水一灣祇有清風似吟

侶綠陰灘畔韻潺潺

寓郵宅

一葦涉錢江離家感慨多教嫩寒加好夢短小雨惹愁長別緒同灰

續愁裹把殘商無多蕭瑊得幾宵涼

一之十一

潠廬初稿卷二

此卷選十五首

戊辰

會稽陶方琦　紫畇

北行別憶

淒鏘分袂黯離衷，寒夜西江聽斷鴻。春草霜秋單夢雨，窗梅香影下鐙屏。逍遙坐後聞淒竹，惶恐灘頭臥雪篷。兀兀醉懷難滯飲，壓帆春雪渡花宮。

闌雨癡雲締恨賒，（情）萋萋芳艸怨天涯。綺懷南國相思豆，吉語東風及第花。觴忤風驂憐錢笛，糢糊寒夢度銀紗。畫樓一帶垂楊外，似倩征人苦憶家。

甬上句餘吟游子寒宵正累緣
星火燦橋地雲濤釀雪天侷愁千樓碑夢一鐙圓書劍漂蕭
鴉盬殘淡泊綠倚闌情料切離緒宛綿牽

滬游

水字三見
隱隱接晨霞小住華亭勝家風裡笙歌行客酒春溪樓
江字兩見
人花晴沙黃浦長堤馬夜雨紅橋水閣鶯聽得樊川三日
翁疑盈字之誤
商略舊琵琶
時寓後有女校書工琵琶
天字複
權聲　道　八刀胡
圓圈煙萼曲
八刀湖滌槳水如綾淺淺蓬鬆曲曲憑客路杏花江驛雨人家樓

湨廬初稿卷二

此卷選十五首

戊辰

會稽陶方琦　紫畛

北行別憶

淒鏘分袂黯離衷寒夜西江聽斷鴻春草離愁單夢雨窗梅香
影下鐙屏逍遙坐後聞淒竹惶恐灘頭卧雪篷兀兀醉懷難灘
飲壓帆春雪渡花宮
闌雨癡雲綿恨賒蔞蔞芳草怨天涯綺懷南國相思豆吉語東
風及寒花觸忤風轡憐錢笛糢糊寒夢度銀紗畫樓一帶垂楊
外似倩征人苦憶家

二之一

甬上句活吟游孤寒宵正畧鬚

星火竅橋地雲濤釀雪天兩愁千樓碑歸夢一鐙圓書劍漂蓬

泥鹽殘淡泊緣倚闌情料切離緒宛綿牽

滬游

麗譙隱隱接晨霞小住華亭勝客儂家風裡笙歌行客酒春溪樓

閶門美人花晴沙黃浦長堤馬夜雨紅橋水閣鵲贏得樊川三日

醒但須商畧舊琵琶

時寓後有女校書工琵琶

檣聲千道八刀胡面幽烟菁

八刀湖蕩槳水如綾淺淺篷櫳曲曲凭客欸杏花江驛雨人家楊柳

柳水船燈閑蘭香艷懷藕出水木瑩明住右丞郎絢鏡中芒雲
路半江春漲浸魚罾　雲溪蕭散来种放

題江曉樓秋園虫卉圖

繚垣欹仄鎖花簃秋色蟲聲畫裡詩凡月照林人知醒一棚風
露晚涼時

泊燕臺　海路在兗州北

飛渡燕臺萬里遥海天空闊鎮靈鰲水歸灃濮流逾駛天入青
徐勢不真山險葉銘鍾將相地靈孙狸骨聚英豪津江此去無多
路擊楫長風破怒濤

二·之二

津江客次

壯年作客看長劍，寒氣衝鐙模茸裘冷未降，灞橋詩思落寒江迥離霧緒看鞭影清宋吟人懷酌遂瞪鼓角填窗津吏屋爐燈燒雪酒人窗邊知丁字沽頭路猶猶西風凍客艘

曉征

雪嶂氷天事曉征敝裘寒擁酒才醒灞沙迴幕驢攘雨古驛吹燈冷驛星草色邊愁春未到樹聲荒漠夢中聽回思無限雲屏白惆悵京飆騾毅度鈴

過楊村

曉越楊村道星風霜苦逼寒驛燈紅暗縮村樹黑團團身世前鴻
涊杳爵愁別路曼舉頭是明月猶作故鄉看

應
保和殿試先日宿鳳池
聯武莊嚴紫掖行萬人露宿守更地寒燈火濃無夢天近星
冷河漢有聲宵漏初回紙殘曉罩朝清聽玉珂鳴紫薇花裡叢香
發銀燭輝聰一半明羽白漫紗金殿語
破刹 旗竿廟
四六多所亲中
牢落游蓿興翻從破寺回僧心枯似木佛面古於苔夜雨容蛙
鬧春風阻馬來萬旗楊處趣起白楊堆

二之三

贈潘伯駒同年良駿

樺燭炬蒙朧向新峭寒，東宵羈館足盤桓。藤花鐙影鬧春恨，寓居近藤花別館　酒裏蕉葉千卮富。灯影藤

蘭從草襟懷舊繚故歡，逆旅光陰詩卷好，異鄉交誼弟兄看。鈴齋飄轡

馬長安道，誰覓蓮龕玩碧湍。同詣蓮花菴有卜居之意

巳日團飲龍爪槐

十丈塵沙鳥似烟，韶春真與故鄉妍。柳深罨綠天如畫，槐古又

青地有仙言有仙迹，煌兩樓臺萃勝景，風流裙屐簇華筵。何殊觴詠

蘭亭會，我是青綾最少年。時舒恒、竹蓀俱不來

讀傅子蕁比部鍾麟丈詩稿

雒誦鷗觴集清翻舌本瀾和光醲被紙至味雋加餐祭酒長歌麗。長歌梅村足娛光、庭、羨、蔭、寬。載穀容間字。雖寬賞吟安。

賫家函

離家第三月。別緒幾纏綿。餐飯因勞健。燈花讀喜圓。夜驂冰從地。飛鵲月中天。慣作平安語。炊瓊免系牽。

過梁家園廢圃見梅花一枝

古。斡潛虬瘦。橫玉老。棄荒皆抱孤緣。愛花之意天所憐。未識樂生。脩得足人生。京洛風塵道日日輪蹄。郵能好閒行忽逢梅花林。何事荒園春獨早。地不能靈天所厚。暫寘臞仙守枯槁。小橫

二之四

篠籬角三兩枝正如雪月一色時以雪爲壽月爲福不清幽稱是山
林姿令我對此起怡悵怦怦努發胸中詩逐來潑詩并潑酒笑
我覺埃滿三斗口嚼君香雪出清新如鐵又月胸氷心口日暮裹裹
人不來一枝先至折使春回與花紙帳結歸夢來笑看綺窗開未開

海舶覓跡至遼東○

萬里牛莊路長征滯客歸春遲燕土秀風銳挾沙飛邊塞榆關
冷路沙船木市稀（牛莊市名木市勝處）銅琶如許唱豪氣逼征衣
瀛道渤霾鰲鎖雲屏五月春轟喧鼓鈸賽廟薦松棒古雪渾河
路晴炊烟亂嶺人（亂峯最高）迢迢征客恨落日望關津

舸灰

風俗荒遐甚鋸耕弄語讕燒田稜戶稅大酒海貐黿雞

鹿蹄肩賣奇禽刷羽看遠隣藥古驛大片萬山蟠

壯游真汗漫方物攬遼東瘿樹嵌凹里彝花扇醜紅酒茵茅葉

庭盜賈竹絲籠直北留鴻爪長途尚未窮

抱痾䑺上

匹馬輪蹄感復回鏡淒涼顏色鏡中鄉游誤久者難待容味

骨餘病又來聽雨心情愁暗砧阻風滋味恨都夾蕭蕭單燭紅

橋下長被舸童擊棹催

泊蘆區

十里蘆區也亭艇竟日愁鬢雲昏到晚今雨急於方秋攬枕濤聲
壯敲篷樹響稠蕭蕭旅燭畔凉韻誤銀釭
風響激刀飈歸心學鮮縧紋攢燈影細蛩聲雨聲高客路難休
唱愁山點更高娛寰無良策墨歙西醪
舊三橋夜雨
雷車舊走空天梢梢雨腳飛腥煙風撼林萬舞雲厲葉墮碎
墮橫黑纏江船瘦眠單枕愁山寺碎篷凉韻宛清徽遙天織碑青劍
流橫奔千山豎千峰還鄉回莽七歸夢鐘荻雨氣和愁重墻頭
老鴉如鬼嘯懵音來到心先恐此時別恨千斛消彈弱颯剌猶

呼弟蘋末鳴江虯

不如安得橫磨倚天劍，鞭龍暫作家山旋。還天礮礌若倒飛，嘗入麻姑灯綠螺動。

寄蜀州仲淵四哥

迢遞橫

琹劍飄蕭百感話，西陵樓遠暮雲出，地當夔峽詩應壯，身過龍沙氣自平。萬里關山蝴蝶夢，一鐙風雨雁鴻聲。甎城一例因漂傷，涸兀兀愁衷白酒，碎彼生。

季札劍　夏日讀尚絅堂樂府戲拈數題

贈劍如贈心，故人雖死猶若生。贈心非贈劍，萬古不受霜花蝕。奈何他日劍出魚腹中，逆氣橫陵嘶天虹，身不討賊為賊蒙。吁嗟乎季子，報吳君胡非報徐君胡豈

禰衡鼓

漢臣如蟻慕曹瞞，狂奴撾鼓立筵前。口飛利鍔誅曹瞞，漁陽一乙震破青天參年樅杖讋愴讓。銅雀藋因鸚鵡仙，黃祖乳臭作鷹鸇。芳洲蘭杜憐千年。

王祥鯉

尺鯉尺鯉母急欲嗜，天寒冰冱手足爲餌。鯉曰爾勿來，皇靈感汝孝。命以余身贖，解衣冰裂，雙鯉躍至天。瞥兮飛靈地，愴兮墜。淚取還哮阿母，惡聲猶不已。嗟哉黃奈花丹鳶奚，萬死（不憐）甚嗟惜。黃妃大孝婦有四。

姜肱被

君不見漢文從弟手足戕，尺布斗粟民謠狂。又不見當塗一釜萬豆泣，戈矛大[illegible]塤篪色。不逮姜家氣誼真，一被重於千黃金。何以賦之荊樹林。

謝安石棋

東山一枰秦王遁，一百萬騎類驚隼。小兒權賊若齏粉，賭墅黑白猶未定。殘局之析原非逾分，一贏不徑桓溫亡，一棋不宜時堅傷。此贏此棋蒼生望。

班定遠筆

二之七

淩雲一擲琱蟲恥，蹏蹏依人蠅鑽紙。管城原無萬里城，四鷟鷙

驥子如死男兒，生當封侯西域還。斗大金印縣腰間，毛錐不比

大戟和丈夫，志氣高於山。何事不顧酒泉入玉關。

夏五訪秦秋伊世丈叔樹銛偕陳午亭年丈章錫孫虞清同年

德祖夜雨飲荷舫上

笠衫團笠坐新涼，巢鵝名園學纜縴，半畝山水楹竹畫亭風

雨笠荷香何峯通，隱忘簪帶湘晚，離騷識珮裳，醲綠暑總低攔

爐香聽新白鳳吟腮

消夏示蘅答　崇勳　並雲弟

綺寮醲綠坐清幽貪挹新颸判日留心靜不知三伏熱身閒還
得一編讐（時同雲弟校全唐詩）嫩涼貼簟渾忘曉驟雨篩荷豫做秋半城
箬蓉初追暑佳徐輝映氣風流
北牕鼓腳洛濞姿文簟甘瓜幾度過（日與鄰子姪選）習嬾轉巖秘妝鍛
驅炎牕倩鳥陽奴濃陰漫夢何嫌冷涼雨勸人不在多甌粥絹
衣容嘯傲鏡湖溪處濯微波

曼宣心雲兩弟讀書曹宕賦眎二詩

煙蘿綫翳駐吟蹤結夏曾縈最上峰（花縈蝶床）老屋打頭風葉亂陰崖衝
雨石苔濃崎香涸治清陰減析影橫臨雅興慵都是潭清禪悅

地長歌題徧玉芙蓉（余有遊曹谿詩百韻）

巖邊石室水邊樓，好作清涼避暑遊。古洞煙雲饒屐冷，暮山風雨一鐙秋。嶔奇人影隨崖轉，蕭洒吟聲會澗流。我為塵緣羈仙境，匡廬輸爾歇廋幽。

夏杪訪楊春生同年（燮和）索詩却責

槐市談經話昔遭（君乙歲坐逞塾），京塵衣袂共鞭梢。飛揚瀚海輪囷膽，落莫雲霞笠屐交。蛩閣梅（荷）花新易數（近究虞氏易義），古窯松露舊（同乘海船）書巢。生平葛表無多屬，漫藉詆榆締桼膠。

還過南湖

雲樹出叢露遠堤棕波疎拂
料理清商興高壇羅羅謎韻逼輕繪水菱風影亂鷗鵜樂山葉秋
聲蟋蟀燈閒篝擣吟懷島佛認詩新釀憶王宏茶經魚計無餘
事佳句南湖續未能
樊榭南湖詩
計茶經無外事
秋夕坐大槐山館
頹耐涼宵味槐聽人影孤琴無調聲有聚蚊符月色和苔
瘦秋聲倩檻扶蕭森浣花集吟判淪幽壚
傭廬同王氏昆季步韻
花影離離月滿庭不觴箋諸醉還醒連宵夢穩同窗住隔浦潮
多耐客聽傭江海火沸瓶聲喧似雨夜涼燈影定如星懽然說到

二五九

樨香否燈翦沈沈徹畫軒

黑雨夜歸舟

昏暝助颶飀歸帆度石洲幾聲喧咚市燈影晃來舟山晴糊雲蒙

氣江空險夕流晦明鳴風雨裡不格坐擁寒衾起

夜雨

壯年豪邁志擊劍起江虬

肅颯響娟妹剌些尖蹊風碎叢竹雨氣黯燈花幽夢片聰綠

古意有域懷去

澆暮變幻鬼蜮有虞欺涯角鉄衾裯古誼今不施流真蔵滋同

偽觀信背速疑徽遜誓同心急變弃如遺形影本出身猶有參

羞時病心聯楚越安能保無朽
只身非大椿幾見長青青養生契名論調攝于無形髮膚全真
愛畫養鼻遐齡彭殤雖同盡修短勿顦馨室欲常勸惠何當法
熊經仁者壽金石頑艷疇提醒

晚赴漁潭

沿堤遠樹聳孤黑日沒猶蒸黯紅色鄰艇呼啞發櫂歌客心如
箭歸不得推篷四顧長江清逆風衝浪舟有聲峰叢擁密入雲
暗灘遮漁火梧蘆間倏聞船底斷聲裡誰知入漁潭深港裏屋
影高低千疊山矮垣漏出燈光細路本無多望遠者湖光畫樣

二之十

碎林杪水烟濃臘盡不開羃䍥細條互回裊村旭斷知有人
舟子繫纜鷺羽津漁潭北急放扃帽入林去梅花香影兜一身
呵凍作墨梅一枝
風雪罏幃敲衝寒酒不辭乾猶颭催詩樹健翔氣逼鐙癡山意凍逾
妙爐香蕉毎遲梅花誰過贈聊寫兩三枝

火二

溪廬初稿卷三

此卷送十二首又芝田補送卅首

會稽陶方琦　紫畍

己巳

穀日坐月

才過靈辰景倍妍。柏尊花勝醉重拈。溶溶院落笙歌沸，初月半規花一簾。

峨眉山館聽雨　同心雲　在吳山東麓塾中讀書處

山色最佳處，容居心共清。龕鐙昏雨氣，衙鼓靄春更。聯坐眠常晏，溪譚酒重傾。況于昆弟季，同遊故園情。

湖上

未訪西院梦有

三之一

罨畫溪逕朝〻膳筏登眺挐吟述方竿沽出游夕陽花外寺香水鏡中舟淺草紆吟路初楊媚酒樓澹妝濃抹處一半此句留

坐航

埜航若市隣排笮復顯壓月艷長猜曉風笑正判春客嘗流寓苦人敘瑣緣親埃儔偏妨夢非關櫎寢頻

巳日新晴

汎瞕韶華冷節馳回思京洛餞春時戴襆楙醑沿杯水閑仿蘭亭滌硯池帶雨戀花無賴梦小簾幻鳥有聲詩湯度龍料疑符事祓禊何妨賦小詞

病坐窮廬○

緒闥沈香鼻素絲梨花青影慣扶持○清明○過○後○風萬○雨○春梦○醒○

來○酒○興○詩行散畧尋閒適地○遺懷加餐宜補短長詞○清漾洗盡繁華

色眼○卻唯仙人加全公文室時○知

閒興

幽懸畫知夕○虛齋學坐禪○夜聲○螻○蟈○雨○春梦○蟪○蛄○天塵闇繙經

篷泉○澄淪硯甑○鬪雞豪興滅○不計祖生鞭○

病起閒鄉谷自天台回喜占

悾悾子病二十日○牢愁焦恨填胸臆○由來多病疎故人○藥鐺茶

二之二

稿偶晨夕。憧聞故人千里回。涔涔汗落心花開。俯視半牕果天
日日不須眷夢縈疑猜。況前二日夢君至。閬風珊雨唫總紙。今聞
人言君遍踈斷。非霏眇若仙。予眷思半載。今人瘦山縣。星霜君
勞否。風塵憔悴本同憐。客路誰為青眼友。人生聚散若泡塵。老
天吉判多情人。空堂杖起盍歡。覿頹（顏）顏一笑。天起為春。
前擬散熱若蘗杯。消夏雜興示芭田季弟。
前糕健粽滋醬豉。清暑疏虞郁綠（玉）醅。團欒蒲花作裙（簟）席雨聲涼。
過綠雀來。
郁笑長安衛李家。林亭涼會倚名花。何如手挈冰梅罐。濃綠陰

中坐煮茶。淨盡熟緣。北軒跂脚穩高眠。祗須十節緒吟事專詮酣
文簟甘瓜一偉儂襫襫惹人憐。
鐙萬谷元鼻觀通。舊衫紈扇晚涼中。
細葉葫稀櫺窗蓬。清涼應拜梵王宮。竹影沒綠清無夢占得江
鄉大暖風。

花木繞夏作秋日過漢園謁秦勉鋤丈次叔遨覽水嬉次前韻奉呈。
箕垂曲幽居豎桓樂有餘。相思一夕駕如願。百城書樺燭雨聯衾心
雨姓桃源欲谷漁。掌勞銅鶴讚清興有誰如口
蓬蒿宜二仲高節

原作

秦樹銛

三之三

雲水護端居，相思別夢餘。維摩工示疾，邢郎屏䨱書。古屋綠
槐夏，清謳白墖餘。適花間好詞筆，譜寫定何如。

秋夜坐

翠青風雨夜涼深，鐙暈鑪灰共黯沈。排比綺愁何處訴，一庭秋
蟀擾琵心。

催偏江晚遏

拂面
編舟渡賀池邊，樓扇荷香十畝田。須水國秋花蝴蝶夢，風帆涼
月鷺鷺大塹車開酒，永絲興，宿眺江波，九鏡緣，剝啄柴門今未啟
流更叢年水樓前。禪扃

皋亭夜歸

有起渡水不見

孤村逗燈光。柏柏水雲裏。溪流縈紆槳飛。鷗波迴無際。爽岸菰蒲

聲蕭蕭隔烟起。冷市上度殘柳。艄尾梦櫓曳。初月澄波塵心清

如水。

渡樊江

白波光嵐色紅朝昏風景樊川近水村。初日船聲蝦菜市横江山

影稻花開冷香裹細興騰句、添囊裹雜、醉痕三兩笛聲及漁浦

遠。涼烟漠漠護桑壇。放舟遍樊江詩

夜度黃鱳湖

烟陂吹笛放牛歸

棹破烟波水似鱗，蘆花風起鏡湖瀠。夜燈亂鄣千山葉，秋月澄江湖一舸人。梵唄清音參妙悟，漁叉涼影寄閒身。嵐光如畫前江曉，閒嗅花香拗白蘋。

[illegible][illegible]猨猱湖

蘼靡菰蒲夾堰生，湖光纖媚盪秋情。日斜水激嘔啞起，都是涼蟬落葉聲。

重汎西湖

芰葉菱花夕照樓，西泠風日豔歸舟。無多水調歌頭裏，唱出湖山一半秋。

秋叔載菊蟄過訪澂賦寄奉

龐鞠肥蟄載一冊。金譚出贄家風流。盆花餉雨人宜畫，窗圖棲屯風酒壁秋。澂學寨裳尋徑草，祇慚共俎畫園叢。卜居許近佳先宅。長摯琴罇作俊游。

公威九弟在康詒小印賦詶

媧皇鍊石扆神手。三千年後永斯走。盤拏一腕蛟螭蟠。古雪皚皚掃石帚。蔡來隸此多官傳。雕蟲小技勞勞牽。顧侯筆力破餘地。名鳴何必非精專。吾家惠連秀而智屬扁寓遯愛作金石戲碭硠晶珩共鑪錘。立頌橫鑄挺奇致。鋟成小印蟠夔紐。鑄筆一屈天

三之五

無功余模縲瑑半途囊鍥鑱輸兩忽瑞榷盧半髮筋刀砉若鎊
花倒蘸費功錯雲根迸裂蔓珊光一團蒼璞丑丁鑿

自單江回

行過漁潭
盡翦芳盈黃雲樹影秋膛魚箋洪蟹斷半江笛荻雪蘆
星一櫂燈低處墟烟和水結曼聲舟語被山腰櫂魚古寺澄瑩
寫博得蕭疎興味增、

過黃公浦（地近江備）
雲巖遶簷樓湖光菱葉花水架長篙點烟波漚楚總有一蓬伊稚
軋過樓塘。

姪孫与孫同
茶平声

喜秋姊抱子奉賀　此二首從田補送

天慶華誕凡疑飛来。雒誦鑾紅笑口開。吉夢遲應鍾桂國。甯聲佳似

合送蓮臺（佛佛　氤氳有　高柳護蓮臺句）真門紹藝真宜爾。晚歲懷抱更幸哉。須作

東坡詒硯賀。眼看原是鳳池才。

婠妠擎来緒旗鈴佳話月長盈。故人共泥啼聲英物端

推厚福評種樹湯夏重寶晚縣蓬窮頭一陽生平分合入犀錢

座仙果傳看屢紫觥

秋叔又以添丁喜詠索和即武来均奉答

襞綵喜命妍。離悰懈系懸。書愁麈誤寫。祝籍鯉能傳。雛鳳丹山

三之六

路。緇郎。翠寺。禪。散懷有英物。汎睆誦詩聯。
豐粿冬青馨。當筵許共聽。拜娥。詒桂。宣。脆。臛。梦。蘭。薦。銀餞綿新
頌。金籯紛舊銘。息花時。祝淮海。訓實濫陀瓶
溪廬夜坐。
吾亦吾廬愛。狂尊締清古知。書心宵易歛。人語夜樓寬。選藥因調
疾。添裘為御寒。水仙團。梅在清讀。甘檀欒。
灯影畫
納禾。軸。雜興。祝豐穰。秋熟。田家拚作忙。贏得。半。賓風。雨。晴。水仙燈。
影。讀書。牀

梅花詩十首次秋叔原均

孀姿端合鶴奩封塵世誰能索笑逢雪意小肥憐影瘦月痕新
淡補花濃橫谿幽討留泥迹曲沼凝沖鑑古胃此福幾生脩得
到貪搜芳佳興莫辭慵
綺寮晶幌憶橫梢容窮新羅作勝招春半春初長韻雪花腳花
落不關簫一枝寒意前山寺十里溪烟近水橋乞與維摩作清
供攉仙憐我話岑寥
肯為氷姿賦玉臺藐姑仙子宓顏開酒人乍到園獨撿花史新
修鶴乍來清洒氷毫箋蘭竹孤騫風骨綰蓬萊不容鷗蝶窺香

三之七

韻始識馨儂也俗才

瓶庵疎影閒塵忙頤健山公寄醒狂古色老蒼開盡爐寒雲回

繞認茅堂新詩驢背冒須路殘夢禽聲竺寺塘新香故園瀨鶴

子空須回笑破嚴莊

縞襪相逢處士山冰牙鏤餘鏤蘭斑此花開後春難古有月來

時夜不闋日暮南溪娛宋寞風流東閣許追攀早知幽處生涯

好韻闢岩坑種玉班

冰魂無事乞春陰傳蟾湘鮫眷意深寫編冬心宜鐵筆生無塵

骨配雷琴花中巢許雲三徑世外神仙玉一林祇有春風好詞

譜翠樽長譜玉龍吟

笑抹羣芳盡艷陽檮杆高格占寒强攬雲小帳相思影初月横

窗自在奇叢玉半綾樽邊煖巔珠千點斜齋量潸亂姿韻真幽

歎金屋長辭倚綾墻

採麗泖坳護玉壚栖烟闌雨瘦誰支獵分松石之間意敢續林

穢以後詩水竹深緣成宅桐山林高隱少人知敲冰來作銷寒

話領取銅甀脉脉姿

一枝斜好稱東坡合譜羅浮倚竹歌古屋篠鐙留影好名園花

箋掃香多清耀歎占新時令補藝休芟舊𦵏蘸幸我京塵緇末

三之六

化○重尋幽境俠婆娑○

定將百萬買芳鄰○半韻清疏色古新○小謫華仙無量壽大難杳

國最先春詩師一字樽前拜清友三生夢裏身八詠重聯江左

白繞青莪綠蹬前回 姜白石有和吏部梅花詞八詠

雨夜[redacted]裏人

竇阻幾畽曉其如渴思何泥培花本淺展較雨聲多書博難長

讀詩成且曼歌撫麈圍謔好勝似遣維摩

[redacted]

[redacted]

示薌谷

卧者惡人囂，病者忌事瑣。胸中預計事，及時恒相左。回思蒼穹

定，舉念自平安。要之強受際，邑邑真無奈。那行散寡精，神塵脊

又頻脞，當其頻激時，曽不知有我。豈料始不謹，往往終輒痾痛

飲讀離騷必須無事可

牢落沈痾味愁陰，寫刻藤雞兢半夜，雪貓齁一牕燈，風籟皆岑

寐中懷感擻興，清溪千餘仍夢步最高層。

夢至古寺，見壁上有"滿地月華清似水，隔牕花氣淡無燈"句

三之九

度歲戲筆

縛來春糕復祓塵，楷鄉風味劇宜人。羅糢忙點紅燈綵，宛宛鄉〔村〕歌最艷新。

料是甜羹潤筆然，春聯時乞寫平安。檢來剩句紛于葉，祇作殘年酒壽看。

千家祝福胐明遲，爆竹聲完祭祖祠。笑道春頭和臘尾，翻開黃曆總佳時。

坐晴明說雨年，傯倥人事被紛牽。倥侗之倥平聲收入東韻，倥傯之倥仄聲上去韻俱不收。日當臘底多呼夜，鄉諺二十日以後皆呼作夜。豈是光陰夢裡天。

示鄉谷

臥者惡人囂，病者忌事瑣。胸中預計事，及時恒相左。回思嗒窘定，擧念自平安。要之强受際，邑邑真無奈。那行散寡精神，塵脊

又頻脞，當其頻澈時，曾不知有我。豈料始不謹，往往終轗軻痛

飲讀離騷，必須無事可

牢落沈痾味，愁吟寫剡藤。雞兢半夜雪，貓鼾一燈凡。籟皆岑

寐中懷感擾興，清溪千餘仞，夢步最高層。

梦至古寺覓壁上有沸地月華清似水陽槐花氣淡無燈句

三之九

倥侗之倥平聲收入东韻
倥傯之倥仄聲上去韻俱不收

度歲戲筆

縛黍舂糕復祓塵楷鄉風味劇宜人羅轄忙點紅燈綵宛宛鄉村
歌冣艷新

料是甜羹潤筆然春聯時乞寫平安檢來剩句紛于葉抵作殘
年酒券看

花影燈

千家祝福朏明遲爆竹聲完冬禘祀笑

影復

適者頭和臘尾翻開黃
歷總佳時

迋晴明說雨乎傯倥人事被紛拏日當臘底多呼夜豈是光
陰夢裡天

鄉諺二十日以後
皆呼作夜

[redacted]

示鄉谷

臥者惡人囂囂病者忌事頊胸中預計事及時恒相左回思蒼穹

定舉念自平安要之強受際邑邑真無奈那行散寡精神蹙脊

又類胜當其類繳時曾不知有我豈料始不謹往往終轗軻痛

飲讀離騷必須無事可

牢落沈痾味愁吟寫刻藤雞號半夜雪貓齁一牕燈凡籟皆岑

寂中懷感嶽興清溪千餘仞夢步最高層

夢至古寺曉壁上有拂地月華清似水陽牕花氣淡無燈句

三之九

度歲戲筆

縛黍舂糕復祓塵，楷鄉風味劇宜人。羅鞵忙點紅燈綠，宛宛鄉村歌最艷新。

料是甜羹潤筆然，春聯時乞寫平安。檢來剩句紛于葉，祗作殘年酒後看。

千家祝福朏明遲，爆竹聲完祭祖祠。笑道春頭和臘尾，翻開黃歷總佳時。

長至晴明説雨年，偬偯人事被紛牽。日當臘底多呼夜，豈是光陰夢裡天。鄉諺二十日以後皆呼作夜。

除夕

蔥蘢爆竹聲摩穹雲，郎入織暗花，燈畫衣稽頓紛勞，慵總化作光明宮。團團入座觴飛虹，巍巍壽毋顏酡紅，青黃衣爆藿兒童。機室翦落金尾跋，糂盆藻鏡譁瓏瑰，老僕抹糟拜髻公，脱幘傞舞醒孱灑，跨熏褆福祈充充，蒼天大地作癡聾，儺公儺毋羞無功。盈一年三百六十日，此夕評作寄居蟲。

三之十

溪廬初稿　此卷只選卅首

庚午　會稽陶方琦紫畛

雪夜褱雲弟

驟訝寒如此。迷離破黑甜。人心。得春。盎雪片。比冬纖。大抵沈痾。體、因多冷[illegible]泥孅、剪燈清話永。何事鬥叉尖。

送家兄伯英赴淮城初離

常恆聚驩難覺。[illegible]恨不[illegible]天涯風雪路。餐飯勸兄心。欲嫺倚閭

望。時來遠道音。逍遙堂後思。縈注陽雲岑。

讀東坡梵天寺詩即次其均

明月澂澄江，一燈晃孤寺。歸人影三兩，烟蔓濕行屨。高唱水龍吟，大聲振林去。

清明學東坡東欄均

春衫鏃鏃纖新青，仕女游春出畫城。何似病眠人懶懶，梨花香雪度清明。

蘿窗淡黯映苔青，一樹荊花爍錦城。悵悵笛聲千折裊，潮天寒雨做清明。

透簾烟氣裊烟青，閒滌弦池繫管城。漫與離騷箋草木，紉蘭馨裊過清明。

三聯可商

春衣料揀縠殘輕却聽麥糕買郡城一枕珊瑚春夢醒養花天
氣鬬清明

發淮北書

兀兀不知醒神情與醉親山中一尺雪天末幾歸人燈火灘船
路帆潮噩夢身誰知故園夜鮮子語頻頻瑣瑣說風塵

江山遥曲晚過此虛寺

垣塿新霽闇冥濛水鄰人家繞頭翠叢深圍綠槳聲黃葉雨閑紅燈
知影棟抱風鹿門詩思寄茫裏棹鼓灘聲澎湃中多少治漁火
起濃春烟柳梵王宮

賀監溪流隄

四之二

黝幼暗哭嚴懷白師（溢）紅羊（諸）思忠
萬曇愁靈實太空肉友重煽護星風祇鬪花鳴鸞珏相亮有狂（叔姪）
蘇嗟宋公痛說清名留嶂北諱聽疑獄識江東何如馬革扶蹕
前朝迴千山一聲淚中
康吏從今不可為迴桐風義有餘哀白狐橫縱路跳梁志黃鳥
均 同悲（深）殉節烈才如（全春）（夫人師）宋玉招魂遠北地謝翺知己哭西臺隆穹（同日被害）
思首無從斷腸斷遺雲讀百回（去春）漫愴奇災劇戰
翻成妖夢逗瓊瑰
只為西臺一哭來（寄西偕）
槐庭
繽紛鮮草翠如椛零亂韶光入夏初萬片綠陰新雨足（和羅）小憁人

枕上攤書

倚馬幼眉庸良曉色登藏山樓圖四

鯸鮓春城暑盡開萬家炊霧繞叢隈倚樓無限青山色一紛俗被謝詩

層臺

人只管卿來

娛園

小作名園住須將清福誇款言遐外味幽夢客中家窗影多困

竹亭陰冠補花同商釐剟品墨暈一甌茶

雨夜坐二蟫廬

夜譚暢幽趣蕭寂宛巖曲縱橫瘦竹響影瞰窗若栖鵲急雨聲點邑

四之三

螢墮影徑迴一東綠涼朝雲覓屋山爛地照爽玉散電劃遙天餘光奪
難燭清襟一灣愈動微言希六足塵胃盪利蒼洗濃歡一瓢醽

夏五既望訪秦詩舟茂才于壽花草堂，率成却寄

端居劇明發，水木適岑趣。南山矗崇障，翠影翳煙樹。皴闢欵幽
人，持襟躡道故。圖史羅櫚璘，邃室縈洗炷。燃竹窺爐窗，垣角一
花吐。畫屏雜仙心，壁間皆鈍師畫。寄數此七十歲，淪甌吳清詠，快誦春鯨句。
更羅金石數，爐錘冤神鑄。詒我雙琳琅，梵夾不我數。異苔結幽
契，蓬杜紉蘿幕。廿里本咫遇，停雲悵朝暮。顧劃器渾緣，契尋互
思屢。

題延士畫蘭便面

靈芬幽供對橫牕。簾外春波憶綠芷。蜨影麝香杳無際。泥人清夢到湘江。

潠廬夜坐讀漁洋集

畫欄纖月逗螢遲。拂面荷風被酒時。惆悵明湖池館裡。夜涼猶誦冶城詩。

獨步

風裡暗香生。白蘋花滿汀。蟲聲來淺溆。笛語度歸舲。水裊千絲月。天飛一如星。碧梧樟陰畔坐。燈火照禪扃。

四之四

散過賀池結隊
風渠青川水開游綠波如鏡照沙漚藻花開徧蘼西路香溪叢
篁蕭水閣明路過頭
梅山
亞竹亂藤外芒鞵遊興賒禪房明水木巖室足烟霞山月大歸
樹溪陰雲小補花剌舟過梅里紆曲古仙家
情鄉谷訪壽花草堂主人晚歸漫興自寫東歸
清話不覺永溪塘暝色連荷香消暑渴茶夢醒涼煙纖月江樓
笛初鐙水郭船謳波香自盼雅軋度樊川綠波三十里何照綠楊邊

夜飲小南塘館

華堂爇燭敲吟箋，清話句連解俗緣。簾外一痕纖月影，嫩涼吹墮酒人衫。

舟次南湖

曲曲迴塘路，漁罾掛水瀕。茭蒲兩岸雨，花葉一舟人。山色有聲畫，江流不繫身。煙波洋口月，渠[illegible]樂同鄰。

次均會樊雲門同年 增祥

金玉繽開酒重傾，新詩溪締尹班盟。神交異地皆車笠，大雅同音比磬笙。舊雨襟懷憐散葉，涼秋鐙影夢芳蘅。故人應似香山

老遙萬關可悵月明

香火因緣邁傍廚詞仙清藻儷銅鋪深情潭水三千尺佳句年

尼百八珠黃絹洸吟思幼婦錦囊搜索閒窗以遙知鸚鵡洲邊

路跌宕風流許老蘇

天香霄漢章曾攀文字三生證石斑鳥鵲明星拱口酒桃花流

水武昌山縱橫彝鼎模糊讀爭逐雲龍瀨瀹還贏得亡暉餘論

在狂名今日滿人間

臺山門第浣花師天籟鳴于顏子綦掃榻夢聯春草句品詩香

到鵑花時（齋中白蓮正開）天階峨嵲登龍望（君亦業篆 青詩師知賞）斑管雕奇倚馬詞（寄禾）

七薮葛餘言

汎暎紫驊京洛道。壚篊連襼誕相思。

樊增祥 雲門

原作

手把鸞箋盞未傾，丹鷄擬結趁江盟，鷗波春阻王猷道（棹），鶴氅雲飄子晉笙，千里詩筒虛縞紵，五湖香草締蘭蘅，苧蘿水碧稽山翠，想見風流繼四明。

香詞合供碧紗廚，紙上青霞錦樣鋪，翡翠管纈花人是玉，鶯簧囀柳語穿珠，名高君欲過梅子，味薄余真愧茹奴，一曲紅牙楊柳岸，漫將鐵板響髯蘇。

惆悵春明蹤未攀，青衫同漬淚痕斑，金臺虛試穿楊箭，畫

四〇六

槳重歸采蕺山丹閣曉看雙鳳遠滄溟飛掣六鼇還定知
相見蓬池上同步花甎日影閒

難兄古誼友惠師（謂仲淵）日向蕭齋接履綦三月離悰紅豆
顆兩家春詠綠楊時東風蝦菜離人夢北里鶯花幼婦詞
寂寞士龍西廨裏早將錦字寄相思

和謝曹春柳詩用漁洋秋柳均同仲彝昇（綦）

柔絲千縷黯離魂寒食東風正閉門水面綠煙簾底影山眉青
掃鏡中痕禁煙梦繞纏綿思夜雨栖鴉遶曲村傾絕風流（當年）搖曳
處蛾（鸞）黃螺黛遠堪論

蹤痕輕糝白琅霜踠地絲絲亂阜塘垂（綰）帶亂翻雕玉珮染衣郎
疊縷金箱銀、鐶學捲憐穠、小玉笛偷吹憶壽王記得章臺人走
馬折枝歌徧漢官坊
間裊腰肢趁舞衣韶光百五夢都迷（悲）湧唱、殘月情何限添種春
星影末稀青瑣樓臺香騎過白城（門）郭曉鶯飛依依、舊宅懷、彭澤
嘆、訝、清、狂、興、谷違
風流贏得女郎憐倦眼惺忪蘸水烟衫影落花濃中酒天涯芳
草恨々知總玉闌哀怨青闋羌曲金殿韶華看（綠綺）年自有翠絲垂百
尺任人攀折柳（禁）城邊

原作　仲淵

寒梅已過論詩魄，漸覺春歸處士門。十里東風添集已，一鈎新月作烟痕。張冊客子從何渡，隔岸漁家別有村。看到天然半韻好，莫將蒲女作同論。

菀枯曾閱幾冰霜，依共舊丰姿佃野塘。臨別容誰停畫舫，析枝人好綰巾箱。輕陰古陌偕桑女，深翠長隄歸木王。聞說湖心亭上客，朝朝縈繞翠雞坊。

天涯兩度試春衣，遙想隋堤景已非。可有香車來暑約，不將長笛也依稀。旗開翠霧城如畫，酒滿玉缸花亂飛。百五韶光容易過，柑鸝好事未應違。

春城花落劇堪憐，賸有垂絲弄晚煙。流水夕陽人孑亍，空庭新雨草芊綿。曾遊白下思前度，齋唱黃金又隔年。靜看折枝人去後，多時凝望大堤邊。

曉行

曉越荷花渡，清香度盡舲。蟲聲千樹白，鐙影萬苗青。雲護歸山月，螢圍斷港星。有懷渾不寐，默誦貝多經。

時為 先大父卜兆

行水槐山

千葉蟬聲翳綠遮，肩輿得得繞山家。登場早稻斜陽外，十里溪

陰○聽○水○車○

燒藕香詞○琨幨學朱蝸頭

麝香金組青團香○畫○錦○纖○雲○翠○綠窗○鏡○珈○腥○螺痕○囊心○簾○角○晉珉○拂○柳縷贓○

屏雨○梼○春○魂○鈿○香珊珠○襟蘭薰香坐○香○氣○境○亂○綠○衫○裏○縷○翠○花○光○上○樂○壁

轉○塗銀○犀○帕○環○青○瑣○海棠○靚○夢○蛺蝶○愁○雲○翠○醉○鮫○綃○襲○水○芸○燒殘瓊佩○

象甲葉○鐘心○熟○繡○織○簇○樸緊春○組○氣○編○王○人○纖○手○弄○瑚○珊○金○鸝○粉○諱

疊鴛衾○團○蜂○箋○峭○圍○獨○衣○鍊○結○寒○冰○絲○彈○醒○石○花○濃○睡○蘭○團○嘹○碧○煙○舞○歎○回○

聲○紅綃○蕉○前○翡翠○蝠○霞○綺○晴○筆○銀○罩○漫○水○鶯○簫○晴○流○沈○麝○縷○眉○山○螢○

江鄉秋憶四一○

蒲れ
炊燗烟暗
秋稼連雲壯歲
平洽霜圍瓦盎
悴晴蕭蕭楓栖斜
易的十里青山
打稲声

漁艇横出藕池水紅佳味配銀絲江鄉鏡卜菱秈稔田蓑頭
網蓼鷺司 俗諺 新菱
稻畦兩足晚苗肥坐弄泥船艤釣磯日日寶神歸盡醉秋廬閒
熱稻田衣 輸稻
名園舊乞黃花品標識延年蒔更沐斛欄臍翻三兩種兜他秋
影疎簾靜
澳風凍雨陰塘梧井蕭疏夢醒時小小打頭黃葉屋鐘添
得酸の詩 蘋浣響
漁燈吹出蘆花灘鄭家祀沙遠急灘一夜石頭風信緊明朝初

四之九

霜點

市賈團團（通韻）罟罾

晚晴江郭亂炊煙紅樹青山風（釣）船醲約到水鄰落名散家家

都備賣魚錢（遠）（里）一（簡）蓑聲声月色開

喚成釣磯（以切）蒼茫霎雨曠蛩應候（淺）管領秋聲屬兒女豆花洪

處點燈來（斯）（續）

蘆（園）叢（里）水國幽平沙（日）（編）涼鷗動（日）離愁檣聲（？）（？）前山去菰葉橫　轆轆

塘萬古里點秋（聲）（傳）

過總山坐小林廬見早稻已熟婦子熙熙欣然占以

西崦人家熟（刈）早秔姑舂婦擔喜豐盈糟牀酒熟大歡喜節

舍租完時太平叢鴨聲多喧淺水亂蟬陰湖惡餘晴我来

也識桑麻樂秋社何妨頃醉歸（時鄉中賽社人李德成邀留飲）

舊書劍三年[illegible]仲舒歸信韻生香弄隔名山

[illegible]長[illegible]天涯倦遊還鄉又秋信好勿各春年都歸燈深

酒讌晴泓[illegible]舟新詩須飾我嚴灘一齋明席浮沈大願舫以生

舊事言難盡新歡祗共持關河餐衛語風酒留詩無恙庭柯

望多情夢草思感分餘綺贈驂詎許追隨周力數歲月莫今逾

紫鞠次秋料均

也花今種暮燈照冷節疏香寫峭巉簾底嫣霜秋女鬢笛邊涼

四之十

月涵人衫採從芝客齡同驅清對薇郎句未芰九日黃裳添小
嬾泥封寒豔付詩鑱

原作　　秦樹銛

雲迴一曲動幽品吟挹霜華骨相巉綺夢迷離橫度笛暮
煙黯淡浣秋衫迎風芝宇寒光瑩變體騷歌俗別韻芰最是
曲籬東畔路古苔斑駁繡吟鐃

步歸水石庄睒句

信宿南塘館眺吟小歎步歸晴曦人駕影仲韡短攏疆初衣迂路
行常論紫畹豐畦望倘圍屋山迎面見仲韡長嘯欽雲扉紫畹

水壩橋步月聯句

萬影逼宵清仲彝 千山擁月明紫畈 露華澄酒氣仲彝 風笛繞秋聲紫畈

漁唱渡頭出仲彝 疏星屋角生紫畈 桅檣同眺望仲彝 涼沁袷衣輕紫畈

秋汎聯句

小約得吟侶仲彝 秋江欵乃行 菱花疏繞水紫畈 村樹綠圍城 鷁首

山齋迸秋伊 颿牙風飽爭 檥尋沽酒旆彥清 郵榜泥餘酲仲彝

訪壽花草堂主人留占

小約閒尋笠屐遊 芰塘欹亂度行舟 帳無歡得吳興筆 來畫溪

山十野秋

四十一

琴樽重訪隱君廬，杯茗清談水竹居。花影半窗書一榻，開門風雨客來初。

夜歸自水石庄

泝艇入煙溆，夾堤弄疏篠。燈光晃万（暗）籠，人影互顛倒。漫江漫星彩，曳紫散晶耀。窮星逗村火，萬水斂輝小。冷市悠簇吠（犬），霜氣肅宵昊。寂語絮灘根，舟底度林杪（木）。崖黯望莊嚴，水坦見激皎。歸心駛鑑（益）急，倏渡東皋道。水笛飛（飞）曷音，隨夢酒痕香。缺月吐前山，雲漢淨於掃。

娱園夜飲即席呈（試）主人并李愛伯先生

愔愔良會聚吟朋文史風流佩欬膺蕉菊簾（会）初夜用菊花天

氣洲龕燈西園壇坫推公緒北海開樽歎李膺（時李蒓客部在座）聽徹斜

更清話永曼牕秋燈露如冰

傾挹先儀共座親醉懷蕭灑讀生春尊罍歎密無言契文字商

量有用身小閣茶香池上客空庭花影畫中人祓筵雅集睽秋

爽清綺何因墮夢塵

九日娛園主人約同李蒓客民部慈銘胡梅卿比部梅仙（壽頤）

同年[redacted]彝[redacted]壽頤王眉叔學博詒壽孫彥清同年秦詩舟茂才

觀仲（觀光）[redacted]家昆文沖季弟遊曹山用先徽君千載非所知

四之十二

聯以永今朝為韻分得今字

天風吹雨瀟遥岑朝曦透檻晴意深夙要九日作高會挈尊罍

屐重登臨霄山霄軋蘿蘿洞劃然天地開平林危樓俯瞰盪寒

碧片雲蒼翠生秋陰箕踞水榭縮蘋纈湫山松吹回天宵谿崖

韻晴石氣蒸深池潭影苔衣點巨礐撐垣細蓬薜陰瀰潛髓瀰

霰霏清游窮討煙蔦越駢飲洞落刷巖襟聯儔躡蹤上嵬峭探

肢汗落衣涔涔飛陵礫綴一舒眺平疇錯繡青琅琳遥巘回環

巔燈樹矗如直柱覆圓蓋沿藤蹤薜闢奇鏈螺萬里回雲簪

綴半山水清福永惜無擬竹與叢廷鷇鼇雅集沱出趣重來或

泓駘駿駿龍湫(激)玉朗禪幌繡戀紅葉梭飛翁鑿開天鑿纏寒翠盤

回颸疑穉蛟龍吟捜追沖賞拂詩壁丁帘華寂分曩今歸舟棹

入水雲重菓山紫綠[秋日]夕陽池

勉鉏山館秋紅梅作花同人喜賦 聯句

老樹鏖涼颸危葉墮寒綠派枝詰屈蟠 秋伊 蒼根蘇苔宿影月

墨跗稀 彥清 奪序天心復淋黃催故條 仲彝 殊韶私幽谷窺輪

蝭眼先 紫畹 寄訏隴頭速餘蓓纔孕珠 秋伊 橫枝忽綴玉令猜

竹春小 彥清 機兆榜花獨棒闞勝古馨 仲彝 蓉液媚朝旭冰雪

淵曩遭 紫畹 瓌琚憁遐曠渺矣羅浮妹 秋伊 冀絕老逋屋香隨

四之十三

長笛傳 彥清 畫戟初燈讀守寂猶冬心 仲彝 鬥艷正秋馥粧看
數點明 紫畇 麗滕千葩簇高會聯耆英 秋伊 秋禊創新局律排
冷節華 彥清 氣過霜穹肅早蟾明水邊 紫畇 寒聲繞枝北落落
盤錯才 秋伊 熙熙文字福索笑簪互巡 仲彝 吟香酒爭漉按候
剛雁來 紫畇 得斅謳夔足潛分舟鼎砂 秋伊 徐試冰隱目稚鶴
預護持 彥清 煉雀漫飛啄羨哉此歲華 仲彝 仙乎彼眷屬閬宜
絳袖憑 紫畇 亭待紅羅築許看籬下花 秋伊 還武林間蹋欣賞
締幽盟 仲彝 快奏陽春曲 紫畇

歸舟遇風聯句

狂颷掀波高片蝶任吞吐重雲糊天黑仲彝直矗峰冒煌古春浪
檮競聲紫畹畏衾頭怯攀拳坐箕簸然仲彝彎卧酒中詎秋衣
縮葉飛紫畹短帽句逢舞戀岸鷗退亍仲彝嘯渡虎負丑韶晴
禿樹獵紫畹得舵繩茭侮帆順不敢張仲彝炊斂竟忘午頹嵐
濕絮團紫畹尖颸微隙補禾偃渴吸水仲彝菱散渾翻土濶流
魚瀲箭紫畹囊柁羊鞭鼓性命一髮爭仲彝鑾留萬篙努恍如
御風行紫畹還憶吹海豎橈顛鑽而過仲彝人叢噤無語乾坤
還穹綠紫畹瀛嶼呼橫怒回思膽猶猲仲彝重逢遙益齬灘齧
槳勢澀紫畹村露客眸[illegible]逐岸心太平仲彝疑晃雲濤處

四之十四

江行聯句

十里沙堤晚霧開，西風還遲酒人來。吳山迎面秋容淨，彥清迮
郭欄江水氣回。安步聊當濟塞策，仲彝聯吟端合許清木。檣鷗
數點波如鏡，紫畊軒檝中流亦快哉。
秋陰缺處海雲浮，彥清背指西陵認舊遊。壞塔劃煙寒寫影，仲
彝亂帆催葉遠爭流。只看綠樹圍嵐障，紫畊何處紅襟倚舵樓。
計日酒痕衫上浣，彥清懊儂吳語數杭州。仲彝

秋日重到峨嵋山館

蹔別猶如昔，西風又一年。嵐光晶闔密，秋影石幢圓。仙畊勞深

眷鄉塵兩舊煙西湖樓咫尺憑眺認從前
小構吟侶至清興倍蕭閑花氣寒於水斜陽淡有山意行留倦
屐心靜戀雲關大有題詩意重重劉蘇斑

秋日遊林皋園

亭榭參差枕水流畫樑詩展句留樹光露蕉苔黃花影斜
陽上茗甌雜座裙裾健閣晚小樓一江秋
詩閒雲遊雲書屋榜額滄浪

錢江舟夜同彥清仲彝

韓約風光畫船高燒燭紛綺鏡中花景樽中酒如此江

四之十五

山路可憐

舊恨如烟付水流，綺塵新換淵衫愁。一宵已覺同勳夢，贏得江湖十載遊。

水篷燈火暗銀燭，海色西風鬧徹宵。記得酒醒何處是，曉鐘聲裡浙江潮。

聽風聽水醫江程，鷄唱晨寒促曉行。（兩岸黃）十里錦帆燈柳路，但和寒雨入吳城。

黃萍花聯句

稻畦蘆岸鏡微波，仲彝 點點金鈿掠槳過。紫畊 照激纖菱輸正

色進彝剪霜殘葉護圓渦 紫畊 水香秋老團寒蝶 仲彝 冷艷灘

澄浴乳鷙 芑田 莫怨西風對籬菊 仲彝 曾將春信送陽阿 紫畊

風菱聯句

淺瀫菱 租勲

橫霜戟 紫畊

堅傷指 栗園

尋兒戲 紫畊

傳繁響 栗園

濃煨火 紫畊

經寒十擔留篔筐蜂露孔 仲彝

彎腰肖月鈎久藏宜絡掛 芑田

微甘潤適喉吮茶容細嚼 仲彝

銷芒免客愁緺痕真蝟縮 芑田

纖纖縛兩頭蠡虛同覆瓿 仲彝

枯聲冷戰秋水鄉風味足 芑田

紙箔鼠勤撈 鬥角

分餉慣衣兜 小剝

零栗許同收 堆几

豐蓄漫蚨求 簌簌

曝淺也攤樓 乾殼

聊補稻粱謀 栗園

次禽淵哥均賦睎栗園季弟

般拳昆季鬚㖞眭互磐旋攜手同千里隨肩比五年纘蘭排斗盎弟嗜蘭時隨余學繪研茗傍䑛船慧性兼娛靜塵心喜淨捐問年正弱冠媿我少提持樹影古牆畫風聲老屋詩弟住褱礲古書舍靡商舊學波礫鮮新思楷弟二幸有師資在吟哦許並隨謂淵哥

（清）陶方琦 撰

琳青書館詩藳二卷

稿本 清陶濬宣題識

琳青書館詩藁二卷 提要

清陶方琦撰，稿本。清陶濬宣題識。一册。每半葉九行，行二十一至二十二字，單魚尾，四周單邊。藍格稿本。版心下印『新隆泰製』。封面無題簽。

是書首葉有陶濬宣題辭：『横掃騷壇若土灰，浣花真不愧天材。鬼神定向空中泣，錦繡都從筆下堆。語不驚人猶俗骨，詩能佳句總仙胎。鯨跳鶴立今誰敵，讀罷須傾三百杯。戊辰夏月心雲弟望謹讀書。首時避暑於吼山煙羅洞。』鈐『臣祖望印』『豐華堂藏閱書』『緑樹埜屋』『方琦詩章』『茶熟香温且自看』諸印。是稿曾經多人展讀，卷首有題『世愚弟心雲拜。世愚弟傅□□、傅□□執讀於春明旅邸。姪薌谷執讀。弟書巢山人讀一周』。首有目録，係後人所録，題『瑾子録於雨牕』，鈐『□□自娱』朱文方印。

是書爲陶方琦早期詩稿，録詩一百零二首。共二卷。卷一卷端題『琳青書館詩稾』，小題『夔中吟』，下題『子鑫陶方琦』，收詩九十七首。卷二卷端題『琳青仙館詩稾』，小題『萍唱集』，下題『戊辰子珍陶方琦』，收詩十五首。卷一末有清光緒三年（1877）書巢山人識：『琳青仙館舊稿計詩乙佰廿九首，弟嚮慕有年，今而得之。』又補題：『他日又收得舊稿廿首，楚楚可觀，輒合爲一集。』識中所題數字與實際所收略有出入。卷末又附二首新樂府詩，《無訟行》及《催科行》，憂國抨時弊，頗類白樂天。旁有批語『子珍偶作，以爲世箴。語語痛切，令人酸鼻』。

是稿通篇經朱墨雙色勾乙塗改，字迹潦草幾不可辨。卷端有朱筆批『己巳五月又削一遍』，可知詩稿於同治八年（1869）經修訂。鈐『琳青書館』白文方印，『紫眕戲墨』朱文方印。是書天頭處有陶濬宣批識，或點評，或擊賞，或感悟。末署『弟望識』，鈐『心雲讀』朱文方印。如《讀詩放歌行》天頭有識：『信筆疾書，豪氣咄咄逼人，讀罷當浮一大白。弟望識。』

現藏上海圖書館。

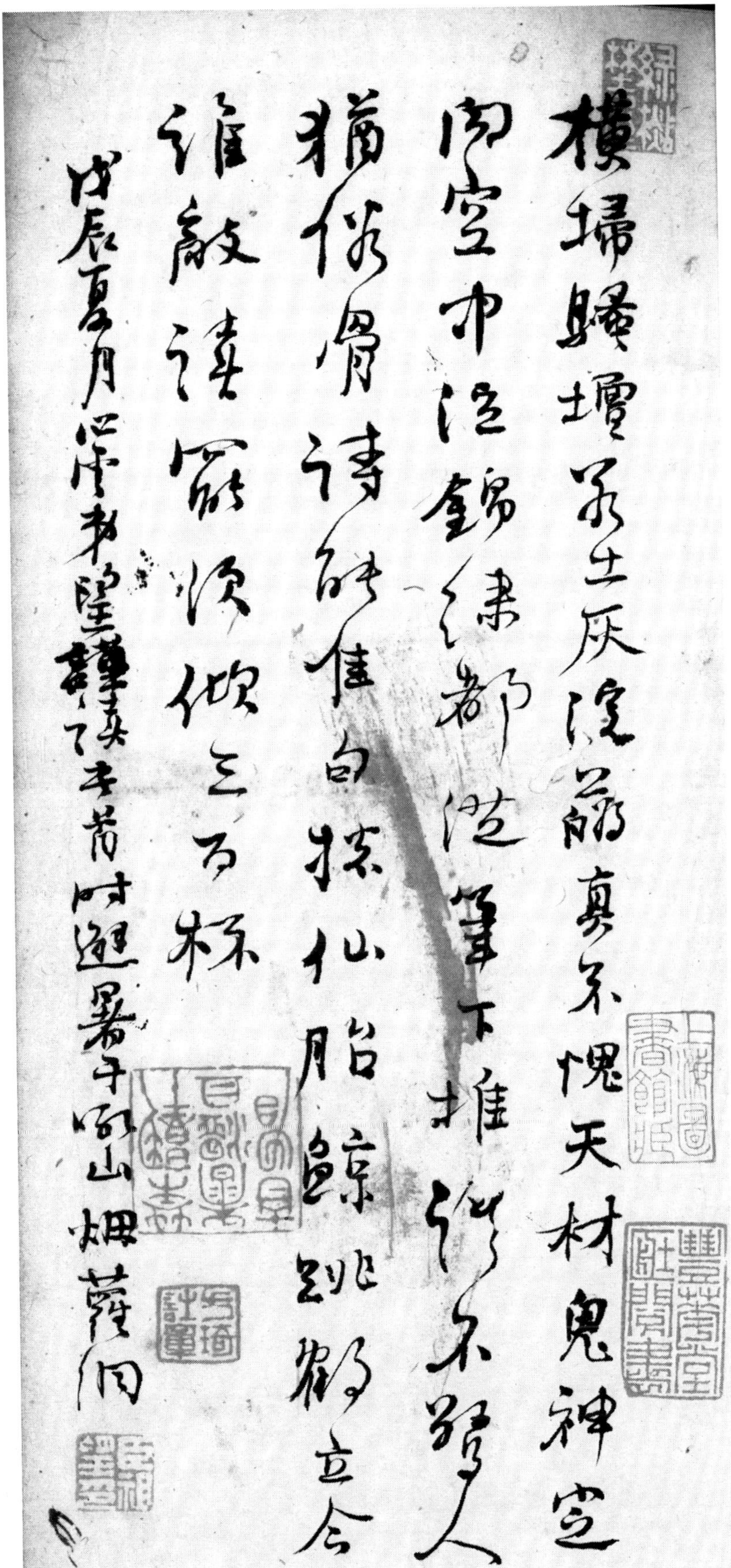
横掃騷壇萬士灰復觀真不愧天材鬼神空向空中泣錦繡都從筆下堆紛紛不見人猶傲骨詩能佳句擬仙胎鯨跳鶴立今誰敵讀罷深慚三百杯

世愚弟心雲大兄

世愚弟傅鑾拜讀於春明旅邸

姪鄭谷拜讀

弟書農拜讀一周

琳青書館詩藁目錄

揆子葉桂甫塡

春日偶成
春閨怨 八首
新雨初過同沈竹眉聯句
秋草
美人撲蝶歌
擬古 四首
山居即景
秋居即興
對鏡 閨情四絶
妝悵
插花
閑字

壬戌春日避亂又再感懷 集唐
登一山寺
過陳氏舊宅
讀史有感 以上皆集唐
嚴君命賦詠雪疊雪律
夜坐
散步庭陰
悵憶雲弟歲臘日贈日
贈雲弟計完家成賦題壁 一律
題諸出圖
病中作
雪夜作寄友

仲冬言懷時寓安東
悵佛陶重影書五律四首
寒村 有懷之詠
寒鴉
寒戍
寒梅
寒釣
寒鐘
雨雪長松五十韻
中秋[illegible]
夜眠
秋眺 四首
秋日晚眺作
高郵

書壹士
出郭
別浩芝弟 三律
倚欄
渡曹江
鷹角山
過芦溝
過楊村
屋五柳家早有感 二律
贈翁生補試府拜房同
寄懷雲弟山寺原韻 一律
同趙砥步
題友人倚溪圖 一律
遣悶抱病作
泊黃蕭邑

放翁排句

琳青書館詘稾　囈中吟　子龕陶方琦

己巳五月又刪一首

春日偶咏

過了寒食清明佳序非十年蕉夢覺来稀鼓聲曉後催詩物一
頁春幻當酒農新艸雨深蛙部落花風緊鶯偸飛筍
簾鐘日無入諸叙寞林園長夕暉[illegible]橫

春日避難沈鳳長侍

挂杖松間野老閑仙家雞犬卧禪關溪頭雲濕旋成雨谷
口烟空但見山石徑繡苔青點綴貧家種竹綠迴環閉門

絕少游人跡薺菜花開色一般

對句錄

秋日辭難花莊

數家臨水路難通，江鳥還鳴蘆竹中。山岸反白蘆節袍

林乾黃葉戰秋風，純絲十里低縈綠，菱角孤舟遠襯紅。

昰江邨好風景，閒來常伴釣魚翁。

山路即景

澡萍無限暎回汀，漱石清泉側耳聽。低澗水聲雲外落

樓山邑雨餘晴，賞花乘興來孤寺，看竹無心過野亭。莫道

岩居無意味，閑謌常對水泠泠。

山居句真

家居 遊戲四字公此

山

對真佳句

王子長

城

垂楊不斷接平蕪軟綠陰濃羃畫餘細雨雲高掛裏

灑窗細雨落花初樓閣斜飛鳥春水池塘靜釣魚

文故鄉風景好閑時裡樂延書

山居

空山多幽景畫在白雲暖鳥花麋日寒溪竹拜風野花春

澗綠山果熟牆紅碧世非無意桃源路可通

萬壑松長松白雲何處鐘聲喧水鳥桐煙歸山蓬

葉曉風晴林花夜雨濃巖居多閒興獨步上高峯

登[illegible]

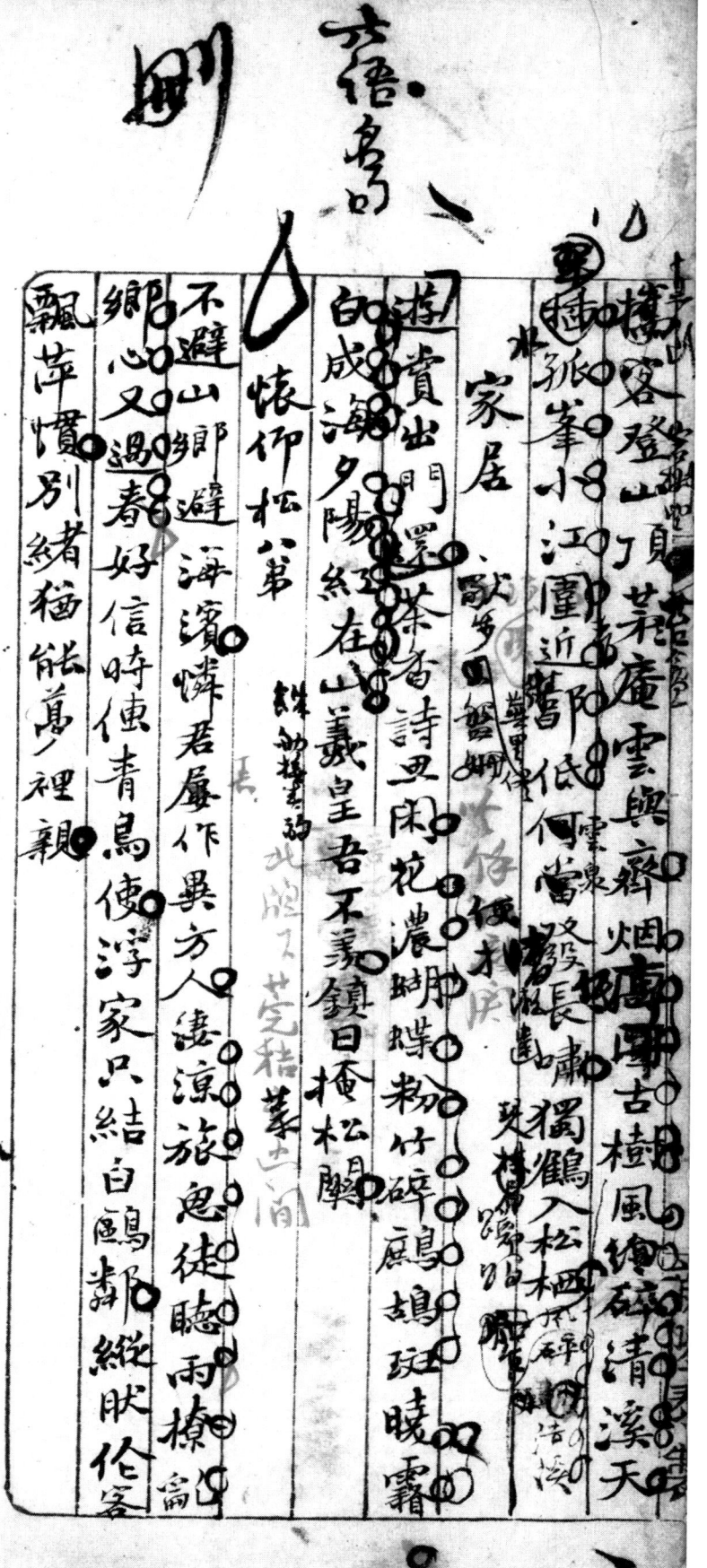

詩稿 删

攜客登山頂，花庵雲與齊。烟高尋古樹，風碎清溪天。孤峯小江闊，近郭低何當。發長嘯，獨鶴入松栖。

家居

遊費出門還，茶香詩思閑。花濃蝴蝶粉，竹碎鷓鴣斑。曉露白成海，夕陽紅在山。羲皇吾不羨，鎮日掩松關。

懷仰松八弟

此作勿據其韻

不避山鄉避海濱，憐君屢作異方人。淒涼旅思徒聽雨，檐鄉心又過春。好信時傳青鳥使，浮家只結白鷗鄰。縱然作客飄萍慣，別緒猶能夢裡親。

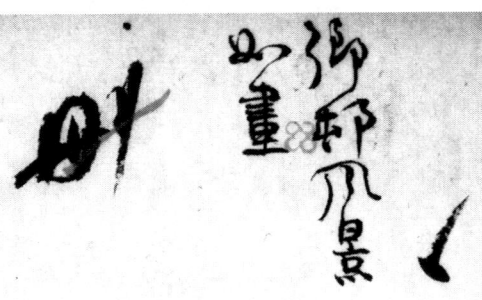

襍憶

竆居真似学鶯遷，飃泊萍蹤又一年。憶友那堪星散地，思家空記月圓天。山深矮屋籬為戶，市小荒郵店在船。可惜桃源人不識，隔林猶白望炊烟。

春日偶成

玉甆新瀹越谿茶，一綫春光透碧紗。莫怪東風不相識，小牕吹到畫殘花。

春閨怨

曲欄花下雨絲絲，一片春魂總是痴。不唱金釵腸斷曲，卷簾

删 冰雪聰明、一 整

删、

删

怕被雲兒知。

雲鎖空幃嬾下樓，倦簾櫳翻，怕看對花羞。怪嗔他無限東流水不送春

人歸祇送愁。

入骨新愁怯曉寒，瓔璣釵垂水晶鹽，惟餘一掬傷春淚濺

入青樓也怕酸。

紅燈細語拔金釵，寂寞珠簾影獨斜。一院月明人悄悄不知

何處怨梨花。

沈香庭北畫樓東，春困慵眠繡帳中。不種芭蕉聽春雨歸

紅又送海棠風。

刪、意新款、刪、

燕嬾鶯慵恨不堪，游香斜露玉纖纖。梨花一樹初成雪，亂送春風撲繡簾。

花落中庭鶯不來，別時情緒費疑猜。儂心大似芭蕉葉，無奈東風展不開。

迴鸞嬾刺簾幃添，恨字書成疊疊箋。縱有女媧五色石，都難補就是情天。

新雨初過同沈仁居師作

綠樹濃雲漬，西山爽氣來。落花多比雨，新水嫩于苔。薄照千巖現，涼痕半擱儂。石泉聊煮茗，清賞勝春臺。

祈逢辰詞

一例 蒼梧[illegible]新聲
騷賦續離騷
芳今九歌 —
温李新聲
香奩

沙叙 吟烟何處去頭 衰州 望樓籍萬悵匠二 匆

[illegible]秋草 斜日丁舟寄遠 逭 [illegible] 離二 西風青塚黃昏後南內空

階夜雨時野火燒消原上去池塘無復夢中詩何人能續離

騷賦 一例 枯榮只自知

宿草 [illegible]得 原四書作 平

門睇 [illegible]

美人梳頭歌

繡帷夢醒蟬[illegible]虎鳥花鬢綺旋麗清曉月沒靚妝玉奩開鬆

鴉[illegible]雙鸞釵皓腕徐[illegible][illegible]金釧茜衫[illegible][illegible]銀屏艷水精梳滑

青絲長縞雲委地蘭膏香亂[illegible][illegible][illegible]薄花鈿[illegible][illegible]飛

金雀蟠龍墮馬鬥鬟嫣 玉人畫蛾花亦憐妝成照取添沒

嗟花墨蓼

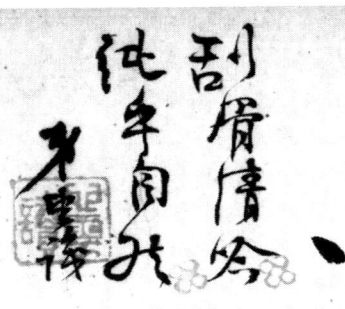

刮骨膚兮、
純乎自然
才雲樓

影一樹棠梨傍書眠

擬古（秋懷）

馳暉運天機逝水回地軸荏苒時序更秋氣一何肅桃李萎

清塵蘅杜有餘馥寒蟬戀枯枝高飆激空谷中桂何蕭滕

此千里目盛衰憧遷幻觀化等榮辱亮哉達士懷無為守

其二

榮悴各有時斯理今古同知命復奚疑無為計壯沈力耕

雖勤苦辛艱塵事侵中宵畢羣籟澹然清我心閒軒卑豐

良辰濁洒聊一斟明月流長天清風吹羅襟為歡貴及時日

內寄

憑誰惜寸陰奕書得真趣千載結知音

鸞鳳栖高岡奮飛凌九州來義必待時翮翩騫悵寡儔志士守藏

貞素超然息悔尤四海一何局高步追天游叢木蔽巖阿陽

春澤未周幽蘭閟室谷芳馨揚素秋榮枯乃其常天道一

淡漣觀化有餘適無為集百憂存身師尺蠖精義良何求

涼飇扇秋節蕭槭動前楹窮居寡遐賞拂衷步閑庭木葉

下霜隕秋空河漢明哀鴻號中宵翩翩獨南征欲往遠遊翔

振翮無儔侶白日忽西馳熒熒曜列星皇靈無私照萬物皆

榮風雲如拾芥積久德乃成治世罕遺逸何用憂令名

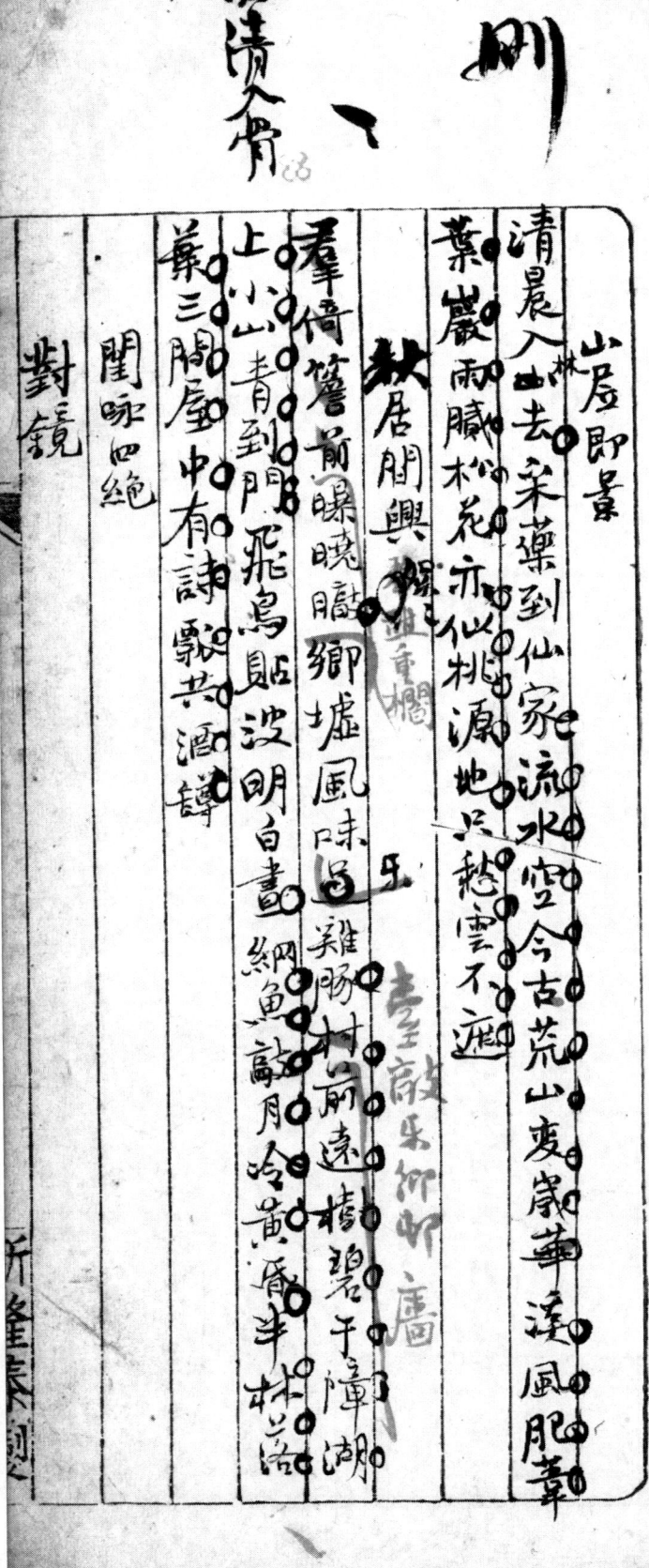

刪

一

境清入骨

山居即景

清晨入山(林)去，采藥到仙家。流水空今古，荒山變歲華。溪風肥草葉，巖雨膩松花。亦似桃源地，只愁雲不遮。

秋居閒興 [螺王 道重欄]

羣倚簷前曝曉曬，鄉墟風味好。雞豚村前遠，檣碧于障湖。[臺敞朱欄曲]

上小山青到門，飛鳥貼波明。白晝網魚敲，月冷黃昏半林梢。

簾三開屋中有詩，歡共酒樽。

閨詠四絕

對鏡

未抄

一　一　一

朝朝歡喜郎儂知每面粧甚仔細[illegible]自詩紅顏老詩鏡好照人須照少年時

枕帳

曉日斜侵玉鏡臺欲枕鴛帳貴將猜檀郎尚作巫山夢怕有春風送冷來

插花

庭前折得海棠斜倒插雲鬟一倍華更囑侍兒須記取儂心只愛並頭花

問字

阿里賓句

義者時虎衡 觀想

第七

難復陪句

敲將奇字問分明，行近前喚一聲。紅袖權為詩弟子，是儂夫婿是先生。

閒吳

早識今吾即故吾，箏腳花落鳥啼。觀世途領味，甘中苦酬盡

多愁從疏春夢過，于今真富貴。夜吟都是好詩書，歸答

妙悟理從頭悟，何苦名湯利輾居。中鐵人

擬古從軍行 時冠氣勇來請之盛而賦之 日地鼓笳鹿

君不見大漠風高土花裂，八月沙陰天急雪，匝地熱雨東不開，極天

橫嘴刀頭血，桴鼓頻年老，朔方逆行，妖孛凌空蒼，烽火連宵獨

詩成斬佞
酒興封侯
字怯受呈
以掷之
李??錢

邊境羽書絡繹馳咸陽控鎮專征行擁高牙十萬鐵騎屯胡寨
擐甲數著寒風戰鳶旌將曉日關中健兒爭從繹縱飛萬里
荷戈行雄心壯趕冀萬倒六策鍇田填滿海平轉戰輪喜珠
未歇天狼一星大如月鐵甲生鏽霄令露苔花綠濕紺帮折
十載龍沙甘苦辛誓將長戟掃胡塵西風戰罷空吳鉤暗燈同
楊柳玉笛春日落孤城氣蕭殺牧馬悲嘶折殺戲白雁長征人
紫塞荒黃沙亂卷青燐泣回首長安在夢中燭天兵氣
壁關東何時手縛單于頸好著雲臺上將功

雜詠

刪

刪

興安襍咏（偶）

花村間卓酒家旗，十里嫣紅趁蝶飛。春雨杏花雙燕語，暝風楊柳一人歸。背山城郭迷朝霧，近水樓臺占夕暉。作客年年太無味，故園風景復依稀。

偶詠

鎮日簾垂晝不譏，一窓秋影數橫斜。東風嬾後西風峭，渡書架花瘦菊花。

鈞閱 半竇 弄

花影

娉婷花影一枝紅，曲曲欄杆細細風。應是芳姿甘冷淡，伴人

佳氣不减

玉溪生

祇在人月圓中

無題　和劉焯卿孝廉作　坐院

十二欄杆廿四橋揚州明月可憐宵春水閣中凝暮雨

紗籠鏡裏潮香螺替人愁夜禮舞鸞知我恨朝朝富濟銅

舊壹春居猶借東風鎖小喬　嬰吹蘭蕙亭記　然

珠映湘簾玉映屏沈香亭北百花晴鏡因照嬾然難識念

為香濃夢不成金碧海何須憩月婢墓欄原不阻雲英

牟星無多路鎖遮秦樓度鳳笙　卿箋

斜倚銀屏譚翠鬟縷果舊曲按陽關紅嬌笑蘭雙調水青

斑斕璁璫影髮

黑餘千漢紋川

隨把作書明媚
張[illegible]載[illegible]破瑤臺
傳烟[illegible]深翔又恨重
樓[illegible]為重
[illegible]難同
辰告

蹙眉心十樣山，幸有相思金縷枕，斷無消息玉連環，幾紅向

羅知何處休憶長安月一彎

曲[illegible]青城夢不通，蘭隄西畔藥欄東，恨海海鳥難填石，吳蜀

杯蛇解弓梅子有心酸，在雨梨花無力嬾，春風玉昌時熏休

回首瓊漢紅橋煙上中

蘄蛇夜渡五虎江　悵長

征衫懺悔送歸鴻，萬里蘆雁乘破浪風，人世幾回春夢裏，客

愁無限夜潮中，十年心事歸雲裏，兩地鄉情望月同，長

嘯一聲孤鶴過瑶臺，雲起四山雪

此傳是時[illegible]天[illegible]

新豐[illegible]詞

刪

命題菊影一律 依原韻

曉看殘菊雨痕收，顧影堪憐對素秋。紫豔靜搖風作陣，

白描淡寫月如鉤。卷簾寫照推高手，對鏡傳神摹淋頭。宜

得白衣將酒送，簪花笑語映清甌。

閒情初賦菊籬遊，瘦影涌空漾暮秋。花插膽瓶風景繪，

樓搖情指水痕流。烟雲筆化和人淡，霜月樽開伴客幽。偶倚

東籬增雅賞，數叢掩映晚香浮。

遊春

寒食杏花闌東風，遊興渾忘覺倦慵。寢帘花外市，春饒雨中街遊子

合讀閨詠十首巧思奇合運古入神聯綴處滅盡針線迹矣當以錦囊貯之　羽生讀

錢傍陌　臁搦暗入

馳香騎閨人嬌縷蘇回頭見楊柳此恨渺無涯

閨詠集唐十首

雨濕輕塵隔院香　元稹　青荷葉子畫鴛鴦　王建　但將竹葉消春恨　韋莊　婀娜羞花暈曉粧　韓偓　玉箇豈能向舞態　羅鄴　金杯不以深愁腸　劉兼　珊瑚枕上千行淚　劉宅　半是思郎半恨郎　劉采春　萬轉千迴懶下牀　崔鶯鶯　巧匀輕黛約殘粧　施肩吾　郎君下筆驚鸚鵡　李商隱　嬴女吹簫逐鳳凰　白居易　寶鏡塵昏鸞影在　溫庭筠　金爐灰烘鴨心香　無名氏　珠鈿滴盡無心語　張祜　把取絲箋若斷腸　劉皂

席上

取次梳頭暗淺粧　元稹　細環清珮響丁當　曹唐　御柳從動櫻桃顆

趙鸞鸞　飛燕遙聞荳蔻香　韓偓　金匣掠平花翡翠　徐寅　舞裀襟

畫綉鴛鴦　李謹言　依稀似覺雙鬟動　元稹　斜欹軃身拜王郎　張祜

春意

鶯囀高枝燕入樓　張仲素　暗時思去亦難收　張碧　女蘿力弱難逢地

曹鄴　桃葉眉尖易得愁　徐凝　曉夢未離金夾膝　溫庭筠　隱懷闊拜珂

樓頭　韓冬郎　長條亂拂波心動　徐鉉　波底紅粧影欲浮　李中

閨恨

香鴨煙輕爇水沈　和凝　自知明艷更沈吟　張籍　故郎自嗔罰琉璃球

施肩吾 莫獨矜誇玳瑁簪 杜牧 詞語巧偷鸚鵡舌 元稹 精神別稟鳳凰心 張説 金錢擲罷嬌無力 顧敻 却向燈前理繡金 和凝

又

愁見鶯啼紅樹枝 王貞白 瑶闌干外繡簾垂 韓偓 燈前再覽青銅鏡 施肩吾 席上還飛白玉巵 楊敬述 天外鳳凰誰得髓 杜牧 人間鸚鵡舊堪悲 高蟾 欲知別後相思意 裁綵 倫畫衣偏錦不語時 朱律

又

鳳城寒盡怕春宵 李玉溪 深鎖東風貯阿嬌 何希堯 若綫似含嬌靨笑 温八叉 不愁誰奈兩魂銷 楊凝 宮前葉落鴛鴦瓦 胡曾 竹裡苔封螮蝀

櫳 韋莊
為問翠釵釵上鳳 李義山
拂屋檐自妒嫦娥 杜牧

又
鬢影簫聲已可憐 李商隱
多情信有短姻緣 鮑半妾
應須謝女珠璣篋
羅隱
醉倚王家玳瑁筵 康瀷
不把丹心比尤石 蘇賓之
獨[illegible]瀟湘[illegible]
紅鉛 施肩吾
相思一夜情多少 關盼盼
只是當時已惘然 李玉溪

又
欲化西園蝶未成 張泌
不將心事許卿卿 溫叉
長恐好事尚虛郎
李甫
甚覺多情勝薄情 鄭谷
蝴蝶有心還惜別 杜牧
卻向御翻氣
不知名姓倡
假邊針插黃金鳳 趙要之
雙宿雙飛過一生 無名氏

句知已出

又

日斜方動木蘭橈 陸龜蒙 暖殿無風韻自高 和凝 佳句麗偷紅菡萏 羅鄴 雲菊酒泄紫蒲萄 趙嘏 伊伊猶識武仁鐵 誰虬 解引蕭郎腸似刀 李宣古 欲識舊來雲髻樣 劉采春 紅芳落盡井邊桃 施肩吾

壬戌春日避難有慨

綠楊煙岸雨濛濛 韋莊 野寺無門院院空 元稹 去路全無千里客 李嘉祐 移家空載一帆風 韋莊 音書斷絕干戈後 李頻 骨肉流離道路中 白居易 世事漸多歡漸少 許渾 自憐羈客尚飄蓬 溫庭筠

登山寺

衆山聳寒色 賈島 長城帶晚霞 鄭愔 聞鳥喧鳥雀 王維 古屋畫龍蛇 杜甫

江靜潮初落 宋之問 山深日易斜 王摩詰 寒塘歸路轉 李嘉祐 野徑入桑麻 謝縡

過舊宅

舊宅何人在 張祜 漁舟繫綠蘿 許渾 地寒春雪盛 賈島 山雜夏雲多 宋之問

小苑鶯歌歇 孫逖 空亭雁影過 張九齡 晚晴風過竹 張祜 莫雨狸如[illegible] 許渾

讀史有感

學業醞儒富 杜甫 文驕雲雨神 張說 安危皆彙國 李抱之 正直双婦身 沈佺期

北極懷明主 宋之問 南溟宅放臣 張說 江山澄氣象 高適 今古盡紅塵 司馬札

嚴君命賦餐雪臥雪二律 用六麻均

好詩又珠

臥遊
耶借雪爲家恍到冰床睡味加只許寒聲聽竹葉却憑香

尋梅
梅花雖未白繁且肌栗醒酉到黄粱已長華莫嘆孤衾淺

似水小庭有鶴影横斜

咽圖
清涼味勝醫焦麋粟餐雪勝餐霞飲冰慣識堅腹漱玉無

嬉冷沁牙霏到清吟[illegible]煮配成香味對梅花映森密向紅爐

果白戰詩成且品茶

夜聖

野村夜景畫天地[illegible]長江暮靄連犬吠亂[illegible]渡巷木橋声棄曳杖

舟僧敲梵磬破山月人擲漁燈隔水烟風過樹枝諸影散好

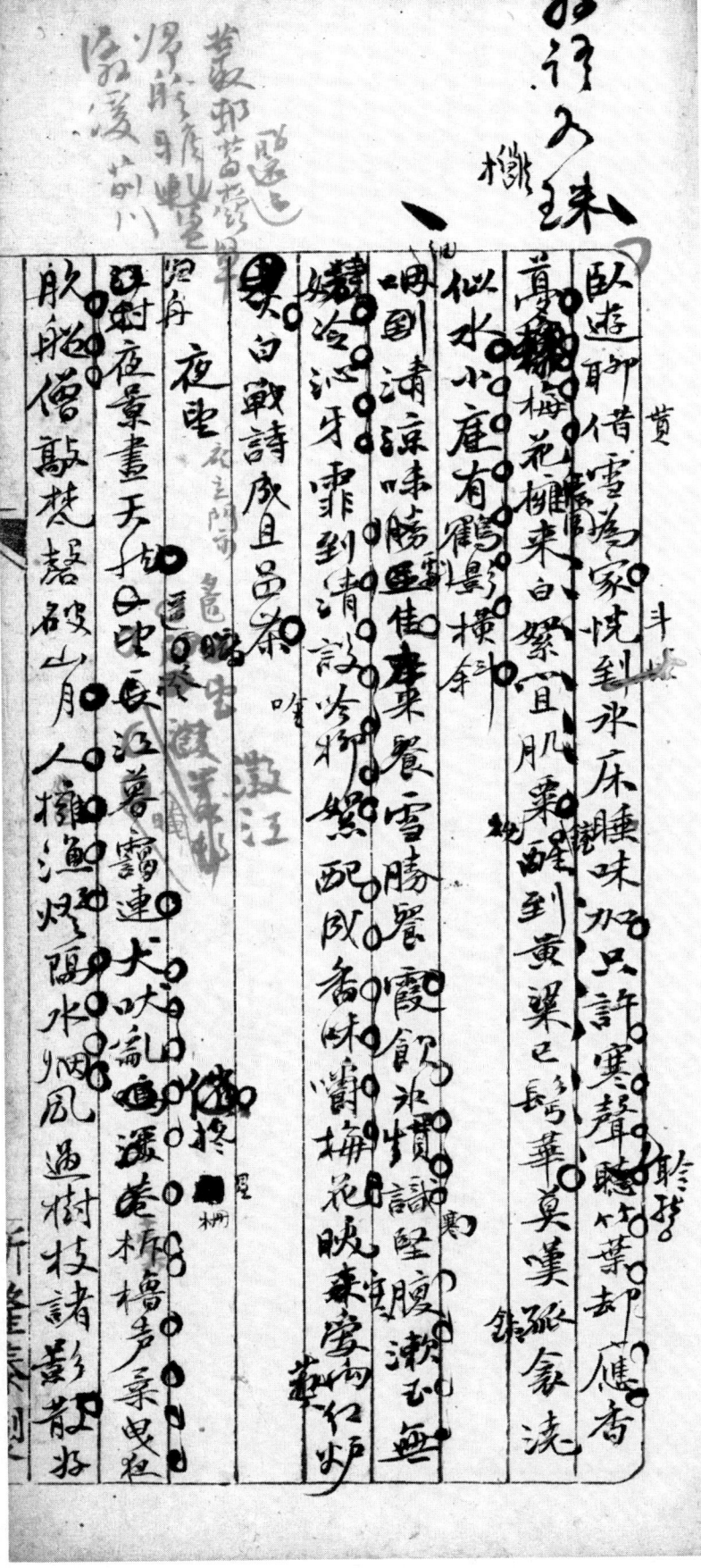

住向
下榻何成、

參半晌靜中禪

獨步庭際

覺落葉疎散滿庭。碧天如水，夜雲停，竹聲瀟瀟，潮初白，人影小，隐燈殘。昔雪閣斜遮，樓檻月石，棕寒印一池星，閒踏久，手吟詩。立獨步空廊，戶不扃。

憶心雲弟時臘月晦日

別是兩三日，愁緒萬千來，正值歲云暮，甚知人不回，池塘一雁過

窗曉高風英倍，何日得促膝，陶肱共枕

賀雲弟斗室落成題聯

為斜男……書

詩思巧如春

斗室藏書人之樂也

遊

佛成佳境却相宜一幅天然入畫時謾羅晴開酒爐睡餘香水

滄花藝幽情愛誦少青傳逸興在吟太白詩更有引人皆入律勝

一襟凜冽葉来知

斗室盤桓最幽花前硯北句留晚寒詩思霜風夜靜書

聲燈影櫻桃素衣冠容許拜先心經復何求兩時首過林者

滴露研朱札一函

題話幽圖

爲愛盤桓處士家晴陰夷路樹春雨泥鬆碧石春鋤

爐火紅桂品蕭疏風声三徑竹琴書

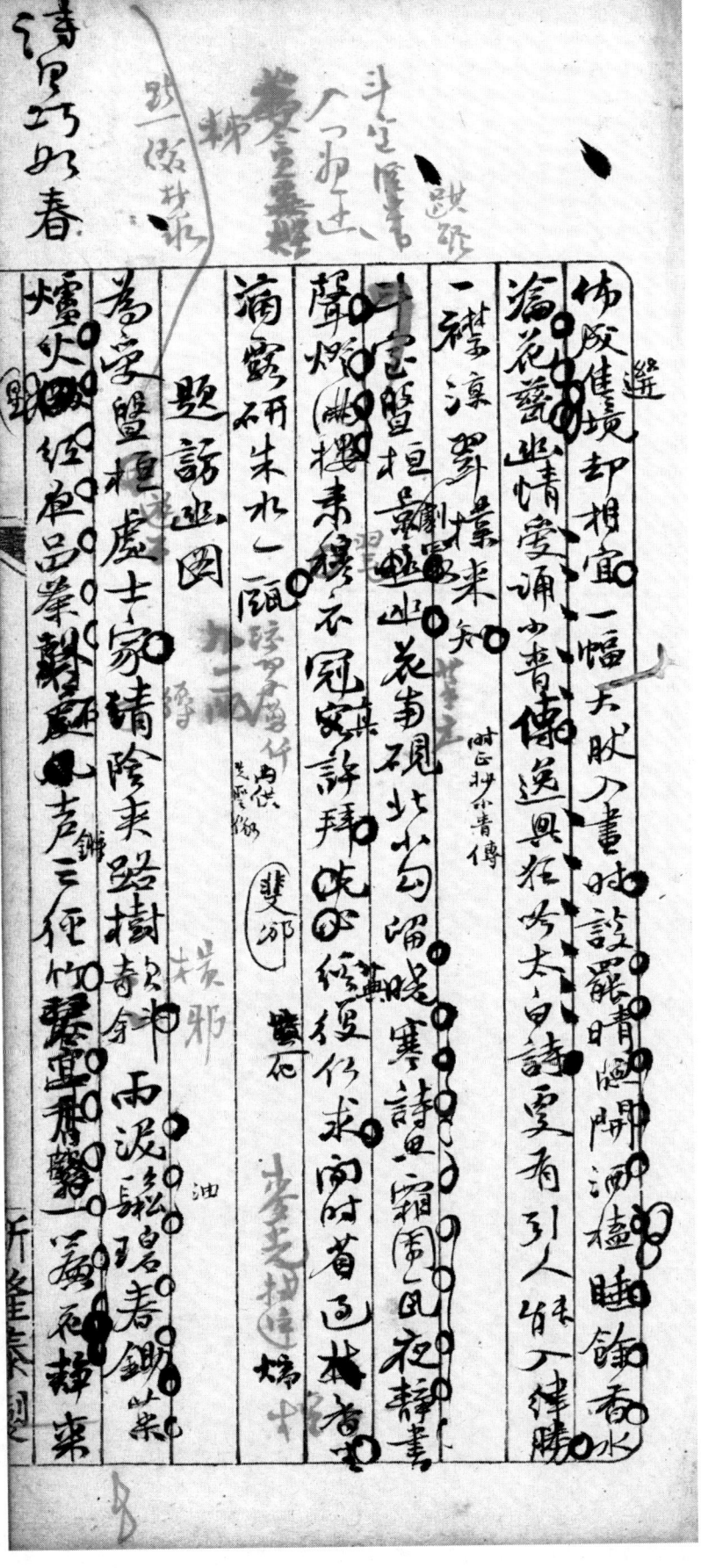

不是桂香也便投朝雲与暮霞

病中吟

常言若齊病魔鑒劍君還如春草萌蘖石久難驅二豎刀直破斬三台性因配藥探醫卷香為焚檀幟情頗作伏門功弟子稍除煩惱當長生

雪夜獨坐懷友

風緊天高正雪青平空閉氣逼人驚誰憐范叔袍不贈且學劉伶酒不醒……雪橫斜月色長河北壯志風塵英雄一寒風爐藥……

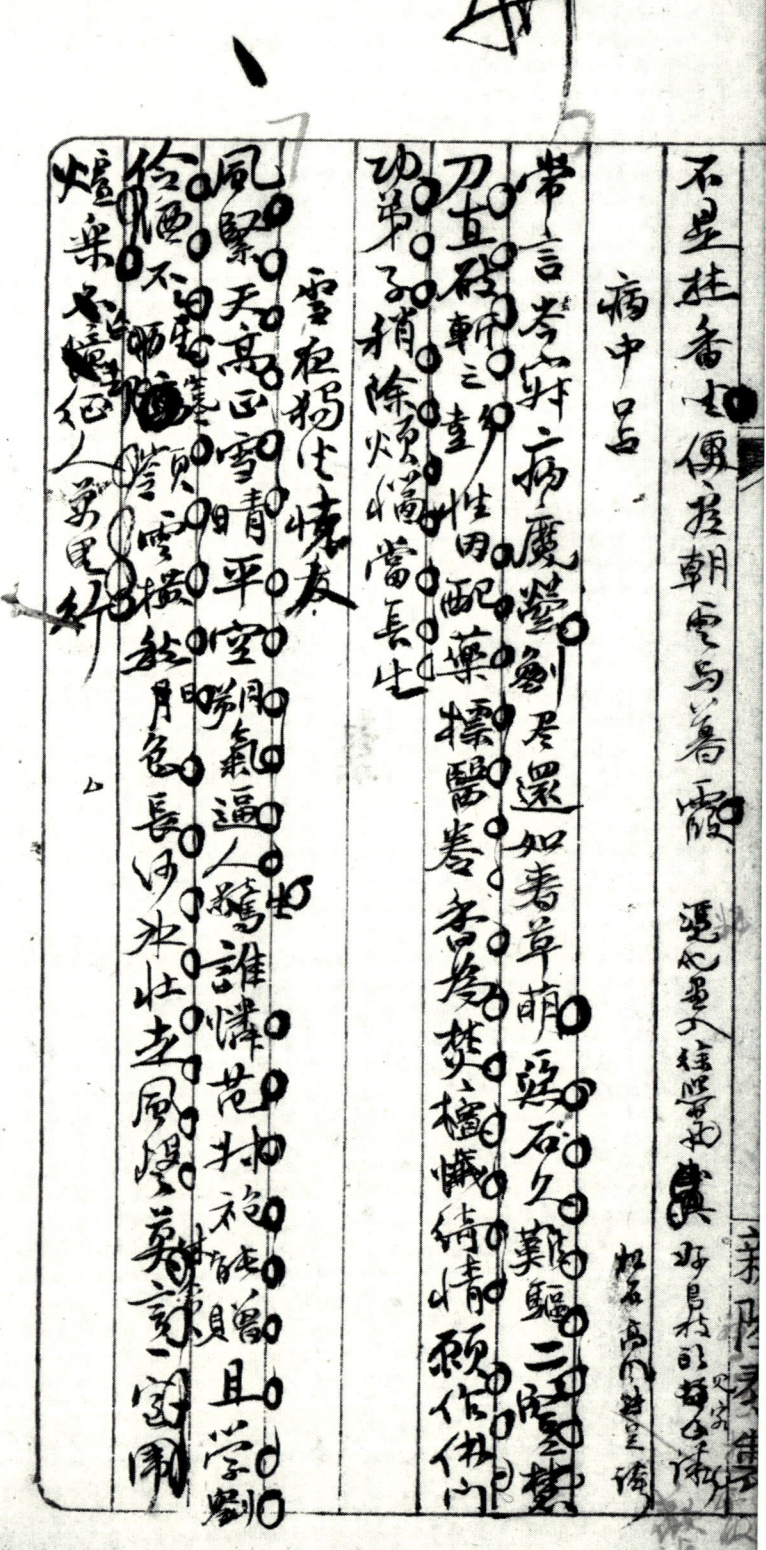

信筆寫去，豪氣咄咄逼人，讀竟當浮一大白。[illegible]

讀詩放歌行

古人生我之前千百年，我讀其詩亦奇緣。後人生我之後不知幾千年，豈知詩何必拘時代。我生行樂須及時，人信神仙酒與詩，造物呵護留得百餘卷，不讀必受長恩記。秦皇威福焚書毒，空餘饒讀書人。豈嘆餓死何必賜銅山，粉骨仍必藏金屋。功名富貴有時歇，萬金不買名一粟，但使人生能達觀。一誑足之言享千秋，福彭祖之壽不啻天上桃，蘇張之天花亂墜，閒蘭離騷是色萬華，空佛唄萬卷一言盡。李杜文章萬古流，錦囊不壽壽玉樓。詩人以詩作短歌，竹林達識淺天趣，我作放歌行，見者笑謂

名句

癡癡人未必能知詩，知詩何必畏人嗤。宵燈縮得昂藏讀

古兒突出爲奇辭，巢燧笠詩混沌缺，唐虞一歌千古詩。

百篇聖人定，萬年不朽人之思。晉唐以後鮮相似，君詩必爲天

下馳。余思論歎奇快見影，憧憧散何在，攘鏗高臥鄰義

皇，夢魂讀句勇覺奇他變。

颶風有感

颶颸金飈動峭巇，淒涼情緒要霽，雀鵲戰雨聯當晚，竹邑燹

風三更借秋歸，緣處處人，散聽鐘鐘鶴舞，家家常姜，週菊地

破炎天謫驅四方，萊藜自由鬼

鯨鯢同罕老枝，連，愷石丈

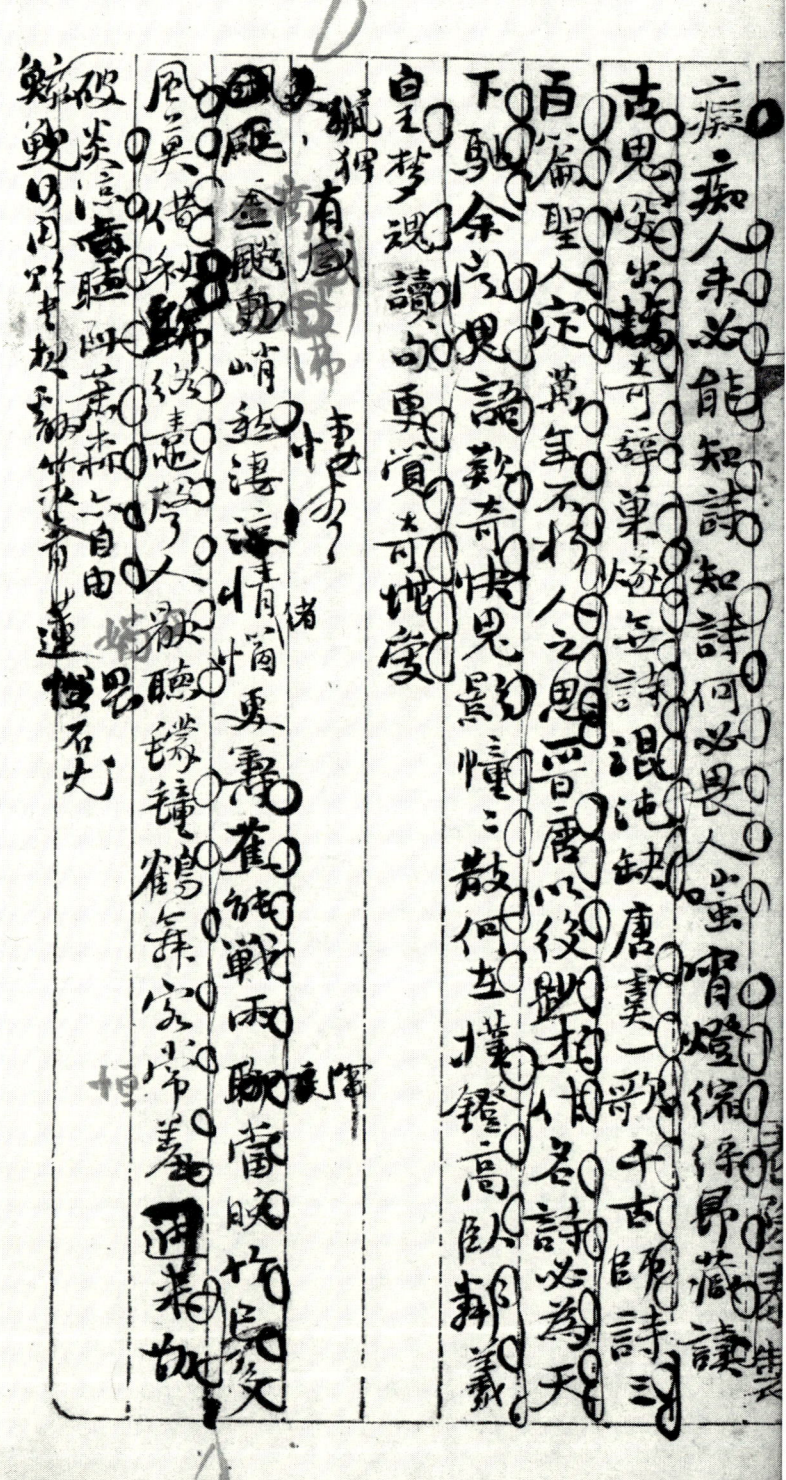

乙丑仲春風雨如織擁衾小樓感而賦此

小樓風雪又春殘，衾冷燈昏夢覺闌。弱柳善愁容易繫，名花多病合休看。蕭声南浦春雲亂，蛩韻西窗揉雨寒。料得有人同不寐，離愁一夕滿江干。

春盡寄家海仲淵二哥數首

花鳥經春便可歡，舊時白滿吟箋。雨蝠綵篆繡苔壁，風蟬……

園林紅藥欄芳草，第三月雨如花多。事一分寒不從芳草莫……

林碧上巳迷樓畫看白髮机約……雲水為誰深……

……風景清明貫我新詩入屬冊，暮雨家歸飛艇浪，夕陽紅……

兩條夾寫粘
停雲詳定
葉山將閣校

看一樓山書聲斷賣宵鐘畔世了浮沈春夢間研爲錦囊添

好句多收鎮日攤吟閣
庭院松風並四字
收藏多今反又家

煙風雲興暢客懷詞思清時豈爲茶名士浮沈千日酒詩家富

貴一春花園葉山骨茁流華松菊高風屬予邀料是水仙香

居如那得觴詠遺韻華
學士知西園畫歲諸傳鍾磬新詞補北堍

良辰偏值賞心娛爲尋芳肩得幾迴古剎星沈燈暈小寒村雨細

屐聲紙殘紅滿地供詩料新綠開門當畫圖茶日淺陰簾不

捲一天涼雨萬花枕飯間

雨過翁墳門與鍾乎聯句

晚唐佳句

帆影去無邊水雲簇薄天石氣泚古崖山影疊空船嶺壁

鳥梭雨溪濃魚噫烟前林如畫畫涼韻更天然

春閑詠

石徑閒遊喚鶴回題詩靜聽半弓苔小緣石磴雨初潤葉場斑

床風破東半扎落花春院鎖一燈深竹夜臨床吟我本自夢

子更淪花藥倒綠

春色和烟亞一簾碧欄杆夕是搖同濃陰似筆郁新涼

雨如絲釣語鎖歌女兒坐前霞鑄哥香院聞東風重扉

不楼建初醸詩無濃時酒色中

裁剪煙花

排得雄姿是醉郎，戴來丗酒賞合光，花顛小院人不情春

刀剪臺夢下香，偶不裸卷羅畫，繪春花鳥笑手塲

當用作題詩，出風蝶一翦陽夕陽

藐儀翁寄橋如舫人

五言絕句

即景寫塔

讀書有佳興，境靜即景寫，花氣一天暗，棋声半日閑，樓氏多

晴水窗小開，容山照入晴，東池斜日出，半畝

一桁簾幃捲，春光點點深，沒曉臨山色，好水淋雨聲多，家去舍秋

數人閑墨自磨，吟聲猶不斷，何用抱琴過

晚眺

醉吟四日

釀春天氣易黃昏獨倚叢林遠村西岸雨絲柔寫橋一江
帆影山紫明細雨小家山如畫孤鷺拳回水有痕四到檻軒
妄一身殘花潑露容離根
讀
病從口占
遂吟詩曖情生常被病魔纏翻書懶整如山疊書硯
何時水作眼睛疑成蛛網篆耳虛時送鵠鈴聲閑門只索青
書窗世事浮沈酒一甌
夏夜獨步
閒時中庭爽氣迎碧陰如幕天靜風吹竹篠螢燈聚月浸蒲

逸句

根蝸國鼓鳴[illegible]蘭[illegible]秋露泣[illegible]水煙生菌衫送扇[illegible]

九許貪納新涼不歇行 揭來迴真 之時解人靜 新題

季雪和氣潑稻綜浣畫欄湧月圓池水調冰簟風普

庭陰畫石藤花蟢開棱壁蘭草蟲空打一窗燈松栅涼

處人琢士蠟痕流螢織蘆册

頗得岩桂一株置綠垣側嘗韞慕人云而有乞桂者請田以

月桂一枝風詩三章贈焉

馨二者桂植彼岩阿移千山齋賞音唯多雨晴重陰蟋蛚香

谿安得佳士三扇馥同詠

古詩歷彩

英氣勃勃
少年意思
悠悠詩名猶

馨馨者桂馥郁噎壇翩翩美人與花同看咫尺天涯人人已難
以永今夕繫學盤桓
馨馨者桂香散庭攧曚勿賞芳人此室處匪桂之馨微人出
馨贈子一枝八厥佳因
如彼郗從

乙丑下第歎 仲兒四哥春秋試互聯

自信鯤鵬偶折翰養成健翮搏風雷淋漓壯志銜杯發鬱鬱哀
雄心摧挫劍來叩已冬心須共抱醉似春夢不堪回從來英氣
另起
珍重鏖鍾讀訓科名善謀才
休將萬杞憂蓬蒿應屬同心意氣豪寶劍丁年聯雁序詩

人

達人之言。

烹鍊、

書儔歲愧鴻毛，恨無古膽擁金石，誰有文情脫賓刀一寸襟

心友不盡皆將向乞字牢騷 敲

讀古書有感

千載縹緗悅古人，石渠玉軸幟藏當，百年歲月杯中物，萬古文章

劫後歷漁獵，成架東羅馬，班終愧葛懷氏，而今莫問青書史話

倉史堆中看見燐

仲冬三日讓晦實甘幸大悚仲淵四哥心雲、雨

風雨晝如夜，雜愁此夕紛，簾春半日雨，恩破一天雲，爐篆琴中法

鍾聲暮後聞，只於淺暖酒，祠生悵離羣。

佳句

不罹有此景

詩筆不到處，風光總在前。雲陰寒過雨，霜薄淡成煙。冬至陽三日，春回又一年。小樓人乏坐，蕭散竹林賢。

吟詩青仙境，便破脫塵囂。人靜片雲淡，天空流水牀。秋池孤嶼月，寒窗小窗山。自少驛塵到，僧侶柴門晝日閑。

詩心兼畫境，都向雪前來。雨緊聲空響，風狂亂自開。屏庭遙合

蒼巖鄰靜寺，奚作傳呈酒，且須飽抱明自回。野橋聯訪棲。

消寒六詠步原韻同散卿作

寒村

兩岸蕭森落葉叢，隔林鴉噪夕陽紅。千家燈影秋霜裡，一路

渾感懷賦物上來
[illegible]

礁聲殘月中，傷暖蟄虫封地雪，蘆寒野鴨鼓天風，柴門穿[illegible]
莫嘆東夜煖，得新醅配晚菘。

寒澗

霜清寒江色澄鮮，碧澗回環石徑邊。野渡風聲黃葉雨，小橋人跡旱梅天。凍來雲練松間月，冷鏁霜潭鏡裡烟。誰憶當年赤松子，數雲排畫我時還。

寒戍

朔風吹老玉關秋，萬里烽烟塞草愁。獨坐邊聲來畫角，一川霜氣上危樓。紅閨夢遠寒難到，青海波枯凍不流。金柝遠流

待日後貽字

鐵衣冷龍堆，齊唱大刀頭。

寒鐘橋

荒隄約略渡，寒墟策杖援梅，結始長人去月回半彎水烏啼楓落一天霜，玉簫敲歇，懸流水，朱雀花空冷久易秋懷解鞍款秋倚蕭蕭，霜雪感韶光。

寒釣

誰向烟波問隱淪，霜濃楓落寄閑身，半竿晴雪江邊月，一笠空江醉後春，蓴菜滿生鄉國憶，桃花夢斷武陵津，千山鳥盡人蹤絕，只許沙鷗好結鄰。

詩情冷瘦

寒鐘

雪滿寒山萬籟生泠泠涼韻散江城殘燈古寺枯僧夢漢火
秋風旅客聲長樂宮還人乍醒景陽霜冷雁空征寒遲
覓句圍爐候一杵心空萬籟清

對雪長排五十韻与雲來賦句不細註

急雪帶風旋危樓薄暮天撒鹽堆砌遠飛屑到窗先黑暗清寒敲
黄昏暝色連敗龍銀甲蛇凍雀玉塔峯蒼冷封三徑林低露一椽
寒城閉不起大地望無邊有影梅花伴無聲竹葉傳擁衾愁擬
水封瓦斷炊烟犬吠柴門扉驢騎灞岸遲精神凝水月色相淡山

川貝關遥絢采晶宮喜騁妍瓌雲堆綮帽宏霞濺花甎青塚

鴻初印藍闌馬和前棠絮開萬樹榴枇暖重皇喚松明峻

描

玲瓏粧種田鐘殘沈古寺帆董壘歸船策笠澄江劍旗旗絕

塞偏銀沙節古巖瑤島昊三千雲淺峯番積冰溪澤腹堅

勾衣同蝶羽隆他蛟泥蹈想煬笳圍思獸發燬望天釜鼎

佛劃地遇岩仙客和陽春人來暮在還細紋青女勸瘦

素娥憐鼓潔魚鱗疊雜鶴鮮光明空眼界妙到毫

顛真曙院亭鑪鼎旋人管徑遊似迷屐齒騷客縫峯肩

墮筏銷階水停杯東洒杯瓊瑩疑弄粉鐵冷簇裝纔作條

舍西嶺吹蘇落北燕洌浪消花障急洒凍詔川舞借嚴飈
棠融添細火緣玉山凝不倒銀海眩難填攢雨春無力銷金
寒酒有權鬼園抽妙緒螢案暎殘編夾岸搖蒲席環崗
綴蘇錢載途悲遠戍盈陌兆豐年絆著青低榜騰棘橐
待滑簷排雲毋拓簾挂水精穿澥面迷鮫室戒着護翠巔
粟殘堆麪市藍小簇筆筵咳唾防珠落參差過壁圓積應湯
谷涸礙飢月輪懸朔氣瑤觴逼清暉紙帳搴平吳犀鐙
耀訪戴鷁舟傻碎米麻姑櫛枯棊橘叟延芭蕉看畫意玄
舞鬭詩篇臥識袁安僵吟知謝傅宣明朝晴更快琳館白重瞻

句佳

佳興

因是遊處佳興饒，呼朋同步綠楊橋。鶺鴒叫雨昏黃近，蛺蝶貪香

將隼鈴溪院有花春似海，畫樓多月夜如潮。丹易詠酒真家

金竹庵閒遊豈待邀

春眼

契

次春訊韻

鐸簾欄豔豔春，爛爛風花庭。離熱燈影畔雨

餘消息後聲中，曉窗多暗綠新。綠柘館無人，石砌紅綫回曲

欄墻少倚一天秋，螺闌梧桐

秋眺

敘翁佳句

唐音

名句不可多得

目斷前邨暮靄遮白雲深處話者工緻寒江涵鴻影幾千里秋
送蟬聲三兩家新月出山涼在樹曉霞臨水艷于花愚溪
漁艇人如織垂柳小橋噪暮鴉工秋雨也秋之神
人生有酒且當歌跣足科頭趕睡魔古渡霜濃黃葉冷空
山秋老白雲多賣魚聲近蘆羣臨岸天鳥行低遠貼繆一
簑人寄半樹梢秋帆收山翠滿船過
閒來濯足向清流貰鑑湖頭不厭遊行樂莫憂時已誤學
恩深正報難周水烟三尺荻花曉江月二分楊柳春此聯夢中句也我是
疏狂不羈士菱花香處伴閒鷗

石閾星齋秋似美人一朕

袁沙濤評

韶

晚眺聊登第一層，畫簾初捲不妨開。山如名士能臨俗，樹帶秋容合住僧。花落雨聲溪巷靜，樹沈星影小樓燈。詩新詩一首逢難就，炒鴨燈前鍋冷相冰。

畫花雨聲油燈樓 江

秋日晚歸 口占

一棹歸來繞野花，微涼吹水生鱗。西風葉落千山雨，古渡橫回

二月春衣惹嫩涼，秋似客門敲深院抱無人。水仙逢處山人洞

同清狂世外身

高峰

千山萬水色无人，小窗中起出環中象。無如天際江杵寒二敲

[illegible]

丑字五友

删

落日帆重勒迴風眺中洲无際仍憂目力窮

臘朔冷雲師宗酸風凍指悵淵哥不了口占誌感

寒聲乱戰蘆花靡寒色斜侵柳葉霑雲山亂疊家不了風

雨一樓人獨眠燒酒獸淺傾罔遠臆吟詩枯索又難居此居吟

寐究重峰唯睡午雞啼枕邊

向詠

相親两不厭酒友与詩傳霜白鵝掠曉天青雁影斜生涯双病

鶴山水一閑鷗謹仍釣佳趣送茶詩脉游

詠物八律与淵哥同拈

丁字簾

題恆樾仄兩首

首刻劃精工

不若題窗君的

是集中〔印〕佳

巧思

珠簾閒掛韻丁東，巧字迴環結構工。蘸墨斜穿辰院裡，和家鉤

低留午總中印[illegible]素月，幾多水漾到香畑。也識風樵罷睡古花

對酌忽殘覩篆更玲瓏

午夜燈

書燈風悶伴殘更，午夜挑[illegible]夢更清。斗轉寒搖亭鳥亂聲

孤低照壁漾朝光，暈回紅豆更[illegible]燃映青藜乙杖圖最是奇

花開夜半深紅少作多測蝶晴

玉膽瓶

琢成美玉色晶瑩，巧樣玲瓏擬膽瓶。白水夜盟光照落丹池

用樓搖情
指南行樞

皺波韵蹤淨斗傾，勸醉攜紅甲鏡臺，飄香插鬢丁，最喜荷花

凍井冰心堅一片，却歷守口暗中銘

金背鏡

雙角價重鏡磨新，金背光明萬萬真。似映蜀花黃暈淺，暗

描菱葉紫痕匀。鑒心銘處三緘密，照膽月懸時百鍊絲純，世不清

伴原白雲抑也底，何須響響美人袖

碧鎖
金貨總

璧障重重射繡毬，花南硯北小巫居，別來松山野峰映出

進天學殺梳草色，小樓春雨裡竹陰閑，臨午晴日初，玲瓏真倩

蟬紗護遶陽林深好讀書

青玉案

橫陳小案玉玲瓏一片光明映虛空爐鴨靜焚煙裊璃囊

螢低頫火熠紅穠青色沁西山雨翡翠光搖此際風寂喜蒲

蘆筠管長燭篆分華攤書人坐綠陰中

綠淨几

拭餘棐几好眼明淨綠濃時睡不禁水邊鈿螺嵌碧嵌風羅磨

少偶偏翠紗低映麥光浮青石寒掐竹影森卻宴茶初香半

綾向移綿錦陽林陰下

丹篆爐　二首

鴨炉烟靄鎖迷離，九轉丹成巧篆奇。甲鼎夜深回火候，寸簾痕

樓鳥風時博山形，古晴日雲護沈水香濃暖旭移，化去庭知心作人家

研朱人坐山房花宣。

山寺暮歸

谷口林深烟靄生，為尋山寺遍山行。木魚聲急苔龕暗，水鳥行底

竹棚明泥屋雨晴，牆半濕石橋沙漲路多平。偶尋樵子詢山叢，

犬吠茅籬見客迎。

止

秋夜閒步

6

便佳

信手拈來
都是妙
諦

蒼茫烟樹接長空夜色江村處處香霧籠雨岸荻蒲燈影裡幾家
濃
楊柳水聲帆月低小窗將沈水星閃於河岸隨風長嘯一聲去飛鏡
起蕭蕭涼意敲梧桐

日經臘蛇寒生水星閃河渚冷聲風

口占

不羨神仙羨少年菊香茶熟小牕前荒雞叫月三更散翔雁來
霜十月天多少雲山空眼界迷離詩酒妙蹄筌何須吸盡
西江水逸興遄飛淋漓酒滿箋
士不逢時莫畏難且將塵障滌清滿江山羅列何須舊花鳥
多情儘當藉酒為談心常樂醉詩無佳句少加餐棲禾粗補聊

揺毫擲筍
寺趣横生
不減昌黎
錦囊中句
□望讀

青蓮白興遥　秉英子叠甕
邃峽拜讀

登石佛寺題壁　寺在下方橋

剖開混沌挺峙石嵌空玲瓏三百尺中存古佛身擎天神工鬼斧
真奇特云自納聲本三生崖絕壁穿天成上有寶頂盤結鳥
聚鳴下有蓮花不動天魔孽俯瞰冥黑無底百靈狂躍萬
怪起緣香黯藹高瀲噴古洞雞思議殿名雷鳴鵰蹲直
峙盧冀高看巍巍天柱坼地立風雨白晝雲蚊萬余目
久羨清涼境此境開南星岩□摩洋出家滌煩古香纔靈草
石鼓呼吸上擬般若臺狂風磨石薄生怒雷岩巍犖确超塵埃

巖陵

古段器
陵樹似
郭丞
孙中祿

巉登巖嶺陟重峽一聲長嘯萬壑爭鳴而今寂寞歎若失參之重排細重排細實壯哉相去圖窄不過一二丈將鼎鸓林頭上个山来歌成古佛笑山魏山魏 實疑真

晝坐

永晝悄兀坐層巒一林巒詩書靜中偶相識對識真樂射日擊疏簾撼風戰危幕北牕罕高卧琹床嘯吟寞蒼斑峯走梁塵睇人動驚鸞逸趣遊筆苔碑若籀勸茶格清喹出其中閑雲流飛閣山鳥嘯山巖峗幽險窕重巒澄江曳遠擾奥思攄寥廓情極希太古天籟嘘林樽春颸扇日晴春香新木闌

訢逢長[illegible]

亞紅芳闌蜂窗栢華碎音搖梵鐘別有素心子咫尺呼離
索危抨晉玉居騷壇冷金錯潑味寶愈眈醅醪飲茆醑
豁然爽天地塵奔徒羈縛兀傲睨凡境浩納淡無著古鼎彝
晴窗直讀舒纖纖韡長物贅壺瓢閒侶匹雙鶴中有羲皇
人一卧卜廬抱恬泊澹濮躍一冑萬古啓瞶鑰意露飛筆舞手
狂墨縱揮灑箕踞發長嘯行氣滾夏豪不薄不
出郭 漢
出郭三十里烟波遠興長亂雲山沒頂細雨瓦生光水鳥
啼烏桕溪牛臥白楊 箏錄蟬聲鶴鳥 秋僕注窺望 平原望不盡烟樹兩蒼茫

此舊本詩六葉補棚棚不及恒蹊惜

字太潦草略日當別錄一通以償素願了

琳青仙館舊稿計詩乙佰廿九首弟繼慕有年今而得之喜

可知已有詩未見之詠不足余言為何漢

光緒丁丑午月中澣九日書巢山人記

塵翁吳季真氏畔

嗣又收得舊稿廿首

楚楚可觀叔余為一集

偶句

吟

琳青仙館詩藁　萍舘佳集　戊辰子珍陶方琦

接鍔

別嗜諸兄弟時情緒悽惶驪唱不過三日耳　時各計偕北上

海田風雨長亭離何況到崎嶇上玉京春夢空追萍海羈騎

愁顏續庚蘭成雁飛直上孤影驪唱江東遠從非

此西窗剪鐙話好將長寄鄉程　遥遥

不定之波瀾逐斷蓬一聲驛馬各西東草草異地新驪馬蹄

思摩天愧鳴春州綺怯南浦雨寒梅燈影北窗風雨今

若問相思只說迷離烟樹中

綺觸　長在

氷雪聯句

露宿風餐爲晴嗟宿時須暖食須加休晚南國相思亟速採東

風及第花古驛夜長雁噴蕙萼異鄉春冷莫思家蜀叮嚀從此

須珍重憶否依依黛碧紗

夜酸曾江曾津向灘衣裳吟裏去

尖凄風雨渡江濱一季蕭條別恨不是過江風景無情

天氣有情人

佳句

宮角上候海趨滬

夜火浮橋地寒雪知霄趣和木石春夢一燈緣書銀颿

寒窗盤飧浚漠緣倚窗情憂雜緒如蟻章

沉雄磊落不減船山蘆溝詩

張□□

多路更發來風樹如傳

過蘆溝

從頭躍馬入蘆溝萬里風雲健壯游山擁指闕天上古月光

泚水地長秋路多虎比重道險人載燕西萬斛愁多少金臺

舊豪傑一齊還吊五更頭

雲鬟長擁驪駒石鄉卿心南望失群中雷地震名自相和古天近人

思小萬山雲擁太行隨海却月寫高鎮吹思過莫進身書劍

飄零幾身入金城紫氣向 傾題 李

君過楊村

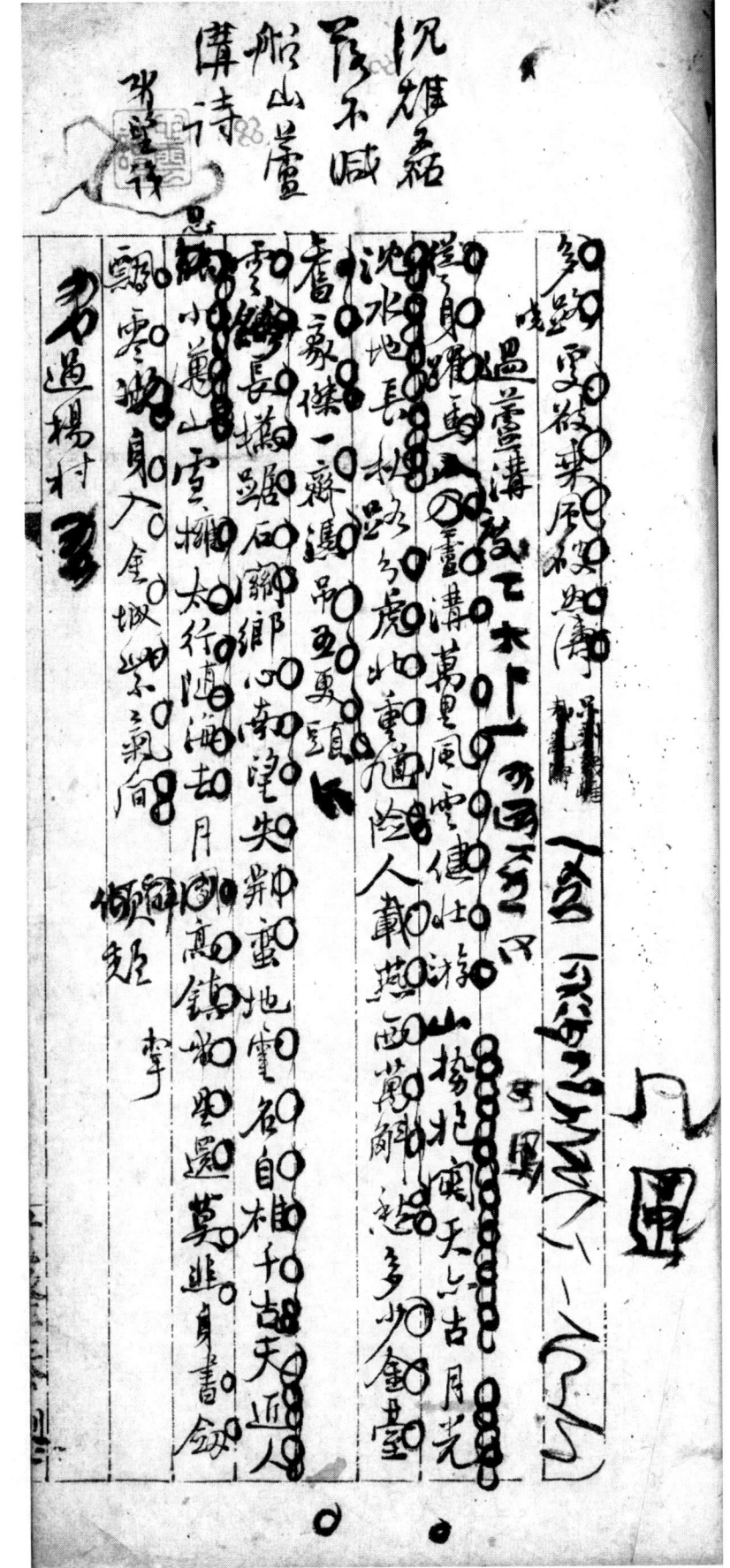

五字長律

曉出楊村[illegible]星霜苦逼寒驛燈紅[illegible]縮村樹黑成團月世双鴻

卯出一馬驟蹄頭足刚月休作故鄉看

隻騎細索蕭蕭意游身因為安賤業悔過時修不内洲長

簸無春草慣世雨知雲樹曲橋自幾回頭

韓目懷思長春暢[illegible]思西茫茫駛鈴碑鐵月三更白馬[illegible]鄉廢

加大黃[illegible]上氏書塊作客中陰别無鄉信祇妖李猶如此

一望垂楊一斷腸時西氣正鶴[illegible]如長安近日傍

天涯彈雨急千顛一滴萍蹤空自憐候見柳堤春一綫已暌

長安風

冒雨之曲

梓里月重圓詩田借宿何如燕雙棲身還家儼覺仍留住燕堂

太無味餅鄉拋卻結塵緣

時將殿上補試宿工科房內

聯步發簪紫禁衙萬人窮宿守嚴更地寒燈火濃煙夢天涯

銀河沁影寂宵靜遙知玉漏冷早朝先聽玉珂鳴遍被春

風雲志契舞從教一夕生

寄懷心雲弟即步原韻　時寓館邑薦璪窗睦寒殘夢如

約新愁倍切別燈餘之如聽芳樹子規聲聲喚人歸去也

見恨無緣想有因瑤章飛到感情真風聲又送春三月燈影

佳句

繡幃容一身偶食黄魚鄉味遠（時初食黄魚）能傳青鳥好音步楊花已老

萍花以同似天涯作客嗟

鴉春天氣似秋和客邸光陰互織憂異地有花都是淚以趣多月影時

不須樓（京中少揚居）曉春烏語驚千思破寂寞幽懷遊一樣客況淑花樓

上元夢中長抱好詩眠

寂

間游破

年夜遊來與饑破書剃

僧心枯似木佛面古于苔君雨蛙閣

春風阻馬来

神旌揚电處於鼓白楊堆

容

題友人浮海圖

紫畛小印

鄉橫紙上

蘇

優曇

萬里遼東□蘇遊竟不歸春遲猜如和風□沙程地近榆關治

船開本市廟銅鑼如許聽昌豪氣通細衣

鄆渡海將至滬吹帶雪詩

知少魚見四舵腰長嘯震風雷一身車馬惟負萬里

蛟龍一七鎖春雨積帶潮岸在沙驅從山雄心颯

雞書一首真三百

滬上抱病口占

雁紙彩感復可悔顏半磨鄉遊說久春難待客

雷完病又來聽雨心情總信阻風味恨者言且

二十三日為嗟西樓快渡丙

泊蘆區　浙

十里蘆區地，停艤竟日。愁類雲崎，到晚冷雨急於秋，攪枕濤聲

壯推敲。篷掛鄉心，對帳燭，愁見淚雙流潸。

萬響結蕭騷。歸心正解纜，文直燈影，照毛髮依然故我，家味難

如許愁，山鎖睡不牢。破夢無已，友仍奮頁。

泊三橋驛，雨又注，歸鳥徹宵，病骨愁心與之俱碎，賦以自遣

雷車劇訇，走空天，悄悄雨腳，翔風撼林，萬樹號。

雲富里，細細舶碎音，打篷兩聲，似秋聲。估畫秋心死，遣天

王字每將稱玉友

漁篷聽翠凡，雨待鄉泣。

予祢偶作以為世箴　語〻痛切令人驚　自卑

鈞安

言之慨於還不如無訟罷了

無訟行

官長不視事，民瘼何由陳。一紙入公堂，糜費千百緡。此中有枉直，
朝進望夕伸。誰知虎狼胥，飽槖猶嗔。一的不得理，鼎鑊煎爾
再旬不得理，械梏縶爾身。三旬不得理，刀鋸起吟呻。未質如犯
韋逼恐嚇，斷斷偶爾激意氣，傾家蕩業言負官方，卧錦裀
烟日三巡，環觴知兆堂，歡樂常如春。可憐肺石上，鳴冤有窮人
即令坐親，勤舊法煦嫗遵，或遂其辭，怨武斷藐，真數語
仍作未了，因交悔苦求已。需索百餅金銀，不然作懸案
晨壹使噫嘻，有官相緣黄當世，罷是非結訟，亦出倫待至
成賀備受艱與辛，湯立告妻子，長為無告民，直緣魚肉沈冤
猛虎磨牙不可親，豈知此時司牧者，猶誇無訟聲

趙盡若狀心　司牧者讀此不動心真禽獸食

此時悔已晚了

窮民受災官吏得福言之慨然

催科行

季春方蔘蠶首夏方耨田官又勤催科逼索及
帑愚氓原饒然奈何補瘡肉復剜膾膏煎痟
連駢一日蠶飼桑繭痛奔揖一日失耕秋收
綵貸兌牽遍邑窐方諭催輝煌滿市囂吆喝來偏鄉閭
如飢鷹大戶置催單小戶名喧闐揚言白內役至便知連閭者咸
服粟顛顛麼餐眠比屋質敂且博得繒幾千不啻萬身上
連償官錢結牽進邑徭哀求速掣手書吏目徽賄執冊仍
偟待一宵晏猶慮個裏聲呼來前今歲正豐年豐須舊償
三哀涕漣悼頭去不己妝奩蘘解纏歸家長太息罔產陌
鬻而賈尚可緩爛殿戶及縉紳不過遍言議守田足主及作
怨氣胸臆填嗟毋宦吏作威福一邑昏黷無蒼天

(清)陶方琦 撰

琳青書館詩藁二卷
附道咸同光四朝詩一卷

民國抄本

琳青書館詩藳二卷附道咸同光四朝詩一卷 提要

清陶方琦撰，民國抄本。一册。每半葉十行，行二十二字，白口，單魚尾。緑絲欄稿紙，楷書工整謄抄，首録陶濬宣題辭。

是書内容與上海圖書館所藏同名稿本同。全書録詩一百零五首。是書凡二卷，爲民國抄本，卷一爲『爨中吟』，録詩九十七首。卷二爲『萍唱集』，收詩十八首。與上海圖書館藏稿本比對，稿本卷末所附《無訟行》《催科行》二篇，已收入該抄本『萍唱集』中。抄本新增卷末補《曉征》一首。稿本塗改增删處，該抄本均已訂正，且缺漏字處，亦以小字標注。稿本天頭處陶濬宣批語，包括『删』字樣之標注，均一一過録於抄本。該抄本應據稿本謄抄無疑。

是書卷末有附録，輯收陶方琦詩作四首。附録卷端首行題『道咸同光四朝詩』，次行寫『卷五』，意謂該詩曾收入《道咸同光四朝詩史》卷五。《道咸同光四朝詩史》爲孫同康（孫雄）所輯之道光、咸豐、同治、光緒四朝文人之詩歌選集，刻於清宣統二年（1910），意在保全道咸以來詩史源流，重視史料輯録，以詩存史，故以『詩史』名之。結合《詩史》一書的出版時間，故此抄本年限應爲民國初年。

現藏浙江圖書館。

琳青書館詩

題辭

横埽騷壇若土灰浣花真不愧天材鬼神定向空中泣錦繡都從筆下堆語不驚人猶俗骨詩能佳句總仙胎鯨跳鶴立令誰敵讀罷須傾三百杯戊辰夏月心雲弟望謹讀書首時避暑于吼山烟蘿洞

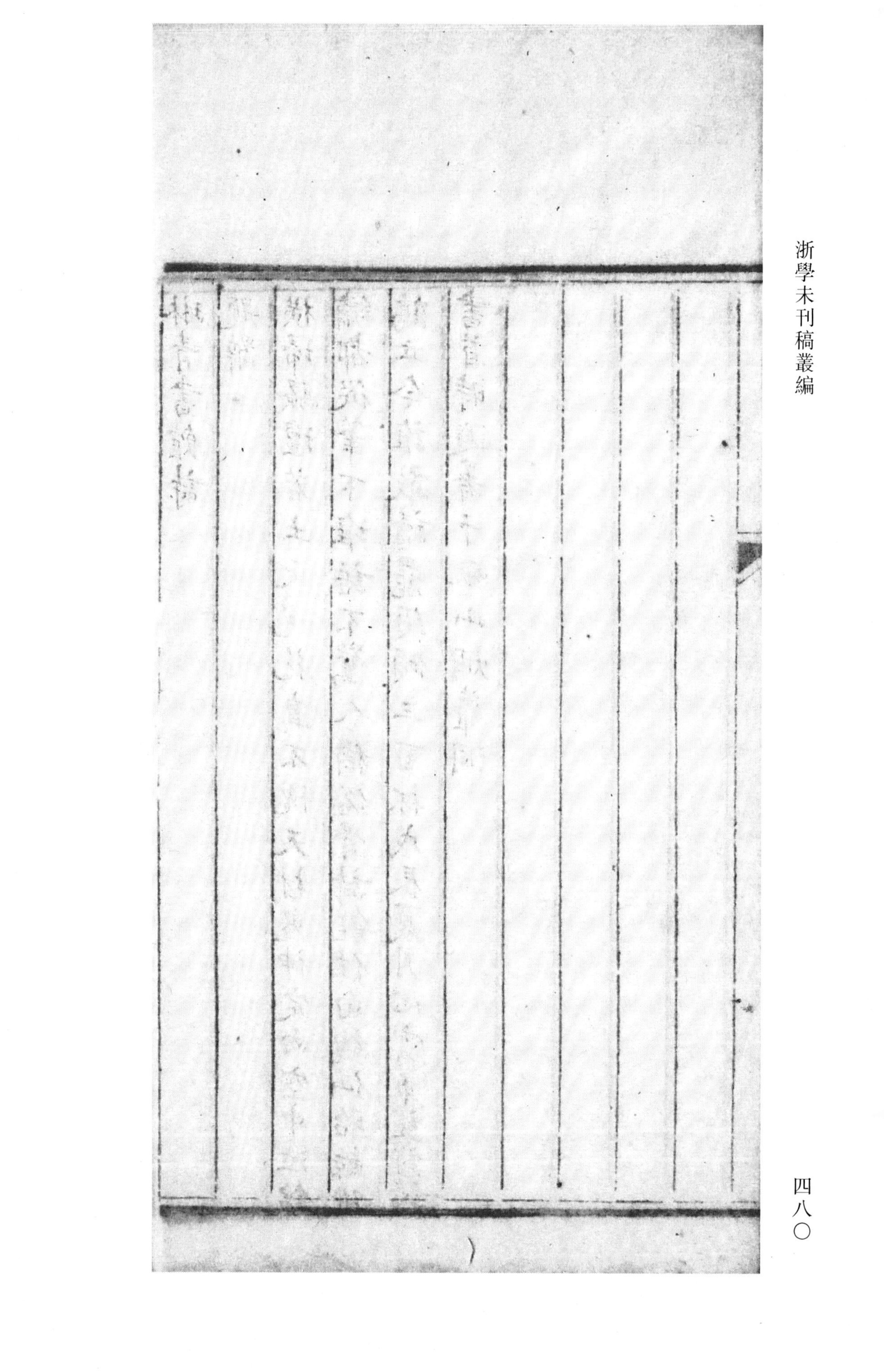

[illegible]

琳青書館詩藁目錄　　　　　　　　釁中吟

壬戌春日避難有慨
登山寺
過陳氏舊宅
讀史有感
嚴君命賦卧雪餐雪二律
夜望
獨步庭陰
懷心雲弟時臘月晦日
賀雲弟斗室落成題壁二律
題訪幽圖

病中口占

雪夜獨坐懷友

談詩放歌行

有感

乙丑仲春風雨如織擁衾小樓感而賦此

春日雜詠寄示仲淵二哥

雨過翁墳門與雲弟聯句

春日閒詠

即景二律

晚眺

病後口占

夏夜獨步

購得岩桂一株雲弟有乞桂請折一枝以贈焉

乙丑下第步仲淵四哥原韻

讀古書有感

仲冬三日淒晦實甚率吟懷仲淵四哥心雲八弟

消寒六詠　寒村　寒澗　寒戍　寒橋　寒釣

寒鐘

對雪長排五十韻

佳興

春恨

秋眺

秋日晚歸口占

高望

臈朔冷雪篩窗酸風涷榻懷淵哥不至口占誌感

閒詠

詠物八律　丁字簾　午夜燈　玉胆瓶　金背鏡

碧瑣窗　青玉案　綠淨几　丹篆爐

山寺暮歸

秋夜閒步

口占

登石佛寺題壁

晝坐

出郭

琳青書館詩稾目錄　萍龠集

別諸兄弟

倚髑

渡曹江

鬲甬上

過蘆溝

過楊村

登燕都崇阜有感

時將殿上補試宿工科房内

寄懷心雲弟即步原韻

閒遊破寺
題友人浮海圖
渡海將至滬
滬上抱病口占
泊蘆區
泊三橋
無訟行
催科行
補
曉征

放翁佳句
弟祖望識

琳青書館詩稾

爨中吟

子鋆陶方琦

春暮偶詠

為過鶯時佳序非十年蕉夢覺來稀幾聲曉屐催詩物一
領春衫當酒衣新草雨深蛙角響落花風緊燕攔飛筠簾
窣地無心捲長住林園翫魄暉

春日避難沈鳳

松蔭播節野老閑仙家雞犬卧禪關溪頭雲濕旋成雨谷
口烟消但見山石徑縟苔青點綴貧家種竹綠迴環閉門匙
絕游人跡薺菜花開色一般

對句勝 弟望

秋日辟難花莊

幾家環水路多通江鳥藂鳴疎竹中岸窄白蘆飾夜月林乾黃葉戰秋風蟲沙幻夢驚狼孽鷗嶼閑身伴釣童正是江邨好風景菱舟三兩夕陽紅

山遊

綠萍無限暎回汀謖謖松濤洗耳聽低澗水聲雲外泠小樓山色雨餘青翫花乘興來孤寺看竹無心過野亭莫道岩居無樂趣閑栖猶讀换鵝經

避難回家賦此

垂楊不斷接平蕪軟綠陰濃罨畫餘匝屋亂雲高樹裏灑

對真佳句　弟望

五字長城　弟望

窗細雨落花初參差樓閣多飛鳥灔瀲池塘寂釣魚可惜柴桑荒寂寞祇煩雲水護幽居

山居

浮家在巖麓姓翠鎖窗中暖塢花饜日寒溪竹拜風野禽稜澗綠山蜨戀墻紅大有辟秦者桃源恨路通

萬壑撼長松白雲何處鐘竹疎喧水鳥桐煖鬧山蠭麥飯村民味芒鞋散客蹤嘯餘多閑興挈耦上高峯

登雲石泉

直到岩椒望苔龕雲與齊烟低平古樹風細碎清溪天水孤峯小江環近部依雲泉晴漱齒躑躅入松栖

鄉却風景如畫　第望

删

家居

燕里廬盤姍吟餘便掩關花濃蝴蝶粉竹碎鷓鴣斑曉霧
白成海夕陽紅在山　撫春酌莞秸慕幽閒

懷仰松八弟

不避山鄉避海濱憐君長作異方人淒涼旅思徒聽雨撩
亂鄉心又過春好信時傳青鳥使浮家只結白鷗鄰縱朕
作倫客飄萍慣別緒猶能夢裡親

襍憶

窮居真似學鶯遷飄泊萍踪又一年憶友那堪星散地離
家空記月圓天山深矮屋籬為户市小荒村店在船可惜

刪

桃源人不識隔林何處起炊烟

春日偶成

月團新瀹玉瓢杯一綫春光緩剪開莫道東風最無賴小腕端送落花來

春閨怨

回欄花畔雨絲絲一片春魂總是痴不唱金釵腸斷曲畫簾愁被雪兒知

雲鎖空幃孏下樓倦簾長被好花羞嗔他無限春流水不送人歸祇送愁

入骨新愁怯曉寒玲瓏紅豆水晶盤惟餘一掬傷春淚濺

意新穎

刪　刪　刪

入青楳也怕酸
紅燈瑣語拔金鵶寂蔑珠簾黯澹紗一院月明人俏俏不
知何處怨梨花
沈香庭北畫樓東春困慵眠繡帳中不種芭蕉聽春雨鬧
紅又送海棠風
燕嬾鶯癡恨不堪玳鈎低亞玉纖纖梨花一樹裁成雪亂
逝春風撲繡簾
花落中庭鶯不來別時情緒費疑猜儂心大似芭蕉葉無
奈東風展不開
迴鸞嬾刺麝慵添恨字書成疊疊箋縱有女媧五色石却

删

溫李瓣香

難補就是情天

新雨初過

綠樹濃雲漬屠蘇爽氣來落花多比雨新水嫩于苔薄貽
千嵐現涼痕半榻偎桃花啜三兩清賞荔香臺

秋草

沙漵阡眠遮纖思冷烟何處玉驄馳西風青塚黃昏後南
内空階夜雨時野火不消原上刼池塘無復夢中詩菀枯
一例離騷賦繽繚芳企九嶷

美人梳頭歌

繡帷夢醒歡唬鳥花壓綺牕麗清曉月波靚瑩玉奩開鬆

刮骨清吟
純乎自然
弟望識

鵶依隨雙鸞釵皓腕徐擡戛金釧茜衫褶暎銀屏艷水精梳滑青絲長綠雲委地蘭膏香纖甲輕勻蟬鬢薄花鈿小鞾飛金雀盤龍隨馬鬪麗嫣玉人唾花憨可憐妝成照取深波影一樹棠梨倦尚眠

秋夜

馳暉運天機逝水回地軸荏苒時序更秋氣一何肅桃李萎清塵蘅杜弋餘馥寒蟬戀枯枝商飆激空谷中夜何蕭條睠此千里目盛衰儵遷幻觀化等榮辱亮哉達士懷無為守其樸

榮悴各有時斯理今古諶知命復奚疑無為計升沈力耕

句奇

雖勤苦幸無塵事侵中宵畢群務澹然清我心開軒對良辰濁酒聊一斟明月流長天清風吹羅襟為歡貴及時憑誰惜寸陰琴書得真趣千載結知音

鸞鳳栖高岡奮飛淩九州來儀必待時翩騫悵寡儔志士劉材紲泠然熠悔尤四海一何局高步追天游叢木蔽巖阿陽春澤未周幽蘭閟空谷芳馨揚素秋榮枯乃其常天道一浮漚觀化有餘適奚為集百憂存身師尺蠖精義复何求

涼飈扇秋節蕭槭動前楹蓆居寡遐賞拂衷步周庭木葉下霜階秋空河漢明哀鴻唳中宵翩肸獨南征秉志拒違

刪

詩清入骨　弟望

翔振翮無修翎白日忽西馳熒熒曜列星皇靈無私照萬
物皆敷榮風雲如拾芥累久德自成治世罕遺璞何用憂
令名

山居即景

清晨入林去采藥到仙家流水空今古荒山變歲華溪風
肥葦葉巖雨臟松花亦似桃源地只愁雲不遮

秋居閒興

絜絜重榴曝曉暾雞豚桑柘樂鄉村牆前遠樹碧于障湖
上小山青到門飛鳥貼波明白晝綱魚敲月冷黃昏半林
落葉三間屋中有詩瓢共酒罇

閨咏四絶

對鏡

朝朝歡喜報儂知。每睇粧臺仔細思。自愛紅顔誇鏡好。照人須照少年時。

披帳

曉日斜侵玉鏡臺。欲披鴛帳費疑猜。檀郎尚作巫山夢。怕有春風送冷來。

揷花

庭前折得海棠芽。倒插雲鬟一倍華。更囑侍兒須記取。儂心只愛並頭花。

問字

欲將奇字問分明行近郎前喚一聲紅袖權為詩弟子是
儂夫婿是先生

閒興

蚤識令吾即故吾等閒花落鳥啼初世途耐味甘中苦酧
誼多緣密後疏春夢過于真富貴夜唫都是好詩書此中
鏓硐能無蔕人境何嫌竝結廬

擬古從軍行時冦氛未靖感而賦之

君不見大漠風高土花裂八月沈陰團急雪匝地愁雲凍
不開髑髏橫嚙刀頭血扞禦連年老朔方逆行妖孛凌穹

詩成斬將
酒熟封侯
奇快處足
以擬之
弟望

删

蒼烽火連宵獨邊境羽書絡繹歐咸陽授鉞專征擁駢節十萬鐵騎屯胡碑霜攢兕甲皴暮寒風戰鸞旌燭曉日關中健兒爭從征佽飛萬里荷戈行雄心欲蹴崑崙倒奇策思填瀚海平轉戰輪臺殊未歇天狼一星大如月鐵甲生鱗宵令嚴茗花繡澁蛇矛折十載龍沙甘苦辛誓將長戟掃胡塵西風戰血吳鈎暗邊月楊枝玉笛春日落孤城氣蕭窣牧馬悲嘷折鮫敵白雁長征紫塞荒黃沙亂卷青燐泣回首長安在夢中燭天兵氣壓關東何時手縛單于頸好著雲臺上將功

興安偶咏

花村閒卓酒家旗，十里嫣紅趁蝶飛。春雨杏花雙燕語，晚風楊柳一人歸。背山城郭迷朝霧，近水樓臺占夕暉。作客年年太無味，故園風景復依稀。

偶詠

鎮日垂筠閴鳥護，半寮秋影弄橫斜。東風嬾後西風峭，瘦盡梨花瘦菊花。

花影

娉婷花影一枝紅，曲曲欄杆細細風。應是芳姿甘冷淡，伴人祇在月明中。

無題

佳處不減玉溪生

十二欄杆廿四橋揚州明月可憐宵春冰半涴巾中淚暮雨新添鏡裏潮暫鍥茗華文字艷愛吟蘭蕙誓盟遥最憐銅雀臺春盡猶借東風鎖小喬

珠映湘簾玉映屏沈香亭北百花晴鏡因照嬾愁難識衾爲香濃夢不成碧海何須思月姊藍橋原不阻雲英碧城本是無多路只索青鸞迎

飛瓏璁熨曉鬟鈴香襻洛川還紅嫣笑靨雙渦水青蹙眉心十樣山幸有相思金縷枕斷無消息玉連環牕化作光明燭羞被璘僊燭淚斑

邐迤青屏夢不通可憐眉黛顰垂同恨深海鳥蘄填石疑

劇杯蛇解辨弓梅子有心酸夜雨梨花無力嬾春風王昌
望裏休回首漢碧牆紅只尺中

夜渡五虎江

征衫跰跹送歸鴻萬里長乘破浪風人世幾回春夢裡客
愁無限夜潮中十年心事拏雲異雨地鄉情望月同長嘯
一聲孤鶴過怒濤星暗滿天空

和星航師菊影一律謹次原韻

曉探殘菊雨痕收顧影堪憐瘦到秋紫豔靜搖風作障白
描淡繪月如鈎卷簾寫照推高手對鏡傳神揷滿頭商飈得
白衣將酒送簪花笑語映清甌

刪

閒情初賦菊潭遊瘦影涵空漾暮秋風插膽瓶風景繪檮
揺背指水痕流烟雲筆化和人淡霜月樽開伴客幽偶倚
疎籬增雅賞數叢掩映晚香浮

遊春

冷節沸江䵷東風遊興佳曉帘花外市春靄雨中街遊客
鞍停陌閨人癖擺階回頭見楊柳此恨渺無涯

閨詠集唐十首

雨濕輕塵隔院香元稹青荷葉子畫鴛鴦王建但將竹葉
銷春恨韋莊嬾對菱花暈曉粧韓偓玉笛豈能留舞態羅
鄴金杯不以滌愁腸劉兼珊瑚枕上千行淚劉皂半是思

合讀閨詠十首巧思綺合運古入神聯絡處滅盡針線迹矣當以錦囊貯之 弟望讀

郎半恨郎 劉采春

萬轉千迴嬾下牀 崔鶯鶯 巧匀輕黛約殘粧 施肩吾 郎君下筆驚鸚鵡 李商隱 帝子吹簫逐鳳凰 白居易 寶鏡塵昏鸞影在 溫庭筠 金罏灰滿鴨心香 無名氏 珠鉛滴盡無心語 張祜 把取紅箋各斷腸 劉皂

席上

取次梳頭闇淡粧 元稹 細環清珮響丁當 曹唐 銜杯微動櫻桃顆 趙鸞鸞 飛琖遙聞荳蔻香 韓偓 金匣掠平花翡翠 徐夤 舞裀揉盡繡鴛鴦 李謹言 依稀似覺雙鬟動 元稹 斜歛輕身拜玉郎 張祜

春意

鶯囀高枝燕入樓 張仲素 暫時思去亦難收 張碧 女蘿力弱難逢地 曹鄴 桃葉眉尖易得愁 徐凝 曉夢未離金夾膝 溫庭筠 悶懷閑弄玉搔頭 韓冬郎 長條亂拂波心動 徐鉉 波底紅粧影欲浮 李中

閨恨

香鴨烟輕爇水沈 和凝 自知明艷更沈吟 張籍 被郎嗔罰琉璃琖 施肩吾 莫獨矜誇玳瑁簪 杜牧 言語巧偷鸚鵡舌 元稹 精神別稟鳳凰心 張説 金錢擲罷嫣無力 顧甄 却向牕前理繡針 和凝

又

愁見鶯啼紅樹枝王麗真碧闌干外繡簾垂韓偓燈前再覽青銅鏡施肩吾席上還飛白玉巵楊敬述天外鳳凰誰得髓杜牧人間鸚鵡舊堪悲高蟾欲知別後相思意戴叔倫盡在停針不語時朱絳

又

鳳城寒盡怕春宵李玉溪深鎖東風貯阿嬌何希堯欲綻似含雙靨笑温庭筠不愁誰奈兩魂銷楊凝宮前葉落鴛鴦瓦胡曾竹裡苔封螮蝀橋韋莊為問翠釵釵上鳳李義山拂塵猶自妬妖嬈杜牧

又

對影聞聲已可憐李商隱多情信有短姻緣鮑生妾應傾謝女珠璣篋羅隱醉倚王家玳瑁筵廖凝不把丹心比石駱賓王獨將珠淚濕紅鉛施肩吾相思一夜牆多少關盼盼只是當時已惘然李玉溪

又

欲化西園蝶未成張泌不將心事許卿卿温庭筠長疑好事皆虛事李山甫甚覺多情勝薄情鄭谷蠟燭有心還惜別杜牧御香聞氣不知名韓偓側邊斜插黃金鳳趙鸞鸞雙宿雙飛過一生無名氏

又

日斜方動木蘭橈陸龜蒙暖殿無風韻自高和凝佳句麗偷紅蕋蔔羅鄴靈華涼沁紫葡萄趙鸞鸞任伊孫武心如鐵羅虬解引蕭郎眼似刀李宣古欲識舊來雲髻樣劉象春紅芳落盡井邊桃施肩吾

壬戌春日避難有慨

綠楊煙岸雨濛濛韋莊野寺無門院院空元稹去路全無千里客李嘉祐移家空載一帆風韋莊音書斷絕干戈後李頻骨肉流離道路中白居易愁事漸多歡漸少許渾自憐羈客尚飄蓬溫庭筠

登山寺

衆岫聳寒色賈島長城帶晚霞鄭愔閒簷喧鳥雀王維古屋畫龍蛇杜甫江靜潮初落宋之問山深日易斜王摩詰寒塘歸路轉李嘉祐野徑入桑麻謝皎令

過陳氏舊宅

舊宅何人在張祜漁舟繫綠蘿許渾地寒春雪盛賈島山蘿夏雲多宋之問小苑鶯歌歇孫逖空亭雁影過張九齡晚晴風過竹張祜莫問夜如何許渾

讀史有感

學業醕儒富杜甫文驕雲雨神張說安危皆報國錢起正

直不妨身沈佺期北極懷明主宋之問南溟宅放臣張說
江山澄氣象高適今古盡紅塵司馬札

嚴君命賦卧雪餐雪二律

卧遊聊貰雪爲家，斗憶冰床睡味加。只許寒聲持竹葉，却應香夢攤梅花。帳周白絮宜肌粟，枕醒黃粱已鬓華。莫嘆鐵衾澆似水，小庭有鶴影橫斜。

細咽清涼味劇佳，本來餐雪勝餐霞。飲冰慣識寒堅腹，漱玉無爭冷沁牙。霏到清談唫柳絮，配成香味嚼梅花。晚寒愛爇紅爐大，白戰詩成且品茶。

夜望

佳句

叢村邐迤罩前川遥望瀲江晻靄連犬吠亂攙星柵櫒櫓聲柔曳夜航船僧敲梵磬破山月人攤漁燈隔水烱風過樹枝諸影散也逢岑處學參禪

獨步庭際

槐蔭離節散滿庭碧天如水夜雲停柝聲滿巷潮初白人影小牕燈欲青雪閣斜遮雙檻月石欄寒印一池星閒階叉手吟詩立自步空廊户不扃

懷心雲弟時臘月晦日

别君兩三日愁緒萬千堆正值歲云暮其如人不回池春羣雁過窗曉萬雞催何日得促膝陶肰共把杯

賀雲弟斗室落成題壁

佈成邐境却相宜一幅天然入畫時談罷晴窗閒酒榼睡餘香水瀹花甆幽情愛誦小青傳時正抄小青傳逸興狂吟太白詩更有引人能入勝一襟涼翠撲來知

斗室崎嶇入畫幽硯北小勾留曉寒詩思霜團瓦夜靜書聲燈滿樓肅罣衣冠真許拜斐邠經典復何求内供先聖像麥光淨拭燔檀坐涼翠萬千撲一甌

題訪幽圖

點綴林泉游子家縟陰夾路樹橫邪雨泥鬆碧春鋤藥爐大星紅夜品茶磬石聲鏘三徑竹琴窗香翳一簾花料他

刪

畫入徐熙筆好鳥驚呼一樹霞

病中口占

常言參寐病魔縈劇盡還如春草萌惡石久難驅二豎慧刀直欲斬三彭性因配藥標醫卷香為焚檀懺綺情願作佛門功弟子稍除煩惱當長生

雪夜獨坐懷友

風緊天高正雪晴平空朔氣逼人生誰憐范叔袍能贈且學劉伶酒不醒巉嶺雲橫愁日色長沙氷壯走風聲休貪一室圍爐樂忘却征人萬里行

讀詩放歌行

古人生我之前千百年我讀其詩亦奇緣後人生我之後不知凡幾載知詩何必拘時代我生行樂須及時人間神仙酒與詩造物呵護留得百餘卷不讀必受長恩訾秦皇威福操莽毒空餘餒魄陰崖哭餓殍何必賜銅山粉骸何必藏金屋功名富貴有時盡萬金不買名一粟但使人生能達觀一詘足享千秋福彭祖之壽不敵天上桃齊殤之夭不過人間菌離騷是色南華空佛唄萬卷一言盡李杜文章萬古流錦囊不壽壽玉樓詩人以詩作俎豆竹垞達識淩天遊我作放歌行見者笑謂癡痴人未必能知詩知詩何必畏人嗤宵燈縮綠昂藏讀古鬼哭出撟奇辭巢燧

名句

刪

無詩混沌缺唐虞一歌千古師詩三百篇聖人定萬年不朽人之思晉唐以後尟杰作名詩必為天下馳余閒鬼語歎奇快鬼影幢幢散何在撲燈高臥鄰羲皇梦魂讀句更覺奇堪愛

有感

獵狎商飈沸峭愁悽清情緒惱更籌蕉能戰雨渾當晚竹已多風莫借秋綿絡蟲聲人孏聽鐻鐘鶴舞客恒羞鯨鯢何用貽書報翻笑青蓮畏石尤

乙丑仲春風雨如織擁衾小樓感而賦此

小樓風雪又春殘衾冷燈昏夢更闌弱柳善愁容易繫名

花多淚合休看鶯聲南浦春雲亂虫韻西牕夜雨寒料得有人同不寐離懷一夕滿江干

春日雜詠寄示仲淵二哥

花鳥經春便可歡玉壺佳句欵吟箋水蝸繡篆綠苔壁風蜨團香紅藥欄幽草不驚三月雨好花多帶一分寒佃牕岑寞焚香坐山色捲簾如畫看

睡餘風景企清嫻軋茀吟箋手屢刪新水綠流三月浪夕陽紅看一樓山書聲斷續宵鐙畔世事浮沈春甕閒欲為錦囊添好句數將鎮日掩柴關

烟雲入興豈詩懷　壓清庲鞠誇名士浮沈千日酒詩

家富貴一春花鶯聲細雨歌南浦蜨夢新詞補北垞料是
水仙舊居士　須觴詠賞韶華
良辰偏值賞心俱爲聳吟肩得幾無古剎星沈燈暈小寒
村雨細夜聲孤残紅滿地供詩料新綠閑門當畫圖幾日
濃陰簾不捲一天涼雨萬花扶

雨過翁墳門與雲弟聯句

帆影去無邊水雲寒薄天石音沈古嶂山影壓空船峭壁
鳥梭雨深潭魚唼烟前林如罨畫涼韻更天然

刪

春日閑詠

小徑閒遊喚鶴回題詩靜薙半弓苔草緣石磴雨初潤葉

晚唐佳句

裁剪煙花

掃琴床風欲來半几落花春院鎖一燈深竹夜窗開吟哦本是高人事更淪花甆倒綠醅

春色和烟亞一蔟碧欄杆外是梧桐濃陰似簟鋪新綠涼雨如絲釣落紅歌女夜堂嘶浥露辯哥香館罵東風重吟黃嬭愁人句詩思濃時酒正中

排得離愁祇醉鄉書城柑酒遣韶光花類小院人初悄春入重簾夢亦香傍水樓臺皆罨畫繪春花鳥偶文章蕹苔慣被題詩坐風蜨一蔟園夕陽

即景

讀書有佳悟壒境即僊寰花氣一天暗棋聲半日閑樓依

善于形容

多背水窗小亦容山晚日晚來望默般蒸半灣
一桁簾低捲春光黯綠波曉窗山色好水閣雨聲多客去
香猶爇人閑墨自磨醉吟無日醒奚自抱琹過

晚眺

天端釀冷易黃昏叢桂扶疎蔽遠村雨岸雨絲柔容櫓一
江帆影峭柴門網魚榔鬧山如畫峯鷺灘清水有痕回到
槐軒無一事落花深處讀籬根

病後口占

愛供維摩舊有名經囊藥裏懺閑情翻書嬾整屏山疊拭
硯微呵勻水傾目眩疑成蝌蝌樣耳虛相送鴿鈴聲神清

不礙菱蘤照只歎休文太瘦生

夏夜獨步

閒步巖廊爽氣迎綠陰羃䍦夜天清風吹竹篠螢燈聚月
浸蒲根蟈鼓鳴荷檻衣香秋露泫槐廳人靜水煙生軒衫
短扇閒如許貪納宵涼不厭行
燠鬱無雲玉宇澄朅來迎爽晝欄凴月涵池水調冰薦風
散庭陰晝石藤花蟢閒梭雙壁蘚草蟲空打一窗燈松棚
涼處人枯坐惟有流螢似舊朋

購得岩桂一株置繚垣側芬馥惹人雲弟有乞桂請
折一枝以贈焉

英氣勃勃步
年意態終不
猶人

馨馨者桂栽彼岑岩阿移于山齋賞音已多雨晴纏陰蝭與
香觸安得佳士攜手同哦
馨馨者桂馥郁唫壇翩翩美人與花同看只尺天涯人比
藹難以永今夕梟孚磐珊
馨馨者桂香散庭廡疇勿賞芳入此室處匪桂之馨徽人
之出馨贈子一枝如彼郄詵

乙丑下第步仲淵四哥原韻

自信鯤鵬偶折摧養成健翮振風雷淋漓壯志銜杯露鬱
勃雄心撃劍來印到冬心須共抱醉餘春夢不應回早知
英哲多磨鍊敢謂科名善誤才

休將蘭杞委蓬蒿，磨勵同心意氣豪。冠劍丁年聯雁序，詩書綺歲愧鴻毛。恨無古胆摧金石，敢有交情脱寶刀。一寸雄心灰不盡，肯將閒事學牢騷。

讀古書有感

一卷滄桑憾古人，石渠玉軸恨嶙峋。百年歲月杯中物，萬古文章刼後塵。漁獵轉成梨棗罪，馬班終愧葛懷民。從今莫嘆奇編鉆，倉史堆中畫鬼燐。

仲冬三日淒晦實甚率吟懷仲淵四哥心雲八弟

風雨晝如夜，離愁此夕紛。簷春半日雨，窓砌一天雲。爐篆岑中結，鐘聲暮後聞。只堪澆暖酒，獨坐悵離羣。

詩筆不到處風光總在前雲陰寒逼雨霜薄淡成煙冬至隔三日春回又一年小樓人兀坐蕭散竹林賢

吟詩有仙境便欲脫塵寰人靜片雲淡天空流水閒秋沈孤嶼月寒鎖小窗山自少騷壇侶柴門盡日關

詩心兼畫境都向雪前來雨緊鐔空響風狂牕亂開簷深飢雀避鄰靜午雞催有酒且須飲野橋聊訪棋

消寒六詠

寒村

兩岸蕭森落葉叢隔林鴉噪夕陽紅千家燈影秋霜裡一路碪聲明月中傍暖蟄虫封地雪驚寒野鳥鼓天風柴門

渾成語賦物上乘

悲壯沈雄極與題稱

寂寞更涼夜煖得新醅配晚菘

寒澗

霜清寒頤色微鮮没滑瀠洄夾嶂邊野渡風聲黄葉雨小橋人跡蚤梅天凍飛雪鍊松間月冷鑠霜潭鏡底烟誰憶當年赤松子顩雲排盡幾時還

寒戍

朔風吹老玉關秋萬里烽飈塞草愁獨夜邊聲來畫角一川霜色上危樓紅閨夢遠寒難到青海波澄凍不流金柝淒涼鐵衣冷龍堆齊唱大刀頭

寒橋

歙邪約略駕寒塘為採梅花倚樹旁人釣月明半彎水烏啼楓落一天霜玉簫聲斷澌流水鐵柱詩乾冷夕陽猶憶椎鼓聲　凍騎驢風雪　虹長

寒釣

結得漁舲學隱淪霜濃楓落寄閑身半竿晴雪汀邊月一笠空江醉後春蓴菜涼攢鄉國感桃花夢淼武陵津千山人寂　封裏尋個沙鷗許結鄰

寒鐘

雪滿寒山萬籟生泠泠涼韻散江城殘燈古寺枯僧夢漁火秋風旅客聲長樂宵深人乍醒景陽霜冷雁空征寒牕

覓句圍罏候一杵心空百慮清飾百萬瑤

對雪長排五十韻

急雪帶風旋危樓薄暮天撒鹽堆砌遠飛屑到

清光敨黃昏暝色連敗龍銀甲蜕凍雀玉堦拳窗先黑暗

徑林依露一椽寒城開不夜大地望無邊有影皆冷封三

聲竹葉傳擁衾愁撥水封瓦斷炊烟犬吠柴門梅花伴無

岸跧精神凝水月色相渼山川貝闕遥絢彩晶叡驢騎灞

壞雲堆絮帽窓霰濺花軓青塚鴻初印藍關馬宮喜騁妍

開萬樹榾柮暖重氈瑣礙松明嶺揣封粒種田不前棠梨

寺帆重壓歸船簑笠澄江釣旌旗絶塞偏銀沙鐘殘沈古

島晃三千霙淺峯霄積氷深澤腹堅勾衣同蜨羽墜砌化
蛟涎踏想鴆節倚圍思獸炭燃望天唫島佛劃地遇岩仙
客和陽春少人來暮夜翩細紋青女剪瘦瓣素娥憐皎潔
魚鱗疊襹褷鶴氅鮮光明空眼界神妙戲毫顛曙院烹爐
鼎 壓嚛管絃遊人迷屐齒騷客聳唫肩墮篵銷階水停
杯沍酒泉瓊瑩疑弄粉鐵冷欲裝緜作絮合西嶺吹蔦落
北燕洌痕消犵瘴急洒凍龍川舞借嚴飈黨融添細火緣
玉山凝不倒銀海眩難填攬雨春無力銷寒酒有權兎園
抽妙緒螢案暎殘編夾岸搖蒲席環崗綴蘚錢載塗悲遠
戌盈陌兆豐年絆惹青低擠騰糅素待澌簷排雲母拓簾

删

挂冰精穿澥口迷鮫室峩眉護翠巔朶残堆髻市菈小簇
華筵咳唾防珠落參差遇璧圓積懕湯谷涸碾就月輪懸
朔氣瑤觴逼清暉紙帳搴平吳犀鎧耀訪戴鷁舟便碎米
麻姑擲枯棊橘叟延芭蕉看畫意茗荈鬥詩篇臥識袁安
僵吟知謝傅宣明（朝）晴更快琳館句重聯

佳興

佳興何須折柬招竭來令我俗塵銷溪流瑣碎茶香互卷
石玲瓏竹影翻深院有花春似海畫樓多月夜如潮由來
金谷推豪會茶鼎蘭鐙話徹宵

春恨

放翁佳句

唐音

沈香初爇契簾櫳黯黯春光惻惻風花底離愁燈影畔雨餘消息屐聲中竹窗多暗移新綠柘館無人砌落紅幾日曲欄響倚一天飛絮鬧梧桐

秋眺

雜襲寒楓暮靄遮郤情山趣舊桑麻江涵鴻影幾千里風送蟬聲三兩家新月出山涼在樹晚霞和水艷於花淒清愛讀秋聲賦衰柳千行聒暮鴉

灑落心情樂澗邁人生有酒且當歌古渡霜濃黃葉冷空山秋老白雲多賣魚聲近羣臨岸飛鳥行依遠貼波一簇人家半村樹載將山翠滿船過

不減星齋秋似美人一聯 弟望

閒來濯足向清流賀鑑湖頭不厭遊行樂莫憂時已誤受恩深恐報難周水烟三尺荻花晚江月二分楊柳秋（此聯夢中）岣我是疏狂不羈士菱花香處伴閑鷗

晚眺聊登第一層畫簾軋芴候　凴山如名士能醫俗樹帶秋容合任僧白石新詞愁蟋蟀季鷹風趣憶鱸鱠閒唫巫峽蕭森向爐鴨煙銷冷佀冰

秋日晚歸口占

一棹歸來繞野莊微微涼吹水生鱗西風葉落千山雨古渡楓回二月春衣葱嫩涼秋似客門敲深院夜無人水仙吟咏山人酒同是清狂世外身

刪

高望

千山萬水色飛入小窗中超出環中象無如天際鴻杵寒
敲落日帆重勒迴風眺望渺無際何憂目力窮

臘朔冷雪篩窗酸風凍楄懷淵哥不至口占誌感

寒聲亂戰蘆花簾寒色斜侵柳葉氊雲山萬疊客不至風
雨一樓人獨眠煖酒獸傾悶澆腹冷詩枯索兀聳肩幽居
岑寂宛重崿唯聽午雞啼枕邊

閒詠

相親雨不厭酒友與詩儔霜白鷄聲曉天青雁影秋生涯
雙病鶴山水一閑鷗識得釣徒趣煎茶即勝遊

題位極仄而首
首刻劃精工不
為題窘的是隽
才　第望

詠物八律與淵哥同拈

丁字簾

珠簾閒掛韻丁東巧字迴環結體工燕翦斜穿辰院裡翠鈎低寫午牕中印成素月疑分水漾到香烟也識風捲罷晚沽花對酌梟殘猊篆更玲瓏

午夜燈

書燈風閃伴殘更午夜挑餘入夢清斗轉寒搖鶏犬射藥孤低照鬢潮生暈回紅豆寅牕暗燃映青藜乙杖明最喜奇花開夜半漏深何事測貓睛

玉胆瓶

用櫋搖背指
白巧極

琢成美玉色晶瑩巧樣玲瓏拟胆瓶白水夜盟光磊落丹池曉汲韵瑽琤斗傾勸醉攜紅甲鏡照飄香插紫丁凍到冰心堅一片却應守口暗中銘

金背鏡

雙南價重鏡磨新金背光明萬象真倒映菊花黄暈淺暗描菱葉紫痕匀鑒心銘處三緘密照胆懸時百鍊純想爾清修原白雪何須響卜筴如神

碧鎖牕

碧障重重射綺疏花南硯北小幽居列來松岫螺疑暈映出蕉天翠欲梳草色入簾春雨裡竹陰篩檻午晴初玲瓏

莫倩蟬紗護遙隔林深好讀書

青玉案

横陳小案玉玲瓏一片光明映雪空爐鴨靜焚煙裊碧囊
螢低照火潛紅鴉青色沁西山雨翡翠光搖北牖風最喜
蒲盧筠管長攤書人坐綠陰中

綠淨几

拭餘棐几好眠琴淨綠濃時唾不禁水蘸鈿螺疑碧嵌風
飄塵瑪少紅侵翠紗低映麥光淺青石寒揩竹影森卻受
茶初香半後閒移綈錦隔秋陰

丹篆爐

鴨爐烟靄鎖迷離九轉丹縈巧篆奇甲鼎灰深回火候丁簾痕捲裊風時博山形古晴雲護沈水香濃曉旭移化去應知心作字研朱人坐落花宜

山寺暮歸

谷口林深烟亂生為遊山寺遍山行木魚聲急含龍暗水鳥行低竹澗明泥屋雨晴牆半濕石橋沙漲路多平偶尋樵子詢山景犬吠茅籬見客迎

秋夜閒步

蒼茫烟樹接長空夜色江村晻靄籠兩岸菰蒲燈影裡幾家楊柳水聲中月經膗蠬寒生水星閃河豬冷暈風長嘯

一聲諸籟起蕭蕭涼意報梧桐

口占

不羡神仙羡少年菊香茶熟小牕前荒鷄叫月三更夢朔雁飛霜十月天多少雲山空眼界迷離詩酒妙蹄筌何須吸盡西江水逸興淋漓酒滿箋

士不逢時莫畏難且將塵障滌清湍江山羅列何須畫花鳥多情便當歡酒為談心常樂醉詩無佳句少加餐焚香聊誦青蓮句逸興遙飛萬疊巒

登石佛寺題壁

剖開混沌挺危石嵌空玲瓏三百尺中存古佛身摩天神

奇趣橫生
不減昌谷
錦囊中句
弟望

工鬼斧真奇特云自衲鑿本三生遴峽狝鬐究天成上有深頂盤結鳥聚鳴下有蓮花不動天魔孳俯瞰瀾淪黑無底百靈狂躍萬恠起綠色杳黷高激噴古洞庨窌魑魅避殿名靈鷲跨重巒嵓岑[illegible]嶆鷄高看嵬嵬嵬天柱圻地立風雨白晝靈蛟蟄余身久羨清涼境此境闢與星岩並摩挲虫篆滌煩襟古香紛馘罩石鼎呼吸上接般若臺嚴飈磅礴生怒雷岧嶤犖确超塵埃恍登崟嶺陟童峐一聲長嘯萬壑爭鬨而令我爽然若失爲之重徘徊重徘徊實疑嵬相去圜窄不過一二丈疑是鷲林頂上山飛來歌成古佛笑巍巍

古致磊落極似韓孟弟望

晝坐

永晝悄兀坐層樓一林壑詩書靜中偶相對識真樂射日
鑠疏簾掀風戰危幕北牕罕高卧琹床嗤岑寞斑鼠走梁
塵睇人動驚矍逸趣漭苔碑古籀劃茶格清唫出其中閑
雲流飛閣山禽唬峻掩幽險究重崿澄江曳遠樗奧思構
寥廓悄極希太古天籟噓林樽春颸扇晴香醉欄亞紅芍
鬧蜂罥桐萼碎音摇梵鐸别有素心子咫尺吁離索危枰
昏玉局騷壇冷金錯涘味叟愈眈醇醪飲藹酌豁朕笑天
地塵奔徒羈縛兀傲睥凡境浩胸涘無著古鼎鬱晴靄矗
屏散龝穫長物贅壺瓢閒侶匹琹鶴中有羲皇人卧廬抱

恬泊濠濮躍一胷萬古昏瞶鑰意霏飛筆彝手狂墨縱燐濯箕踞發長嘯行氣灝磅礴

出郭

出郭三十里烟波逸興長亂雲山没頂細雨瓦生光水鳥啼烏柚溪牛卧白楊寒綠鷺霜鳴秋繰泣露螿平原望不盡烟樹雨蒼茫

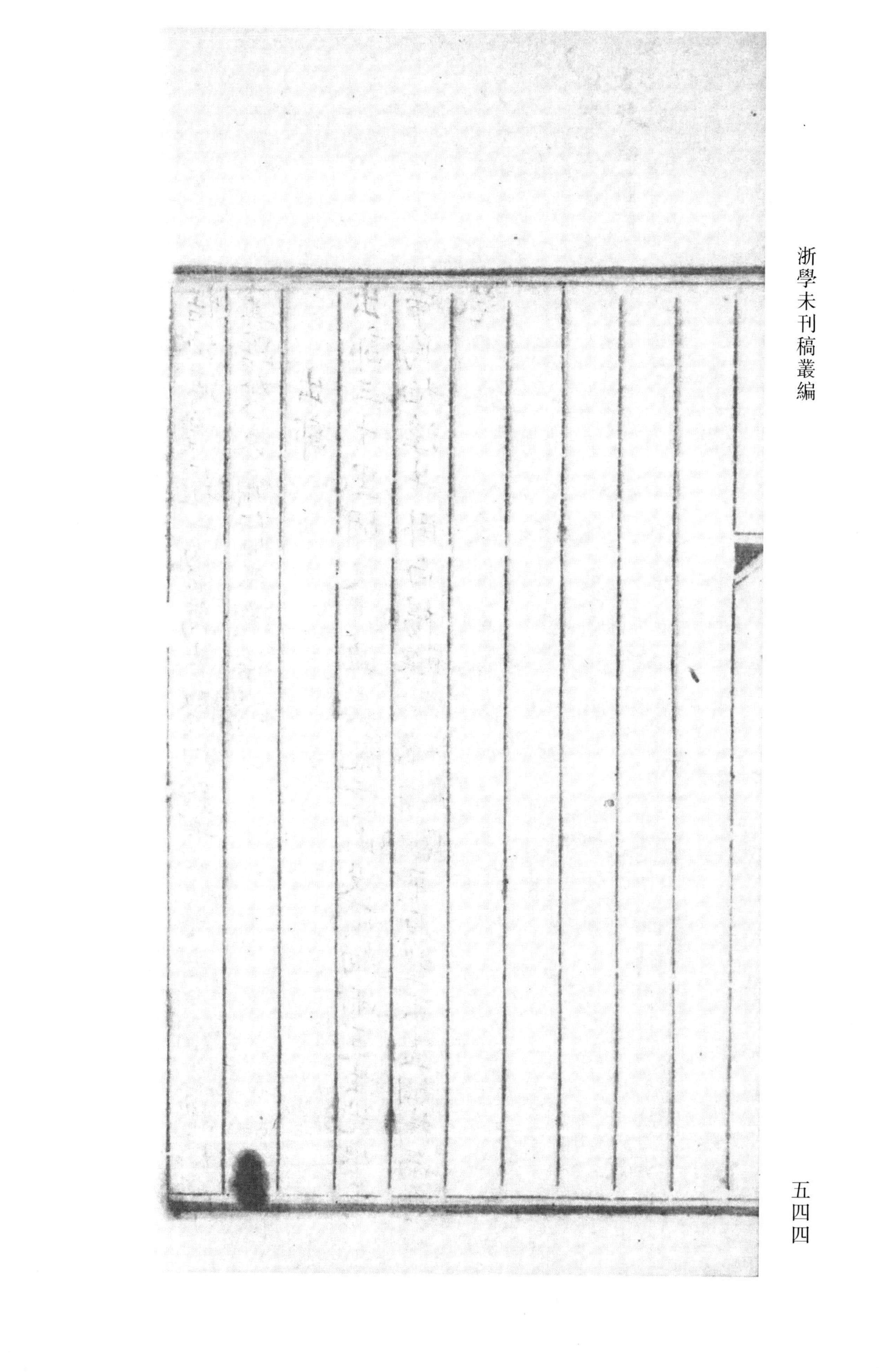

偉句

琳青仙館詩稾

萍錙集　　子珍陶方琦

别諸兄弟時情緒恓惶驪唱不過三日耳

淒鏘風雨動離觴漫詠崎嶇上玉京春夢定辜姜伯海羈騷應續庾蘭成鴈飛直北留孤影驪唱江東絜遠征從此西窗剪鐙話好將䰈敂寄郵程

不定波瀾逐斷蓬儷驂單僕悵匆匆廿年異地愁驅馬萬里摩天愧喚鴻春草綺愁煎夢雨蠻梅香影試燈風始知郢樹相思句新賦窮愁倍覺工

綺觸

露宿風餐爲暗嗟宿時須暖食須加休眈南國相思豆速採東風及第花古驛夜長應喚夢異鄉春冷莫思家叮嚀從此須珍重憶否依依絮碧紗

渡曹江

尖風酸雨渡曹津悶攤征裘冷裏春不是過江風景異無情天氣有情人

寓甬上

星火浮橋地雲陰釀雪天宵愁千柝碎春夢一燈圓書劍飄苓客盤飧淡莫緣倚閭情料甚離緒類縈牽

過蘆溝

沉雄磊落不
減船山蘆溝
詩　弟望

聳身躍馬度蘆溝萬里風雲健壯游山勢抱關天亦古月
光沈水地長秋路分虎北重壇險人載燕西萬斛愁多少
金臺舊豪傑一齊憑吊五更頭
雲紾長橋踞石關鄉心南望失荊蠻地靈名自雄千古天
近人思小萬山雪擁太行隨海去月類高鎮挈星還莫悲
書劍飄零況身入金城紫氣間

過楊村

曉越楊村路星霜苦逼寒驛燈紅欲縮村樹黑成團身世
雙鴻印羈愁一馬鞍舉頭是明月休作故鄉看
隻騎擁征裘蕭蕭竟遠游身因為客賤業悔過時修不雨

長安風景如畫

沙長籔無春草慣愁早知雲樹鬲猶自幾回頭

登燕都崇阜有感

旅食京華逐絮忙春明愁思正茫茫馱鈴碾月三更白馬轂篩塵十丈黄櫳上祇書堪作耦客中除睡别無鄉猖狂妖孛猶如此一望垂楊一斷腸

天涯殢雨急于煎縹泊萍蹤客自憐倏見柳堤春一綫正睽梓里月重圓詩因作客何嫌苦梦肯還家便覺仙留住燕臺太無味僊鄉拋却結塵緣

時將殿上補試宿工科房内

聯武莊嚴紫掖行萬人露宿守嚴更地寒燈火濃無梦天

近星河閃有聲宵坐遙知金鑰冷早朝先聽玉珂鳴祖生
多少風雲志起舞從教一夕生

寄懷心雲弟即步原韻時羈館菩葊璅窗曉寒殘夢
如約新愁倍砌剔鐙龢之如聽芳樹子規聲聲喚
人歸去也
見恨無緣想有因瑤章飛到感情真雨聲又送春三月燈
影能憐客一身偶食黃魚鄉味遠時初食黃魚能傳青鳥好音
頻楊花已老萍花小同似天涯作客人
餞春天氣似婪秋客邸光陰互織憂異地有花都是淚小
牕多月不須樓京中少樓居催歸鳥語驚千里破寂蟲聲送一

愁寄語綠杉燈影畔梦回長把好詩酬

閒游破寺

牢落遊春興飄經破刹回僧心枯似木佛面古于苔夜雨容蛙鬧春風阻馬來神旌搖處愁煞白楊堆

題友人浮海圖

萬里遼東渡敖遊竟不疎春稀猜土秀風鋭逼沙飛地近榆關冷船闌木市齊銅琵如許唱豪氣撩征衣

渡海將至滬

多少鯨魚跋浪回舵艘長嘯震風雷子身車馬雙囊負萬里蛟龍一劍開瘴霧帶潮浮岸去島沙驅雨徙山來雄心

爽颯灰難盡豪飲真須三百杯

滬上抱病口占

蕉顇征衫感復回自憐顏色半塵埃鄉遊誤久春難待客味嘗完病又來聽雨心情愁倍砌阻風滋味恨都灰言旋且喜無多日為囑西樓快滿盃

泊蘆區

十里蘆區地停艑竟日愁顇雲昏到晚冷雨急於秋攪枕濤聲壯敲篷樹響稠客心對孤燭忍見淚雙流萬響結蕭騷歸心正解緣蚊隨燈影細蛙借（贊）雨聲豪客路難如許愁山鎖不牢破岑無良友何處覓醕醪

泊三橋驟雨如注號鳴徹宵病骨愁心與之俱碎賦以自遣

雷車訇訇走空天，梢梢雨脚飛腥烟。狂飆撼林萬怪舞顛，雲昏黑綳江船。碎音打篷與哭似，秋聲做盡秋心死。遙天下缺

無訟行

官長不視事，民瘼何由陳。一紙入公堂，糜費千百緡。此中有枉直，朝進望夕伸。誰知虎狼胥，飽橐猶怒瞋。一句不得理，鼎鑊煎爾心。再句不得理，械梏繫爾身。三句不得理，刀鋸痛呻吟。呻未質，如坐韋逼，恐盡齗齗。偶爾激意氣，傾家難

言貧官方卧錦裀噓烟日三巡瓊觴和珧笙歡樂常如春誰知肺石上鳴寃有窮人即令坐親鞫舊法煦嫗遵或選其醉怒武斷殺謫真數語寔回衙仍作未了因交悔苦求已需索百餅銀不然案作懸鷺鷥無間晨蠹吏意揚揚賄官相緣夤當世倒是非結訟亦蚩倫待至已成質備受艱與辛涕泣告妻孥長為無告民魚肉沈寃下缺三字猛虎磨牙不可親豈知此時司牧者猶誇無訟下缺三字

催科行

季春方蒭蠶首夏方耀田官又勤催科繆逼下缺六字婦愚畊原曉然奈何補瘡肉復作脂膏煎瓩瘠煎不得縲絏

加連騈一日蠶失飼璘籍痛弃捐一日畊失耕秋收艱粥
饘呼鄰共稱貸免受瞋際邅邑宰方諭催輝煌市溢廛犇
下偏鄉蠹胥若飢鶚大户置催單小户紛喧闐揚言一
句内復至便株連闖者咸股栗顩顢廢餐眠比屋質釵珥
博得緡幾千否鬻身上衣忍凍償官錢結群進邑衙哀求
速掣搴書吏目微睇執册仍俄延徬徨待一宵晏起猶噓
烟高聲呼來前今歲正豐年年豐須舊償蚩蚩哀涕漣掉
頭去不顧傾囊解腰纏歸家長太息何若置陌阡不如鬻
而賈尚可緩蓄燀殷户及世閥不過言稍識守田是主反
作奴嚬蹙唸吚胸臆填嗟乎官吏作威福一寰昏黵無蒼

天

補曉征

雪窖氷天事曉征敝裘寒擁酒初醒蒺沙濺幕騎攙雨古驛呼燈冷爨煙星草色邊愁春未到樹聲荒漠夢中聽囬思無限雲屏句惆悵艫　聽馬鈴

[illegible]泉處[illegible]向[illegible]群[illegible]讀[illegible]

[illegible]手[illegible]人[illegible]星[illegible]春[illegible]

[illegible]客來天章[illegible]

[illegible]

文

道咸同光四朝詩 孫雄師鄭甫編

卷五

陶方琦字子縝號湘湄浙江會稽人光緒丙子翰林有

湘麋閣遺詩及蘭當詞

送均父之隴西

儒生殫略祖文字功名何必兜鍪始丈夫雌伏非英豪笑看吳鉤振衣起請纓昔有終軍賢定遠投筆馳長邊平生報國有奇氣弋篡高爵真戔戔吳興先生乃人杰朋翅摩天勘一擊慨想馱車上古雖鋋瘢萬里行沙磧天軍夙屯刪丹衞百萬穹廬曝金鎧五丈原頭諸葛旌樂都城裏鳥

孤壘方今　聖世消天旋笠生碩備鄂與褒亞父細柳萬
盾肅伏波銅柱千秋高先生杖策隴西去幕府多才從風
雨舞矟黃皮意氣雄神鈐熟習書生武龍門倒卓發孤憤
歸伴凡魚誠可閔何以長征入塞陲駝囊瀉酒丹顏赧戎
氊坐論神飛揚男兒四十功名强萬言露布倚馬待幽燕
爽氣天開張卻稱歌詩最雄放扶風豪士今誰雨一曲涼
州出西關薊門柳色青無恙驕炎五月行路難秦關百二
愁巉巖家山如薺莫回首恐有熱淚彈征衫客中送客情
蕭索羨汝壯懷佐戎幕此際題詩落雁峰他年畫筆淩煙
閣長安西望毋徘回高歌遵上悲風來不須絲竹送君別

銅琶激宕青琴哀

夜飲越縵堂

疏簾滿明月宵深受花氣竹梧弄清影胡牀落空翠秋蟲遞夕響單絺饒涼意茗話轉幽邃彈碁覓閒致相洽在性情奚必示文字況復游道宇墳冊頤嚮志常宴夜可續清言物无忌仰視霄漢明高懷契沖邃

越師約同人作歐公生日集者王子蕖城潘子伯循濮子紫泉羊子褆盦陳子汝翼孫子寄龕樊子雲門胡子匡伯及宗彝與余凡十人

踈柳垂陰開水榭白雲旅旅翩然下匯乘雅集圖嘉賓顧

陳緜蕝嫺高厦清流敢許忘形骸十人盛服于于來瓣香設席從今始殊禮應自宜州堆前月十二爲山谷作生日歐公三十登政府赫爲才名爍今古相業不讓杜富優史筆直從馬班補廬陵千載仰山斗懔肅鬚眉振朝右光獻垂衣政始新非公忠義將藉口我曹冗散何所爲庶期節義持衰頹丈夫得志豈默默原心略迹已可哀滁州生日今猶拜渺渺清風識宗派芳筵沈醉我不知一丈斜陽照花界

感事

荒唐山鬼幻前盟海上創夷苦甲兵大將纛旌思舊部中軍袍澤憤同聲輕鞭射虎心還壯快刃屠鯨事或成不是

誒戎空誤國卻愁夷虜藐　神京

屯騎如雲旝若林玉關飛信忽消沈何須倩帥尋和約莫

使元戎失將心　江上鼓鼙書絡繹　禁中刀敕語嚴森彎

弓原爲蒼生計豈惜搜牢百萬金

宋本六書主人評點校本 百衲本

汲古大人得之[illegible]跋本書[illegible]年 禁中[illegible]

蔣以寶書[illegible]校王關鈔寶[illegible]何[illegible]

[illegible]大空蕘圃[illegible]跋 秘本

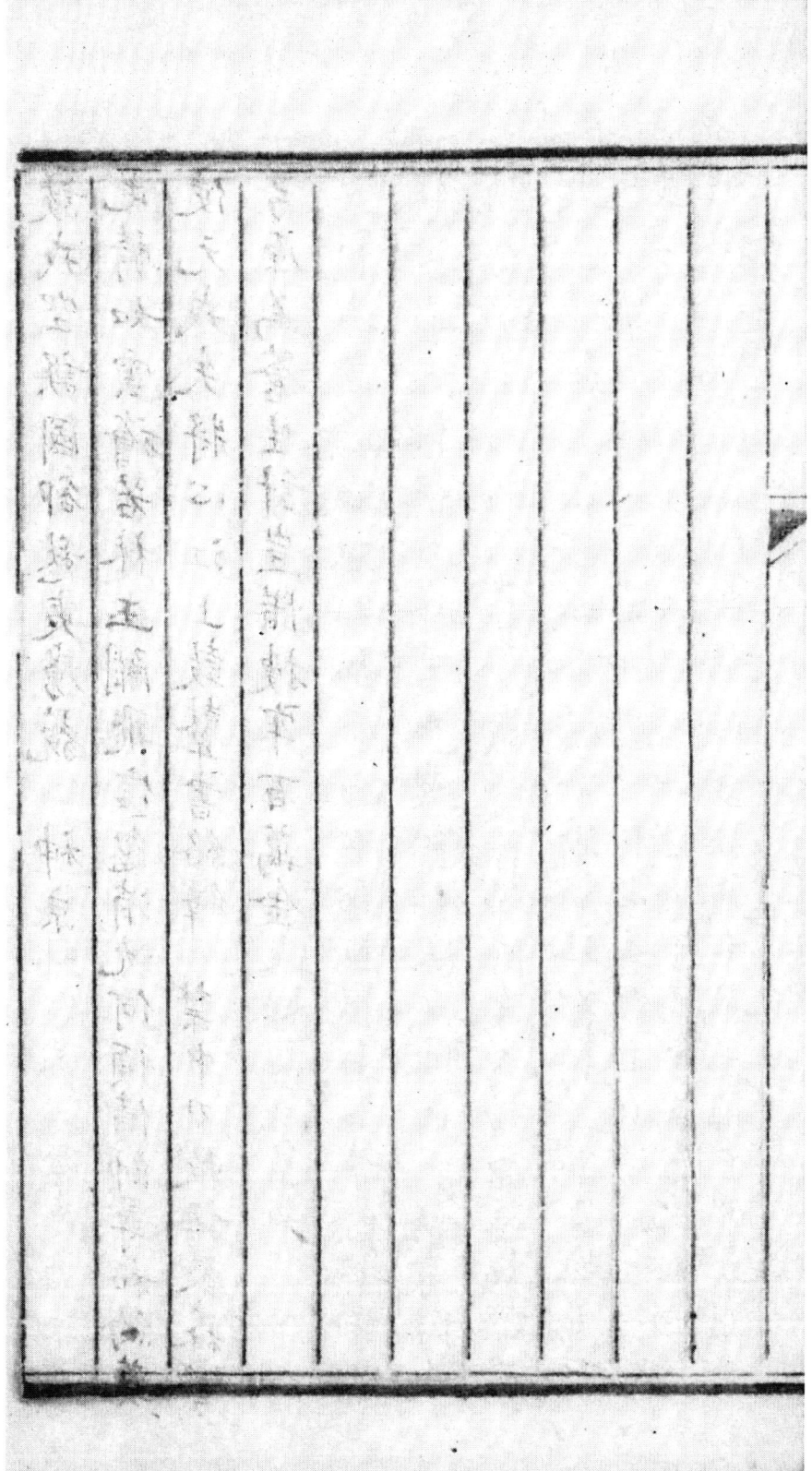

琳清仙館詞藁二卷

〔清〕陶方琦 撰

稿本

清孫德祖題簽　清秦樹敏等題識

琳清仙館詞藁二卷　提要

清陶方琦撰，稿本。清孫德祖題簽，清秦樹敏等題識。一册。每半葉九行，行十九至二十一字不等，左右雙邊。緑格稿紙，版心下鐫『潠廬』。封葉有孫德祖題簽『玲青館詞』。有著者校改鈎乙墨迹。是書經秦樹敏、陶在新等觀款，卷端葉墨題『秦勉公讀一過』，鈐『勉鉏讀過』白文方印，并『在新訖過』『翕園所藏』等印。

前有陶方琦朱筆自序，無落款，序曰『余髫年愛偷涉，有《倚桐樓詞》一卷，頗墮綺業，然詞之面目非清麗逸，即綺靡，非細熨即豪放，白石稼軒去人不遠，然幼存十之一二，蓋不欲以脆骨柔聲启淫艳濫瀿之聽耳』，於是『概以雕蟲屏棄也』。

詞稿共二卷。卷一卷端題『琳清仙館詞藁』，小題又作《初箏夢絮聲》，引曰：『觿辰覯吟兼逮偷減幼存一卷，蓡芟者十之八，瘳雲碎絮，彈指華年矣。而香喁齘怨，壯夫不爲，少時鴻爪，亦晾爲鏡花衿酒痕也。書其㯹曰《初箏夢絮聲》。』此卷所録係撰者早年詞作，收詞三十五首。其中長調十四，中小調二十一。

卷二卷端題『玲清仙館詞藁』，小題作《浣塵水調》，引曰：『春明片夢，人海藏身，燭夕鈴宵，羈絲小疊，追京華偃翅，緇塵灑然矣。况稻蟹蓴鱸，又飫水鄉之味呼。鷟光息景之歌，都爲一帙，名之曰《浣塵水調》云爾。』此卷多爲宦海客旅，及與友人唱和之作，抒懷古思鄉之情。收詞四十五首。其中長調二十五首，半調二十首。

按：是稿封題爲方琦好友孫德祖所題『玲青館詞』，正文卷一卷端題『琳清仙館詞藁』；卷二卷端題『玲清仙館詞藁』，三者名稱皆有所不同，今題名從正文卷一卷端。

現藏杭州圖書館。

玲青館詞

德祖題

紫髯年家倚洲有倚桐樓詞一卷頗瑋
綺業然習之而因非清麗逸即綺靡非細
膩即豪放白石稼軒去人不遠然纔十之
二三不欲以腕骨柔弱居法掩壓緊緊漸耳
蒜香更達歲能大約自宗氣略有充剛多哆啞
想鴣而本以慶十四歲亦不必緊以雕虫解真也
維絲詞一衍流派易雜著如竹垞樵樾近當華款
近則東滙花隱子濱觀摩寫天下張君當為
之君雖變生誼此然耶

東滙花隱亦著于仰也

琳清仙館詞藁卷一

會稽陶方琦紫畛

初箏夢絮聲 存

鷫辰覬唫鍊逮偷減幼詞一卷蓁芰者十之八瘳雲碎絮彈指華年矣而番喝斷鏤壯夫不爲山鸃之愛六眎爲鏡鑾袪酒痕也書其稾曰初箏夢絮聲

菩薩蠻

鬟山靚印濤蛾瘳塗經緊鎔花光淄琲露溉銀闌

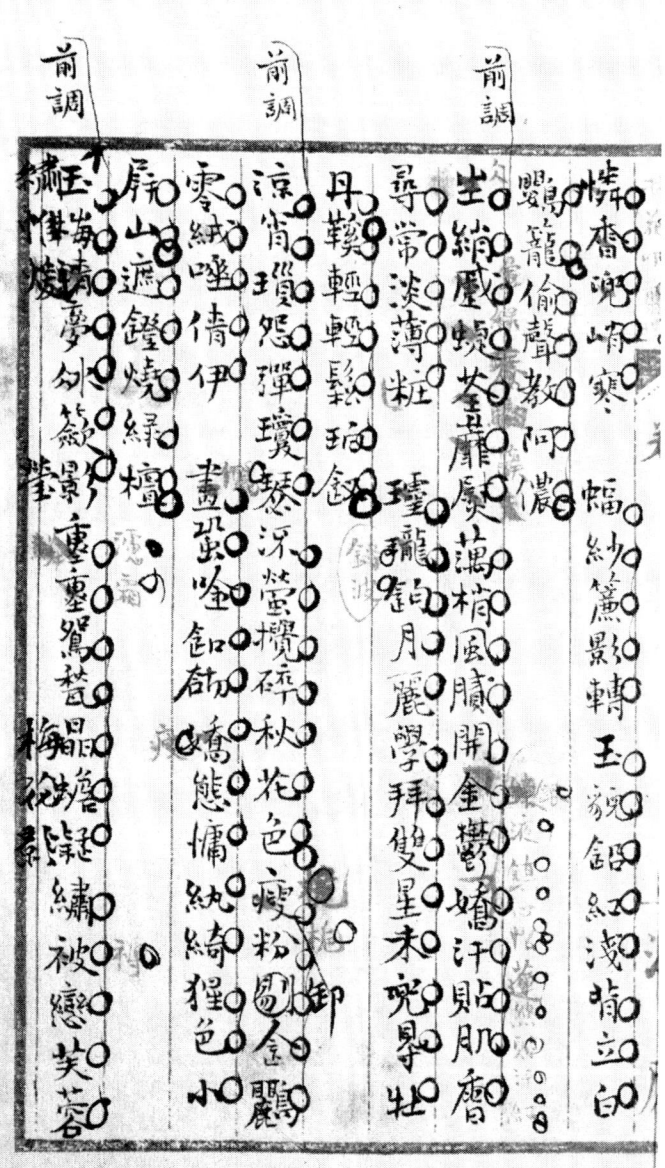

憐香兜峭寒　蝠紗簾影轉　玉貌鉛紅淺消立白

鸚籠偷聲教阿儂

前調

生綃壓蟪荃扉屐　藕梢風膩開金鬱　嬌汗貼肌香

尋常淡薄粧　瓊瓏鈿月麗　學拜雙星未兜尋粧

丹韉輕輕鬆瑜釵

前調

涼宵環怨彈瓊琴　泻螢攬碎秋花色　瘦粉圖金鸝

零絨噬倩伊　畫蛩唅鉛筆　嬌態慵紈綺猩色小

屏山遮鐙燒綠檀

前調

玉梅晴夢外簫影　重重鴛甃　細簷縫繡被戀芙蓉

呵黄錦鏟烘璚霙團柳絮藍謎冬閨句泥歛一 搓
卮螺桃花雙暈澑

掃花遊

過鳳山見桃花

百樹娟娟膩人深山晴熏盎然春意
豔春兒塢看爛熳前山爔雲圍繞瘵裀局嫋隔有小 廊
溪人影和花輕掃香雨繽紛最好靚紅顰曉目斜
處又眠纈碎烘娟蟯偷貼沙約芳靡杏剩松吹
泉音畫囊琴料翠霞橫繚正犬聲濃吠鶯嘯柔攬 姓
山客歸来輭飯胡麻啖飽塵難到再度蕩蕩絕梨仙 傷 銀

嶠 前又有梨園

清平樂 攏絲

瓊

甡欄煌膩春困慳羅綺窄窄鸞彎鐫玉砌香透落

紅泥裏劇憐瘦粉桐花唾風吹上銀紗依樣描

成雙蟢倩他飛過鄰家

○賀新涼

楝子花開春夢闌索易蒻燈誦秀甲

餐詞變艷溫鳧愴然成解逗武具均釵角聆

檀炷縈繞鬧傍緗桃翠綃牕掩花鈴風靜緊鑷聽

瓏敲蔽纔紅記星畀兩點眉山酸盡擘擁繡被雪玉猧酥醒潮暈

纖纖紅蔻印映猩屏猜透嬌慵畫到玉臺鏡
吹青鬟把羅衫整最銷魂春愁軟鬢香茸偷倩
梅雨簾燈屋夢零碎都無憑準又新綠蟲聲金
井簾篆燈手繡鴛隔冰蟾吹度桐花影催簾
步蘚徑 最相思月底

高陽臺　為鄭芾堂題春月圖

寶鈿燃香鏡釵畫字屏山幾點秋心渡鰈單螢玉
闌消息沈沈檯簾蛤月繡眉窄露箋濃繫鳳羅襟
鬢銷魂偷掃雙蛾偷拜雙星 相思不在天涯遠

紅薇吹殘銀燭
熏羅睡鴨屏
角雲深

部刻些閱樊山重
錄之笑去渠存和
作載入弄珠詞

戲弘
他

在兜鞋花底燒燭蹈陰闌角秋棠低人影娉婷
香瀲獺髓年年補情痕檀戲情深著涼宵冰透
蟬紗簡理琵琶劃膝啼痕鈿帶羅襟慢歎
宴清都　春日贈林樾卿
矬檻環花影東風外[redacted]青衫偏怯單冷燼苔琴簟時
蘭甏斗畫襟排整廿番花信吹晴莫孤負玉罍檀
昂還應盼嚼蕊楞抱霸人夢與都醒　壺巖高顧尋
良逑拚鴛春懷訴與春聽清愁被酒墮脂覓謎華
手同看子規聲裏斜照十里徑慣憐伲
桄榔雲靓最無憀

傍客相如一春長病

鳳凰臺上憶吹簫　南臺閨都佳麗地月灩

御水花濃抛春羈舲夜維舵笋四起挑
簫倚解飄得綺塵滿衫也
蚶霧開燈魚雲臟艫春宵十里珠簾想蘭馨莉粉
花氣沈酣多少鷓鴣樓閣明星灩低展釵奩鏑魂
地荔支波皺帆遮冰蟾　毿毿畫堤楊柳衹一片
笙歌惱煞何戡悵萍身絮世海角山尖何處檀槽
聲促訴綺怨數鰈零鷓憐淒夢冷邊螺江飛濺春

初

○壺中天　春日侍沈解眉師遊壺公山　山

為興安勝境宿雨乍霽嵐翠遠生以視童

新巒暮靄經霄嶺尖

籃輿小憩貫度忽忽千里春城帘景幾日嫩晴花量

霞屐被東風吹靚白板村扃紅闌溪約賣酒雲居

境禪房磬韻暗香敲墮清磬漫看滑笏嵐光

聲泉語靈禽歸鸝嶺藤霧濛濛山色紛亂壁襟

都冷猿鳥嘯茶聲蜂織路小隔人煙靜壺中日月

啼鳥春山花筆海棠

世閒流與誰看

先生杖履同領

疏簾淡月　過馬氏舊圃梨花數樹暄然似

春粉淡香清迴人[illegible]矚

東風吹嫩便篝雨霏霏帽絲輕裊蠣粉牆頭飛墮

園昏雙蝶脆箏彈醒冰綃唾炉邊碎燼零貼翠

亭翳綠靚花扶夢夢寒篩雲一寸素塵斂熱

正譜穠水悄漪簾雲疊嚅鵝聲似倩玉容催別

洗粧惆悵東欄遠驀過了榆火寒食夕陽初墮料

它院落溶溶夜月

料得月午溶溶院落瀟然

五

巽

盡

桂枝春　珠蚶

蚶江潮漲正軟泛梅霖腥泥鬆漾碎琲暈來影亂

曬晴春網暈黃一掬鮫宮淚好配渠鸚螺模樣喜

他小市箬籃呼買魚娃三兩應小貝零星晶盌

想滑裏蠙衣鹹絲兜上漉煮棱鑲汔翠玼妃同餉

春閨酸透紅榴齒又輕輕緺貝高響青纖纖鴟眼稜

辛璅粆佐儂蘭醯

蚶江屬泉州查慎行詩珠蚶細已甚魚鱗鴟眼許

捩春慢　荔支

皺玉羅慳綬珠晶暈飽咲閑南扇味唾袖香兜綉

鞋名喚一樣瑩𩋾春膩配上楊妃古也逗箇紅叉
酣意最憐十八娘嬌絳紗猶自纏臂　難倩故鄉
絨寄祇靺鞨朱櫻色春羞比矮篦挑來纔錢買取
消受碟盤鮮麗覓得葡萄錦來賭了星球鈙尾嘈
到冰甆甌絲偷擘肌理

繡鞋星球荔支名見徐㶿荔支譜楊妃古江鮭桂名

青玉案

紗幬細雨花淒動偏小覓銀簧弄蛤帳春寒砌
重射干生了文無開了喚醒蘂煙夢　拗蓮擣麝
愁無縫無情地將伊哄抄得金經鸚鵡誦無情也

卷　六　巽盦

老多情也，老有舊多情種。

清平樂

可人半韻，卻好嬌脂粉。暗見生人紅半暈，瓏步佮傳未穩。回波無限風流，惹儂多少春愁。最是嬲哥無賴，小名低喚前頭。

踏莎美人　逭暑坐大槐山館

樹暗當山，荷涼上水，窗燈搖作秋江。葦綠槐池館悄無聲。流過冷螢，還道夜天墨。花影扶身，茶香瀟罥畫欄，琲露柯衣，碎珠簌淡處。度簧笙爭那秋

心字熨圖銀屏

摸魚子　秋夕病起涼月漫簾小簡銅綋詠

愁閨淒然讀之檻外碎荷簌簌喧沼如助

余之歎息也

正牢牢病裏根觸和愁一般顛倒鍊香研藥閒生
計綠簾拂苔荔誰埽秋已老騰屏角慵心懶天涼魂
悄綺瘦鞠了便化作春蠶也有時解事似此愁繞
箇中味祇有單衾能曉冰宵長自偎抱滿庭蛛
蟀燈癡語花影漫增如曉憐幽訴聽雨碎風尖煮

綽誤讀仄

夢聲如擣待蓬月𦪇又一縷柔絲被它縈轉沒个
時兒好

高陽臺　雪燈

小兒女無俚戲以瓦鉢團
雪置洹膏作燈表裏瑩素泠帷映讀時定
清光大來矣

沈火圍脂鬆雲鑿孔茶龕伴个瓶笙泠照冰華絲
窗一鉢青熒玲瓏不似金釭凝漫看凝凝融到無聲
又嗤它騃女纏兒呼作紅晶　摶成燃佛空空相
料吹唇水化熨指春生小小蘆簾新添一藏光明

漁家傲

吹碎春雲花似雨。銀鸚[illegible]作香城主。紫絡叢鈴螭吻語。珊檻委。團三貼地青桐繫。腸斷提鞋金縷。紅煙草炮閣蓬山阻。煮莫蕭風光三月暮。愁莫數。螺甃倫錢花神去。

[illegible]

二郎神　柳花用宋馬古洲均

瓦篝碎影燃蛾羽。墮珠花、寒暈三更，待翻新獅埨。高燒玉戲零星，畫簾閒倚，作驀地、嫩晴兜絮。怕繡隔塵韉，關山羌笛，賺尋歸期長誤。香霧。千絲紅欄外，還吹碎、東風無數。想玉蝶團愁，金鸝捉影，可憐情緒。偏許春溪偷入。翠簇朱扉看贖，甲輕彈、瘦斂低串。攙入桃花紅雨。纖怯腰羅軟，梢明纈倩，祝天涯飛聚。猜點點、化作零星，萍水漩瘦應去。

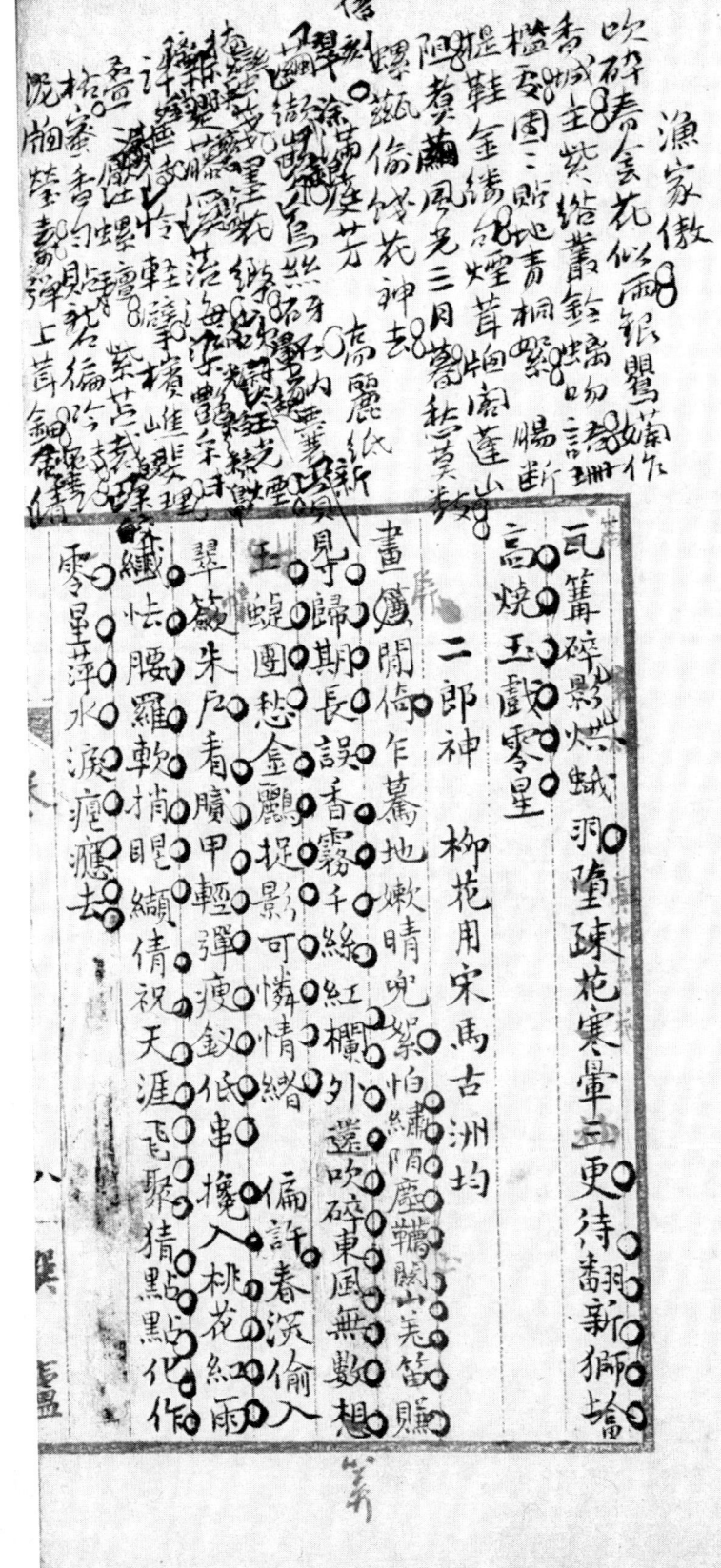

雞林封箋佳紙最珊管金綫纏
雪繭紬誰拙驪江鏡月雲腴
錦水鶴謚高麗歲貢
染濤翦華鉛蠻箋高麗紙已墨
辰春暈浪紋与最佳檳榔進紫雲
緑苕騙江皆高麗地名許笄封許
蔵皆高句麗紙文之士金綫
麥香皆紙名

浣溪沙

出郡鱗波弄雨謁生涯。郎
為画佳漁圖幾行路樹翳
春星一艇綠陰煙出櫓半
江黄月市檣燈隔林飛
出玉簫聲

鏇戀花

掠鏡楊花鬆暈袖，桃甲籤籤熨。編樹螺皺梅雨紗。
樓酸意透冰縈，彈碎籠鸚兜。簾扃海棠香試否。
吹裊衫羅壓佳奩，蟲釦疊罷紅絨，釵腳溜小眉如。
畫春山瘦。

虞美人 回文

回波眼醉春魂斷，照鏡堆雲嬾。靚脂鬟裹帕櫛香。
傍繡罷時寒淚臏紅粧。慨慨瘦損吹檀口怎悒。
籤膏柳窄衫蟬錦鳳兜幕說甚。攏衾雙燈廣劇薰。

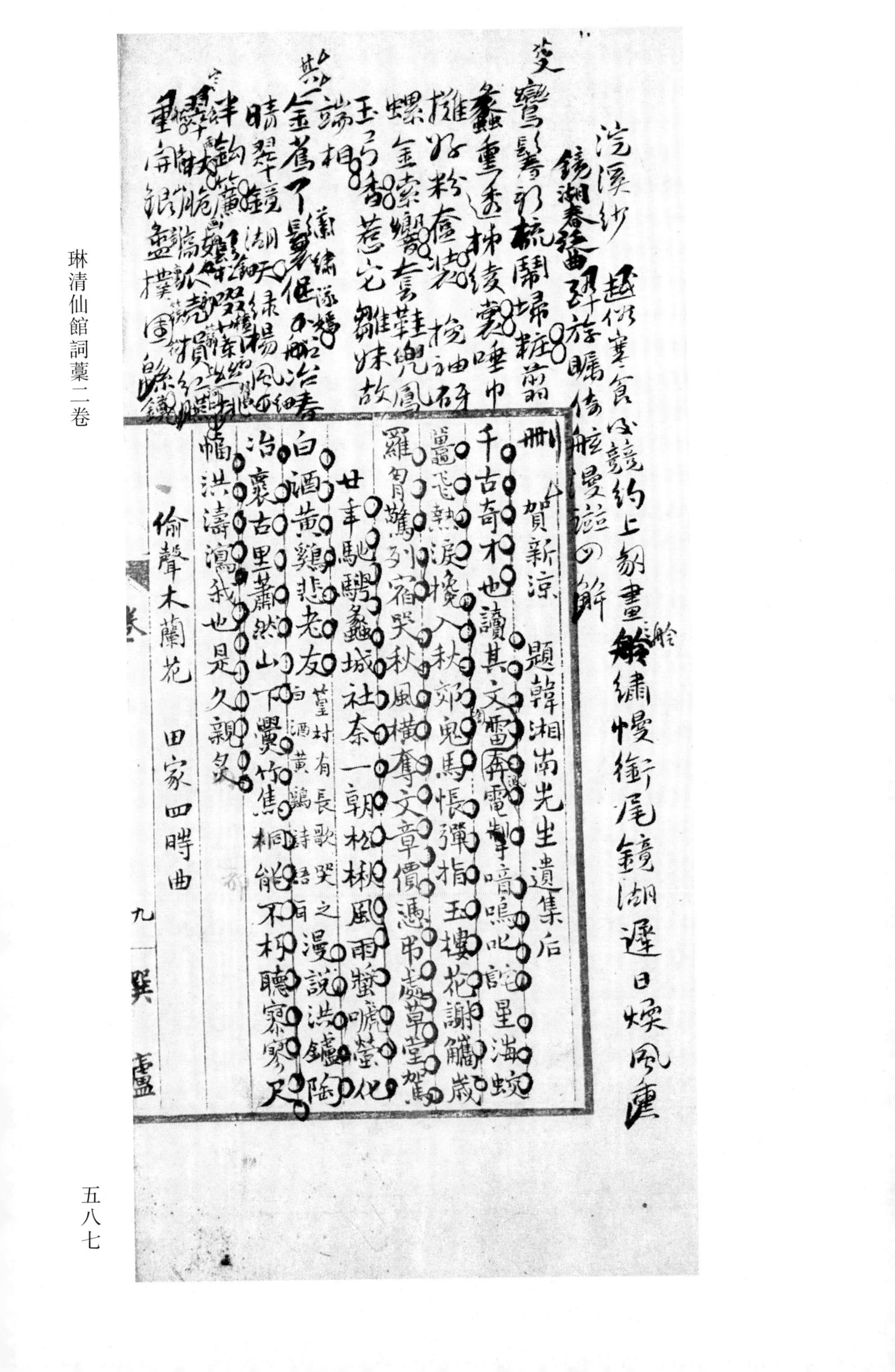

浣溪紗　越俗寒食以競約上勿畫舫繡幔銜尾鏡湖遲日煖風塵

鑄湖春[illegible]翠旌[illegible]傍舫船曼謳[illegible]解

變

鸞鬟聲羽梳鬧掃粧翁。蠡重香透拂綾裳唾巾。攏好粉奩妝。捲袖[illegible]。螺金索[illegible][illegible]鞋兒鳳。玉[illegible]香惹它雛妹故。端相。

其二

金舊了鬟低不[illegible]治春。[illegible]

晴翠鏡湖天。綠楊風細[illegible]

[illegible]

賀新涼　題韓湘南先生遺集后

千古奇才也。讀其文、雷奔電掣、暗嗚叱咤、星海蛟鼉飛熱淚、挽入秋郊鬼馬。悵彈指、玉樓花謝、髑歲羅胷驚列宿、哭秋風、橫奪文章價。憑弔處、草堂駕

廿年馳騁蠡城社。奈一朝、松楸風雨、螢嘯螢化。白酒黃雞悲老友、君有長歌哭之白酒黃雞詩語漫說洪鑪陶冶。襄古里、蕭然山下。覽竹焦桐能不朽、聽寥寥尺幅洪濤瀉。我也是、久親炙。

偷聲木蘭花　田家四時曲

茭 矮竹兜輿女伴扶釵松
鳳尾露絨襦窈山嶠汙
暈紅莫相蝶扇全開遮
畫系蘭襟偷解亂文雛

其六
饜堤金繡看山渡
簫鼓鈔易簇錦堆紅鵠
花插繡篷開靚粧斂卸
上墳回壓鬢春嬌蓋
淫病可憐都上越腮
孫看半年恹於樣十
黑桃花明物郎茶屏
嵐翠護楊楚半江葉
鼓夕易来

麥針綫稜青如繡翻翻翠浪燒畬後第過清明夜
雨如酥曉便晴休歌春暖腰支嬾浴蠶天氣村
婚慣布穀聲中三兩桃花犢背紅

前調

踉車田稚簑陰護涼風水口眠長午隔箇衣堆知
有連畚暑雨犁萬峯雲影團驕熱平畦穲稏波
閒泉遲坐茅棚天河蹓道明

前調

江邨七月蟬鳴早紅杣小市家家鞭蓬鬆雅娘也

趁秋晴篩稻忙鉛鑿土銼煎新醲賽祈穀小社田
家饗又擔盈盈粗顆輪完便太平

前調

㹠穿雞塒塵初掃尖風破屋寒先報醃菜淘菱梱
草支窗罅矮燈頭御垣團曝冬暄覓笠頭屢果吹
三九臘霜重重雜道明年歲更豐

收穫去 乃農事備收
風柳可收 若讀去聲

奩中天秋望塵洗桐樓

秋江如畫倚紅蓼烏桕舜擡蘭艓螺汊魚溜通曲
曲都種水蒓花葉江郭蟬聲雨膝牛背嵐翠欄干

安易數字太熟
當去諸 韵之注新
醒字稍欠風原本
髮字疑誤

疊嶂蒲涼夢橋雞點點吹遍 寂寞十里青山西
風櫳檻圓影斜陽笠水階簷膩霜掛起紫篷誰
家倚靡市尾沽鱸灘頭攤鴨黃葉林邊篠酒醒殘
月豔鏡湖說醒仙蝶
儘剗更漏子 溫翠鈿碎櫻鈴髮
玉蟾冷金蝶冷情捲刺桐花罩高翠鈴鸞紅鈴鬟
香人合醒 蠔綃明犀鑰澀攔檢紫兜鍼帖調莉
粉鈿檀鈿兜人歡壓圓

長調以
中小調卜

刪乙存州

琳清仙館詞藁卷二

會稽陶方琦紫畛

浣塵水調

春明片夢人海藏身燭夕鈴宵覊絲小疊迨京華偃翅緇塵灑然矣況稿蟹薑鱸又飫水鄉之味乎鶩光息景之歌都為一集名之曰浣塵水調云爾

慶清朝慢

洞仙歌　江干祖帳慨然魂飛譔寫離愁錄別諸昆季

颸風雪豐也老人詩飛舲相思北地南天倆鴻箋箇人字叫入雲邊（四首另補於後）斥綠波南浦何恰芳草未芊緜池塘畔剩將殘夢馱上春鞭休回首幽山杏任爐香罌滔淮煖準哭從今客窗宵雨雲泊孤眠一樣河梁殘淚彈上也消消鎖魂黯安風燈丁艫舟秋暈晶蟾

一聲去了正展燈晴節葺帽壇裏裏颸雪算窗梅香黯颸竹聲酸怎淒冷喚起池塘春色　挽轉情脈脈萬疊羅絲碾作去征塵邊空碧把禳說歸期別淚無多也彈上荊花都濕願以後相思譜戀箋須寫了加餐寫長相憶

望湘人　書林海巖明府策論後

忽癡書而歎豪論瑋才令人傾倒如此賢窜擇鴻書生嘅蠡魄穀幾人青紫誰肯關心君能抵掌當今時事笑腐儒焞朽螢僵一事不知可恥　我是

天涯勞客遇華亭投贋亦前緣耳祗多事風塵博得飄零兩字亮君當此雄心灰盡嗟我名韁利市君赴凡禮闈八閱當世俗吏風塵幾箇策勳青史

借四首

憶江南

繫維瀘水綺思叢生時花影蔓飄春寒如雪迷離豔曲大半鏤塵歛影詞也

江南好賦曲唱輕款濶帕翠彎眉尾鈿圓燈紅振口邊脂慣見忒嬌癡

前調

江南好團煖洞天茶練餅出爐新炙蔗晶餾多雨

爐火銀鐺

盆山晶箇

小安花簾外好韶華

前調

江南好，香客聚花堤。藺袖濃熏金篤耨，鴛襟偷挂玉年尼，繡偞蹴春泥。

藺口袖久

前調其一

江南好，花院聽彈詞。燭影燒春紅蝠綺，衣香縈唾綠螺危，情話碎金絲。

前調其二

江南好，海船碇嵐煙。黃浦晴沙番客地，紅橋春水

前調 其三

江南好，西肆燦金瑩。琺琳駝尾紅繭蠡，硝晶螺貝綉羊灯，画鏡繪箏彝。

麗人天，箏月渺巒邊。

前調 其四

江南好，綺腰墮銀簫。舵尾凝雲團柳絮，篷心尖雨扺芭蕉，靄思誰寥宵。

摸魚子

涼雨霏夕，穢雲壓春砌，愁若山瀉恨如水。感賦此解，寄雲弟。

歇茸簾，黯雲印壘，木槅半被涼透。瑣窗燈影三更雨，也似芭蕉凄逗。愁厮守，聽茶火瓶笙，點點漸紅豆。鱓更催驟，正姊思溫馨，單衾膩夢，度箇可憐候。

不瘦玉溜鬆

故鄉事料是寒梅開後春愁定增八九雁聲驟
鐸音淒婉抵作陽關歌柳休回首悄南浦春波吹
落桃花瘦襟痕淺酒剩燭夕銷宵寫將錦字寄與
玉鱗部
倦詠念奴嬌題周彥昀仕女畫幀 南東女校書劉手 陌
春影子悄誰人畫得牢將春鎖旋旋一簾花露湘煙額
影勾箇玉人來鬢雲鬟堆憨星眸笑撚丁香
顆繡絨珊袖斷覷掠上釵朵儂飄絮天涯綺
裹如翠根觸真無郵既是多情真種子爭肯色空
儂影衣香何如是枕神

傾破鏡尾愁霞燈眉蹟雨不憶猶還可兩螺十斛
研紅鉤起春嗟

高陽臺　題友人畫蘭僊面　正餞春日也

鈍暈霏醲蝶聲銷歡一枝翦碎春　小遣韶華樓
簾人寫東風拿来多少看花意到花時長自匆匆
又禁紫夢影瓊廣翻影瓏　犀華燈鏡新摹後
箕濃煙湘波一樣愁濃此日題春多瘦浪說漆蹤
天涯到處成芳草坐露窗　勸幽蘭有誰憐繁蕩
垂青紫點啼紅

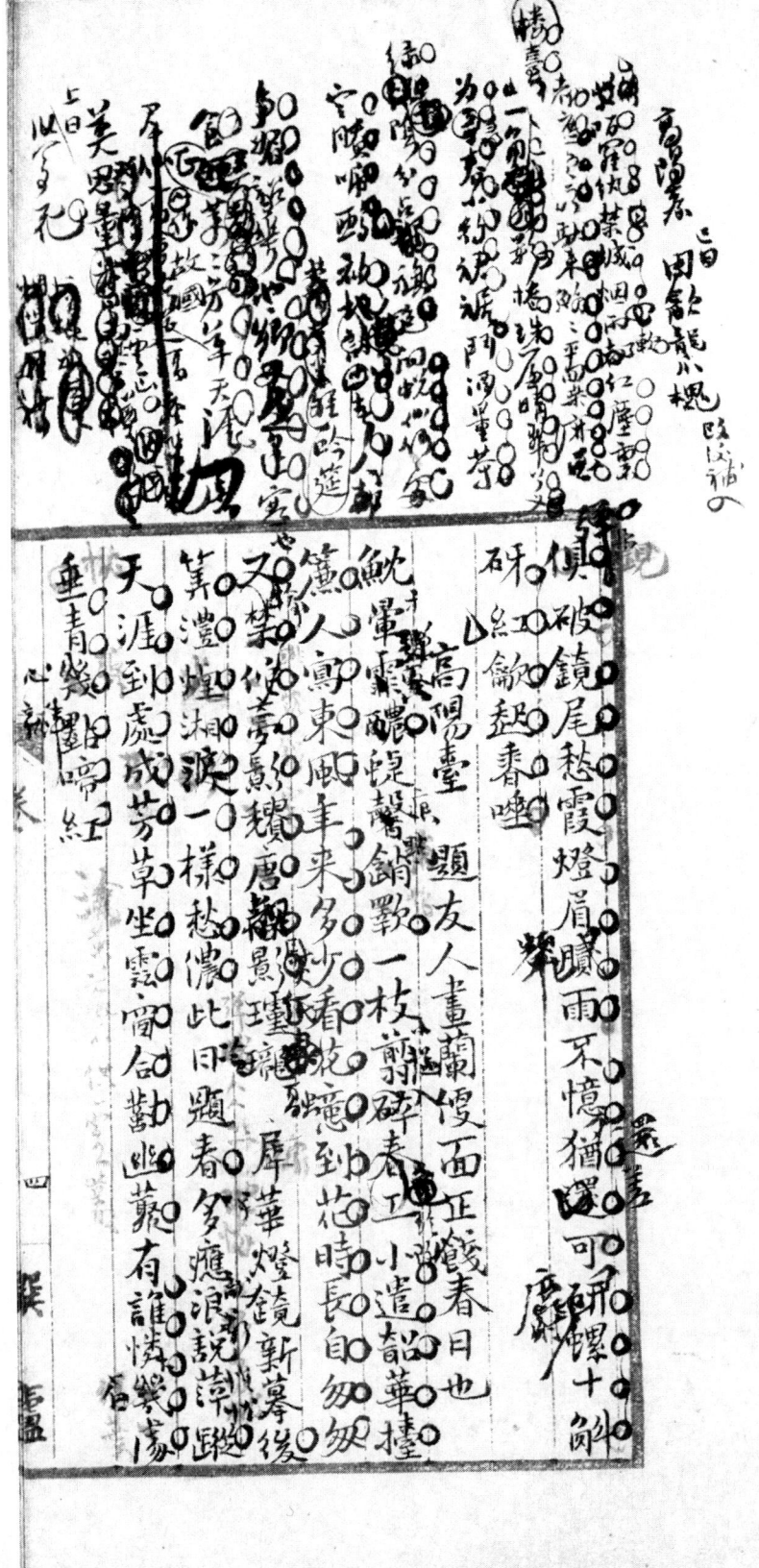

邁陂塘　同春生少帆步月津門
又馱回紫塵鞭鐸，燕臺絃帽
敲殘茸衫瘦馬長安道幾
見公蟾圖影愁暗都已悽
燭爐幢影語冷桃梗練文
沉鏡偏十里津樓玉簫都換
宮帽影霜醞　明宵也又是
海天奇境平分桂席豪雲
窗山萬里楊花夢雲吟嘆屬
椿人家料樓打　看沽江星窗
壺酒紅灯冷吟鞋踏月翡翠
水天纓緇灌灑澆合何素議證

一落索
一院鎖花風颺趣泥它蚰蜒一雙雙輿賦　和　怪它
樓春淑味珠箔瓏璁恆啟晴煙新洗蟬蟬一寸
小眉山夕半在紅闌倚

湘月　京邸感春寄故園諸子
紗窗酸雨又鈴鼓驟慣慣東風寒食
了小暝翠罽春酒帳愁麗讓欄夢推濃京
穀黯雲燈底累淹花影都瘦　回憶上已青山桃
花十里鵑啼後嫚廟補衫人影帽楂暎畫船
香海十里

借刻○

琵調相思引

白荷花底月纖纖，不上簾櫳不捲簾。冰晶寒沁□□□。羅綺□□嫩涼。尖生衣螢點步。眉嫵。

題楊妃病齒圖

憶長生殿，私語佳星。鏡□□鈿，□□憲偏。

齊天樂 友人日作覓香之游詞以調之

人生幾許羅紈福，霞杯瀲灩消受。松帳偷藏，□叉纖指，掌□□翁。暗遮慣見沈郎瘦，膠膠闌寒時候。正金釵□帶玉獨眠，綿倚偏名花，拋將水國舊紅豆。青樓贏得薄倖，似樊川十載，採艷方殼。擲竹嬌啥，猜花濃笑，多半鴛鴦繡裏。綺裏拋逗，怕鏡子初兒曉人辜負靚。語溫馨，問鐙花知否。都中以細戰為猜花

楊柳巴檯，簾櫳□帘，城郭薰風，春添鳥絲環寫。指笑冷熨金斗。莫負如鋼。

記場樂宮清風南山之春風解釋
飛燕名盛慣漱楊枝嫩雙鸚鵡
金縷字字敲馬蒐鶯着欲
嚼殘羅襪塵滾剩畫上雲苗
只見翠蛾淡凝
蝶戀花 春閨仿疏影樓體
龜甲屏風貂錫推吹煖檀心畫
倫叙頸鳳線日漾香霧
玉鞋金鞭笙度梨花夢 情尉
纖子錦簾角嬰鸚只
鐵重紫嶂句燕雛渾
春睡脂烘脆壺凍
美
借喙 前調 秋閨仿疏影樓體

菩薩蠻 豔體 用芙蓉館韻均爲鳥夷體
羅彩瘦玉檀絲扣金篦牙翠梳香獨鳳早嬌容
顰止鑵小重蕭疏文繡鎖花蕊幻人坐酸意問
春何紅榴齒波

前調
桐花鈿回望鬢
纖魏鈴語悍秋蝗蟋螺貝枷燒芸藥鐔綺纖金樓
花學叩頭紫磨纏臂青鵰鳥冰盥豎
銀條璃珠一串霽

前調

獨繭金鐘啼瘦翼，院紅
幽壓繡忙刀尺，怕地桐陰纖
月黑珠灯扶照華霜色
照東猩幃，鈿蟲甲，聽
殘，護青綾，彈猩紅
不，風鈴敲碎

唐多令 秋夕宿山寺和

佛子禪
星點幢，打幽
啼鳥山月初晴，梵鐸搖殘
强綺夢又落葉一聲
慧業三生華光逢宿

硏爐瘦印鳥闌紙，春羅字寫瓶魚子，沈結瓣玟霙
駝燈嬾雲，金綬嘯兜碎凝
巾嚨歛尖彈向西

前調

蒼瑯魚鑰敲風細，唱唱細篆桐花膩，低唱詞
羞兜墨靨時，綠熊香餅小疊勝霞綃遶蕉尾雨
瀟瀟蟋紅畫押招

卌 山

邁陂塘 同春生帆步月津門

算人生東西南北，有情無過明月，月到有情偏有

坐蒸山古衲，念親燈聽誦蓮花經，一龕香篆雲也無情。

秋窗　天仙子

玉簪樣翹灰以子大，娃黃燈燈灯影，蛺蝶金蛾敲瘦籐，梧桐葉作秋聲，人隨変風鈴語，月沒闌干霜似雨。

無俗念　催細洋堰

宿晴起十日，隔青林紅葉搖，二細舟大晚了又撥棹把，十里青山人影泥繹編芳，田痕漾草映竹瀏十頃螺灘

恨況是人生圓缺，愁萬疊，祇幾輩征衫齊唱關山鐘，陰蝬長繫，更十里津樓，清燁籠鏁，玉遂倫新闋。明宵也又是檣風濤雪，大家壯衰聲鐵滴畫翠。水天纜近，嬾聽聲聲鳴轆歌，幾折憐灞岸愁人苦。緊吹難熱，浮生如葉，徒剩了襟尾緇塵，搭心結語遠向棗娥說。

〇百字令　天津酒樓倚醉題壁

登樓一眺，指南來北去，江干車馬，無限離亭偏口在疎柳斜陽之下。漢本慣人，世誰客幽別路，題東慶易默秘難移流酒

鴨卓村畫出荒冷　絶好嬋嫣

炊蠡甌雞摘家心處熙熙暑紫紫金蕉獻翠管

連年秋被勞乞饘餐乞垂

蕭蓑盤泛花爐蠶田饗黃

金議遥蓬滿載瘴僕悲涼

夕陽易白塔斜睨冈歷雨莽

浪淘沙　郎阳山翠横塘

雜鞠露鑠鷗鄉岸翠劃横塘

檣鴉繞向木霜欠笛湖

總凡鄉送第雁霜畫幛

直甌秋莊煙樹数茫峭帆孚

舟旁水秋涼南着綠陰花

分寄扶上灯光

鏡裡天涯飛蝶影綠慘紅愁都聚

霸家絲鹿竹把人白瞳者阝寫丁三月塗春

花如雲珠簾下話鐃塞翠萃滿綠英雄黃

遅買骨纏是成虛話鐃翠華漫論鐘

將直鐵各鷁豕塵鷹集此恨如潮潮且乘風去

滴風塵

白雲中有親舍

貂裘換酒　海船失道浪游關東瀛飄與窮途

又成奇境遇倚遂成解知雁墜蠔海間一作

勞人也　翠雲

萬里遼陽路大丈夫乘風破浪何為而懼但自遂

波新餘翻聊借雲濤飛渡指麾律龍堆如故沙漠

春夢紗寒鬢影斜纖纖帶桃頰
倚下簾花簾吹爐銅出火
翠翹語翠蛾故云雲鬢
釋不去理鑾箏只素金錢
涼金縷曲
宗意銀屏情怎禧紫絨簾
綠西風尖山紙樣羅新花
翠扶上屏斂墉照怕彈
桃破鈿箏人鬢代鐘玉簇窗
回角向秋心雨點誰先又
綠鑼碎雨相瞧 翠蟬雲落

風塵氷澥雪是古來磨鍊英雄處歌不足起而舞
平生喜誦東坡句彌今番銅琶鐵板大江東去
齡歲河山遊大半到此都成奇遇卻勝似龍驤鳳
翥看頃鯨波青不了舊征衫又惹榆關絮此豪舉
待歸語 桂席滄茫人世外

酹江月

月夜渡黑水洋波色黝黯欻搖萬
頃碎金老蟾荒涼星斗亂墜魚龍跋鬐洶
洶作聲番吹四起灝然成唫
舵樓長嘯正亂潮騰舞萬千明月金桂翠扇飛百

情難了，候秋桐琴人竹邊
藥爐茶銚慣被香吹膩
夢半江樓步驅蘋玉釦
或尖蟾圓白隔个珠灯人
在曙朦朧襟香話鬢絲
夕蠛綠黯靚紅綫

鳳棲梧　題春波

斜風三月小欄干
金縷楊柳
橋南春波靚鴨闘
萍山破影無數揚
花瞑畫浦漁夢醒

大吹起番螺高潮鯨鯢雲濤蟠鼍星海淪淪長流
黑燃犀深裏此中怕有鮫室蜀遲我千年韓
雷駭水湧吊元虛筆自笑神瀛黃鶴客又到瀛洲
擊楫桑蘋天涯絮萍身世敢道乾坤窄乘風五度
陽侯也應相諳　五湖淇浜已矣

陂塘柳

蘆匯舟夜風楚雨緊時聽水程樓
聲碎不成夢故園只尺我勞如何畫慢鴛湖水
正湖船夫風和雨聲嗚咽
下兀似鞭鈴叢裏身如寄祇有酒囊詩客遣萋醯

[illegible]叢翠[illegible]，皺綠湖千曉。
滑易山風江明，以鏡夕陽[illegible]。
[illegible]上吹簫[illegible]艇。此詞妄易數字[illegible]
金縷曲　六言[illegible]
記南行[illegible]
[illegible]
[illegible]
[illegible]
南[illegible]
鎮南纖塔，埋凝碧巖蒼[illegible]

江程千里，剩篷角，舊香枕山，茶籟悄，醒擁鴛綺。
[illegible]蘭臆底料量，銷愁無計，背人生叙，斜倚看時想。
亦難成睡，小臨春纖，暗記濃歸矣，懷碧醞紅燈兒。
女團圞地，親[illegible]歡喜，願襟帶家山，今宵吹夢紛[illegible]。
訴儂意。

前調　東畬仲彝四兄鄂北

悔無端南北，燕勞勞萬里，歸綠鞍新浣京塵。
袂重領，勸酸意時，何幾紫紅譜入江鄉。
味而今兩地，有多少離情，無從訴得，隔在白雲裏。

涼赤山肇路邊殘碣開
偏冬青鬢蛾鈿冷染上
斜陽無色空求轉蘭亭
唱烟休唱禁烟苗毋曲
剩棒雪一聲寒食郎
桑怨起村笛茼毋生
幾宗北情詞悽惻禁烟
行向

一想當日翠勾同樓深數聯唫春雨花底根魚丁
年翦劍鬲不似長齡書春社看餞秋燈瘦
月涼於水詩囊料理盼行沙瀼溪鱘字長白
數行寄絲越國春

金縷曲　偏江觀濤

大吼量河濤聽濤頭軍聲十萬奔騰來也空巷新乾坤
粧履都靈胥喑啞瀛嶼叢騎白馬飛攬
玉龍三百大剩蛇鱗殘甲洄波射艅艎駛把神迓
觀濤枚叔真豪雅我亦是海天游編又來觀者
曲江

詠物同人五聯句四首箋

青[illegible]檀[illegible]遠
玉練銀軿雜[illegible]外百里源歸合龍瞽有酒氣盟潮相[illegible]
亞[illegible]日[illegible]夷千[illegible]看填靁霆雨從天下傾峽諳
[illegible]
犂狂[illegible]
南歌子
[illegible]語[illegible]鐙[illegible]新歡[illegible]鏡[illegible]慣將涌渡字索猜[illegible]
倚[illegible]底[illegible]羅[illegible]劃翠泡銀[illegible]娟紅插玉簪
嬌聲學誦貝夕林道[illegible]呵嚴生日[illegible]吟
[illegible]雲仙引 洞簫滿曼如女史賦
掐甲燃波眉脂抹唾紅羅曼度嬌聲風[illegible]
色倩[illegible]月

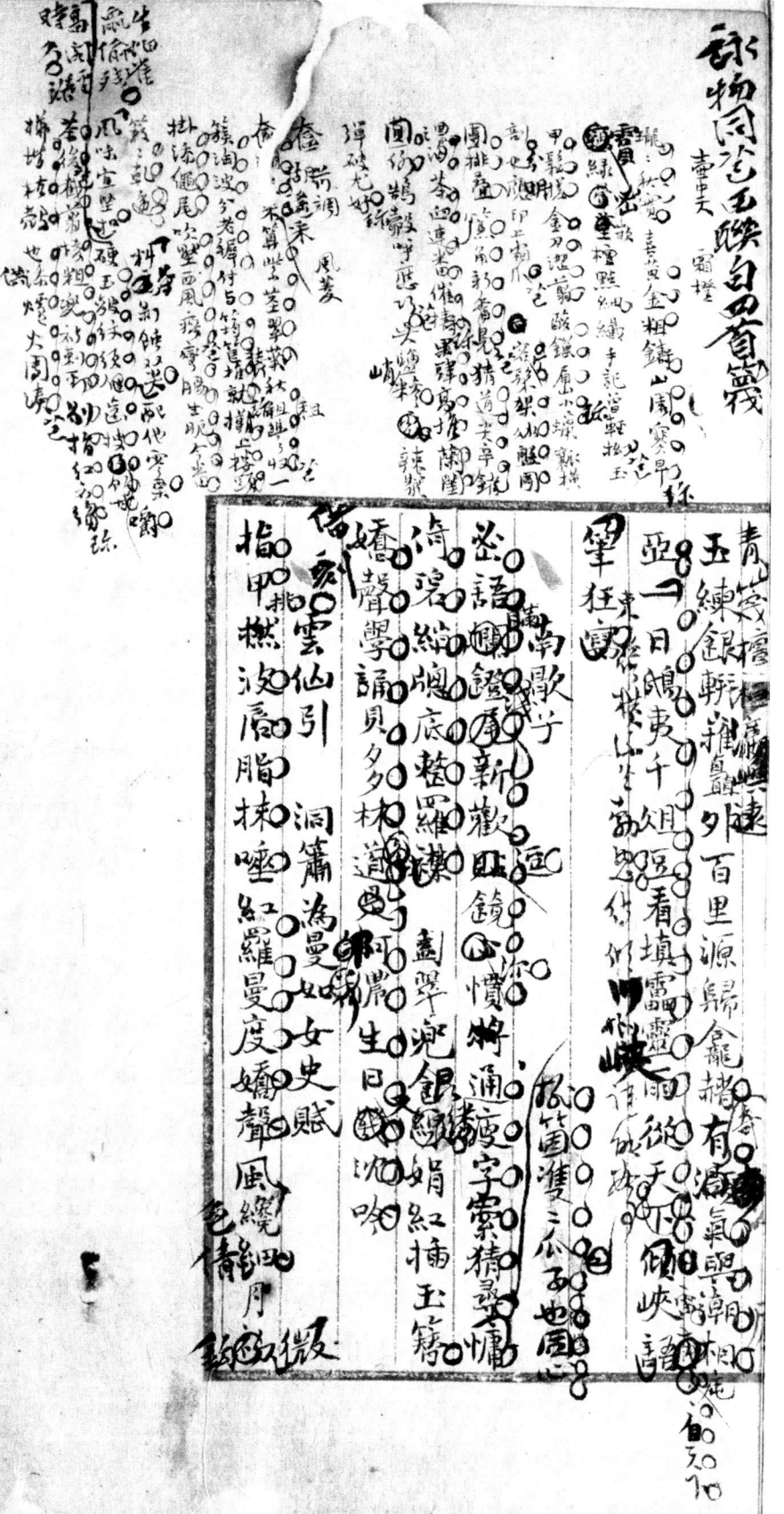

前調　棲果

明餘音滑迴鮫怨

富池雨歛角瑩星休吹横玉雲扉

一樣曉梅點轉尖

纔愁聽叶逗破宮娃一點櫻悄檯銀瑣秋花碎墮

吹簃三更　十樹檯銀瑣

唐人詞藹賦結紅羅之婉蔚

蹤影　藐子有縉雲之游倚此録別

別君細否正鞠花風雨重九時候鴂點燈

雲山春波回首星星竹籟蛩音裡較燈影詩

壇槽碎撥聲聲蕭鴦中濃愁如酒　此去

爵齒 [illegible] 愍 [illegible] 風味 [illegible] 鬢烘 [illegible] 別稿 [illegible] 烏芋 [illegible]

霅溪仙瀨休忘，昧臺畔羈滯蘚苔。拋數歸期擱了，黃時排整疊簾依舊。天涯我亦飄零慣，休說起水。菊紅豆，諳相思，正是秋風，只有幾行衰柳。縉雲有吏隱山

上有忘歸臺，李陽冰隱此所築

丗 水調歌頭 觀古籍放歌

昂首問前古，幾箇謫仙才，紛紛紫函青牒，都剩土灰。龍女閱偏滄桑，人世老我十齡，鑄塹雙眼幾關來。聞道洞天好，飛夢到蓬萊。蟲鏤簡，兔園冊盡，歷劫弔他玉巖金壁，爝火一黃坏，十二萬年如之

祇有日星虹雨文字自天開燒燭檢殘卷狂濤手
中梧
冊

△少年游　晚瑪倚桐樓用樊榭詞均

遥山如畫明波作鏡合喚水僊家峭影風帆軟聲
煙艣鷗夢醒雲沙半江紅樹斜陽尾冷豔抵春
花壓檻蝶痕撲簾鷗色小坐讀南華

買陂塘　次均答樊雲門同年增祥見寄

悵平生蘭叢荊棘有情都歸離散詩名舊熟容金
鑄長悵關河漫汧從頭看喜佛譜仙裳半是題襟

彥窩燈青案正影燭燒紅臘簾漉綠擊節也須幽

才如此何媿翺翔蓬館天吳顛倒堪嘆燕釵駝

褐衣塵底瘦盡楊花誰見春光換櫻越斷荊岑一

倒悲王粲相知恨晚剩湖海襟期煙笙豪管彈寫

行波畔 君湖北恩施人

原作　樊增祥

憶金臺春風榜後朋簪頃刻星散鵷鸞鎩羽

歸心急萬里龍沙澔汧還鄉看幸載酒玄亭

問字添英彥 謂仲彝 聯唫雪案閒玉笛橫吹瓊

長調118
中調114
卅二存18

簫低和詶唱幾時斷　慕君名道已蜚聲芸
館郵知淪落同嘆鶯花三月長安道恨未披
雲一見英詞煥想古錦囊中多少霞箋翠逢
君匣晚待蓉鏡呈時杏花開處相見鳳池畔

（清）李慈銘　樊增祥　陶方琦等　撰

咸同間名人詩箋不分卷

稿本

國家圖書館藏

咸同間名人詩箋不分卷　提要

清李慈銘、樊增祥、陶方琦等撰，稿本。一册。全書由原函粘貼而成，散紙，未裝成册，涉及人物衆多，用箋不一。封面題『咸同間名人詩箋』，下題『畏壘庋藏』。

是書收録清人詩箋共計四十五首。題爲『咸同間名人』，實則著者時代跨度自清咸豐至民國。撰者不一，内容據致信者，大體可分二類：一爲李慈銘與其朋輩間之唱和詩作，唱和者多爲居京官員；二爲釋徹凡與詩友酬和之作，唱和者係皋社詩友。

第一類與李慈銘相關詩箋中，收録李慈銘詩作七首，樊增祥十五首，陶方琦三首，另有袁昶、徐琪、王先謙、王仁堪、黄體芳、陸廷黻等人致越縵堂詩作若干，樊增祥致李承侯詩作數首亦入此列。依次爲：光緒十六年（1890）十一月六日李慈銘撰《寒花夢歸莪山二首》、李慈銘撰《僧喜南歸就婚作詩送之三首》、王先謙致李慈銘詩《夜訪冶秋子佛菴論詩奉贈》、張之洞詩《禊南下洼和董前輩之作》、王仁堪致李慈銘詩《越縵先生疊均合詒堪與雲門再疊敬盒》，光緒十三年臘日袁昶致李慈銘詩《越縵先生初度敬呈》，光緒十三年十月初吉袁昶致李慈銘詩《越縵先生病新起戲呈一首》，光緒十一年徐琪致李慈銘詩《上巳日奉陪越縵師霞鷴小集謹次客歲東坡生日元均以詩申謝》，光緒十一年徐琪致李慈銘詩《乙酉臘月十九日同人以東坡生辰携酒爲先生大人壽，席間出示甲戌年舊作謹用元均率成二律，録請誨政以當紫裘吹笛之一聲也》，光緒十二年元月初七李慈銘和徐琪詩，光緒十一年董文焕致李慈銘詩《上巳日同人游龍樹寺作》、黄體芳致李慈銘詩《元旦大雪喜賦二律》、陸廷黻致李慈銘詩《示贈雲門四詩意猶未盡昨得子玖別雲門詩倣韻重有此作》、陸廷黻致李慈銘詩《奉和仲春七日雪後擁□元韻》、樊增祥致李慈銘詩《奉懷越縵夫子主講津門并速歸櫂》二首、樊增祥致李慈銘詩《依韻奉和夫子大人感事之作》、樊增祥致李慈銘詩《徵招代内答張夫人招游南濼意有所避不果偕往》、樊增祥致李慈銘詞《滿庭芳》、樊增祥致李慈銘詩《恭祝會稽夫子大人六旬晉六慶辰敬蕲》四首，光緒十九年樊增祥致李承侯詩《臘月十日行縣至陽郭宿賀氏別業燈下無俚賦此寄》，民國五年（1916）樊增祥致李承侯《承侯世兄至京今以愛伯師遺集屬爲校定，中以癸巳中秋夜鎖闈懷雲門案中之作感愴愴餘敬次原韻》，民國五年十月樊增祥致李承侯詩《疊韻題越縵堂集》《再疊前韻示承侯》、樊增祥致李承侯詩二首、陶方琦致李慈銘詞《清平樂・秋夕聞雨》、陶方琦致李慈銘詞《絳都春・都門人日》，光緒六年陶方琦致李慈銘七言詩一首。

第二類與釋徹凡相關詩箋，依次爲：子璋致鈍栖居士兼寄公大師詩，咸豐五年（1855）李慈銘詩《乙卯九日寄懷寄雲上人》、王星諴致釋徹凡詩《高遷道中》、王星諴致釋徹凡詩《二月朔日冒雨走訪興福教院寄雲上人書此奉贈即乞證可》、周星詒致釋徹凡詩《乙卯元旦同社兄韻示寄公禪兄即乞喝正》、咸豐四年甲寅芳子遵致釋徹凡曲《甲寅初夏寄雲聞士招飲小雲棲歸譜北越調柳營曲一闋以博拈花一粲》，道光十年庚寅（1830）鄔鶴徵致釋徹凡詩《盆山一首爲卐上人賦并正》。兩類之外，另有陶方琦致陶方琯詩《杏村示近出建寧漢磚以詩報之》、同治三年甲子（1864）葉道芬致嵋仙詩《臨榆縣署西院玩松樹丁香各系一絶癸亥二月大雪初晴後作》，此二通詩箋夾雜上述兩類之間。

是册收録陶方琦所著詩箋共四通，其中致李慈銘共三通，詞二，詩一，皆未刊；致其兄陶方琯七言詩一通，收入《湘麋閣遺詩》卷四。

詞一曰：《清平樂・秋夕聞雨》。『茗甌香冷，小幔秋陰暝。昔日箏絲今倦聽，衹是離愁偏省。客心已是無聊，夜簾疏雨蕭蕭。何况鐙昏夢醒，窗前還有芭蕉。』落款『夫子大人鈞政。方琦初學』。

詞二曰：《絳都春・都門人日》。『燕臺選俊。隔艶塵一寸，雪玉新寒。十里禁城，鈿年香騎未須閒。明簾似水□猶懶。玉爐香透雙彎。客裏心情，花前消息，縵寫紅蘭。記得梅粧試罷，正搜春、金勝熨唾幾痕。曲曲畫樓，金尊紅燭醉黄昏。年年衹恨題詩遠。別愁空付青鶰。昨宵眉目深深，照過絳欄。』落款『敬呈越縵夫子大人詞正。方琦』。

詩一曰《庚辰夏首書於京陵使轅》：『思隨杖履集都門，花外琴書闕語温。卜宅湖塘分柘柳，採風瀟水長蘭蓀。千秋中壘傳經業，一曲霞川數醉痕。見説春城桃李艶，薰風何處不開尊。』落款『敬呈越縵夫子大人誨莞。方琦』。

陶方琦致其兄陶方瑄七言詩一首，題爲《杏村示近出建寧漢磚以詩報之》，詩曰：『航鄔靈峰發古磚，炎劉迢數隔千年。南天金石何曾陋，東浙溪巖本足傳。土鏽殘文徵馬衛（磚旁有「馬衛將作」四字），漢京舊曆溯龍躔。永元一鏡無從見（聞尚有永元二年一鏡），千載何人考墓田。耆仲二哥同年詩家教之。方琦。』此詩亦收録於《湘麋閣遺詩》卷四，然題名及正文内容略有差異。

現藏國家圖書館。

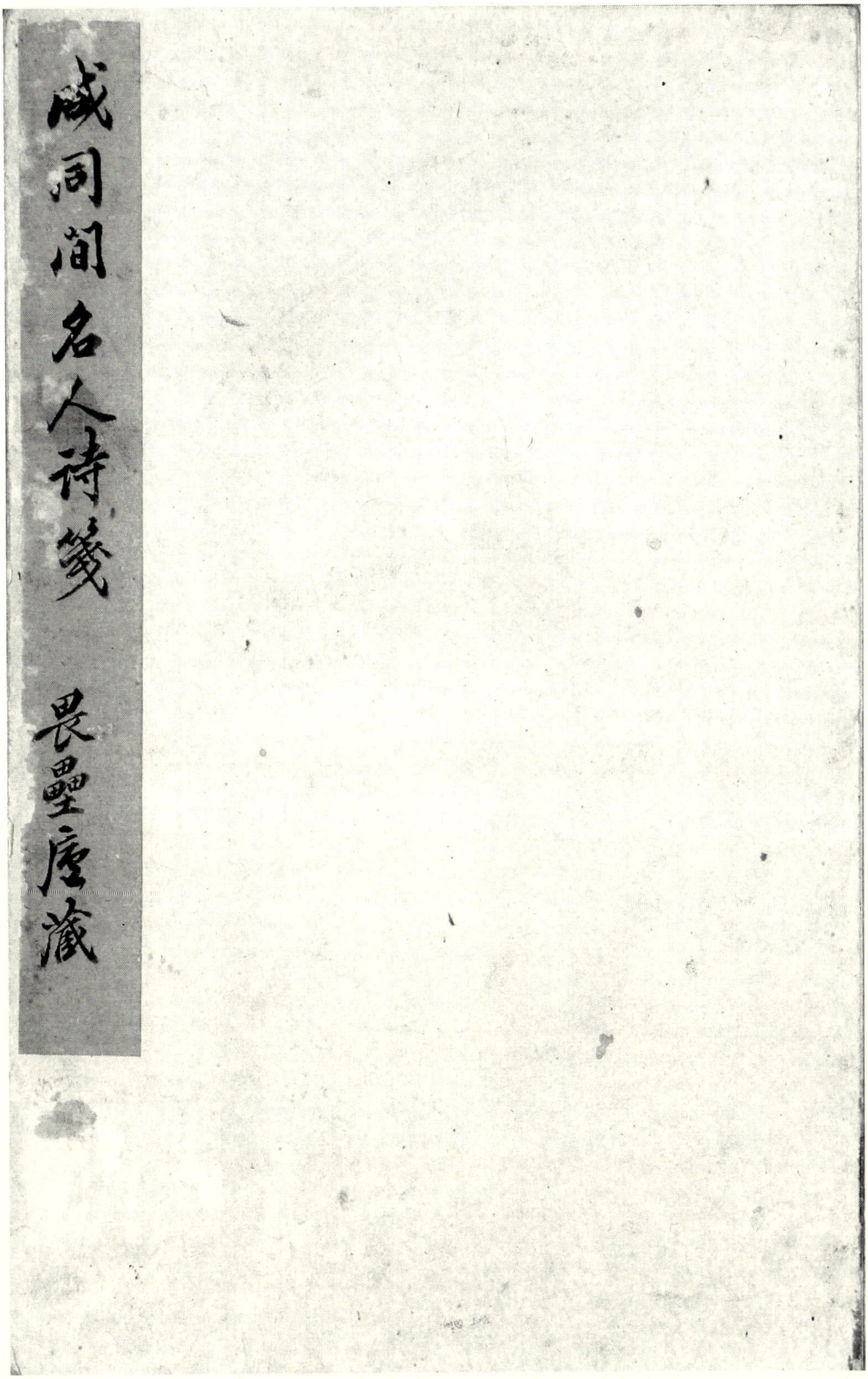
咸同間名人詩箋
畏壘廬藏

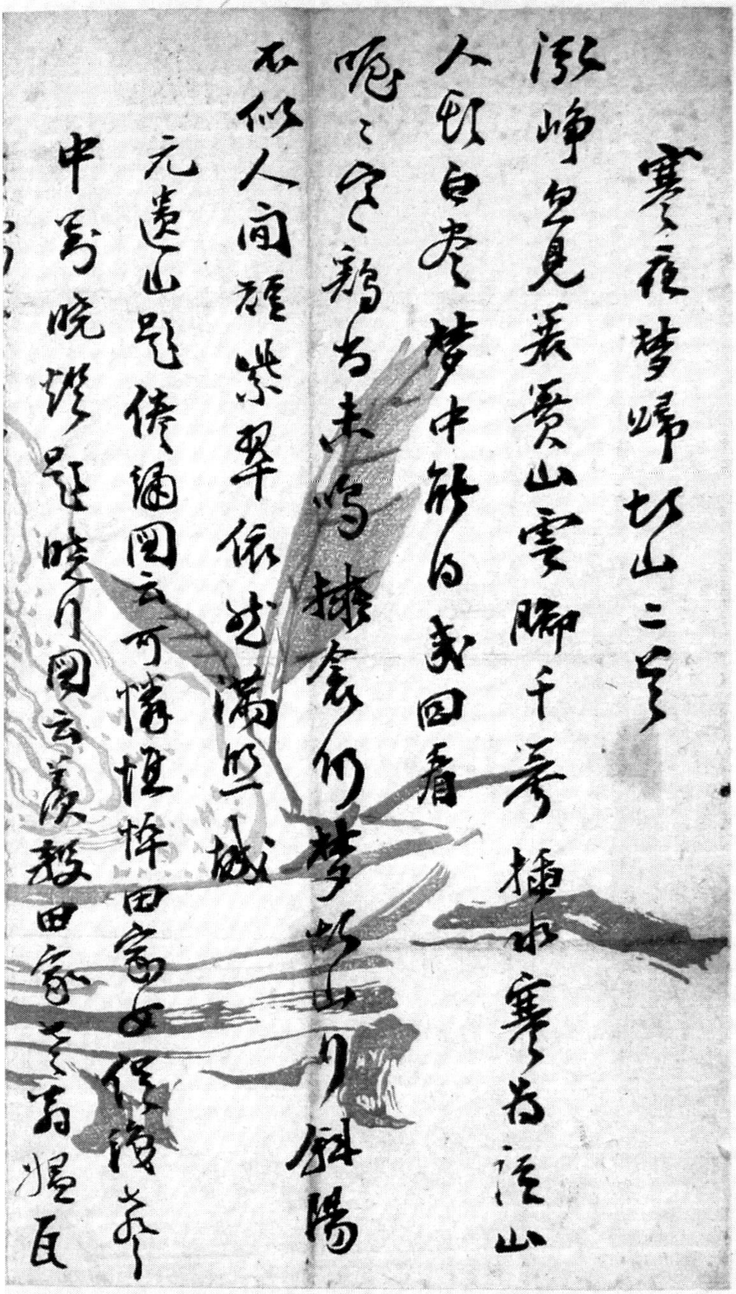
寒夜夢歸故山二首
澂峰忽見萬疊山雲腳千峯插水寒前後山
人臥白雲夢中能自家回看
曉曉空雞聲未鳴排雲何夢故山斜陽
不似人間雜紫翠依然滿照城
元遺山題倦繡圖云可憐憔悴田家女促織聲
中爲曉粧題曉行圖云蠶穀田家事事苦慢民

鸳鸯湖棹歌

秋深在讀鄰家月引籬邊四角花不信紅
閨有思婦圖桑徑火話桑麻
莭樓上鏡不辜人宿火枯紫道玉郭悟舩
裘鑠隊裏五雲樓同聽聲

辛卯十有二月鈔于倚白罷館日漁甫
能靜芸亦學士同年一粲 青伯

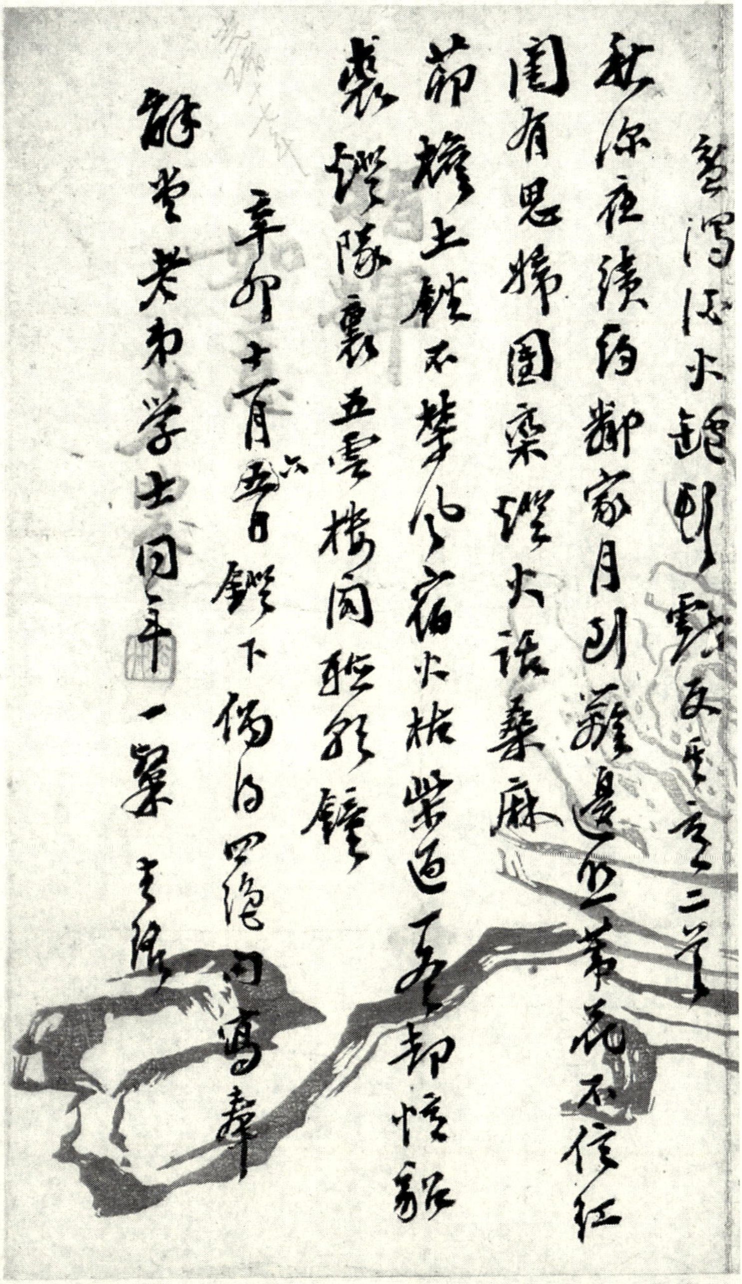

贈長甥歸娶就婚作詩送之三首

五載依余住今朝送爾行汝手堪操作我老未歸耕清儉家庭了艱難父子情白頭空望眼及早辦回程

汝母持家苦殷勤囑早回兩兒婚了畢五十壽遐開柳線歡迎歸插花

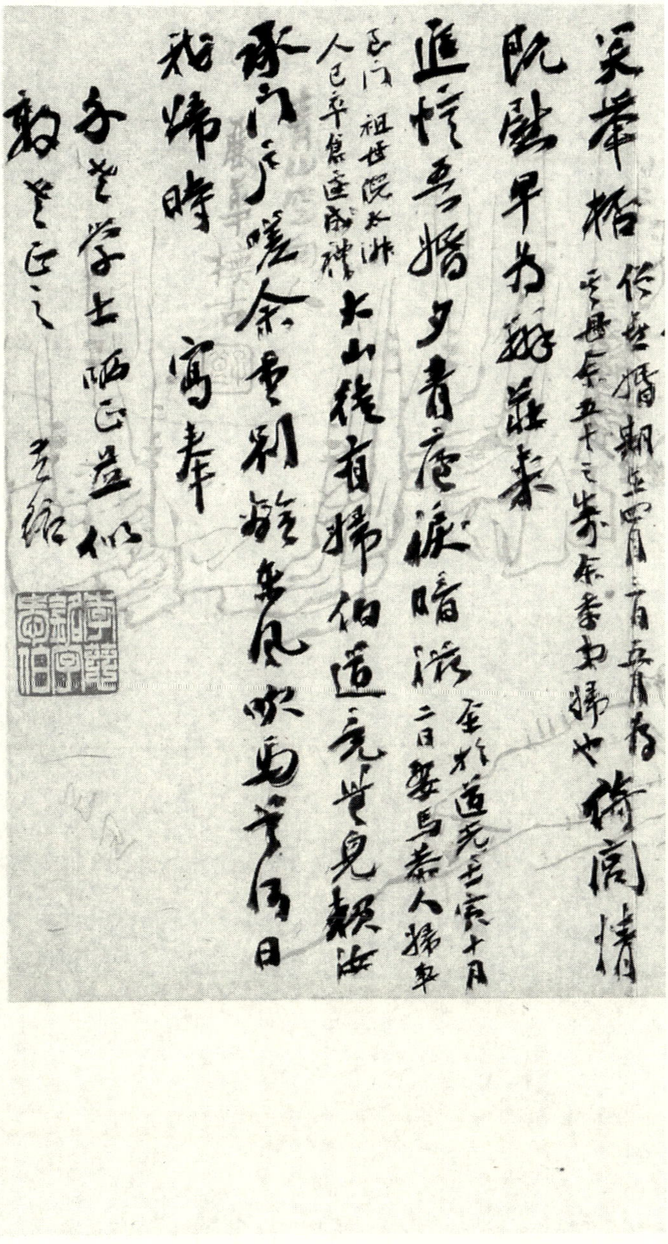

奚華婚伯姊婚期在四月二十五有吾母年五十二寄余季弟歸也倚閭情
既醉早為離藉來
追憶吾婚夕青燈淚暗滋至於道光壬寅十月二日娶馬恭人歸來正月祖母倪太淑人已卒倉遽成禮大山猶有歸伯道竟無兒叔海
承門户嗟余重別離無風吹馬首何日
賦歸時　寫奉
子恭學士晒正　益似
叔恭正之　光緒

夜訪洽秋々佛菴論詩奉贈

吾憐清河傑逸步騁天驥卻遣妻
子歸冥心就蕭寺士安為書淫未添
謝人事伊古賢達胸獨往豈異致
幽情含風騷妙解略文字僧梵著
微諷佛燈照無睡清詞如貫珠洗鍊

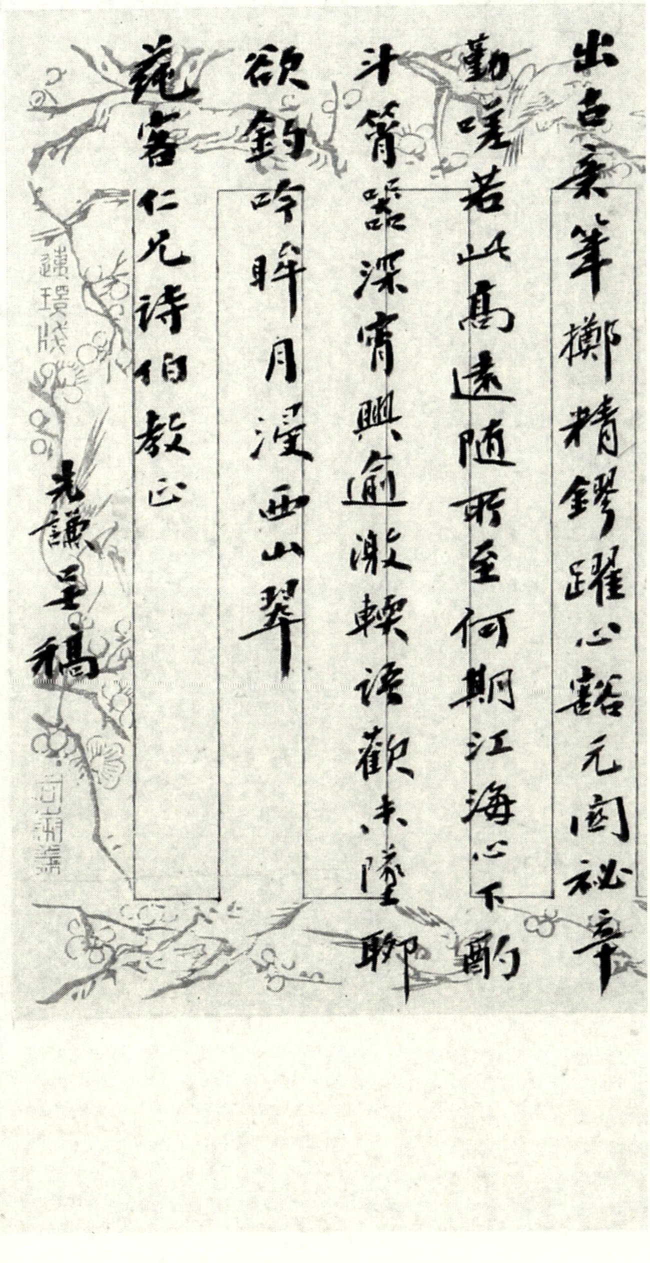

出自柔筆擲精鏐躍心谿元閟祕辛
勤嗟若此高遠隨所至何期江海心不斷
斗筲器深宵興逾激轉語歡未饜聊
欲釣吟眸月漫西山翠
蘧審仁兄詩伯教正
光謙呈稿

和禊南佳葉前輩有詩作此奉答（云作）

今年節早春轉遲，枯槎細草乙乙春妾。强約春人作禊日，結帶敢履將之城隅。積潦八寸綠照見，鳧鷖白羽玉爲肩，恰可非激浣淺瀨，勞能濯纓足，足底蔽蔽明何。短短碧烟如縠畫陰緩，燕燕郎日日吹黃沙。

對此風懷復不淺君不見漢華衣冠灞水
遊唐京花柳曲江頭會稽內史好感慨脩
觴挹華生春愁況君方將行萬里佳
日倍游能有幾不信雖愁日夜生錢與萱
南皮
芽長東水

之洞

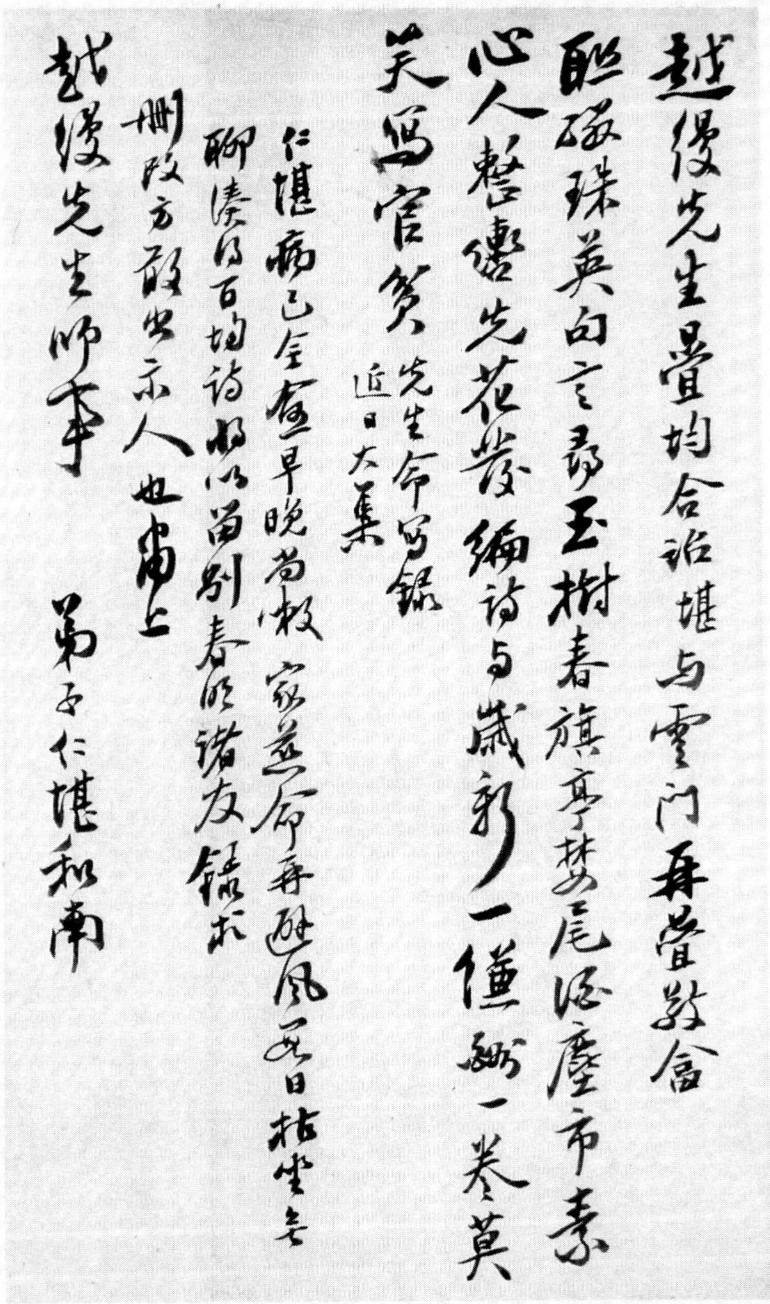

越縵先生疊均合詒堪與雲門再疊敦倉
眡璣珠英白玄錄玉樹春旗亭麈尾拂塵市素
心人馨遠先花發編詩與歲新一僅餘一卷莫
笑寫官貧 先生命寫錄近日大集
仁堪病已全瘥早晚當收　家兹命再遊風露日枯坐去
聊湊得百均詩故以留別春明諸友錄求
刪政方敢出示人也肅上
越縵先生師席　弟子仁堪叔南

越縵先生初度敬呈里句侑觴知不足當有道者一噱聊以將區區之意而已六十為郎來獄遷銅駝陌上墊巾屢巋然風節和應賞妙得

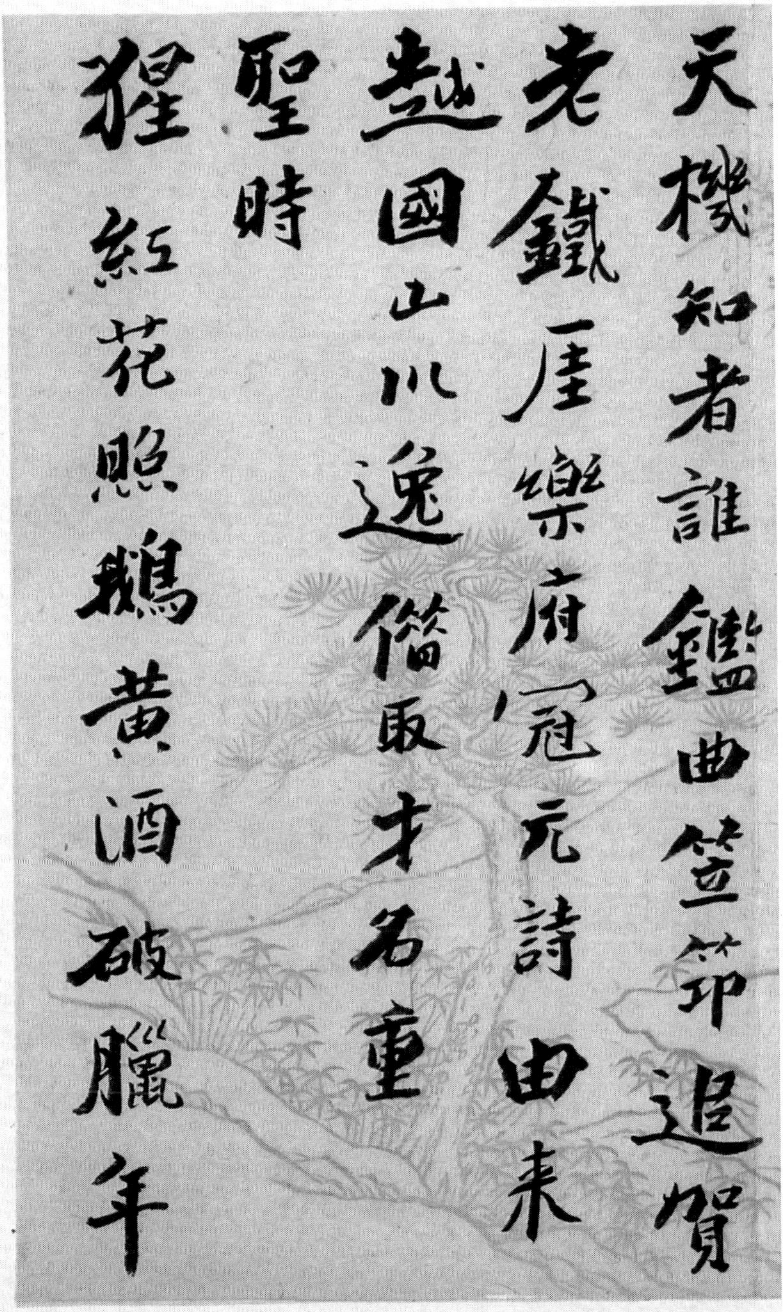
天機知者誰鑒曲笠節追賀
老鐵厓樂府冠元詩由來
越國山川逸偕取才名重
聖時
猩紅花照鵝黃酒破臘年

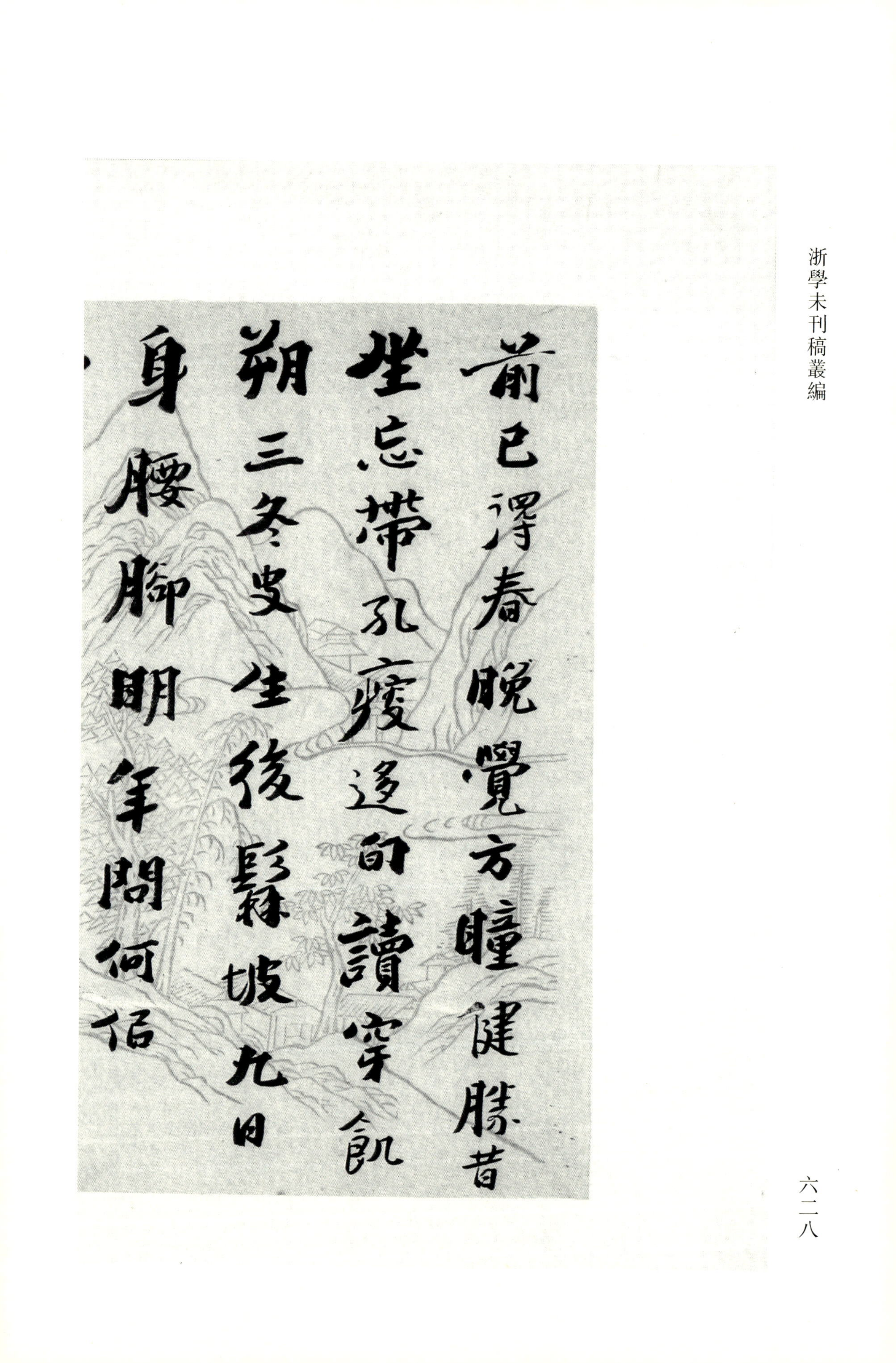

前已澤春脫覺方瞳健勝昔
坐忘帶孔瘦邊留讀窠飢
朔三冬史生後鬆坡九日
身腰脚明年問何佰

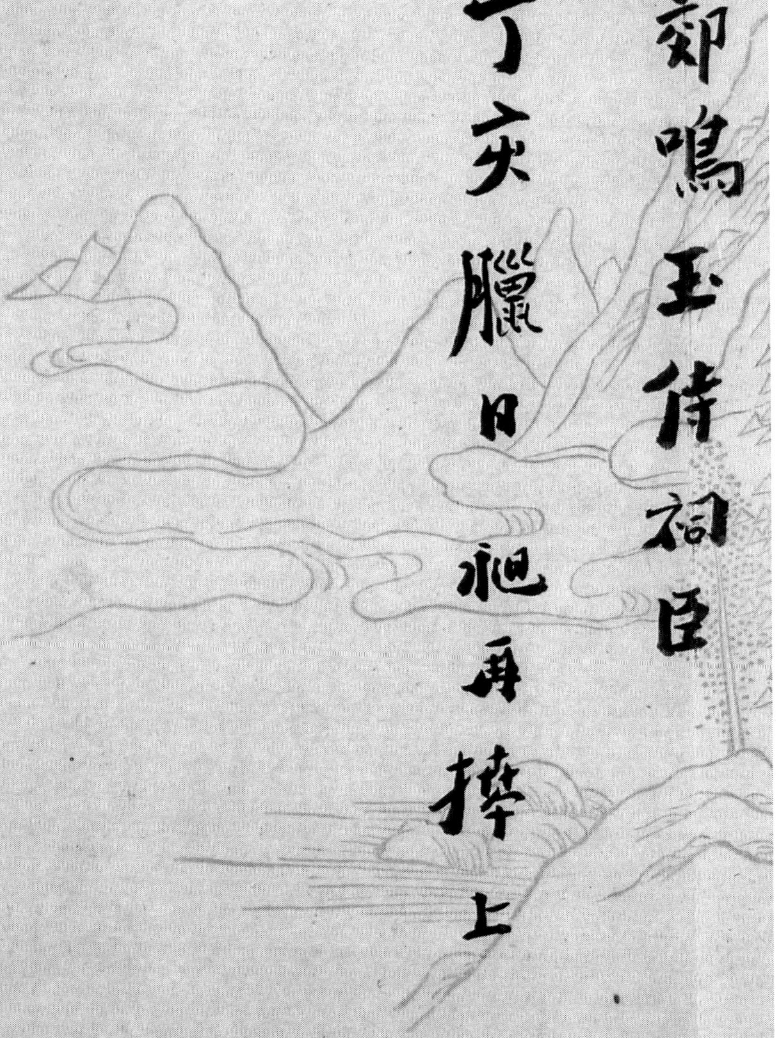

南郊鳴玉侍祠臣

丁亥臘日祀再拜上

越縵先生病新起戲呈一首 即乞
莞正
淨名示疾轉充然，乍起寧資服散緣，知見香存
誚蕙歎，句文身在異蕉墜，人間鸞翮留中檄，
池上楊枝律樂天，更約窮探翠嶶勝，試攜
竹杖已輕便。

丁亥十月初吉 袁昶上

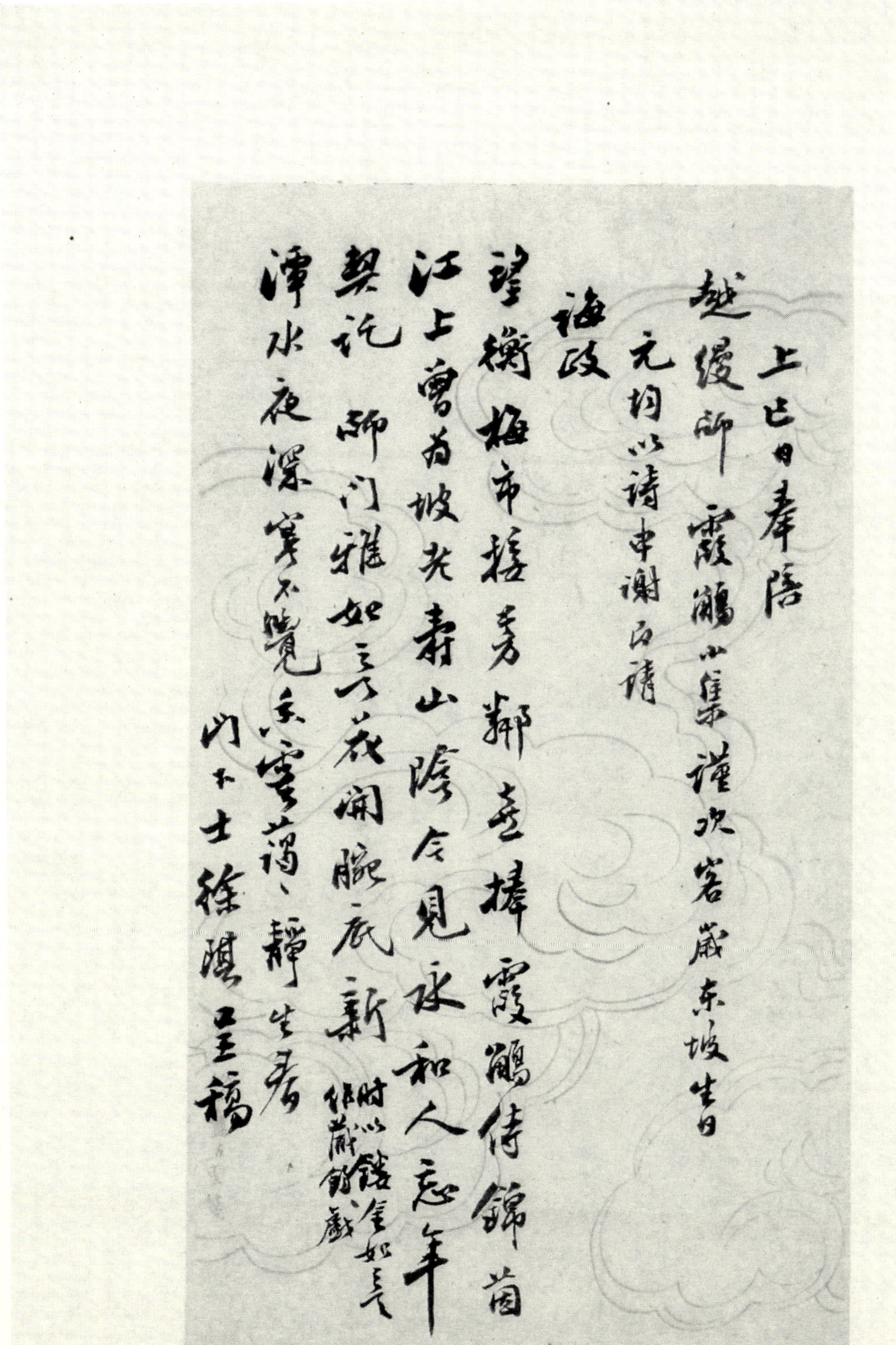

上巳日奉陪
越縵師 霞鶴山集 謹次容齋東坡生日
元均以詩申謝 即請
誨政
望衡梅市接芳鄰 奉捧霞觴侍錦茵
江上曾爲坡老壽 山陰今見汝和人 忘年
契託師門雅 如意花開臘底新 附以鐃金如意作藏鉤戲
潭水夜深寒不覺 慶雲藹藹靜生春
門下士 徐潤 呈稿

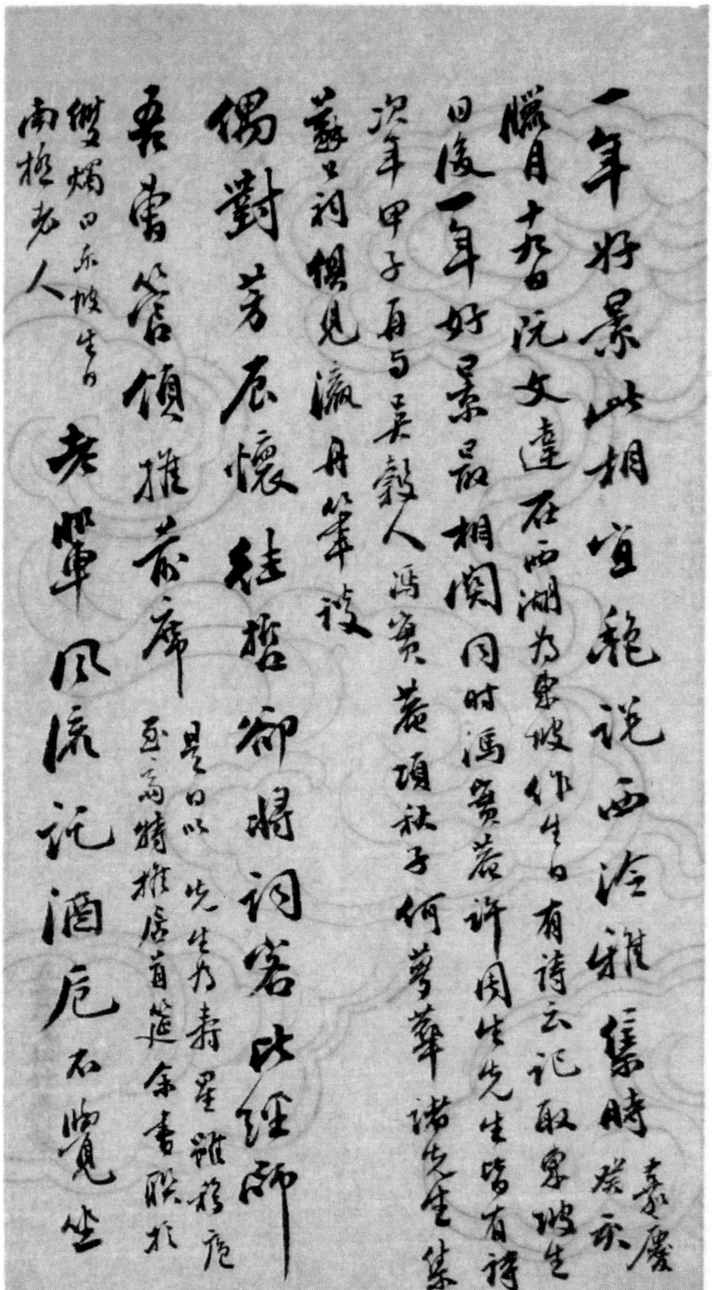

嘉慶癸亥臘月十九日阮文達在西湖為東坡作生日有詩云記取東坡生日後一年好景最相關同時馮寶蒼許周生先生皆有詩次年甲子有與吳穀人馮寶蒼項秋子何夢華諸先生集蘇公祠讌見瀛舟筆談

一年好景此相宜，艷說西泠雅集時。偶對芳辰懷桂榕，御渴詞客比經師。再當管領推蓀庵，是日以先生為壽星雅稱庵丞丞為精推居首筵余書聯於老輩風流託酒卮。不覺坐

繼燭日東坡生日

南坡老人

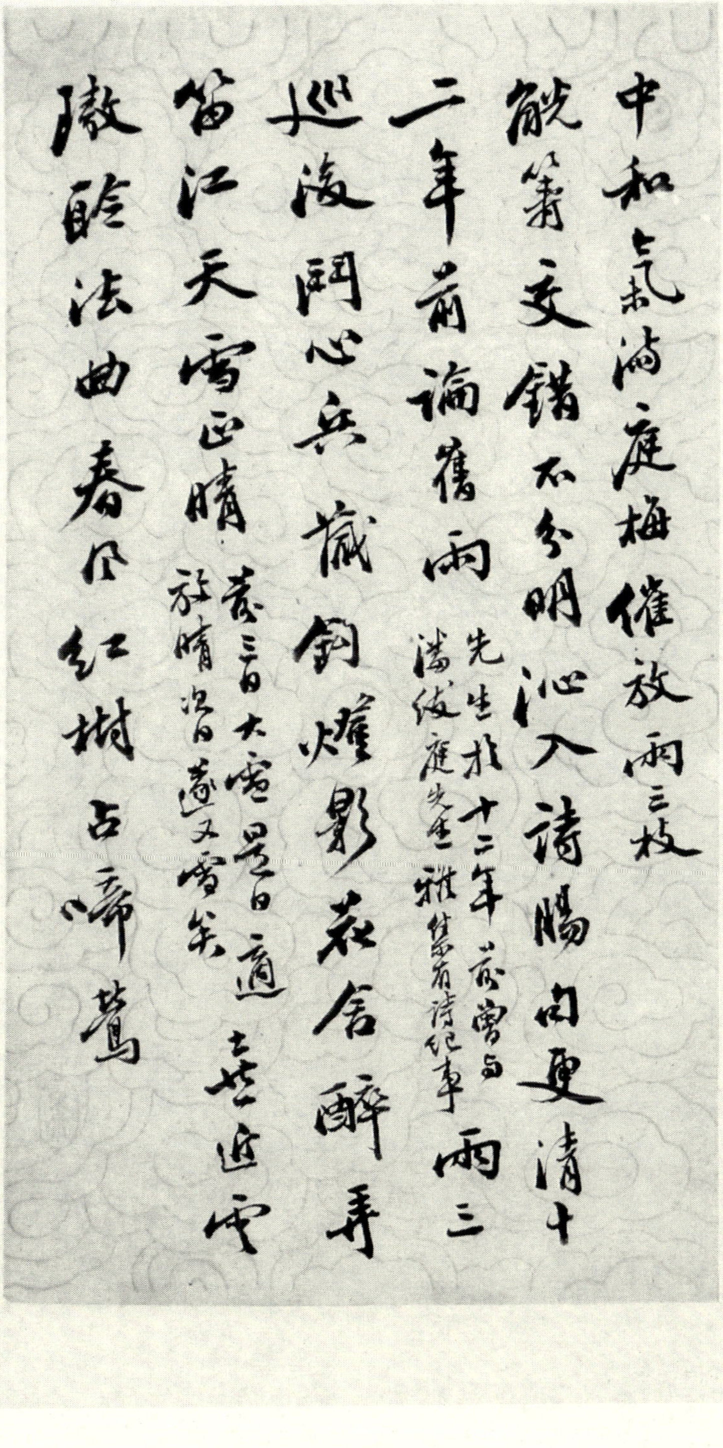
中和氣滿庭梅催放兩三枝
觥籌交錯不分明沁入詩腸肉更清十
二年前論舊雨先生於十二年前嘗與滿彼庭先生雅集有詩紀事兩三
巡後閑心無藏鉤燭影花含醉手
留江天雪正晴春三日大雪是日適放晴沿暮又雪矣吉甚迎雪
徵聆法曲春風紅樹占啼鶯

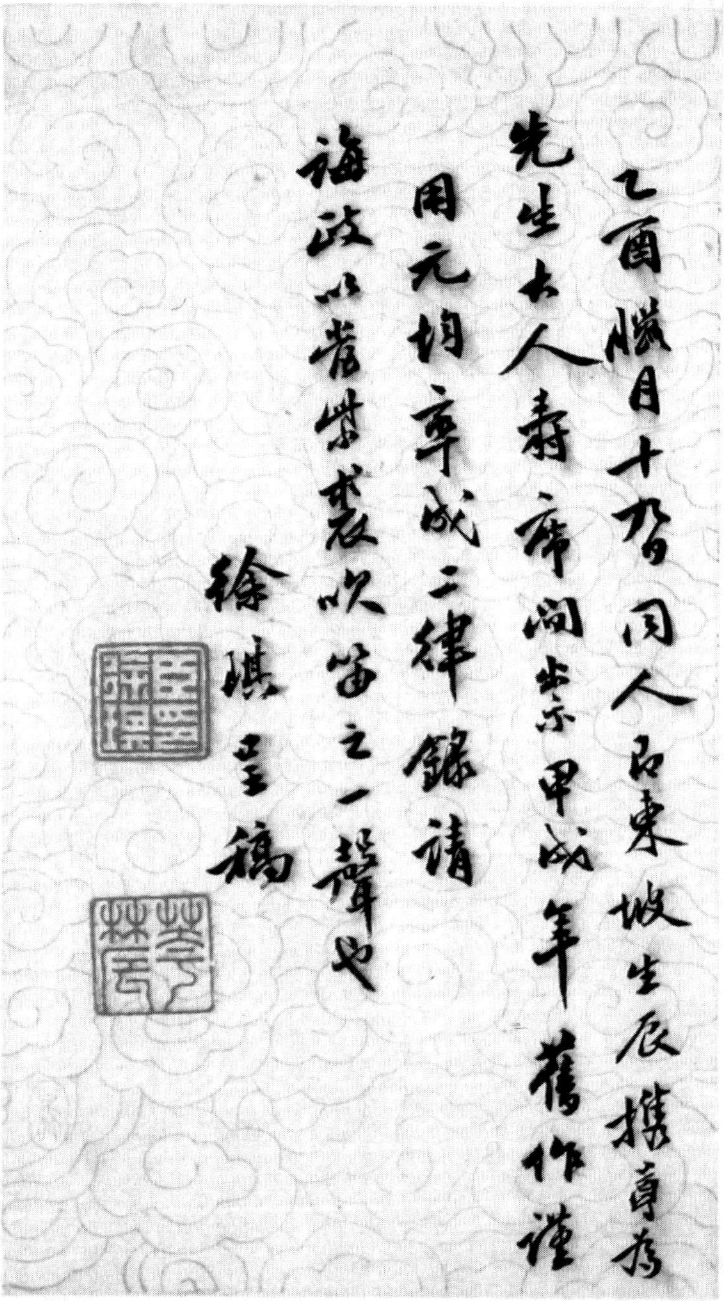

乙酉臘月十四同人召東坡生辰携尊於
先生太人壽席適紫甲成年舊作謹
用元均率成二律錄請
誨政以當紫裳吹笛之一聲也
徐琪呈稿

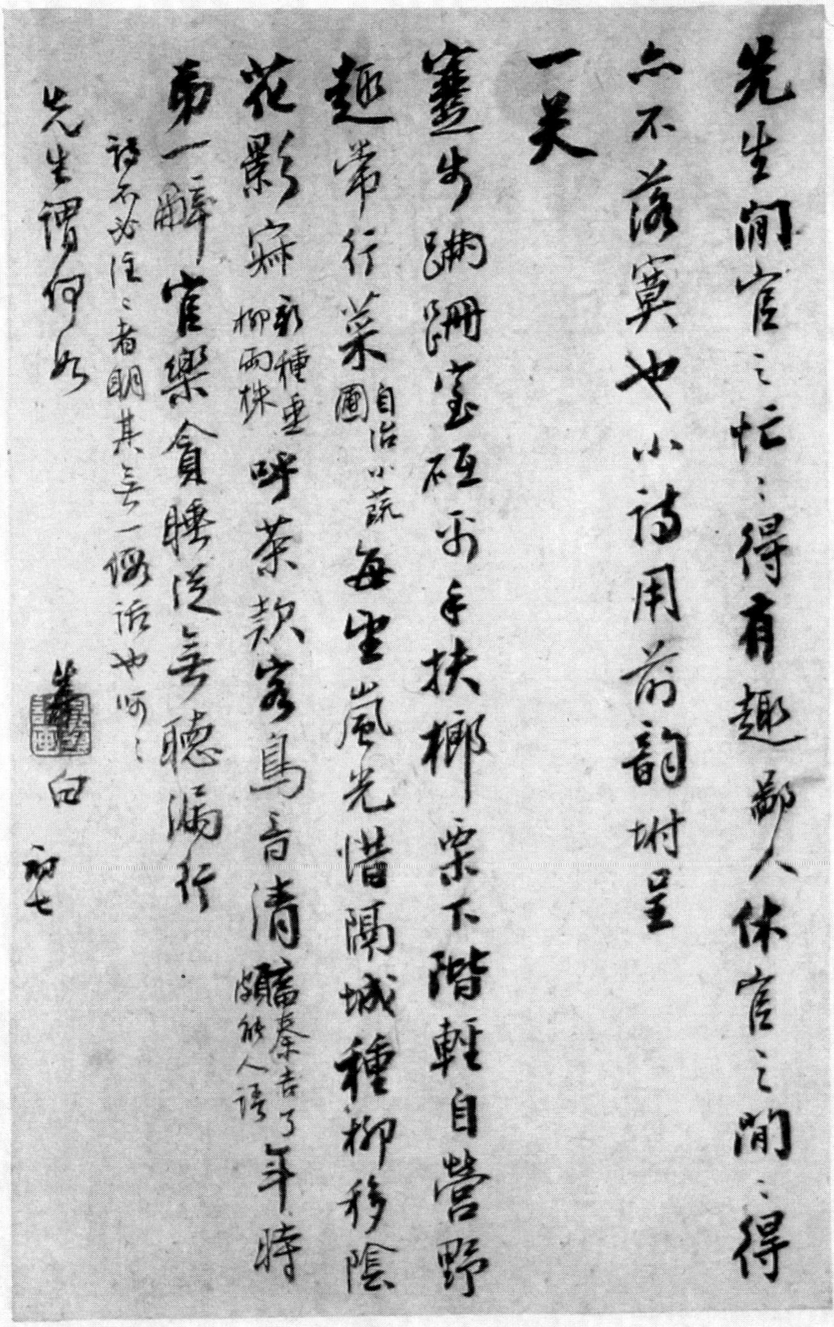

先生閒官之忙，忙得有趣；鄙人休官之閒，閒得亦不落寞也。小詩用前韻坿呈一笑。

籃出蹣跚窒硜可，手扶椰策下階輕。自營野趣常行菜圃（自治小蔬），每坐嵐光惜陽城。種柳移陰花影移（新種垂柳兩株），呼茶款客鳥音清（畜秦吉了，頗能人語）。年時第一辭官樂，貪睡從吾聽漏行。

詩不必佳，佳者明其吾一個語也，呵呵。

先生謂何如？

蕃白　初七

閑庭芳華負憑欄節序驚陵塘迴舊綠禽鳥
衰秋聲艸色漸周野春陰不隔城觚稜天直
北金闕紫明　更道行為往登高劉可
寂風煙為閑塞楊柳自樓臺落日歸輪勸荒
鐘遠寺來清遊竝雁侶更得幾銜杯
上巳日同人游龍樹寺作錄呈
蒓友仁兄大詞壇正吟　弟葉文溪拜藁

元旦大雪喜賦二律奉呈

越縵我師老兄大人郢政

兩番齋禱果通誠留得祥霙應節

呈帀宇同雲占歲祕立春先日快時

晴穀豐遠邁唐長壽花瑞卑論宋

大明聞道朔方猶衽革延陀禬術敢

橫行

九天閶闔集衣冠不夜乾坤玉作團
遙想林泉彌皎潔暫依城闕總清
寒閑門誰定當高士擁擁仗今應
少熱官珍重農家新景色莫將瓊
樹壓臺看

愚弟黃體芳初稾

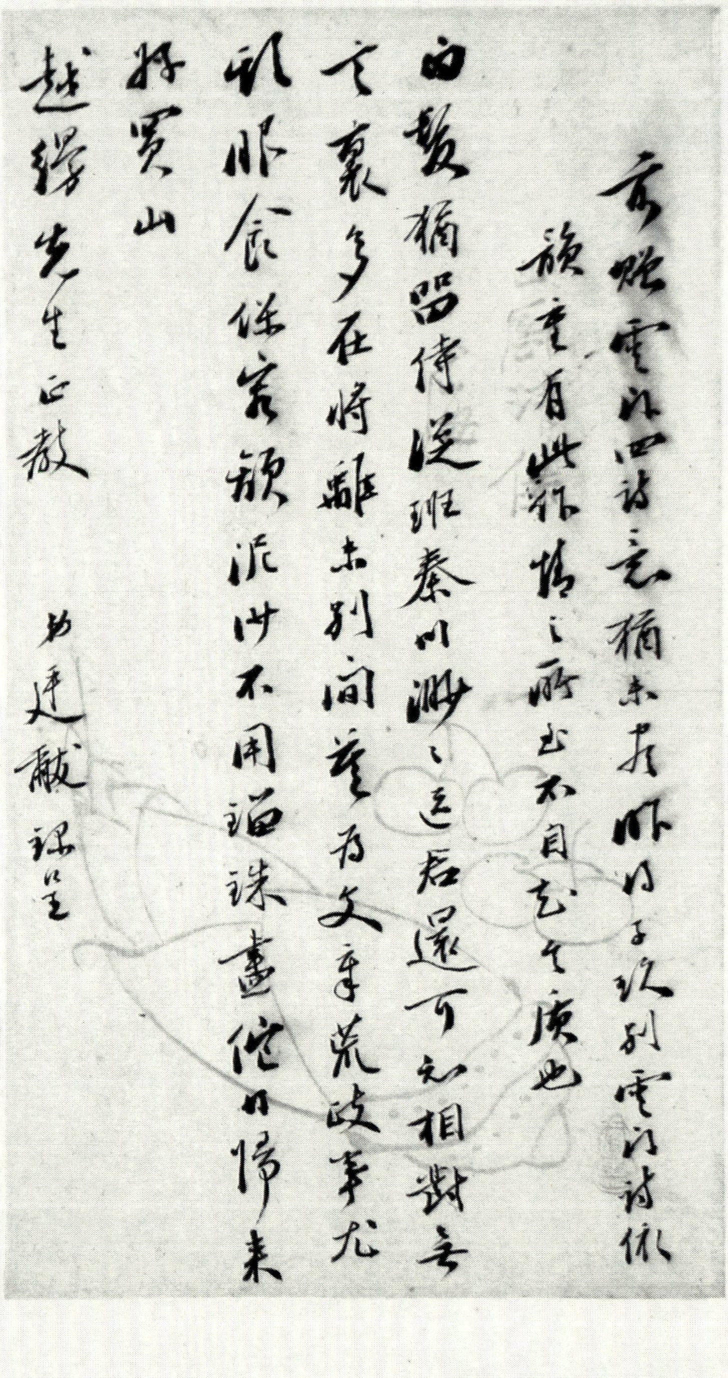
前蒙電示四詩云猶未妥附謬子改别電詩依
韻重有此作情之所出不自已之處也
白髮猶留侍從班秦川渺渺送君還可知相對無
言裏多在將離未别問羞爲文章荒政事尤
羽服飡綵簇領派世不關瑶珠盡從此歸來
好買山
越縵先生正敎
弟建霞謹呈

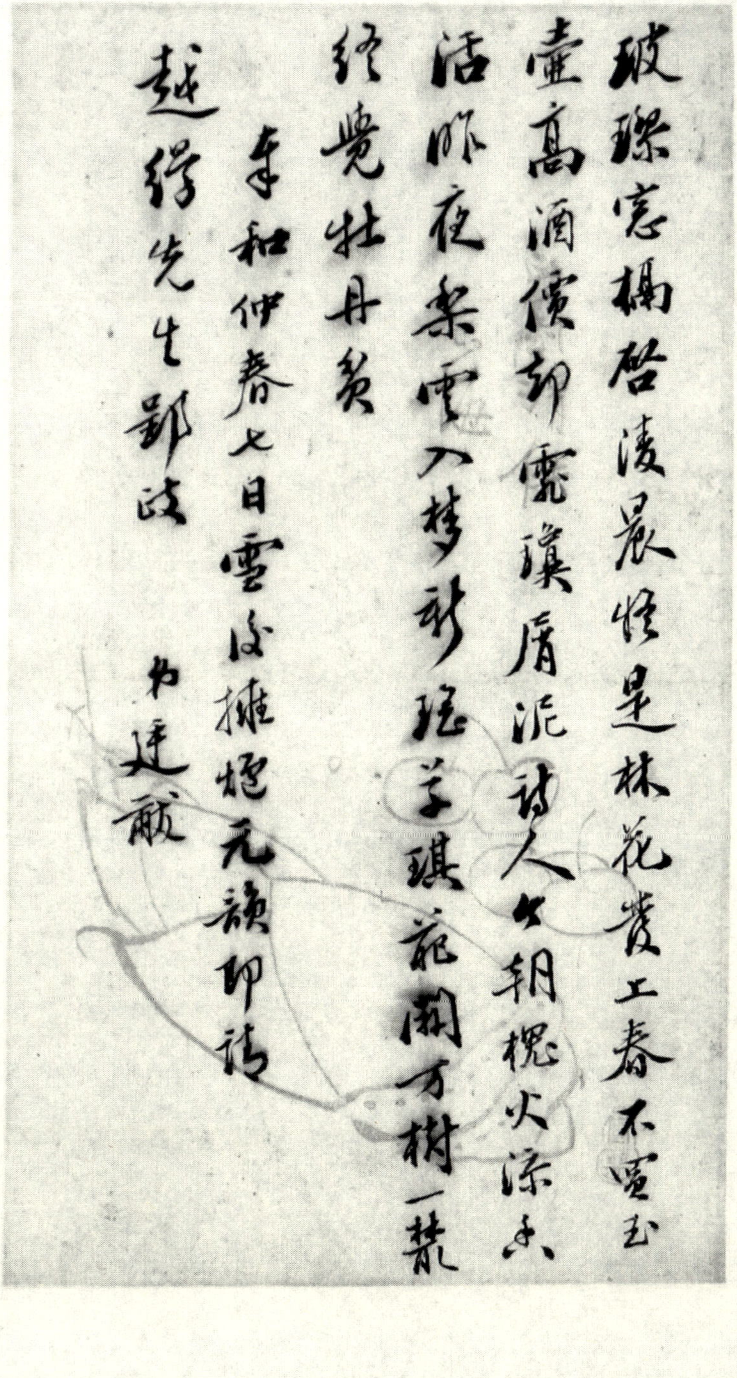

玻瓈窗櫺啓淩晨恠是林花發上春不費玉
壺高酒價却霑瓊屑泥詩人々朝槐火深々
活昨夜桑雲入夢新瑤草琪花開万樹一叢
經覺牡丹貧
奉和伊春七日雪後擁爐元韻即請
越僊先生郢政　弟廷獻

奉懷

越縵夫子主講津門並速歸櫂

主張北學待何人破例春風到海濱老愛

蘭陵為祭酒世傳高密是經神道高上相

皆嚴事日久門人乃益親更憶浙西精舍

好東游棄興欲抽身

星郎鍵户

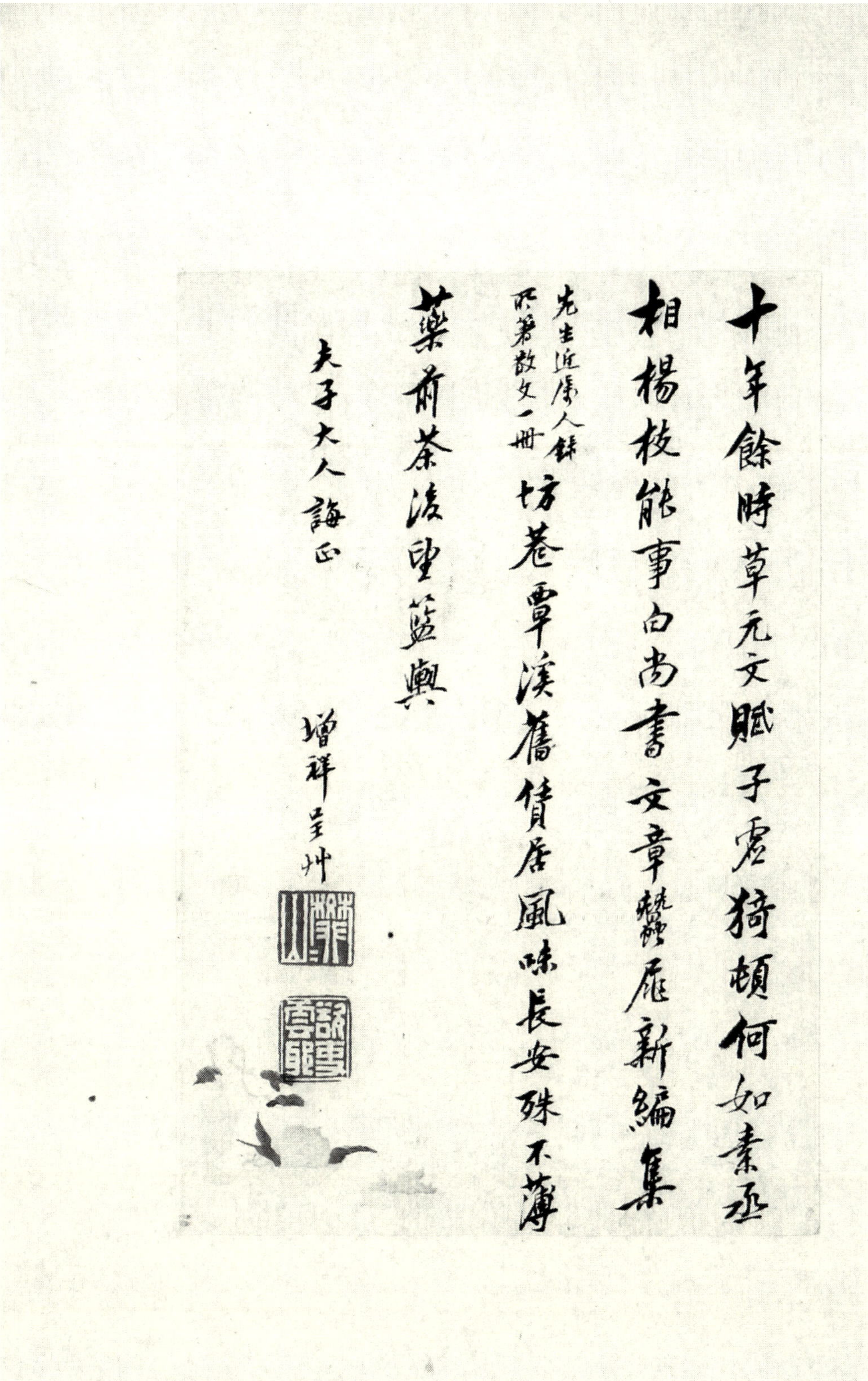

十年餘時草元文賦子雲猗頓何如素丞
相楊枝能事白尚書文章變體屁新編集
先生近序人錄
所著散文一冊
坊巷覃溪舊賃居風味長安殊不薄
藥煎茶淡望藍輿
夫子大人誨正
增祥呈艸

珠盤玉斧竟何從，萬里天驕費折衝。乘障祇應煩博士，籌儲真欲困司農。浙江組練新徵戍，絕塞兜零數舉烽。誰識相如檄背上，短詩歌海日從容。

依韻奉和

夫子大人感事之作　增祥呈草

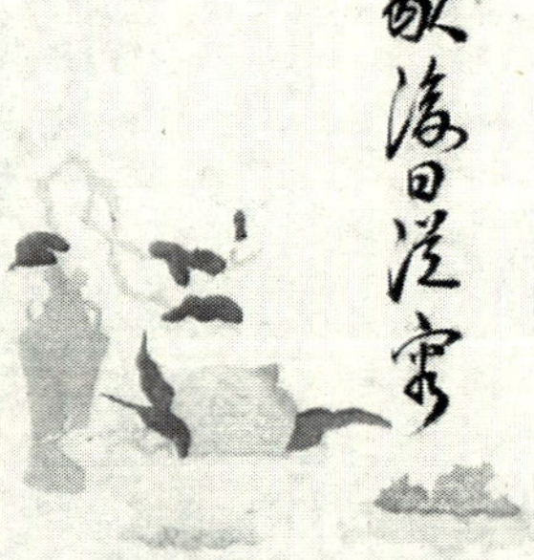

徵（角）招　代内荅　張夫人招遊南濼意有所避不果偕往

玉波暖朝朝陌上垂楊慣駐雕鞍翠箋珠字滿為約水邊蘭艇輕喚緋帬試浣可抵得西湖一半此後秦雲万疊怕明鏡裏花枝也水流天遠　依約水窗六扇明眸解語隱映紋紗茜待將花作伴還怕東勞妨伊西燕東風不管任迴避如花（嬌）面為道尋芳未晚且看取翠盤歌紅心卷

夫子大人粲政　增祥

增祥啟事

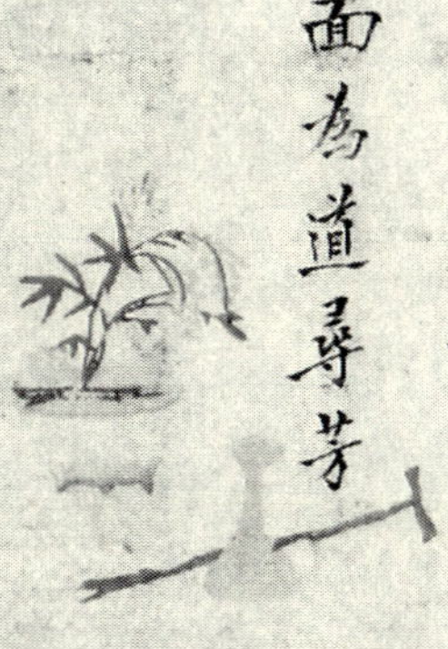

滿庭芳

香山詩云可憐九月初三夜露似珍珠月似弓好語天然百回不厭庚寅秋居京師適當是夕空階冷雨朏魄不明　愛伯歸舉似此語寄書見問意有所觸不能無言以視

香山樊蠻之恨殆過之矣

鈿合深緘玉璫遙寄絳燈初上簾櫳怨瓶落井素

縷漾西風我亦江南謝女十年夢長在愁中如天壤
王郎何限幽恨與人同　玲瓏歌一曲香山後句應
付紗籠又澹雲微雨掩抑秋容依舊初三好夜
渾不見新月如弓惟是有珎珠做淚清露落
梧桐　寫呈
夫子大人　正拍　受業增祥倚聲

恭祝

會稽夫子大人六旬晉六慶辰敬靳

鈞誨

出操霜簡入學經臺肯紆迴聲尚青樹

推妣孀呼德雨草堂賓家應台星葉將

芝草延年壽花要寒梅作典型孫憤頻

頻說東方壽杯春酒常教醒
鐵冠聲續銀傳林府席
君王聽受晉朝望平津輸波躋
典午首王沈繡衣值内春雲淺
諫總留中
時僕思未熄

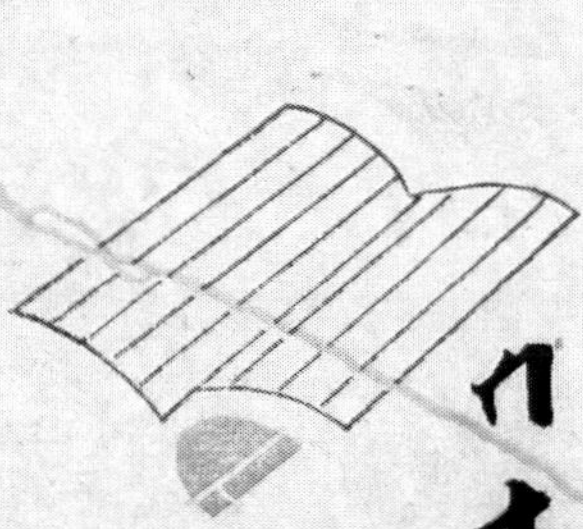

竹才

聖意淵俊自名章海天下貞元初秋到
秋令
紫龍鬚拂玉紋茵四十年來佳軟屋冠樣
嶽奇才子夏甌炙（蹬）濤稚濁翁春早里醉
穀淺松晚簽香錦是槳人閨壘紅筆
黃白馬歲雲留漆渡伺身子

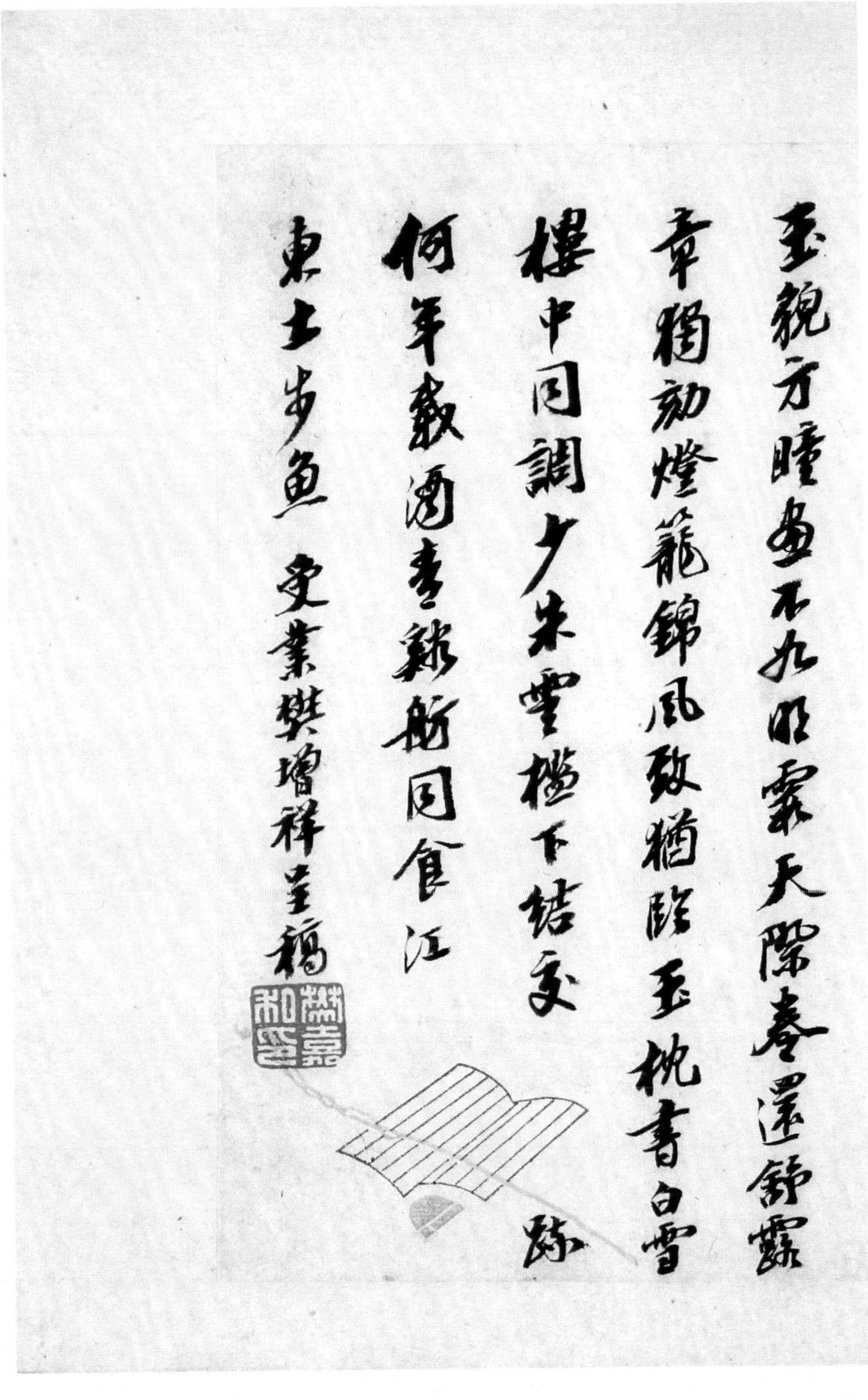

玉貌方瞳畫不如那霞天際春還舒露
章獨劾燈籠錦風致猶臨玉枕書白雪
樓中同調少朱雲檻下結交疏
何年藏酒青錢舫同食江
東土步魚　受業樊增祥呈稿

下值欣聞問字事，恐飢仍草太玄經斜飛

身自躋青路正諫人猶憚歲星廄馬久乘

非夜白庭柯手種是冬青香山廣大僧為盟

主無取三閭論獨醒

句管摩仙住大羅春花秋月極婆娑蕭

閒鳳咮重盤試前後雞鳴兩作歌舊疾

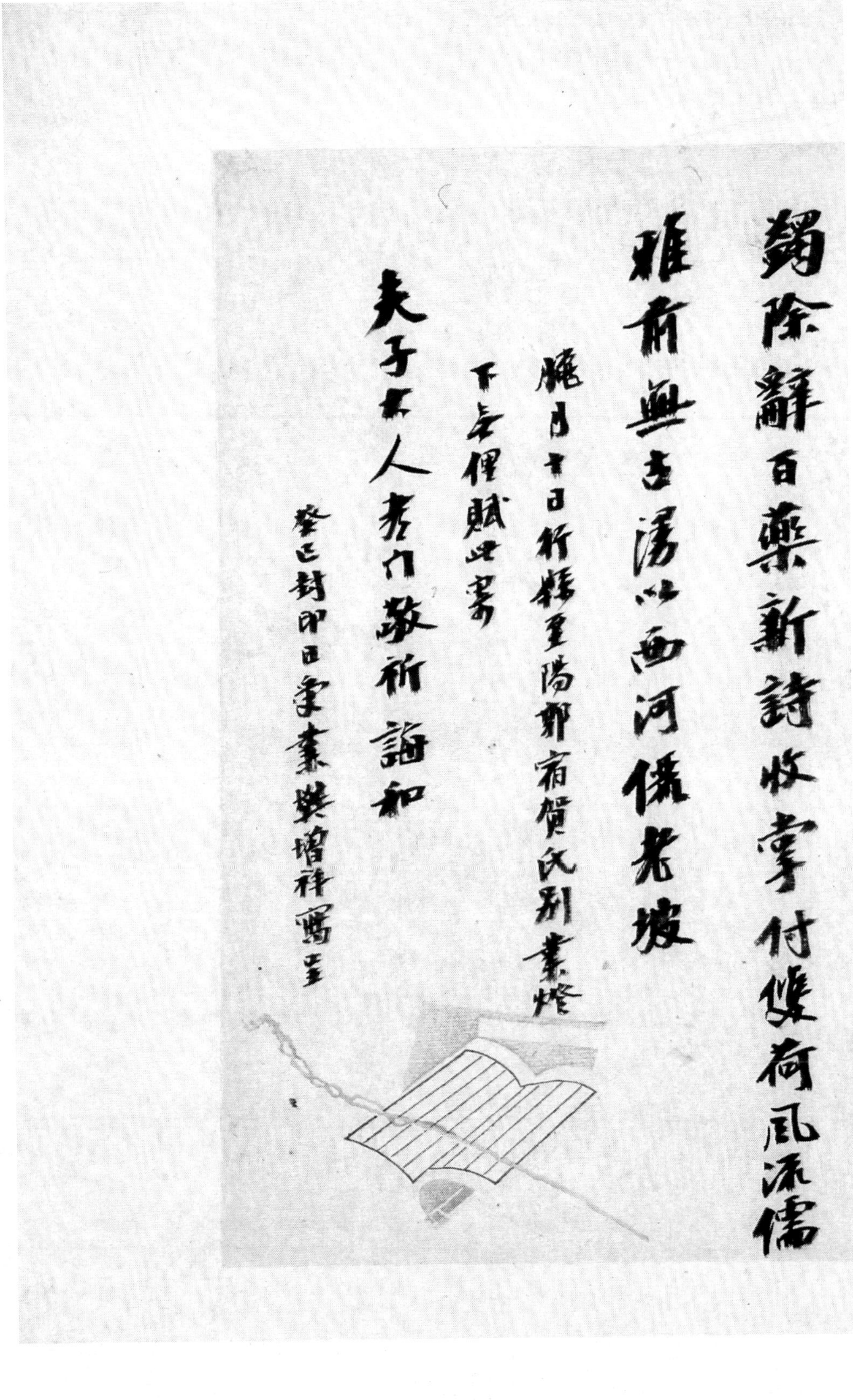

錫除辭百藥新詩收拾付雙荷風流儒
雅前無古湯以西河儷老坡
臘月廿日行抵至陽郡宿賀氏別業燈
下走俚賦此寄
夫子大人哂存敬祈 誨和
癸酉封印日受業樊增祥寫呈

承侯世兄垂令京以
惠伯師遺集屬為校定中有癸巳中
秋夜鎖闈懷雲門集中之作感愴之
餘敬次原韻
大矣以俾兜率寰遺詩猶生動
壺中蓬萊翁多傷清淺花玉石

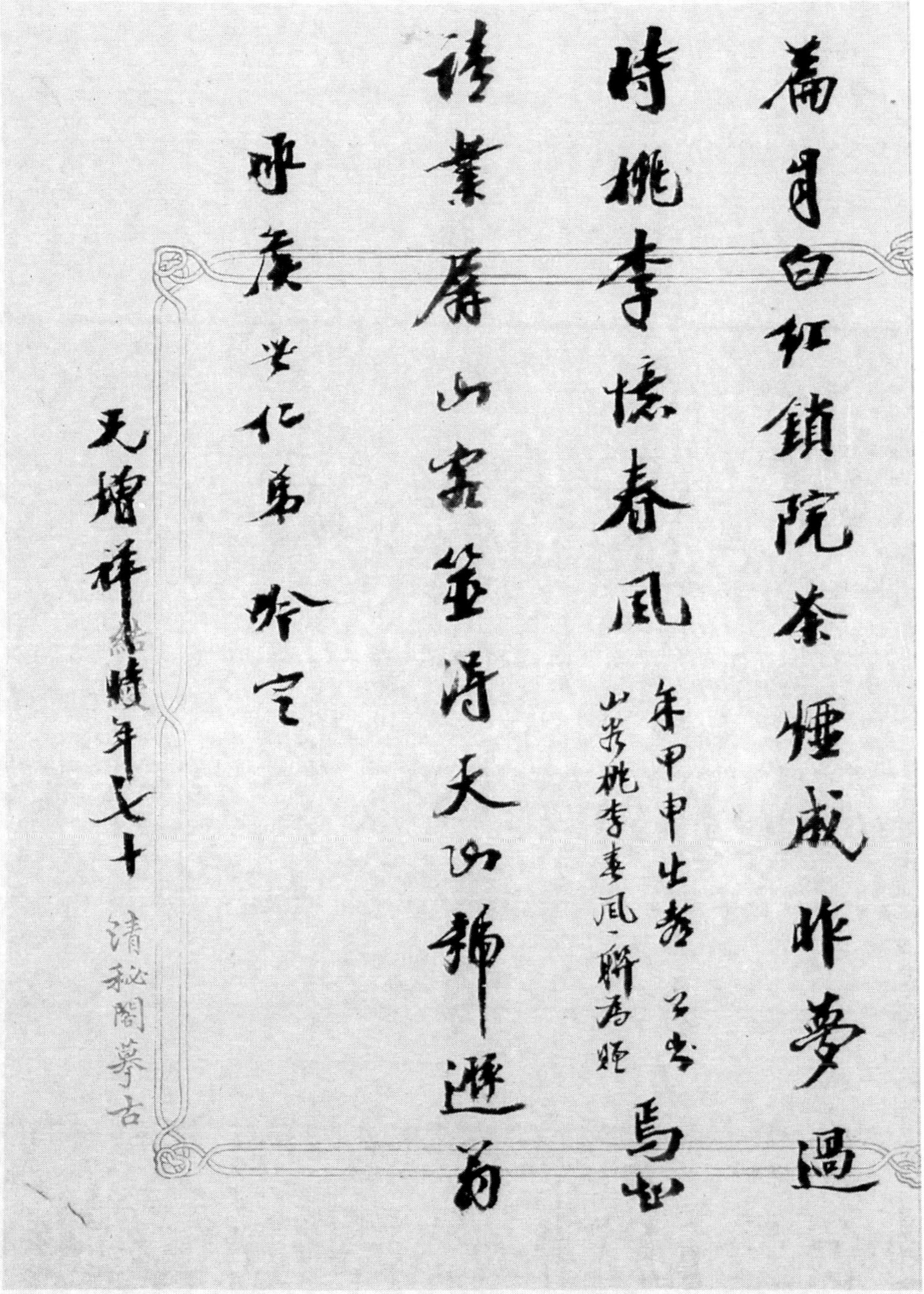
簾月白紅鎖院茶煙成昨夢過
時桃李掠春風
年甲申出都　二出
山房桃李春風一聯為題
馬也
詩業屏山寫筆滯天地歸一遊翁
承庚世仁弟吟定
天增祥時年七十
清秘閣摹古

疊韻題越縵堂集

尾聲不逐世為宗氣格猶高開

寶中冊府瑚璉尋玉白無川

渲染萬花紅泥

不久聽長安而光我猶希正始
風尹春秋瞻紫氣如今
真作霸城翁

乙卯十月既望龔增祥謹題

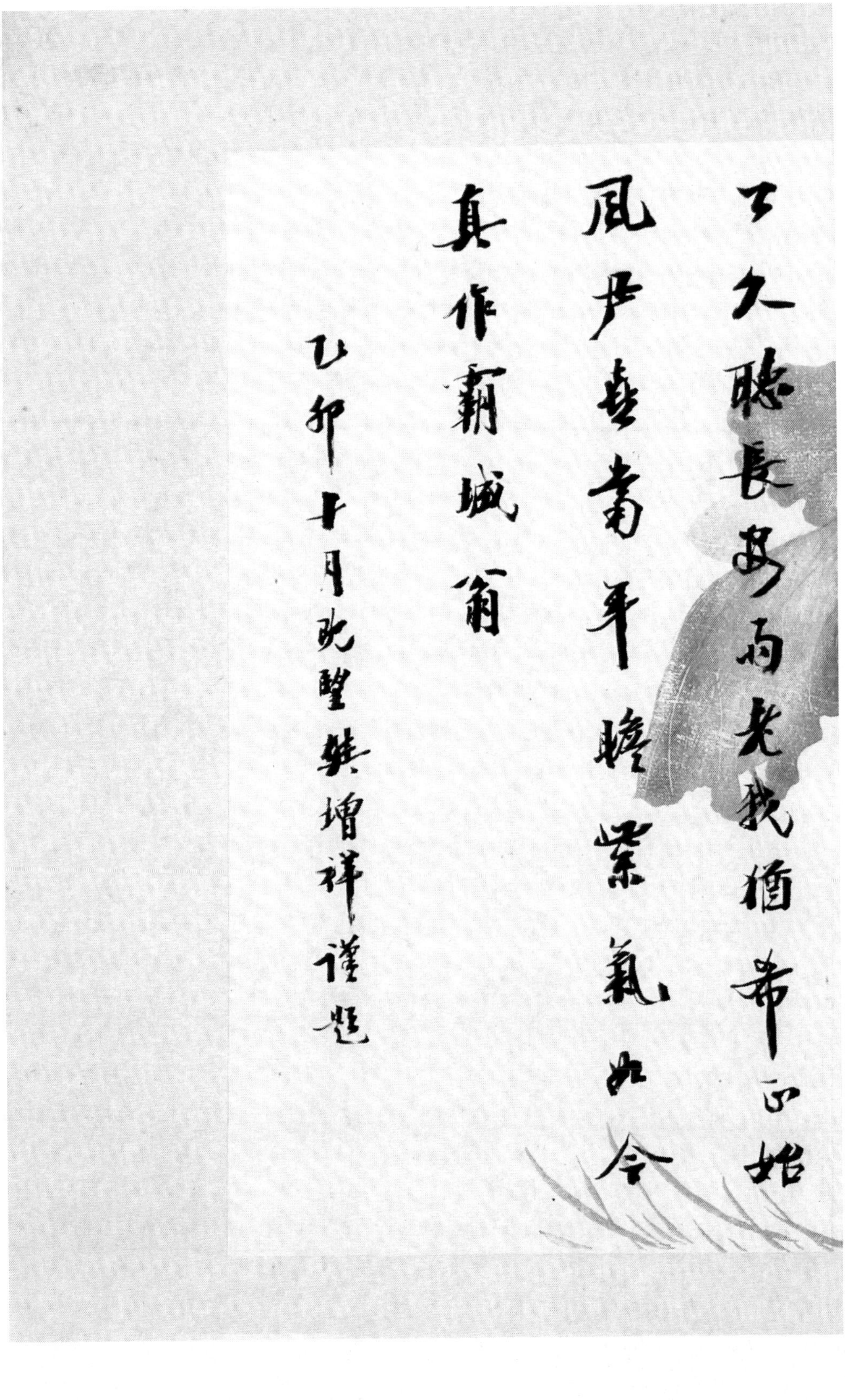

再疊前韻示承侯

故宅斜通見藥宮（舊居本保安寺街）來藤一樹此門中如今折盡梅花白終古秋臺鵑淚紅皂帽截

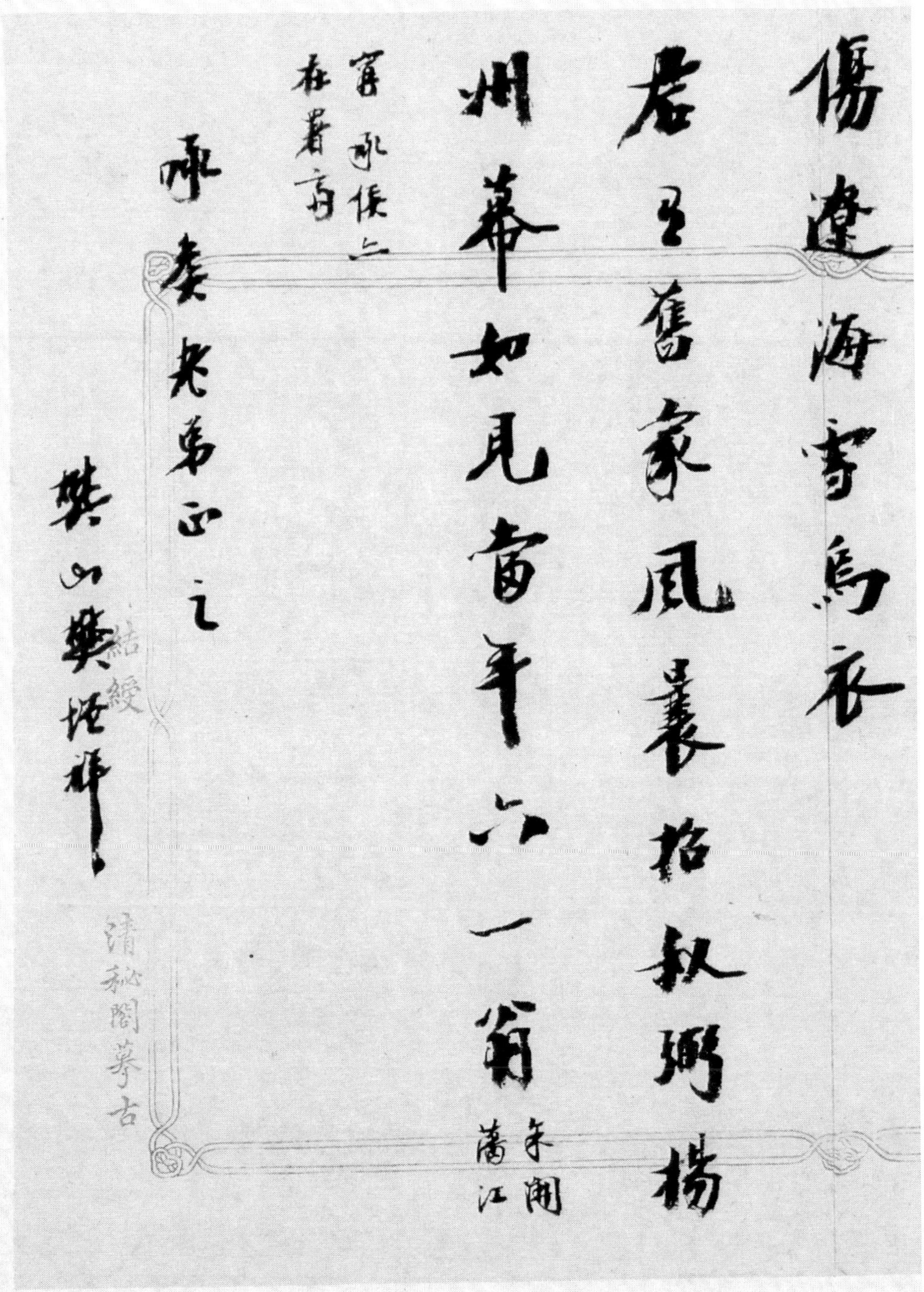
傷遼海寄烏衣
君已舊家風囊格叔鄉揚
州幕如見當年六一翁
年湘
蕭江
寓承候之
在署高
咏秦老弟正之
樊山樊增祥
結綬
清秘閣摹古

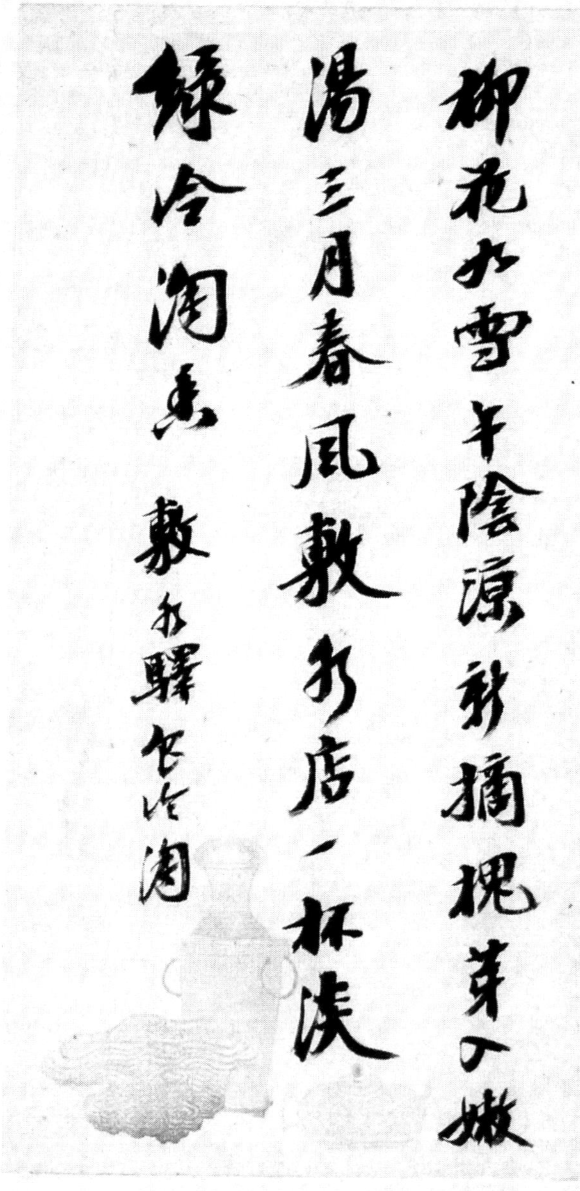
柳花如雪半陰涼新摘槐芽入嫩
湯三月春風敦和店一杯淺
綠冷淘來
敦和驛飡冷淘

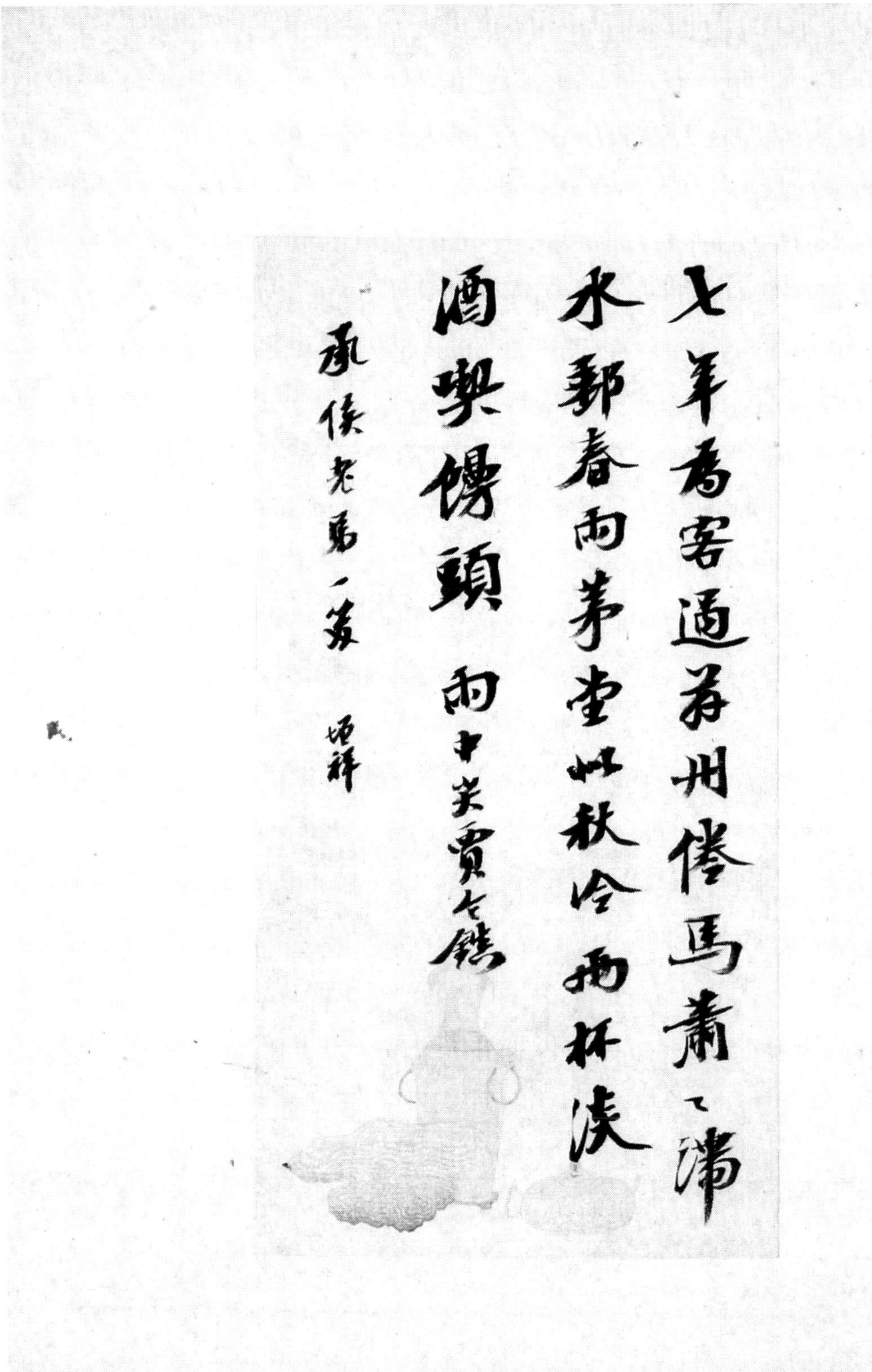
七年爲客遍蘇州，倦馬蕭蕭帶水郵。春雨茅堂如秋冷，兩杯淡酒興傷頭。雨中吳貫之錄
丞侯老弟一笑　恒祥

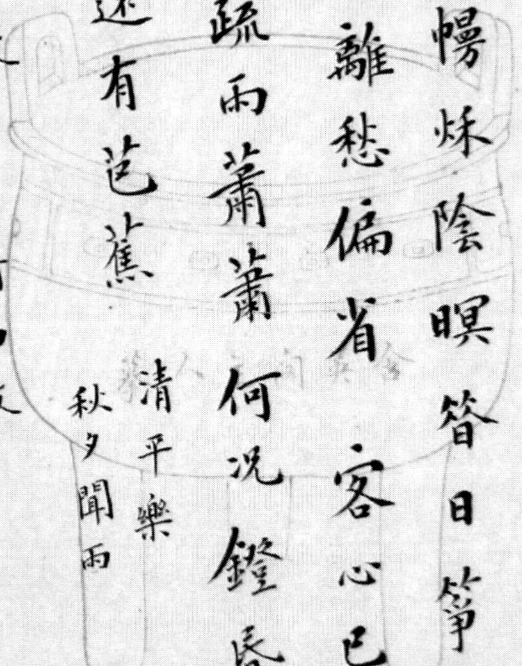

茗甌香冷小幆炑陰暝笪日箏絲今劵聽祇是離愁偏省客心已是無聊夜簾疏雨蕭蕭何況鐙昏㝱醒窗前還有芭蕉

清平樂

秋夕聞雨

夫子大人鈞政

方琦初數

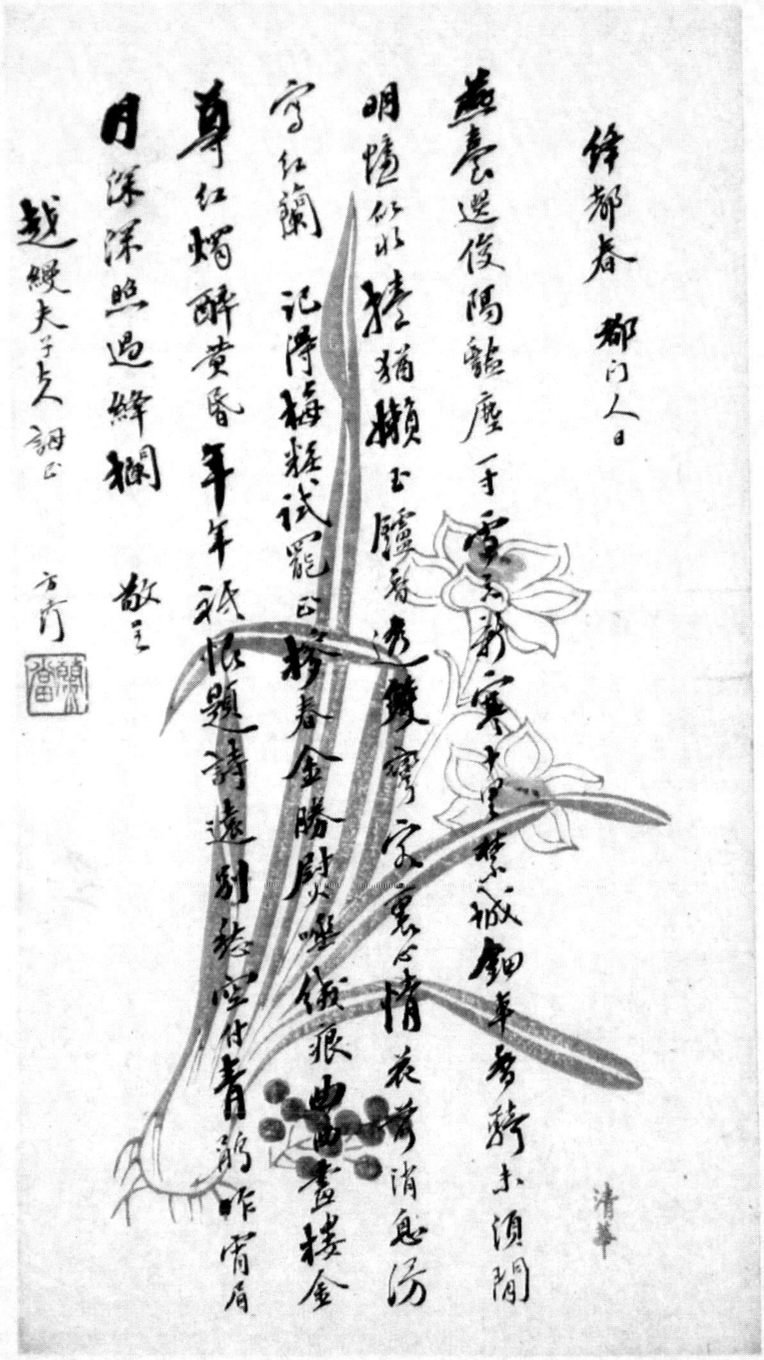
絳都春 都門人日

燕臺還俊陽韶塵一寸雪天新寒十里禁城鈿車參騎未須閒
明燈似水猜猶嬾玉驄香逐鐵寶字裏心情夜驚消息湯
宮紅蘭 記得梅粧試罷移春金勝尉火嘬鐵痕曲畫樓金
尊紅燭醉黃昏年年祇恨題詩遠別愁空付青鸚昨宵眉
月深深照過絳欄 敬呈
越縵夫子大人誨正 方沂

癸辰夏首書奉泉陵使轅

恩隨杖履集鄉門，嶠外琴書笑語溫。卜宅湖塘分柘柳，採風瀟水長蘭蓀。今秋中壘傳經業，一曲霞川數醉痕。見說春城桃李盛，蠶叢風何處不開尊。

敬呈

越縵夫子大人誨定

齊

湘麋館椾

暮秋泝浙陰到寺水亭静坐風隨詩話聊復爾
就松影鐘聲蕭清徹趣與茗爐永夕算汎
遠湘雲饒煮寒井當那互閒作煙好無異
兼吾生吟寫餘夢不覺江海迴豈不慕攬
懷嘆人懶情頹今日遠公社私喜不無屏擯
尋竟翁晨舟舟月生峨嵋溫雲潛水來涼透
鷺絲頂　因作次少陵韻補寄
鈍栖居士盂上　寄公大師印正弟子瑋手錄

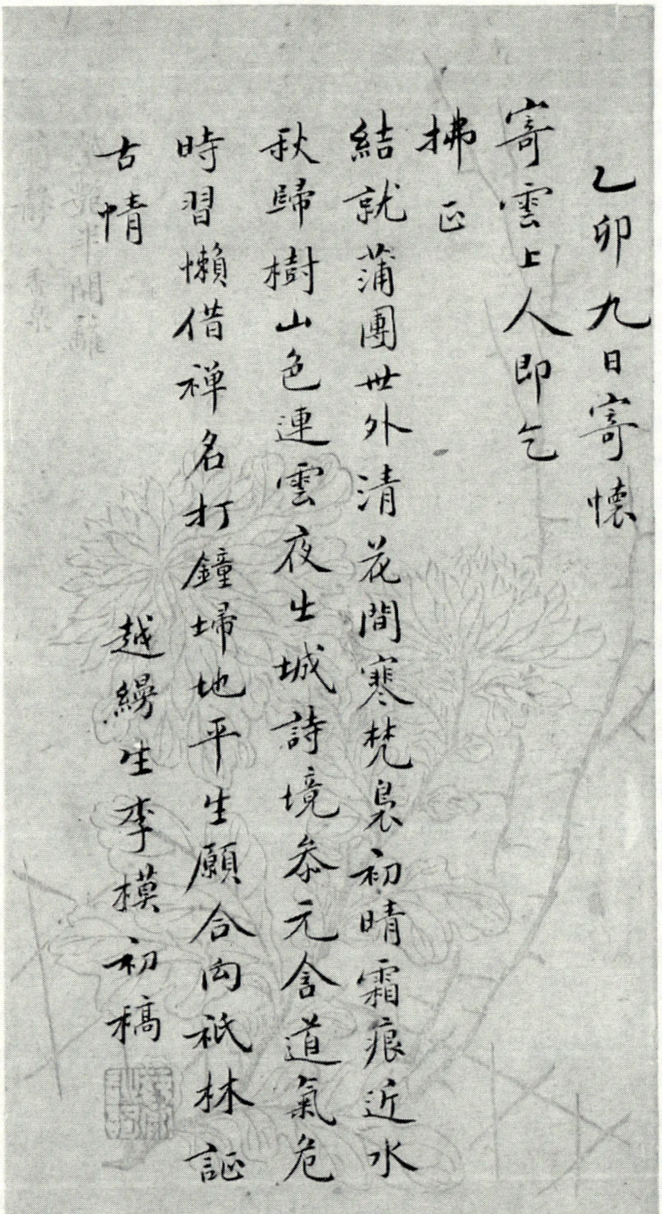
乙卯九日寄懷
寄雲上人即乞
拂正
結就蒲團世外清花間寒梵裊初晴霜痕近水
秋歸樹山色連雲夜生城詩境参元含道氣危
時習懶借禪名打鐘埽地平生願合向祇林証
古情
越縵生李模初稿

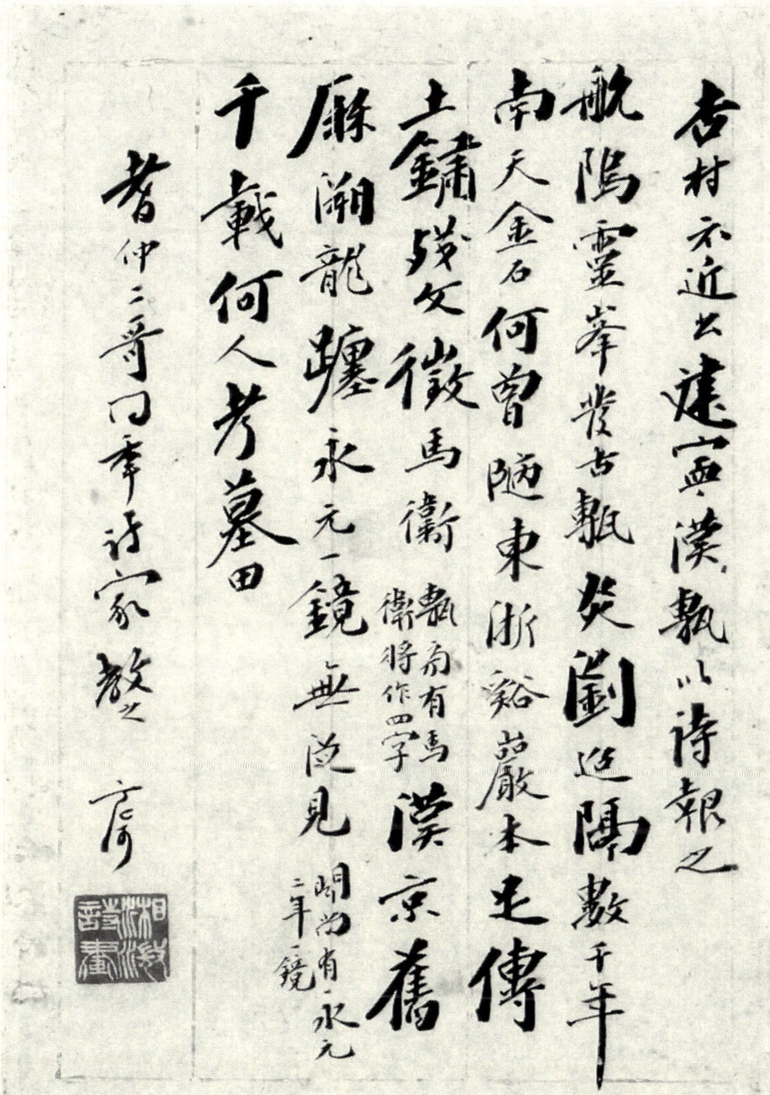

杏村示近出建寧漢甎以詩報之

甒陽靈峯發古甎癸劉返陽數千年

南天金石何曾隨東浙谿巖未走傳

士鏞殘文徵馬衛（甎前有馬衛將作四字）漢京舊

歷湖龍驪永元一鏡無從見（明尚有一永元二年一鏡）

千載何人考墓田

者（伸二哥同年詩家教之）

彥

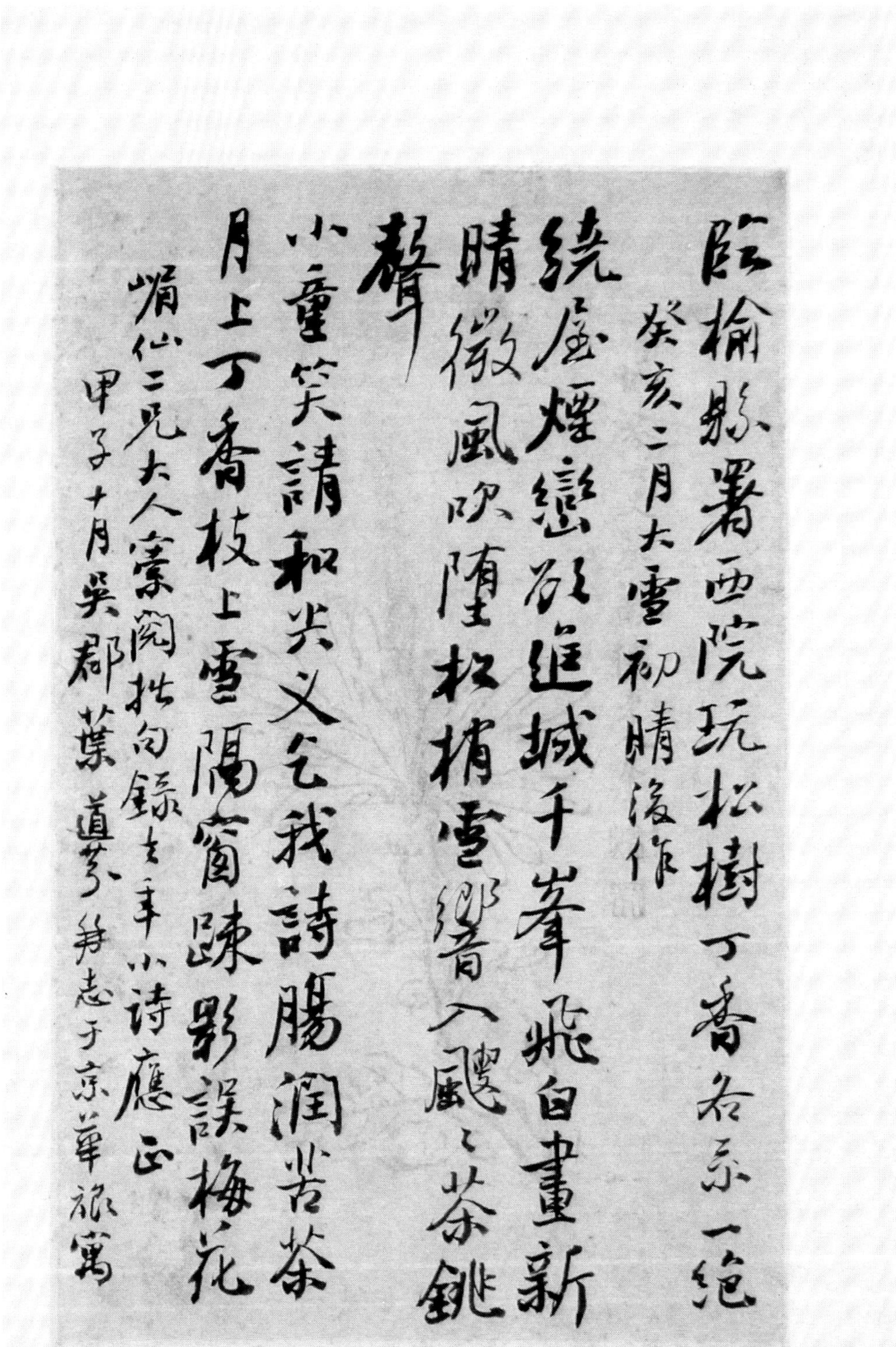
臨榆縣署西院玩松樹丁香各系一絶
癸亥二月大雪初晴後作
繞屋煙巒列堞城千峯飛白畫新晴微風吹墮松梢雪響入颼颼茶鐺聲
小童笑請和尖叉乞我詩腸潤苦茶
月上丁香枝上雪隔窗疏影誤梅花
嵋仙二兄大人案閲拙句録去年小詩應正
甲子十月吳郡葉道芬拜志于京華旅寓

高邏道中

極目寒山擁亂峰高城庄上雁聲急彩糊郎
樹禿霜初老野李嬌昏夜路中十載江湖
奔波逐八方烽火一身窮人生道路險於
策擬買長綸佳釣篷　是
寄以長吉唱句　楚閣年弟星識初蒼

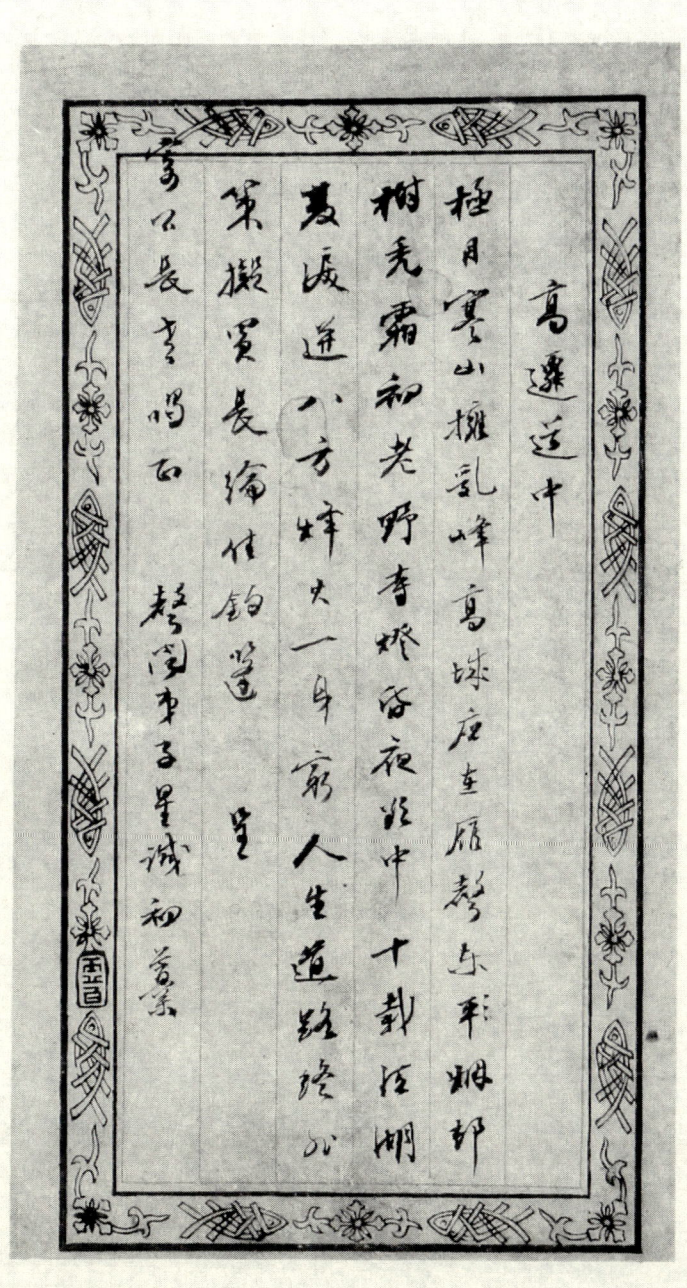

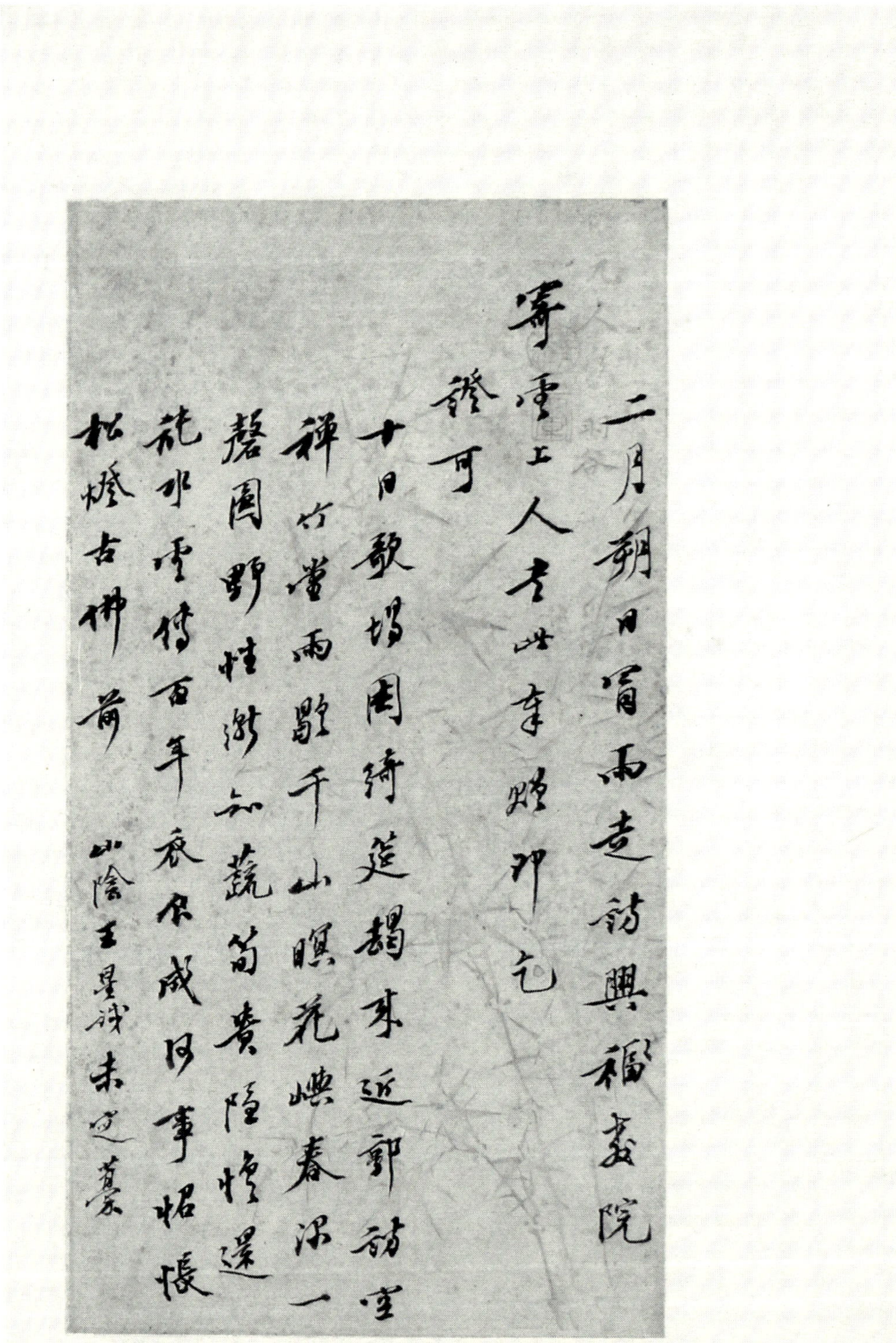

二月朔日冒雨走訪興福庵院

寄雪上人者此章贈印乞

證可

十日歌場困綺筵趨來近郭訪空

禪竹叢雨黯千山暝花嶼春深一

磬圓野性漸知蔬筍貴隱情還

託冰雪待百年衣食成何事悵

松燈古佛前

山陰王星諴未定稿

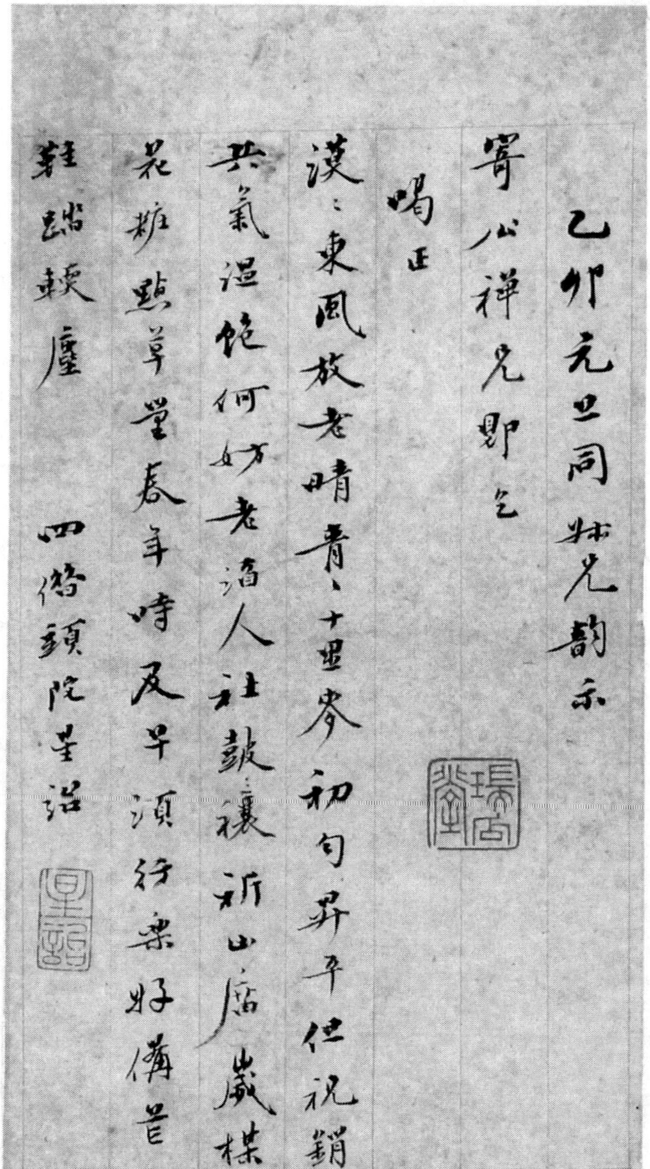
乙卯元旦同琳兄韻示
寄心禪兄郢乞
唱正
漠漠東風放老晴青青十里麥初勻昇平但祝銷
兵氣溫飽何妨老酒人社鼓禳祈山店歲棋
花旗點草堂春年時及早須行樂好備
鞋踏軟塵
四僧頭陀星詒
星詒

撥烟篝摆行窝空岑山白雲闢雯
多醒豆香搗圍筝波拖香積廚
煮一鍋寬滴禁彭澤頻飢撑禪心
雲運詩哦其戈銷浩到菴楞醒
春鳴呵想者老頭陀

辛壬閒土抒倦小窗擂臻濟北趑涧柳餐由一閒以伸 青芳子邊末墨葉

甲寅初夏

北花一粱

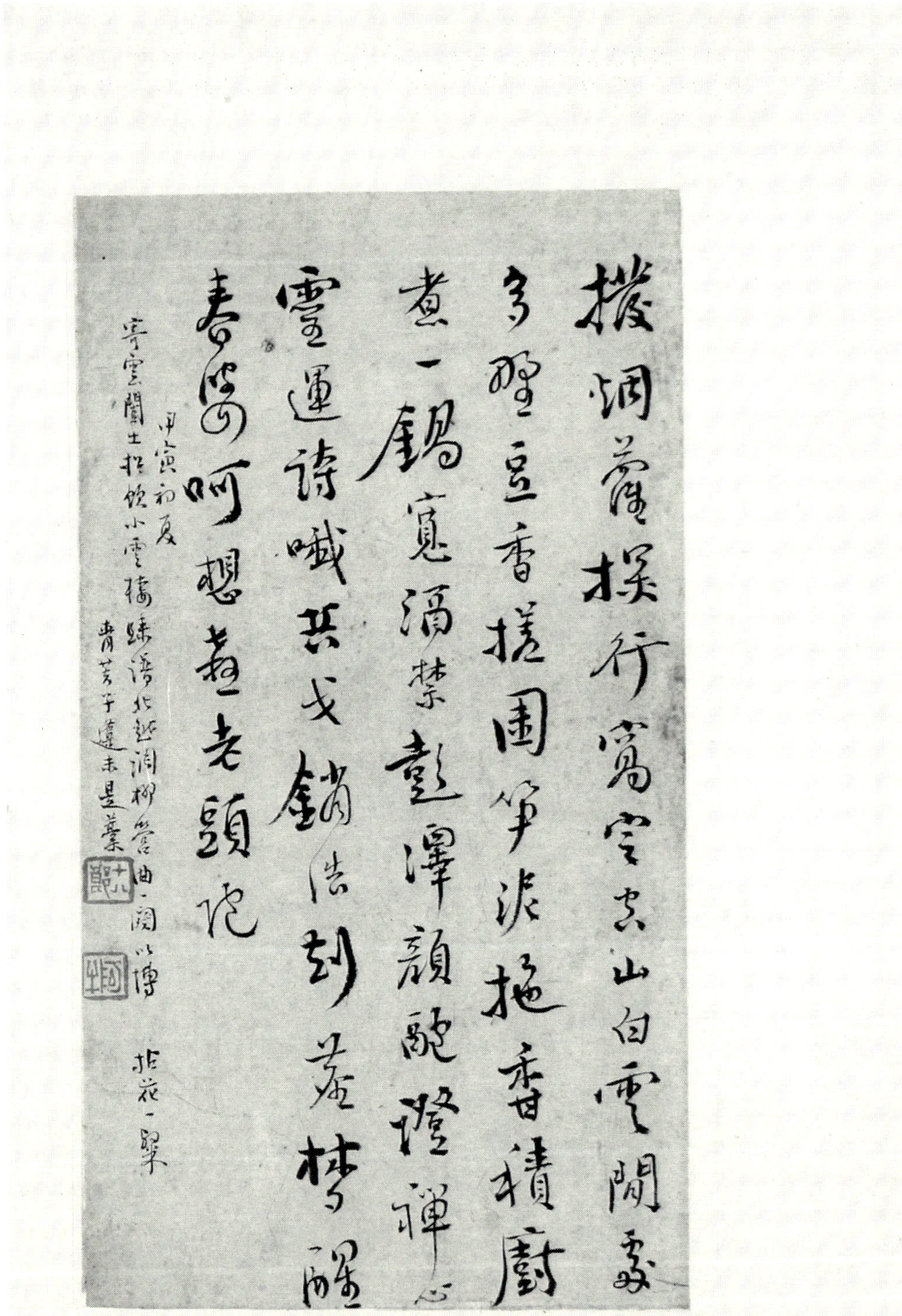

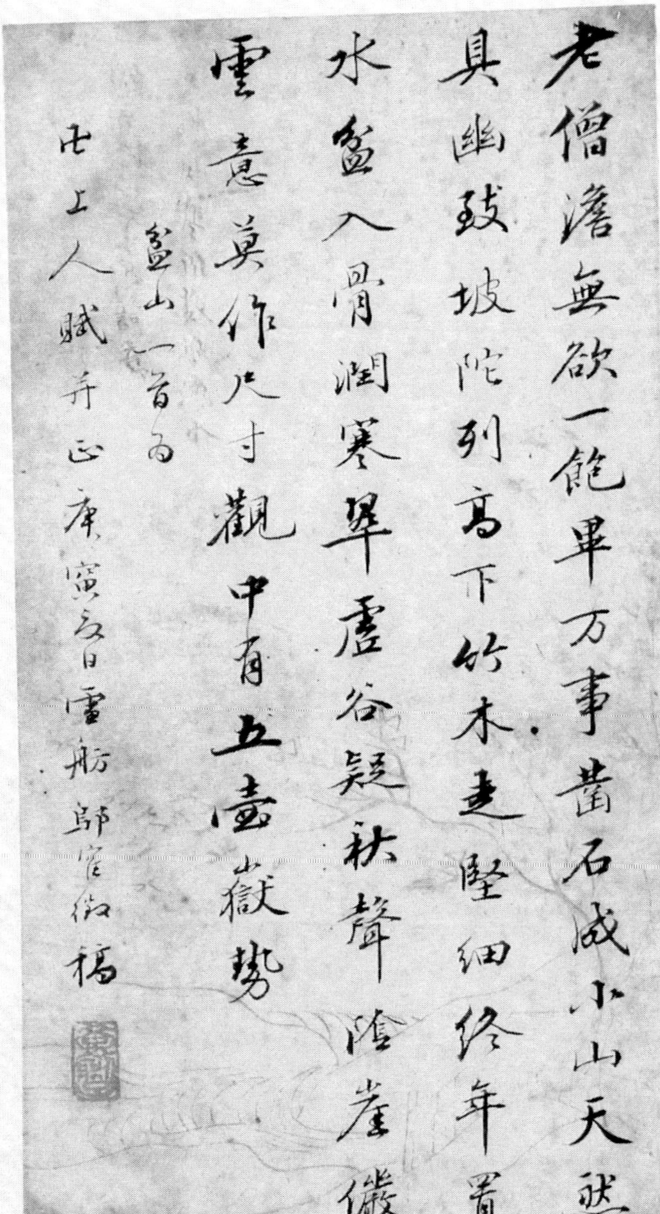
老僧澹無欲一飽畢万事疊石成小山天然
具幽致坡陀列高下竹木走堅細終年置
水盆入骨潤寒翠盡谷疑秋聲陰崖巉
雲意莫作尺寸觀中有五嶽勢
盆山一首為
屯上人賦并正 庚寅夏日雪舫邵[illegible]稿